현대 정치사상의 파노라마

민주주의의 이상과 정치 이념

현대 정치사상의 파노라마

민주주의의 이상과 정치 이념

Political Ideologies and the Democratic Ideal

개정판

테렌스 볼 · 리처드 대거 · 대니얼 I. 오닐 지음

정승현 · 강정인 외 옮김

아카넷

■감사의 글

우리는 먼저 둘이 맞댄 두뇌는 하나보다 낫다는 믿음에서 이 협력 작업을 착수하였다. 우리는 이 책의 제1판과 그 이후의 판들을 저술하면서 이러한 종류의 프로젝트에는 두 저자의 역량을 뛰어넘는 더 많은 혹은 더 뛰어난 두뇌가 필요하다는 사실을 깨달았으며, 다음 판을 위한 수정 작업이 계속 진행될 때마다 이 결론은 더욱 강화되었다. 9판을 준비하면서 우리에게 시간과 에너지 그리고 지혜를 나누어준 사람들, 특히 우리의 가족들과 피어슨 출판사의 스태프들에게 깊은 감사를 전한다. 특히 우리는 이번의 9판을 준비하는 데 도움을 준 플로리다 대학의 다니엘 오닐(Daniel I. O'Neil) 교수에게 깊이 감사한다. 우리는 또 제6장에서 중국공산당과 관련하여 충고해준 지페이 치(Zhipei Chi), 제8장에서 (특히 페미니즘과 LGBT에 관련하여) 포괄적이고 날카로운 충고를 보내준 노스웨스턴 대학의 메리 디어츠(Mary Dietz) 교수, 급진 이슬람주의와 관련하여 도움을 보내준 웰슬리 대학의 록산 유벤(Roxanne Euben) 교수, 엑스터 대학의 살와 이스마일(Salwa Ismail) 박사에게도 역시 감사

5

를 전한다. 사냥꾼과 환경보호론자들의 관련성에 관해 유용한 충고를 해준 스티븐 킹스베리(Steven Kingsbury)에게도 감사한다.

우리는 또한 이 책의 이전 판을 검토함으로써 이번의 새로운 판을 준비하도록 도와준 학자와 동료 교수들에게도 진심으로 깊은 감사를 전한다. 캘리포니아 주립대학[버클리]의 마크 비버(Mark Bevir), 인디아나 대학교[코코모]의 매튜 브래들리(Matthew Bradley), 마운트 버논 나사렛 대학의 크리스토퍼 디바인(Christopher Devine), 마리스트 대학의 조안 마이어스(JoAnn Myers), 애리조나 주립대학(서부 캠퍼스)의 애밋 론(Amit Ron), 소노마 주립대학교의 로버트 스위츠키(Robert Switky)가 그들이다.

테렌스 볼(Terence Ball)

리처드 대거(Richard Dagger)

대니얼 I. 오닐(Daniel I. O'Neill)

6

오래된 중국의 악담에 이런 말이 있다. "재미있는 시대에 살기를 바랍니다." 즉 당신이 사회적·정치적·경제적 재앙의 시대, 대빈곤의 시대, 심지어 죽음의 시대에 살게 되기를 바란다는 뜻이다. 어떤 시대는 다른 시대보다 더 힘들고 위험하다. 우리는 세계대전이나 내전 혹은 그 밖의 어떤 다른 형태의 폭력적인 내부 갈등 속에서 살고 있지 않다는 것을 행운으로 여겨야 한다. 그러나 우리는 국가적·국제적인 경제위기들, 지구온난화와 환경파괴, 국제적 테러, 군사 쿠데타와 내전, 수단을 비롯한 여러 곳에서 벌어지고 있는 대규모 인종 학살, 무기를 들고 싸우는 치열한 무력전쟁, 서로 경쟁하는 사상들이 싸우는 문화전쟁이 벌어지고 있는 시대에 '현재 살고 있다.' 그리고 우리가 사는 세계는 계속 변화하고 인간에게 새로운 도전을 제기하기 때문에 사람들의 사상, 특히 '이데올로기'라고 하는 사상의 체계 또한 이러한 위기에 대처하는 사람들을 돕고자 하는 희망에서 현실의 변화에 맞춰 바뀌어나간다.

이번에 출간하는 『현대정치사상의 파노라마』 제9판에서 필자들은 우리가 살고 있는 세계에서 발생한 변화, 그리고 이런저런 이데 올로기의 도움을 받아 사람들이 그러한 변화들을 해석하는 방식 의 변화를 추적하고 설명하고자 했다. 이것은 절대 쉬운 작업이 아 니며, 때때로 필자들은 그 어떤 설명이라도 결국은 미흡할 수밖에 없음을 자인한다. 그렇지만 필자들은 우리가 살고 있는 세계를 형 성해왔고 지금도 계속 재형성하고 있는 이데올로기들에 관한 최신 정보를 보완하고 체계적인 설명을 하는 데 최선의 노력을 쏟아 부 어왔다. 이전과 마찬가지로 이번 신판에서도 필자들은 이러한 이 데올로기들이 형성되고 발전되어 온, 보다 깊은 역사적 배경을 상 세히 기술했다.

9판에서 바뀐 부분

9판에서 우리는 크고 작은 여러 부분에서 수정을 가했다. 보다 큰 부분의 수정은 다음과 같다.

● 제2장 – 오랜 기간에 걸쳐 지금까지도 지속되고 있는 투표권 투쟁, 영리 단체의 정치광고 금지에 관한 미국 대법원의 '시민연합 (Citizens United)' 판결, 최근의 유권자 ID 법률들, 그리고 그것들이 미국 민주주의에 갖는 함축적 의미를 추가로 설명했다.

● 제3장 – 자유주의 전통에서 존 로크와 애덤 스미스가 미친 중요한 공헌들을 크게 보완했고 제임스 밀(James Mill)을 새롭게 추 가했다. 공리주의자들의 '보호적' 민주주의 이론과 존 스튜어트 밀 의 '교육적' 민주주의 이론 사이의 연계, 소위 말하는 고전적 자유

주의와 현대의 복지 자유주의 사이의 '균열', 복지국가의 보수주의적 기원, 월가 점령(Occupy Wall Street) 시위 등을 보완하였다.

● 제4장 – 버크적(Burkean) 보수주의 혹은 고전적 보수주의, 특히 그들의 자유 관념과 법의 지배 관념에 관한 논의를 보완하였다. 또한 현대 보수주의자들이 다른 권리들보다 소유권에 우선권을 두는 이유, 새롭게 등장한 '티파티(Tea party)'가 공화당에 미친 영향력 부분을 보완했다.

● 제6장 – 마르크스주의에 대한 레닌의 수정, 레닌이 스탈린을 불신하고 그를 공산당으로부터 추방하고자 했던 이유를 다루었다. 또한 중국 공산주의 및 마오쩌둥의 사상과 정책에 대한 보다 상세한 논의, 그것들이 인간과 환경에 미친 파괴적 충격을 새롭게 추가했다.

● 제7장 – 히틀러와 나치가 권력을 장악하게 된 과정, 나치의 '인종주의적 다윈주의(racial Darwinism)', 나치의 가족 정책, 민족사회주의(나치즘)가 민족주의적이지도 사회주의적이지도 않은 이유를 보다 상세히 다루었다. 또한 유럽의 극우 정당, 신파시스트 정당, 혹은 신나치 정당이 최근의 선거에서 얻은 결과가 추가되었다.

● 제8장 – 여성의 출산 선택권을 제한하려는 소위 '여성에 대한 전쟁'에 비추어 페미니즘에 관한 논의를 크게 확장했다. 또한 동성애와 동성 결혼에 관한 태도의 변화, 그와 같이 변화한 태도들이 자유주의-보수주의의 구분에 따라 깔끔하게 나누어지지만 않는 이유, 아프리카를 비롯한 여러 곳에서 동성애자들이 직면하

고 있는 심각한 위험을 추가했다.

● 제9장 – 인간과 자연의 관계를 연구하는 새로운 '생태심리학', 사냥꾼과 환경론자들 사이의 놀라울 정도로 강력한 동맹에 관한 설명을 추가했다.

● 10장 – 9판에서는 급진 이슬람주의에 관한 논의를 다시 한 번 확장하여 새로운 장으로 만들었다. 특히 민주주의에 대한 급진 이슬람주의자들의 불신, 이집트를 비롯한 여러 곳에서 치러진 최근의 선거에 그들이 미친 역할, 특히 2013년 보스턴 마라톤대회의 폭발 테러에서 분명하게 드러난 사례, 즉 인터넷을 통한 '자기 급진화(self-radicalization)'라는 완전히 새로운 현상에 관한 설명이 추가되었다.

● 제11장 – '자유무역' 대 '공정무역'에 관한 논의를 크게 보완했다.

이 외에도 필자들은 자신들이 할 수 있는 한 보다 분명하고, 명료하며, 읽기 쉽고, 최신 정보에 충실하도록 많은 여러 부분들을 수정했다.

이 책의 특징

이전의 판본들과 마찬가지로 우리는 제9판에서도 많은 학생과 교사들로부터 좋은 반응을 받아왔던 여러 특장점을 희생시키지 않고 이 책을 개선하는 데 힘을 기울였다. 1980년대 후반 우리가 이 책 제1판의 서술에 착수한 이래 지침이 되어왔던 두 개의 원칙은 여기서도 변함없이 유지되었다.

첫째, 우리는 20세기의 정치적 지형을 형성했고, 지금은 21세기의 정치 지형을 형성하기 시작한 주요 이데올로기들의 개요를 상세하고 이해하기 쉽게 제공하고자 한다.

둘째, 이 이데올로기들이 어떻게 발생했으며, 그것들이 어떻게 그리고 왜 시대를 거치며 변화해왔는지 보여주고자 한다. 근대의 주요한 '주의들(isms)', 곧 자유주의, 보수주의, 사회주의, 파시즘을 설명하는 데 덧붙여, 우리는 독자들에게 이들 오래된 이데올로기와 최근에 등장하고 있는 여타 이데올로기들의 역사와 구조, 논점, 내적인 복합성을 이해시키고자 한다.

책의 기본 구조는 기존의 판본들과 동일하다. 우리는 4중의 틀 – 모든 이데올로기들이 수행하는 네 가지 기능의 측면에서 '이데올로기'의 작업 정의 – 을 만들면서 시작하며, 그 틀 안에서 다양한 이데올로기들을 비교하고 대조, 분석한다. 우리는 또한 각각의 이데올로기가 어떻게 자신의 방식으로 '민주주의'와 '자유'를 해석하는지 보여줄 것이다. 우리가 생각하기에 민주주의는 단순히 여러 이데올로기들 가운데 하나가 아니다. 그것은 서로 다른 이데올로기들이 저마다의 상이한 방식으로 해석하는 하나의 '이상(ideal)'이다. 또한 각각의 이데올로기는 자유에 대한 자기 고유의 특별한 개념, 그것을 향상시키기 위한 고유의 강령을 가지고 있다. 우리는 간단한 삼각 모델을 사용하여 행위자, 장애물, 그리고 목표의 측면에서 각 이데올로기의 자유에 대한 시각을 비교하고 대조하면서 이 부분을 설명할 것이다. 개별 이데올로기를 설명하는 각각의 장에서 우리는 삼각 모델을 통하여 자유의 기본 개념을 설명하고, 이데올로기의 기원과 발전에 대해 논의하며, 민주주의적 이상에 대한 그들의 설명을 검토하고, 그것들이 정치적 이데올로기의 네 가지 기능을 어떻게 수행하는지를 밝히면서 결론을 맺을 것이다. 우리는 자유주의, 보수주의, 사회주의, 파시즘뿐만 아니라 최근에 등장하고 있는 이데올로기들에 대해서도 이 작업을 수행할 것이다. 여기에는 흑인해방, 여성해방, 동성애자 해방, 원주민 해방, 해방신학, 그리고 동물해방 등의 '해방 이데올로기'뿐만 아니라 최근에 나타난 환경 혹은 '녹색' 이데올로기, 급진 이슬람주의 이데올로기도 포함되어 있다.

이 책 역시 피어슨(Pearson) 출판사에서 새롭게 개정하여 출간한 자료 모음집 『이념들과 이데올로기들: 자료집(*Ideals and Ideologies: A Reader*)』(9판)과 짝을 이룬다. 이 책들은 각각 별개이지만, 서로 보완하고 부족한 부분들을 보충하도록 만들어졌다. 그 외의 강의 자료들도 출판사로부터 입수 가능하다(www.pearsonhighered.com).

보충 자료

이 책의 교사용 보충자료는 '교사를 위한 수업 자료 센터(Instructor Resource Center, IRC)'에서 입수 가능하다. 이 센터는 교사들이 책자 형태의 보충 자료들을 신속하게 다운로드할 수 있도록 허용하는 온라인 허브이다. www.pearsonhighered.com/irc 메인 홈페이지에서 방문 등록을 해줄 것을 부탁드린다.

교사를 위한 참고서/문제은행(Instructor's Manual/Test Bank). 이

자료는 교육 목적, 강의 개요, 각 장 별로 마련된 객관식 문제, 정오 선택 문제, 에세이 문제들을 포함하고 있다.

파워포인트 프레젠테이션. 강의 개요를 중심으로 만들어진 자료. 이 전자 프레젠테이션은 각 장에서 뽑아낸 사진과 도표들을 담고 있다.

피어슨 자체 테스트(Pearson MyTest). 이 강력한 평가 프로그램은 교사를 위한 참고서/문제은행의 모든 항목을 포함하고 있다. 이 프로그램을 이용하여 온라인에서 각 교사의 필요에 맞춰 질문과 테스트를 만들고 저장 및 출력을 할 수 있다. 이 프로그램은 교사들이 언제 어디서라도 평가를 실시할 수 있도록 최대한의 편리를 제공한다. 이 프로그램을 사용하려면 www.pearsonmytest.com을 방문하기 부탁드린다. 이 책은 디지털과 인쇄 등 다양한 포맷으로 구입 가능하다. 피어슨 출판사의 많은 프로그램, 가격 책정, 고객 맞춤에 관해 보다 상세한 정보를 알고 싶으면 www.pearsonhighered.com을 방문하기 바란다.

독자에게

우리는 이 책의 세 가지 특징들을 독자에게 상기시키고자 한다. 첫째, 이 책에 인용된 1차 문헌들의 많은 부분은 우리가 편집한 자매편 도서 『이념들과 이데올로기들: 자료집(*Ideals and Ideologies: A Reader*)』(9판)에 전체 혹은 부분적으로 수록되어 있다. 1차 문헌을 인용할 때 우리는 그 인용문에 해당하는 『이념들과 이데올로기들:

자료집』의 부분을 각 장 끝의 주에서 밝혀놓았다.

둘째, 정치 이데올로기의 연구는 많은 측면에서 용어의 연구이다. 따라서 우리는 정차 사상가들과 정치 지도자들이 '민주주의'와 '자유' 같은 용어를 사용하는 방식에 지속적으로 주의를 기울였다. 이 작업에서 우리는 '민주주의'와 '자유' 등의 용어가 갖는 의미를 밝힐 때 인용 부호를 사용하는 철학자들의 관습을 적용하는 것이 편리하다고 판단했다.

셋째, 이 책에서 많은 주요 단어와 구절들은 **굵은 활자체**로 썼다. 주요 단어와 구절의 개념 정의는 책의 끝부분에 있는 용어 해설에서 찾아볼 수 있다.

또한 우리는 독자들이 이 책에 대한 논평이나 이 책을 개선시키기 위한 어떠한 제안이라도 다음의 이메일 주소로 보내주기를 바란다. 테렌스 볼 tball@asu.edu. 리처드 대거 rdagger@richmond.edu. 대니얼 오닐 doneill@ufl.edu.

차례

제1장

이데올로기와 이데올로기들

인간이 무엇을 생각하느냐에 따라 인간의 행동방식이 결정된다.
— 존 스튜어트 밀, 『대의정부론』

2001년 9월 11일 아침, 19명의 테러리스트들은 동부 해안에서 캘리포니아로 향하는 네 대의 미국 비행기를 납치하여 기수를 뉴욕과 워싱턴 시로 돌리게 했다. 납치범들은 그중 두 대의 비행기를 뉴욕에 있는 세계무역센터의 쌍둥이 건물에 충돌시켰고, 세 번째 비행기는 워싱턴의 펜타곤에 충돌시켰다. 워싱턴의 다른 곳을 겨냥했던 네 번째 비행기는 승객과 납치범들 간에 격돌이 벌어진 뒤 펜실베이니아의 벌판에 추락했다. 결국 19명의 테러리스트들은 거의 3000명에 가까운 무고한 시민들의 목숨을 앗아갔다. 테러리스트들 중 15명은 사우디아라비아 출신이며, 모두 서구, 특히 미국의 '이교도들'에 대항하여 '성전' 혹은 지하드(jihad)를 수행하는 독실한 무슬림이라고 공언했다. 이 계획된 공격을 서구에서는 소름끼치는 테러 행위로 비난한 데 반해, 일부 중동 국가들에서는 공개적으로 칭송하였다. 그곳에서는 오사마 빈 라덴을 영웅으로, 19명의 범죄자를 순교자로 간주한다. 그들이 환호하는 테러 행위가 서구에 사는 우리들 대부분에게 순전히 그리고 단순히 악으로 보이는 것처럼, 이러한 태도 역시 낯설고 이해할 수 없는 것처럼 보인다. 그것은 의심할 여지없이 악이었다. 그러나 테러리스트들의 동기와 그들을 찬미하는 자들의 논리는 아무리 뒤틀린 것이라 하더라도 충분히 이해될 수 있다. 우리는 이 점을 이 책의 10장 급진 이슬람에 대한 논의에서 보게 될 것이다.

우리는 모든 테러리스트들이 중동 출신이라거나 알라 또는 이슬람의 이름으로 행동한다고 생각해서는 안 된다. 그와 반대되는 예를 위해 우리는 1995년 4월 19일 오전 9시 2분에 일어난 사건, 즉 오클라호마 시의 머라 연방 청사 앞에서 강력한 화학폭탄이 폭발한 사건을 상기해야 한다. 미국의 신나치가 저지른 테러에 의해 19명의 어린이를 포함하여 168명의 시민이 죽었고 500명 이상의 시민이 중상을 입었다. 건물은 심각하게 훼손되어 나중에 철거되어야 했다. 죽음과 파괴가 단지 폭탄의 힘만을 증언하는 것은 아니다. 그것은 또한 이념의 힘, 곧 '인종적 순수성', '백인의 힘', 유태인과 다른 '열등한' 인종 및 종족 집단에 관한 신나치 이념의 힘을 증언한다. 폭탄을 설치한 이들 가운데 적어도 한 사람은 『터너 일기(The Turner Diaries)』라는 소설을 통해 이러한 이념들을 배웠다(이것은 7장에서 상세히 논의할 것이다). 이 소설에 나타나고 일반적으로 현대 신나치 이데올로기에 나타난 그러한 이념들은 심지어 히틀러(『터너 일기』에는 '위대한 인물(The Great One)'이라고 언급되어 있다)보다 더 앞서는 긴 역사를 가지고 있다. 이러한 역사와 이념들은 미국과 그 밖의 지역에서 다양한 스킨헤드와 민병집단을 계속 부추기고 있다.

이는 이념의 힘, 특히 이데올로기라고 불리는 이념 체계의 힘에 대한 극적인 두 사례에 불과하다. 신나치와 급진 이슬람 테러리즘이라는 예가 보여주는 것처럼 이데올로기는 인종, 민족소속(nationality), 정부의 역할과 기능, 남녀관계, 자연 환경에 대한 인간의 책임, 그리고 그 외 많은 다른 문제들에 관한 인간들의 사고와 행동을 형성하는 일련의 이념 체계이다. 이 이데올로기가 얼마나 강력한지 탁월한 철학자이자 역사가인 벌린 경(Sir Isaiah Berlin, 1909-1997)은 다음과 같이 결론을 내렸을 정도이다.

다른 무엇보다도 다음 두 요소가 금세기 인류 역사의 형태를 지었다. 하나는 자연과학과 기술의 발달이다. …… 다른 하나는 의심의 여지없이 실질적으로 전 인류의 삶을 변화시켜온 거대한 이데올로기 폭풍이다. 러시아 혁명과 그 이후에 좌우 양측의 전체주의적 폭정과 민족주의, 인종주의 그리고 종교적 광신의 폭발이 있었는데, 19세기의 가장 뛰어난 사회사상가 중 어느 누구도 그것을 예견하지 못했다는 점은 매우 흥미롭다. 2-3세기 후(만약 인류가 그때까지 살아남는다면) 후손들이 우리 시대를 되돌아볼 때, 내가 생각하기에는 이 두 가지 현상이 무엇보다도 설명과 분석이 필요한 우리 세기의 독특한 특징으로 꼽힐 것 같다. 그러나 또한 이 거대한 운동들은 사람들의 머릿속에서 이념, 곧 인간들 사이에 어떠한 관계가 존재해왔고, 현재에는 어떠한 관계가 존재하며, 앞으로는 어떻게 될지 또 어떻게 되어야 하는지에 관한 이념과 함께 시작되었다는 점을 깨닫는 것이 중요하며, 아울러 그러한 이념이 지도자들, 무엇보다 배후에 군대를 거느린 예언자들의 마음속에 있는 어떤 지고(至高)의 목적을 위해 어떻게 비전(vision)의 이름으로 전환되기에 이르렀는지를 깨닫는 것 역시 중요하다.[1]

다양한 비전에 근거하여 행동하는 무장한 예언자들, 곧 레닌, 스탈린, 히틀러, 무솔리니, 마오쩌둥 및 다른 많은 사람들은 그들이 열등하거나 불필요하다고 여기거나 둘 모두에 해당한다고 여긴 수백만 구의 시체로 뒤덮인 20세기의 풍경을 남겼다. 러시아 혁명의 지도자

트로츠키(Leon Trotsky)가 간명하게 말했듯이, "조용한 삶을 원하는 사람이 20세기에 태어난 것은 잘못된 것이었다."[2]

2001년 9월 11일의 공격과 같은 최근의 사건들 역시 정치 이데올로기들이 앞으로 사라지거나, 21세기에는 사람들이 조용한 삶을 영위할 것임을 시사하지 않는다. 우리는 21세기가 덜 살육적이기를 기대할 수 있을지 모른다. 하지만 지금까지는 21세기가 이전 세기보다 정치적으로 더 복잡해질 것 같아 보인다. 20세기 대부분의 기간 동안 세 가지 정치 이데올로기, 곧 자유주의, 공산주의 그리고 파시즘의 충돌이 세계 정치를 지배하였다. 제2차 세계대전 동안에 소련의 공산주의 체제는 독일·이탈리아·일본의 파시스트 동맹을 패퇴시키기 위해 서구 자유민주주의 체제들과 힘을 합쳤다. 파시즘에 대해 승리를 거두고 난 후 공산주의와 자유주의 동맹국들은 40년 이상 지속된 냉전 기간 동안 화해할 수 없는 적이 되었다. 그러나 냉전은 공산주의의 붕괴와 소련의 해체로 끝이 났고, 잔인하지만 이해하기 쉬웠던 이데올로기의 충돌도 이제 끝이 난 것처럼 보일지도 모른다. '공산주의의 위협'은 대부분 사라졌고, '악의 제국'도 패망하였다. 자유민주주의는 승리하였고, 평화와 번영이 전 지구에 확산될 것이다.

혹은 우리가 그렇게 생각하기를 바라는 것인지도 모른다. 그러나 어떤 면에서 냉전 세계는 더 잔혹하고 분명 더 당혹스러운 세계로 대체된 것처럼 보인다. 전투적 민족주의자들과 인종주의자들이 벌이는 치열한 전쟁과 더불어 백인 인종주의자와 흑인 아프리카 중심주의자들, 종교적 근본주의자와 세속적 인본주의자들, 자유지상주의적 동성애자들과 반동성애자 집단들, 페미니스트와 반페미니스트, 그 외 많은 다른 대립 세력들 간에 전개되는 문화 전쟁을 두루 겪고 있는 것이 그러한 세계의 모습이다. 서로 대립하는 집단들 사이의 이러한 차이들은 미래에 대해 무엇이라고 경고하는가? 학자,

그리고 더 중요하게는 시민으로서 우리는 견해와 가치들이 혼란스럽게 충돌하는 이 새로운 세계를 어떻게 이해할 것인가? 우리는 매우 다양한 이런 견해들의 장점을 어떻게 평가하고, 그 차이들을 어떻게 판단할 것인가? 학생이든 학자든 혹은 자칭 전문가든 명백히 어느 누구도 미래를 보여주는 수정공이나 유리창을 갖고 있지 못하다. 우리에게 열려 있는 유일한 책은 과거, 곧 역사에 대한 책뿐이다. 따라서 신나치 '스킨헤드'의 사고를 이해하고 싶다면 우리는 예전 나치의 사고를 연구해야 한다. 신나치는 자신들의 영웅과 이데올로기적 선조를 과거에서 발견하며, 거기서 그들의 행동거지를 따온다. 따라서 그들을 이해하고 싶은 사람이라면 누구든지 마찬가지로 나치즘의 역사를 봐야 한다. 그리고 같은 논리가 모든 이데올로기 혹은 정치적 운동에도 동일하게 적용된다.

모든 이데올로기와 정치 운동은 과거 사상가들의 이념 속에 기원을 두고 있다. 파시스트 무솔리니(Benito Mussolini), 나치의 히틀러(Adolf Hitler), 공산주의자 스탈린(Joseph Stalin)이 모두 권력을 잡았던 1930년대, 영국의 경제학자 케인즈(John Maynard Keynes)가 다음과 같이 관찰하였듯이 말이다.

경제학자와 정치철학자의 생각은 그것이 옳았을 때나 틀렸을 때나 모두, 일상적으로 생각하는 것보다 더 큰 힘을 갖는다. 사실 세계는 극소수에 의해 통치된다. 자신은 어떤 지적인 영향력으로부터도 벗어나 있다고 믿는 살아 있는 사람들은 대개 몇몇 죽은 경제학자들의 노예이다. 허공에서 목소리를 듣는, 권위를 가진 광인들은 몇 년 전의 일부 삼류학자들에게서 자신들의 광기를 뽑아낸다.[3]

이 책에서 우리는 "권위를 가진 광인들"뿐만 아니라 그들이 차용한 이념, 곧 종종 피비린내나는 치명적 결과를 낳은 이념을 만들어낸 '삼류학자들' 또한 살펴볼 것이다.

즉 모든 이데올로기와 모든 정치적 운동들은 과거에 자신의 뿌리들을 두고 있다. 철학자 산타야나(George Santayana)가 지적했듯이, 과거를 잊어버린 사람은 과거의 실수를 반복하도록 되어 있다. 더나아가 과거를 잊어버린 사람이 그 자신이나 그가 사는 세계를 이해하기를 바랄 수는 없다. 우리의 정신, 사고, 우리의 믿음과 태도들, 이 모든 것은 용광로 속에서 녹아 이데올로기적 투쟁이라는 모루 속에서 형성된다. 효과적으로 행동하고 평화적으로 살기를 바란다면, 우리는 정치 이데올로기에 대해 알아야 한다. 왜냐하면 정치 이데올로기들은 우리 자신과 다른 사람들의 정치적 태도와 행동에 강한 영향을 끼치기 때문이다.

이 책 전체를 통해 우리의 목표는 이러한·이해의 초석을 놓는 것이고, 서론에 해당하는 이 장에서는 이데올로기의 개념을 명확히 하는 것이 목표이다. 또한 이어지는 장에서 우리가 살고 있는 정치적 풍경을 형태 짓고 때때로 급격하게 변형시키는 역할을 하는 다양한 이데올로기들을 검토할 것이다. 우리는 자유주의, 보수주의, 사회주의, 파시즘, 그리고 다른 이데올로기들에 대해 차례로 논의할 것이다. 그리고 각각의 경우 우리는 이데올로기들의 탄생과 성장을 그것의 역사적 맥락과 연결지을 것이다. 이러한 방식으로 진행하는 것은 이데올로기가 진공 속에서 등장하는 것이 아니기 때문이다. 특수한 역사적 상황에서 등장한 이데올로기는 그 환경 속에 나타나는 변화에 반응하면서 형성되고 변화한다. 때때로 이것이 당혹스러운 결과를 낳기도 한다. 한 예로 오늘날의 보수주의자들은 요즘 자유주의자들보다는 과거의 초기 자유주의자들과 유사해 보인다. 그러나 이것은 정치적 이데올로기가 특정한 장소에 고정되거나 응고되지 않고 그것을 둘러싼 세계 속에서 나타난 변화에 응답하기 때문이다.

이것은 이데올로기가 풍향계처럼 정치적 바람에 수동적으로 반응한다는 것을 의미하지 않는다. 반대로 이데올로기는 사회적 변화를 규정하고 유도한다. 정치 이데올로기를 따르고 촉진하는 사람들은 ——우리들 거의 모두 이런저런 방식으로 그렇게 한다——세계를 더 낮게 변화시키거나 더 나쁘게 만든다고 생각하는 변화에 저항하기 위해 세계와 그 사회, 정치, 경제를 이해하려고 한다. 그러나 이러한 방식으로 세계에 영향을 미치려면 이데올로기들은 경쟁적 이데올로기가 만든 변화를 포함하여, 항상 일어나고 있는 변화에 대해 반응해야 한다.

따라서 정치 이데올로기는 역동적이다. 이데올로기들은 항상 가만히 있지 않는다. 왜냐하면 변화하는 조건에 적응하는 데 실패한다면 그들이 원하는 것, 즉 세계를 자신의 이념에 따라 형성하는 일을 할 수 없기 때문이다. 이와 같은 이데올로기들의 역동적인 특징은 자유주의자 혹은 보수주의자가 무엇인지를 '정확히' 이해하고자 하는 사람들을 당혹하게 한다. 왜냐하면 이데올로기의 역동성은 자유주의나 보수주의 혹은 다른 이데올로기를 수학적인 정확성으로 정의하는 것을 불가능하게 하기 때문이다. 그러나 일단 정치 이데올로기가 역사적 상황 속에 뿌리를 두고 그것과 함께 변화하며, 그것을 변화시키는 데 도움을 준다는 것을 인정한다면, 우리는 특정한 이데올로기가 무엇인지를 포착할 수 있다.

'이데올로기'의 작업 정의

언뜻 보기에 '이데올로기'라는 단어에는 낯선 것이 있다. '-

ology'로 끝나는 다른 낱말들은 과학적 연구 분야를 지칭한다. 예를 들어 '생물학(biology)' — '생명'을 의미하는 그리스어 bios에서 온 접두사—은 생명에 대한 과학적 연구이다. '심리학(psychology)'은 심리 혹은 정신에 대한 연구이다. 그리고 '사회학(sociology)'은 사회에 대한 연구이다. 그렇다면 '이데올로기'는 이념에 대한 과학적 연구여야 하는 것이 논리적일 것 같다. 그리고 그 단어가 18세기 프랑스에서 처음 만들어졌을 때는 이데올로기는 본래 그런 뜻이었다.[4]

그러나 지난 두 세기에 걸쳐 그 말의 의미는 상당히 변했다. 이념에 대한 과학적 연구라기보다 '이데올로기'는 사고와 행동을 연결하고자 하는 이념의 체계를 말했다. 즉 이데올로기는 사람들의 '사고'방식, 그리고 그에 따른 사람들의 '행동'방식을 규정하고자 시도한다.

우리는 앞으로 이 말을 이런 의미로 사용할 것이다. 즉 '이데올로기는 일관되고 포괄적인 이념의 체계로서 사회적 조건을 설명하고 평가하며, 사람들이 사회에서 차지하는 자신의 위치를 이해하도록 도와주며, 사회적, 정치적 행동의 강령을 제공한다.' 좀 더 정확하게 말하자면 이데올로기는 그것을 지지하는 사람들에게 네 가지 기능을 수행한다. '(1) 설명적(explanatory), (2) 평가적(evaluative), (3) 지향적(orientative), (4) 강령적(programmatic) 기능.' 네 기능에 대해 좀 더 자세히 알아보도록 하자.

설명 이데올로기는 사회적, 정치적, 경제적 조건들이 특히 위기의 시기에 왜 그렇게 나타나는지를 설명한다. 그러한 시점에서 사람들은 때때로 미친 듯이, 발생하고 있는 현상에 대한 설명을 찾는다. 왜 전쟁이 일어나는가? 왜 불황이 발생하는가? 무엇이 실업을 발생시키는가? 왜 어떤 사람들은 부유하고 어떤 사람들은 가난한가? 왜 상이한 인종들 사이의 관계가 긴장되고 어려운가? 이러한 많은 질문들에 대해 상이한 이데올로기들은 저마다 다른 답변을 제공한다. 그러나 모든 이데올로기들은 여러 가지 방식으로 이 문제들에 대해 답변하고, 우리가 살고 있는 복잡한 세계를 이해시키려고 노력한다. 예를 들어 마르크스주의자가 전쟁을 해외 시장에 대한 자본주의적 경쟁의 산물로 설명한다면, 파시스트는 다른 민족에 대항하는 한 민족의 '의지'의 시험(test)으로 설명하려 한다. 아마 자유지상주의자는 인플레이션을 시장에 대해 정부가 간섭한 결과로 설명할 것이고, 흑인 해방주의자는 대부분의 사회적 문제의 뿌리를 백인 인종주의에서 찾으려 할 것이다. 이러한 예에서 보듯 이데올로기는 저마다 다른 방식으로 현상을 설명한다. 그러나 모든 이데올로기들은 그들이 이해하려 하는 복잡한 사건들과 조건들을 바라보는 방식을 제공한다. 더 나아가 다른 사람들에게 자신의 이데올로기를 수용하도록 설득하려고 노력하는 이데올로그들(ideologues)은 전형적으로 가능한 한 많은 사람들과 접촉하고 싶어한다. 그리고 이러한 욕구는 그들이 복잡한 사건과 상황에 대해 단순한 그리고 때때로 과도하게 단순화된 설명을 하도록 유도한다.

평가 이데올로기의 두 번째 기능은 사회적 조건들을 평가하는 기준을 제공하는 것이다. 사실 어떤 일이 발생하는 원인을 설명하는 것과 어떤 것이 좋은지 나쁜지를 결정하는 것 사이에는 차이가 있다. 모든 전쟁은 피해야 할 악인가? 아니면 몇몇 전쟁은 도덕적으로 정당화할 수 있는가? 불황은 경제 순환의 정상적인 부분인가 혹은 병든 경제 체계의 징후인가? 완전고용은 납득할 만한 이상인가 혹은 순진한 몽상인가? 부자와 가난한 자 사이의 부의 거대한 불균형은 바람직한가 그렇지 못한가? 인종간의 긴장은 불가피한 것인가 아니면 피할 수 있는 것인가? 또한 이데올로기는 그 추종자들에게 이러저러한 문제들에 답하는 데 필요한 기준들을 제공한다. 예를 들어 당신이 자유지상주의자라면, 제안된 정책이 정부가 개인의 삶에서 차지하는 역할을 증대시킬 것인지 감소시킬 것인지를 물으면서 그 것을 평가할 것이다. 당신이 페미니스트라면 아마도 제안된 정책이 여성의 이익에 도움이 되는지 아닌지를 물을 것이고 그에 근거하여 찬반을 나타낼 것이다. 혹 당신이 공산주의자라면 제안이 노동계급 에 어떤 영향을 줄 것인지, 그리고 계급투쟁에서 노동계급의 승리에 대한 전망을 높일 것인지 아닌지를 물을 것이다. 이것은 어떤 이데 올로기를 따르는 사람들은 다른 이데올로기를 추종하는 사람들이 아주 싫어하는 것을 우호적으로 평가한다는 것을 의미한다. 예를 들 어 공산주의자들은 계급투쟁을 좋은 것으로 간주하는 반면에 파시 스트들은 그것을 악으로 간주한다. 그러나 입장 차이에 관계없이 모 든 이데올로기는 사람들에게 사회정책과 사회적 조건들을 평가하고 판단하며 지지하는 것을 도와주는 기준과 실마리를 제공함으로써 그 정책과 조건들이 좋은지, 나쁜지 혹은 무관한지를 결정할 수 있 도록 한다.

지향 이데올로기는 그것의 담지자에게 지향과 정체성의 의미, 즉 사람들이 속한 집단(인종, 민족, 성 등)의 정체성과 사람들이 세계의 다른 부분과 관계하는 방식을 제공한다. 자전거 여행자나 일반 여행 자들이 낯선 지역에서 길을 찾기 위해 지도, 나침반, 이정표를 이용 하듯이 사람들은 자신의 사회적 정체성과 위치를 찾기 위해 어떤 것 을 필요로 한다. 나침반처럼 이데올로기는 사람들이 지향하는 것, 즉 그들이 어디에 있는지, 그들이 누구인지, 그리고 그들이 복잡한 세계에 어떻게 적응해야 하는지에 대한 의미를 얻도록 도와준다. 예 를 들어 만약 당신이 공산주의자라면 대체로 자신을 자본주의적 착취와 억압에서 노동자를 해방시키는 과업에 헌신하는 당에 소속된 노동계급의 일원으로서 생각할 것이고, 그에 따라 격렬하게 자본가 계급에 맞설 것이다. 혹 당신이 나치라면, 자신을 백인으로 생각하고 인종적 순수성을 보존하며 '열등한' 인종을 노예화하거나 제거하려는 당의 성원으로 생각할 것이다. 혹 당신이 페미니스트라면, 자신을 성적 억압과 착취를 종식시키고자 하는 운동에 몸담은 여성(혹은 여성 문제에 우호적인 남성)으로 생각하는 데 익숙할 것이다. 다른 이데올로기들 역시 자신의 지지자들이 방향을 설정할 수 있도록 해주면서 사회 속에서 그들의 상황과 위치를 볼 수 있도록 하지만, 모두 지향의 기능을 수행한다.

정치적 강령 결과적으로 이데올로기는 그들의 추종자에게 무엇을 할지와 어떻게 할지를 말해준다. 이데올로기는 사회적, 정치적 행위에 대한 일반적인 강령을 마련하면서 강령적 혹은 처방적 기능을 수행한다. 의사가 환자에게 약을 처방하고 트레이너가 자신의 손님에게 운동 프로그램을 제시하는 것처럼, 정치 이데올로기들은 병든 사회에 대한 치료책을 제시하고 건강한 사회 속에서 건강한 사람들을 지키기 위해 마련된 처방을 제공한다. 만약 이데올로기가 당신에게 사회적 조건들이 현재 나쁘거나 앞으로 더 악화된다고 믿도록 진단을 내린 후, 상태를 개선할 것 같은 행위에 대한 강령이나 처방을 제시할 수 없다면, 당신의 지지를 얻지 못할 것이다. 이것이 바로 이데올로기가 하려고 하는 일이다. 예를 들어 만약 당신이 공산주의자라면, 자본주의의 전복, 국가 권력의 획득 그리고 협동적인 공산주의 사회의 궁극적 창조를 위해 노동계급의 의식과 지식을 고양시키는 일이 중요하다고 믿을 것이다. 그러나 당신이 나치라면, '우월한' 백인들이 유대인, 흑인 그리고 다른 '열등한' 사람들을 고립시키고 분리하고 종속시키는 것, 그리고 아마도 제거하는 것이 중요하다고 생각할 것이다. 만약 당신이 자유지상주의자라면, 당신의 정치적 강령은 사람들의 생활에서 정부의 간섭을 감소시키거나 없애는 제안을 포함할 것이다. 그러나 당신이 전통적인 보수주의자라면, 도덕성 혹은 전통적 가치를 향상시키기 위해 국가나 정부가 간섭하기를 원할 것이다. 이러한 예에서 보듯 이데올로기들은 저마다 매우 다른 행동 강령을 제공하지만, 모든 이데올로기들은 일정한 종류의 강령을 제시한다.

정치 이데올로기들은 네 기능을 수행하면서 사고, 곧 이념과 신념을 행위와 연결시키려 한다. 모든 이데올로기들은 사람들에게 스스로의 삶의 방식을 변화시키거나 보존하기 위해 행동하도록 영향을 미치고자 하는 희망을 품고 있으면서 현재 존재하고 앞으로 존재해야 할 사회적, 정치적 세계에 대한 비전을 제시한다. 만약 이 네 기능을 수행하지 않는다면, 그것은 정치 이데올로기가 아니다. 이러한 방식으로 우리의 기능적 정의는 이데올로기가 무엇인지, 그리고 무엇이 이데올로기가 아닌지에 대한 윤곽을 분명하게 하는 데 도움을 줄 것이다.

이데올로기에 속하지 '않는' 것 중의 하나는 과학이론이다. 분명히 이데올로기와 과학이론 사이의 구별은 때때로 규정하기 어렵다. 그 이유 중에 하나는 정치 이데올로기의 지지자들이 자주 그들의 견해를 아주 과학적이라고 주장하기 때문이다. 다른 이유는 과학자, 특히 사회과학자들이 때때로 자신의 이데올로기적 선입견이 어떻게 자신들의 이론을 형성하는지를 잘 이해하지 못하기 때문이다. 그리고 정치 이데올로기들은 세계가 왜 이렇게 존재하는지 설명하기 위해 자주 과학이론을 빌려온다는 것이다. 예를 들어 몇몇 무정부주의자와 자유주의자들은 나치와 일부 공산주의자들이 그랬던 것처럼, 자신의 목적을 위해 다윈의 진화론을 이용했다.

이 둘을 분리하기 어려운 경우가 많지만, 다윈의 이론처럼 사상가 본인이 만든 이론, 그리고 여기에 기대서 만든 – 그리고 빈번히 왜곡하는 – 이데올로기 사이에 차이가 없다는 뜻은 아니다. 과학이론은 본성상 **경험적(empirical)**이다. 과학이론들은 세계의 양상을 '기술(description)' 하는 데 관심을 갖지, 사람들이 무엇을 해야 하는가에 대해 '처방을 내리(prescribe)' 지는 않는다는 것을 의미한다. 물론 과학이론이 인간이 어떻게 살 '수 있다' 라는 함의를 제공한다면 인간이 어떻게 살 '아야 한다' 는 **규범적(normative)**인 문제에 대한 함의 역시 제공한다. 이는 특히 경험적인 것과 규범적인 것을 분리하기 어려운—혹자는 불가능하다고 말한다—사회이론의 경우 사실이다. 그러나 과학이론이 행위에 대한 함의를 가지고 있다고 해서 이데올로기라는 뜻은 아니다. 과학자는 '과학자로서' 행위에 대한 함의를 직접적으로 다루지 않지만, 이데올로그들은 분명히 그런 작업을 한다.

우리는 또한 기능적 정의를 사용하여 테러리즘과 같이 자주 이데올로기로 잘못 간주되는 다른 '이즘(isms)'과 정치 이데올로기를 구별할 것이다. 대부분의 탁월한 이데올로기들은 '이즘' 이라는 접미사 0로 끝나기 때문에, 일부 사람들은 모든 '이즘' 을 이데올로기라고 결론짓는다. 이것은 명백한 실수이다. 그 내용은 접어두고, 알콜 중독(alcoholism), 자기(magnetism), 최면술(hypnotism)은 정치 이데올로기가 아니다. 테러리즘 역시 마찬가지다. 테러리즘은 사회적, 정치적 행동을 위한 강령을 제공할 수 있으며, 이런 의미에서는 강령적 기능을 수행한다. 그러나 그것은 조건들을 설명하거나 평가하지도, 사람들에게 지향을 제시하지도 않는다. 테러리즘은 몇몇 이데올로그들이 자신의 명분을 확장시키기 위해 사용하는 하나의 전략일 뿐 그 자체가 이데올로기는 아니다. 곧 보겠지만 **민족주의(nationalism)**

와 무정부주의(anarchism) 역시 이데올로기가 아니다.

마지막으로 이 기능적 정의는 민주주의와 정치 이데올로기를 구별하는 데 도움을 준다. 사회주의, 보수주의 등의 다른 이데올로기와 달리 민주주의는 어떤 것이 왜 그렇게 존재하는지에 대한 설명을 제공하지 않으며, 우리는 단지 느슨한 의미에서만 민주주의가 평가적, 지향적 혹은 강령적 기능을 갖는다고 말할 수 있다. 더 나아가 거의 모든 이데올로기는 스스로를 민주주의적이라고 내세우는데, 민주주의가 이데올로기 그 자체라면 이런 말은 거의 할 수 없다. 예를 들어 사람들은 쉽게 보수주의적 민주주의자, 자유주의적 민주주의자, 혹은 사회(주의적) 민주주의자로 자처할 수 있는데, 그것은 사회주의적 보수주의자 혹은 자유주의적 파시스트를 자처하는 것보다 훨씬 쉬운 일이다. 이것은 민주주의 혹은 인민에 의한 통치가 하나의 이데올로기라기보다는 하나의 '이상(ideal)'이라는 것을 의미하며, 다음 장에서 심도 깊게 논의할 주제이다.

이 모든 경우에서 이데올로기에 대한 기능적 정의는 네 가지 기능 모두를 수행하지 않는 가능성들을 제거함으로써 이데올로기가 무엇인지를 명확히 하는 데 도움을 준다. 그러나 우리의 기능적 정의가 그렇게 도움을 주지 않는 다른 경우가 있다. 정치이론 혹은 정치철학과 이데올로기를 구별하는 작업이 그것들 중의 하나이다. 이 경우 정치이론들 역시 전형적으로 동일한 네 가지 기능을 수행하기 때문에 기능적 정의가 도움을 주지 않는다. 주요한 차이는 그것들이 보다 높고, 추상적이며, 좀 더 원칙적이고 아마도 보다 객관적인 수준에서 그 기능들을 수행한다는 점이다. 플라톤(Plato)의 『국가(Republic)』와 루소(Rousseau)의 『사회계약(Social Contract)』 같은 정치철학의 위대한 저작들은 독자에게 세계에서 자신의 위치에 대한 의미를 제공하려고 하면서 사회적 조건들을 분명하게 설명하고 평가하려 한다. 심지어 정치철학의 작업들은 아주 일반적인 행동 방식에 대한 강령까지도 처방해준다. 그러나 이러한 작업들과 정치철학의 다른 위대한 저작들은 아주 추상적이고 복잡한 경향이 있다. 바로 그렇기 때문에 수많은 사람들을 행동으로 옮기도록 자극하는 그런 종류의 저작은 아니다. 정치 이데올로기는 자신의 명분을 높이기 위해 과학이론을 끌어들이기도 하고, 위대한 정치철학자의 작업에 의지하기도 한다. 그러나 사고와 행위를 연결하려는 의지가 너무 앞서 있기 때문에 정치 이데올로기는 일반 대중이 정치철학자의 이념에 접근하기 쉽도록 그것을 단순화하는 경향이 있다. 따라서 정치철학과 정치 이데올로기 간에는 대개 정도의 차이가 있다. 그들은 동일한 일을 하지만 정치 이데올로기는 보다 단순하고, 덜 추상적인 방식으로 한다. 왜냐하면 이데올로기의 초점은 사람들의 행위를 끌어내는 데 좀 더 밀접하게 맞추어져 있기 때문이다.[5]

　종교의 경우도 동일한 문제가 생긴다. 대부분의 종교, 아마도 모든 종교는 추종자들에게 설명적, 평가적, 지향적, 강령적 기능을 수행한다. 그렇다면 종교가 이데올로기라는 뜻일까? 만약 우리가 일부 학자들의 방식에 따라 이데올로기를 단순히 '신념 체계'로 정의한다면 그렇다고 볼 수 있다.[6] 더 나아가 많은 학자와 상당수의 이데올로그들은 정치 이데올로기가 추종자들에게 종교와도 같은 특징을 갖는 방식에 대해 언급해왔다. 예를 들어 환각에서 벗어난 구 공산주의자들은 공산주의를 '실패한 신'이라고 지칭한다.[7] 그리고 우리가 다음 장에서 볼 것처럼, 종교적 요소들은 이데올로기적 갈등에서 중요한 역할을 수행해왔고, 앞으로도 그럴 것이라는 점을 부정하지 않는다. 하지만 종교와 정치 이데올로기 사이에는 중요한 차이가 있다. 종교는 자주 초자연적이고 신적인 것, 즉 신(혹은 신들)과 사후세계(혹은 사후세계들)를 다루는 반면, 이데올로기는 여기와 지금, 지구상의 삶에 더 많은 관심을 갖는다. 달리 말하면 정치 이데올로기는 사람들에게 다음 세계의 더 좋은 삶을 준비시키기보다는 현실에서 되도록이면 잘 살 수 있도록 도와주는 것을 목표로 한다.

다시 이 차이는 수준의 문제이다. 대부분의 종교도 사람들이 현세(現世)에서 어떻게 살 것인지에 관심을 가지지만, 그 문제가 항상 그리고 반드시 중요한 관심사는 아니다. 정치 이데올로기의 경우 그것은 중요한 관심사이다. 비록 그렇다 하더라도 한편으로 정치 이데올로기들과, 다른 한편으로 과학이론, 정치철학 그리고 종교 사이에 분명한 차이를 두는 것이 이데올로기를 이해하고자 하는 사람들에게 가장 중요한 점은 아니다. 가장 중요한 점은 어떻게 상이한 이데올로기들이 네 가지 기능을 수행하고 그렇게 하기 위해 그들이 다양한 이론, 철학 그리고 종교적 믿음을 이용하는지 보는 것이다.

인간본성과 자유

정치 이데올로기는 네 가지 기능, 곧 설명적·평가적·지향적·강령적 기능을 수행하기 위해, 인간의 잠재성 그리고 인간존재가 성취할 수 있는 것에 대해 좀 더 심도 있는 개념을 이끌어내야 한다. 이것은 모든 이데올로기에 두 가지의 양상, 즉 (1) '인간본성'에 대한 기본적인 신념 체계와 (2) '자유'에 대한 개념이 내포되어 있다는 것을 의미한다.

인간본성

인간본성에 대한 몇 가지 개념들, 즉 기본적인 인간의 성향, 동기, 한계, 가능성 등에 대한 몇 가지 관념들이 적어도 암묵적으로 모든 이데올로기에 현존한다. 어떤 이데올로기는 희소자원을 놓고 가능한 한 최대한의 몫을 얻기 위해 타인과 경쟁하는 것이 인간존재의 '본성'이라고 가정한다. 또 다른 이데올로기들은 사람들이 '본성적으로' 타인과 협력하고 그들이 가지고 있는 것을 나누려는 경향이 있다고 주장한다. 예를 들면 고전적 자유주의자나 현대의 자유지상주의자는 인간존재가 '본성적으로' 경쟁적이고 탐욕적이라고 믿는 것 같다. 이에 비하여 공산주의자는 경쟁심과 탐욕은 자본주의 체제가 길러낸 '비본성적'이고 더러운 악이라고 주장할 것이다. 즉 그들에게 인간의 '진정한' 본성은 협력적이고 관대한 것이지만, 자본주의 체제가 인간본성을 왜곡하고, 이렇게 왜곡된 본성이 다시 자본주의 체제를 왜곡시키는 악순환이 펼쳐진다는 것이다. 또 다른 이데올로기는 인간에게는 자신과 같은 인종과는 결합하지만, 다른 종류의 인종과 협력하거나 그들에게 공감하는 것조차 피하게 만드는 본성적 혹은 내재적인 인종 의식이 있다는 것을 당연하게 생각한다. 따라서 나치는 인종들이 지배권을 놓고 투쟁하는 것은 '본성적'이고 인종간의 평화나 조화를 추구하는 것은 '비본성적'이라고 주장한다.

이러한 인간본성에 대한 개념들은 정치 이데올로기를 이해하는 데 중요하다. 왜냐하면 그것은 각 이데올로기가 어떻게 네 가지 기능을 수행하는가 결정하는 데 중요한 역할을 하기 때문이다. 인간본성에 대한 각각의 이데올로기들의 관념이 특히 중요한 것은 정치적으로 가능한 것이 무엇인지 그 한계를 설정하기 때문이다. 예를 들어 공산주의자가 당신은 계급 없는 사회를 이루기 위해 노력해야 한다고 말할 때, 그것은 인간본성이 계급 없는 사회를 성취할 수 있다는 것이고, 그렇기 때문에 계급 없는 사회의 실현을 인간본성에서 배제할 수 없다는 뜻이다. 다른 한편에서 보수주의자가 당신에게 전통적인 사회의 배치를 보존하고 방어해야 한다고 할 때, 그것은 인간존재가 약하고 실수하기 쉬운 존재이므로 사회개혁의 계획은 사회를 개선시키기보다는 피해를 줄 것이라고 믿고 있음을 의미한다. 다른 이데올로기는 인간본성에 대한 또 다른 관점을 취한다. 하지만 모든 경우 정치 이데올로기가 처방하는 강령은 인간본성에 대한 핵심적인 개념, 즉 인간존재가 진정 어떤 것이고 그들이 성취할 수 있는 것은 무엇인지에 대한 관념과 직접적으로 결부되어 있다.

자유

이상하게 보이지만 모든 이데올로기는 저마다 '자유(freedom)'(혹은 그 동의어인 liberty)를 방어하고 확장한다고 내세운다. 모든 이데올로기들이 자유를 증진시키지 못하는 사회를 비난하고 자유의 증진을 약속하는 가운데, 자유는 평가적 기능과 강령적 기능의 양자를 수행하면서 그 모습을 드러낸다. 그러나 이데올로기들은 저마다 상이한 방식으로 자유를 정의한다. 예를 들어 자유에 대한 고전적 보수주의자의 이해는 고전적 자유주의자나 현대의 자유지상주의자와 다르다. 또한 양자는 공산주의자의 자유 개념에 동의하지 않는다. 그리고 셋 모두는 나치의 자유 개념과 근본적으로 다르다. 이것은 자유가 본질적으로 논쟁적인 개념(essentially contested concept)이기 때문이다. 즉 무엇을 자유롭다고 볼 것인지 그 자체가 논쟁거리이다. 왜냐하면 '자유'에 대해 논쟁의 여지없이 정확한 개념은 존재하지 않기 때문이다.

모든 이데올로기는 자유를 증진시키려 하기 때문에, 이 개념은 상이한 이데올로기들을 비교·대조하는 데 적합한 근거를 제공한다. 따라서 다음 장에서 우리는 각각의 이데올로기들의 자유 개념을 맥칼럼(Gerald MacCallum)이 제안한 삼각모델에 적용하면서 설명할 것이다.[8] 맥칼럼에 따르면, 자유에 대한 모든 개념은 세 가지 양태를 포함한다. 곧 (A) 행위자(agent), (B) 행위자를 봉쇄하는 장벽 혹은 장애물(obstacle), (C) 행위자가 목표하는 목적(goal). 따라서 자유에 대한 모든 언명은 다음과 같은 형태를 취한다. "A는 C를 성취하기 위해, 혹은 C이기 위해, 혹은 C가 되기 위해 B로부터 자유롭다(혹은 자유롭지 못하다)."

다른 말로 하면 누군가 자유롭다고 말하는 것은 사람들이 무엇 '으로부터 자유롭고' 그렇기 때문에 무엇을 '하는 데 자유롭다'라는 뜻이다. 그 '행위자'는 현재 자유로운 혹은 자유로워야 하는 사람이나 집단이다. 그러나 행위자는 단순히 자유로운 것이 아니다. 자유롭기 위해, 행위자는 그것이 자신의 속마음을 표현하는 것이든, 종교적 예배를 보는 것이든, 혹은 단지 공원에 산책을 가는 것이든 '목표'를 추구 '하는 데 자유로워야' 한다. 그러나 사람들이 특정한 '장애물', 장벽 혹은 제약 '으로부터 자유'롭지 못하다면, 어느 누구도 목표를 추구하는 데 자유롭지 못한 것이다. 그 장애물은 엄청나게 다양한 형태—그중 몇 가지만 든다면 장벽, 사슬, 편견, 빈곤 등—를 갖지만, 중요한 것은 한 여성이 하고 싶어 하는 일을 막는 장애물이 있을 때 그녀는 자유롭지 못하다는 점이다. 따라서 '자유'는 어떠한 장애물로부터 자유롭고 어떠한 목표를 성취하는 데서도 자유로운 행위자를 포함하는 관계를 가리킨다.

우리는 그림으로 이 관계를 보여줄 수 있다(〈그림 1.1〉).

어떻게 자유의 세 가지 요소가 '당신은 오늘밤 자유로우세요?'라

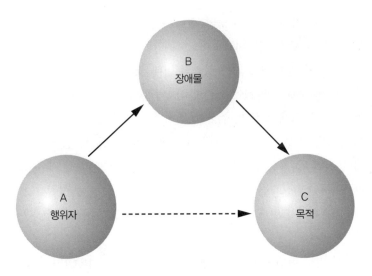

〈그림 1.1〉 자유의 삼각모델

는 아주 일상적인 질문 속에도 존재하는지 생각해보라. 이 경우 행위자는 질문을 받는 당신이다. 질문 안에는 특정하게 명시된 명백한 장애물이나 목표가 존재하지 않지만, 그것은 질문의 초점이 행위자가 특정한 목표를 추구하는 데 어떤 장애물이 방해가 되는지 알고 싶어하는 데 있기 때문이다. 즉 우리가 누군가에게 오늘밤 자유로운지를 물을 때, 우리는 무엇이—시험 공부, 직장 일, 혹은 누군가와의 약속 때문에—그 사람에게 어떤 일을 하지 못하도록 가로막는지 결정하려는 것이다. 그런 방해물이 없다면 이 경우 행위자는 자유롭다.

그러나 '정치적' 자유란 무엇인가? 맥칼럼에 따르면, 사람들은 정치에서 무엇을 자유로 간주할 것인지 서로 다른 견해를 갖는데, 그것은 그들이 A, B, C를 상이한 방식으로 파악하기 때문이다. 행위자에서 시작하여 행위자의 목표를 고려하고, 행위자가 그 목표를 추구하는 데 부딪히는 장벽이나 장애물에 대해 차례로 짚어가며 각각의 경우들을 검토해보자.

행위자 행위자는 개인, 계급, 집단, 민족, 성, 인종 심지어 종(種)일 수 있다. 3장에서 보겠지만, 자유주의자들은 자유를 전형적으로 개인의 자유라는 측면에서 파악한다. 반면 마르크스와 마르크스주의자들은 특정한 계급, 즉 노동계급의 자유에 초점을 맞춘다. 무솔리니와 이탈리아 파시스트들은 행위자를 민족-국가로 파악하고, 독일 파시스트들(나치)은 그것을 인종으로 이해한다. 페미니스트에게는 행위자의 젠더(gender) 정체성이 가장 중요하다.

목표 행위자는 목표를 갖는다. 행위자에 따라 목표는 저마다 다르다. 나치의 목표는 백인종의 '순수성'과 우월성이다. 공산주의자의 목표는 계급 없는 공산주의 사회이다. 자유주의자의 목표는 타인으로부터 부적절한 간섭 없이 자신의 방식대로 살아가는 것이다. 페미니스트의 목표는 여성의 능력과 가치를 인정받고 보상받는 사회에서 살아가는 것이다. 그리고 다른 모든 이데올로기의 경우도 각각 다른 목표를 갖고 있다.

장애물 행위자들은 자신의 목표를 추구하는 길에서 장애물을 만난다. 이 장애물들은 다양한 형태, 즉 물질적 혹은 물리적 조건(예를 들어 빈곤이나 신체적 결함), 범죄, 사회적, 정치적, 경제적 이념들, 이데올로기, 제도, 실천, 전통, 신념의 형태를 띤다. 여성들은 성차별에 부딪힌다. 공산주의자들은 노동자들의 무관심과 '허위의식' 그리고 자본가 계급의 부와 권력에 봉착한다. 나치는 유대인, 흑인 그리고 다른 '열등한' 인종과 부딪힌다. 또한 이데올로기들은 종종 다른 이데올로기들을 제거해야 할 장애물이나 장벽으로 간주한다. 예를 들어 파시스트들은 개인을 강조하는 자유주의, 평등을 강조하는 사회주의를 통일되고 규율 잡힌 그리고 질서정연한 사회로 가는 길을 가로막는 장애물로 간주한다. 장애물은 어떠한 형태를 띠든 극복되고 제거되어야 한다. 행위자가 더 많은 장애물을 제거할수록 그들은 더 자유로울 것이다. 그들이 장벽을 극복할 수 없는 정도만큼 그들은 자유롭지 못하고 '부자유스럽다'. 그리고 각 정치 이데올로기에서 자신의 행위자라고 간주되는 개인, 계급, 인종, 젠더가 자신의 목표를 실현하는 데 자유롭지 못할 때, 이데올로기는 그들의 자유를 가로막는 장애물을 제거하기 위한 행위를 요구할 것이다. 정치 이데올로기의 역사를 통하여 이러한 행위는 자주 혁명의 형태를 취해왔다.

이데올로기와 혁명

정치적 용법에서 본래 **혁명**이라는 말은 이전 조건으로의 회귀를 의미하였다. 태양을 도는 지구의 회전(revolution)처럼, 정치적 혁명은 출발점으로의 회귀였다. 그러나 18세기 미국 혁명과 프랑스 혁명 이후, '혁명'은 좀 더 급진적인 의미를 지니게 되었다. 미국 혁명은 영국인으로서의 식민지인들의 권리를 회복하려는 시도로서 시작되었지만, 새로운 정부 체계를 갖춘 새로운 나라의 창조로 끝이 났다. 그런데 이 새로운 체계가 형성되고 있는 동안에 프랑스 혁명은 낡은 방식으로의 회귀가 아니라 근본적으로 새로운 정치적, 사회적 질서를 도입하려는 의도로서 시작했다. 3장에서 보겠지만, 이 혁명은 그것을 출발시켰던 사람들이 의도했던 것보다 멀리 나갔으며, 그들 중 어느 누구도 원하지 않았던 방식으로 끝을 맺었다. 그러나 그것은 프랑스의 사회적, 경제적, 정치적 삶에서 광범위한 변화를 발생시켰다. 사실상 프랑스 혁명은 전 유럽과 세계의 여러 곳에 걸쳐 충격적인 파도를 일으켰고, 그 파도는 너무나 컸기 때문에 오늘날까지도 여파를 느낄 수 있다. 그중에 한 가지 표식은 정치적 입장들이 오늘날에도 일상적으로 좌파(left), 우파(right) 혹은 중도파(center)로 묘사된다는 사실이다. 이 단어들은 혁명 시기 의회의 자리 배치에서 유래했다. 중도파는 중앙에 앉았고, 급진적 변화를 원하는 사람들은 의회의 좌측 혹은 왼쪽 '날개(翼)'에 모여 있었으며, 변화에 반대하던 이들은 우익에 모여 있었다. 이것이 오늘날까지 우리가 정치에서 우익, 좌익 그리고 중도파라고 칭하는 이유이다.

근대의 혁명가들은 단순히 통치자나 지도 집단을 바꾸거나 정치 구조에서 약간의 변화 혹은 개혁만을 원하지 않았다. 그들의 목표는 근본적으로 썩었거나 부패했다고 믿는 낡은 질서를 전복하는 것이었다. 이 견해에 따르면 정부와 사회가 뿌리까지 병들었다면, 변화나 개혁만으로는 충분하지 않다. 이러한 경우 유일한 해결책은 전체 사회질서를 뿌리 뽑고 더 나은 질서로 대체하는 것이라고 그들은 말한다. 이것은 글자 그대로 근본적인 접근인데, '근본적(radical)'이라는 말이 라틴어에서 '뿌리'를 의미하는 radix에서 나왔기 때문이다.

물론 사람들이 혁명을 통해 사회가 더 나은 상태로 근본적 변화를 이룰 수 있다고 믿지 않는다면, 그들은 혁명과 같은 급진적인 과업을 실행하지는 않을 것이다. 이 때문에 보수주의자들은 혁명에 대해 의심한다. 그들은 인간을 본성상 불완전한 존재라고 파악하므로 완전한 사회를 이룰 수 있는 인간의 능력을 낮게 보는데, 이러한 견해는 일반적으로 사회의 전면 개선이 실질적으로 불가능하다고 믿게 한다. 보수주의는 이 점에서 다른 이데올로기와 매우 상이하다. 다른 모든 이데올로기들은 인간의 이성과 행위가 사회, 정치 그리고 삶의 질에서 큰 진보를 가져올 것이라고 주장한다. 각 이데올로기는 진보나 개선이 무엇인지에 대해서 서로 다르게 생각하지만, 보수주의를 제외한 모든 이데올로기들은 일반적으로 인간의 삶의 질에서 극적인 진보와 의미 있는 개선의 가능성에 대해 낙관적이었다.

이 점에서 정치 이데올로기들은 근대 세계의 생산물이다. 이전 시기에는 대부분의 사람들이 그들의 삶이 자신의 부모와 조부모의 삶과 동일할 것이라고 믿을 만한 충분한 이유가 있었다. 대부분의 사람들은 토지 혹은 바다에서 생활을 영위했고, 이러한 삶의 방식에서는 변화들이 아주 서서히 오는 것이어서 그들이 일반적으로 자신의 자녀들이나 손자들의 삶 역시 자신의 삶과 크게 다를 것이라고 믿어야 할 별다른 이유가 없었다. 그러나 근대 세계에서는 변화의 속도가 매우 빨라 오늘날 우리는 다가올 변화들을 예측하는 업무에 종사하는 '미래주의자들(futurists)' 혹은 '미래학자들(futurologists)'을 볼 수 있다. 반면 또 다른 사람들은 자신들의 직업이나 심지어 자신들의 태도가 쓸모없어지면서 변화에 적응하지 못하거나 뒤처지지 않을까 두려워한다. 좋건 싫건 우리는 혁신의 시대에 살고 있다. 그리고 좋건 싫건 우리는 이데올로기의 시대에 살고 있다.

이데올로기들과 혁신은 중요한 방식으로 연결되어 있다. 유럽에서 근대 세계의 시작을 나타냈던 과학적, 기술적 그리고 심지어 예술적 진보는 많은 사람들에게 진보에 대한 신념, 즉 지상의 삶이 그 어느 시대보다 많은 사람에게 훨씬 더 많은 보상을 가져다줄 것이라는 믿음을 주입시켰다. 그러나 사람들이 진보의 열매를 즐길 수 있기 전에 사회 자체의 질서가 재편성되어야 했다. 삶의 낡은 방식들이, 특히 창조적이고 대담한 개인이 자신과 타인의 삶을 개선하기 위해 스스로의 에너지와 진취성을 발휘하는 것을 가로막았을 때 진보는 지체되었다. 따라서 낡은 삶의 방식을 지탱하는 제도들, 특히 로마 가톨릭 교회와 봉건적 경제질서는 개인들이 기회와 진보, 이성의 새로운 세계 속에 자신의 능력을 최대한 발휘하며 살아가도록 자유롭게 만들고자 하는 사람들에 의해 공격을 받았다. 이러한 공격은 세계를 인간 이성이 파악할 수 있고 인간 행위가 완벽하게 축조할 수 있는 것으로 보았던 계몽주의(Enlightenment)라는 철학적 운동을 포함하여 수많은 형태를 띠고 나타났다.

계몽주의 이전에도 낡은 삶의 방식에 대한 공격은 첫 번째 정치 이데올로기였던 자유주의라는 형태를 띠고 나타났다. 어떻게 자유주의가 관용과 기회의 이름으로 종교적 순응과 봉건제에 대항하여 발생하였는지는 3장에서 다룰 이야기이다. 지금 중요한 점은 처음에는 자유주의, 그리고 그 이후 보수주의를 제외한 다른 모든 이데올로기가 하나의 확신, 곧 인간의 삶과 사회가 극적으로 변화할 수 있고 변화해야 한다는 확신에서 나왔다는 사실이다. 바로 이 확신이 사회를 재형성하고 혁명을 일으키기까지 하는 운동으로 사람들을 이끌거나 결집시킨다. 간단히 말해 바로 이 확신이 정치 이데올로기를 발생시킨다.

민족주의와 무정부주의

두 개의 중요한 정치 세력이 이 서론에서 논의되어야 할 것으로 남아 있다. 민족주의와 무정부주의라는 이 세력들은 때때로 그 이름 때문에 이데올로기로 간주된다. 우리는 이에 동의하지 않는다. 민족주의와 무정부주의는 너무 다양한 형태를 띠고 있고 다른 많은 이데올로기들과 얽혀 있기 때문에 우리는 그것들을 이데올로기로 다루지 않는 것이 낫다고 생각한다. 예를 들어 극소수 민족주의자들만이 단순하게 민족주의자이다. 그보다는 그들은 자유주의적, 보수주의적, 공산주의적 혹은 파시스트적 민족주의자들이다. 무정부주의자들 역시 대부분 극단적 결론까지 추종하는 자유주의, 사회주의로 분리된다. 이러한 이유 때문에 민족주의와 무정부주의에 대한 논의를 그들과 가장 근접하게 결합된 이데올로기들에 대한 논의와 결합하는 것이 낫다. 그러나 우선 우리는 민족주의와 무정부주의가 무엇인지 몇 가지 생각들을 정리해야 한다.

민족주의

근대 정치에서 가장 강력한 세력들 중의 하나인 민족주의는 세계의 인민들이 대부분 자연적으로 별개의 집단이나 민족으로 분리되어 있다는 생각에서 성장하였다. 이 견해에서 한 사람의 민족소속은 자신이 선택한 것이 아니라 태어나면서부터 획득된 것이다. 사실 '민족(nation)'과 '민족소속(nationality)'은 '출생'을 의미하는 라틴어 natus에서 유래하였다. 따라서 민족은 어떤 의미에서는 동일한 출생을 공유하는 사람들의 집단이다. 이러한 방식으로 한 사람의 민족소속은 그 사람의 시민권과 분리할 수 있다. 예를 들어 체로키(Cherokee) 민족의 구성원은 미국의 시민이 될 수 있다. 그러나 열성적인 민족주의자들의 시각에서 볼 때, 민족소속과 시민권은 분리되어서는 '안 된다.' 탄생을 공유하는, 동일한 민족에 속하는 사람들은 동일한 정치적 단위 혹은 국가에서 시민권을 공유해야 한다. 이것이 단일한 민족의 감정과 필요를 결합하고 표현하는 주권적이고 자치적인 정치적 단위, 즉 민족국가(nation-state)라는 이념의 근원이다.

민족주의적 감정이 오랜 역사를 통하여 존재해왔다고는 하지만, 그것은 1800년대 초 나폴레옹 전쟁 이후 특히 강력하게 대두되었다.

나폴레옹의 프랑스 군대가 대부분의 유럽을 정복하였을 때 그들은 정복당한 많은 인민들의 원한, 때로는 염원을 자극하였다. 이것은 통일된 나라가 아니었던 독일과 이탈리아에서 특히 그랬다. 독일은 프로이센 왕국과 오스트리아 제국부터 지방귀족들이 통치하는 소규모의 공작령과 남작령에 이르기까지 그 크기와 힘에서 다양하게 분리된 정치적 단위의 분산된 집합체였다. 그렇다 하더라도 이 분산된 공동체의 인민들은 여러 관습과 전통은 물론 언어도 동일했고 공동의 문학을 공유하였다. 이탈리아의 조건 역시 유사하였다. 나폴레옹 군대의 승리, 즉 프랑스 '민족의' 승리는 독일, 이탈리아 그리고 그 밖의 많은 인민들이 자신의 민족소속을 인식하여 자신들의 고유한 통일 민족국가를 위한 투쟁을 하도록 자극함으로써 갖가지 반발을 불러일으켰다.

이 민족주의적 투쟁은 19, 20세기에 실질적으로 지구 곳곳으로 확산되었다. 예를 들어 민족주의적 감정과 적대관계는 제1, 2차 세계대전은 물론 아시아와 아프리카에서 반식민주의적 '민족해방전쟁'을 일으키는 것을 도왔다. 그러나 민족주의의 감정적 힘과 정치적 세력에도 불구하고 민족과 민족주의 이념은 많은 어려움을 낳았다. 그중 하나는 정확히 민족이 무엇인가를 결정하기가 어렵다는 사실이다. 한 집단의 인민을 동일한 민족소속의 구성원으로 결정하는 것은 무엇인가? 민족주의자들은 인종, 종족, 문화, 언어, 종교, 관습 혹은 역사와 같은 공통된 특징에 호소하지만 이 문제에 대한 명확한 답은 존재하지 않는다. 그러나 이러한 특징들 역시 정의하기 어렵다.

우리가 민족소속이 무엇인지를 결정한다 하더라도 민족주의에는 또 다른 어려움이 남는다. 많은 나라들, 특히 캐나다, 스위스, 미국은 민족소속이 분명히 다른 인민들을 포함하고 있다. 각각의 집단이 자신의 국가를 가져야 하는가? 예를 들어 스위스의 경우 프랑스, 독일, 이탈리아가 불어권, 독어권, 이탈리아권 스위스를 각각 흡수하여 분리되어야 하는가? 비록 스위스가 현재의 구도 속에서 번영을 누리고 있다 하더라도 그렇게 해야 하는가? 혹은 우리는 그들이 스위스 민족이라는 새로운 민족을 형성하였다고 말해야 하는가? 만약 그렇다면 다른 언어를 가진 이 인민은 언제, 어떻게 하나의 민족이 되었는가?

이러한 어려움들이 있지만 많은 인민들이 민족적 감성의 견인력을 느낄 뿐만 아니라 민족소속이라는 측면을 통해 자신의 정체성과 지향점을 찾는다는 것은 의심의 여지가 없다. 이러한 감성들은 동유럽에서 공산주의가 붕괴한 이후 발생한 사건들 속에서 명백히 나타났다. 소련과 유고슬라비아를 지탱했던 공산주의 체제가 붕괴했을 때, 두 나라는 민족소속에 따라 국가를 분리하였다. 그 결과, 이전 유고슬라비아의 보스니아 지역에서와 같이 어떤 민족 집단도 독립 국가를 세울 만큼 충분히 강력하지 못했던 이 지역에서는 과거의 이웃들과 비참한 전쟁이 일어났다. 민족주의의 끈질긴 힘은 체코슬로바키아를 분리시켜, 1990년대 평화적으로 체코와 슬로바키아 국가로 분할하였다. 민족이 무엇인지 정의하는 것이 어려운데도 민족주의는 21세기 정치에서 실질적이고 강력한 힘으로 남아 있다.

무정부주의

대중적인 오해와는 반대로, 무정부는 카오스나 혼돈을 의미하지 않으며, 무정부주의자 역시 카오스나 혼돈을 선호하지 않는다. 이 말은 '지배하지 않는(no rule)' 혹은 '정부가 없는(no government)'을 의미하는 그리스어 an archos에서 왔다. 따라서 무정부주의자는 국가를 철폐하고, 자유롭게 동의하고 협력하는 개인들 사이의 자발적인 협동체로 국가의 강제력을 대체하자고 주장하는 사람이다. 무정부주의자들이 볼 때 정부는 본성상 비도덕적이고 악이다. 모든 정부는 인민에게 그들이 원하지 않는 것, 예를 들면 납세, 전쟁 참여, 규율 지키기 등을 강요하면서 비도덕적이고 강압적인 행위를 한다. 물론 어떤 사람은 이러한 평가에 동의하면서도 정부나 국가는 인민들이 계속 복종해야 하는 필요악이라고 주장할 수도 있다. 그러나 무정부주의자는 국가가 필요악이 아니라 악에 불과하다고 믿는다. 기회가 주어진다면 인민들은 자신에 대한 억압적인 권위 없이 평화적으로 함께 살아갈 수 있다고 무정부주의자들은 주장한다.

또한 모든 무정부주의자들은 국가는 자발적인 협동체의 체계를 위해 없어져야 할 악이라는 데에 동의한다. 그러나 여기서 동의 사항은 끝이 난다. 어떤 무정부주의자는 경쟁적, 자본주의적—그러나 국가 없는—사회를 주장하는 급진적인 개인주의자이다. 또 어떤 무정부주의자는 자본주의를 증오하고, 소유의 통제와 공동 소유를 믿는 공산주의자이다. 어떤 무정부주의자는 국가를 폭력으로 전복해야 한다고 주장한다. 또 어떤 무정부주의자는 단지 평화적인 길만이 협동 사회로 이끌 수 있다고 믿는 평화주의자이다. 간단히 말해 무정부주의자들 사이의 불일치와 차이점들이 그들끼리의 유일한 동의 사항을 압도한다. 무정부주의를 추종하는 한 연구자가 말한 것처럼, "무정부주의는 사실상 '하나의' 이데올로기가 아니라 여러 이데올로기가 교차하는 지점이다."[9]

민족주의처럼 무정부주의도 근대 정치 이데올로기의 발전에 주요한 역할을 수행했다. 특히 19세기 말과 20세기 초에 그것은 세계의 여러 부분에서 영향력 있는 정치적 세력이었다. 그 이후 그 영향력은 쇠퇴하였다. 소규모의 무정부주의자들은 국가는 비도덕적이고 무정부주의가 가능하다고 계속 주장하지만, 오늘날 국가 그 자체를 부정하며 직접적 행동을 감행하는 사람은 거의 없다.

결론

우리는 근대의 정치생활을 특징짓는 갈등에서 이데올로기가 얼마나 중요한지를 언급하면서 서론을 시작하였다. 이제 우리는 '이데올로기'를 다소 일관되고 포괄적인 이념 체계라고 정의하면서 그것을 수용하는 사람들에게 네 가지 기능을 수행한다고 밝혔다. 즉 (1) 이데올로기는 왜 사회적 조건이 그러한 방식으로 존재하는지를 '설명한다.' (2) 이데올로기는 그 조건들을 '평가한다.' (3) 이데올로기는 사람들에게 방향을 제시함으로써 그들이 사회에 적응하는 방법을 보여줄 수 있다. (4) 이데올로기는 사회적, 정치적 행위를 위한 '강령을 처방한다.' 더 나아가 모든 이데올로기에는 '인간본성'과 '자유'에 대한 핵심적 가정이 있으며, 이 가정들로 인해 대부분의 이데올로기는 혁명을 요구한다.

다음 장들에서 우리는 여러 이데올로기의 역사와 구조를 검토할 것이다. 그러나 그전에 우리는 '민주주의'를 좀 더 자세히 살펴보아야 한다. 다음 장에서 설명할 것처럼, 민주주의는 그 자체가 하나의 이데올로기가 아니라 상이한 이데올로기들이 철저하게 거부하거나, 서로 다른 방식으로 추구하는 하나의 이상이다. 물론 대부분의 이데올로기는 민주주의를 하나의 이상으로 다루고 있지만.

더 읽을거리

Arendt, Hannah. On Revolution. New York : Viking, 1963.

Berlin, Isaiah. Liberty. Oxford : Oxford University Press, 2002.

_____. "Nationalism : Past Neglect and Present Power," in Berlin, Against the Current : Essays in the History of Ideas. Harmondsworth, U. K. : Penguin, 1982.

Bookchin, Murray. Post-Scarcity Anarchism. London : Wildwood House, 1974.

Carter, April. The Political Theory of Anarchism. London : Routledge & Kegan Paul, 1971.

Dunn, John. "Revolution," in Terence Ball, James Farr, and Russell L. Hanson, eds., Political Innovation and Conceptual Change. Cambridge : Cambridge University Press, 1989.

Journal of Political Ideologies. Oxford : Carfax Publishing, 1996-.

Kohn, Hans. Nationalism : Its Meaning and History. Princeton, NJ : D. Van Nostrand, 1955.

Lichtheim, George. The Concept of Ideology, and Other Essays. New York : Random House, 1967.

McLellan, David. Anarchism. London : Dent, 1984.

Pfaff, William. The Wrath of Nations : Civilization and the Furies of Nationalism. New York : Simon & Schuster, 1993.

Woodcock, George. Anarchism. Harmondsworth : Penguin, 1963.

Wolff, Robert Paul. In Defense of Anarchism, 3rd ed. Berkeley : University of California Press, 1998.

Yack, Bernard. The Longing for Total Revolution. Princeton, NJ : Princeton University Press, 1986.

1) Isaiah Berlin, The Crooked Timber of Humanity : Chapters in the History of Ideas(New York : Vintage Books, 1992), p.1

2) Isaiah Berlin, Liberty(Oxford : Oxford University Press, 2002), p. 55에서 인용.

3) John Maynard Keynes, The General Theory of Employments, Interest, and Money(New York : Harcourt, Brace & World, 1936), p. 383.

4) '이데올로기'의 기원과 역사에 대해서는 다음을 보라. Terrell Carver, "Ideology," in Terence Ball and Richard Dagger, eds., Ideals and Ideologies : A Reader, 5th ed.(New York : Longman, 2004), selection 1 ; Mark Goldie, "Ideology," in Terence Ball, James Farr, and Russell L. Hanson, eds., Political Innovation and Conceptual Change(Cambridge : Cambridge University Press, 1989), pp. 266-291 ; George Lichtheim, The Concept of Ideology and Others Essays(New York : Random House, 1967).

5) 정치철학과 정치적 이데올로기 사이의 관계에 대한 더 많은 논의를 위해서는 다음을 보라. Michael Freeden, Ideologies and Political Theory : A Conceptual Approach(Oxford : Clarendon Press, 1996), pp. 27-46.

6) Philipe Converse, "The Nature of Belief Systems in Mass Publics," in David Apter, ed., Ideology and Discontent(New York : Free Press, 1964).

7) Arthur Koestler, et al., The God That Failed, R. H. S. Crossman, ed. (Freeport, NY : Books for Libraries Press, 1972 ; 초판은 1949년 출간).

8) Gerald MacCallum, Jr., "Negative and Positive Freedom," Philosophical Review 76(1967) : pp. 312-334.

9) David Miller, Anarchism(London : Dent, 1984), p. 3.

【제2장】

민주주의의 이상

아무도 민주주의가 완벽하거나 가장 현명하다고 주장하지 않는다.
사실 민주주의는 때때로 시도되어왔던 모든 다른 형태를 제외하면
최악의 정부 형태라고 일컬어져왔다.
— 윈스턴 처칠(Winston Churchill)

현대 정치에서 가장 놀랄 만한 양상 중의 하나는 민주주의가 보편
적으로 큰 인기를 누리고 있다는 사실이다. 오늘날 중요한 정치지도
자, 일반 시민, 신민(臣民)을 가릴 것 없이 민주주의를 찬양하지 않거
나 자신을 민주주의자라고 내세우지 않은 사람은 거의 없다. 파시스
트, 나치 그리고 소수를 제외하고 민주주의가 바람직한 것이라는 데
모두 동의하는 듯 보인다. 그러나 이러한 동의는 격정적이고, 때로
는 폭력적인 이데올로기적 갈등을 통해 이루어진 것이다. 어떻게 이
러한 동의가 있을 수 있는가? 어떻게 거의 모든 이데올로기적 확신
들, 곧 자유주의와 사회주의, 공산주의와 보수주의를 가진 사람들이
민주주의의 가치에 대한 이러한 믿음을 공유하는가?

이 사실을 설명할 수 있는 것 중의 하나는 많은 사람들이 위선 혹
은 속임수로 '민주주의'라는 말을 사용한다고 보는 것이다. 민주주
의는 아주 인기가 있어서 모든 사람들이 자신의 이데올로기가 무엇
이든 그것을 민주주의와 연결하려 한다는 설명이다. 예를 들어
1989–1990년 공산주의가 붕괴하기 이전에 동독의 공식적인 명칭은

독일 민주주의 공화국이었다. 그러나 이 '민주주의' 정부는 언론의 자유를 엄격히 제한하였고 정치적 직위를 위한 경쟁을 효과적으로 금지하였다. 이러한 사실들을 보면서 일부 비판자들은 '민주주의'라는 말이 너무 자주 잘못 사용되어 명확한 의미를 상실했다고 불평한다.

두 번째 설명은 상이한 이데올로기의 추종자들이 민주주의를 성취하기 위한 방법을 놓고 저마다 다른 생각을 가지고 있다고 말하는 것이다. 거의 대부분은 민주주의가 좋은 것이라는 데에는 동의하지만, 그것을 실현할 수 있는 최상의 방법에 대해서는 동의하지 않는다. 미국에서 대부분의 사람들은 독재를 명백히 비민주주의적 체제로 간주하지만, 40년 이상 중국 공산당의 지도자였던 마오쩌둥은 자신의 정부가 '인민의 민주주의적 독재[人民民主專政]'라고 주장하였다. 마오쩌둥은 중국이 민주주의로 가는 길을 준비하기 위해 독재의 기간이 필요하다고 믿었기 때문에, 이런 용어에서 아무런 모순도 찾지 못했다. 그렇다면 아마 민주주의가 이데올로기적 활동의 진정한 '목적' 혹은 '목표'라는 데에는 진실되고 광범위한 동의가 존재한다. 비록 그 목적을 성취하기 위한 고유한 '수단들'을 둘러싸고서는 동의가 존재하지 않지만.

비록 위의 두 가지 설명이 유익하기는 하지만, 우리는 세 번째 설명이 문제를 좀 더 깊이 통찰하게 한다고 생각한다. 세 번째 설명은 사람들이 민주주의를 저마다 다른 의미로 파악한다는 것이다. 사람들은 민주주의를 성취하거나 증진시키기 원하지만, 이것을 '어떻게' 이룰 것인가에 대해서는 동의하지 않는다. 왜냐하면 민주주의가 진정 '무엇인지'에 동의하지 않기 때문이다. 정치적 이데올로기와 관련지어 본다면 민주주의는 대부분의 이데올로기가 신봉하는 '이상'이라고 할 수 있다. 그러나 사람들은 민주주의가 무엇인지에 대해 서로 다르게 이해하기 때문에 민주주의를 상이한 방식으로 추구한다. 사람들은 자신이 이해하는 방식에 따라 민주주의를 성취하거나 증진시키려고 하면서 다른 사람들과 충돌하기도 한다.

따라서 자유와 마찬가지로 민주주의도 **본질적으로 논쟁적인 개념이**다. 민주주의적 이상은 근대 세계의 이데올로기적 투쟁에 깊이 관련되어 있다. 이 투쟁을 이해하기 위해 우리는 민주주의와 민주주의적 이상에 대해 좀 더 자세히 알아보아야 한다. 특히 우리는 '민주주의'의 본래 의미가 무엇인지 그리고 왜 지난 두 세기에 이르러서야 비로소 민주주의가 바람직한 정부 형태로 간주되었는지 알아야 한다.

민주주의의 기원들

'민주주의'라는 단어와, 정치적 생활 형태의 민주주의 모두 고대 그리스에서 시작되었다. 그 말은 '인민' 혹은 '보통 사람'을 의미하는 그리스어 명사 demos와 '통치하다'를 의미하는 동사 kratein의 결합에서 비롯되었다. 그리스인들에게 demokratia는 특히 '보통 사람들, 즉 교육받지 못하고 똑똑하지 못하며 가난한 사람들에 의한 통치 혹은 정부'를 의미했다. 오늘날도 대개 그렇지만, 이 사람들이 시민 집단의 다수를 구성했기 때문에 민주주의는 다수의 통치를 의미했다. 그러나 다수가 하나의 계급, 곧 demos를 주로 구성했다는 사실을 주목하는 것이 중요하다. 많은 그리스인들은 민주주의를 계급 지배의 한 형태, 곧 하층 혹은 노동계급에 의한, 그들을 위한 정부로 이해하였다. 이처럼 민주주의는 통치하는 데 가장 자격을 잘 갖춘 사람들인 aristoi('가장 능력 있는 사람들'이라는 의미)에 의한 통치, 즉 귀족정과 대비되는 정치 형태였다.

단일 정부 아래 통일되지 않았던 고대 그리스에서 활동의 중심은 자치 폴리스(polis) 혹은 도시국가였다. 아테네의 황금시대로 명명된 기원전 5세기 후반의 대부분의 시기에 걸쳐 아테네인들은 자신의 폴리스를 민주주의라고 불렀다. 모든 사람들이 이 상황을 흔쾌히 받아들이지는 않았지만, 열정적으로 민주주의를 수용하려 했던 것 같다. 가장 유명한 아테네 민주주의 지도자인 페리클레스(Pericles)의 전몰 장병 추모 연설에 나타나 있는 헌사를 보면 그 점이 명백하다.

우리의 정부 형태는 다른 사람들의 제도와 경쟁하지 않는다. 우리는 이웃들을 모방하지 않고 그들에게 하나의 모범이 되고 있다. 행정이 소수가 아닌 다수의 손에 있기 때문에 우리가 민주주의라고 불리는 것은 사실이다. 그러나 우리의 법은 개인적 분쟁에서 모든 사람에게 평등한 정의를 확보해주면서도, 개인의 우수성에 대한 주장 역시 인정하고 있다. 한 시민이 어떠한 방식으로 뛰어날 때, 그는 특권으로서가 아니라 장점에 대한 보답으로서 공적 업무에 임명된다. 빈곤은 장애가 아니며, 사람들은 자신의 생활조건이 아무리 미천해도 자신의 나라[폴리스]를 위해 기여할 수 있다.[1]

페리클레스의 연설은 고대 아테네에서 귀족과 민주주의자들 사이의 긴장을 암시한다. 귀족들은 일반적으로 충분한 부를 소유하며 고귀한 가문과 유대관계를 맺고 사회에서 자기 입지를 굳게 다진 시민만이 통치할 수 있을 만큼 지혜롭다고 믿었다. 그러나 페리클레스와 민주주의자들은 대부분의 시민들이 그들의 농장과 일로부터 시간을 빼낼 수 있다면 통치할 수 있다고 믿었다. 결국 아테네의 민주주의는 시민들에게 하루 평균 임금을 지불하여 부자건 가난한 자건 총회에 참석하여 시민들이 직접투표를 함으로써 정책을 결정할 수 있도록 하였다. 또 시민들은 배심원으로 활동할 수 있도록 보수를 받았고, 때때로 한꺼번에 일 년분을 받기도 했다. 인민(demos)에 대한 아테네인들의 신임을 보여주는 더 직접적인 사례는 선거가 아니라 추첨을 통해 무작위로 선택된 시민들로 많은 공직을 채웠다는 사실이다.

페리클레스의 추모식 헌사는 아테네인들에게 커다란 의미를 지녔던 또 다른 구별, 즉 공적 심성을 갖춘 시민(polites)과 사적인 삶을 선호하는 이기주의적 개인(idiotes) 사이의 구별을 보여준다. 페리클레스는 다음과 같이 말한다.

> 아테네 시민들은 자신의 가정을 돌보기 때문에 국가〔폴리스〕를 등한시 하지 않는다. 그리고 상업에 종사하는 이들도 정치에 대해 매우 공정한 생각을 가지고 있다. 우리는 공적인 일에 관심을 갖지 않는 사람을 무해하지만 쓸모없는 특징을 가진 사람으로 본다. 그리고 우리들 중의 소수만 정책을 발안하지만, 우리는 모두 정책에 대한 건전한 심판관들이다.[2]

아테네 민주주의에 더욱 중요한 것은 아테네인들이 이해한 시민권의 또 다른 측면이었다. 시민이 되기 위해서는 성인이면서 자유로운 아테네 남성이어야 했다. 여성, 외국인 거주자 그리고 (인구의 대부분을 구성하였던) 노예는 모두 배제되었다. 실제로 아테네 거주자 10명 중 1명만이 시민이었다. 21세기의 시점에서 본다면 아테네 민주주의는 거의 민주주의적이지 않은 것 같아 보인다.

이러한 판단은 우리가 소수자의 권리를 보호하기 위해 아테네 민주주의가 거의 아무런 장치도 마련하지 않았다는 점을 고려할 때 더욱 설득력이 있다. 비록 시민들은 법 앞에 평등했지만, 그렇다고 어떤 시민이라도 자기 의견을 대중이 얼마나 받아들이지 못할 것인가에 상관없이 자유롭게 발표했다는 뜻은 아니다. 때때로 아테네의 총회는 재판이나 법적 보호장치 없이 일시적으로 시민을 아테네 밖으로 추방하였다. 그것은 단순히 총회의 다수가 이 시민이 폴리스에 위협이 된다고 생각했기 때문이다. 이것이 패각추방(ostracism)인데, 아테네 시민들이 추방하기를 바라는 시민의 이름을 조개껍데기나 도자기 조각에 썼기 때문에 붙은 이름이었다.

인기 없는 견해를 말한 데 대한 처벌은 때때로 상당히 가혹하였다. 우리는 바로 소크라테스(Socrates, 기원전 469-399)의 경우에서 이러한 예를 볼 수 있다. 그는 아테네인의 가장 근본적인 믿음에 의문을 제기함으로써, 나태한 아테네 시민들을 안일한 자기만족에서 끌어내도록 자극하는 일을 자기의 임무로 생각했던, 자신을 쇠파리로 간주했던 철학자였다. "나는 내가 있는 모든 곳에서 매일매일 당신을 설득하고 비난하기 위해 여러분 모두를 자극하는 일을 결코 중단하지 않을 것이다"[3]라고 그는 말하였다. 기원전 399년 민주주의 분파가 권력을 장악했을 때, 이에 자극을 받은 일부 시민들이 종교적 불경과 아테네의 젊은이들을 타락시킨다는 죄목으로 소크라테스를 고소하였다. 소크라테스는 기소되어 유죄가 인정되었고 독약을 받았다. 처음으로 민주주의가 일어났던 아테네는 사상과 언론의 자유라는 명분에 몸을 바친 첫 번째 순교자를 만들었다.

그러나 기원전 4-5세기에 민주주의에 우호적이었던 사람들은 다른 비판에 직면하였다. 그것은 민주주의가 위험스러울 정도로 불안정한 정부 형태라는 불평이었다. 이러한 불만을 제기한 최초의 인물은 소크라테스의 제자이자 친구였던 플라톤(Plato, 기원전 427-347)이었다.

플라톤은 민주주의가 위험하다고 믿었는데, 그것은 민주주의가 정치권력을 무지하고 질투심이 강한 인민들의 손에 맡기기 때문이었다. 그는 인민들은 무지하기 때문에 공동선을 위해 정치권력을 어떻게 사용할지 모를 것이라고 주장하였다. 그들은 질투심이 강하기 때문에 자신의 이익만을 알고, 더 잘사는 사람의 것을 약탈하여 자기 몫을 늘리려 할 것이다. 인민은 무지하고 질투심이 강하기 때문에, 그들에게 아양을 떨고, 그들의 질투심에 호소하며, 시민을 시민에 대립하도록 만드는 선동가(demagogues)——글자 그대로는 인민(demos)의 지도자라는 뜻——에게 쉽게 휩쓸릴 것이다. 간단히 말해 민주주의로부터 내전과 무정부, 결국은 도시국가의 파괴가 올 것이다. 플라톤의 분석에 따르면, 민주주의가 폴리스를 비참한 조건 속에 두게 될 때, 인민들은 법과 질서를 절실히 요구할 것이다. 그들은 그때서야 무정부 상태를 끝낼 강력한 인물 주위에 몰려들 것이다. 그러나 그런 사람은 단지 자신의 권력만을 돌보기 때문에 폴리스나 인민을 보호하지 않는 전제군주(despot), 참주(tyrant)일 것이라고 플라톤은 말한다. 따라서 인민에 의한 통치인 민주주의에서 참주정(tyranny)까지는 단지 몇 걸음밖에 되지 않는다.[4]

민주주의에 대항하는 이러한 논의는 플라톤의 제자인 아리스토텔레스(Aristotle, 기원전 384-322)를 포함한 많은 정치사상가에게 친숙하다. 아리스토텔레스는 민주주의가 여섯 개의 정치 체제 혹은 지배 체제 중의 하나라고 주장한다. 『정치학(Politics)』에서 아리스토텔레스는 통치 권력은 한 사람, 소수 혹은 다수의 손에 있을 수 있다고 지적한다. 그리고 이 권력은 전체 공동체의 선을 위해——이 경우 그것은 좋은 것이고 참된 것이다——혹은 단지 통치자들의 선을 위해——이 경우 나쁜 것이고 타락한 것이다——행사될 수 있다. 이 양태들을 조합하여 아리스토텔레스는 〈그림 2.1〉과 같은 여섯 가지 정치 체제 분류법을 만들어냈다.

아리스토텔레스의 체제 분류에서 특히 두 가지 특징을 주목할 만하다. 우선 그 역시 플라톤을 따라 민주주의를 나쁜 것 혹은 바람직하지 않은 것으로 간주했다는 점이다. 인민은 시각이 좁고 이기적이

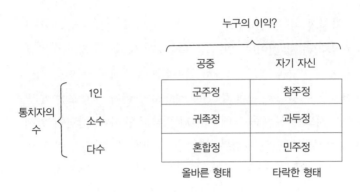

누구의 이익?

		공중	자기 자신
	1인	군주정	참주정
통치자의 수	소수	귀족정	과두정
	다수	혼합정	민주정
		올바른 형태	타락한 형태

〈그림 2.1〉 아리스토텔레스의 통치 분류

기 때문에 아리스토텔레스에게 민주주의는 타락한 통치 형태이다. 보통의 인민들은 폴리스 전체의 평화와 안정에 상관없이 소수로부터 소유권, 부, 권력을 빼앗으면서 분별없이 자신의 이익을 추구할 것이다. 그러나 이것은 단기적으로만 자신들의 이익에 기여할 뿐 결국 폴리스에는 혼돈과 전제정(despotism)을 몰고 올 것이다.

아리스토텔레스의 분류에서 두 번째로 주목할 만한 특징은 다수에 의한 좋은 통치 형태로서 혼합정(polity)을 포함시킨 것이다. 아리스토텔레스에게 혼합정은 민주주의와 다른데, 소수에 의한 통치 요소와 다수에 의한 통치 요소를 혼합시켰기 때문이다. 이 혼합정체 혹은 혼합정부(mixed constitution or government)의 장점은 각 집단이 다른 집단을 감시하므로—부유한 소수는 다수를, 다수는 부유한 소수를—어떠한 계급도 공동선을 희생시키면서 자신의 이익을 추구할 수 없다는 데 있다. 또한 아리스토텔레스는 혼합정이 부와 재산의 분배에서 민주주의와 다르다고 제시한다. 즉 민주주의에서는 가난한 사람들이 다수가 된다. 아리스토텔레스에 따르면, 세상은 본래 그렇게 되어 있기 때문에 그것을 고칠 방법은 거의 없다. 그러나

아리스토텔레스(기원전 384-322)

드물기는 하지만 운 좋게도 다음과 같은 환경, 즉 대부분의 사람이 부유하지도 가난하지도 않으면서 "적당하고 충분한 재산을 가지고 있는" 상황에서는 인민 다수가 신중한 방식으로 통치할 것을 기대해 볼 수 있다.[5] 이것은 '중간계급'이 다수가 되면, 그들이 질투심 많은 가난한 자와 거만한 부자의 무절제를 피할 수 있기 때문이다. 폴리스의 선을 자신의 선으로 보면서 중간적인 다수는 도시국가에서 중용, 평화 그리고 안정을 유지하려 할 것이다.

마지막 분석에서 아리스토텔레스는 혼합정은 좋은 정치 체제인 반면—심지어 그는 여섯 개의 정치 체제 중 최상의 것이라고 말한다—민주주의는 나쁘다고 믿는다. 그러나 그는 민주주의가 참주정이나 과두정보다는 낫다고 주장하기도 한다. 이것은 전반적으로 많은 수가 혼자 혹은 소수의 머리보다 더 나은 심판관이 될 수 있기 때문이다. 비록 보통 사람들 중의 어느 누구도 무엇이 옳고 그른지, 좋고 나쁜지에 대해 좋은 판관은 될 수 없다고 하더라도, 그들의 집합적 판단은 어떤 개인 혹은 전문가 집단을 포함한 소수집단보다 더 낫다는 것이다. 아리스토텔레스는 이것이 "많은 사람들이 기여하는 축제가 한 명의 기부자가 제공한 만찬보다 더 나은" 것과 같은 사실이라고 말한다.[6] 게다가 민주주의는 더 많은 사람들에게—차례로 통치하고 다시 통치받는—시민의 활동적인 삶에 참여할 수 있는 기회를 제공한다고 보았다.

아리스토텔레스는 시민과 폴리스를 칭송했지만, 이러한 삶의 방식은 훨씬 더 큰 정치적 단위, 즉 제국(empire)의 희생물로 전락하고 있었다. 먼저 마케도니아의 필리포스(기원전 382-336)의 지배 하에서, 그리고 그의 아들(아리스토텔레스의 제자) 알렉산드로스 대왕(기원전 356-323) 치하에서 헬레니즘 제국은 그리스를 거쳐 중동 그리고 인도와 이집트에 걸쳐 확대된다. 제국이 황제의 손에 권력을 집중시키면서 자치적인 도시국가는 소멸하고, 민주주의든 혼합정이든 다수에 의한 통치도 함께 사라졌다.

민주주의와 공화국

인민정부(popular government)는 고대 세계에서 민주주의보다는 공화국(republic)의 형태로 존속하였다. '공화국'은 '공적인 것' 혹은 '공적인 일'을 의미하는 라틴어 res publica에서 나온 단어다. 그러나 그것은 그리스 역사가 폴리비우스(Polybius, 기원전 200-118?)의 손을 거치며 더 특별한 의미를 지니게 되었다.

공화국과 혼합정

폴리비우스는 로마에서 포로로 약 17년을 보냈다. 이 경험은 로마 권력의 성장에 대한 그의 관심에 영감을 주었는데, 그는 로마 제국을 거대한 권력의 성장과 몰락이라는 순환의 일부로서 보았다. 폴리비우스에 따르면 모든 강력한 제국이나 나라는 쇠퇴하도록 운명을 타고났는데, 그것은 역사와 자연이 우리에게 어떠한 인간의 창조물도 영원하지 않다고 가르쳐주기 때문이다. 그러나 어떤 경우는 다른 경우들보다 훨씬 더 오랫동안 권력을 유지했는데, 폴리비우스는 로마의 사례가 그 이유를 설명하는 데 도움을 준다고 생각했다.

폴리비우스는 자신의 『역사(Histories)』에서, 로마가 성공한 핵심은 혼합정에 있다고 주장하였다. 이것은 완전히 새로운 견해는 아니었지만—플라톤이 이미 그것을 암시하였고, 아리스토텔레스 역시 혼합정에 대한 논의에서 그렇게 주장하였다—폴리비우스는 선대(先代) 이론가들보다 훨씬 명확하게 그 논리를 발전시켰다. 그는 로마 공화국이 혼합정이었으며, 그것은 한 사람, 소수 혹은 다수 중 어느 누구도 권력 전체를 장악한 적이 없었기 때문이라고 말한다. 대신에 공화국은 각각의 통치 형태에서 장점을 끌어내고 결점을 피하는 방식으로 세 개의 체제를 혼합하거나 균형을 맞추었다. 다른 말로 하면, 1인·소수·보통 인민 중 어느 누구에게 모든 권력을 주기보다 로마공화국은 셋 사이에 권력을 분할하였다. 따라서 전체로서 인민은 자신들의 의회를 통하여 정책을 형성하는 데 약간의 통제를 행사하였고——적어도 자유로운 성인 남성은 그랬다——귀족들은 원로원(Senate)을 통제함으로써 역시 그렇게 하였다. 군주 대신에 공화국은 정책을 집행하는 데 집정관(consul)에 의지하였다. 이러한 방식을 통해 어떠한 집단도 공동선을 희생하여 자신의 이익을 추구할 수 없었다고 폴리비우스는 말했다. 각각의 집단은 다른 집단을 감시하였고, 그 결과는 자유롭고 안정적이며 장기간 지속되었던 정부 형태였다. 합금을 구성하는 각각의 금속들보다 합금이 강한 것처럼, 혼합정부는 '순수'하거나 혼합되지 않은 다른 어떤 통치 형태보다도 더 지속될 수 있다는 사실을 입증할 것이라고 폴리비우스는 믿었다.

이런 점에서 공화국은 인민정부의 한 형태였지만, 그 옹호자들은 그것을 민주주의와 혼동해서는 안 된다고 주장하였다. 민주주의는 악——평민의 이기적인 통치——을 증대시키는 반면에 공화국은 덕성(virtue)을 증진시킨다는 것이다. 공화주의적 덕성이란 개인이 자신의 개인적 혹은 계급적 이익 위에 전체 공동체의 선을 두도록 하는 능력을 말한다. 적극적인 시민만이 이러한 덕성을 달성하고 실행할 수 있다고 공화주의자들은 주장한다. 그러한 시민은 자신의 자유를 열성적으로 실행하면서도, 권력을 잡으려는 사람이나 집단을 경계할 것이다. 혼합정부는 대중이 정부에 참여하는 수준을 고양시키고 어떤 사람이 권력을 획득하여 자유와 공동선을 위협하는 것을 어렵게 만듦으로써 이러한 목적들에 기여한다.

그러나 폴리비우스 사후 100년이 못되어 로마공화국은 로마제국에 길을 내준다. 카이사르(Julius Caser, 기원전 100-44)에서 시작하여 일련의 황제들은 로마의 공화주의적 제도들로부터 권력을 빼앗아 자신의 손에 집중시켰다. 거의 1500여 년이 지나 공화주의적 이상은 르네상스(Renaissance) 시기 북부 이탈리아의 도시국가에서 완벽하게 재생되었다. 그로부터 또 400년이나 지나서야 민주주의적 이상이 재생되었다.

기독교와 민주주의

물론 그 중간 시기에도 의미 있는 발전이 많았으며, 아마 가장 중요한 것은 기독교의 성장이었다. 몇 가지 점에서 기독교는 민주주의의 자연스러운 동맹자처럼 보였는데, 왜냐하면 기독교는 남녀 성차 · 민족소속 · 지위에 상관없이 모든 사람은 신의 자녀라고 선언했기 때문이다. 고대 세계의 기준에서 보자면 분명 기독교는 급진적 평등을 주장했다. 하나님의 눈에는 모두가 평등하기 때문에 부자와 가난한 자, 노예와 자유민, 시민과 이방인, 그리스인 · 유대인 혹은 로마인, 여자와 남자 등의 차이들은 실질적으로 아무런 문제도 되지 않는다고 기독교는 설교하였다.

따라서 우리는 초기 기독교인들이 모든 사람은 정부에서 동일한 목소리를 가져야 한다고 주장했을 것이라고 기대할 수 있다. 그러나 그들은 그렇지 않았다. 이것은 초기 기독교인들이 반민주주의적이었기 때문이 아니라 그들이 반정치적이었기 때문이다. 기독교인들은 지상의 삶은 앞으로 도래할 하나님의 왕국을 위한 준비이며, 천상에 있는 기독교인의 진정한 집으로 가는 데 따른 다소 고통스러운 순례라고 믿었다. 따라서 현세(現世)의 일은 진정한 가치나 영속적인 의미를 갖지 못했다. 또한 많은 초기 기독교인들은 세계의 종말이 가까워졌다고 믿었다. 이 믿음은 일부 기독교인들에게 무법적인 태도를 취하게 하였다. 그러나 지상(地上)의 법에 대한 일상적 혹은 정통적 입장은 기독교인들이 인간의 법과 지상의 통치자에게 복종해야 한다는 것이었다. 성 바울은 "모든 사람들은 통치 권위에 복종하도록 하라. 왜냐하면 하나님으로부터 오지 않는 권위는 존재하지 않으며, 존재하는 권위는 하나님이 만든 것이다. 따라서 권위에 저항하는 사람은 하나님이 임명한 것에 저항하는 것이며, 저항하는 이들은 심판을 받을 것이다"라고 말하였다.[7] 다른 말로 하면, 정치에 관한 기독교인의 메시지는 단순히 권력을 가진 이에게 복종하는 것이지 스스로 권력을 추구하지 않는다는 것이었다.

그러나 문제는 그렇게 단순하지 않았다. 특히 여러 로마 황제들이 새롭고 (그들이 보기에) 위험스러운 종교를 파괴하려 했을 때 그러하였다. 그리고 4세기, 기독교가 박해에서 살아남으면서 로마제국의 국교가 되었을 때 문제는 더욱더 복잡해졌다. 그리고 나서 500년경 제국이 붕괴되면서 기독교 교회는 유럽에서 지배적인 제도가 되었다. 우리가 중세로 알고 있는 시기인 대략 500년에서 1400년까지 계속 그렇게 존재하였다. 제국이 해체되면서 교회는 서서히 두 개의 날개로 분리된다. 하나는 콘스탄티노플(지금의 이스탄불)에서 통치하는 비잔틴 황제가 이끌던 동방정교였고, 다른 하나는 나중에 교황으로 불리는 로마 주교가 이끌던 가톨릭 교회였다. 또한 7-8세기 중동에서 북아프리카를 거쳐 스페인에 이르기까지 이슬람교의 발생과 급속한 확산은 기독교로서는 지중해의 많은 부분의 상실을 의미했다. 그러나 로마교회는 스스로를 진정한 교회로 간주했고― '가톨릭'은 '보편'을 의미한다―가능한 한 모든 곳에 자신의 메시지를 전하고 그 교리를 강요했다.

중세 전체에 걸쳐 로마교회는 정신적 유대를 제공하여 서유럽과 중부 유럽의 대부분을 결속시켰다. 하지만 그에 비견할 만한 통합된 정치적 결속은 없었다. 로마제국의 붕괴는 그리스 도시국가와 같이 다양하지는 않지만 지역주의로의 회귀를 가져왔다. 중세에도 교황이 통치하는 로마 같은 몇 개의 독립적인 도시국가들이 있기는 했지만, 부족에 대한 충성이나 과거 제국의 몰락한 군사적 지역들을 중심으로 다양한 형태의 지역통치(local rule)들이 발전하였고, 이것이 중세의 일반적인 지배 형태가 되었다. 비록 로마제국은 산산이 흩어졌지만 옛날 제국의 군사 중심지에는 몇몇 지역 사령관이 자신의 군사력을 유지해 나가고 지역을 장악하는 일이 있었다. 제국이 사라지고 이들 속주(屬州) 장군(duces)과 지방장관(comites)은 자신이 할 수 있는 최상의 방법을 동원하여 통치하며 자기 지배 지역을 확보할 수 있었다. 중세의 '공작(duke)'과 '백작(count)'은 여기서 나온 말이다.

새로운 형태의 제국을 형성함으로써 좀 더 보편적인 정치적 결속을 재생시키려는 몇몇 시도가 있었다. 가장 주목할 만한 시작은 800년 성탄절에 교황 레오 3세가 프랑크 왕국의 왕으로 샤를마뉴(Charlemagne)에게 왕관을 수여하고 그를 황제로 선포했던 때이다. 그러나 수세기에 걸쳐 계속 노력했는데도 새로운 신성로마제국은 결코 과거의 권력과 지위에 도달하지 못했다. 후일 역사가 기본(E. Gibbon)이 놀렸듯이, 그것은 신성하지도, 로마적이지도 제국도 아니었다. 정치적으로 통일된 기독교 왕국을 이루고자 하는 의욕보다 지역적인 유대와 충성심이 더 강했음이 드러났다.

이러한 지역적 유대와 충성심은 또한 봉건주의(feudalism)의 발생을 고무시켰다. 바이킹과 마자르족(Magyars)의 약탈로부터 스스로를 보호할 필요성에서 생긴 이 사회 조직의 형태는 '신분', 즉 사회 속에서 그 사람의 위치를 매우 강조하였다. 소수가 귀족이었고, 일부는 자유로웠으며, 훨씬 많은 수는 농노, 즉 보호를 받는 대가로 한 귀족에게 묶여 일하면서 살아가는 농부들이었다. 중세적 이상에 따르면 모든 사람들은 사회 속에서 하나의 지위 혹은 위치를 차지하면서 자신의 의무를 완수하고 그 지위에 따르는 특권을 향유해야 했다. 이러한 방식으로 모든 사람들은 공동선에 기여하는 것으로 가정되었다. 마치 벌집에 사는 모든 벌들이 엄격히 규정된 자신의 의무를 수행함으로써 모두를 위한 최선의 일을 하는 것처럼.

이러한 사회 속에는 민주주의적 이상을 위한 여지가 거의 없었다. 그러나 그 전망은 르네상스와 함께 시작되었고, 인간의 성취에 대한 새로운 관심이 공화주의의 재생을 이끌었다.

르네상스와 공화주의

중세 후기, 특히 13세기의 몇 가지 발전이 르네상스(혹은 '재탄생')로 가는 길을 준비하였다. 그중 하나는 서구문명과 동양이 접촉을 재개한 것이었다. 접촉은 부분적으로 중동에 있는 기독교의 신성한 땅을 '이교도'인 이슬람교도로부터 회복하고자 했던 십자군을 통하여, 그리고 부분적으로는 700년대 초기 이슬람교도가 정복했던 이슬람 스페인과 접촉하면서 발생하였다. 자주 그러했듯이, 낯선 사람들과 다른 문화와의 접촉은 서구의 많은 이들에게 그들 자신의 관습과 믿음을 검토하도록 자극하였다. 자신들이 생각하던 자연스럽고 유일하게 이성적인 삶의 방식과 아주 다른 방식으로도 매우 만족스럽게 살아가는 사람들을 발견하는 것은 종종 어지럽고 혼란스럽다. 그러나 그것은 또한 창의성을 자극했고, 사람들은 달리 아마도 더 좋은 방식으로 살아갈 수 있다는 사실을 알기 시작하였다. 로마제국의 몰락 이후 서구에서는 망실되었던 많은 고대 학문의 저작들을 기독교 학자들이 스페인을 통하여 재발견하면서 이러한 일이 가장 직접적으로 일어났다. 정치적 분야에서 가장 의미 있었던 것은 아리스토텔레스의 『정치학』을 발견한 것이었다. 그 책은 '이교도' 철학자의 이념이 기독교와 양립할 수 있는지 결정하기 위해 교회가 학자들의 위원회를 소집하고 토론한 후 1260년에 라틴어로 번역되었다.

르네상스를 준비하기 위한 두 번째 발전은 이탈리아에서 일어난 도시국가의 부흥이었다.[8] 많은 이탈리아 도시들이 13세기 이전부터 일정한 수준의 독립을 향유하였지만, 아직 그들은 신성로마제국의 게르만족 수장에게 종속되어 있었다. 수년간의 투쟁 후 그들은 1250년 황제 프리드리히 2세의 죽음을 틈타 자치 도시국가가 될 수 있었다. 제국과 왕국이 지배적인 통치 형태였다고 하더라도 도시국가의 시민들은 그들의 '새로운' 정부 형태를 정당화할 방법을 찾고 있었다. 그들은 그 정당화의 논리를 고대의 공화주의 이론에서 발견했다.

이러저러한 발전들이 14세기에서 16세기에 걸친 서구문화의 융성을 이끌었는데, 당시의 학자들은 이것을 르네상스, 즉 이탈리아 도시국가에서 시작한 재탄생 혹은 부흥이라고 보았다. 고대 철학자들의 영감을 받은 그들은 지상의 삶이란 기독교인들이 천상의 신국으로 가기 위해 거쳐야 하는 눈물의 골짜기거나 지루한 여행이 아니라고 결론지었다. 반대로 풍부하고 다양한 지상의 삶은 살아야 할 가치가 있을 뿐 아니라 자유롭고 충만하게 살 가치가 있는 것이었다. 인간존재는 무수한 경이로운 업적을 남길 수 있는 존재이며, 자치(自治)는 그중 일부에 불과했다.

아리스토텔레스와 폴리비우스의 저작 그리고 고대 로마와 스파르타 공화국의 사례들에 근거하면서 르네상스 공화주의자들은 시민적(civic) 삶의 부흥을 주장하였고 그 속에서 공공 정신에 충만한 시민들은 그들의 독립적인 도시나 나라의 통치에 활동적으로 참여할 수 있다고 주장하였다. 이 공화주의적 담론에서 핵심적인 개념은 '자유', '덕성', '부패'였다. 그리고 니콜로 마키아벨리의 저작만큼 이 개념들을 명쾌하고 효과적으로 전개한 곳은 없다.

마키아벨리(Niccolo Machiavelli, 1469-1527)는 메디치가(家)가 공화

마키아벨리(1469-1527)

주의 정부를 전복하고 도시국가의 통치자로 정착했던 1512년 피렌체 공화국에서 이름난 공직자였다. 메디치를 전복하고 공화국을 다시 회복하려는 음모에 가담하였던 마키아벨리는 체포되어 고문당한 뒤 변방의 자기 가족 영지로 추방되었다. 망명 시기에 그는 두 권의 책을 썼다. 두 권 중 더 잘 알려진 것이 『군주론(The Prince)』이며, 그 작은 책에서 마키아벨리는 권력을 유지하기 위해 군주와 소규모 폭군들에게 양심에 거리낌 없이 무엇이든, 곧 거짓말, 절도, 심지어 살인까지 할 것을 분명하게 가르쳤다. 사실 마키아벨리는 악명을 얻어 후대에 셰익스피어까지 그를 "살인자 마키아벨리"라고 언급한다.[9] 심지어 오늘날에도 우리는 때때로 사기와 부도덕한 인간을 '마키아벨리주의자(machiavellian)'라고 부른다.

이것이 마키아벨리가 『군주론』에서 나타내고자 한 저술 의도인지에 대해서는 아직도 학자들 사이에서 논쟁이 오가는 중이다.[10] 그러나 그가 두 번째로 쓴 더 긴 책인 『로마사 논고(Discourses)』의 저술 의도는 명확히 포착되지 않는다. 이 책에서 마키아벨리는 활력이 넘치고 덕성에 충만하며 자유로운 정부 형태, 즉 공화국을 영원히 존속시킬 수 있는 요인들을 분석하면서 군주정을 명백하게 부정한다.

마키아벨리에게 공화국은 어떤 단일 계급이 통치하지 않는 혼합정이다. 대신에 모든 계급이 권력을 분할하여 각각의 계급이 다른 계급의 잠재적인 월권행위를 감시한다. 이것은 공화국을 지키려고 감시하는 시민들로 하여금 그들 중 폭군이 될 우려가 있는 사람들이 권력을 침범하는 데 대항하여 자신의 자유를 지킬 수 있게 해주는 정부 체계이다. 왜냐하면 마키아벨리가 이해하는 것처럼 자유는 자치이며, 사적인 삶이 아니라 공적인 행위에서 찾을 수 있는 것이기 때문이다. 그러나 시민들은 왜 경계를 해야 하는가? 개인적 자기만족에 빠져 공적인 업무에 대해 무관심해지자마자 시민들은 자신들로부터 자치의 짐을 덜어내고 자유를 빼앗으려고 대기하고 있는 폭군을 발견할 것이기 때문이다. 따라서 마키아벨리는 자유로운 정부의 가장 큰 적은 자기만족에 빠진 이기적인 시민들이라고 주장한다.

그러한 시민들은 공동체(commonwealth)를 보호하기보다는 돈과 사치를 추구한다. 공적인 업무에 대한 무관심이 만연하면서 나타나는 부, 사치 그리고 편안함에 대한 사랑을 마키아벨리는 '부패'라고 불렀다. 부패하지 않으려면 시민들은 '덕성'을 지녀야 한다. 그들은 사적인 개인으로서의 자신이 아니라 공동체를 위해 무엇이 최상인가를 항상 찾으면서 공적인 일에 주의하고 경계해야 한다. 시민이 '덕성을 갖추'려면 자유로워야 한다. 즉 집회를 열고, 그들 사이에서 토론하며, 부패를 폭로하고, 그들의 지도자와 시민 서로를 비판하는 데 자유로워야 한다. 시민이 이러한 필수적인 자유를 즐기고 행사하지 않는다면 그들의 공화국은 일찍 죽음을 맞을 것이다.

마키아벨리에 따르면 공화국이 직면하는 가장 큰 위험은 부패에 의한 내부의 붕괴이다. 그러나 외부의 적 역시 항상 공화국을 위협하기 때문에, 진정으로 자유로운 공화국은 또한 모든 건장한 남성들 —남성만이 시민이 될 수 있었다—에게 그들의 자유를 위협하는 외부 세력에 대항하여 무기를 들 태세가 된 시민군의 구성원이 될 것을 요구해야 한다.

무엇보다도 마키아벨리는 자유로운 정부는 한 사람, 소수 혹은 심지어 다수 시민들의 변덕이나 일시적인 기분이 아니라 법에 의해 통치되어야 한다고 주장하였다. 자유로운 정부는 사람이 아닌 법의 정부이다. 법의 정부는 사람에 의한 정부보다 더 일관되고 더 공정하다. 더 중요한 것은 법이 비인격적(impersonal)이라는 사실이다. 우리는 스스로의 독립성을 잃지 않으면서도 법에 의지할 수 있다. 반면 우리가 어떤 개인 혹은 다수의 사람들에게 의지할 때, 우리는 그들의 의지에 종속된다. 이것은 거의 자유라고 할 수 없다. 이런 이유에서 아리스토텔레스와 같이 마키아벨리도 혼합정체의 공화국을 최상으로 간주하면서 순수한 민주주의를 나쁜 정부 형태로 보았다.

혼합정, 덕성을 갖춘 시민, 법의 통치, 이것들이 마키아벨리의 『논고』에 나타난 공화주의적 이상이었다. 만약 이 용어들 중 많은 것들이 친숙하게 들린다면, 그것은 이 비전이 대서양의 공화주의적 전통, 즉 17세기 이탈리아에서 영국으로, 그리고 18세기 영국의 아

메리카 식민지까지 확산되었던 정치적 사유 양식에 영향을 끼쳤기 때문이다.[11)

대서양 공화주의 전통

영국에서 1600년대 혼란은 공화주의와 민주주의에 대한 관심을 촉발시켰다. 1642년 찰스 1세와 영국 의회는 각각 주권자 혹은 최고의 권위라고 주장하면서 내전을 일으켰다. 전쟁은 크롬웰(Olivier Cromwell)이 지도하는 의회 세력의 승리로 끝이 났고, 1649년 1월 찰스 1세는 처형되었다. 공화국을 세우려는 시도가 이어졌지만 비록 호칭은 달랐어도 크롬웰이 군주의 권력을 장악하면서 실패하였다. (그의 공식 직함은 호국경(Lord Protector)이었다.) 1658년 크롬웰이 죽은 뒤 공화국을 성립시키려는 또 다른 시도 역시 실패하였다.

이 격동의 시기에 많은 영국인들이 공적인 문제에 대한 자신의 생각을 피력하였다. 그중 한 명이 해링턴(James Harrington, 1611–1677)으로, 그는 혼합 혹은 '균형 잡힌' 정부 형태를 갖춘 공화국을 만들도록 크롬웰을 설득하려는 희망을 품고 『오세아나(Oceana, 1656)』를 출간하였다. 한 명, 소수 그리고 다수 지배의 혼합이라는 전통적 발상을 넘어 해링턴의 '균형'은 어떤 시민도 자신의 생계를 남에게 의지하지 않도록 거의 평등하게 토지를 분배하려는 노력을 포함하고 있었다. 이 공화국은 사람의 통치가 아니라 법에 의한 통치하에서 자유를 보장할 것이다. 해링턴은 또한 정기적이고 빈번한 선거, 그리고 대표자들이 공직을 순환제로 담당하는 대의제 체계를 주장하였다. 미국 정치에서 연임 제한의 요구처럼 이 '윤번'은 임기가 끝난 뒤에도 계속 재선을 통해 특정인이 너무 많은 권력을 갖는 것을 방지함으로써 자유를 보호하고자 하는 장치였다. 이것은 또한 좀 더 많은 시민들이 공화국 정부에게 활동적이고 책임 있는 역할을 맡도록 함으로써 덕성을 증진시키려는 것이었다.

영국에서 형성된 해링턴과 다른 공화주의 사상가들의 생각은 1660년 왕정복고로 무산되었고, 의회는 처형된 왕의 아들인 찰스 2세에게 왕관을 주었다. 그러나 공화주의 이념이 영국에서 희미해졌다면, 그것은 대서양을 건너 북미의 영국 식민지에서 거대한 영향력을 행사하였다. 그렇지만 영국에는 다른 영향력들도 작동하고 있었다. 그중에는 2000년 만에 처음으로 민주주의에 대해 우호적으로 말하기 시작하였던 사람들의 영향력이 포함되어 있었다. 우리는 어떻게 이 영향력들이 미국에서 '민주주의적 공화국'이라는 변종을 만들도록 얽혔는지 간략히 볼 것이다. 그러나 먼저 우리는 고대 민주주의가 어떻게 수정되는지 그 과정을 추적해야 한다.

민주주의의 회귀

1640년대 영국 내전 동안 의회주의적 명분을 지지하던 몇몇 사람들은 민주주의를 옹호하는 급진적인 입장을 취한다. 그들은 한편으로 종교적 확신 때문에 이 입장에 도달하였다. 대부분의 북부 유럽처럼 영국은 16세기에 법적으로 가톨릭을 버렸고, 프로테스탄트 개혁은 기독교 왕국의 종교적 통일성을 해체하고 있었다. 기독교의 새로운 프로테스탄트 형태들은 개인과 하나님 간의 직접적이고 즉각적인 관계를 강조하였다. 1517년 종교개혁을 출범시켰던 독일의 사제 루터(Martin Luther)에 따르면, 진실로 중요한 것은 교회의 교리에 대한 엄격한 순응이 아니라 신앙 그 자체였다. 구원은 사제, 주교, 교회, 복잡한 교회 조직을 통하여 이루어지지 않는다. 필요한 것은 오직 믿음이었다. 따라서 진정한 기독교 교회는 신자들의 집합 혹은 루터가 말하였던 "모든 신앙인의 사제됨"이었다.

17세기 민주주의자

루터는 개인의 양심과 신앙을 강조하는 자신의 논리가 민주주의를 바람직한 정치 체제로 받아들이는 것이라고 결론을 내리지는 않았지만, 다른 이들은 그렇게 받아들였다. 그중 하나가 1631년 영국을 떠나 매사추세츠로 갔던 프로테스탄트 성직자 윌리엄스(Roger Williams, 1604-1683)였다. 윌리엄스는 매사추세츠에서 계속 식민지의 청교도 권력당국과 충돌하였다. 예를 들어 그는 식민주의자들에게 아메리카 인디언들에게서 빼앗은 땅에 대가를 지불해야 한다고 주장하였다. 그리고 그는 종교적 지도권과 시민적 지도권을 명확하게 분리해야 한다고 주장했는데, 당시 교회와 정부가 거의 동일하였던 식민지에서는 급진적인 행보였다. 식민지 권력은 1636년 윌리엄스를 식민지에서 추방하였고, 그 때문에 그와 그의 추종자들은 남쪽으로 이동하여 인디언들에게서 땅을 매입하고 로드아일랜드(Rhode Island)에 식민지를 건설하였다. 로드아일랜드는 종교의 자유를 옹호하는 것으로 유명해졌지만, 1641년 주 헌법에 따라 식민지 정부를 다음과 같이 규정하였다는 면에서 주목할 만하다.

식민지 정부는 민주주의적 혹은 인민의 정부이다. 즉 질서정연하게 소집된 자유민 혹은 자유민 다수의 권력체로서, 이 정부는 그들을 규제할 정당한 법률을 규정하거나 제정하는 업무, 인간과 인간 사이에 법률이 공정하게 집행되는지 감시할 행정관[즉 경찰, 판사]을 그들 사이에서 임명할 권한을 갖고 있다.

1647년 주 헌법은 로드아일랜드의 정부 형태를 "민주주의적, 곧 자유로운 거주자들 모두 혹은 다수의 자유롭고 자발적인 동의로 이루어진 정부"라고 선언하며 이 언약을 재확인하였다.[12]

대서양 건너 영국에서는 수평파(Levellers)라고 불리는 집단이 1640년대 내전 기간에 유사한 생각을 발전시켰다. 수평파들은 정치적 권위는 인민들의 동의를 받아야만 설립될 수 있다고 주장하였다. 수평파에게 이것은 범죄를 저지르거나 노예나 자선구호 수혜자들처럼 타인들에게 의존하는 상태에 있으면서 자신의 권리를 포기한 사람을 제외하고는 모든 성인에게 참정권——선거권——을 확대해야 한다는 것을 의미하였다. 그것은 재산소유 정도에 관계없이 모든 인간의 천부인권이라고 수평파들은 주장하였다. 이러한 입장에서 가장 유명한 언명은 크롬웰의 신형군(New Model Army)의 장교였던 레인스버러(Thomas Rainsborough) 대령에서 찾을 수 있다.

진정으로 나는 영국에서 가장 가난한 자가 가장 위대한 자로서 살아갈 수 있는 삶을 가지고 있다고 생각한다. 따라서 정부 아래 살아갈 모든 사람은 먼저 정부의 통치에 자신을 의탁하겠음을 스스로 동의해야 한다는 것 또한 명백하다고 나는 진정으로 생각한다. 그리고 나는 자신을 정부의 지배에 의탁하겠다는 데 아무런 동의도 하지 않은 영국의 가장 가난한 사람은 이 정부에 대해 엄격한 의미에서 전혀 구속되어 있지 않다고 생각한다.……[13]

당시의 시각에서는 급진적으로 민주주의적이었던 이 원리는 후대에 가면 일반적인 견해가 되었다. 그러나 수평파들은 권력을 가지고 있던 크롬웰과 그 무리들에게 자신들의 주장을 설득시키지 못하였다. 대부분의 경우 정치적 활동과 논쟁에 참여했던 사람들은 민주주의를 위험스럽게도 불안정한 정부 형태로 계속 간주했다. 그렇지만 수평파들의 노력과 로드아일랜드의 사례는 비록 점진적이지만 민주주의를 향한 태도에서 대단히 중요한 전환이 시작되었음을 알려준다.

민주공화국으로서 미국

민주주의적 이념과 논의들은 영국에 대항하는 미국의 독립전쟁에서 중요한 역할을 하였다. 그러나 그 당시에도, 1787년 미국헌법의 초안을 작성하던 시기에도 민주주의에 대한 우호적인 언급은 거의 없었다. 일반적으로 '민주주의'는 여전히 계급 지배 아니면 중우정치(mob rule)를 의미하고 있었다. 오래전에 아리스토텔레스가 보았듯 그것은 인민정부의 나쁜 형태였다. 좋은 형태는 공화국이었다.

1776년 독립 선언을 낳았던 영국과의 전쟁을 통하여 미국의 식민지인들은 전형적인 공화주의의 언어로 자신의 주장을 표현했다. 그들은 대부분의 경우 영국의 정부 형태에 대항하여 불평하지 않았다. 왜냐하면 그들은 그것을 공화주의적이라고 믿었기 때문이다. 정부의 권력을 공유하고 있던 왕, 상원 그리고 하원으로 이루어진 영국의 헌정체제는 공화주의 이론이 묘사하는 대로 1인, 소수, 다수 통치의 혼합 혹은 균형이었다. 식민지인들이 보았듯이 문제는 부패였다. 부패한 영국 관리들이 균형 잡힌 정치 체제를 전복하여 자기 손에 권력을 집중시키고 있었던 것이다. 야망과 탐욕에 자극을 받은 그들은 법에 의한 통치를 사람에 의한 통치로 대체하려 하였고, 이러한 부패 기획의 첫 번째 표적이 영국에 소속된 미국 식민지인들의 권리였다.[14]

처음에는 영국인으로서 자신의 권리를 방어하기 위해 싸웠던 식민지인들의 전쟁은 곧 영국으로부터 자신의 독립을 확보하기 위한 전쟁이 되었다. 그러나 일단 그들이 독립에 대해 생각하기 시작하자, 식민지인들은 또한 13개의 주 정부들을 조직할 최상의 방법에 대해 생각해야 했다. 이 문제에 직면하여 그들은 다시 공화주의적 자원에 기대었다. 이것은 특히 1776년에 저술된 애덤스(John Adams, 1735-1826)의 『정부에 대한 생각들(Thoughts on Government)』에서 뚜렷하다. 애덤스는 다음과 같이 말한다. 공화주의 저술가들의 저작을 읽으면,

> 공화주의적인 정부를 제외하고 좋은 정부란 절대로 존재하지 않는다는 사실을 모든 솔직한[즉 개방된] 사람에게 납득시킬 것이다. 공화국의 정의 자체가 '인간의 제국이 아니라 법의 제국'이라는 뜻이기 때문에 영국 헌정체제의 유일하게 가치 있는 부분은 바로 여기에 있다. 공화국은 최상의 정부이기 때문에 법의 불편부당하고 정확한 실행을 가장 잘 보장하도록 …… 사회의 권력들을 특정한 방식으로 배치하는 것이 공화국들 중에서도 최상의 공화국이다.[15]

결국 초기에 미국에서 선호된 정부 형태는 민주주의적이 아니라 공화주의적이었다. 미국 헌법은 이 사실을 증언하고 있는데, 왜냐하면 민주주의에 대한 어떠한 언급도 없기 때문이다. 반면 헌법은 각 주에 "공화주의적 정부 형태……"를 보장한다(Article 4, Section 4)고 되어 있다. 미국의 설립자들——헌법 초안자들——이 합중국 전체로서의 미국의 정부 형태를 공화국으로 만들려고 의도했다는 표식을 멀리서 찾을 필요도 없다.

첫 번째 표식은 정부 권력의 분할로서, 각 부분이 다른 두 부분과 '견제와 균형(check and balance)'을 이룰 수 있는 위치에 있도록 세 부분, 즉 입법·행정·사법으로 분할한다. 이것은 혼합 혹은 균형정부에 대한 과거의 생각을 수정한 것이다. 행정부는 한 사람에 의한

통치라는 군주제적 요소, 사법부는 소수에 의한 통치라는 귀족적 요소, 그리고 입법부는 다수의 통치라는 인민적 요소에 따랐다. 그러나 입법부 자체가 '귀족적'인 것과 '민주주의적' 요소의 혼합이기 때문에 이러한 대응이 아주 깔끔하게 이루어진 것은 아니다. 원래의 계획에 따르면, 하원은 인민의 욕구에 민감하게 반응하는 민주주의적 기관이었다. 따라서 하원의원은 유권자와 밀접하게 접촉하는 상태를 유지하기 위해 수시로 재선거가 필요하다는 믿음에 따라 2년의 임기를 갖는다. 다른 한편 상원의원은 정확히 6년의 임기를 복무하도록 하였는데, 그것은 그들이 유권자의 욕구보다는 의원들 자신의 판단을 따르도록 하기 위해서였다. 상원의 '귀족적인' 성격은 상원 선출을 일반적인 유권자가 아니라 주 입법부의 손에 두었던 헌법 초안에서 좀 더 분명하였다. 이 선거 방식은 수정헌법 제17조(1913)가 상원의원의 직접선거를 확립할 때까지 변하지 않았다.[16]

또한 견제와 균형의 이러한 체계는 부패에 대한 공화주의적 두려움을 반영한다. 매디슨(James Madison, 1751~1836)이 새로운 헌법을 옹호하는 글 속에서 관찰하였듯이, 인간은 천사가 아니기 때문에 견제와 균형이 필요하다. 반대로 인간은 야망이 가득하고 경쟁적이기 때문에 좋은 정부를 위한 핵심은 야심에 찬 인간이 다른 사람의 자유를 파괴하지 못하도록 막는 것이다. 매디슨에 따르면,

야망은 다른 야망으로 대응해야 한다. …… 정부의 권력 남용을 제한하는 데 반드시 필요한 제도적 장치들은 인간본성에 대한 성찰에서 비롯된 것이다. 그러나 인간본성에 대한 가장 위대한 성찰이 곧 정부 자체가 아닌가? 만약 인간이 천사라면 어떠한 정부도 필요하지 않을 것이다. 만약 천사가 인간을 통치한다면 정부에 대한 외적 혹은 내적인 통제는 필요하지 않을 것이다. 인간이 인간을 통치하는 정부를 만드는 데 가장 어려운 점

은 여기에 있다. 당신은 우선 정부가 피치자를 통제할 수 있도록 해야 하고, 그 다음으로는 정부가 스스로를 통제할 수 있도록 해야 한다.[17]

헌법에 나타난 공화주의의 또 다른 특징은 「권리장전」(Bill of Rights, 1791), 즉 수정헌법 1조에서 10조에 나타나 있다. 예컨대 수정헌법 제1조는 의회가 인민에게서 언론과 집회의 자유, 곧 공화주의 저술가들이 자유로운 정부를 보존하기 위해 절대적으로 본질적이라고 간주한 두 자유를 빼앗을 어떠한 법률도 만들 수 없도록 보장한 것이다. 그리고 수정헌법 제2조에서는 시민 민병대를 강조하는 공화주의적 전통이 나타난다. 곧 "잘 정비된 민병대는 자유로운 국가의 안전을 위해 반드시 필요하며, 무기를 보유하고 휴대할 인민의 권리는 침해되지 않을 것이다."

따라서 헌법은 인민적 요소를 상원, 법원 그리고 대통령이 견제하고 통제하는 정부를 만들었다. 모든 사람들이 이러한 배치에 만족했던 것은 아니다. 해밀턴(Alexander Hamilton, 1755-1804)은 제출된 헌법을 지지하였지만, 그것이 너무 민주주의적이라고 생각했다. 패트릭 헨리(Patrick Henry, 1736-1799) 같은 사람들은 그것이 충분히 민주주의적이지 않다는 이유에서 반대하였다. 그를 비롯하여 헌법에 대한 '반연방주의자들(Antifederalists)'은 연방헌법이 인민의 소망과 밀접하게 연결되어 있는 주 정부에서 권력을 빼앗아 멀리 떨어져 있는 위험한 연방정부에 권력을 집중시킨다고 반대하였다. 1791년 의회가 원래의 헌법에 권리장전을 추가한 것은 주로 이러한 반연방주의자들의 반대에 대한 답변을 위해서였다.

헌법 수정을 둘러싼 논쟁 과정에서 '민주주의'라는 말은 정치적 토론의 중요한 주제였다. 새로운 헌법을 찬성하는 사람들이라는 뜻으로 호칭되었던 연방주의자들(Federalist)은 반대파들을 무모한 민주주의자라고 공격했다. 반연방주의자들은 연방주의자들의 '귀족적인' 편견과 주장을 비난하면서 응수하였다. 일단 헌법이 수정되자 점차 정치권력에 도전하는 두 개의 정당이 출현하면서 이 논쟁은 새로운 형태로 지속되었다. 첫 번째 정당인 연방주의자들은 해밀턴의 지도를 따르면서 연방정부를 강화하는 데 노력하였다. 두 번째 정당은 과거 반연방주의자들과 헌법의 지지자들 중 주요 인물, 특히 제퍼슨(Thomas Jefferson, 1743-1826) 및 매디슨과 결합하였다. 1800년 제퍼슨의 대통령 당선과 함께 승리한 이 당은 처음에는 공화당으로 그 후에는 민주 공화당, 그리고 결국 1829년에서 1837년까지 대통령을 지낸 잭슨(Andrew Jackson)의 지도하에 간단하게 민주당(Democratic Party)이라는 이름으로 정착한다.

1828년 잭슨의 당선과 더불어 미국은 '보통사람의 시대(the age of the common man)'로 알려진 시대에 들어선다. 여러 주 정부들은 투표권에서 대부분의 재산 규정을 철폐하고 거의 모든 성인 백인 남성—여성, 노예 그리고 아메리카 인디언은 제외—에게까지 선거권을 확장하였다. '잭슨 민주주의(Jacksonian Democracy)'라는 이 시기에 미국인들은 자유뿐만 아니라 평등의 확산을 축하하였다. 많은 사람들이 민주주의와 평등을 강조하면서 들떠 있었지만, 또 다른 이들은 그것에서 우려할 점을 보았다. 한 관찰자, 토크빌은 양 측면을 모두 생각하였다.

토크빌의 민주주의론

토크빌(Alexis de Tocqueville, 1805-1859)은 1830년대 초 미국을 여행한 프랑스의 귀족이다. 프랑스로 돌아온 후 그는 두 권으로 된 『미국 민주주의(Democracy in America)』를 썼고, 거기에서 민주주의의 도래가 프랑스와 다른 유럽에 무엇을 함의하는지 예견하기 위해 미국의 민주주의를 분석하였다. 토크빌은 민주주의를 낡은 생활방식을 가진 지위, 신분, 귀족적 특권을 전복시키는 저항할 수 없는 힘으로 보았다. 다양한 방식으로 토크빌은 이것이 더 나은 것으로 향하는 변화라고 파악하였다. 민주주의는 보통 사람들을 자유롭게 하고 그들에게 세상에서 자신의 길을 찾을 수 있는 기회를 준다. 그러나 토크빌은 또한 민주주의가 평등을 지나치게 강조함으로써 중우정 혹은 전제정—혹은 둘 모두—을 낳을 위험이 있다고 경고하였다.

토크빌은 민주주의가 평등을 강조하기 때문에 중우정을 증대시킨다고 주장했다. 모든 사람이 평등하다고 가정하면, 사람들을 순응시키려는—다른 모든 사람들이 행동하고 생각하는 것처럼 행동하고 생각하게 하려는—무시무시한 압력이 존재할 수 있다. 잘난 체한다거나 다른 사람들보다 더 뛰어나려고 한다는 비난을 받을 두려움 때문에 아무도 나서거나 군중 위에 오르려 하지 않을 것이다. 사람들은 이러한 위험을 감수하기보다는 순응할 것이라고 토크빌은 경고했다. 그 결과, 사회에 기여할 만큼 독창적이거나 뛰어난 무언가를 갖고 있는 사람들이 평등에 대한 사회적 압력 때문에 침묵하는 사회가 나타날 것이다. 토크빌은 이러한 순응에 대한 압력을 '다수의 폭정(the tyranny of the majority)'이라고 불렀다.

민주주의는 또한 폭군정의 오래된 형태인 전제정(despotism)의 위험을 보여준다. 2000여 년 전 플라톤과 아리스토텔레스처럼 토크빌 역시 보통 사람들은 권력을 얻기 위해 그들에게 아첨하고 잘못 인도하는 선동가에게 쉽게 휩쓸릴 것이라고 경고했다. 그는 귀족주의가 이것을 막을 수 있을 것이라고 주장했다. 재산과 특권을 물려받은 계급의 사람들은 선동가와 전제군주에 대항하여 그 지위를 지키려는 보호막이 될 것이기 때문이다. 그러나 일단 민주주의와 평등이

알렉시스 드 토크빌(1805-1859)

이러한 귀족주의의 방어막을 압도하면 전제정이 자유를 파괴하는 것을 막을 수 있는 방법은 거의 없다.

그러나 토크빌은 민주주의에서 긍정적인 가능성을 보았는데, 그 것은 민주주의적 이상에 공화주의를 결합하는 것이었다. 그는 시민 적 덕성이 공적 업무에 참여함으로써 증진될 수 있을 것이라고 믿었 다. 공동의 문제와 논쟁을 해결하기 위해 이웃과 보조를 같이하는 사람들은 협력의 중요성을 배울 것이고, 공동체에 대해 강한 애착을 느낄 것이며, 자신의 복지와 공동체 전체의 복지를 일치시키도록 이 끄는 '마음의 습속(habits of the heart)'을 발전시킬 것이다.[18] 모든 시민들이 참여할 수 있는 기회를 제공함으로써 민주주의는 공동선에 대한 광범위하고 깊은 헌신을 함양한다. 이러한 이유에서 토크빌은 특히 미국 민주주의의 두 제도에 깊은 인상을 받았다. 그것은 모든 시민들이 지방정부에 직접 참여할 수 있었던 뉴잉글랜드의 타운 회의, 그리고 배심원 의무의 수행을 통한 책임감의 공유였다.

민주주의의 성장

토크빌은 민주주의가 중우정과 전제정으로 전락할 수 있는 경향을 갖고 있다고 우려하였지만, 민주주의는 더욱더 대중적이 되었다. 이러한 인기는 18세기 후반과 19세기의 산업혁명 동안 수많은 사회·경제적 발전에 힘입었기 때문이다. 그중 가장 중요한 것은 도시의 성장, 공교육의 확대, 그리고 전신, 철도와 같은 통신과 교통의 발달이다. 이러한 각각의 발전들은 유럽과 미국에서 사람들 사이에 문자, 정보 그리고 정치적 문제에 대한 관심이 확장되는 데 도움을 주었고, 그에 따라 공공업무에 식견을 갖추고 참여할 수 있는 보통 사람들의 능력에 대한 신념이 성장하는 데 기여했다.

19세기 영국에서 민주주의에 대한 논쟁은 두 가지 문제, 즉 자기보호(self-protection)와 자기계발(self-development)로 집약되었다. '철학적 급진주의자(philosophical radicals)' 혹은 공리주의자(Utilitarians)들에 따르면, 정부의 의무는 "최대 다수의 최대 행복을 증진시키는 것"이다. 그들은 이것을 위한 최상의 방법은 모든 사람이 자신의 이익을 보호해줄 대표자를 뽑는 데 투표할 수 있는 대의민주주의(representative democracy)를 통해서 이루어진다고 결론지었다. 공리주의자 존 스튜어트 밀(John Stuart Mill)은 『여성의 예속(The Subjection of Women, 1869)』에서 투표 행위를 통한 자기보호의 기회는 여성에게까지 확대되어야 한다고 주장하기에 이른다.

밀은 또한 정치적 참여는 자기계발을 위한 기회를 제공하기 때문에 가치 있는 것이라고 주장하였다. 토크빌과 같이 밀은 민주주의가 인간의 "성격에 자유를 고무시키는 효과"를 통하여 보통 사람들 사이에 시민적 덕성을 강화한다고 믿었다. 정치적 참여——단순히 대표자를 뽑는 투표만이 아니라 지역 수준에서 직접적인 참여까지 포함하여——는 사람들에게 규율을 가르치고, 지성을 발전시키며, 심지어 도덕성을 일구어냄으로써 사람들을 교육시키고 개선시킬 것이다. 따라서 밀은

> 공공의 업무에 개인 시민들을 참여시킴으로써 얻는 교육의 도덕적 부분에 주목한다. 이 업무에 참여했을 때 시민들은 자신의 것이 아닌 이익에 대해 숙고할 것, 주장들이 서로 충돌하는 경우에는 자신의 개인적 편견보다는 다른 규칙에 의해 지도받을 것, 공동선을 자신의 존재 이유로 삼고 있는 원칙과 좌우명을 모든 경우에 적용할 것을 요구받는다. 같은 일을 다른 시민들과 함께 수행하면서, 시민은 자신의 생각보다는 이러한 공동선의 관념과 운영에 좀 더 관심을 갖는 심성들과 대개 결합되어 있음을 발견한다. …… 그는 스스로를 공중의 일원으로서 느끼고, 무엇이든지 공중의 이익을 자신의 이익으로 생각할 것이다.[19]

이러한 주장들은 지난 150년 동안 참정권을 점진적으로 확장하는 데 도움을 주었다. 투표권은 우선 성인 남성에게 확장되었고——1885년까지 영국에서 완벽하게 이루어지지는 않았지만——미국 남북전쟁 이후에는 과거에 노예였던 남성에게, 마침내 1900년대 초 두 나라에

서는 여성들에게까지 확대된다. 이러한 확장은 쉽고 빠르게 진행되지 않았다. 스위스는 때때로 세계에서 가장 오래된 민주주의로 불리지만, 1971년에야 비로소 여성에게 완전한 투표권을 주었다.[20] 이러한 변화들은 자주 열띤 논쟁, 항거 그리고 폭력사태를 거친 뒤에 일어났다. 1960년대에 이르기까지 미국 남부의 흑인들은 투표권과 공직 피선거권을 얻지 못했다. 그리고 일부 비평가들은 현재 여성, 흑인 그리고 다른 소수집단들은 미국, 캐나다, 영국을 비롯한 서구 '민주주의' 국가에서 완전한 사회 구성원으로서 그 권리를 인정받고 있지 못하다고 주장한다.

물론 이것은 약간의 논쟁거리이다. 그러나 논쟁의 여지가 없는 것은 이른바 서구 민주주의 나라들에서 거의 모든 사람들이 민주주의를 최상의 정부 형태로 수용한다는 점이다. 또한 서구적 기준에서 보면 민주주의와 동떨어진 많은 나라의 지도자들과 인민들 역시 그렇게 하고 있다. 이것을 어떻게 설명할 수 있을까?

이상으로서의 민주주의

우리가 이 장의 초반부에서 언급했듯이, 민주주의는 현재 너무 대중적이어서 대부분의 정치 이데올로기들은 민주주의를 지지한다고 자처한다. 그러나 이러한 자칭 민주주의적 이데올로기들은 서로 지속적인 경쟁을 하고 때로는 갈등 상태에 있다. 이러한 기현상에 대한 최상의 설명은 상이한 이데올로기들이 사실상 민주주의를 추구하고 증진시키려 하지만, 민주주의가 무엇인지에 대해 동의하지 않기 때문에 상이한 방식으로 그렇게 한다는 것이다. 우리가 앞에서 설명한 민주주의의 간략한 역사에서 보듯이 민주주의는 하나가 아니기 때문에 이렇게 다양한 주장이 나온다. 민주주의는 일정한 형태를 취하는 특정한 종류의 정부라기보다는 하나의 이상이다.

민주주의가 하나의 이상이라고 말하는 것은 사람들이 추구하고 열망하는 어떤 것이라는 뜻이다. 이러한 점에서 그것은 진정한 사랑, 내면적인 평화, 완전한 공연, 혹은 (파도 타는 사람들에겐) 완벽한 파도와 같은 것이다. 각각은 사람들에게 그것을 찾고 추구하도록 하지만 결코 누구도 쉽게 찾을 수 없으며 심지어는 정의하기조차 어려운 이상이다. 예를 들어 어떤 사람이 진정한 사랑이라고 보는 것은 그것에 대한 다른 사람의 생각과 매우 다를 것 같다. 이것은 민주주의도 마찬가지이다. 모든 사람들은 민주주의가 인민에 의한 정부 혹은 통치라는 데 동의하지만, 정확히 그 의미가 무엇인지에 대해서는 동의하지 않는다. 통치 주체로 가정되는 '인민'은 누구인가? 단지 '보통' 사람들인가? 충분한 재산을 소유한 사람인가? 성인 남성인가? 혹은 한 나라 안에 사는 모든 사람들, 즉 외국인 거주자, 어린이 그리고 유죄가 확정된 중죄인을 포함한 모든 사람들이 그들의 정부에 대해 공식적 발언권을 가져야 하는가?

더 나아가 '인민'은 어떻게 통치할 것인가? 아테네 사람들이 했던 것처럼, 모든 시민이 제안된 정책에 대해 직접 투표해야 하는가? 아니면 시민들은 정책을 만들 대표자들을 뽑는 투표를 해야 하는가? 만약 그들이 대표자를 선출한다면 인민은 스스로 통치하는 것을 중단하는 것인가? 대표자를 선출하든 선출하지 않든 우리는 다수의 지배를 따라야 하는가? 만약 그렇게 한다면, 개인 혹은 소수자의 권리와 이익, 특히 다수를 화나게 하거나 공격하는 말과 행동을 하는 사람들의 권리와 이익을 어떻게 보호할 것인가? 그러나 만약 우리가 다수의 권력을 제한하려 한다면—예를 들어 헌법상의 견제와 균형의 체계가 하는 것처럼—민주주의를 제한하거나 심지어 민주주의로부터 후퇴하는 것인가? 최근 미국에서 국회의원의 임기 제한에 관련하여 일어난 논쟁은 이 문제를 예리하게 제기한다. 만약 선출직 공무원의 공직 연임 횟수를 제한한다면, 우리는 정부가 인민의 의사에 더 잘 반응하도록 하는 것이므로 더 민주주의적으로 만드는 것인가? 혹은 잠재적인 다수의 유권자들이 자신이 좋아하는 대표자를 계속해서 선출할 기회를 부정함으로써 덜 민주주의적으로 만드는 것인가?[21]

이러한 문제들은 민주주의자가 되려는 사람에게 난감한 것들이다. 민주주의에 대한 우리의 간략한 역사가 보여주듯이, 그 문제들은 수세기에 걸쳐 매우 다양한 방식으로 대답되어왔다. 그런 문제들은 또한 수많은 정치사상가들이 특히 무정부 상태나 전제정으로 타락할 경향에 대해 관심을 가질 뿐만 아니라 민주주의의 불안정성에 대해 우려하도록 만들었다. 이러한 관심이 인민정부의 대안적 형태, 즉 공화국의 창조로 이어지게 된 중요한 이유이다. 그러나 공화주의의 인기는 민주주의가 수용되면서 서서히 희미해졌다. 공화주의가 살아남은 곳은 대부분 민주주의적 공화주의라는 혼성의 형태에서이다.[22]

정의 내리기는 어렵지만, '인민에 의한 통치'라는 민주주의적 이상은 여전히 매력적이다. 그것은 부분적으로 자유와 평등의 연관성 때문이다. 왜냐하면 민주주의는 어떤 의미에서 모든 시민이 모두에 대해 자유롭고 평등할 것이라는 의미를 내포하기 때문이다. 그러나 정확히 자유와 평등이 무엇인지 혹은 그것들이 어떠한 형태를 띠는지 그리고 어떻게 서로 관련되는지는 해석의 문제로 남아 있다.

이 지점에서 정치 이데올로기가 중요한 역할을 한다. 정치 이데올로기들은 민주주의를 수용하든 거부하든, 모두 민주주의적 이상과 타협해야 한다. 이 경우 '타협한다'는 것은 정치 이데올로기들이 민주주의와 관련 있는 부분에 대해 좀 더 명확한 관념을 제공해야 한다는 것을 의미한다. 그것들은 민주주의가 가능하고 바람직한 것인지, 그렇다면 어떠한 형태를 취해야 하는지 결정하기 위해 인간본성과 자유에 대한 근본적인 개념을 제시하면서 타협한다.

이 문제를 이데올로기의 기능적 정의라는 측면에서 본다면, 우리는 사물이 왜 그러한 방식으로 존재하는지에 대한 이데올로기의 설명이 대체로 민주주의에 대한 이데올로기의 태도를 형성한다고 말할 수 있다. 파시즘의 경우처럼, 대부분의 사람들이 스스로 통치할 수 없기 때문에 사회가 자주 혼란에 빠진다고 주장한다면, 그 이데올로기는 민주주의를 거의 옹호할 것 같지 않다. 그러나 자유주의나 사회주의처럼, 대부분의 사람들은 자유와 자치 능력이 있다고 주장한다면 그 이데올로기는 민주주의의 이상을 포섭할 것이다—대부분의 이데올로기는 이렇게 해왔다. 그렇게 이데올로기는 기존의 사회적 배치를 평가하고 이러한 배치가 얼마나 민주주의적인가에 기초하여 개인들에게 일정한 의미의 지향성을 제공할 것이다. 만약 개인들이 평등한 파트너가 되어 인민들이 사회를 적합한 방식으로 통치한다면, 모든 것은 잘 된다. 반면 사람들이 실질적 권력 소유자의 볼모에 불과하다면, 이데올로기는 사람들에게 사회·정치적 질서를 개혁하거나 전복하도록 행동하라고 자극할 것이다. 결국 이것은 그 이데올로기가 민주주의적 방향이라고 간주하는 방향에 따라 사회를 변화시키려는 강령을 필요로 할 것이다.

따라서 모든 정치 이데올로기는 민주주의적 이상에 대한 자기 고유의 해석을 갖고 있다. 각 이데올로기는 자신의 독특한 비전에 따라 민주주의적 이상을 해석하고 규정한다. 이번에는 다시 정치 이데올로기를 실현하려는 사람들이 다른 사람들을 자신의 대의명분에 끌어들이기 위해 민주주의에 대한 자신의 시각을 이용할 것이다.

민주주의의 세 가지 개념

정치 이데올로기와 민주주의적 이상 사이의 관련성을 명확히 하기 위해 근대 세계에 존재하는 민주주의에 대한 중요한 세 가지 시각을 간략히 살펴보자. 비록 세 가지 모두 몇몇 특징을 공유하지만, 그들의 차이는 분명하여 민주주의에 대한 구별되고 경쟁적인 개념을 충분히 만들어낼 수 있다.

자유민주주의(liberal democracy) 용어가 제시하듯이, 자유민주주의는 다음 장에서 검토할 이데올로기인 자유주의로부터 출현하였다. 일반적으로 자유주의와 함께 자유민주주의는 개인의 권리와 자유를 강조한다. 그리고 대부분의 서구 민주주의를 특징짓는 것이 이 형태의 민주주의이다. 자유주의자에게 민주주의는 물론 인민에 의한 통치를 의미하지만, 이 통치의 본질적인 부분에는 개인의 권리와 자유의 보호가 포함된다. 이것은 다수의 통치를 제한해야 한다는 것을 의미한다. 이러한 시각에서 민주주의는 인민 다수에 의한 통치이지만, 다수가 개인이나 소수의 기본적인 시민의 자유를 빼앗으려 해서는 안 되는 한에서만 그렇다. 자유롭게 말하고 예배를 볼 권리, 공직에 진출할 권리, 자신의 소유에 대한 권리들은 자유주의자들이 일반적으로 해석한 민주주의의 이상을 실현하기 위해 반드시 필요하다고 간주하는 시민적 권리와 자유의 일부이다.

사회민주주의(social democracy) 서구 민주주의, 특히 유럽에서 자유주의의 개념에 대한 중요한 도전이 사회민주주의이다. 이 견해는 사회주의 이데올로기와 연관된다. '사회민주주의적' 혹은 '민주사회주의적(democratic socialist)' 비전에서 민주주의의 핵심은 평등 특히 사회와 정부에서 평등한 권력이다. 사회민주주의자들은 자유민주주의가 가난한 자와 노동계급 인민을 부자들의 처분에 맡기고 있다고 주장한다. 그들은 근대 세계에서 돈은 권력의 중요한 근원이며 부를 가진 사람들이 그렇지 못한 사람들에게 권력을 행사한다고 말한다. 부는 부자의 공직 진출과 정부 정책에 대한 영향력 행사(예를 들어 광범위한 기부활동을 통하여)를 가능하게 함으로써, 공공 정책을 만들 때 부자들이 더 큰 영향력을 행사한다는 것이다. 사회민주주의자들은 이러한 특혜는 결코 민주주의적이지 않다고 주장한다. 민주주의는 인민에 의한 통치이고, 그러한 통치는 모든 사람들이 정부에 대해 어느 정도 평등한 영향력을 행사할 것을 요구한다. 이것은 '1인 한 표'라는 슬로건을 유지하는 데 있다. 그러나 사회민주주의자들은 우리가 좀 더 평등한 방식으로 권력── '경제적' 권력을 포함하여──을 분배하지 않는다면, 사실상 이러한 평등한 영향력을 갖지 못할 것이라고 말한다. 이런 이유에서 사회민주주의의 강령은 평등을 증진시키기 위한 부의 재분배, 선거 운동과 선거의 공영제, 천연자원과 주요 산업의 사적인 통제보다는 공적인 통제, 작업장의 노동자 통제를 전형적으로 요구한다. 자유주의자들처럼 사회민주주의자들도 시민적 자유를 보존하고 공직 진출에 공정한 경쟁을 보장하기를 원한다. 그러나 자유주의자들과 달리, 그들은 부와 권력의 거대한 불평등이 만연하면, 대부분의 인민은 진정으로 자유로울 수 없으며 정치적 경쟁이 공정하게 이루어질 수 없다고 본다.

인민민주주의(people's democracy) 공산주의 국가에서 지배적인 민주주의 비전은 인민민주주의라는 형태였다. 여러 방식에서 인민민주주의는 자유민주주의나 사회민주주의보다 민주주의의 본래 그리스적 이상──demos, 즉 보통 사람들에 의한, 그들의 이익을 위한 통치——에 가깝다. 공산주의의 시각에서 보통 사람들은 프롤레타리아 혹은 노동계급이며, 정부가 노동계급의 이익을 위해 통치할 때 민주주의는 비로소 성취된다. 그렇다고 반드시 프롤레타리아 자신이 정부를 직접 통제해야 한다는 뜻은 아니다. 5장에서 보겠지만, 공산주의자들은 우선 마르크스가 노동계급의 이익을 위한 통치로 묘사한 독재 형태인 **프롤레타리아의 혁명적 독재**(revolutionary dictatorship of the proletariat)를 필요로 한다. 이 독재의 직접적인 목적은 노동계급을 착취하기 위해 자신의 권력과 부를 사용했던 자본가 계급 혹은 부르주아지를 제거하는 데 있다. 그들을 제거하면서 프롤레타리아 독재는 국가 자체가 '소멸'하는 미래 공산주의의 계급 없는 사회를 위해 인민들을 준비시킨다. 그 과도기에 인민민주주의는 다수 노동계급을 위해 공산당이 대신 통치하는 형태로 이루어진다. 마오쩌둥이 중화인민공화국에서 '인민민주전정'이라는 말을 사용한 것은 바로 이런 의미에서였다.

  1990년대 소련과 공산주의 체제가 붕괴되었을 때, 인민민주주의 이념은 심각한 타격을 입었다. 그러나 세계에서 가장 인구가 많은 중국에서는 민주주의의 이상에 대한 이러한 시각이 지속되고 있다. 1989년 여름, 베이징 천안문 광장에서 항의하는 학생들에게 공격을 명령한 후 중국 공산당 지도자들은 '인민민주전정'의 필요성을 계속 주장하였다. 그들은 인민민주주의의 대안은 '부르주아 자유화', 다른 말로 하면 자유민주주의이며, 이것은 결코 수용할 수 없다고 말하였다. 새로운 세기의 초반에도 그들은 베트남, 쿠바 그리고 북한의 공산주의 지도자들과 이러한 견해를 공유하고 있다.

결론

자유민주주의, 사회민주주의 그리고 인민민주주의는 근대 세계에서 민주주의의 이상을 추구하는 주요한 비전들이다. 이 민주주의 시대에 이러한 비전과 그들이 정치 이데올로기와 어떻게 관련하는지를 이해하는 것은 중요하다. 이러한 의미에서 우리는 이어지는 일곱 개의 장에서 근대 세계의 주요한 이데올로기들, 곧 자유주의 , 보수주의, 사회주의 그리고 파시즘과 최근에 등장한 몇몇 경쟁적 이데올로기들을 살펴볼 것이다. 각각의 논의는 개별 이데올로기와 민주주의적 이상 간의 관계에 대한 평가를 내리며 결론을 맺을 것이다.

더 읽을거리

Dagger, Richard. Civic Virtue : Rights, Citizenship, and Republican Liberalism. New York : Oxford University Press, 1997.

Dahl, Robert. Democracy and Its Critics. New Haven, CT : Yale University Press, 1989.

_____. On Democracy. New Haven, CT : Yale University Press, 1998.

Dunn, John. ed., Democracy : The Unfinished Journey. Oxford : Oxford University Press, 1992.

Farrar, Cynthia. The Origins of Democratic Thinking. Cambridge : Cambridge University Press, 1988.

Gelderen, Martin van and Quentin Skinner, eds. Republicanism : A Shared European Heritage, 2 vols. Cambridge : Cambridge University Press, 1988.

Gooch, G. P. English Democratic Ideas in the Seventeenth Century, 2nd ed. New York : Harper & Brothers, 1959.

Gutmann, Amy, and Dennis Thompson. Democracy and Disagreement. Cambridge, MA : Harvard University Press, 1996.

Hanson, Russell L. The Democratic Imagination in America : Conversations with Our Past. Princeton : Princeton University Press, 1985.

Held, David. Models of Democracy. Stanford, CA : Stanford University Press, 1986.

Honohan, Iseult. Civic Republicanism. London : Routledge, 2002.

Macpherson, C. B. The Life and Times of Liberal Democracy. Oxford : Oxford University Press, 1977.

_____. The Real World of Democracy. Oxford : Oxford University Press, 1966.

Mansbridge, Jane. Beyond Adversary Democracy. Chicago : University of

Chicago Press, 1983.

Pateman, Carole. Participation and Democratic Theory. Cambridge : Cambridge University Press, 1970.

Pettit, Philip. Republicanism : A Theory of Freedom and Government. Oxford : Clarendon Press, 1997.

Pocock, J.G.A. The Machiavellian Moment : Florentine Political Thought and the Atlantic Republican Tradition. Princeton NJ : Princeton University Press, 1975.

Sandel, Michael. Democracy's Discontent : America in Search of a Public Philosophy. Cambridge, MA : Harvard University Press, 1996.

Skinner, Quentin. The Foundations of Modern Political Thoughts, 2 vols. Cambridge : Cambridge University, 1978.

Walzer, Michael. Radical Principles. New York : Basic Books, 1980.

Wood, Gordon. The Creation of the American Republic, 1776-1787. Chapel Hill : University of North Carolina Press, 1969.

1) Pericles' Funeral Oration, from Thucydides, History of the Peloponnesian War, in Thucydides, vol. I, 2nd. ed., trans. Benjamin Jowett(Oxford: Clarendon Press, 1900), pp. 127-128. 또한 Terence Ball and Richard Dagger, eds., Ideals and Ideologies: A Reader, 5th ed.(New York: Longman, 2004), selection 3 참조.

2) 같은 책, p. 129.

3) Plato, Apology, in The Trial and Death of Socrates, trans. G. M. A. Grube (Indianapolis: Hackett Publishing Co., 1983), p. 33

4) 민주주의에 대한 플라톤의 설명에 대해서는 그의 Republic, Book VIII를 보라.

5) The Politics of Aristotle, ed. and trans. Benjamin Jowett (New York: Modern Library, 1943), p. 192; 또한 Ball and Dagger, eds., Ideals and Ideologies, selection 4 참조.

6) 같은 책, p. 146; Ideals and Ideologies, selection 4.

7) The New Testament, Romans 13; verses 1 and 2.

8) Quentin Skinner, "The Italian City-Republic," in John Dunn, ed., Democracy: The Unfinished Journey (Oxford: Oxford University Press, 1992), pp. 57-69 참조.

9) William Shakespeare, King Henry the Sixth, Third Part, Act III, Scene 2.

10) 예를 들면 다음의 문헌을 참고할 것. Mary Dietz, "Trapping the Prince: Machiavelli and the Politics of Deception," American Political Science Review 80(September 1986): 777-799. 이 논문에 대한 John Langton의 반박, 그리고 다시 Dietz의 재반박은 American Political Science Review 81(December 1987): 1277-1288 참조.

11) See J. G. A. Pocock, The Machiavellian Moment: Florentine Political Thought and the Atlantic Republican Tradition(Princeton NJ: Princeton University Press, 1975)

12) 로드아일랜드 주 헌법의 인용문은 다음 책에서 가져왔다. Russell Hanson, "Democracy," in Terence Ball, James Farr, and Russell L. Hanson, eds., Political Innovation and Conceptual Change(Cambridge : Cambridge University Press, 1989), pp. 72-73.

13) 레인버러의 말은 Andrew Sharp, ed., The English Levellers (Cambridge University Press, 1998), p. 103에서 인용.

14) 이 분석의 정교화를 위해서는 다음을 보라. Bernard Bailyn, The Ideological Origins of the American Revolution(Cambridge, MA: Havard University Press, 1967).

15) John Adams, Thoughts on Government(1776), in Charles Francis Adams, ed., The Works of John Aams, vol. IV(Boston: Little and Brown, 1851), p. 194; 또한 Ball and Dagger, eds., Ideals and Ideologies, selection 6.

16) 상원과 헌법에 나타난 또 다른 '비민주주의적' 양상에 대한 비판으로는 다음 문헌을 보라. Robert Dahl, How Democratic Is the American Constitution?(New Haven, CT: Yale University Press, 2001).

17) The Federalist, ed. Terence Ball(Cambridge University Press, 2003), No. 51., p. 252.

18) 토크빌에 많은 영향을 끼친 당시의 미국 생활에 대한 두 개의 분석은 다음과 같다. Robert Bellah et al., Habits of the Heart: Individualism and Commitment in American Life(New York: Harper & Row, 1986); Robert D. Putnam, Bowling Alone: The Collapse and Revival of American Community(New York: Simon & Schuster, 2000)

19) 위 인용문들은 모두 다음에서 가져왔다. Mill's Considerations on Representative Government, in Mill, Utilitaianism, Liberty, and Representative Government (New York: E. P. Dutton, 1951), p. 196 and p. 197; Ball and Dagger, eds., Ideals and Ideologies, selection 9.

20) 스위스의 민주주의와 자유에 대한 논의를 위해서는 다음을 보라. Benjamin Barber, The Death of Communal Liberty(Princeton: Princeton University Press, 1974)

21) 임기 횟수 제한의 옹호자들은 주로 의회를 염두에 둔다. 대통령은 이미 두 번으로 제한되어 있다. 임기 횟수 제한에 대해서는 다음을 보라. George Will,

Restoration : Congress, Term Limits and the Recovery of Deliberative Democracy(New York : The Free Press, 1992) ; 반대되는 견해에 대해서는 다음을 보라. Garry Wills, "Undemocratic Vistas," New York Review of Books 39(November 19, 1992) : 28-34.

22) 미국에서 '민주주의적 공화주의(democratic republicanism)' 의 발전에 대한 논의를 위해서는 다음을 보라. Russell L. Hanson, " 'Commons' and 'Commonwealth' at the American Founding : Democratic Republicanism as the New American Hybrid," in Terence Ball and J.G.A. Pocock, eds., Conceptual Change and the Constitution(Lawrence, KS : University Press of Kansas, 1988), pp. 165-193.

자유주의

개인은 그 자신에 대해서, 그의 몸과 마음에 대해서 주권을 갖는다.
— 존 스튜어트 밀, 『자유론』

300여 년 이상 자유주의(liberalism)의 가장 두드러진 특징은 개인의 자유를 증진시키려는 노력이었다. 그러나 바로 이 광범위한 목표 때문에 자유주의자들 사이에는 정확히 무엇이 자유이고 어떻게 그것을 가장 잘 증진시킬 수 있을 것인지에 관해 이견(異見)이 존재할 여지가 있다. 사실 이러한 의견 차이는 오늘날 너무 첨예해서 자유주의가 '신고전(neoclassical)' 자유주의자들과 '복지(welfare)' 자유주의자들이라는 두 개의 경쟁적 진영으로 분열되어 있을 정도이다. 이장의 후반부에서 우리는 어떻게 이러한 분열이 발생했는지를 보게 될 것이다. 그러나 그전에 먼저 모든 자유주의자들이 공통의 입장—즉 개인의 자유를 증진시키고자 하는 욕구—을 가지고 만나는 저 광대한 영역을 살펴볼 필요가 있다.

리버럴(liberal)이라는 말과 법적인 리버티(liberty)라는 말은 모두 '자유로운(free)'이라는 뜻을 갖는 라틴어 *liber*에서 파생되었다. 그러나 'liberal'은 'liberty'가 정치 용어로서 광범위하게 사용된 지 한참 후인, 그리고 현재 'liberal'하다고 간주되는 생각들이 유행한

지 적어도 1세기 후인 19세기 초에 이르러서야 비로소 정치학 용어 속에 편입되었다. 19세기 이전에 'liberal'이라는 말은 통상 '너그러운(generous)' 혹은 '관대한(tolerant)'이라는 의미, 즉 '신사'에 어울린다고 간주되는 태도를 가리키는 말로 사용되었다. '교양 교육(liberal education)'이라는 말이 젊은이를 일생 동안 신사가 되도록 준비시키는 교육을 의미하는 것처럼 말이다. 물론 'liberal'이라는 말에는, 누군가가 어떤 선생이 관대한(liberal) 성적 평가 방침을 따른다고 말하거나 어떤 어린이가 너그러운(liberal) 부모를 두었다고 말할 때 그러하듯이 지금도 너그러움과 관대함이라는 의미가 있다. 그러나 오늘날에는 이러한 통상의 용례가 확대되어 'liberal'은 어떤 정치적 입장이나 관점을 지칭하는 말로 더 자주 사용된다.

이와 같은 정치적 용례가 분명하게 드러난 최초의 신호는 스페인 의회의 한 파벌이 '자유주의자들(Liberales)'이라는 이름을 채택했던 19세기 초에 나타났다. '자유주의자들'이라는 명칭은 스페인에서 프랑스와 영국으로 옮아갔는데, 영국에서는 휘그(Whig)로 알려진 정당이 1840년대에 이르러 자유당(Liberal Party)으로 발전했다. 이 초기 자유주의자들은 보다 개방적이고 관대한 사회, 곧 사람들이 되도록 최소한의 간섭만을 받으면서 자신들의 이념과 이익을 자유로이(free) 추구하는 사회에 대한 욕구를 공유했다. 'liberal'한 사회는 요컨대 'free'한 사회여야 했다. 그러나 무엇이 한 사회를 'free'하게 만드는가? 무엇이 'freedom'이며 우리는 어떻게 그것을 가장 잘 증진시킬수 있는가? 이러한 질문들이 자유주의자들 사이에 토론의 기반을 제공할 뿐만 아니라 자유주의와 다른 이데올로기들 간에 논쟁의 기반을 제공하면서 오늘날까지 300년 이상 자유주의자들을 사로잡아왔다.

자유주의, 인간본성, 그리고 자유

1장에서 우리는 인간본성에 대한 일정한 관념이 모든 정치 이데올로기의 토대를 이루고 있다는 점에 주목했다. 자유주의의 경우 개인의 자유를 강조할 때, 근본적으로 합리적 개인으로서의 인간관에 기초를 두고 있다. 앞으로 우리가 볼 것처럼, 이 점에서 자유주의자들 사이에 상당한 차이가 있다. 그러나 일반적으로 자유주의자들은 대부분의 사람들이 자유롭게 살 능력이 있는 존재라고 믿기 때문에 개인의 자유를 강조한다. 이 관점이 인간은 통제 불능의 정념과 욕망에 좌우되는(즉 처음에는 이 방향으로 밀었다가 다음에는 저 방향으로 잡아당기는) 존재라고 믿는 사람들과 자유주의자들을 구별한다. 자유주의자들도 사람들이 정념과 욕망을 갖는다는 점을 인정한다. 그러나 그들은 사람들이 이성으로써 스스로의 욕망을 통제하고 올바른 방향으로 이끄는 능력 또한 갖는다고 주장한다. 그들은 대부분의 사람들이 그들 자신의 이익이 무엇인지를 알고, 기회가 주어진다면 그러한 이익을 증진시키는 행동을 할 수 있는 합리적 존재라고 주장한다.

자유주의자들은 일반적으로 자기 이익(self-interest) 추구가 대부분의 사람들에게 기본적인 동기라는 데 동의한다. 어떤 자유주의자들은 인간의 자기 이익 추구가 마음껏 자유롭게 허용되어야 한다고 주장하는가 하면, 다른 이들은 그것이 모든 사람들의 선을 증진시키도록 조심스럽게 이끌어야 한다고 응수한다. 그러나 대부분의 자유주의자들은 인간을 타인의 복지보다는 자신의 선(good)에 더 관심을 갖는 존재로 생각하는 것이 가장 현명하다는 입장을 견지한다. 나아가 이 관점은 합리적이며 자기 이익을 추구하는 모든 사람들이 자신의 개인적인 이익을 증진시키려고 시도하면서 그들 자신이 서로 경쟁 상대라는 점을 발견할 것임을 시사한다. 자유주의자들은 공정하며 적절한 한도 내에서 유지되는 경쟁은 건전하다고 말한다. 정확히 무엇이 공정한 것이고 적절한 한도의 범위가 어디까지인가 하는 점은 어떻게 경쟁을 가장 잘 조장할 수 있는가 하는 질문이 그러하듯이, 자유주의자들 사이에서 첨예하게 의견이 갈리는 주제이다. 그렇지만 대부분의 경우 자유주의자들은 경쟁을 인간 조건의 자연스러운 일부로 간주하는 경향이 있다.

그렇다면 자유주의적 관점에서 볼 때 인간은 전형적으로 합리적이고 자기 이익을 추구하며 경쟁적이다. 이것은 인간이 자유롭게 살 수 있는 능력이 있다는 뜻을 함축한다. 그러나 이런 방식으로 자유롭게 산다는 것은 무엇을 뜻하는가? 다시 말해 자유주의자들은 자유(freedom)를 어떻게 생각하는가? 이 질문에 대답하기 위해 1장에서 소개된 모델, 즉 어떤 '목표'를 추구하는 데 일정한 '장애물'에서 벗어난 '행위자'로 이루어진 삼각관계로 자유를 묘사한 모델을 이용해보기로 하자. 자유주의의 경우 그 행위자란 개인이다. 자유주의자들은 어떤 특정한 집단이나 계급에 속한 사람들의 자유가 아니라 개인으로서 각각 모든 사람의 자유를 증진시키기를 원한다. 이렇게 하기 위해 그들은 사람들을 다양한 구속이나 장애에서 자유롭도록 하고자 노력해왔다. 초기에 자유주의자들은 대체로 개인의 자유에 대한 사회적·법적 장벽들, 특히 사회적 관습과 봉건적 종속의 굴레, 종교적 순응 등을 제거하는 데 관심을 가졌다. 그 이후 다른 자유주의자들은 빈곤, 인종적·성적 편견, 무지, 질병 등도 개인의 자유에 대한 장애라고 주장해왔다. 그러나 이와 같은 차이들에도 불구하고 자유주의자들은 개인이 그 자신—좀 더 최근에는 그녀 자신—을 위해 일생 동안 어떤 목표를 추구할 것인지 결정하는 데 자유로워야 한다는 점에 동의한다. 다시 말해 대부분의 자유주의자들은 개인이야말로 자신의 이익이 무엇인지에 대한 최선의 판단자이고, 그래서

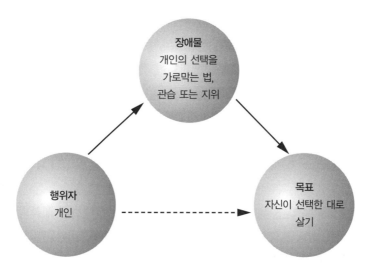

〈그림 3.1〉 자유에 대한 자유주의적 관점

그와 같은 타인의 자유를 방해하기로 선택하지 않는다면 각자가 자신이 적합하다고 생각하는 대로 살 자유를 지녀야 한다고 믿어왔다 (〈그림 3.1〉).

　이것은 평등 역시 자유주의의 자유 개념에서 중요한 요소라는 점을 시사한다. 자유주의적 관점에서 각 개인은 자유를 누릴 평등한 기회를 가져야 한다. 어떤 사람의 자유도 다른 누군가의 자유보다 더 중요하거나 가치 있는 것이 아니다. 이것은 모든 사람들이 똑같이 성공해야 한다거나 그것이 무엇이든지 간에 삶에서 좋은 것들을 평등하게 공유해야 한다는 뜻은 아니다. 자유주의자들은 모든 사람들이 똑같이 성공을 거둘 수 있다거나 그래야 한다고 믿는 것이 아니라, 모든 사람들은 '성공할 수 있는 평등한 기회'를 가져야 한다고 믿는다. 따라서 자유주의는 경쟁을 강조하는데, 왜냐하면 자유주의는 성공을 무엇으로 간주하든지 간에 개인들이 평등한 토대 위에서

제 3 장 자유주의 **99**

자유롭게 경쟁하기를 원하기 때문이다. 귀족정의 특권이든지, 경제적 경쟁을 막는 독점이든지, 인종이나 종교, 성차(gender)에 기초한 차별이든지 간에 개인이 평등한 기회를 갖지 못하게 가로막는 모든 것은 개인의 자유를 위해 제거해야 할 장애물이 될 수 있다.

요컨대 자유주의는 관용적인 사회에서 기회의 평등을 보장하려고 노력함으로써 개인의 자유를 증진한다. 영어권에서 이러한 이념들은 우리의 삶과 생각의 일부라서 자연스러운 것처럼 보인다. 그러나 이것은 자유주의적 이념들이 서구 문명 전반에 걸쳐 우리 유산의 일부이기 때문이다. 하지만 이러한 이념들이 항상 당연하게 생각되었던 것은 아니며, 심지어 영국과 유럽에서도 그러했다. 자유주의 이념의 온전한 의미를 평가하기 위해서 우리는 자유주의가 중세 유럽 사회에 대한 반발로서 어떻게 시작되었는지 살펴보아야 한다.

역사적 배경

중세적 기원

자유주의의 기원은 유럽 중세 사회의 두 가지 특징적인 현상, 즉 종교적 순응(religious conformity)과 귀속적 신분(ascribed status)에 대한 반발로 거슬러 올라가 추적해볼 수 있다. 여러 세기에 걸쳐 전개된 이러한 반발은 시간과 장소에 따라 저마다 다른 형태로 나타났다. 그러나 '자유주의적(liberal)'이라는 말이 정치적 용어에 포섭된 19세기 초에는 독특한 정치적 입장이 분명하게 출현했다.

종교적 순응 자유주의자들은 종교의 자유, 그리고 국가와 교회의 분리를 요청했다. 이런 생각은 중세의 지배적 사고방식에 맞서는 것이었는데, 중세에는 교회와 국가가 기독교 세계를 방어하는 동반자였다. 사실 중세 유럽에서 교회와 국가 사이에는 아무런 명백한 구분이 없었다. 기독교 교회 편에서는 그 임무를 신의 왕국을 위한 영혼 구원으로 인식하고 있었으며, 이 과업은 사람들에게 정통 교리(orthodoxy) 혹은 '올바른 믿음'을 가르치고 유지함으로써 가장 잘 수행될 수 있다고 보았다. 따라서 기독교 신앙에 대한 이단적 견해를 받아들이거나 기독교 신앙을 거부하는 사람들은 교회가 신의 과업이자 의지로 간주한 것을 행하려는 시도를 위협하는 셈이었다. 이러한 위협에 대응해서 교회는 자신의 권력을 사용했으며 교회의 교리에 순응하도록 강제하기 위해 왕들과 다른 세속적 권위들에게 그들의 힘을 사용하도록 요청했다. 세속의 지배자들 편에서는 종교적 확신 때문이든 그들의 영토 내에서 질서를 유지하려는 욕망 때문이든 통상 교회가 이단자나 무신론자로 간주하는 사람들을 기꺼이 억압했다. 그리하여 중세 유럽 전역에서 종교적 권위와 정치적 권위는 로마 교회의 교리에 대한 순응을 보장하기 위해 힘을 합쳤다. 그들은 로마 교회의 교리가 진리이며 신의 왕국에 이르는 보편적인 통로라고 믿었다.

귀속적 신분 초기 자유주의자들이 반대했던 중세 사회의 또 다른 특징은 귀속적 신분이다. 귀속적 신분에 기반을 둔 사회에서 개인의 사회적 입지는 출생에 얽매이거나 귀착되며, 개인이 그것을 변화시킬 수 있는 여지는 거의 없다. 이것은 **성취된 지위**(achieved status)에 기초한 사회와 대조를 이루는데, 이러한 사회에서는 모든 개인이 사회의 꼭대기 혹은 가장 밑바닥에 도달하는 데 평등한 기회를 갖는다고 가정된다. 그러나 기회의 평등은 결코 중세 사회의 이상이 아니었다. 확실히 중세 기독교도들도 모든 인간이 신의 눈으로 보면 평등하게 태어난다고 고백했다. 하지만 이런 종류의 평등은 그들이 보기에 이 세상의 삶에서 엄청난 불평등과 공존할 수 있는 것이었다. 고려할 대상은 인간 영혼의 상태였지 사회 내에서 그의 신분이 아니었다.

그래도 신분이 세속적 삶에서 매우 중요하기는 했다. 왜냐하면 인간의 처지와 전망은 그의 사회적 '등급', '서열', 혹은 '신분'에 의해 고착되었기 때문이다. 이것은 특히 **봉건주의**(feudalism) 하에서 진실이었는데, 봉건제는 9세기 샤를마뉴(Charlemagne) 제국이 분열한 뒤 유럽에서 사회적·경제적 조직의 주요 형태가 되었다. 봉건주의 체제에서는 복잡한 관계 그물이 발전했다. 주군(lord)에 해당하는 기사는 가신(vassal)에 해당하는 좀 더 지위가 낮은 기사에게 토지의 사용권을 주었고, 그 대가로 가신에 해당하는 기사는 주군에게 군사적 봉사를 바쳤다. 다시 그 가신은 다양한 봉사를 바치겠다고 서약하면서 자신의 가신이 되고자 하는 사람들에게 그 대가로 땅을 구획하여 나누어 제공했을 것이다. 애초에는 최초의 주군이 땅의 소유권을 계속 보유하고 있었으며, 가신은 단지 땅을 사용하고 그 수확을 향유할 권리만 가졌다. 그러나 이런 관계는 점차 세습되었고, 그 결과 복잡한 계층·신분·충성심의 네트워크가 생겨났다.

그렇다고 하더라도 어떤 측면에서 봉건제는 사회를 귀족과 평민이라는 광범위한 두 계층으로 구분하는 기존의 경향을 재강화함으로써 문제를 단순화했다. 봉건적 관계가 세대를 거쳐 전해져 내려감에 따라 지주귀족 혹은 귀족계급이라는 별개의 계급이 형태를 갖추었다. 이들 귀족은 그들 자신이 인민의 절대 다수를 차지하는 평민들보다 천성적으로 우월하다고 생각했다. 그들은 또한 그들의 고귀한 태생이 자신들에게는 인민 위에 군림하는 권위를 행사하고, 평민

남성과 여성에게는 가당치 않은 특권과 자유를 향유할 자격을 부여했다고 믿었다.

사회적 '등급'이나 '신분'에 대한 이러한 강조는 중세 말에 등장하기 시작한 의회 혹은 신분제 의회(estates-general)에 반영되었다. 대개 왕이 소집했던 이러한 정치체들은 사회의 여러 계층을 대변했다. 예를 들어 1302년에 최초로 회합했던 프랑스의 신분제 의회는 성직자(제1신분), 귀족(제2신분), 평민(제3신분)의 대표들로 구성되었다. 이 마지막 집단의 구성원들이 대부분 중세 도시와 읍(town)—불어로 bourgs—에 살았기 때문에, 그들을 **부르주아지(bourgeoisie)**로 불렀다. 농노와 같이 자유롭지 못한 사람들의 대표는 없었다.

농노(serf, '노예'를 뜻하는 라틴어 servus에서 유래)는 평민이었다. 하지만 그들은 자유롭지 않았다. 그들은 농민이거나 농업 노동자였다. 자유로운 농민들과는 달리 농노들은 땅을 전혀 소유하지 못했다. 대신에 장원 영주가 소유한 땅의 작은 구획을 경작했고, 그 경작지에서 자기 가족을 부양하고 영주에게 소작료—전형적으로는 현물(現物) 형태—를 지불해야 했다.

그러나 농노 신분의 가장 뚜렷한 특징은 어디서 살지, 무슨 일을 할지 선택할 자유가 없다는 점에 있었다. 농노는 종종 영주의 땅 혹은 영주 개인에게 법적으로 '소속되었다'. 관습과 법에 의해 그들은 자신들이 태어난 땅에 머물러 살고 그 땅을 경작하도록 속박되든지 혹은 어떤 개인에 소속되는 경우라면, 영주가 어느 곳에서 불러도 달려가서 봉사하도록 속박되어 있었다(따라서 그들을 통칭하는 용어가 예속민(bondsmen)이었다). 그 대가로 농노들은 영주로부터 보호를 받았다. 만일 그들이 이것을 실속 없는 거래라고 생각한다면, 일반적으로 농노 신분에서 해방을 얻는 길밖에는 달리 할 수 있는 일이 없었다. 일부는 무장을 갖춰 자유를 획득하려고 시도했고, 또 다른 일부는 도시와 읍으로 달아나기도 했다. 그리고 다른 일부는 인생의 자연스러운 과정의 일부로서 자신의 처지를 받아들였다. 비록 어느 날 영주가 그들에게 자유를 줄지도 모른다는 희망을 가슴에 품은 채이기는 하지만.

농노, 귀족, 자유로운 평민을 막론하고 중세 유럽에서 모든 개인은 어떤 특정한 계층 혹은 토지에 소속되어 태어났고, 그것을 변화시킬 여지는 없었다. 교회는 이 법칙에 예외를 제공했는데, 왜냐하면 사회 내 모든 계층의 사람들이 성직자들 사이에서 한 자리를 차지하기를 희망할 수 있었기 때문이다. 그렇다고 하더라도 다른 측면들에서 중세 사회는 확고하게 귀속적 신분에 뿌리박고 있었다. 귀족들이 대부분 귀족 계급으로 태어났다면, 자유로운 평민과 농노의 자녀들은 사실상 그들 부모의 사회적 지위에 갇혀 있었다. 아무리 많은 노력을 하고 능력을 갖추어도 인생에서 그들의 지위가 괄목할 만하게 향상될 수는 없었다. 심지어 자유조차 사회적 지위에 따라 달라져, 사회의 신분 수준 차이에 따라 누릴 수 있는 자유가 달랐다. 예컨대 1215년 영국 봉건 영주들이 존(John) 왕에게 받아들이도록 강요했던 권리 대헌장인 마그나 카르타(Magna Carta)에서 왕은 "어떠한 자유인도 그의 동료들의 합법적인 판단이나 그 지역의 법률에 의하지 않고는 체포당하거나 구금되거나…… 혹은 법률상의 보호를 받지 못하거나 추방되거나 어떤 식으로든 파멸당하지…… 않을 것이다"라는 데 동의했다. 그러나 이 경우 '자유인(liber homo)'은 단지 영주 자신들과 그 밖의 다른 귀족들을 의미할 뿐이었다. 좀 더 하위 계층의 사람들은 여전히 그들 동료의 합법적인 판단 없이, 다시 말해 배심원에 의한 재판 없이 체포되거나 구금되거나 죽음을 당했다.

귀속적 신분과 종교적 순응에 바탕을 두고 있는 이런 사회에 맞서 자유주의는 최초의 독특한 정치 이데올로기로 출현했다. 그러나 이러한 대응은 많은 사회적, 경제적, 문화적 변화들이 중세 질서를 교란시킬 때까지는 확실한 모양을 갖추지 못했다. 그 변화의 상당수는 르네상스로 알려진 14-15세기 창의성의 폭발과 직접적으로 관련이 있었다. 그러나 1347년에서 1351년 사이에 유럽을 초토화한 유행성 전염병, 곧 흑사병(Black Death, 세 명 중 한 명 꼴로 목숨을 앗아갔다) 또한 중세 사회의 해체와 관련이 있었다. 이 전염병은 사회 내 하층 계층의 생존자들에게 새로운 기회의 문을 열었고 경직된 중세 사회 구조를 느슨하게 했다. 중세 말 교역과 상업의 팽창, 그리고 그것이 폭발적으로 불러일으킨 탐험의 물결 역시 중세 질서를 붕괴하는 데 일정한 역할을 담당했다. 아시아로 가는 새로운 교역 항로를 발견하기 위한 콜롬버스의 시도는 이러한 측면에서 주목할 가치가 있다. 왜냐하면 그는 유럽인들에게 전혀 새로운 세계, 즉 거대한 새로운 가능성들의 상징이 된 신세계를 발견했기 때문이다. 그러나 중세 질서의 쇠퇴와 자유주의의 등장에 기여했던 모든 역사적 발전들 가운데 가장 중요한 것은 프로테스탄트 종교개혁(Protestant Reformation)이었다.

프로테스탄트 종교개혁

프로테스탄트 종교개혁은 1521년부터 시작되었다고 볼 수 있는데, 1521년은 로마 가톨릭 교회가 마르틴 루터(Martin Luther, 1483-1546)를 파문한 해이다. 1517년 비텐베르크 교회 문 앞에 그의 유명한 95개 테제를 붙였을 당시 루터는 사제이자 비텐베르크 대학(University of Wittenberg) 신학 교수였다. 루터의 95개 테제는 그것 자체만으로는 교회 권위에 직접적인 위협이 되지 않았다. 그것의 당면 목적은 '면죄부' 판매에 대한 논쟁을 불러일으키는 데 있었다. 면죄부는 1517년 로마 성 베드로 성당을 재건축하기 위한 교회의 기금을 마련하는 프로젝트의 일환으로 교황의 권위로 발행한 것이었다. 비록 면죄부 구입은 죄인에게 단지 약간의 참회 행위를 면제받게 해주는 것이었지만, 열렬한 판매원들은 때때로 사람들에게 면죄부가 천국의 자리를 보장할 수 있다고 믿게 했다. 이것이 루터에게 논쟁의 불을 당기도록 자극했다.

당시의 새로운 발명품이었던 인쇄기의 도움에 힘입어 루터의 논제는 독일 공국들(principalities) 전역으로 급속하게 퍼졌고, 교회의 부패로 혼란에 빠진 기독교인들 사이에서 호응을 얻었다. 그것은 또한 독일 귀족들의 주목을 끌었는데, 그들 중 다수는 교회를 세속 권력의 주요 경쟁자로 간주했다. 95개 테제가 불러일으킨 열광 때문에 루터의 교회 상급자는 루터에게 그가 미혹되었음을 인정하고 교황의 권위에 복종하라고 명령했다. 그러나 루터는 전설에 나오듯이 "여기서 나는 멈춰 선다. 나는 다른 아무 것도 할 수 없다"라고 말하면서 그 명령을 거절했다. 그러자 종교개혁이 시작되었다.

루터가 보기에 교회는 사제들에게 너무 많은 권위를 부여해온 반면 성경에는 많은 권위를 부여하지 않았다. 전통 · 의식 · 성례전을 강조했던 가톨릭 교회와 달리 루터는 성서, 즉 신의 말씀에 엄밀히 주목할 것을 주장했다. 그리고 교회가 사제 · 주교 · 교황의 권위를 강조한 것 대신에 루터는 "모든 신앙인의 사제됨"을 선호했다. 문제가 되는 것은 오직 신앙뿐이며, 신앙을 성장시키는 유일한 방법은 성경을 읽고 거기서 신이 우리에게 명령한 대로 행동하는 것이라고 루터는 선언했다. 이런 생각에서 루터와 그의 동료들은 라틴어를 읽을 수 없는 사람들이 성경에 쉽사리 접근할 수 있도록 성경을 독일어로 번역했다.

그의 초기 발언에는 양심의 자유를 옹호하는 몇몇 언급들이 있었지만, 루터는 결코 사람들이 그들 스스로 선택한 방식으로 믿고 예배하도록 격려하지 않았다. 명백히 그는 성서를 읽는 모든 사람이 루터 자신의 방식대로 이해할 수밖에 없으리라고 기대했다. 하지만 그런 일은 일어나지 않았다. 그와는 반대로 개인의 양심에 강조점을 둔 "모든 신자의 사제됨"이라는 루터의 선언은 다양한 성경 해석과 굉장히 많은 프로테스탄트 종파를 몰고 올 수문을 연 셈이 되었다. 루터는 이러한 발전을 예견하지도 환영하지도 않았다. 게다가 그는 교회와 국가의 분리를 의도하지도 않았다. 루터 이전에도 유럽에는 교회의 패권에 도전한 사례들이 여러 번 있었지만 모두 실패하고 말았다. 이제 루터의 도전이 성공을 거둔 한 가지 이유는 그가 독일 군주들의 보호를 획득할 수 있었다는 것이다. 독일 군주들 중 대다수는 루터가 일으킨 논쟁에서 교회를 희생시키는 대가로 자신의 부와 권력을 획득할 수 있는 좋은 기회를 보았다. 여하튼 독일과 그 밖의 지역에서 종교개혁의 즉각적인 효과는 한편으로 왕 혹은 군주와, 다른 한편으로는 개혁 교회 혹은 프로테스탄트 교회 지도자들 사이에 동맹이 맺어졌다는 것이었다. 이런 식으로 다양한 지역 교회 혹은 국가 수준의 교회들이 보편적 교회의 권위에 도전하기 시작했다.

영국은 곧 국가 교회의 가장 분명한 사례를 보여주었다. 첫 번째 부인과 이혼하도록 수락해 달라는 요청을 거절한 교황 때문에 화가 난 헨리 8세(재위 1509-1547)는 영국 의회의 동의하에 로마 교회와 분리된 영국 국교회 창립을 선언했고, 자신이 국교회 수장에 올랐다. 제네바에는 또 다른 종류의 교회가 등장했다. 지금은 스위스의 일부이지만 당시에는 독립적인 도시국가였던 제네바에서는 프랑스 신교도인 칼뱅(Jean Calvin, 1509-1564)이 종교 문제뿐만 아니라 정치적 문제에서도 지도자가 되었다. 대부분의 다른 프로테스탄트 종교개혁가들처럼 사실 칼뱅도 정치와 종교를 구별하거나 국가와 교회를 구별하려는 경향이 있었던 것은 아니었다. 이 점에서는 종교개혁 가나 로마 가톨릭은 별 차이가 없다. 종교개혁의 요점은 사람들에게 자신이 적당하다고 생각하는 대로 믿을 수 있게 하는 것이 아니라, 종교개혁가들이 그래야 한다고 생각하는 대로 사람들이 믿을 수 있 도록 교회를 문자 그대로 '개혁(reform)' 하는 것이었다. 칼뱅의 지도 하에서 제네바는 신권정체(theocracy)가 되었다. 이 도시의 법은 아 무도 신의 명령을 어기고 있지 않다는 사실을 확인하기 위해 주임 목사가 하루 중 아무 때라도 어느 누구의 집에도 들어갈 수 있을 정 도로 신의 의지를 직접 반영하고 있어야 했다.

정치권력자들이 가톨릭 교회에 여전히 충성을 바치고 있는 곳에 서는 권력자들이 종종 신교도들을 억압하고자 했다. 그런 경우들에 서 루터와 칼뱅은 통상 그들의 지지자들에게, 신이 자신의 의지를 실현하기 위해 통치자들에게 권력을 주었으므로 억압적 통치자에게 저항하지 말라고 권고했다. 그러나 뒷날 칼뱅의 지지자들 중 일부는 저항이 때로 정당화될 뿐 아니라 사람들에게 자기 종교의 자유로운 수행을 부정하는 특정 통치자를 타도할 권리를 가진다고 결론지었 다. 양심의 자유와 저항권을 부분적으로 인정했지만, 사실 이들은 자기들 방식대로 칼뱅주의를 실행하고자 했던 것이다. 그들 가운데 다른 종교의 자유로운 믿음도 허락하기를 원한 자는 거의 없었기 때 문이다. 그러나 양심의 자유에 대한 그들의 논리―이것은 부분적으 로 정부가 인민의 동의로부터 권위를 얻는다는 주장에 근거하고 있 다―는 종교적 관용에 우호적인 주장의 씨를 뿌렸다.

그러나 이러한 씨를 뿌릴 수 있으려면 먼저 사람들이 로마 교회에 대한 강요된 순응을 이런저런 프로테스탄트 교회에 대한 강요된 순 응으로 바꾸는 것은 틀렸거나 불가능할 뿐이라는 점을 확신해야 했 다. 이런 일은 17세기까지 일어나지 않았다. 그것은 오직 피로 얼룩진 일련의 종교 전쟁이 칼 끝으로 개종자를 얻으려 하기보다 종교상의 일부 차이를 관용하는 편이 낫다고 로크(John Locke) 같은 이들을 설득한 후에야 가능했다.

여기서 프로테스탄트 종교개혁가들은 본래 의도와는 무관하게 자유주의를 향한 길을 준비하는 데 기여하였다. 구원은 오직 믿음에서만 온다고 가르침으로써 루터와 다른 종교개혁가들은 로마 교회의 통일성과 정통 교리를 보존하는 것보다 개인의 양심이 훨씬 더 가치가 있다고 사람들을 격려했다. 개인의 양심에서 개인의 자유로 향하는 이동은 그 당시에는 여전히 급진적인 행보였다. 그러나 그것이 초기 자유주의자들이 취한 행보였다. 따라서 자유주의는 종교적 순응과 귀속적 신분의 억압에서 개인을 자유롭게 하려는 시도로서 시작되었다. 대부분의 이데올로기들이 그렇게 시작되듯, 자유주의는 또한 사회의 근본적인 변환을 불러일으키려는 시도로서 시작되었다. 요컨대 자유주의는 혁명적인 것이었다. 이 점을 좀 더 분명히 보기 위해서 우리는 17-18세기의 위대한 혁명들을 살펴보아야 한다.

자유주의와 혁명

영국

1588년에 스페인 무적함대를 격퇴한 후 영국은 과거 어느 때보다 더 안전하고 강력한 위치를 구축하며 17세기로 진입했다. 여왕 엘리자베스 1세가 왕위에 있었고 셰익스피어는 희곡을 집필하고 있었다. 또한 그 당시는 던(John Donne)과 밀턴(John Milton)이 문학에 기여했고, 홉스와 로크가 철학에 업적을 쌓았으며, 뉴턴과 혈액 순환을 발견한 의사 하비(William Harvey)는 과학에 공헌했다. 그리고 식민지를 북아메리카와 인도로 넓힘에 따라 상업과 탐험도 번성했다.

그러나 17세기는 또한 영국의 혼란 시기이기도 했다. 엘리자베스 여왕의 왕위는 1603년 그녀의 먼 사촌인 스코틀랜드 왕 스튜어트(James Stuart)에게 계승되었다. 새로운 왕은 곧 자신이 의회와 격렬한 투쟁에 휘말려 있음을 깨달았다. 투쟁은 그의 아들 찰스 1세의 재위 기간 동안 더 가열되었다. 갈등의 근원에는 종종 돈 문제가 놓여 있었는데, 찰스는 자신이 왕으로서 세금을 통해 국가 수입을 거둘 권리가 있다고 주장한 반면 의회는 과세권이 영국 인민의 대표체인 의회의 권리라고 주장했다. 1642년에 그 갈등은 내전으로 폭발했다.

왕과 의회의 전쟁은 종교적, 사회적, 경제적 요소가 가세하며 더 불이 붙었다. 많은 인민들에게 그 전쟁은 기본적으로 종교적 갈등이었다. 왕으로서 찰스 1세는 영국 국교회의 공식적 수장이었고, 모든 영국인들은 국교회의 신앙과 실천에 순응할 것으로 기대되었다. 따라서 영국 국교회에 충성을 바치는 사람들은 왕을 지지하는 경향이 있었으며, 이에 비해 국교회를 반대하는 청교도들(Puritans)은 의회 편을 택했다. 청교도들은 종종 서로 의견이 일치하지 않았다. 일부는 장로교파(Presbyterians)였고, 일부는 독립교회파(Independents) 혹은 민중 중심 교회파(Congregationalists)였으며, 또 일부는 정교 분리주의자(Separatists)였다. 하지만 이들은 영국 국교회가 가톨릭 교회의 잔재들을 계속 갖고 있으며, 이것들이 영국 국교회에서 '정화(purify)' 되기를 원했다는 점에서는 일치했다. 일반적으로 그들의 희망은 자신들의 종교에 대한 순응을 강화하는 것이었다. 마치 기존 교회를 지지하는 사람들이 자신들의 종교에 대한 순응을 강화하고자 애쓰는 것처럼 말이다. 사회적, 경제적 구분은 다소 덜 분명하지만 지주 귀족은 왕을 지지한 반면, 중간계급, 즉 '신사(gentlemen)'

지주들과 상인들은 일반적으로 의회 쪽에 섰던 것으로 보인다.

영국 내전에서 펜과 잉크는 총탄과 검만큼이나 대단한 역할을 했다. 도처에서 팸플릿과 논문, 설교, 심지어 중요한 정치이론 저작들까지 거침없이 쏟아져 나왔다. 바로 앞 장에서 우리는 공화주의적 정부 형태를 주장했던 해링턴과 좀 더 민주적인 정부를 위해 상황을 압박했던 수평파들의 노력을 살펴보았다. 이제 우리는 자유주의의 독특한 특징을 지니고 있는 최초의 중요한 정치철학 저작인 홉스의 『리바이어던(Leviathan)』에 주목해보아야 한다.

홉스(Thomas Hobbes, 1588-1679)는 전쟁을 피해 도망가 있던 프랑스에서 『리바이어던』을 집필했고, 찰스 1세의 처형으로 전쟁이 끝난 지 2년 후인 1651년에 그것을 출판했다. 『리바이어던』에서 그가 도달한 결론에는 새로운 것이 전혀 없었다. 성(聖) 바울과 다른 많은 사람들처럼 홉스 역시 한 나라의 인민은 그들에 대해 권력을 갖는 자들에게 복종해야 한다고 주장했다. 그러나 그는 이 같은 결론을 이전처럼 신의 의지라는 단순한 주장에 근거하여 끌어내지 않았다. 비록 성경을 인용했지만, 그의 논변은 신의 명령보다 인간의 자기 이익 추구에 바탕을 두고 있었다는 점에서 근본적으로 세속적—또한 그는 자신의 작업을 '과학적'이라고 생각했다—이었다.

홉스에 따르면, 개인은 권력을 쥔 자(들)가 자신을 보호해주는 동안에는 그 권력자가 누구든지 간에 복종해야 한다. 보호와 안정의 제공은 애초에 정부가 존재하는 유일한 이유다. 그리고 자신의 논점을 입증하기 위해 홉스는 독자들에게 그들이 **자연상태(state of nature)**에 있다고 상상하도록 요청했는데, 자연상태란 어느 누구도 그들에 대해 일체의 권위를 갖지 않는 완벽한 자유의 상태이다. 그는 그러한 상태에서 모든 개인은 평등하며—어느 누구도 타인보다 상위의 등급이나 신분을 지닌 채 태어나지 않는다—자신이 바라는

토머스 홉스(1588-1679)

대로 행동할 **자연권**(natural right)이 있다고 말했다. 문제는 인간의 본성이다. "나는 오직 죽음에 이르러서야 멈추는, 힘을 추구하는, 힘에 대한 영속적이고 중단 없는 욕망을 모든 인류의 일반적인 성향으로 꼽는다."[1] 권력을 향한 이 "중단 없는 욕망"은 개인들을 상호 갈등 속으로 몰아넣으며 자연상태를 "만인의 만인에 대한 투쟁"이 되게 하는데, 거기서는 삶이 "고독하고, 빈곤하며, 불결하고, 야만적이며, 순간적"일 수밖에 없다.[2] 따라서 홉스의 자연상태는 전쟁 상태가 되었다.

홉스의 관점에서는 어떠한 것도 이보다 더 나쁠 수는 없었다. 따라서 자연상태에서 공포에 가득 찬 이기적이고 합리적인 개인은 정치적 권위를 확립하기 위해 **사회계약**(social contract)을 맺는다. 자신의 안전을 지키기 위해 그들은 자신의 자연권 가운데 한 가지, 곧 그들 자신을 방어할 권리만 제외하고 나머지 모두를 그들이 권위를 부여한 자(들)에게 양도한다. 따라서 홉스의 논변에서 정부는 인민의 동의에 기반을 둔다. 그러나 자신들의 동의에 의해 인민은 주권자, 곧 권력을 쥔 인물 혹은 인물들에게 질서와 평화를 유지하는 데 필요한 일이라면 무엇이든지 할 수 있는 권한을 부여한다. 여기에는 모든 사람이 주권자가 요구하는 대로 예배하도록 강제할 권력도 포함된다. 왜냐하면 홉스는 종교적 차이를 갈등을 유발하는 요인 가운데 하나라고 보았기 때문이다. 따라서 오직 주권자가 직접 그들을 위협할 때 그들 자신을 방어할 권리만 간직한 채, 인민은 안전을 위하여 주권자에게 절대적이고 무제한적인 권력을 부여한다.

이러한 결론으로만 본다면 『리바이어던』이 자유주의의 독특한 특징을 지니고 있다는 주장을 기이하게 여길 수 있다. 자유주의자들은 확실히 절대적인 권력자를 지지하거나 종교적 순응을 강요하는 등의 습성을 만들어오지 않았다. 그러나 홉스의 이론에 뚜렷하게 자유주의적 색채를 부여하는 것은 그의 결론이 아니라 그 논리적 전제들이다. 홉스가 설명하는 바에 따르면 개인들은 평등하며 모든 사람은 자유롭다는 자연권을 갖는다. 인민은 스스로의 이익을 보호하기 위해 자신의 동의에 따라 정부를 창출한다. 이러한 측면에서 홉스의 입장은 자유주의자, 좀 더 적절하게 말하자면 '원형 자유주의자(protoliberal)', 즉 이제 막 출현한 자유주의 이데올로기의 주요 논리적 전제들을 명료하게 한 사람의 입장과 매우 유사하다. 이제 로크가 명백하게 자유주의적인 결론에 도달하기 위해 이러한 전제들을 사용하는 일이 남았다.

로크(John Locke, 1632-1704)는 찰스 1세가 처형당하고 의회가 군주정을 폐지했을 때 열여섯 살이었다. 하지만 고작 11년 후 의회는 프랑스로 망명해 있던 죽은 왕의 아들——프랑스에서 홉스는 그의 후견인 중 한 사람이었다——을 불러들였다. 이 왕정복고는 정치적 혼란을 멈추게 했다. 하지만 그것은 단지 일시적으로 그랬을 뿐임이 드러났다. 나이가 들어가면서 찰스 2세는 어떤 합법적인 왕위 계승자도 남기지 못할 것임이 분명해졌다. 이러한 사정은 그의 동생 제임스를 다음 왕이 될 위치에 있게 했고, 따라서 가톨릭 교도인 제임스가 영국을 가톨릭 진영으로 되돌리며 그의 사촌인 프랑스 왕 루이 14세처럼 절대군주가 되려고 시도할지 모른다는 의심을 불러일으켰다. 이를 막기 위해 제임스를 왕위 계승에서 배척하려는 노력이 가파르게 진행되었다. 1680년에서 1683년 사이의 배척 위기(Exclusion Crisis) 동안 찰스 2세는 의회를 정지시켰고, 반대자들은 그에 대항하여 음모와 반란을 꾸미는 것으로 대응했다. 의회의 노력은 실패로 끝났지만(1685년 찰스의 사망 후 제임스는 국왕 제임스 2세가 되었다), 그로 인해 로크는 『통치론(Two Treatises of Government)』을 집필하기 시작했다.

로크는 신변의 안전을 위해 1683년에 네덜란드로 망명했었는데, 그곳에서 망명 생활을 하는 동안 『통치론』 집필을 완료했다. 유럽에서 가장 관용적인 국가인 네덜란드에서 로크는 또한 『관용에 관한 서한(Letter concerning Toleration)』을 썼다. 두 저작 모두 제임스 2세를 프랑스로 몰아낸 1688년의 명예혁명 후 영국에서 출판되었다. 제임스의 딸과 그의 남편인 (네덜란드의) 오렌지공 윌리엄이 영국의 새로운 군주가 되었다. 그러나 국왕에 취임하면서 윌리엄과 메리는 "이 영토 인민의 참되며 예로부터 전해져온, 의문의 여지없는 권리"[3]와 의회의 최고 위치(supremacy)를 인정한다는 권리장전(Bill of Rights)을 수락했다. 이때부터 줄곧 영국은 왕 혹은 여왕이 그 나라의 법에 명백히 복종하는 입헌 군주정이 되었다. 더욱이 관용법(Toleration Act)으로 의회는 '이교도들', 즉 영국 국교회에 합류하기를 거부하는 신교도들에게 예배의 자유를 부여했다.

이러한 발전은 로크의 구상에 매우 가까웠다. 『관용에 관한 서한』에서 그는 정부가 신민(臣民)들에게 특정 종교에 순응하도록 강요하는 것은 잘못이라고 주장했다. 사적인 문제와 공적인 문제 사이에 구분선을 그으면서 로크는 종교적 믿음은 보통 사적인 관심사에 속하며 정부가 간섭하기에 적절한 문제가 아니라고 말했다. 신앙의 실천이 직접적으로 공공질서를 위협하지 않는다면 정부는 다양한 종교적 믿음을 관용해야 한다. 그러나 가톨릭 신앙은 바로 이런 이유 때문에 관용해서는 '안' 된다. 가톨릭 교도는 외국의 군주, 곧 교황에게 가장 먼저 충성심을 바치므로 공동체의 신뢰할 만한 구성원일 수 없다. 로크는 또한 신의 존재와 구원, 영원한 형벌을 부정하는 자는 누구도 결코 신뢰받을 수 없다고 주장하면서 무신론자들에 대한 관용도 유사한 이유로 부정했다. 이러한 점들은 오늘날 우리의 기준에 따르면 가혹한 제한 규정으로 보일지 몰라도, 로크 시대의 기준으로 본다면 매우 자유주의적이었으며 심지어 급진적이기까지 했다.

관용을 옹호하는 로크의 논변이 중요하기는 했지만, 『통치론』의 두 번째 논문〔이하 「제2론」〕에 제시된 정치적 권위에 대한 그의 이론은 자유주의 발전에 훨씬 더 중요한 이정표를 이루었다. 「제2론」에서 로크의 목적은 『리바이어던』에서 홉스가 언급한 목적──정치적 권위 혹은 정부의 진정한 기초를 확립하는 것──과 똑같았고, 몇몇 결정적인 측면에서 그의 이론적 전제들은 홉스의 것과 유사했다.

존 로크(1632-1704)

홉스가 그러했던 것처럼 그는 자신의 논리를 모든 사람이 자유롭고 평등한 자연상태에서 시작했다. 이러한 자연상태에는 아무런 귀속적 신분도 없는데, "이 점은 동일한 종류의 피조물은 차별 없이 자연의 동일한 혜택을 받고 태어나 동일한 재능을 사용하기 때문에…… 어떠한 복종이나 종속 없이 상호간에 평등해야 한다는 데서 명백히 드러나 있다."[4] 그렇다고 하더라도, 로크가 통상 "생명, 자유, 재산"으로 언급하는 자연권이 있다. 인간은 이러한 권리들을 양도할 수도 있고 빼앗길 수도 있으나(예컨대 타인을 공격함으로써 인간은 그의 생명이나 자유에 대한 권리를 뺏을 수 있다), 어느 누구도 그것들을 간단하게 제거해버릴 수는 없다.

홉스의 자연상태와 달리 로크의 자연상태는 전쟁 상태가 '아니다'. 그러나 그것은 대체로 많은 사람들이 타인의 권리를 기꺼이 존중하려고 하지 않기 때문에 '불편한' 상태다. 이러한 어려움을 인식함에 따라 자연상태에서 사람들은 법, 그리고 법을 제정·해석·집행할 정부를 갖춘 정치 사회를 확립하기 위한 사회계약에 이르게 된다. 그러나 우리는 로크가 사람들은 자신들의 자연권을 보호하는 일을 할 정부를 창출한다고 말했음을 기억해야 한다. 그러므로 정부는 오직 신민의 생명·자유·재산을 보존하기 위해 필요한 일을 할 때에만 권위를 갖는다. 만일 정부가 신민의 생명·자유·재산을 박탈함으로써 이러한 권리를 침해하기 시작하면, 사람들은 정부를 전복하고 그것을 대신할 새로운 정부를 확립할 권리를 갖는다.

비록 홉스의 논리적 전제들과 매우 유사한 전제들로 시작하긴 했지만, 로크는 매우 상이한 결론에 도달했다. 두 사람 모두 사회적 신분이 어느 정도 인간본성에 고착되거나 귀속된다는 것을 부정했고, 정부는 인민의 동의에 기반을 둔다고 믿었다. 하지만 로크는 인민이 오직 제한적이고 입헌적인 정부만을 창출하고 그러한 정부에만 복종하는 데 동의할 수 있다고 믿었다. 인민의 생명에 대한 전적이고 절대적인 권력을 누군가에게 주는 것은 비합리적인 동시에 신의 의지에 반하는 것이 되고 만다. 홉스와 로크 모두 인민은 자연권을 갖는다고 믿었다. 하지만 로크에게 이 자연권은 일정한 한계 내에서 자기가 선택한 대로 예배할 권리와 '혁명권' ——『통치론』이 출판된 지 86년 후 미국 독립선언에 나타날 권리——을 포함했다.

미국 혁명

물론 미국 혁명도 프랑스 혁명도 로크 저작들의 직접적인 결과는 아니었다. 두 경우 모두 다양한 사회적, 경제적, 종교적 요소들이 철학적, 정치적 쟁점들과 결합되며 혁명으로 이어졌다.

마침내 미연방이 된 13개의 영국 식민지들은 영국이 소용돌이에 휘말린 17세기에 개척되었다. 아마도 식민지 모국이 각종 문제들로 여념이 없었기 때문에 영국 정부는 1600년대에 식민지인들이 그들의 일을 알아서 돌보도록 대체로 내버려두었다. 이는 영국 정치가 상대적으로 안정기를 맞은 18세기의 전반기 50년 동안에도 계속되었다. 식민지들에는 영국 국왕이 임명한 총독이 있었다. 그러나 거기에는 또한 식민지 자체의 입법부가 있었고 자체적으로 세금을 징수했다. 그런 까닭에 식민지인들은 그들 스스로 선출한 대표를 통해 입헌적인 자치정부를 구성할 권리를 포함해서 영국인의 모든 권리를 향유하는 것이 당연하다고 생각했다.

그러나 1763년 프랑스-인도 전쟁(혹은 7년 전쟁)이 끝날 무렵, 영국 정부는 전쟁 비용을 지불하고 식민지들을 방어하기 위해서 식민지인들에게 세금을 부과하기 시작했다. 식민지인들은 이것이 영국인으로서 자신들의 권리를 침해하는 것이라고 반대했다. 식민지인들 스스로가 자신의 대표를 뽑아 의회에 보내지 않은 이상 영국 의회는 미국 식민지인들에게 세금을 부과할 아무런 권리도 갖지 않는다고 주장했다. 왜냐하면 식민지인들이 그 문제에 대해 아무런 의견도 내지 못한 상황에서 영국 의회가 그들에게 세금을 부과하는 것은 자신들의 동의 없이 재산을 가져가는 것과 마찬가지이기 때문이었다. 사실 식민지인들의 입장은 매우 단순했다. "대표 없이 과세 없다!"

영국 의회의 반응은 식민지인들이 이제야 극히 소수만 투표권을 누릴 뿐인 영국 본국의 인민들 대부분과 정확히 똑같은 상황에 있음을 지적하는 것이었다. 부패와 시대착오적인 선거 규정들 때문에 영국의 전체 도시들은 대표가 없는 상황이었다. 그러나 영국의 모든 신민들은 영연방 전체의 이익을 돌보는 국회의원들에 의해 '사실상(virtually) 대표되고 있다'는 것이다. 이런 논리에 맞서 식민지인들은, 만일 실제로 영국의 인민들이 '사실상의(virtual)' 대표로 만족할 만큼 어리석다면 그들에게 그보다 더 나쁜 것은 없다고 응수했다. 식민지인들은 만일 대표가 '현실적(actual)'이지 않다면 그것은 결코 대표가 아니라고 보았다.

요컨대 이것이 1775년에 무장 반란을 이끈 논쟁이었다. 초기에 식민지인들은 자신들이 영국 국왕의 충성스러운 신민이라고 주장했다. 이때 국왕이란 자신들의 권리, 즉 본래 영국 정부가 보호해주기도 되어 있었음에도 불구하고 그동안 침해해 왔던 권리를 되찾아주기 위해 싸우는 사람이라는 의미였다. 그러나 몇 년 지나지 않아 그들은 이러한 입장을 버리고 스스로 대영제국으로부터 독립을 선언하는 급진적 행보를 보인다.

그들은 부분적으로는 1776년에 집필·출판된 『상식(Common Sense)』이라는 팸플릿에서 페인(Thomas Paine, 1737–1809)이 제시한 논변 때문에 이러한 행보를 취하게 되었다. 『상식』의 논리는 「제2론」에서 로크가 제시한 논변과 매우 유사하다. 하지만 페인은 그 논변을 생생하고 기억하기 좋도록 표현했다. 페인은 사회란 언제나 신의 은총이지만, 정부는 제아무리 최선의 정부라고 하더라도 '필요악'이라고 말했다. 정부는 우리를 억압하고 우리의 생활을 통제하기 때문에 악하다. 그러나 타락한 피조물로서 우리 인간 대부분은 타인의 자연권을 존중할 것이라고 신뢰받을 수 없기 때문에 정부가 필요하다. 따라서 우리는 자연권을 보호하기 위해 정부를 만든다. 만일 정부가 자신이 맡은 직무를 수행한다면, 우리는 정부에 복종해야 한다. 그러나 만일 정부가 우리의 자연권을 보호하지 못한다면——만일 우리와 적대하며 우리의 권리를 침해한다면——정부는 더 이상 필요악이 아니라 허용할 수 없는 것이 된다. 이러한 상황이 발생하면 인민은 정부를 전복하고, 그들의 권리를 존중할 다른 정부로 바꿀 모든 권리를 가진다고 페인은 결론지었다.

페인은 미국 식민지들이 대영제국과 연대를 끊고 그들 스스로 독립된 자치국가를 확립해야 한다고 말했다. 만일 그것이 진정으로 자치적이려면 새 국가는 공화국이어야 했다. 페인에게 이 말은 새로운 국가에는 왕이 없어야 한다는 뜻이었다. 왜냐하면 그는 군주정이 개인의 자유와 절대로 양립할 수 없다고 믿었기 때문이다. 이 점에서 그는 로크를 넘어섰는데, 로크는 군주정 폐지를 선호했을지 모르지만 「제2론」에서 그렇게까지 말하지는 않았다.

『상식』이 출판된 지 6개월이 채 지나지 않은 1776년 7월 2일 〔미〕 대륙 의회는 "이들 식민지 연합은 자유롭고 독립적인 국가들이며, 또 마땅히 그래야 한다"라고 선언했다. 두 달 후 의회는 독립선언서를 채택했는데, 그것은 제퍼슨(Thomas Jefferson, 1743~1826)이 초안을 작성한 문서였다. 대영제국으로부터의 분리를 정당화한 제퍼슨의 논변의 정확한 성격은 학자들 사이에서 항상 논쟁이 되고 있는 문제이다. 하지만 선언서의 주장은 물론 몇몇 군데의 놀라운 문구가 로크와 매우 유사하다는 점은 의심의 여지가 없다.[5] 그래서 우리는 다음과 같은 특정한 "진실"이 "자명하다"는 이야기를 듣게 된다. 곧

모든 인간은 평등하게 창조되었고 양도할 수 없는 특정 권리들을 신으로부터 부여받았는데, 거기에 생명, 자유, 행복 추구의 권리가 포함된다는 것은 자명한 진실이다. 이러한 권리들을 확보하기 위해 인간들 사이에서

정부가 설립되었으며, 정부의 정당한 권력은 피치자의 동의에서 나온다. 어떤 형태의 정부이건 이러한 목적을 파괴할 때에는 언제든지 그 정부를 바꾸거나 폐지하고 새로운 정부를 설립하는 것, 곧 정부의 기초를 인민의 안전과 행복을 가장 효과적으로 확보한다는 원칙에 기반을 두고, 인민의 안전과 행복을 더 잘 도모할 것으로 보이는 형태로 정부의 권력을 설립하는 것은 인민의 권리이다.[6]

이러한 전문(前文)에 뒤이어 영국 정부가 사실상 정부의 설립 "목적을 저버리게" 되었고, 따라서 식민지인들에게 "정부를 바꾸거나 폐지하고 새로운 정부를 설립할······" 자격이 부여되었다는 증거로서 불만 요인들을 구체적으로 길게 나열한 목록이 따라 나온다.

그렇다면 독립선언서는 로크와 페인 그리고 다른 초기 자유주의자들이 제시한 여러 논리를 압축해서 채용한 셈이다. 특히 이러한 논변의 두 가지 특징이 주목을 받을 만하다. 첫째 "모든 인간은 평등하게 창조되었다.······"는 주장이다. 이 주장이 선언서에서 공포되자 약간의 당혹감을 불러일으켰다. 친영국적 '토리주의자들' 뿐만 아니라 미국의 '애국자들'을 포함한 대다수의 식민지인들이 노예제를 유지하고 있는 국가가 모든 인류의 평등을 선언하는 것은 위선적이라고 지적했기 때문이다. 사실 자신도 노예 소유주였던 제퍼슨의 선언서 초고에는 노예무역을 날카롭게 공격하는 내용이 있었다. 그러나 모든 인간이 평등하게 창조되었다는 주장은 그대로 남은 반면 노예무역에 대한 공격 문구는 의회의 다른 구성원에 의해 삭제되었다.

이러한 당혹감은 초기 자유주의자들의 입장에서 공통적인 문제를 제기한다. 그들은 모든 인간이 본성적으로 자유롭고 평등하며 정부는 인민의 동의에 의존한다고 선언할 때 민주적인 언어를 사용했다. 그러나 그들은 '인간(men)'이나 '인민(the people)'에 누구를 포함시키는지 결코 설명하지 않았다. 예컨대 '인간'이나 '인민'에 대한 로크의 언급은 그를 민주주의자인 것처럼 보이게 한다. 그러나 분명히 로크는 당시 투표권이 허용되었던 재산 소유자들 외에 선거권이 확대되는 것을 옹호하지 않았다. 그는 또한 노예무역에 관계하고 있던 회사의 지분을 보유하고 있었다.[7] 더욱이 로크를 비롯한 초기 자유주의자들은 자연적인 평등과 자치 정부에 여성들이 포함되지 않는 것을 당연하게 생각했다.[8] 그러나 이 같은 주장을 함으로써 초기 자유주의자들은 "만일 모든 사람이 평등하게 창조되었다면 왜 이런저런 집단의 남녀는 평등하게 취급되지 않는가?"라는 의문을 제기할 수 있는 계기를 제공했다. 다시 말해 평등이라는 용어를 사용함으로써 그들은 부지불식간에 민주주의의 성장과 참정권의 확장에 기여했던 것이다.

독립선언서의 주목할 만한 두 번째 특징은 정부에 대한 개인의 권리와 자유를 옹호한다는 점이다. 이것 역시 초기 자유주의자들의 전형적인 특징인데, 그들은 정부를 개인의 자유를 지속적으로 위협하는 존재로 보았다. 이러한 태도는 부패의 위험을 지속적으로 경고하는 공화주의의 영향을 보여준다. 사실 공화주의와 자유주의 전통은 이 부분에서 매우 밀접하게 얽혀서 그 둘을 분리하기가 어렵다. 그러나 둘 사이는 강조하는 바가 다르다. 초기 자유주의자들은 거의 전적으로 정부의 권한 남용을 우려했던 반면 공화주의자들은 정부의 부패뿐만 아니라 인민의 부패에 대해서도 걱정했다. 공화주의자들이 보기에 자유는 대체로 정치 참여를 통해 스스로 통치하는 것과 관련된 문제였으므로 시민적 덕성과 긴밀히 연결되는 사항이었다. 한편 자유주의적 관점에서 자유는 정부의 간섭으로부터 자유를 확보하는 문제에 더 가까웠고, 덕성이란 사적인 삶에서 학습되고 실천되어야 할 성질의 것이었다.

미합중국 헌법은 이러한 결합을 통해 이루어졌다. 합중국 헌법은 강한 중앙집권적 정부를 규정하고 있다. 그러나 그것은 또한 여러 가지 방법으로 정부의 권한을 제한한다. 이 점에서 정부의 틀은 자유주의적일 뿐 아니라 공화주의적이다. 그러나 합중국 헌법은 시민적 덕성을 함양하기 위한 어떤 직접적인 조항도 마련하고 있지 않다. 워싱턴과 매디슨(James Madison)을 포함해서 일부 건국의 기초자들은 부분적으로 이러한 목적을 위해 국립대학을 창설하자고 촉구했지만 그들의 노력은 실패했다. 이 점에서 시민적 덕성에 대한 관심의 결여는 특히 종교와 성격을 함양하는 등의 사적인 범주에 속하는 생활 영역에 대해 정부가 간섭하지 못하도록 하는 미국 연방헌법의 자유주의적 요소를 시사한다.

1787년에 초고가 작성되고 1788년에 비준된 미합중국 헌법은 1789년부터 시행되었다. 2년 후 권리장전이 추가되었다. 1787년, 1788년, 1789년은 미합중국에 중요한 해이지만, 다른 지역에서도 마찬가지로 정치 이념의 발전에 중요한 해였다. 바로 이때 프랑스에서 혁명이 시작되었으며, 그것은 적어도 미합중국의 틀을 형성한 사건만큼이나 중요한 세계적 사안임이 입증될 것이었다.

프랑스 혁명

프랑스 혁명과 그 혁명에서 자유주의가 수행한 역할을 이해하기 위해서 우리는 앙시엥 레짐, 곧 혁명 전 프랑스 사회의 '구(舊)질서'에 관해 좀 알 필요가 있다. 이 구질서의 다음과 같은 세 가지 특징, 곧 종교적 순응, 귀족주의적 특권, 정치적 절대주의가 특히 중요하다. 혁명 전 프랑스의 상황은 혁명 전 아메리카 식민지들의 상황과 크게 달랐다.

첫째는 종교적 순응이라는 특징이다. 종교개혁이 일어난 다음 해에 프랑스는 위그노(Huguenots, 프랑스의 신교도)와 가톨릭교도들 간에 피비린내 나는 내전을 겪었다. 1598년에 낭트 칙령으로 모든 폭력 사태가 종결되었는데, 낭트 칙령은 가톨릭을 공식 종교로 인정하는 한편 위그노들에게 예배의 자유를 부여한 일종의 타협이었다. 이 칙령은 1685년까지 효력이 지속되었는데, 그해에 이른바 '태양왕'이라고 불리는 루이 14세는 칙령을 거두고 모든 신민들에게 가톨릭 교리에 순응할 것을 명령하였다. 그때부터 혁명 전야까지 정부는 종교적 순응 정책을 유지하였다. 방대한 토지 소유에서 생기는 부와 사회적 특권 지위를 한몸에 갖춘 가톨릭교회는 앙시엥 레짐의 방어막인 동시에 좀 더 열린 사회를 꿈꾸는 사람들의 장벽으로 군림하고 있었다. 좀 더 열린 사회를 소망하는 자들 가운데 으뜸은 볼테르(Voltaire, 1694-1778) 같은 **계몽주의** 사상가들이었다. 이들은 이성의 빛이 이 세계를 더 잘 이해하게 하고, 더 자유롭고 합리적인 사회를 가능하게 하리라고 믿었다. 그러나 이런 상황이 발생하기 위해서는 먼저 이성이 미신의 힘, 그들이 보았던 바대로 가톨릭교회가 주도하는 그 힘을 극복해야 했다.

구질서의 두 번째 뚜렷한 특징인 **귀족적 특권**(aristocratic privilege)은 봉건제의 흔적이었다. 이 점에서 프랑스는 아메리카 식민지들과 두드러지게 달랐는데, 아메리카 식민지들에는 세습적인 귀족주의가 뿌리내린 적이 없었다. 프랑스에서 귀족주의는 사실상 매우 뿌리 깊었으며, 대부분의 귀족들은 고귀한 자들로서 자신이 누려온 특별한 권리들을 보존하고자 고심했다. 그 특권들 가운데 하나는 대부분의 세금을 면제받는 것이었다. 이러한 면세는 프랑스 정부를 곤궁에 빠뜨렸는데, 프랑스 정부는 만성적인 재정 부족 상태에 있었고 과세 부담에 시달리는 중간계급(부르주아지)과 농민들의 커다란 분노를 샀다. 귀족들이 향유했던 또 다른 중요한 특권은 정부, 군대, 교회에서 고위직을 독차지하는 거의 독점적인 권리였다. 혁명 발발 당시의 왕이었던 루이 16세는 자신의 거의 모든 고문과 행정관들을 귀족 계급에서 충원했고, 군대 내 모든 장교급 후보들에게는 적어도 4대의 귀족 혈통을 지닐 것을 요구했다.[9] 따라서 앙시엥 레짐에서 귀족의 특권이 의미하는 것은 귀속적 지위가 능력이나 노력보다 더 중요하다는 것이었다. 이는 부르주아지가 몹시 분개했던 또 다른 사항이었다.

마지막으로 정치적 절대주의(political absolutism)는 왕을 법 위에 군림하도록 올려놓았으며 정치권력을 왕좌로 집중시켰다. 이는 루이 14세의 유산이었는데, 그의 오랜 재위 기간(1643-1715)은 절대군주정의 패턴을 형성했다. 전통에 따라 프랑스 왕은 삼부회(Estates-General)에 대해 책임을 졌는데, 그것은 성직자, 귀족, 부르주아지라는 프랑스의 세 계층(order) 혹은 '신분(estates)'의 대표들로 구성되었다. 그러나 루이 14세는 한번도 삼부회를 소집하지 않았으며(삼부회가 마지막 회합을 가진 것은 1614년이었다), 세 계급을 달래고 약화시키는 방법을 발견했다. 그는 위그노를 억압함으로써 가톨릭교회의 지지를 확보했다. 또 귀족들을 베르사이유에 있는 자신의 사치스러운 궁전에 끌어들였고, 거기서 그들은 왕의 총애에 예속되는 상태가 되었다. 그리고 루이 14세는 그의 궁정 장관 가운데 일부를 부르주아 출신으로 뽑음으로써 그 계급의 비위도 맞추었다. 그의 권력을 제한하려는 어떤 효과적인 반대에도 직면하지 않은 채 루이 14세는 자신이 적당하다고 생각하는 대로 지배할 수 있었다. 다음과 같이 그가 말했다고 추측되는 대로 말이다. "내가 곧 국가다."

그의 계승자들인 루이 15세(재위 1715-1774)나 루이 16세(재위 1774-1792)는 절대적 권위를 행사하는 데 태양왕만큼 능숙하지 않았다. 하지만 둘은 모두 선조 모범을 따랐다. 예컨대 그들은 삼부회를 소집하지 않았다. 1788년에 루이 16세가 재정 위기 때문에 그렇게 할 수밖에 없을 때까지 말이다. 이 사건은 혁명 발발의 도화선이 되었다.

루이 16세가 1788년에서 1789년으로 넘어가는 겨울에 삼부회의 소집을 요청했을 때, 그와 귀족들은 제1 · 제2신분(곧 성직자와 귀족) 대표들이 제3신분 혹은 '평민' 신분의 어떤 격렬한 행동을 막을 것으로 기대했다. 그러나 제3신분은 이중대표제(douboule representation)를 주장했고, 대중적 압력은 왕에게 그것을 인정할 수밖에 없게 했다. 그리고 일부 자유주의적 귀족들 및 지역 교구 신부들의 지지에 힘입어 제3신분 대표들은 그들 자신을 국민의회(National Assembly)로 선포하고 프랑스를 위한 헌법 초안을 작성하기 시작했다. 프랑스 혁명은 이렇게 시작되었다.

비록 혁명은 유혈이 낭자한 십 년을 보낸 후 새로운 형태의 절대주의가 들어서면서 종결되었지만, 애초에 혁명가들의 목표는 역대 프랑스 왕들이 인정하기를 거부했던 권리, 즉 프랑스 시민의 자연권을 보호해줄 제한 정부를 확립하는 것이었다. 혁명가들은 구질서를 타도하고, 종교적 순응을 관용으로, 귀족주의적 특권을 기회의 평등으로, 절대군주정을 입헌 정부로 대체하기를 원했다. 이러한 목표는 1789년의 인간과 시민의 권리 선언(Declaration of the Rights of Man and of the Citizen)에 분명히 드러나 있다. 그 선언의 첫 17개 조항에서 국민의회는 귀족주의적 특권과 귀속적 지위를 다음과 같이 공격했다. "인간은 그들의 권리 면에서 자유롭고 평등하게 태어나고 항상 그렇게 존재한다. 그러므로 시민을 구별짓는 것(즉 등급이나 신분)은 오직 공적 효용에 입각해서만 이루어질 수 있다." 두 번째, 세 번째 조항들은 정부가 피치자들의 동의에 기초를 둔다고 선언함으로써 정치적 절대주의를 공격했다.

II. 모든 정치적 결사의 목적(즉 목표)은 인간의 자연적이고 절대적인 권리의 보존이다. 그리고 이것들은 자유, 재산, 안전, 압제에 대한 저항의 권리들이다.

III. 국민은 본질적으로 모든 주권의 근원이다. 어떠한 개별적 인간이나 인간 집단도 국민으로부터 명시적으로 도출되지 않은 권리는 부여받을 수 없다.

국민의회는 또한 종교적 순응도 그냥 넘어가지 않았다. 선언의 열 번째 조항은 다음과 같이 천명하고 있다. "어떤 인간도 자신의 의견과 종교적 의견을 고백함으로써 법에 의해 확립된 공적 질서를 교란 시키지 않는다면, 그의 의견 때문에, '종교적' 의견 때문에 결코 괴롭힘을 받아서는 안 된다."[10]

자유주의가 프랑스 혁명 당시의 유일한 사상은 아니있다. 시민석 덕성을 강조하는 공화주의 또한 일정한 역할을 했다. 프랑스 혁명의 유명한 슬로건인 '자유, 평등, 형제애'는 미국 혁명에서 보여준 것처럼, 자유주의와 공화주의가 얼마나 뒤엉켜 있는지를 시사한다. 그 선언은 계속해서 모든 인간은 평등하게 태어났기 때문에 자유로울 권리가 있고, 각자는 평등한 성공 기회를 가져야 한다고 주장했다. 그런데 공화주의적 관점에서도 덕성을 향해 나아가는 능동적인 공적 삶의 주된 요소로서 자유와 평등을 중시하였다. '형제애'에 대한 요청 역시 공화주의적 주장을 보여주는 대목이었다. 시민을 분열시키는 차별은 공통의 시민권이라는 의식으로 대체되어야 한다고 제안하면서 말이다. 이런 점을 염두에 두고 혁명가들은 '무슈 (monsieur)', '마담(madame)'이라는 전통적인 칭호 혹은 인사를 버리고 모든 사람을 '시투와이엥(citoyen, 남자 시민)' 혹은 '시투와이엔느 (citoyenne, 여자 시민)'로 부르기 시작했다. '형제애'라는 단어는 인간의 삶에 개인의 이익을 자유롭게 추구하는 것보다 더 고상한 것이 있음을 시사했다. 즉 개인은 사실상 공적인 삶에 적극적으로 참여할 책임이 있다는 것이다.[11] '형제애'는 공동선을 개인의 사적 욕망보다 앞세움으로써 연대에 대한 관심을 함축하고 있었다. 또한 프랑스인들이 스스로를 군주정의 신민이 아니라 단일 국가의 시민으로 생각하면서 '형제애'라는 말은 민족주의적 의미도 띠게 되었다.

혁명이 계속됨에 따라 교회가 가진 땅들은 '세속화'되고 팔렸으며, 1791년 국민의회는 왕의 권한을 제한하고 성직자·귀족·부르주아지라는 세 신분을 철폐하며, 성인 남자의 절반 이상에게 투표권을 부여하는 헌법을 기초했다. 따라서 프랑스는 좀 더 제한된 정부를 가진, 그리고 영국보다 민주적 참정권을 더 많이 보장하는 입헌 군주정이 되었다.

그러나 혁명은 일단 시작되자 멈출 수가 없었다. 좀 더 급진적인 혁명가들은 민주주의의 확대와 가난한 자들에 대한 더 많은 원조를 요구했으며, 재산 보호에는 관심을 덜 가질 것을 촉구했다. 프로이센과 오스트리아가 혁명의 확산을 저지하고 앙시엥 레짐을 복원하기 위해 프랑스 국경으로 군대를 보내자 전쟁이 발발했다. 그리고 경제 위기가 꼬리를 물고 이어졌다. 이러한 상황의 압력을 받으면서 혁명가들은 1792년 9월 22일 군주정을 폐지하고 프랑스 공화정을 확립했다. 뒷날 혁명가들은 이 날을 새 달력이 요구되는 역사의 새 시대를 연 혁명 원년 첫 달 첫 날로 선포했다. 다음 해의 사건들도 그에 못지않게 극적이었다. 1월에 루이 16세의 처형이 있었고, 뒤이어 남성에게 보통 선거권을 부여하는 새 헌법이 마련되었다. 그러고 나서 1793년 6월부터 1794년 7월까지 공포정치 시대가 도래했다.

이 기간에 단두대는 혁명의 주요 상징이 되었다. 약 30만 명의 사람들이 공화국을 배반했다는 혐의로 체포되었고, 환호하는 군중들 앞에서 1만 7000명 이상이 처형되었다. 공포정치는 최고 지도자인 로베스피에르(Maximilien Robespierre)를 참수하고 나서야 끝났으며, 1795년 또 다른 헌법이 제정되며 어느 정도의 평온이 회복되었다. 앞선 것들에 비해 덜 민주주의적이었던 1795년의 헌법은 투표권을 재산을 소유한 부르주아지로 제한했으며, 정부를 이끌 5명으로 구성된 집정내각을 창설했다. 이러한 협정은 1799년까지 존속되었는데, 그해에 나폴레옹 보나파르트(Napoleon Bonaparte)가 권력을 잡고 프랑스를 군사 독재로 전환하였으며 나중에는 스스로 황제 자리에 앉으면서 군주정으로 전환하게 된다.

자유주의와 자본주의

구세계와 신세계 모두에서 자유주의는 왕성한 혁명적 힘이었다. '자연권'과 '인간의 권리'라는 이름으로 자유주의자들은 중세 때부터 계속되어온 사회적, 정치적, 종교적 배치와 맞서 개인의 자유를 위해 싸웠다. 이러한 투쟁의 중심 국면은 '경제적 자유'의 확보였다.

귀속적 지위에 반대함으로써 초기 자유주의자들은 귀족계급으로 태어난 소수의 특권층만이 아니라 더 많은 사람들을 위해 더욱 확대된 기회를 추구했다. 경제적 기회는 중간계급 혹은 부르주아지를 이루는 상인, 은행가와 변호사에게 특히 중요했다. 그들에게 부의 획득은 사회적 지위 향상의 주된 통로였다. 그러나 초기 근대 유럽에서 이러한 통로는 교회─그리고 국가─가 제조업과 상업에 무수한 제약들을 부과함으로써 차단되었다. 이러한 제약들 중에는 고리대금——대부해주고 이자를 받는 관행——에 대한 전통적인 기독교적 제약을 비롯하여 노동조건 및 상품의 생산·분배·판매와 관련된 다양한 지역적 규제들이 포함되었다. 그리고 17-18세기에는 **중상주의** 경제이론에서 나타난 또 다른 제약들도 있었다.

　중상주의(mercantilism) 중상주의 이론에 따르면, 한 나라는 다른 나라들을 희생시켜야만 경제적 힘을 향상시킬 수 있었다. 이 이론에 따라 유럽의 국민국가들은 경제 전쟁을 벌였는데, 그것은 곧잘 실제 전쟁으로 발전했다. 한 가지 전쟁 전략은 식민지를 개척하여 자원을 갈취하고, 식민지인들이 '모국' 이외의 다른 곳과 구매 혹은 판매 행위를 하지 못하도록 금지하는 것이었다. 또 다른 전략은 수입되는 물품에 높은 관세 혹은 세금을 부과하여 외국 상품의 판매를 방해하고 국내의 산업 성장을 장려하는 것이었다. 세 번째 전략에는 **독점**(monopoly)이 포함되어 있다. 멀리 흩어져 있는 식민지들과 유럽 본국 간의 무역에서 발생할 위험을 통제할 수 있는 가장 효율적인 방법이라는 이유로 한 기업에게 시장에 대한 배타적인 통제권을 부여하는 관행이었다. 독점의 두 가지 주요한 사례는 네덜란드의 동인도 회사와 영국의 동인도 회사였는데, 그들은 자국 정부로부터(원주민으로부터가 아니라) 광대한 식민지 영토를 지배하고 그 지역과 교역할 배타적 권리를 부여받았다.

　따라서 중상주의는 갖가지 제한과 독점적 특권을 통해 직접적으로 국가의 이익을 증진시키고자 했다. 이것은 일부, 특히 특권을 보장받을 수 있었던 사람들에게 혜택이 돌아가고 다른 이들에게는 불이익을 끼치는 방식으로 작동했다. 일반적으로 불이익을 당하는 쪽이었던 중간계급은 이윤 경쟁을 위한 좀 더 넓고 평등한 기회를 간청했다. 그들은 개인적 자유의 길에 그보다 더 불공정한 장애물은 없다고 믿었다. 이 같은 자유주의적 신념은 **자본주의** 경제 이론에 나타났다.

자본주의(capitalism) 본질적으로 자본주의에서 경제적 교환은 이윤을 추구하는 개인들간의 사적인 문제. 사적 이윤에 대한 강조는 기독교적 전통 및 공화주의적 전통과 상당히 어긋났는데, 두 전통은 모두 프라이버시나 이윤에 대단한 가치를 두지 않았다. 그러나 1700년대에는 사람들이 그들의 경제적 이익을 포함해서 사적 이익을 자유롭게 추구할 수 있어야 한다는 논변을 담은 힘찬 진술들이 쏟아져 나왔다. 그 최초의 저술들 중 하나가 1714년 출간된 맨더빌(Bernard Mandeville, 1670-1733)의 『꿀벌의 우화(The Fable of the Bees)』였다. 맨더빌의 우화는 자신들의 이기심에 충격을 받은 꿀벌들이 타인의 선을 우선 고려하여 행동하고 개혁하기로 결심하는 어떤 벌집에 관한 이야기이다. 그러나 개혁은 재앙임이 밝혀진다. 군인, 하인, 상인 및 대부분의 다른 꿀벌들은 그들의 서비스를 아무도 요구하지 않는다는 이유로 실직한다. 부와 삶의 다양성이 사라진다. 맨더빌은 사실상 그 벌집이, 꿀벌들이 허영심과 탐욕에 따라 행동했던 옛날의 이기적인 시절에, 곧 다음과 같았을 때 훨씬 더 유복했음을 시사한다. 그 시절에는

······ 모든 부분이 악으로 가득 찼지만,
집단 전체는 낙원이었다.
······
그 나라가 받은 축복이 바로 그런 것이었다.
그들의 죄들이 함께 어우러져 그들을 위대하게 했다.

그 책의 부제에 담겨 있는 대로 『꿀벌의 우화』에 내포된 우의(寓意)는 '사적인 악, 공적인 이익(Private Vices, Public Benefits)'이다.

전체로서 사회의 선(the good)을 증진시키는 가장 좋은 방법은 사람들이 그들의 사적 이익을 추구하도록 내버려두는 것이라는 생각은 18세기 자유주의 경제사상의 초석이 되었다. 18세기 중반에 일단의 프랑스 사상가들, 곧 중농주의자들(Physiocrats)이 이러한 생각을 경제이론으로 발전시켰다. 중상주의에 맞서 중농주의자들은 부의 진정한 기반은 무역도 제조업도 아니라 농업이라고 주장했다. 나아가 그들은 부를 촉진할 수 있는 최선의 길은 규제나 제약이 아니라 무제한적이고 자유로운 진취적 정신을 통하는 것이라고 주장했다. 정부에 대한 그들의 충고, 즉 규제를 제거하고 사람들이 시장에서 경쟁하도록 내버려두라는 충고는 "laissez faire, laissez passer(상관치 마라, 내버려 두라)"라는 문구로 집약되었다.

자유방임주의를 가장 철저하고 영향력 있게 옹호한 것은 스미스(Adam Smith, 1723-1790)의 『국부론(Inquiry into the Nature and Causes of the Wealth of Nation, 1776)』이다. 스코틀랜드 철학자이자 경제학자인 스미스는 중상주의와 독점에 대한 중농주의자들의 공격에 동의했다. 스미스는 경제적 경쟁에 대한 규제는 공적 이익에 봉사하기는커녕 단지 그러한 규제에서 혜택을 볼 수 있는 몇 안 되는 사람들에게만 이익이 된다고 말했다. 대부분의 사람들에게 경쟁의 결여는 그저 더 높은 가격과 더 희소한 상품만을 의미할 뿐이라는 것이다.

그에 대한 구제책으로서 스미스는 개인들이 시장에서 자유롭게 경쟁하도록 허용하는 경제 정책을 추천했다. 경쟁은 모든 사람들에게 평등한 기회를 부여하기 때문에 이는 가장 공정한 정책일 뿐만 아니라 가장 효율적인 정책이기도 할 것이다. 사람들에게 타인이 원하는 재화와 서비스를 제공하도록 동기를 부여하는 데 이기심—이 경우에는 이윤을 위한 욕망——만한 것이 없기 때문이다. 스미스가 지적한 바에 따르면, "우리가 저녁식사를 기대할 수 있는 것은 푸줏간 주인이나 양조업자 혹은 제과업자의 자비심 덕분이 아니라 그들이 자신의 이익을 고려한 덕분이다. 우리는 그들의 인간성이 아니라 이기심에 호소하며, 그들에게 우리 자신의 필요에 대해 이야기하는 것이 결코 아니고 다만 그들의 이익에 대해 이야기하는 것이다."[12] 스미스는 각종 경제적 제약과 특권을 제거하는 것이 사람들에게 이윤을 위해 상품을 생산하고 판매하도록 장려할 것이라고 추론했다. 생산자들은 이윤을 내기 위해 경쟁자들보다 더 좋거나 싼 상품을 생산해야 한다. 그렇지 않으면 사람들은 그들의 생산물을 사지 않을 것이다. 따라서 자유롭게 풀린 사적 이익은 더 풍부하고 질이 좋으며 싼 상품들을 용이하게 손에 넣을 수 있도록 만듦으로써 공동선을 간접적으로 증진시킬 것이다. 스미스의 말을 빌면, 마치 '보이지 않는 손(invisible hand)'이 이런 모든 이기적인 경쟁자들을 전체 사회의 공동 이익에 기여하는 방향으로 이끄는 것처럼 말이다.

스미스는 또한 중상주의자들에 맞서 국가들간의 자유 무역을 주장했다. 만일 어떤 외국 사람들이 우리가 원하는 어떤 것을 우리 자신이 그것을 생산하는 데 드는 비용보다 싼 값으로 팔 수 있다면 그렇게 하게 하라. 스미스는 외국 수입품에 대한 높은 세금은 본국의 사업을 장려할지도 모르지만, 소비자들에게 더 많은 비용을 대가로 치르게 하고서 그렇게 한다고 말했다. 소비자들이 손에 넣을 수 있는 상품이 더 적어지고 더 비싸진다는 것이다. 장기적으로 보아 국가들간의 평화롭고 규제받지 않는 무역은 모두에게 이익이다.

결국 스미스의 관점에서 본다면, 정부는 경제적 교환과 관련된 아주 적은 일만을 해야 한다. 그는 정부가 오직 세 가지의 적절한 기능만을 갖는다고 말했다. 첫째, 정부는 외부의 침입에 맞서 자국을 방

애덤 스미스(1723-1790)

어해야 한다. 둘째, 정부는 주로 재산권을 보호함으로써 정의를 증진시키고 질서를 유지해야 한다. 마지막으로 정부는 공교육뿐만 아니라 도로, 교량, 운하, 항구(요즘 경제학자들의 용어로는 사업 수행에 필수적인 '기반시설') 등과 같이 사기업이 제공할 수 없는 특정한 '공공사업'과 제도를 마련해야 한다. 그 밖의 다른 모든 문제는 자기이익을 추구하는 개인들, 곧 세상에서 자기들이 적당하다고 여기는 대로 마음껏 행동할 수 있는 자유를 누려야 하는 개인들의 사적인 일로 남겨두는 것이 최선이다. 이 점에서 스미스와 자본주의의 다른 옹호자들은 자유주의적 입장을 취했다.

19세기의 자유주의

1800년대 초기에도 자유주의는 여전히 혁명적 힘을 유지하고 있었다. 남미에서 자유주의 사상은 스페인 식민지들의 독립 투쟁을 고취하는 데 일조했다. 심지어 프랑스에서 나폴레옹의 독재도 '앙시엥레짐'으로의 복귀를 의미하지 못했다. 나폴레옹은 그가 개정한 프랑스 법률, 곧 나폴레옹 법전에서 영구적인 시민 평등의 원리를 승인했다. 귀족들은 그들의 작위를 유지했으나 대부분의 경제적, 정치적 특권은 상실했다. 그리고 나폴레옹은 가톨릭을 프랑스의 공식 종교로 재확립하는 한편 신교도들과 유대인들에게도 예배의 자유를 보장했다. 일부 유럽인들은 심지어 나폴레옹이 그들 나라를 정복한 것을 옛 귀족주의적 질서로부터 해방하는 것으로 환영했다. 예컨대 1806년 나폴레옹이 프로이센 군대를 격퇴하자 (후에 독일의 일부가 된) 프로이센은 농노제 폐지를 포함해서 여러 가지 개혁에 착수하게 되었다.

그러나 1815년 워털루에서 나폴레옹의 패전은 유럽 대륙에서 이러한 혁명적 변화에 대항하는 30년간의 반동이 시작되는 기점이 되었다. 군주들과 귀족들은 자신들의 세습적 권리를 다시 주장했다. 역설적으로 나폴레옹의 패전에 가장 큰 역할을 한 영국은 또한 자유주의가 최대의 수확을 거둔 국가였다.

1800년대 초에 대영제국은 여전히 팽창하고 있었다. 13개의 미국 식민지들이 독립을 얻었지만, 영국은 계속 인도, 캐나다, 오스트레일리아를 통제하고 있었고, 곧 아프리카에서 광대한 영토를 획득할 것이었다. 또한 산업혁명이 영국을 세계 최초의 위대한 산업 세력으로 만들고 있었다. 1750년 초 새로운 기계, 곧 증기력의 발견, 일관 작업라인(assembly lines)의 발전, 기타 대량 생산기술들은 산업 생산력을 엄청나게 증가시켰다. 따라서 영국의 상인들은 면화 같은 원자재를 수입해서 상당한 이윤을 남기고 국내외에 팔 상품을 제조할 수 있었다. 제국과 산업의 결합으로 영국은 19세기에 '세계의 공장', 세계 최대의 제국주의 세력이 되었다.

그러나 권력은 상당한 대가를 치르게 하는데, 영국에서 그 대가는 사회가 계급 구분선을 따라 더 첨예하게 양분되는 것이었다. 비록 토지에 근거를 둔 귀족계급이 1800년대 초에도 가장 지배적인 세력이기는 했지만, 중간계급의 상인들과 전문직 종사자들이 19세기의 전반기 50년 동안 막대한 정치적, 경제적 수확을 거두었다. 남녀 노동계급과 그 자녀들도 마찬가지였다고 말할 수는 없다. 가난한 다수인 그들은 산업혁명기 동안 출현하기 시작한 탄광·제분소·공장에서 노역에 시달렸으며, 실로 열악한 처지였다. 실업 보상이나 노동 시간 혹은 안전조건에 대한 규제, 법적인 노조 결성권을 보장받지 못한 채 그들은 몹시 가혹하고 위험한 상태에서 일했다. 그 상황이 얼마나 혹독했는가는 19세기 초에 노동자들의 지위를 향상시키기 위해 의회에 제출된 법안이 잘 시사하고 있다. 그 법안은 공장들이 10세 미만의 아동을 고용하는 것, 18세 미만인 자에게 야간 근무(즉 오후 9시에서 오전 5시까지)를 시키는 것, 혹은 하루 10시간 반 이상 노동하는 것을 금했다. 이 법안은 10여 년의 논쟁을 거친 후 상당히 약화되어 쓸모없는 것이 되고서야 통과되었다.[13]

경제적 지위와 정치권력의 측면에서도 노동계급은 19세기의 전반기 50년 동안 중간계급 밑으로 한참 떨어졌다. 1832년의 개혁 법안은 중간계급 남성이 투표권을 가질 수 있을 정도로 선거권 취득을 위한 재산 소유 규정을 낮추었다. 하지만 대부분의 성인 남성과 모든 여성들에게는 여전히 선거권이 부여되지 않았다. 이것은 당시 주도적인 자유주의 저술가들, 곧 당시에는 철학적 급진주의자들이고 나중에는 공리주의자들로 알려진 집단에게 꽤 중요한 사안이었다.

공리주의(Utilitarianism)

벤담(Jeremy Bentham, 1748-1832) 공리주의자들 혹은 철학적 급진주의자들(Philosophical Radicals)의 초기 지도자는 벤담이라는 영국 철학자였다. 그는 사회가 좀 더 합리적이 되어야 하며 이 방향으로 가기 위한 첫 걸음은 사람들이 이기심에서 행동한다는 것을 인식하는 것이라고 주장했다. 더욱이 모든 사람은 쾌락을 경험하고 고통을 피하려는 이해관계를 갖는다. 벤담이 지적한 대로 "자연은 인류를 최고 권력을 가진 두 주인, 곧 '고통(pain)'과 '쾌락(pleasure)'의 지배 하에 놓아두었다. 우리가 무엇을 할 것인지 결정할 뿐 아니라 우리가 무엇을 해야 하는지를 지시하는 것도 오직 고통과 쾌락만이 한다."[14] 그는 이것이 인간본성의 실제 모습이며 우리가 그것을 변화시키기 위해 할 수 있는 일은 아무것도 없다고 생각했다. 하지만 일단 모든 사람이 자신이 하고 있는 모든 일에서 쾌락을 추구하고 고통을 피하려고 한다는 사실을 이해하기만 하면 우리는 좀 더 효율적인 쾌락 추구자요 고통 회피자가 될 수 있는 단계로 나아갈 수 있다.

하지만 벤담은 우리가 예를 들어 술 마시기와 같이 즉각적인 만족감을 주는 행위에서 쾌락을 추구해야 한다는 의미로 그런 말을 한 것은 아니었다. 우리나 남들이 현재 겪는 고통이 나중에 가면 단기적인 쾌락보다 나은 것이 될 수도 있기 때문이었다. 오히려 그가 뜻한 바는 우리가 효용(utility)을 추구해야 한다는 것이었다. 만일 어떤 것이 누군가에게 스스로 원하는 것을 하도록 돕는다면, 그것은 효용이 있다. 예컨대 목수에게 망치나, 거의 모든 사람에게 필요한 돈처럼 말이다. 사람들은 행복해지기를 원하기 때문에 효용은 행복을 증진시킨다.

벤담은 사람들이 때때로 자신들에게 효용이 있는 것과 그렇지 못한 것을 모를 수도 있다는 점을 인정했다. 가령 학교를 중퇴한 사람은 교육의 효용을 올바로 이해하지 못할 수 있다. 그는 우리가 자신을 위한 쾌락을 추구하면서 타인에게 고통을 야기할지 모른다는 점 또한 인정했다. 그러나 바로 이런 문제들을 해결하는 데 정부의 목적이 있다. 벤담의 말을 빌면, "정부의 소임은 처벌과 보상을 통해 사회의 행복을 증진하는 것이다."[15] 다시 말해 타인에게 고통을 유발하는 사람은 처벌하고 쾌락을 주는 사람은 보상해줌으로써 정부는 최대 다수의 최대 행복을 증진하기 위해 일할 수 있고 또 그렇게 해야 한다는 것이다.

이로부터 벤담은 정부에 관한 두 가지 일반적인 결론을 도출해냈다. 첫째는 정부가 그저 사람들을 내버려둠으로써 최대 다수의 최대 행복을 일반적으로 증진할 수 있다는 것이었다. 개인은 대개 자신의 이해관계에 관한 최선의 판단자이므로 정부는 사람들이 스스로 적당하다고 생각하는 대로 행동하도록 내버려두어야 한다. 이런 이유로 벤담은 스미스의 자유방임주의 논변을 받아들였다. 벤담의 두 번째 결론은 만일 정부가 사회의 작은 부분들에 의해 통제된다면 그것은 최대 다수의 최대 행복을 증진하지 못할 수도 있다는 것이었다. 벤담은 효용을 추구할 때에 모든 사람을 평등하게 고려해야 한다고 밝혔다. 정부는 모든 사람의 이해관계를 중시해야 하는데, 이는 거의 모든 사람이 투표권을 갖게 될 것을 요구한다. 비록 선거에 대한

제러미 벤담(1748-1832)

벤담의 견해에는 불분명한 점도 있지만, 그는 남성의 보통 선거권뿐만 아니라 특정한 유보 조건을 붙이기는 했지만 여성의 선거권도 지지했다.[16]

존 스튜어트 밀(John Stuart Mill, 1806-1873) 이 문제에 관한 밀의 견해는 의심의 여지가 없다. 왜냐하면 그는 여성의 권리에 대한 열렬한 옹호자였기 때문이다. 영향력 있는 공리주의자였던 밀은 19세기의 주도적인 자유주의 철학자였다. 여성의 권리를 지지하는 책에서나 정부가 모든 사람을 위한 최소한의 교육 기준을 설정해야 한다고 주장하는 논리에서나 밀의 최대 관심은 개인의 자유를 옹호하고 확장하는 것이었다. 이러한 관심은 그의 『자유론(On Liberty)』에서 가장 분명하게 드러난다.

　밀이 1859년 『자유론』을 출판했을 때, 자유주의는 적어도 영국과 미국에서는 승리를 거둔 듯이 보였다. 귀속적 지위, 종교적 순응, 절대주의적 정부 같은 옛날의 적들은 더 이상 개인의 자유를 저해하지 못했다. 하지만 밀은 여론의 힘이 커지면서 그 속에서 자유에 대한 새로운 위협이 나타날 수 있다고 간파하며 경계심을 가졌다. 밀은 다음과 같이 말했다. 즉 과거에는 자유에 대한 주적이 정부였지만, 오늘날에는 우리가 대표를 뽑기 때문에 정부는 인민의 욕구에 좀 더 민감하다. 그런데 정부는 다수 인민 혹은 적어도 투표권을 가진 인민의 다수에 민감하며, 이는 다수 인민이 그들의 견해를 공유하지 않는 사람들의 자유를 제한하거나 빼앗는 데 정부를 이용할 수 있게 만든다. 더욱이 다수는 일상적이고 관습적인 삶의 방식에 순응하지 않는 사람들을 억압하는 사회적 압력을 행사할 수도 있다. 정부나 법을 통하지 않고서도 '여론의 도덕적 힘'은 사회적 관례와 관습적 신념에 순응하지 않는 개인을 사회적으로 따돌림당하게 함으로써 사상과 행동의 자유를 억누를 수 있다. 그가 대단히 경의를 표했던 『미국 민주주의』의 저자인 토크빌처럼 밀도 '다수의 폭정(the tyranny of the majority)'을 우려했다.

　『자유론』은 밀이 이러한 새로운 형태의 전제를 다루고자 시도한 것이었다. 거기서 그는 "한 가지 매우 단순한 원리"를 주창했다. 그 것은 "문명사회의 어떤 구성원에게라도 그 자신의 의지에 반(反)하여 권력이 정당하게 행사될 수 있는 유일한 목적은 타인에 대한 위

존 스튜어트 밀(1806-1873)

해를 방지하기 위한 것이다. 육체적이건 도덕적이건 그 자신의 행복
은 충분한 정당화가 되지 못한다."[17) 종종 위해원리(harm principle)
라고 불리는 이러한 원리에 따라 모든 정상적인 성인은 자신의 행동
이 타인에게 해를 끼치거나 해를 끼치겠다고 위협하지 않는 한, 무
엇이든지 자신이 원하는 대로 할 자유를 누려야 한다. 따라서 정부
와 사회는 한 개인이 타인에게 어느 정도 해를 끼치거나 그러겠다고
위협하지 않는다면 그의 활동에 간섭해서는 안 된다. 예컨대 음주가

술 마시는 사람에게 해롭다는 이유로 주류 판매를 금지하는 것은 정부의 소관 사항이 아니다. 하지만 정부는 음주운전을 반드시 금지해야 한다. 그것은 타인에게 해를 가할 중대한 위협이 되기 때문이다.

밀은 대부분의 초기 자유주의자들과 달리 자연권 논리가 아니라 효용성 논리에 호소함으로써 자신의 원리를 옹호했다. 그는 자유가 "진보적인 존재로서 인간의 영원한 이익"을 증진하기 때문에 좋은 것이라고 주장했다. 이를 통해 그가 말하고자 한 것은, 만일 개인이 자유롭게 생각하고 행동하도록 고무된다면 개인과 전체로서의 사회 모두에게 이로울 것이라는 점이었다. 개인에게 자유는 사적인 발전을 도모하는 데 반드시 있어야 할 것이다. 밀은 우리의 정신적, 도덕적 능력은 근육과 같다고 말했다. 규칙적이고 활기차게 그러한 능력을 사용해주지 않으면 약화되거나 못 쓰게 될 것이다. 그런데 사람들이 자신이 할 수 있는 것과 할 수 없는 것에 대해 계속해서 지시를 받는다면 자신의 정신과 판단력을 사용할 수 없다. 따라서 완전한 인간이 되기 위해서 개인은 타인에게 해를 끼치거나 그러겠다고 위협하지 않는 한 스스로 생각하고 말할 자유를 가져야 한다.

물론 자유롭게 말하고 행동하는 사람들이 다른 사람들, 심지어는 사회의 절대 다수를 불편하고 불행하게 만들 가능성이 있다. 그러나 밀은 장기적으로 보면 소크라테스, 예수, 갈릴레오 같은 비순응주의자들의 생각이 사회에 이익을 가져온다고 주장했다. 진보는 오직 다양한 생각, 의견, 신념 사이에 경쟁이 허용될 때만 가능하다. 경제학에서도 그렇듯이, 사상의 자유 시장은 더 넓고 다양한 선택 사양을 마련해주고 사람들이 좋은 사상과 나쁜 사상을 구별할 수 있게 한다. 사상과 행동의 자유가 없다면 사회는 순응의 틀에 갇혀 결코 진보하지 못할 것이다.

또한 개인의 자유를 증진하고자 하는 밀의 소망은 그에게 최선의 정부 형태로서 대의민주주의를 추천하게 했다. 『대의정부론(Considerations on Representative Government, 1861)』에서 그는 정치 참여가 정신적, 도덕적 능력을 훈련하기 위한 최선의 형태 가운데 하나라고 주장했다. 그리고 오직 민주주의에서만 이런 종류의 훈련이 모든 시민에게 가능하다고 주장했다. 그러나 '다수의 폭정'에 대한 밀의 공포는 그러한 주장을 할 때조차 민주주의를 진심으로 받아들이지 못하도록 막았다. 그중에서도 그는 글을 읽고 쓸 수 있는 모든 남녀는 한 표를, 가령 좀 더 높은 교육 수준을 지닌 사람들은 두 표나 세 표 혹은 그 이상의 표를 행사할 수 있는 복수투표 형태를 선호했다. 그렇게 되면 복수투표는 모든 사람이 정치 참여의 이익을 누릴 수 있게 하면서도, 좀 더 계몽되고 학식 있는 시민들이 개인의 자유를 옹호하도록 허용할 것이다. 밀은 적어도 전반적 교육수준이 다수의 폭정의 위협을 제거하기에 충분할 정도로 높아질 때까지는 그런 체제가 필수적이라고 믿었다.

경제적 문제에 관해 밀은 자유방임 자본주의의 충실한 옹호자로서 자신의 경력을 시작했다. 그러나 생애 끝 무렵으로 가면서 그는 자신을 사회주의자로 불렀다. 그의 사상에서 이러한 변화는 19세기 후반 많은 자유주의자들 측에서 나타나는 더 커다란 변화, 즉 경쟁적인 진영들로 자유주의를 분열시켰던 변화의 첫 신호였다.

양분된 자유주의

자유주의들 사이의 분열은 산업혁명의 사회적 효과에 대해 서로 다르게 반응함으로써 발생했다. 영국 노동계급의 비참한 여러 상황은 점차 숨길 수 없게 되었는데, 부분적으로 디킨스의 대중 소설들에서 그들의 처지가 묘사됨으로써 그렇게 되기도 했다. 개혁운동이 진행되는 중이었고, 사회주의가 특히 유럽 대륙에서 지지를 얻기 시작했다. 자유주의자들은 정부가 인민을 빈곤, 무지, 질병에서 구제해야 한다는 논변을 폈다. 개인의 '번영(well-being)' 혹은 '복지(well-faring)'에 대한 그들의 관심 때문에 이런 논변을 폈던 자유주의자들은 복지 자유주의자(welfare liberals) 혹은 복지국가 자유주의자(welfare-state liberals)로 불렸다. 다른 자유주의자들은 여전히 이런 종류의 행보가 정부에 지나치게 많은 권한을 부여할 것이라고 주장했다. 그들은 계속해서 정부를 필요악이자 개인의 자유를 가로막는 주된 장애물 가운데 하나로 여기고 있었다. 그들의 입장은 초기 자유주의자들과 매우 가깝기 때문에 신고전(neoclassical 혹은 new classical) 자유주의로 불린다.

신고전 자유주의

19세기 후반기 50년 이래 신고전 자유주의자들은 개인의 자유가 행사될 여지를 남기기 위해서 정부는 되도록이면 작아야 한다고 일관되게 주장해왔다. 국가 혹은 정부는 '야경꾼(nightwatchman)' 이상의 것이어서는 안 된다. '야경꾼'으로서 국가 혹은 정부의 정당한 소임은 오직 폭력과 사취로부터 개인과 그의 재산을 보호하는 데 있을 뿐이다. 일부 신고전 자유주의자들은 이러한 논변을 자연권 논리에 입각하여, 다른 이들은 효용성 논리에 입각하여 개진하였다. 그러나 1800년대 말에 그들 사이에서 가장 영향력 있는 자유주의자들은 그들 논변의 토대를 다윈(Charles Darwin)의 진화론(theoly of evolution)에 두었다.

『종의 기원(Origin of Species, 1859)』에서 다윈은 생명체의 진화를 설명하기 위해 '자연선택(natural selection)'이라는 관념을 사용했다. 다윈은 모든 종(species)의 개체들이 그들의 생물학적 구성에서 임의적인 돌연변이 혹은 우연한 변화를 경험한다고 주장했다. 어떤 돌연변이는 한 개체가 먹을 것을 발견하고 살아남는 데 필요한 능력을 높이는 반면 다른 것은 그렇지 않다. 그처럼 유익한 돌연변이를 겪은 운이 좋은 개체는 그렇지 못한 그들의 종 내 다른 구성원들보다 살아남을 확률, 그리고 이러한 생물학적 변화를 그들의 자손에게로 이어갈 확률이 더 높다. 따라서 자연은 특정한 돌연변이를 일으킨 특정 개체들을 '선택'했고, 그럼으로써 그들을 진화의 길로 '인도'했다. 그러나 이 모든 일은 우연이었고 비의도적이었다. 이 같은 생물학적 행운은 어떤 종의 구성원들이 먹을 것을 얻기 위한 경쟁에서 다른 구성원들보다 유리하게 해준다. 예컨대 기린은 좀 더 높은 나뭇가지에 달린 잎사귀를 먹을 수 있는데, 그것은 먹을 것이 희귀할 때 확실한 장점이 된다. 이런 식으로 돌연변이는 종의 진화뿐만 아니라 종의 생존 혹은 소멸을 설명해준다.

비록 다윈은 자신의 이론에서 어떤 사회적 · 정치적 함의도 끌어내지 않았지만, 다른 사람들이 재빨리 그렇게 했다. 경제적 경쟁의 중요성을 강조해왔던 사람들이 생존 투쟁은 인간 삶의 본질이며 정부는 그러한 투쟁에 '개입'해서는 안 된다는 주장의 '증거'로서 다윈의 자연선택 이론을 차용했던 것이다. 이러한 **사회적 다윈주의자(Social Darwinist)**들 가운데 가장 중요한 두 사람이 스펜서와 섬너였다.

사회적 다윈주의(Social Darwinism) 영국 철학자인 스펜서(Herbert Spencer, 1820–1903)는 다윈의 『종의 기원』이 출간되기 전에 이미 진화론적 관점에서 생각하기 시작했으며, 자기 생각의 핵심을 확인하기 위해 다윈의 저서를 펴들었다. 특히 스펜서는 인간의 종 내에도 생존을 위한 자연적 투쟁이 존재한다고 주장했다. 여기서 자연이란 개인이 서로 자유롭게 경쟁할 수 있어야 한다는 것을 의미한다. 더 강하고 현명하며 이러한 경쟁에 더 적합한 개인들이 성공하고 번성할 것이다. 이에 반해 경쟁에 적합하지 않은 자들은 실패하고 고통을 겪는다. 그러나 이것은 자연의 방식일 뿐이라고 스펜서는 말했다. 가난한 자와 약자를 돕는 것은 강자를 뒤로 붙잡아둠으로써 개인의 자유를 방해하고 사회적 진보를 지체시키는 일이다. '적자생존(survival of the fittest)'이라는 말을 만든 사람은 사실상 스펜서였다. 그러한 관점으로 인해 스펜서는 최소국가 혹은 '야경' 국가의 주도적인 옹호자가 되었다.

섬너(William Graham Sumner, 1840-1910)는 미국에서 사회적 다윈주의를 옹호한 주도적인 인물이었다. 예일 대학교 사회학과 교수였던 섬너는 "정부가 다루어야 할 두 가지 주된 사안이 있다. 남성의 재산과 여성의 명예가 그것이다"라고 선언했다.[18] 이것만이 정부가 관심을 가져야 할 문제들이다. 생존을 위한 경쟁에서 정부는 모든 사람이 공정하고 자유롭게 경쟁하도록 하는 데만 신경 써야 한다. 섬너에게 '자유'란 경쟁할 자유를 의미했으며, 거기에는 승리의 열매를 다른 사람들, 특히 가난한 자들과 나누어 갖지 않고 유지하며 누릴 자유도 포함되었다. 섬너의 관점에서 가난한 자들은 생사가 걸린 경쟁에서 졌기 때문에 가난한 것이었다. 사실 섬너와 그밖의 사회적 다윈주의자들은 사람들이 아무리 병약하고 절망적인 상황에 처해 있더라도, 폭력과 사취로부터 그들을 보호하는 경우를 제외하고는 정부나 개인적인 자선을 통해 그들을 도우려고 해서는 안 된다고 주장했다. 섬너가 지적한 대로, "빈민가의 술주정뱅이는 사물의 적성과 경향에 따라 그저 그가 있어야 할 곳에 있는 것이다. 자연은 더 이상 쓸모없는 사물을 제거하는 방식인 쇠퇴와 파멸의 과정에 그를 놓아둔 것이다."[19]

신고전 자유주의자들의 견해는 대부분 사회적 다윈주의자들의 견해만큼 극단적이지 않았다. 오늘날 자신의 논변을 진화론적 가정에 입각해서 전개하는 신고전 자유주의자들은 거의 없다. 그러나 19세기 후반에 사회적 다윈주의자들은 영국과 미국에서 매우 영향력이 있었으며, 특히 자유방임 자본주의를 지지해줄 '과학적' 근거를 찾았던 사업가들 사이에서 그러했다.

복지 자유주의

고전적 자유주의자들이나 신고전 자유주의자들처럼 복지 자유주의자들도 개인의 자유라는 가치를 신봉했다. 그러나 복지 자유주의자들은 정부가 그저 필요악은 아니라고 주장한다. 그와는 대조적으로 적절하게 인도되는 정부는 모든 사람이 평등한 삶의 기회를 향유하도록 보장함으로써 개인의 자유를 증진시키는 긍정적인 힘일 수 있다고 본다.

그린(Thomas H. Green, 1836-1882) 복지 자유주의의 초기 사상가 중의 한 사람인 그린은 옥스퍼드 대학교 철학 교수였다. 그는 자유주의의 핵심은 언제나 개인의 자유로운 성장과 발전을 가로막는 장애물을 제거하려는 소망이었다고 말했다. 과거에는 그러한 소망이 사람들 스스로 적당하다고 생각하는 대로 자유롭게 살고 예배 드리며 시장에서 경쟁할 수 있도록 정부의 권한을 제한하는 것을 의미했다. 1800년대 중반까지는 이러한 목표가 영국 같은 나라들에서 대체로 달성되었으며, 이제는 자유와 기회를 여전히 가로막는 또 다른 장애물, 곧 빈곤 · 질병 · 편견 · 무지와 같은 장애들을 인식하고 극복할 때였다. 그린은 '이러한' 장애물을 극복하기 위해 국가 권력을 끌어들이는 것이 필수적이라고 주장했다.

그린의 논변은 자유에 관한 두 가지 서로 다른 사고방식에 입각해 있었는데, 그는 자유를 적극적 자유(positive freedom)와 소극적 자유(negative freedom)로 구분하여 나누었다. 그에 따르면 초기 자유주의자들은 자유를 소극적인 것으로 간주했다. 그들은 자유를 구속의 '부재(absence)'로 생각했기 때문이다. 예를 들면 묶여서 감옥에 갇혀 있는 사람처럼 구속당하고 있는 사람은 자유롭지 못한 반면 그렇지 않은 사람은 자유로웠다. 그러나 그린은 자유에는 이보다 더 높은 무엇이 있다고 믿었다. 자유란 단순히 존재를 그냥 내버려두는 그런 문제가 아니다. 그것은 무엇인가를 '할 수 있는' 적극적인 힘 또는 능력이다. 따라서 벗어날 수 있는 아무런 실질적인 기회도 없이 빈곤층에서 태어나는 어린이는 자신의 능력을 충분히 발전시키면서 성장할 진정한 자유를 갖지 못한다고 말할 수 있다. 설사 아무도 그 어린이가 빈곤한 상태에 계속 있도록 고의로 구속하고 있지 않다 하더라도, 그 어린이는 여전히 자유롭지 않다. 그린은 만일 우리가 이 점을 인정한다면, 개인의 자유를 중시하는 사람은 자유에 대해 그토록 무서운 장애물로 존재하는 그러한 상황을 극복하기 위한 조치를 취하고 싶어할 것이라고 주장했다.[20]

그린을 비롯한 복지 자유주의자들은 정부를 통해 사회가 공립학교와 병원을 건립하고 극빈자를 구제하며 노동자들의 건강과 번영을 증진하기 위해 노동 조건을 규제해야 한다고 믿었다. 오직 그러한 공적 원조를 통해서만 사회의 가난하고 힘없는 자들이 진정으로 자유로워질 수 있다. 신고전 자유주의자들은 이러한 정책들이 세금을 통해 일부 개인의 재산이 다른 이들에게로 전이되도록 강제함으로써 일부 개인의 자유를 강탈하는 데 불과하다고 불평했다. 이에 대해 그린은 모든 사람은 공동선에 기여할 때 자유를 얻는 것이라고 응수했다. '적극적' 자유란 타인과 협동해서 우리의 이상 혹은 '보다 수준 높은' 자아를 실현하고 성취하는 능력이기 때문이다. 인간은 그저 단순히 쾌락을 추구하고 고통을 회피하는 존재가 아니다. 우리는 사람으로서 우리가 무엇이 될 수 있고 또 무엇이 되어야 하는지에 대한 이상을 포함하는, 좀 더 수준 높은 이상을 지닌다. 불행한 이들을 돕고 사회관계를 원만히 하며 완전 경쟁을 제한하는 법률과 프로그램들은 자유에 대한 적극적인 '도움(aid)'이지 우리의 자유를 제한하는 구속이 아니다. 그와 같은 법률과 프로그램들이 우리의 이기심이나 '저급한' 자아를 구속할지는 모른다. 하지만 그것들은 사회적 협동을 통해 좀 더 고상하고 관대한 이상을 실현하도록 우리의 '보다 수준 높은' 자아를 고무한다.[21]

19세기 말과 20세기 초에 많은 학자들과 정치인들은 그린의 견해와 유사한 관점을 받아들였다. 이 또 다른 복지 자유주의자들은 능동적인 정부가 개인의 자유를 확장하기 위한 일련의 운동에 유용하고 심지어는 필수적인 도구라고 보았다. 그린처럼 그들 또한 인간은 사회적 존재이며 타인에게 어떠한 신세도 지지 않는 고립된 개인이 아니라고 주장했다. 그들의 생각과 논변은 점차 자유주의자들 사이에 퍼져갔다. 20세기 중반까지는 사실 복지 자유주의자들이 대개 간단히 '자유주의자'로 알려졌던 반면 그들과 경쟁 관계인 신고전 자유주의자들은 종종 '보수주의자들(conservatives)'로 불렸다. 이런 용어상의 혼란에 대해서는 이 책 제4장에서 명백히 밝힐 것이다.

복지국가 이 책의 뒷부분에서 살펴보겠지만, 사회주의자들 또한 사회개혁을 위한 계획을 내놓았다. 그러나 복지 자유주의 혹은 복지국가 자유주의를 사회주의와 구별하는 것이 중요하다. 사회주의자들은 자본주의를 길들이거나 개혁하는 것 이상을 하고 싶어한다. 그들은 자본주의를 공적으로 소유되고 민주적으로 통제되는 기업들의 체계로 대체하려 한다. 이와 대조적으로 복지 자유주의는 사적 소유를 선호하며 일반적으로 경쟁적 자본주의 체계를 당연하게 받아들인다. 복지 자유주의의 관점에서 볼 때, 정부의 역할은 자본주의적 경쟁으로 초래된 개인적 피해를 보상하고 사회적 병리를 치유하기 위해 경제적 경쟁을 규제하는 것이다. 요컨대 사회주의자들과 달리 복지 자유주의자들은 경제적 경쟁을 좋은 것으로 간주한다. 물론 그것이 개인의 복지를 희생시키는 것이라면 그렇지 않지만 말이다.

근대 복지국가의 원조는 사회주의자도 어떤 종류의 자유주의자도 아니었다는 점을 주목하는 것도 중요하다. 19세기 후반에 독일을 통일했던 열렬한 반사회주의적 '철혈 재상(Iron Chancellor)' 비스마르크(Otto von Bismarck, 1815-1898)는 복지국가가 사회주의에 대항하는 최선의 길이라고 믿었다. 병자, 부상을 입은 자, 실업 노동자 등을 지원하기 위해 고용주들과 고용인들에게 세금을 걷는 국가 보증 과세 체계를 통해 독일의 국가는 사회주의자들의 선수를 쳤다. 반면 사회주의자들은 자본주의 경제의 경기 순환 주기에 따라 생활이 좌우되는 노동자들의 불안을 이용하여 지지를 확보해왔다.

복지국가의 탄생은 또한 대부분의 유럽 지역에서 투표권의 확대와 어느 정도 맞물리기도 했다. 영국에서 1867년과 1885년의 선거법 개혁은 거의 모든 성인 남성에게 참정권을 부여했고, 그로 인해 노동계급이 좀 더 강력한 정치 세력으로 등장했다. 이 계급의 정치적 대표는 복지국가 성장뿐만 아니라 20세기 복지 자유주의의 부상에도 기여했다.[22]

20세기의 자유주의

신고전 자유주의보다 복지 자유주의를 우세하게 만드는 데 기여한 또 다른 요소도 있었다. 1900년대 초반에는 자본주의적 경쟁이한 세기 전과는 사뭇 달리 보이게 되었다. 산업화된 세계에서 홀로자신의 사업을 운영하는 기업가는 주식회사, 트러스트, 신디케이트, 복합기업(conglomerate)에 길을 내주었다. 기업은 이제 '대기업'이되었고, 많은 사람들이 정부가 시장에 개입할 것을 요구하기 시작했다. 이때의 개입은 경쟁을 제한하기 위한 것이 아니라 거대 기업들이 경쟁을 억누르지 못하도록 막기 위한 것이었다.

역사적 발전

그러나 개인적 경쟁과 성취에 대한 신고전 자유주의자들의 믿음은 20세기까지 주로 미국에서 이런저런 형태로 가장 뚜렷하게 살아남았다. 이러한 믿음은 1930년대에 일어난 대공황으로 혹독하게 시험을 당했다. 제아무리 억세다고 해도 개인은 이렇듯 지독한 경제파탄을 견뎌낼 수 없는 것처럼 보였다. 대공황의 영향은 경제적으로는 물론 정치적으로도 전 세계에 걸쳐 감지되었으며 온갖 종류의 이델올로그들이 자신에 유리하게 이 상황을 설명하고 이용하고자 했다. 많은 이들이 대공황을 자본주의 탓으로 돌렸으며, 한쪽에서는사회주의나 공산주의로 다른 쪽에서는 파시즘으로 방향을 전환했다. 이와는 대조적으로 영어권 국가들에서는 주로 복지국가로 방향을 전환하여 대공황에 대응하였다.

능동적인 정부에 대한 자유주의의 주장은 영국 경제학자 케인즈(John Maynard Keynes, 1883-1946)가 제시한 이론에서 한층 더 강한 지지를 얻었다. 『고용, 이자, 화폐에 관한 일반 이론(General Theory of Employment, Interest and Money, 1936)』이라는 저서에서 케인즈는 정부가 경기침체를 막고 건전한 경제를 유지하는 데 세금 징수 권한과 재정 지출 권한을 사용해야 한다고 주장했다. 간단히 말해 케인즈의 이론은 정부가 경제를 관리하고 '세밀히 조정'하려고 노력해야 한다는 주장이었다. 가격이 오르면 정부는 소비자의 지출을 줄이고 인플레이션을 막기 위해 세금을 올려야 한다. 인플레이션이 더 이상 위협이 되지 않는다면, 경기를 자극하고 높은 수준의 고용을 유지하기 위해서 정부는 세금을 내리거나 사회적 프로그램에 대한 지출을 늘리거나 아니면 두 가지 모두 병행해야 한다. 특정한 시점에서 어떤 전략을 활용하든지 간에, 케인즈의 접근은 경제 문제에 대해 국가가 능동적인 관리를 하도록 요청하는 것이었다. 그러한 케인즈의 접근은 복지 자유주의자들의 환영을 받았고, 미국을 포함해서 선진 자본주의국가들에 의해 실현되기도 했다.

제2차 세계대전은 대공황을 종식시켰지만 복지국가는 유지되었다. 복지 자유주의는 서양 세계에서 지배적인 이데올로기가 되었다. 대부분의 정당들이 복지국가가 바람직한 것이라고 받아들임에 따라, 복지 자유주의자들은 경쟁관계에 있던 사회주의자들이나 보수주의자들과 일종의 타협을 이루게 되었다. 사실상 이러한 합의는 너무 광범위하고 확고해서 어떤 정치적 관찰자들은 1950년대 말에 '이데올로기의 종언(the end of ideology)'을 이야기하기 시작했다. 그러한 희망은 1960년대의 소용돌이에 휘말리며 곧 산산조각이 났다.

한 가지 사안을 둘러싸고 자유주의 내에서 논쟁이 있었다. 미국에서 킹 목사를 비롯한 시민운동 지도자들은 자유와 평등에 대한 자유주의의 약속이 아프리카계 미국인들에게는 여전히 이행되지 않고 있다고 지적했다. 이것은 모든 자유주의자들이 내키지 않지만 시인

할 수밖에 없는 고통스러운 진실이었다. 킹 목사와 다른 이들이 흑인을 이등 시민으로 만드는 인종차별법에 항의했을 때, 신고전 자유주의자들과 복지 자유주의자들은 함께 거기에 지지를 보냈다. 그러나 킹 목사는 계속해서 정부가 흑인과 기타 소수민족들에 대한 법적 차별을 철폐할 뿐만 아니라 사회적, 경제적 기회를 제공하기 위해서도 행동할 것을 요청했다. 이것은 복지 자유주의자들에게는 받아들일 만한 것이었으나 그들의 사촌뻘인 신고전 자유주의자들에게는 그렇지 못했다. 하지만 1960년대 존슨 대통령의 '위대한 사회(Great Society)' 프로그램에 맞섰다가 패배한 그들의 싸움이 보여주듯, 신고전파는 자유주의자들 가운데 독특한 소수 그룹을 이루었다. 소수 인종에 대한 차별을 종식시키고 '빈곤과의 전쟁'을 치르며 기회의 평등을 제공하기 위해 정부의 권한을 사용하고자 했던 이 프로그램은 정부가 개인의 자유를 증진시키는 데 이용될 수 있고 또 그래야 한다는 복지 자유주의자들의 신념에서 비롯되었다.

1960년대의 소용돌이는 복지 자유주의에 대한 또 다른 도전을 제기했는데, 그것이 신좌파(New Left)이다. 막연한 사회주의 지향성을 보였던 신좌파는 소비에트 연방의 '시대에 뒤떨어진 공산주의'도 자유주의 국가들의 '소비자 자본주의'도 모두 거부했다. 대부분의 신좌파들은 개인의 권리와 자유를 강조하는 자유주의의 논리를 받아들였으며, 기회의 평등을 촉진하기 위한 정부 프로그램들 역시 지지했다. 그러나 그들은 자유주의적 정부가 자본주의적 기업들의 경제적 이익 보호를 최우선 과제로 작동한다고 불평했다. 비록 신좌파들은 정부가 인민의 물질적 상황을 개선하기 위한 조치를 취해야 한다는 데 동의하기는 했지만, 대부분의 인민들이 능동적인 시민이 되도록 고무되어야 할 시점에서 단순한 소비자로 전락하고 만다고 비난했다. 이러한 입장은 '참여민주주의(participatory democracy)', 곧 평범한 인민들이 그들의 삶에 매우 밀접하게 영향을 미치는 결정들에 대해 좀 더 큰 통제권을 행사할 수 있는 사회를 요청하는 방향으로 나아갔다.[23]

　복지 자유주의가 서양 세계에서 지배적인 이데올로기이자 자유주의의 지배적인 형태로 남아 있다고 하더라도——21세기 초에 그것은 그런 것처럼 보인다——아무런 도전도 받지 않은 채 지금까지 그런 지위를 유지해온 것은 아니다. 특히 강력한 도전은 1970년대와 1980년대에, 먼저 영국에서 대처가 다음으로 미국에서는 레이건이 각각 해당 정부의 수장이 되면서 신고전 자유주의와 보수주의가 혼합된 형태로 출현했다. 두 사람 중 누구도 복지국가를 해체하지는 않았다. 비록 두 사람 모두 그런 방향으로 움직이기는 했지만 말이다. 그러나 신고전 자유주의자들은 계속해서 복지국가를 해체해야 한다고 주장한다. 이렇듯 신고전 자유주의자들과 복지 자유주의자들이 정치적 수준에서만이 아니라 철학적 수준에서도 계속 논쟁을 진행하면서 자유주의 내의 경쟁은 계속되고 있다.

철학적 고려

　자유주의 내에서 진행되고 있는 논쟁은 두 명의 영향력 있는 철학자가 쓴 저서들, 곧 롤스(John Rawls, 1921-2002)의 『정의론(A Theory of Justice, 1971)』과 노직(Robert Nozick, 1938-2002)의 『무정부, 국가 그리고 유토피아(Anarchy, State and Utopia, 1974)』에 잘 나타나 있다.[24]

　롤스와 정의　롤스에 따르면 사회계약이라는 옛 자유주의자들의 이론적 가정은 사회 정의의 원칙들을 발견하도록 돕는다. 롤스는 독자들에게 일단의 사람들, 곧 모두 동일한 사회의 구성원으로서 살아야 하는 규칙들을 설정할 계약에 들어가는 사람들을 상상해보라고 요청하면서 논의를 시작한다. 또한 이 사람들은 자신의 정체성, 나이, 성차(gender), 인종 혹은 능력의 유무 여부를 알지 못하도록 막는 '무지의 베일'로 가려져 있다고 상상할 것을 요구한다. 비록 모든 사람들이 이기심에 따라 행동한다고 하더라도, 어느 누구도 '몰래 부정한 방법을 사용'하여 자신의 개인적인 이익을 증진시키는 규칙을 미리 만들어둘 수는 없다. 어느 누구도 자신의 개인적인 이익이 될 것이 무엇인지 알지 못하기 때문이다. 따라서 무지의 베일은 불편부당성을 보장한다.

그러한 공평무사한 상황에서 어떤 규칙들이 등장할 것인가? 롤스는 무지의 베일에 가려진 사람들은 자신들의 사회를 지배할 두 가지 근본 원칙, 즉 정의의 두 원칙을 만장일치로 선택할 것이라고 믿는다. 첫 번째 원칙에 따르면 모든 사람은 '평등하게' 자유로워야 한다. 모든 사람은 되도록이면 많은 자유를 가져야 한다. 사회 내에서 모든 개인이 동일한 양을 갖는다는 조건이라면 말이다. 두 번째 원칙에 따르면 모든 사람은 기회의 평등을 누려야 한다. 기회의 평등이 보장되도록 하기 위해 각 사람은 불평등한 분배가 최하층 사람들의 이익이 되는 쪽으로 작동하지 '않는 한', 평등한 몫의 부와 권력을 가져야 한다. 만일 평등한 분배가 각자 10달러를 받는 것을 의미한다면, 그런 분배 방식은 절반의 사람은 18달러를 받고 나머지 절반은 단지 2달러를 받는 곳의 분배보다 더 정의롭다고 말할 수 있다. 그러나 만일 불평등한 분배 때문에 사람들이 더 열심히 일하고 더 많이 생산하도록 장려하는 인센티브가 생기고, 그 결과 모든 사람들, 심지어 최하층 사람들도 최소한 11달러를 번다면, 정의는 각자 10달러만 받는 엄격하게 평등한 분배가 아니라 불평등한 분배를 요구한다.

왜 정의가 이런 불평등한 분배를 요구하는가? 사회계급의 최하층에 있는 사람들에게 지위가 아니라 그들의 노력과 능력에 따라 보수를 지불하고 대가를 주는 것이 정의롭지 않은가? 롤스의 대답은 가장 많이 노력하고 최상의 능력을 보여주는 사람이 그밖의 다른 사람들보다 정말로 더 큰 대가를 '받을 만한 자격'이 있지는 않다는 것이다. 노력과 능력이란 일반적으로 사람들이 유전과 환경을 통해 갖는 특성이다. 어떤 사람은 스스로 열심히 노력해서 계발할 뛰어난 정신적, 육체적 잠재력을 갖고 태어났기 때문에 뛰어난 의사가 될 수도 있다. 하지만 이 사람은 자신이 갖고 태어난 재능은 물론 심지어 자신의 근면도 자신의 공(功)으로 차지할 수 없다. 만일 그의 가족이 그에게 근면과 성취에 대한 소망을 불어넣었다면 말이다. 만약 정의가 우리에게 다른 사람들보다 더 큰 대가를 어떤 이들에게 주도록 요구한다면, 그것은 그들이 더 많이 차지할 만한 자격이 있어서가 아니라 이 방법이 사회 내 최하층 사람들의 이익을 증진시키기 위한 최선의 방안이기 때문에 그렇다고 롤스는 결론짓는다. 만일 정의가 우리에게 광부, 이발사, 비서보다 의사에게 더 많은 보수를 지불하라고 한다면, 그 이유는 오직 이것이 좋은 의료 서비스를 제공하고, 따라서 건강에 관한 모든 사람의 가장 핵심 이익—사회 내 최하층민들의 핵심 이익을 포함해서—을 증진시키는 최선의 방법이기 때문이다.

롤스의 두 번째 원칙이 갖는 중요성은 그것이 복지 자유주의를 좀 더 평등주의의 방향으로 나아가게 한다는 데 있다. 부와 자원의 평등한 분배는 롤스의 출발점이며, 불평등한 분배는 오직 그것이 사회 내 최하층 사람들의 처지를 개선시키기 위한 것일 때만 정당화된다. 만일 사회 계층의 최상위를 차지하고 있는 사람들의 부와 권력이 최하층에 있는 사람들에게 간접적으로 이익이 되지 않는다면, 롤스의 이론은 그러한 부와 권력이 더 평등한 방식에 가깝게 재분배될 것을 요청한다. 엄청난 그리고 정당화될 수 없는 부의 불평등이 존재할 때 사람들은 평등한 자유도 평등한 기회도 향유할 수 없기 때문이다.

노직과 최소국가 롤스의 『정의론』이 발표된 지 3년 후 노직은 『무정부, 국가 그리고 유토피아』를 출간했다. 이 책에서 노직은 모든 개인은 침해당할 수 없는 권리를 지닌다고 주장한다. 그러나 이것이 사실이라면 자기 국민의 권리를 침해하지 않는 정부나 국가가 있을 수 있는가 하고 그는 묻는다. 노직은 또 다른 옛 자유주의의 관념, 곧 자연상태라는 관념을 끌어옴으로써 이에 대답한다. 홉스와 로크처럼 노직도 독자에게 어떠한 정부나 국가, 어떤 종류의 정치적 혹은 법적 권위도 없는 상태를 상상하라고 한다. 이러한 자연상태에서 개인은 권리를 갖지만, 대신 어디에서도 권리를 보호받지 못한다. 예리한 안목을 가진 사업가가 이 점에 주목하고 마치 사설 안전요원이나 보험 대행사가 하듯이 보호를 제공하는 사업에 착수할 것이다. 보호를 원하는 사람은 사설 보호 대행사와 계약을 맺고(물론 일정한 요금을 지불하는 조건으로), 그렇지 않은 사람은 자신을 스스로 방어해야 한다. 어느 쪽이든 선택은 엄밀히 말해 그들의 것이다. 노직에 따르면, 그것은 자신이 원하든 원하지 않든 보호를 받는 대가를 지불하도록 만드는 정부 하에 사는 사람들에게는 인정되지 않는 선택이다.

다시 말해서 사람들이 보호 대행사에 서명을 하면 아무도 그들이 하고 싶지 않은 일을 하도록 강요함으로써 그들의 권리를 침해하지 못한다. 그런데 노직은 서로 경쟁하는 많은 수의 보호 대행사들 가운데 하나가 나머지를 흡수할 때까지 성장하고 번창한다고 주장한다. 마침내 근대 국민국가 규모에 해당하는 지역에 사는 거의 모든 사람들에게 서비스를 제공할 수 있을 정도로 커진 단일한 보호 대행사가 모든 실질적 목적들을 수행하기 위해 국가 자체가 된다. 그리고 그것은 어느 누구의 권리도 침해하지 않고 그 일을 하게 된다고 노직은 주장한다.

그러나 이 새로운 국가는 단지 보호를 대행하는 기능만 수행할 뿐이다. 노직은 이러한 '최소국가(minimal state)'가 합법적이거나 정당한 이유는 그것으로 인해 어느 누구의 권리도 침해되지 않기 때문이라고 주장한다. 그러나 그것은 또한 '오직 유일한' 합법적인 국가다. 단지 사람들을 보호하는 일 이상의 것을 하는 어떤 국가나 정부는 누군가의 권리를 '반드시' 침해할 것이므로 부당할 수밖에 없다. 예컨대 다른 사람에게 혜택을 주기 위해 어떤 사람들에게 돈을 걷어 세금을 사용하는 정책은 "강요된 노동과 마찬가지"이다.[25] 100달러를 벌어 20달러를 세금으로 내는 사람은 만일 그 20달러가 자신을 보호하는 데 사용된다면 아마도 아무런 불평을 하지 않을 것이다. 그러나 만일 10달러가 다른 사람들에게 보건 의료, 교육, 실업 수당과 같은 혜택을 제공하는 데 들어간다면 그 노동자는 자신이 일하는 시간의 10%를 타인을 위해 노동하도록 효율적으로 강제되는 것이다. 노직에 따르면 이것은 강요된 노동과 마찬가지이므로 개인의 권리 침해에 해당한다.

다른 신고전 자유주의자들처럼 노직은 정부가 폭력과 사취로부터 우리를 보호해야 하지만 그렇지 않은 경우라면 무제한적인 자유시장경제에서 경쟁하도록 내버려두어야 한다고 주장한다. 그가 지적하는 바에 따르면 정부는 합의한 성인들간의 자본주의적 행동을 막으면 안 된다. 그리고 다른 신고전 자유주의자들처럼 노직은 다른 사람의 권리를 침해하지 않는 한 무엇이든 자신이 좋아하는 것을 생각하고 말하고 행할 개인의 권리를 옹호한다. 그런데 개인은 이러한 권리를 오직 국가가 '최소국가'일 때만 누릴 수 있다는 것이다.

신고전 자유주의에 대한 노직의 철학적 옹호는 몇몇 현대 이론가들, 특히 하이에크(Friedrich Hayek, 1899-1992)와 프리드먼(Milton Friedman, 1912-)의 경제 이론을 사회, 정치적으로 확장시킨다. 사실 지난 30여 년 간 신고전 자유주의는 우리가 이미 살펴본 대로 대처와 레이건의 '보수주의' 경제 정책에서 중요한 역할을 수행하면서 자유지상주의(libertarianism)라는 이름 아래 철학과 정치학 양편의 경쟁자를 상대해왔다. 더욱이 미국에서 그것은 자유지상주의 정당(Libertarian Party)을 낳았는데, 그 정당은 미국을 최소국가의 방향으로 옮겨가려는 후보들을 후원한다. 하지만 일부 자유지상주의자들에게는 심지어 최소국가도 너무 큰 정부다. 그들의 관점에서 자유에 대한 진정한 헌신은 정부가 완전히 폐지되는 것을 요구한다.

자유지상주의적 무정부주의

여러 가지 점에서 자유지상주의적 무정부주의(liberitarian anarchism)는 자유주의를 가장 극단적으로 확장한 형태이다. 자유지상주의적 무정부주의자들은 개인의 자유와 기회 평등의 가치에 대한 자유주의적 믿음을 공유한다. 그들은 또한 국가가 개인의 자유에 대한 주요한 위협이라는 데 고전, 신고전 자유주의들과 동의한다. 그러나 자유지상주의적 무정부주의자들은 국가가 완전히 '불'필요한 악이라고 주장한다는 점에서 여타 자유주의자들을 넘어선다. 그리고 정부는 악이면서 불필요하기 때문에 제거되어야 한다고 그들은 결론짓는다. 그들의 관점에서 진정한 자유주의는 무정부주의로 나아간다.

비록 이러한 입장이 결코 폭넓은 대중적 지지를 받지는 못했지만, 미국 경제학자인 로드버드(Murray Rothbard, 1926-1996) 같은 일부 분명한 옹호자들은 있었다. 로드버드를 비롯한 자유지상주의적 무정부주의자들은 자유시장 무정부주의가 바람직한 동시에 실제적으로도 유용하다고 주장한다. 그것이 바람직한 이유는 정부로부터 어떠한 강압도 받지 않을 때 모든 개인은 자신이 선택한 대로 살 자유를 누릴 것이기 때문이다. 그리고 그들은 정부가 하는 어떤 일도 사적인 기업이 더 잘할 수 있기 때문에 자유시장 무정부주의가 실제로도 유용하다고 주장한다. 교육, 소방, 경찰 업무, 방위, 교통 규제 같은 것들을 비롯한 모든 공공 기능은 소비자를 위해 경쟁하는 사기업들이 더 효율적으로 수행할 수 있다. 경찰의 보호를 원하는 사람은 최선의 가격으로 적정한 수준의 보호를 제공할 회사를 찾기 위해 '둘러볼 수' 있다. 마치 오늘날 소비자가 자동차나 집 혹은 보험 상품을 고르기 위해 둘러보듯이 말이다. 오늘날 주차장들처럼 도로는 사적으로 소유, 운영될 수 있다. 모든 학교는 현재 일부 학교들이 그렇듯이 사립으로 운영될 수 있다. 심지어 통화(currency)도 사기업이 제공할 수 있다. 오늘날 신용카드들이 그러하듯이 말이다. 요컨대 국가를 계속 유지할 아무런 그럴듯한 이유도 없다. 자유지상주의적 무정부주의자들은 일단 충분한 사람들이 이 점을 인식한다면 우리는 진실로 자유롭고 자유주의적인 사회의 도상에 들어서게 될 것이라고 말한다.[26]

오늘날의 자유주의

지금까지 우리는 자유주의를 그 시작에서부터 현재에 이르기까지 추적해왔다. 그렇다면 자유주의의 현재 상태에 관해 이제 어떤 말을 할 수 있을까? 여기서 세 가지 점을 특별히 언급할 만하다. 첫째는 자유주의가 적어도 서양에서는 더 이상 한때 그랬던 것처럼 혁명적 힘이 되지 못한다는 점이다. 그러나 세계의 다른 지역에서는 귀속적 지위와 종교적 순응 혹은 정치적 절대주의에 대한 자유주의적 공격이 여전히 사회의 기반을 뒤흔든다. 이란과 아프가니스탄, 그밖에 중동과 북아프리카 여러 나라들에서 이 점이 가장 분명한데, 그곳에서 자유주의는 이슬람 근본주의로부터 급진적인 반발을 불러일으켜 왔다. 그밖에 공산주의와 구(舊)공산주의 국가들에서 변화를 위해 싸우는 투사들은 종종 자신들의 목표가 '자유주의화'라고 주장해왔다. 그러나 서양 세계에서 초기 자유주의자들의 목표는 이제 공공정책과 여론에 뿌리 깊게 확립되어 있다. 여기서 자유주의는 더 이상 혁명 이데올로기가 아니라 이미 승리한 혁명을 방어하는 이데올로기이다.

두 번째로 지적할 점은 자유주의자들이 여전히 양분된 채 존재한다는 것이다. 기본적인 목적들, 특히 개인의 자유의 중요성에 대해서는 합의가 존재하지만 그 수단에 대해, 곧 자유주의의 기본 목적들을 어떻게 가장 잘 규정하고 증진시킬 것인가 하는 점에서는 자유주의자들 간에 첨예하게 의견이 다르다. 복지 자유주의자들은 모든 사람에게 자유를 누릴 평등한 기회를 제공하기 위해 적극적인 정부가 필요하다고 믿는다. 반면에 신고전 자유주의자들(혹은 자유지상주의자들)은 정부가 개인의 자유를 강탈하지 못하도록 정부를 제한할 필요가 있다고 믿는다. 자유지상주의적 무정부주의자들은 정부를 완전히 폐지해야 한다고 믿는다.

세 번째는 자유주의자들이 현재 매우 어려운 문제들과 씨름하고 있다는 점이다. 그런데 그 어려운 문제들이란 개인의 자유와 기회의 평등에 대한 자유주의자들의 기본적인 신념에서 비롯된 것이다. 첫 번째 문제는 개인들이 어느 정도까지 그들의 자유를 행사할 수 있어야 하는가이다. 대부분의 자유주의자들, 곧 복지 자유주의자들과 신고전 자유주의자들 모두는 밀(J. S. Mill)의 위해 원리, 곧 사람들은 그들이 타인에게 해를 가하지(혹은 타인의 권리를 침해하지) 않는 한 자신이 원하는 대로 할 자유를 지녀야 한다는 원리 같은 것을 받아들인다. 그러나 자유주의가 이러한 원리를 적용하면 '위해'를 정의하는 어려움이 분명해진다. 많은 자유주의자들은 매춘, 도박, 마약 판매, 포르노그라피처럼 '희생자 없는 범죄(victimless crime)'는 결코 범죄로 간주되지 말아야 한다고 말한다. 만일 한 성인이 매춘을 원하고 다른 이는 그가 제공하는 서비스를 돈을 내고 받고 싶어하면 이러한 거래에 낀 사람 이외에 아무도 해를 입지 않는다. 그리고 그밖에 아무도 해를 입지 않는다면 매춘을 금지하는 것은 정부의 소관 사항이 아니다. 이러한 논변에 대해 다른 자유주의자들은 '희생자 없는 범죄'는 겉모습처럼 정말로 희생자가 없는 것이 아니라고 대응한다. 매춘 중개인들이 여성들에게 매춘을 하도록 강요하며 '고리대금업자'들은 매우 높은 이율을 붙여 돈을 빌리러 온 사람들에게서 부당한 이익을 갈취한다. 이에 대해 '희생자 없는 범죄'를 범죄 목록에서 없애는 데 찬성하는 사람들은 만일 매춘이나 고리대금을 합법화한다면(예컨대 매춘이 네덜란드나 네바다 주 일부 지역에서 그런 것처럼), 정부가 그것을 조심스럽게 규제할 수 있다고 주장함으로써 반격한다. 하지만 해결책 없는 주장이 계속되고 있다. 사적 자유의 영역을 공적 규제의 영역에서 분리하려고 원하면서도 자유주의자들은 사적 영역과 공적 영역 간의 경계선을 엄밀하게 긋는 것이 어렵다는 점을 발견해왔다.

이처럼 경계를 긋는 문제가 어려운 부분적인 이유는 사람들이 좋은 혹은 품위 있는 삶을 살도록 돕는 정부의 적절한 역할을 둘러싸고 자유주의자들 사이에 이견이 존재하기 때문이다. 롤스 같은 이들에 따르면 자유주의 사회에서 정부의 임무는 정의를 수호하고 자신이 적당하다고 생각하는 대로 살 개인의 권리를 보호하는 것이다. 예를 들면 신실한 기독교인의 삶 같은 특정한 생활양식이나 도덕 개념을 다른 것들, 이를테면 신실한 유대인 혹은 모든 종교란 그저 일종의 미신일 뿐이라고 생각하는 무신론자의 삶 같은 것을 희생시켜가면서 촉진하려고 애쓰는 것은 정부의 일이 아니다. 자신을 '정치적 자유주의'라고 밝힌 그의 입장을 참고해보면 롤스는 정부가 이러한 사항에서, 그리고 도덕적 삶을 놓고 서로 경쟁하는 다른 개념들에서 중립적으로 남아야 한다고 본다. 다시 말해 자유주의적 정부는 마치 운동 시합의 심판처럼 사람들이 어떻게 살아야 하는지에 관한 논쟁에서 어느 한편의 입장을 택하지 않은 채 갈등을 제한하고 조정하는 것으로 자신의 임무를 규정해야 한다고 믿는다.[27] 그러나 다른 자유주의자들은 정부가 이런 식으로 완전히 중립적일 수 없으며 그래서도 안 된다고 주장한다. 그들은 자유주의적인 사회가 합리적이며 관용적이고 미래를 내다보며 공동선에 헌신하는 시민들에 달려 있고, 좋은 정부는 이런 바람직한 특성들을 계발하고 발휘하도록 사람들을 반드시 격려할 것이라고 주장한다. 그들의 관점에 따르면, 정치적 자유주의는 자유주의에서 인격과 덕성에 대한 관심을 박탈함으로써 자유주의적 전통을 배반한다.[28]

두 번째 문제는 기회의 평등에 대한 자유주의적 신념에서 발생한다. 자유지상주의자들에게 기회의 평등이란 단순히 모든 사람이 불공정한 차별 없이 세상에서 출세할 자유를 가져야 한다는 것을 의미한다. 오직 능력과 노력에 기반을 둔 차별만 정당화된다. 따라서 자유주의 국가는 인종, 종교, 성차 혹은 그밖에 다른 부적절한 요소에 기반한 차별을 금지해야 한다. 이와 대조적으로 대부분의 복지 자유주의자들은 정부가 불리한 조건하에 놓인 사람들이 평등한 기회를 향유할 수 있도록 도와야 한다고 주장한다. 따라서 그들은 공립학교와 의료 보장, 심지어 필요한 사람들에 대한 재정 보조까지 지지한다. 그러나 그 범위가 어디까지여야 하는가? 롤스가 제안하는 것처럼 우리는 좀 더 평등한 방식에 가깝게 부와 재원을 배분하도록 노력해야 하는가? 이것이 진정한 기회의 평등을 촉진할 것인가? 그리고 이것이 타인의 권리를 침해하지 않고 자신의 재산을 벌어들인 사람들에게도 공정한가?

여성과 소수인종에 대한 차별의 유산을 극복하기 위해 많은 복지 자유주의자들은 **차별 시정 조치**(affirmative action) 프로그램들을 주창한다. 그런 프로그램들은 차별을 겪어온 집단의 구성원들에게 교육과 고용 면에서 특별한 배려를 해준다. 하지만 그러한 배려가 어떻게 이루어지도록 할 것인가? 특별한 훈련을 제공함으로써 그렇게 할 것인가? 여성과 소수인종을 위해 대학과 전문가 양성학교에 일정한 자릿수를 따로 챙겨둠으로써 그렇게 할 것인가? 하지만 이런 조치들은 일부 사람들에게 호의적인 차별을 행함으로써 다른 일부 사람들, 곧 백인 남성들에게는 불리한 차별을 행하는 방식 아닌가? 이것이 기회의 평등이라는 이름으로 정당화될 수 있는가?

또 다른 문제는 개인의 자유와 개인의 권리에 대한 자유주의적 신념에서 제기된다. 다음 장에서 우리는 보수주의자들과 사회주의자들 그리고 파시스트들이 자유주의자들은 개인에게만 너무 많은 관심을 집중하고 개인이 속한 공동체 혹은 사회에는 주의를 기울이지 않는다고 얼마나 자주 주장해왔는지 살펴볼 것이다. 이러한 불평은 최근 몇 년간 자유주의 계열 내에서도 마찬가지로 제기되어왔다. 이 경우에 불평의 내용은 자유주의자들이 개인의 권리와 이익을 보호하는 데 너무 관심을 가진 나머지 공동선과 공동체의 가치는 무시한다는 것이다. 이러한 **공동체주의적(communitarian)** 비판에 따르면, 권리는 책임과 균형을 이루어야 한다. 개인은 다른 사람이 좋아하지 않는 방식으로 말하고 예배할 권리처럼 타인에 반하는(against) 권리를 가질 수도 있다. 하지만 개인은 또한 자신에게 이러한 권리를 행사할 수 있도록 하는 공동체에 무엇인가 빚지고 있다는 점을 인정해야 한다. 공동체주의자들은 오늘날의 위험은 미국과 같은 나라들이 다음과 같은 상황, 곧 모든 사람이 서로 맞서 자신의 권리를 지키는 데 급급한 상황으로 떨어지고 있는 것이라고 주장한다. 이런 상황은 서로를 적대하고 의심에 찬 눈으로 바라보며 '나 우선(me-first)'을 주장하는 분위기를 만듦으로써 공동선을 위한 행동을 불가능하게 한다. 사람들은 함께 사회를 유지하고 개인의 권리를 보장하기 위해 반드시 필요한 작은 희생들, 곧 세금을 부담하고 배심 재판에 나가고 성가신 법률에 복종하는 일 등을 더 이상 기꺼이 감수하려 하지 않을 것이다.

이처럼 개인의 권리에 대한 지나친 강조를 약화하기 위해 공동체주의자들은 공동체의 선을 증진하기 위한 개인의 책임에 더 많은 강조점을 두고자 한다. 주도적인 공동체주의자 한 사람이 말해온 대로, "공동체주의자들은 일련의 공유된 가치를 담고 있는 사회 질서(개인들은 자기들이 그것에 구속된다고 배운다)의 필요성을 느낀다. 물론 나중에 개인들은 주어진 사회 질서에 의문을 제기하고 도전하고 반발하며 심지어 그것을 변형시키려 할 수도 있다. 하지만 그들의 출발점은 무엇이 옳고 무엇이 그른가에 대한 일련의 개념 규정들을 공유하는 것이다."[29]

공동체에 대한 이러한 강조는 1992년 미국 대통령 선거 당시 클린턴의 성공적인 유세 주제 가운데 하나였으며, 1997년 영국 선거에서 노동당을 승리로 이끈 블레어의 유세 주제이기도 했다. 클린턴의 경우 공동체주의적 경향은 그의 행정부가 수행했던 국가 봉사 프로그램에서 특히 분명했다. 다양한 공공봉사 집단에서 봉사하는 데 동의한 젊은이들에게 대학 학자금을 위한 재정 지원을 제공함으로써 이 프로그램은 자원봉사자들 사이에 시민적 책임감을 고무하는 데 목표를 둔다. 좀 더 작은 규모로는 많은 단과대학과 종합대학들이 현재 공동체 '근로 장학(service-learning)' 프로젝트에 참여하는 학생들에게 학자금 융자를 제공하는 것이다.

이러한 공공봉사 프로그램들은 자유주의자들 사이에서 광범위한 지지를 얻어왔다. 하지만 많은 국가들에서 그런 것처럼, 그러한 지지는 만일 국가에 대한 봉사가 강제적인 것이 된다면 움츠러들지도 모른다. 공동체를 강화하기 위한 다른 시도들은 이미 자유주의자들 사이에서 이견을 초래해왔는데, 대체로 그러한 시도들이 '다수의 폭정'에 대한 두려움을 불러일으키기 때문이다. 시립 혹은 공립학교들이 크리스마스 가장 행렬을 후원하거나 성탄절 무대 장치를 전시할 수 있어야 하는가? 어떤 공동체의 구성원들 혹은 그들 중 다수가 포르노그라피의 배포를 금지하거나 규제함으로써 발언의 자유를 제한할 자유를 갖는가? 경찰이 음주 운전자를 검문하기 위해 무작위로 차를 세우는 것을 허용해야 하는가? 혹은 공공복지를 증진하기 위한 이런 시도들이 결국 개인의 권리에 대한 참을 수 없는 침해인가?

이런 물음들은 테러리스트의 공격이 있었던 2001년 9월 11일 이후 수적으로 증가했을 뿐 아니라 긴급성 또한 증대되었다. 미국 의회는 '애국법(Patriot Act)'을 통과시킴으로써, 미국 시민이 아닌 자뿐만 아니라 시민에 대해서도 정보 수집, 감시, 조사, 체포를 감행할 수 있는 매우 폭넓은 권한을 행정부, 구체적으로 대통령과 법무장관에 부여했다. 미국 시민자유연대(American Civil Liberties Union)를 비롯한 시민 자유 단체들은 이처럼 확대된 권한을 연방정부가 남용할 수 있고 또 아마도 이미 남용해왔을 방식에 대해 경고를 표해왔다.

166

그들은 '테러와의 전쟁'이 지속되고 강화됨에 따라 법을 준수하는 시민들의 시민적 자유에 대한 침해와 위반이 범위와 빈도 면에서 모두 증대할 것이라고 염려한다. 이러한 상황에서 미국인들이 개인의 권리라는 이익과 국가 안보라는 이익 간의 균형을 어떻게 맞출 것인지가 뜨거운 논쟁거리로 남아 있다.

개인의 자유와 기회의 평등에 대한 이러저러한 물음들은 특히 자유주의자들에게 골칫거리이다. 자유주의 신조 때문에 그들은 그와 같은 이슈들에 어쩔 수 없이 정면으로 맞서야 하기 때문이다. 그런데 적어도 아직까지는 이런 물음들에 대한 명백한 또는 합의된 '자유주의적' 대답이란 없다. 어떤 비판자들은 이것을 자유주의의 중대하고 심지어 치명적인 약점으로, 곧 자유주의가 그 밧줄의 거의 끝에 이른 징후로 본다. 좀 더 동정적인 반응을 보이는 쪽에서는 자유주의가 언제나 그것이 해왔던 일, 곧 개인의 자유와 기회 평등이라는 대의(大義)를 전진시키는 방법을 여전히 찾고 있는 중이라고 지적할지도 모른다. 우리의 정신적, 도덕적 능력을 발휘하는 것이 개인의 성장에 중요하다는 밀의 주장에 동의하는 사람은 확실히 현대 자유주의에서 그것이 발휘될 많은 여지를 발견할 것이다. 밀이 그렇게 되기를 원했던 것처럼 말이다.

결론

이데올로기로서 자유주의

그렇다면 우리는 이데올로기로서 자유주의에 관해 어떤 결론을 내릴 수 있는가? 복지 자유주의자들과 자유지상주의자들 혹은 신고전 자유주의자들 간의 균열을 고려할 때, 자유주의를 단일한 이데올로기로서 이야기하는 것이 이치에 닿기는 하는가? 우리는 그렇다고 생각한다. 비록 두 진영 간의 분열이 깊고 아마 더 넓어질지도 모르지만 말이다. 하지만 현재 두 자유주의 진영 간의 차이는 목적이 아니라 주로 수단에 관한 강조점과 의견 불일치의 문제이다. 모든 이데올로기가 수행하는 네 가지 기능을 자유주의가 어떻게 수행하는가를 살펴보면 이 점이 분명하게 나타날 것이다.

설명 첫째, 모든 이데올로기는 왜 사물이 지금 그런 방식으로 존재하는지를 사회적, 경제적, 정치적 조건들에 특별한 주의를 기울이면서 설명하고자 한다. 자유주의자들에게 이러한 설명은 전형적으로 개인주의적인 것이다. 사회적 조건들은 개인적 선택과 행동의 결과이다. 자유주의자들은 개인들에게 열려 있는 선택의 폭이 종종 제한되어 있으며, 개인들의 선택은 아무도 의도하거나 바라지 않은 결과를 빈번히 초래한다는 점을 인정한다. 그러나 각자 예지와 이해력의 한계가 있는데도 개인들은 여전히 선택들을 하며, 그 선택들이 함께 모여 왜 사회적 조건들이 지금과 같은 모습으로 존재하는지 설명하게 된다.

예컨대 왜 경기침체가 발생하는가? 자유주의자들은 일반적으로 경기침체란 시장에서 서로 경쟁을 벌이는, 혹은 어떤 경우에는 경쟁을 막는 시장 상황에 대응하여 합리적 개인들이 내린 결정이 모여서 나타난 의도하지 않은 결과라고 믿는다. 복지 자유주의자들은 일반적으로 케인즈의 경제이론을 따라 정부의 업무는 경제적 고통을 막거나 축소하기 위해 세금을 올리거나 낮추는 방식으로 가처분 소득의 양을 확대 혹은 축소하는 등의 정책을 동원하여 개인들의 선택을 구체화하는 것이라고 주장한다. 신고전 자유주의자들은 그대로 내버려둔다면 경쟁적 시장이 스스로를 교정할 것이며 정부의 개입은 잘못이라는 입장이다. 그러나 사태를 해결하기 위해 취해야 할 정책에 대한 견해는 다르지만 양쪽 모두 개인의 선택이 궁극적으로 왜 사물이 지금 이대로의 모습으로 나타나는지를 설명한다는 근본적인 전제를 공유한다.

평가 상황을 평가하는 데도 자유주의는 다시 개인에게 의존한다. 개인이 타인들의 권리에 해를 입히거나 침해하지 않은 채 자신이 원하는 대로 행동할 자유가 있다면, 일반적으로 좋은 상황이다. 자유주의자들은 사람들이 더 많은 자유를 지닐수록 좋고, 더 적은 자유를 지닐수록 나쁘다고 말한다. 그리고 어떤 자유를 누리든지 그것은 가능한 한 평등하게 향유되어야 한다. 따라서 자유에 대한 자유주의적 관점은 개인이 성공할 평등한 기회를 가질 것을 요구한다. 이 점에 대해 모든 자유주의자들은 동의한다. 하지만 어떻게 기회의 평등을 가장 잘 제공할 것인가에 대해 복지 자유주의자들은 이 방향으로, 자유지상주의자들은 저 방향으로 나아가며 이견을 보인다. 그러나 양편 모두에게 개인이 자유롭게 선택하는 데 평등한 기회를 누리는 사회는 자유가 제한되고 기회가 불평등한 사회보다 명백히 더 좋다.

지향 정치 이데올로기는 또한 사람들에게 자신이 누구이며 사물의 거대한 틀 속에서 자신을 어디에 어떻게 맞출 것인가에 대한 일정한 정체성과 지향성을 제공한다. 자유주의가 묘사하는 인간은 각자 추구하고 선택할 이해관계를 갖고 있는 합리적 개인이다. 이는 자유주의자들이 사람들을 서로 분리시키는 차이 쪽이 아니라, 모든 사람들이 공유한다고 그들이 믿는 특성들 쪽으로 우리의 관심을 돌리게 한다는 말이다. 어떤 자유주의자들은 이 점을 다른 자유주의자들보다 더 강하게 주장하는데, 벤담이나 사회적 다원주의자들이 모든 자유주의자들 가운데서 가장 그럴 것이다. 하지만 자유주의자들 사이에는 모든 여자와 남자가 근본적으로 같다고 믿는 경향이 존재한다. 문화, 인종, 종교, 성, 국적 등의 차이는 궁극적으로 피상적인 것이다. 우리의 정체성은 집단적이 아니라, 개인적인 정체성이다. 사실상 대부분의 사람들은 어떻게 살지를 자유롭게 선택하기 바라는 이기적인 개인들이다. 자유주의자들은, 일단 이 점을 이해한다면 우리가 다른 사람이 자유롭게 살 권리를 존중할 것이고, 역으로 다른 사람들 또한 우리의 그러한 권리를 존중하기를 바랄 것이라고 믿는다.

강령 자유주의자들은 개인의 자유와 기회를 증진시키는 강령을 채택한다. 역사적으로 이것은 자유주의자들이 종교적 순응, 귀속적 지위, 경제적 특권, 정치적 절대주의 및 다수 여론의 전제에 반대해왔음을 의미했다. 이러한 장애물들이 제거됨으로써 개인은 자신이 적당하다고 생각하는 대로 예배할(혹은 하지 않을) 자유, 자신의 노력과 능력에 따라 사회에서 출세하거나 몰락할 자유, 시장에서 동등한 자격으로 경쟁할 자유, 정부에 대해 일정한 영향력을 행사할 자유, 기존 관습과 다른 방식으로 생각하고 말하며 살 자유를 지닌다. 이점에서 자유주의자들의 의견이 갈라지는 경우가 거의 없다. 몇몇 자유주의자들이 자유란 단순히 방임의 문제가 아니라 자신이 선택한 것을 할 수 있는 적극적인 힘 또는 능력의 문제라고 말하기 시작할 때 이견이 발생했다. 복지 자유주의자들은 정부가 질병, 무지, 편견, 빈곤 및 기타 자유와 기회의 평등을 위협하는 상황에 맞선 투쟁에 나서야 한다고 주장한다. 반면에 신고전 자유주의자들은 정부의 '간섭' 그 자체가 자유와 평등에 대한 으뜸가는 위험이라고 불평한다.
이러한 자유주의의 두 학파는 현재 경쟁적인 정치 강령들을 내세우고 있다. 이것은 그들의 목적이 달라서가 아니라 그러한 목적을 가장 잘 성취할 수 있는 방법에 대해 의견이 다르기 때문이다. 그 논쟁은 수단에 관한 것이지 목적에 대한 것은 아니다. 이렇게 수단을 둘러싼 내부 논쟁으로 인해 자유주의가 현재와 같이 신고전 자유주의와 복지 자유주의로 나누어져 있지만, 그 목적에서는 일치한다는 점 때문에 우리는 여전히 자유주의를 단일 이데올로기라고 믿는다.

자유주의와 민주주의적 이상

21세기의 벽두에 자유주의자들은 민주주의에 확고히 전념하고 있다. 하지만 자유주의가 언제나 그래왔던 것은 아니다. 사실 대부분의 역사에 걸쳐 자유주의는 인민에 의한 지배를 확립하는 문제보다는 지배자들로부터 인민을 보호하는 데 더 많은 관심을 가져왔다. 앞서 살펴보았듯 그 발단부터 자유주의는 자신이 적당하다고 생각하는 대로 살 개인의 자유를 가로막는 장애물을 제거하기 위해 싸워왔다. 초기에는 그러한 장애물들의 대부분, 곧 종교적 순응, 귀속적 지위, 정치적 절대주의, 독점, 경제적 경쟁에 대한 여타 구속들이 정부에 의해 마련되거나 지지되었다. 따라서 고전 자유주의자들은 인민이 정부를 '통해' 스스로를 지배할 수 있도록 하기보다는 오히려 정부로부터 인민을 자유롭게 하기 위해 투쟁했다. 다시 말해 그들은 사적 영역을 확장하기 위해 공적 영역으로 간주되는 삶의 영역을 줄이려고 애썼다.

하지만 자유주의자들은 또한 초기부터 몇 가지 민주주의적 경향을 드러내었는데, 가장 두드러진 것이 인간의 근본적 평등을 주장하는 논리적 전제였다. 자연권이라는 용어로 표현되든, 모든 사람이 하나의 단위로 계산되며 어느 누구도 그 이상으로 계산되지 않는다는 공리주의자들의 주장으로 표현되든, 자유주의자들은 언제나 모든 사람의 권리나 이익이 다른 사람들의 권리나 이익과 같은 정도로 취급되어야 한다는 전제에서 논변을 전개해왔다. 초기 자유주의자들은 '사람'을 협소하게 정의했는데, 그들에게 유일하게 진정한 '사람'은 상당한 재산을 소유한 자유로운 성인 남성이었다. 하지만 자연적인 평등이라는 관점에서 말하고 주장함에 따라 자유주의자들은 노예제 폐지를 주장하는 사람들과 여성 및 무산자들에게도 투표권과 공직 피선거권을 확대해야 하며 그들이 재산을 소유한 남성들과 정치적으로 평등해야 한다고 요구하는 사람들——후기 자유주의자들을 포함하여——을 위한 길을 열었다.

이러한 자유주의적 경향은 1800년대에 이르러서야 비로소 공공연한 민주주의적 방향으로 나아갔는데, 그 시점에서 벤담과 공리주의자들이 민주주의가 모든 시민에게 그의(그리고 후에 그녀의) 이익을 보호할 기회를 부여한다고 주장하기 시작했다. 만일 정부의 일이 최대 다수의 최대 행복을 증진하는 것이라면 최대 행복을 결정할 유일한 방법은 모든 시민에게 자기 자신을 위해 좋은 것이 무엇인지 결정하도록 허용하는 것이라고 그들은 추론했다. 초기 자유주의자들은 정부가 인민의 동의에 근거해야 한다고 주장했고, 정부의 권한을 제한하기 위해 헌법과 권리장전을 고안했다. 하지만 자유주의자들이 투표권을 모든 사람들에게 자신의 이익을 보호하고 증진할 평등한 기회를 부여하는 방법으로 간주하기 시작했던 것은 1800년대에 이르러서였다.

대체로 자유주의자들은 민주주의를 선호한다. 민주주의는 정부를 시민에게 책임지도록, 따라서 정부가 시민의 사적 이익을 보호하도록 만들 수 있기 때문이다. 밀을 포함해서 일부 자유주의자들은 한 걸음 더 나아가 민주주의는 광범위한 정치 참여를 고무하고 정치 참여는 다시 사람들의 지적, 도덕적 능력을 계발하여 그들의 삶을 풍요롭게 하기 때문에 결국 좋은 것이라고 주장했다. 그러나 대부분의 자유주의자들은 정치 활동을 인간 삶의 여러 덕목 중에서 그저 한 가지 가능한 덕목에 불과하다고 봄으로써 거기에 아무런 특별한 가치도 덧붙이지 않았다. 그들은 국가가 그것이 무엇이든지 간에 사람들이 좋다고 여기는 것을 자유롭게 추구하도록 내버려둔 채 중립을 지켜야 한다고 말한다. 단 사람들이 타인의 똑같은 자유를 존중하는 한에서 그렇다. 만일 사람들이 공적인 삶에서 기쁨과 만족을 발견한다면 좋고 잘된 일이다. 하지만 만일 사람들이 사적인 추구에서 더 많은 기쁨을 얻는다면 그들은 그 길을 따라갈 자유를 지녀야 한다.

일반적으로 자유민주주의(liberal democracy)는 개인의 권리와 자유의 중요성을 강조한다. 모든 사람은 공적 삶에 자유롭게 참여하기로 되어 있다. 하지만 일차적인 관심은 사적인 사안들에 대한 불필요한 간섭으로부터 사람들을 보호하는 것이다. 그러므로 무엇을 '사적인 것'으로 간주할지, 또 개인의 '프라이버시 권리'를 어디까지 확장할지를 결정하는 것은 (낙태 논쟁에서 그런 것처럼) 심사숙고하고 토론할 문제이다. 자유주의자들에게 민주주의는 프라이버시와 자유로운 행동에 대한 개인의 권리와 관심을 보호하는 한 좋은 것이다. 민주주의는 기본적으로 정부를 인민들의 필요와 이해관계에 따르게 함으로써, 그리하여 자의적이고 전제적인 정부를 방지함으로써 개인의 권리와 이익을 보호해준다. 그러나 만일 인민에 의한 지배가 개인의 권리와 자유를 위협하기 시작한다면 자유주의자들은 그것에 재갈을 물려야 한다고 요구할 것으로 기대해도 좋다. 요컨대 자유민주주의에서 민주주의는 주로 개인의 권리, 곧 외부의 간섭에서 벗어나 자신이 최선이라고 생각하는 대로 자유롭게 행동할 수 있는 개인의 권리라는 관점에서 규정된다.

더 읽을거리

Ashcraft, Richard. Revolutionary Politics and Locke's Two Treatises of Government. Princeton : Princeton University Press, 1986.

Berlin, Isaiah. Liberty. Oxford : Oxford University Press, 2002.

Boaz, David. Libertarianism : A Primer. New York : The Free Press, 1997.

Dworkin, Ronald. Taking Rights Seriously. Cambridge, MA : Harvard University Press, 1977.

Elton, G.R. Reformation Europe, 1517—1559. New York : Harper&Row, 1963.

Etzioni, Amitai, ed. New Communitarian Thinking : Person, Virtues, Institutions, and Communities. Charlottesville, VA : University of Virginia Press, 1995.

Friedman, Milton, and Rose Friedman. Free to Choose. New York : Avon Books, 1981.

Goodin, Robert. "The End of the Welfare State?," in Terence Ball and Richard Bellamy, eds., The Cambridge History of Twentieth—Century Political Thought(Cambridge : Cambridge University Press, 2003).

Gray, John. Liberalism. Milton Keynes, UK. Open University Press, 1986.

Halévy, Elie. The Growth of Philosophic Radicalism. London : Faber&Faber, 1928.

Hayek, Friedrich. The Road to Serfdom. Chicago : University of Chicago Press, 1976.

Manning, D.J. Liberalism. New York : St. Martin's Press, 1976.

Miller, James. Democracy Is in the Street : From the Port Huron Statement to the Siege of Chicago. New York : Simon & Schuster, 1987.

Moon, J. Donald. Constructing Community : Moral Pluralism and Tragic Conflicts. Princeton : Princeton University Press, 1993.

Raz, Joseph. The Moraity of Freedom. Oxford : Oxford University Press, 1986.

Ryan Alan. John Dewey and the High Tide of American Liberalism. New York: W.W. Norton, 1995.

Ruggiero, Guido de. The History of European Liberalism, trans., R.G. Collingwood. Boston: Beacon Press, 1959.

Sandel, Michael. Liberalism and the Limits of Justice. Cambridge: Cambridge University Press, 1982.

Skinner, Quentin. The Foundation of Modern Political Thought, 2 vols. Cambridge: Cambridge University Press, 1978.

Spragens, Thomas A., Jr., The Irony of Liberal Reason. Chicago: University of Chicago Press, 1981.

Terchek, Ronald. Republican Paradoxes and Liberal Anxieties. Lanham, MD: Rowman&Littlefield, 1997.

1) Thomas Hobbes, Leviathan, chapter 11. Terence Ball and Richard Dagger, eds., Ideas and Ideologies : A Reader, 5th ed.(New York : Longman, 2004), selection 12를 보라.

2) 같은 책, Chapter 12.

3) Herbert Muller, Freedom in the Western World : From the Dark Ages to the Rise of Democracy(New York : Harper & Row, 1963), p. 307에서 인용. 물론 영국의 권리장전을 미국의 권리장전(the U.S. Bill of Rights)과 혼동해서는 안 된다. 미국의 권리장전은 미국 헌법에 대한 최초의 10개 수정 조항으로 이루어진다.

4) John Locke, Second Treatise of Government, paragraph 4 ; Ideas and Ideologies, selection 13.

5) 독립선언서와 로크의 논변 간의 체계적인 비교를 위해서는 Garrett Ward Sheldon, The Political Philosophy of Thomas Jefferson(Baltimore : Johns Hopkins University Press, 1991), pp. 42-49를 볼 것. 독립선언서의 배경과 의미에 관해서는 Carl Becker, The Declaration of Independence(New York : Random House, 1942) ; Garry Wills, Inventing America : Jefferson's Declaration of Independence(Garden City : NY : Doubledaym 1978) ; Morton White, The Philosophy of the American Revolution(New York : Oxford University Press, 1978) 및 Pauline Maier, American Scripture : Making the Declaration of Independence(New York : Afled A. Knopf, 1997)를 참조하라.

6) 독립선언서 전문은 Ideals and Ideologies, selection 15에 나와 있다. 제퍼슨의 초고는 Joyce Appliby and Terence Ball, eds., Thomas Jefferson : Political Writings (Cambridge University Press, 1999), pp. 96-102를 볼 것.

7) James Farr, "So Vile and Miserable an Estate' : The Problem of Slavery in Locke's Political Thought," Political Theory, 14(1986) : 263-289를 참조할 것.

8) 로크의 '페미니즘'에 관한 논쟁에 대해서는 Melissa Butler, "Early Liberal Roots of Feminism : John Locke and the Attack on Patriarchy," American Political

Science Review, 72(1978): 135-150과 Terrence Ball, "Comment on Butler," 같은 책. 73(1979): 549-550 및 그에 뒤이은 Butler의 "Reply," 같은 책, 550-551을 참조하라.

9) Muller, Freedom in the Western World, p. 382.

10) 페인의 The Rights of Man에 번역된 것을 참조(강조는 원문). '인간과 시민의 권리선언'의 전문은 Ideals and Ideologies, selection 16을 보라.

11) Michael Walzer, "Citizenship," in Terrence Ball, James Farr, and Russell L. Hanson, eds., Political Innovation and Conceptual Change(Cambridge: Cambridge University Press, 1989), pp. 211-219는 프랑스 혁명의 시민권 관념에 대한 통찰력 있는 설명을 제공한다.

12) Adam Smith, The Wealth of Nation, book 1, chapter 2; Ideals and Ideologies, selection 16을 보라.

13) J. Bronowski and Bruce Mazlish, The Western Intellectual Tradition: Leonardo to Hegel(New York: Hamper&Row, 1960), p. 455.

14) Jeremy Bentham, Introduction to the Principles of Morals and Legislation(New York: Hafner, 1948), p. 1.

15) 같은 책, p. 70.

16) 선거에 관한 벤담의 견해에 대해서는 Terence Ball, "Utilitarianism, Feminism and the Franchise," History of Political Thought, 1(1980) : 91-115를 참조할 것.

17) John Stuart Mill, On Liberty, chapter 1; Ideals and Ideologies, selection 19를 보라.

18) William Graham Sumner, What Social Class Owe to Each Other(Caldwell, ID: Caxton, 9170), p. 88; Ideals and Ideologies, selection 20을 보라.

19) 같은 책, p. 70.

20) 그린의 논문, "Liberal Legislation and Freedom of Contract"를 보라. 그 일부는 Ideals and Ideologies, selection 21에 실려 있는 "Liberalism and Positive Freedom"에서 찾아볼 수 있다.

21) 적극적 자유에 대한 중요하고 영향력 있는 비판에 대해서는 Isaiah Berlin, "Two Concepts of Liberty," in Berlin, Liberty(Oxford: Oxford University Press, 2002)를 참조하라. 벌린에 대한 비판과 적극적 자유에 대한 옹호 논변은 Charles Taylor, "What's Wrong with Negative Liberty?," in Alan Ryanm ed., The Idea of Freedom(Oxford: Oxford University Press, 1979)를 볼 것.

22) 이에 대한 개관은 Michael Freeden, "The Coming of the Welfare Statae," in Terence Ball and Richard Bellarmy, eds., The Cambridge History of Twentieth-Century Political Thought(Cambridge : Cambridge University Press, 2003)을 참조할 것.

23) 예컨대 다음을 참조할 것 : "The Port Huron Statement" of the Student for a Democratic Society. 이 문헌은 James Miller, Democracy Is in the Streets : From Port Huron to the Siege of Chicago(New York : Simon&Schuster, 1987), pp. 329-374에 발췌 수록되어 있다.

24) John Rawls, A Theory Of Justice(Cambridge, MA : Harvard University Press, 1971); Robert Nozick, Anarchy, State, and Utopia(New York : Basic Books, 1974).

25) Anarchy, State, and Utopia, p. 169.

26) 자유지상주의적 무정부주의에 대한 상세한 논의로는 Murray Rothbard, For a New Liberty(New York : Macmillan, 1973)을 참조할 것. 또한 Ideals and Ideologies, selection 23을 보라.

27) John Rawls, Political Liberalism(New York : Columbia University Press, 1993).

28) 예컨대 William Galston, Liberal Purposes(Cambridge : Cambridge University Press, 1991) ; George Sher, Beyond Neutrality : Perfectionism and Politics(Cambridge : Cambridge University Press, 1997); Thomas A. Spragens, Jr., Civic Liberalism : Reflections on Our Democratic Ideals(Lanham, MD : Rowman & Littlefield, 1999)를 볼 것.

29) Amital Etzioni, The New Golden Rule : Community and Morality in a Democratic Society(New York : Basic Books, 1996), p. 12

제4장

보수주의

> "급격한 변화는 위험스러운 것, 모든 기회는 불건전한 것"
> ― 윌리엄 워즈워스, 「자유와 질서에 바치는 소네트」

어떤 의미에서 보수주의를 정의내리기가 쉽지만, 다른 의미에서는 매우 어렵다. 그것이 쉬운 이유는 모든 보수주의자들이 대개 그들 사회의 전통적 혹은 관습적인 생활 방식 같은 것을 '보존'하거나 보호하고자 하는 욕망을 공유하기 때문이다. 그러나 전통 혹은 관습이라는 것은 사회에 따라 상당히 다르게 마련이다. 심지어 전통이나 관습이 같은 곳에서도 보수주의자들은 자신들의 확립된 생활 방식 중 어떠한 요소 혹은 부분이 보존할 만한 가치를 지닌 것인가에 대해 서로다른 생각을 가지게 마련이다. 보수주의자들은 모두 무언가를 보존하기를 원하지만, 그들 모두 동일한 것을 보존하고자 하지는 않는다. 이것이 보수주의를 정의하기 어렵게 만드는 원인이다.

이러한 어려움은 두 가지 측면에서 명백하다. 첫째, '보수적'이라는 단어는 종종 변화에 저항하는 사람들에게 적용된다. 이러한 식의용어 사용에는 전혀 잘못이 없다. 그런데 이런 식의 용어 사용에 따르면 상대방의 입장에 대해 심하게 반대하는 두 사람을 모두 보수적이라고 표현할 수 있다는 문제가 발생한다. 예를 들면 러시아와 구

소련의 여타 공화국들이 자유시장 경제로 이행함에 따라, 이러한 변화에 반대했던 강경 노선의 사회주의자들은 종종 보수주의자들이라고 불렸다. 그러나 이러한 '보수주의적' 사회주의자들은 영어권에서 보수주의자로 알려진 사람들의 오랜 숙적이다. 그뿐 아니라 최소한 1917년의 러시아 혁명 이후 서구에서 반공주의는 보수주의를 정의하는 기준의 하나였으며, 대부분의 미국식 보수주의자들은 자유시장 경제를 옹호했다. 만약 보수주의자가 단순히 그들 사회의 어떤 중요한 특성을 보존하고자 하는 사람들을 말한다면, 러시아의 강경파인 공산주의자와 미국의 열렬한 반공주의자는 비록 서로 동맹관계에 있는 것은 아닐지라도 모두 보수주의자인 셈이다. 이것은 명백히 받아들이기 어려운 점이다.

만약 보수주의가 우리가 믿는 것처럼 독특한 정치적 입장이라면, 그것은 단순히 변화에 저항하려는 욕망 이상의 것을 포함해야 한다. 보수주의자들이 공유하는 근원적인 원칙 혹은 이상——보존할 가치가 있는 것이 무엇인지에 대한 모종의 일반적인 합의——이 존재해야 하는 것이다. 그러나 여기서 우리는 '보수적'이라는 것을 정의하는데 두 번째 어려움에 직면한다. 이러한 어려움은 초기 보수주의자들과 최근의 가장 저명한 자칭 보수주의자들 간의 대조에서 명확히 드러난다. 우리가 앞으로 논의할 것처럼 대부분의 초기 혹은 고전적, 전통적 보수주의자들은 대체로 자유주의 일반의 공격, 특히 프랑스 혁명의 공격으로부터 귀족 사회를 보존하거나 복원하려고 노력했다. 그들은 전통적인 사회의 위계질서를 옹호했다. 그들은 인민의 열정을 억제하기에 충분한 힘을 지닌 강력한 정부를 요구했다. 그리고 경쟁적인 사회에서 개인의 자유와 기회 균등을 촉진하려는 시도들에 대해 대체로 회의적이었다. 반면에 20세기 후반의 가장 유명한 보수주의자들, 곧 전 영국 수상 대처와 전 미국 대통령 레이건은 개인들이 이윤을 위해 자유롭게 경쟁할 수 있도록 정부의 규모와 범위를 축소하는 것을 옹호한 개인주의적 보수주의자들이다.[1] 자유방임적 자본주의에 대한 열광 때문에 이러한 경향의 보수주의는 사실상 고전적 또는 신고전 자유주의와 상당히 유사한 모습을 보인다. 초기 보수주의자들이 저항했던 것을 이제 현대의 많은 자칭 보수주의자들이 포용하고 있는 셈이다.

모두는 아닐지라도 많은 이들이 그러하다. 오늘날의 보수주의는 많은 구조물들로 이루어진 집, 종종 분열되어 내분에 휩싸인 집과 같다. 한 보수주의자가 "미국에서 대중적으로 통용되는 '보수적'이라는 용어는 종종 단순히 원자론적이고 자유방임적인 자유주의의 우파를 의미하곤 한다"고 불만을 토로할 만큼 확실히 분열의 골은 깊다.[2] 이 장의 후반부에서 우리는 보수주의의 다양한 형태들에 대해 살펴볼 것이다. 그러나 먼저 우리는 보수주의라는 집이 지어진 터전이며 여전히 그 기반이 되고 있는 지점에서 시작해야 한다. 인간본성에 대한 공유된 관념 말이다.

불완전의 정치

1장에서 우리는 모든 정치 이데올로기가 인간의 잠재력(human potential)——인간이 그들 안에 가지고 있는 것으로서 하고자 하며 되고자 하는 바——이라는 개념을 포함하여, 인간본성이라는 개념에 의존하고 있다는 점에 주목한 바 있다. 보수주의의 경우, 근본적인 확신은 인간이란 심각한 결함을 지니고 있으며 영원히 그러할 것이라는 점이다. 이로 인해 일부 학자들은 보수주의를 '불완전의 정치철학(the political philosophy of imperfection)'이라고 부른다.[3]

그러나 인간이 불완전하다고 말하는 것은 무엇을 의미하는가? 보수주의자들에 따르면, 그것은 우리가 스스로 생각하고 싶어하는 것만큼 명석하거나 선량하지 않다는 사실을 의미한다. 우리 자신은 단지 이성이라는 빛으로 스스로를 지배할 수 있다고 생각할지 모르지만, 그것은 오산이다. 보수주의자들의 말에 따르면 이성이라는 빛은 대다수의 우리가 인간과 사회를 곤란하게 하는 모든 문제들을 인식하고 피할 수 있을 정도로 멀리 또는 밝게 비치는 것은 아니며, 심지어 우리 중 가장 총명한 사람들조차 우리의 행위와 정책이 가져올 모든 결과들을 예측할 수 없다. 이것이 선을 행하고자 하는 가장 과감한 시도들이 종종 가장 큰 해악을 끼치게 되는 이유이다.

게다가 우리의 열정 및 욕망과 대결했을 때 인간의 이성은 미약하며 심지어 무력하기까지 하다. 예를 들어 우리가 좋지 않다고 알고 있는 무언가를 원할 때 혹은 타인에게 해를 끼칠지도 모르는 무언가를 하고 싶어할 때, 우리는 종종 우리의 행동을 합리화할 수 있는 방법을 찾는다. 즉 우리의 욕망을 따르는 데 대한 '이유(reasons)'를 만들어낸다. 그렇다면 인간은 지적으로 불완전할 뿐만 아니라 도덕적으로도 불완전하다. 우리는 이기적이고, 자신의 욕망과 이익을 타인의 것보다 중시하며, 우리 자신이나 사회의 평화와 안정에 필요한 것보다 더 많은 권력과 부를 추구하는 성향이 있다. 대부분의 보수주의자들은 신학적인 또는 심리학적인 의미에서 인간은 **원죄(original sin)**라는 특징을 지닌다고 믿어왔다. 즉 그들은 『구약』의 「창세기」에서 아담과 이브의 신에 대한 반항이 실제 있는 사실 그대로 또는 상징적으로 인간의 본성에 관한 기본적인 진리를 시사해주고 있다고 생각한다. 아담과 이브가 에덴 동산에서 더욱 많은 것, 그들이 가지려 해서는 안 된다고 알고 있었던 것에 대한 유혹을 뿌리칠 수 없었던 것처럼, 인간은 계속해서 오만과 탐욕에 빠진 채 더 많은 것을 가지려는 욕망 때문에 자신들이 가진 모든 것이 파괴되는 위험을 무릅쓰기도 한다.

보수주의자들은 인간의 본성이 언제나 그래왔으며 앞으로도 그러할 것이라고 말한다. 인간의 본성이 근본적으로 변화하기를 바라는 것, 곧 우리의 지적, 도덕적 불완전성이 사라지기를 바라는 것은 헛되고 어리석은 짓이다. 그뿐만 아니라 그것은 위험하기까지 하다. 사회를 개조함으로써 인간을 개조하려 하는 어떠한 시도도 파국으로 치달을 가능성이 높다. 보수주의자들이 파악하는 바와 같이, 우리가 할 수 있는 최선은 갈등으로 이어질 수 있는 열정과 본능들을 억제하는 것이다. 그리고 이것은 우리에게 제약을 부과하는 정부를 통해서 혹은 자제(自制)를 가르치는 학교, 교회, 가족 혹은 여타 집단들의 교육을 통해 가능하다. 한 보수주의자는 다음과 같이 표현했다.

교육의 기능은 보수적이다. 아이들의 '영광스러운 자기표현'을 신격화하는 것이 아니라, 어길 수 없는 윤리적 관습에 따라 그의 본능과 행동을 제한하는 것이다. 타고난 본능에서는 현대의 아기들도 여전히 동굴인[원시 상태]의 아기와 마찬가지의 상태로 태어난다. 오늘날의 아기들이 동굴인으로 남아 있는 것을 막는 것은 바로 법과 전통의 보수적인 힘, 곧 우리를 동굴에서 분리시킨 문명화된 습관들의 점진적인 축적이다.[4]

혹은 또 다른 보수주의자가 말했듯, "모든 새로운 세대는 가족, 학교, 교회가 문명화해야 하는 야만인들의 한 무리일 뿐이다."[5]

인간본성에 대한 이러한 관점은 사회를 개선하고자 하는 과감한 시도에 대해 보수주의자들이 경고하는 것으로 이어진다. 여타 이데올로기들의 급진적인 지지자들은 유토피아적 사회라는 비전을 제출한다. 그들은 완벽한 사회를 창출하기 위해 혁명을 요구한다. 혹은 그들은 최소한 거대한 진보를 이루어낼 것을 약속한다. 보수주의자들은 이러한 이데올로기적 주장들에 대해 회의적이다. 너무나 회의적이어서 보수주의는 '반(anti)-이데올로기'라고 불려왔다.[6] 그들의 관점에서 보면 인간의 삶과 사회를 변형시키려는 거창한 시도들은 모두 단순한 실패가 아니라 재앙으로 끝맺도록 운명지어졌다. 사회를 개선하려고 시도할 때는 점진적으로 그리고 조심스럽게 나아감으로써 더 나은 결과를 가져올 수 있으며, 부질없이 완벽함을 추구하느라 평화롭고 안정적인 사회를 잃을 위험을 감수하기보다는 그것을 소중히 가꾸는 것이 훨씬 더 현명한 것이라고 보수주의자들은 주장한다. 이것은 보수주의의 기원이 되는 200여 년 전의 버크의 저작들에서부터 면면히 이어져 내려온 보수주의의 기본적인 확신이었다.

에드먼드 버크의 보수주의

보수주의는 대개 유효성이 증명된 삶의 방식을 보존하고자 하는 기질과 관련되어 있기 때문에, 역사상의 어떤 시기에서도 보수주의자라고 합당하게 불릴 법한 많은 사람들을 쉽게 발견할 수 있다. 그러나 잉글랜드로 이주하여 거의 30년간을 영국 의회의 하원에서 활동했던 아일랜드인 에드먼드 버크(Edmund Burke, 1729~1797)가 보수주의의 진정한 창시자라는 데 대해서는 광범위한 합의가 이루어져 있다. 버크는 결코 자신을 보수주의자로 칭한 적이 없으나── '보수주의' 혹은 '자유주의'라는 용어는 1800년대 이전의 정치 용어에는 등장하지도 않았다──자신의 연설과 저작들 속에서 독특하게 '보수적'인 정치적 입장을 표명한 바 있다.

버크는 정치적 논쟁의 열기 속에서, 특히 프랑스 혁명에 대한 반발

에드먼드 버크(1729-1797)

을 통해 자신의 견해를 전개하고 상술하였다. 1788년에서 1789년에 걸쳐 혁명이 시작되었을 때, 영국의 많은 관찰자들은 그것을 프랑스와 자유라는 대의(大義) 모두를 위한 위대한 전진으로 환영했다. 그러나 버크는 거의 초기 단계부터 프랑스 혁명을 처음부터 다시 새로운 사회를 창조하고자 하는 무모한 시도로 파악했다. 혁명이 공포정치(Reign of Terror)로 이행하기 거의 3년 전에, 버크는 『프랑스 혁명에 대한 성찰(Reflections on the Revolution in France,1790)』에서 격렬한 비난과 경고를 퍼부었다. 버크는 특히 인간본성과 정부에 대한 혁명가들의 관점에 오류가 있으며, 자유에 대한 관념 또한 오도(誤導)되어 있다는 점에서 이의를 제기했다.

인간본성과 사회

프랑스 혁명에 대한 버크의 반대는 혁명가들이 인간의 본성을 잘못 이해하고 있다는 주장에 주로 근거를 두고 있다. 버크는 혁명가들이 개인의 권리와 이익 및 선택이라는 것에 집중함으로써, 사회가 쟁반 위의 공깃돌들만큼이나 서로 관련이 없는 독립된 원자들로 이루어진 느슨한 집합체에 지나지 않는다고 생각하게 되었다고 비난했다. 버크의 관점에서 보면 인간과 사회에 대한 **원자론적 관념**(atomistic conception)──뒷날 보수주의자들이 그렇게 규정했듯이──은 전적으로 틀린 것이다. 이러한 관념은 개인들이 서로 연결되고 의존하는 여러 가지 중요한 방식들이 있다는 점을 놓치고 있다는 것이다. 정치 사회는 단순히 개인들의 더미가 아니라 살아 있고 변화하는 유기체이며, 전체는 각 부분들의 총합보다 더 큰 것이다. 이러한 **유기체적 관점**(organic view)에서 볼 때, 개인은 심장과 눈과 팔이 신체에 연결되어 있는 것과 마찬가지로 상호간에 그리고 사회에 연결되어 있다. 분리되고 고립된 단위가 아니라 살아 있는 유기체의 상호 의존적인 구성 요소이다. 또는 버크가 선호했던 비유를 사용하자면 사회는 직물, 곧 '사회적 직물(social fabric)'과 같으며, 개개의 구성원들은 풍부하게 짜인 융단 속에 교차해서 엮여 있는 실들과 같다. 사회와 정부는 인간이 의도적으로 만들어낸 인위적인 제도라기보다는 인간본성의 자연스러운 성장물로서 인간의 삶에 필수적인 것이다.

이것이 바로 버크가 시민사회는 **사회계약**(social contract)을 맺기로 동의한 개인들이 형성하였다——그렇기 때문에 쉽게 해체될 수도 있다——는 주장을 거부한 이유이다. 설사 시민사회 혹은 정치사회가 계약에 기초하고 있다고 해도, 그것은 결코 개인들 간의 평범한 계약이 아니며, 모든 세대를 아우르는 신성한 서약일 것이라고 그는 말한다. "사회는 계약이다"라는 인식이 다음과 같은 의미는 아닌 것이다.

〔사회계약은〕 후추와 커피, 옥양목 혹은 담배 또는 그 밖의 다른 사소한 관심거리를 거래하기 위해 체결된 협력관계로서 사소한 일시적 이해관계로 치부될 수 있거나 〔계약에 관계한〕 당사자들의 변덕스러운 성향에 의해 해체될 수 있는 것은 아니다. …… 그것은 모든 학문의 협력관계, 모든 기예의 협력관계, 모든 미덕과 완전함의 협력관계이다. 그러한 협력관계의 목표는 불과 몇 세대 만에 성취될 수 없는 것이기 때문에 그것은 살아 있는 사람들 사이의 협력관계일 뿐만 아니라, 살아 있는 사람들, 죽은 사람들, 그리고 앞으로 태어날 사람들 사이의 협력관계이기도 하다.[7]

이러한 협력관계를 보존하기 위해 버크는 정부와 오래 지속되어온 관습 그리고 전통은 필수 불가결한 것이라고 생각했다. 사람들은 자기 이익을 추구하고(이는 버크가 초기 자유주의자들과 공유했던 관점이다) 근시안적인 경향이 있는데, 이것이 바로 그들을 제지하고 그들의 열정을 억제할 수 있는 정부의 권력이 필요한 이유이다. 그러나 정부는 사람들이 원할 때면 언제나 그리고 원하는 바에 따라 어떤 방식으로든 분해되고 재조립될 수 있는 기계가 아니다. 그것은 복잡하고 섬세한 유기체로서 사람들의 관습과 전통에 뿌리내리고 있어야 하며, 사람들은 정부에 복종하고 존경하며 심지어 숭배하는 습관까지도 습득해야 한다.

자유

위의 논의가 시사하듯이, 버크는 프랑스 혁명가들이 자유에 대한 관념에서 오류를 범하고 있다고 생각했다. 그의 관점에 따르면 자유가 반드시 선한 것은 아니다. 그것은 선한 것이 '될 수 있지만(can)', '그래야만 하는(must)' 것은 아니다. 불(火)과 마찬가지로 자유는 통제하에 있고 좋은 용도로 사용될 때에는 선한 것이다. 현명하게 그리고 절제된 상태로 사용되었을 때, 자유는 매우 소중한 것이다. 그러나 모든 법적, 전통적 제약에서 해방된 인민들의 파괴력은 실로 두려운 것이다. 버크의 말을 빌면, "개인들에게 자유의 효과는 그들이 원하는 것을 해도 좋다는 것을 의미한다. 그러나 우리는 〔그들의 자유에 대해〕 성급하게 축하하기 전에 그들이 무엇을 하는 것을 좋아하는지를 알아야 하는데, 이는 축하가 쉽게 불만으로 변할 수도 있기 때문이다."[8]

버크와 고전적 보수주의자들에게 자유는 적절히 규제되었을 때에만 가치 있는 것이다. 개인이 자신의 목표를 추구하기 위해서는 장애물로부터 자유로워야 하지만, 그것은 그들의 목표가 사회 질서를 위협하지 않을 때에만 해당되는 것이다. 개인의 자유가 사회 질서를 위협할 때, 그것은 제한되어야 한다(〈그림 4.1〉 참조). 더욱이 초기 자유주의자들과 달리, 버크는 정부를 자유에 대한 주요한 장애물로 간주하지 않았으므로 필요악으로 보지도 않았다. 버크의 관점에서 보면, 사람들이 자기 원하는 대로 무슨 일이든 할 수 없게 정부가 규제한다는 사실이야말로 질서정연한 자유를 가능케 하는 것이다. 왜냐하면 정부의 규제가 없으면, 좀 더 많은 사람들이 자신과 사회적 평

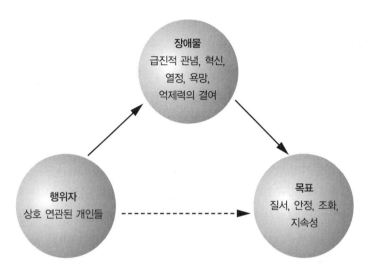

〈그림 4.1〉 고전적 보수주의의 자유에 대한 관념

화를 위태롭게 만드는 행동들을 더 많이 할 것이기 때문이다. 버크
는 최근의 한 보수주의자가 주장하는 다음과 같은 의견에 분명히 동
의할 것이다.

자유는 개인의 목표를 규정하는 조직 혹은 제도 등 그 밖의 무언가에 종속
되었을 때에 한해서 사회적 목표로서 이해될 수 있다. 그러므로 자유의 목
표는 동시에 그것의 선결조건이 되는 규제를 목표로 하는 것이기도 하다.
…… 따라서 보수주의와 자유주의 사이의 한 가지 중요한 차이점은 보수
주의자에게 있어서는 개인적 자유의 가치가 절대적이지 않으며, 확립된
정부의 권위라는 좀더 상위의 가치에 그것이 종속된다는 사실에 있다.[9]

혁명과 개혁

버크가 모든 혁명에 반대한 것은 아니었다. 그는 1688년에 있었던 영국의 '명예혁명(Glorious Revolution)'을 회고하면서 승인을 표명했으며, 하원의 의원으로서 영국 정부와 투쟁 중인 아메리카 식민지에 대해 동정적인 입장을 보였다. 그러나 버크의 관점에서 볼 때 이러한 사건들이야말로 본래적 의미에서 혁명이라고 할 수 있었다. 우리가 1장에서 본 바와 같이 '혁명'은 본래 복귀 혹은 복원, '순환하는 것' 혹은 한 바퀴를 돌아 제자리로 돌아오는 것을 의미했다. 따라서 버크에 따르면, 당시 영국인들과 미국인들은 그들의 권리를 회복하고 이전에 누려왔던 상태로 돌아가기 위해 싸웠던 것이다. 그러나 프랑스인들은 새롭고 훨씬 더 급진적인 종류의 혁명을 추진하였다. 그들은 사회와 정부의 확립된 질서를 무언가 새롭고 시도된 적이 없는 것으로 대체하기 위해 뿌리 뽑고자 했는데, 버크가 확신하기에 이는 분명히 파국으로 귀결될 것이었다.

버크는 혁명 이전의 프랑스 정부와 사회가 완벽하다고 주장한 적이 없으며, 변화를 지향하는 모든 시도들을 무조건 반대하지도 않았다. 반대로 그는 변화를 인간의 삶과 사회의 필수적인 특징으로 간주했다. 그러나 변화는 조심스럽게 그리고 점진적으로 추진되어야 하는 것이지—이것이 버크가 개혁(reform)이라고 칭한 종류의 변화이다—혁신(innovation)을 통해 일어나서는 안 되는 것이었다. 그가 이해한 바에 따르면, 혁신이란 새로운 것이 오래된 것보다 낫다는 논거하에 전적으로 새롭고 참신한 것을 행하고자 하는 시도이다. 따라서 혁신은 추상적 이성에 근거하여 시도되는 변화 그 자체를 위한 급진적인 변화이다. 그것은 과감하고 위험한 실험들을 추진하기 위해 오랜 시간에 걸쳐 지속되어온 오래된 방식들과 습관들을 폐기한다.

버크는 프랑스 혁명가들이 새는 지붕과 깨진 창문이 있는 집에 사는 사람들과 같다고 생각했다. 그들은 필요한 수리를 하기보다는 새롭고, 화려하며, 합리적인 구조물을 세우기 위해 평생 동안 그들을 보호해온 집을 통째로 허물기로 결심한 셈이었다. 건축이나 목공 일의 경험이 없는 상태에서 설계도를 그렸기 때문에 그들은 곧 집도 없고 거처할 곳도 없는 처지에 놓이게 되었다. 혁명가들은 혁신의 길로 나서기 위해 개혁이라는 유효성이 입증된 방식을 버렸으며, 자멸에 이르게 되었던 것이다.

따라서 버크는 혁신보다 개혁을 선호했는데, 그것이 좀 더 안전하고 확실했기 때문이다. 어쨌든 성공적인 개혁은 어느 정도의 이득을 가져올 것이며, 성공적이지 않은 개혁이라도 해를 끼치지는 않을 것이다. 그는 또한 개혁이 편견(prejudice)에서 생겨난다고 주장했으며, 편견이 추상적인 이성보다 우월하다고 생각했다. 그러나 버크에게 편견이란 고정관념에 따라 사람들을 예단한다는(인종적 편견에서처럼) 의미가 아니라, 자신이 속한 사회의 익숙한 습관과 전통을 선호하는 성향을 의미했다. 이러한 의미에서 버크는 편견을 축적된 혹은 '잠재적인(latent)' 지혜라고 주장했다. 관습과 전통은 여러 세대에 걸쳐 서서히 발전되어왔기 때문에, 사람과 사회가 살아가는 과정에서 조금씩 익혀온 교훈들을 반영한다. 전통이 그처럼 오래 지속되었다는 사실은 문자 그대로 오랜 시간에 걸쳐 시험을 거쳤다는 증거이다. 전통은 단지 한두 사람이 아닌 여러 세대에 걸쳐 축적된 지혜를 구현하고 있다. 우리가 그런 관습들을 마치 제2의 천성인 것처럼 당연한 것으로 여겨 그 소중함을 거의 느끼지 못하는 그러한 지혜인 것이다.

정부에 대한 버크의 견해

편견을 지침으로 삼아 우리는 혁신의 위험에 직면하지 않고서도 정부를 개혁하고 사회를 보존할 수 있다. 그런데 버크는 어떠한 종류의 정부와 사회를 염두에 두었던 것일까? 건전한 정치체에 대한 그의 관념은 무엇이었는가? 이러한 종류의 질문들에 대해 버크의 답변은 단 하나의 최선의 정부 형태란 존재하지 않는다는 것이었다. 정부는 한 인민의 역사와 습속 및 편견을 반영하므로, 한 나라의 필요에 훌륭하게 부응하는 정부 형태가 다른 곳에서는 전적으로 실패할 수도 있다. 그렇다고 해도 버크의 연설과 저작들에는 최소한 영국과 같은 국가들에서 그가 특별히 바람직하다고 생각했던 정부와 사회가 지니는 일정한 특징들이 제시되어 있다. 이러한 특징들은 대의정부, '진정한 자연적 귀족,' 사유재산, 그리고 사회의 '소집단들'을 형성하는 가족, 교회, 자발적 결사체들 간의 권력의 배분 등을 포함한다.

대의정부(representative government) 하원 의원이었던 버크가 대의정부를 선호한다는 것은 전혀 놀랄 만한 일이 아니다. 그러나 이것을 버크가 민주주의도 선호했다는 의미로 받아들여서는 안 된다. 버크가 살던 시대에는 주로 대지주들로 이루어진 영국 인구의 극소수만이 투표를 하거나 선거에 출마할 수 있었으며, 버크는 유권자를 크게 확대해야 할 필요를 전혀 느끼지 못했다. 버크에 따르면 인민의 이익은 정부가 대변해야 하지만, 굳이 개개인이 자신의 이익이 잘 대변될 수 있도록 투표를 해야 할 필요는 없다. 투표를 할 수 있는 권리보다 더 중요한 것은 현명하고, 신중하며, 식견이 있는 자로서 우리의 이익을 위임할 수 있는 적임자를 공직에 앉히는 것이다. 1774년 '브리스톨의 유권자들에게 보내는 연설'에서 버크는 자신의 입장을 다음과 같이 밝혔다.

신사 여러분, 유권자들과 가장 긴밀하게 결합하고, 가장 가깝게 교류하며, 그리고 가장 솔직하게 의사소통하며 살아가는 것이 분명 대표자의 행복이고 영광이어야 할 것입니다. 그는 유권자들의 소망을 대단히 중요하게 여겨야 하고, 그들의 의견을 가장 높이 존중해야 하며 유권자들의 사업에 꾸준한 주의를 기울여야 합니다. 유권자들의 휴식, 즐거움, 만족을 위해 자신의 것을 희생하는 것이 대표자의 의무이며, 무엇보다도 …… 유권자들의 이익을 자신의 이익보다 선호하는 것이 그의 의무입니다.

그러나 그의 공정한 의견, 성숙된 판단, 계몽된 양심이라는 것은 여러분을 위해서나, 어떤 사람을 위해서, 혹은 살아 있는 어떠한 집단을 위해서도 희생되어서는 안 됩니다. …… 여러분의 대표자는 단지 근면해야 할 의무만이 아니라 판단해야 할 의무 또한 여러분에게 빚지고 있습니다. 그러므로 만약 그가 여러분의 의견을 따르기 위해 자신의 판단을 포기한다면, 그것은 여러분을 섬기는 것이 아니라 배신하는 것입니다.[10]

많은 보수주의자들과 마찬가지로, 버크는 민주주의가 대의제 정부의 건전함을 심각하게 위협할지도 모른다고 생각했다. 대중들은 선거권을 획득하게 되면 자신들의 열정과 욕망에 영합하는 후보들에게 투표할 것이다. 따라서 그들은 사회의 장기적인 이익을 촉진하는 대신에 자신의 일시적인 소망에 부응하는 대표자들을 선출할 것이다. 그래서 버크는 선거권을 확대하지 않는 것이 최선이라고 생각했다. 적어도 사람들이 전반적으로 자신의 투표권을 책임감 있게 행사할 준비가 되었으며 기꺼이 그렇게 할 것이라는 징후가 보일 때까지는 선거권을 확대해서는 안 된다는 것이었다.

자연 귀족 그런데 선거권이 제한되어 있는 상태에서 이처럼 공정하고, 성숙하며, 계몽된 수탁자들을 어디에서 발견할 것인가? 버크의 답변은 그가 '진정한 자연 귀족(true natural aristocracy)'이라고 명명한 자들에게 기대를 걸어야 한다는 것이다. 이들은 전체 사회를 지혜롭게 다스릴 수 있는 능력과 경험 및 성향을 지니고 있는 소수의 드문 인물들이다. 이들은 천부적인 지도자들로서 어릴 때부터 다른 사람들이 그들의 지휘에 의지한다는 것을 체득하고 있다. 이들은 어린 시절에 공부하고, 정치와 사회에 대한 지식을 습득하며, 그들의 능력을 계발할 수 있는 여가를 가진 사람들이다. 버크가 생각하기에, 이들은 세습적인 귀족 가문에서 배출될 가능성이 가장 높은 사람들이다.

버크는 '진정한 자연 귀족'과 세습적인 귀족이 전적으로 동일한 것이라고 말하지는 않았다. 그러나 그는 어떤 사람이 현명하고 능숙하게 다스리는 기예를 습득할 수 있는 능력과 '함께' 이것을 익힐 수 있는 필수적인 기회를 얻지 못한다면 자연적인 귀족의 지위를 획득하지는 못할 것이라고 생각했다. 버크가 살던 시대에 그러한 기회를 누릴 가능성이 가장 높았던 사람들은 세습적 귀족 가문 출신이었다. 결국 사회는 귀족들의 리더십에 기대를 거는 데 익숙해져 있으며, 귀족들은 그러한 능력을 제공하는 데 익숙해져 있다. 심지어 더욱 중요한 것은 아마도 부(富)를 주로 토지에서 얻던 사회에서 세습적인 귀족들이 최대의 지주로서 향유했던 기회일 것이다. 그들이 부유했기 때문에 귀족 가문의 아들들은 여가를 향유했다. 그들은 여가를 향유했기 때문에 교육받을 수 있는 시간도 가졌다. 또 교육받았기 때문에 정치에서 지도적인 역할을 하는 데 필수적인 지식과 능력을 습득하고 계발할 수 있었다. 이 모든 이유들 때문에 버크는 그들이 '진정한 자연 귀족'의 핵심을 형성할 것이라고 생각했다. 다른 사람들, 곧 버크 자신과 같은 귀족이 아닌 평민들이 들어설 여지가 없는 것은 아니었지만, 세습적 귀족이 없는 사회는 가장 훌륭하고 현명한 성원들을 결여한 사회였다. 자유와 평등의 이름으로 **귀족적 특권을** 공격했던 프랑스 혁명가들과 그 일당들은 최악의 어리석은 행동을 저지른 셈이었다. 세습적 귀족을 파괴하는 것은 오로지 하층민들을 선동하는 능력만으로 리더십을 공언하는 사람들 사이에서 권력을 차지하기 위한 격렬한 쟁탈전을 촉발시킬 것이 확실했기 때문이다.

사유재산 귀족적 특권을 존중했던 버크의 관점은 부분적으로 귀족과 재산 사이에는 일정한 연관관계가 성립한다는 생각에서 나왔다. 일반적으로 그는 사유재산을 사회에서 안정적이고 보수적인 힘이 될 수 있는 것으로 간주하였다. 재산, 특히 토지 재산을 소유하고 있는 사람들은 그들의 재산을 그들의 이익, 심지어는 그들 스스로와 동일하게 여길 텐데 이는 그들의 재산을 보호하는 사회와 정부에 대한 충성을 강화시킬 것이다. 버크에 따르면 이러한 현상은 특히 재산이 세대에서 세대로, 한 가족 내에서 상속되어 토지와 가족 및 국가에 대한 충성이 사실상 서로 구분되기 어려울 때 일어날 가능성이 높다고 한다. 그리고 이것은 세습적인 귀족들 사이에서 일어날 가능성이 가장 높았다.[11]

소집단들 버크에게 좋은 정부란 사유재산과 공동선을 보호하는 업무에 자연 귀족들 가운데서 선출된 계몽된 대표자들을 적극적으로 참여시키는 정부를 의미한다. 정부는 직무를 적절히 수행하기 위해서 강력해야 한다. 그러나 그 힘은 한 사람이나 한 장소에 집중되면 안 되는데, 이는 권력을 가진 자들이 그 힘을 남용하지 못하게 하기 위해서였다. 이러한 이유로 버크는 사회를 구성하는 2차적인 결사체들, 곧 클럽, 교회, 근린 조직체 등인 '소집단들(little platoons)'의 중요성을 강조했다. 버크는 권력이 사회 전체에 걸쳐 분산되어야 한다고 주장했다. 지역적인 문제는 전국적 수준이 아니라 지역적인 수준에서 다루어야 한다. 모든 권력을 정부에 부여하는 대신에 교회와 가족 및 여타 집단들의 전통적인 권위를 존중해야 한다. 이러한 방식에 따라 정부는 사회를 보호할 정도로 강력하지만 질서정연한 자유를 가능케 하는 '소집단들'을 질식시킬 만큼 강력하지는 않게 된다.

버크의 유산

이와 같은 네 가지 점에서 많은 보수주의자들이 버크의 견해를 지속적으로 공유하고 있다. 비록 대부분 민주주의를 수용하게 되었지만, 여전히 그들은 인민의 의지에 대해 직접적으로 호응하지 않는 대의제 정부를 선호한다. 오늘날 세습적인 귀족을 옹호하는 보수주의자는 거의 없지만, 대부분의 보수주의자들은 여전히 사회가 안정적이고, 강력하며, 건전하게 남아 있기 위해서는 일정한 형태의 '진정한 자연 귀족'이 필요하다고 믿는다. 더욱이 현대의 보수주의자들은 모두 사유재산의 가치에 대한 버크의 신념, 그리고 사회의 '소집단들'의 힘을 유지함으로써 권력의 집중을 타파하고자 했던 버크의 소망을 공유하고 있다. 그들을 구별짓는 차이점들이 있지만 오늘날의 보수주의자들은 왜 버크가 종종 보수주의의 아버지라고 불리는지를 명백히 보여줄 만큼 그에게 많은 것을 빚지고 있다.

19세기의 보수주의

에드먼드 버크는 나폴레옹 보나파르트가 권력을 장악하고 (버크가 그토록 두려워하고 경멸했던) 프랑스 혁명을 중지시키기 2년 전인 1797년에 사망했다. 그러나 어떤 관점에서 혁명은 나폴레옹이 1815년의 워털루 전투에서 최후의 패배를 당할 때까지 지속되었다. 나폴레옹 정권은 혁명가들이 투쟁으로 일궈낸 많은 변화들, 곧 귀족적 권력과 특권을 제거하고 봉건주의 자체의 폐지를 포함한 변화들을 유지하였다. 많은 귀족들이 혁명기 내내 그리고 뒤이은 나폴레옹 시대에 걸쳐 이러한 변화에 저항하였다. 일부는 심지어 혁명을 삶의 선하고 가치 있는 모든 것에 대한 적으로서 간주하였다. 혁명에 반대하는 그들의 반응이 너무나 격렬하고 강경했기 때문에 그들은 반동주의자들(reactionaries)로 알려졌다.

보수와 반동

누군가를 반동주의자라고 말하는 것은 그가 단지 현재 상태에 반대할 뿐만 아니라 이전의 사회 형태로 돌아가기를 원한다는 것을 의미한다. 신중한 개혁을 통해 기존 사회의 전통적인 특징들을 보존하는 데 관심을 가졌던 버크적인 혹은 고전적인 보수주의자들과는 달리, 반동주의자들은 시간을 거꾸로 돌려서 과거 상태의 사회를 복원하고 싶어한다. 따라서 그들의 과제는 과거의 방식으로 회귀하기 위해 현재의 사회적, 정치적 제도들을 파괴하는 것이다. 이것이 정확히 유럽의 반동주의자들이 제안했던 바이다.

드 메스트르(Joseph de Maistre, 1753-1821) 백작은 가장 중요한 반동주의자들 중 한 명이었다. 드 메스트르는 사보이에서 태어났는데,

이곳은 현재 프랑스 영토이지만 당시에는 피에몽-사르디니아 왕국 치하에 있던 프랑스어를 사용하는 지방이었다. 드 메스트르는 혁명 가들이 군주제, 귀족제 및 종교에 대해 공격하는 것을 격렬히 반대 하였다. 그가 본 바에 따르면 혁명은 주로 '왕관과 제단', 즉 왕과 교회에 대한 공격이었다. 그러나 신민들에게 위엄과 통일성이라는 의식을 제공해주는 두 가지 제도가 없으면 어떠한 사회도 오래 지속될 수 없었다. 왕관과 제단이 사라지고 사람들이 존경할 만한 어떠한 것도 가지지 못하여 자신의 재치와 이성 이외에 아무것도 의지할 것이 없는 채 남겨지면, 혼란과 재앙이 반드시 뒤따르게 마련이다. 그것이 정확히 프랑스 혁명 기간에 일어났던 일이라고 드 메스트르는 말했다. 혁명가들이 신의 장엄한 작품인 구 사회를 인간이 만들어낸 것으로 대체하기 위해 뿌리째 파괴하고자 했던 상황에서 공포정치 시기의 유혈사태는 당연한 일이었다. 사실 드 메스트르는 인민들이 해당 사회에 적합한 헌법을 기초하고 제정할 수 있는 능력을 지니고 있다는 관념에 대해서조차 부정적이었다. 그는 성문법을 전적으로 위험한 것이라고 단언했는데, 그 이유는 정부의 약점을 노출시키기 때문이었다.

더 많은 것을 성문화할수록 제도는 더욱 약해지는데, 이유는 명백하다. 법은 단지 권리의 선언일 뿐인데, 권리는 그것이 공격당할 때를 제외하고는 선언되지 않는다. 성문화된 헌법들이 많다는 것은 갈등의 다양성과 파괴의 위험을 보여줄 따름이다.[12]

드 메스트르가 프랑스 혁명과 벌인 투쟁은 18세기 정신에 대한 그의 더욱 커다란 투쟁의 일환이었다. 프랑스의 계몽 철학자들은 이 시기가 인간의 이성이 마침내 미신, 편견 및 무지라는 힘을 몰아내기 시작한 시기라는 의미에서 **계몽주의** 시대라고 선언하였다. 그러나 드 메스트르는 계몽주의 시대를 오만의 시대라고 하며 가장 신성하고 필수적인 사회 제도인 군주제와 교회의 몰락을 초래했을 뿐이라고 보았다. 따라서 사회와 정부를 적절한 상태로 되돌리기 위해서는 혁명뿐만 아니라 18세기의 합리주의적 정신 또한 타파되어야 했다.

드 메스트르는 나폴레옹이 패배한 후 이른바 반동주의가 효력을 발휘하는 것을 생전에 볼 수 있을 만큼 오래 살았다. 예전의 귀족적 질서를 복원하고자 시도했던 주동자는 독일의 귀족인 메테르니히 (Clemens von Metternich, 1773-1859)였다. 합스부르크(혹은 오스트리아) 제국의 외무장관으로서 메테르니히는 1815년 빈 회의를 주재했다. 이 회의는 유럽의 평화와 안정을 보존하기 위한 기반을 모색하기 위해 나폴레옹의 프랑스를 상대로 전쟁을 수행한 참전국들, 주로 영국, 러시아, 오스트리아의 대표자들을 소집하였다. 메테르니히가 주재한 회의는 세습 군주정이 유일하게 합법적인 통치 형태라는 데 합의하였으며 1789년 이후 축출된 유럽의 왕들에게 왕좌를 돌려주는 것을 목표로 삼았다. 메테르니히의 반동 작업은 30년 이상 지속되었다. 그러나 1848년에 일련의 자유주의적 봉기들이 유럽을 휩쓸면서 메테르니히는 공직에서 밀려났으며, 결국 그가 몰아내고자 했던 세력의 희생물이 되었다.

이 시기 내내 그리고 19세기 후반에 이르기까지, 가톨릭 교회의 리더십 또한 유럽에서 보수주의적이며 때로는 반동적인 역할을 해냈다. 구 귀족질서 하에서 교회의 특권적 지위, 예를 들면 프랑스의 상위계급들 중에서도 제1계급이었던 것과 같은 지위를 감안할 때, 이것은 놀라운 일이 아니다. 초기 자유주의자들이 교회를 이성과 자유의 적으로 공격했을 때, 교회 역시 기회를 놓치지 않고 매번 반격을 가했다. 따라서 1864년에 교황 피우스 9세는 '오류에 관한 교서

(Syllabus of Errors)'를 발표하면서 종교와 전통적 질서를 파괴한다는 이유로 자유주의를 신랄하게 비판했다. 피우스 9세는 다음의 잘못된 믿음들을 자유주의의 중대한 오류 속에 포함시켰다.

3. 신과 무관하게 인간의 이성이 진리와 거짓, 선과 악을 결정하는 유일한 요소이다. 이성은 그 자체가 법이 되며, 그 자연적인 힘으로 인간과 국가의 복지를 확보하려는 요구를 충족시킨다.

77. 오늘날 그 밖에 모든 형태의 신앙을 배제하고 가톨릭을 국가의 유일한 종교로 간주하는 것은 더 이상 타당하지 않다.[13]

그러나 반동주의만이 보수주의가 19세기에 취했던 유일한 형태는 아니었다. 좀 더 온건한 형태들도 존재했는데, 이러한 세력은 특히 영국에서 출현하였다. 문화적 보수주의와 토리 민주주의가 그것이다.

문화적 보수주의(cultural conservatism)

프랑스 혁명이 시작되었을 때 영국의 많은 사람들은 그것을 영광스러운 새 시대의 새벽으로 환영했다. 워즈워스(William Wordsworth, 1770-1850)가 그의 시 「열광자들에게 비친 프랑스 혁명의 서막」에서 표현했듯이,

그 새벽에 살아 있는 건 축복이었네,
하지만 젊다는 것은 바로 천국이었지.

그러나 버크의 『프랑스 혁명에 대한 성찰』과 뒤이어 진행된 사건들,

특히 공포정치는 혁명에 대한 이와 같은 초기의 열정을 곧 식어버리게 만들었다. 1793년에 시작된 영국과 프랑스 간의 전쟁은 거의 중단되지 않고 1815년까지 지속되었다. 유럽 대륙의 나라들과 비교했을 때, 영국은 상대적으로 사회적 격변을 거의 겪지 않고 혁명 시기를 견뎌냈기 때문에 영국의 보수주의자들은 반동적이 될 만한 이유가 거의 없었다.

확실히 영국 보수주의자들은 프랑스 혁명과 그것이 엮어낸 변화에 반대하였다. 심지어 워즈워스도 혁명가들이 이성을 지나치게 신뢰하면서 자연에 대한 사람들의 감정적 혹은 영적인 유대를 경시한다고 주장하면서 혁명에 대해 등을 돌렸다. 그러나 워즈워스, 그의 친구이자 동료 시인인 콜리지(Samuel Taylor Coleridge, 1772-1834), 1800년대 초의 여타 영국 보수주의자들에게 영국 사회에 대한 최대의 위협은 프랑스 혁명이 아니라 또 하나의 매우 다른 종류의 혁명, 곧 영국 사회를 완전히 새롭게 재주조하고 있던 산업혁명으로부터 생겨났다. 특히 버크 이후의 영국 보수주의자들은 산업과 상업의 파괴적 행위에 맞서 전통적인 농업 사회를 옹호하였다. 그들은 상업과 자본주의가 영성(靈性)과 문화의 적이라고 주장했다. 이윤 추구를 위한 생산이라는 새로운 신조는 천박한 물질주의만을 조장했다. 모든 오래된 미덕들, 충성들, 사람과 공간에 대한 모든 유대관계들은 부의 추구 속에 사라지고 있었으며, 결국 인간이 그들 자신, 서로 간에, 그리고 자연과 누리던 유대관계도 사라지고 말 것이었다. 워즈워스는 1807년의 한 소네트에서 이렇게 불평했다.

세상은 우리와 너무 가까이 있네, 늦게나 이르게나
벌고 또 쓰며, 우리는 자신의 모든 능력을 황폐하게 하네
자연 속에서 우리의 것을 거의 보지 못하고

우리는 마음을 빼앗겨 버렸다네, 더러운 거래여!

상업에 대한 의혹 및 물질주의에 대한 혐오와 함께 문화적 보수주의는 영국에서뿐만 아니라 미국과 그 이외의 지역에서도 지속적인 주제로서 생명력을 누려왔다. 그러나 다른 어느 나라보다 영국에서 문화적 보수주의는 보수주의를 효과적인 정치세력으로 만들 수 있던 정당에서 자신의 적절한 동맹을 발견했다.

토리 민주주의(Tory democracy)

18세기 내내 토리당과 휘그당은 권력을 놓고 경쟁하였다. 이 경쟁은 1800년대에도 지속되었는데, 토리당은 일반적으로 토지소유 귀족의 이익을 옹호하였으며 휘그당은 좀 더 상업적이고 경쟁적인 사회를 지지하였다. 양자의 차이는 점차 선거민을 확대하는 태도에 초점을 맞추었다. 토리당은 이미 투표권을 가지고 있는 소수를 넘어 그 권리를 확대하는 데 반대하였다. 그러나 휘그당은 상인, 산업가, 그리고 전문직의 남성들이 대부분이었던 중산층 남성들에게 투표권을 확대하기 위해 1832년 대개혁법안(Great Reform Bill)을 통과시키는 데 성공하기까지 운동을 펼쳤다. 자신들의 대의를 열렬히 지지하는 새로운 유권자가 유입됨으로써 휘그당은 장기간에 걸친 정치적 지배를 기대할 수 있게 되었다.

반면 토리당은 자신들의 주장을 지지하도록 새로운 유권자들을 끌어들일 방법을 찾지 못할 경우 선거에서 패배할 것이 뻔했다. 그 방법을 발견한 토리당의 지도자가 디즈레일리(Benjamin Disraeli, 1804-1881)였다. 디즈레일리의 해결책은 귀족 상류계층과 노동계급 간의 연합을 형성하는 것이었다. 이는 그가 보수당이라고 불렀던 자신의 정당이 자유당이라고 알려진 휘그당과 경쟁할 수 있도록 할 것이었다. 이를 달성하기 위해 디즈레일리는 토리 민주주의라는 정책을 추구했다.

토리 민주주의는 노동계급의 요구를 중요시하는 한편, 노동자들에게 영국 사회의 전통적인 질서, 곧 군주제, 귀족정, 그리고 영국 국교회 등에 대한 존경을 주입시키고자 시도했다. 디즈레일리는 다음과 같이 말했다.

지성을 떠벌리기는 하지만, 그보다는 자신들의 부를 더 자랑스럽게 여기는 사람들인 자본의 노예로…… 전락하는 대신에 우리가 영국에서 고대의 왕권과 군주제를 유지하기 위한 새로운 세력을 찾아야 한다면, 나로서는 우리가 교육받고 선거권을 획득한 사람들의 활기찬 에너지로부터 그 참신한 세력을 찾을 수 있을 것으로 기대한다.[14]

그래서 디즈레일리는 노동자들을 유권자에 포함시키는 것과 그들의 생활조건을 개선시키는 것 두 가지를 함께 강조했다. 그는 1867년의 개혁안을 지지하여 도시의 남성 노동계급에게 투표권을 부여하도록 도왔으며, 두 번째 수상 재임 기간(1874-1880)에는 노동조합을 합법화하고 고용주에 대한 노동자들의 파업권을 인정하였다. 이러한 여러 가지 방법들을 통해 디즈레일리는 상업적 중산계급에 대한 문화적 보수주의의 반감을 보수적 귀족과 잠재적으로 혁명적인 노동계급 간의 정치적 연합으로 확대해 나갔다. 이런 식으로 '토리 민주주의'라는 용어가 나오게 되었다. 이는 처칠(Winston Churchill, 1874-1964) 등의 지도하에 있을 때부터 1979년 대처가 수상이 되기 이전까지 영국 보수주의의 지배적인 형태가 되었다.

그러나 토리 민주주의는 보수주의의 독특한 영국적 형태로만 남았다. 프로이센의 재상 비스마르크(Otto von Bismarck, 1815-1898)는 노동자들에게 국가가 지원하는 보험과 혜택을 제공함으로써 독일에서 유사한 성취를 거두었다. 그러나 비스마르크는 결코 민주주의자가 아니었다. 또한 그의 본색이 보수주의자인 것도 아니었다. 그는 전통적인 생활양식을 보존하는 것보다는 독일의 여러 주들을 통합하여 강력한 민족국가로 결속하는 데 더 관심이 있었기 때문이다. 다른 곳, 특히 미국에서 '보수주의' 라고 지칭된 것도 토리 민주주의와는 큰 격차가 있었다.

미국의 보수주의

19세기의 미국 보수주의는 다른 경로를 따랐다. 1787년에 헌법이 기초되었을 때, 미국의 자유민은 300만 명에 달했으며, 그들 대부분이 거의 유럽 출신의 신교도들이었다. 봉건주의와 세습적 귀족에 대한 경험을 결여하고 있었으며, 군주도 없고, 귀족도 없고, 위계적인 국교 제도도 없었기 때문에, 미국 보수주의자들은 버크의 노선이나 드 메스트르가 말하는 왕관과 제단에 대한 반동적인 호소나 토리 민주주의와 같은 경로를 따를 가능성이 적었다. 자유주의 원칙 혹은 더 정확히는 3장에서 언급한 바와 같이, 자유주의와 공화주의 원칙의 혼합에 기반하여 세워진 국가에서 미국 보수주의자들은 본질적으로 자유주의적인 사회와 생활양식을 보존하는 데 주된 관심을 가졌다.

미국의 건국자들 중 두 명인 애덤스(John Adams, 1735-1826)와 해밀턴(Alexander Hamilton, 1757-1804)은 버크의 특징을 지닌 보수주의자들로 간주되곤 한다. 그러나 그들과 버크 간에는 유사성보다는 차이점이 더욱 두드러진다. 버크와 마찬가지로 애덤스 역시 종종 '자연적 귀족'을 선호하는 입장을 보였지만, 애덤스는 버크와 달리 이 자연적 지도자 집단의 핵심을 세습귀족으로부터 공급받는다고 기대할 수는 없었다. 미국에는 그러한 계급이 존재하지 않았기 때문이다. 애덤스가 생각하기에 가장 유사한 역할을 할 수 있는 집단은 '자산가들'이었는데, 이는 버크의 영국에 비해 미국에서는 훨씬 광범위한 집단이었다. 해밀턴이 고전적 보수주의자의 자격을 갖는다는 주장은 건국 당시에 그가 입헌군주제를 옹호했다는 사실에 주로 기초한다. 그러나 그가 재무장관으로서 미국을 거대한 상업적 강대국으로 만들려고 입안했던 계획은 상업에 대한 의심과 정착된 형태의 사회생활에 대한 존중이라는 고전적 보수주의자의 면모를 거의 보여주지 못했다.

1800년대 초·중반 미국에는 문화적 보수주의와 연계될 수 있는 견해를 지닌 몇몇 인물들이 있었다. 돌이켜 보건대 아마도 이들 중 가장 중요한 인물들은 미국 문학의 거인이 된 두 사람으로서 호손(Nathaniel Hawthorne, 1804-1864)과 멜빌(Herman Melville, 1819-1891)이었다. 다양한 단편과 장편소설을 통해 두 작가는 어리석을 만큼 낙관적인 당대의 기질을 비판했다. 예를 들어 호손은 그의 단편『지구의 대학살(Earth's Holocaust)』에서 완벽을 추구하는 것의 공허함과 무용함을 묘사했으며, 『모반(母斑)(The Birthmark)』과 같은 단편들에서 그러한 추구의 비극적인 결말을 그려냈다. 멜빌은 그의 통렬한 반어적 장편인 『사기꾼(The Confidence Man)』에서 인간본성에 대한 신뢰라는 교의를 설교하는 이들을 경멸하였다. 그리고 그의 『서기 바틀비: 월스트리트의 이야기(Bartleby the Scrivener: A Story of Wall Street)』는 자본주의가 인간을 비인간화하는 결과를 비판하는 것으로 읽힐 수 있다.

영국에서와 마찬가지로 문화적 보수주의는 미국 보수주의를 구성하는 데 중요한 실마리로 남았다. 그러나 좀 더 특징적인 것은 19세기 후반에 일어난 자유방임적 자본주의로 방향을 전환한 것이다. 이때가 이전에 전통의 적으로 간주했던 실업가들과 산업가들에 대해 '보수주의자'라는 말을 사용했기 시작한 시기이다. 다른 국가에서는 자유주의라고 불린 것이 미국에서는 보수주의로 불렸다. 어떻게 이러한 일이 일어났는가? 두 가지 중요한 요인이 영향을 미친 것으로 보인다.

첫째, 실업가들과 산업가들은 사유 재산의 중요성——보수주의자들과 자유주의자들이 동의하는 부분——과 개인주의를 강조했다. 이 두 가지 이상은 미국에서 오랜 기간 중요한 것이었으므로 산업가들은 자유방임적 자본주의를 옹호하는 데 어떤 의미에서는 자기 나라의 전통적인 가치들에 호소할 수 있었다. 요컨대 미국은 생명, 자유 그리고 행복 추구에 대한 개인의 권리는 천부적이라는 믿음 위에 세워진 나라였다. 일단 미국 실업계의 지도자들이 이러한 이념을 모든 개인이 경쟁적인 시장에서 자유롭게 이윤을 추구할 수 있어야 한다는 식으로 해석하자 그들은 보수주의자로 간주될 수 있었다.

두 번째 요인은 19세기 말에 일어난 복지 자유주의의 발전이다. 이처럼 새로운 형태의 자유주의가 부상하자 개인의 자유와 기회 균등을 촉진하기 위해 정부가 조치를 취해야 한다는 요구가 뒤따랐고, 이러한 사태의 전개는 초기 혹은 고전적 자유주의의 관점을 고수했던 사람들이 이제 뒤처질 위험에 처하였음을 의미했다. 우리가 3장에서 보았듯이, 이는 복지 자유주의와 신고전 자유주의 간의 분열을 초래했다. 신고전 자유주의자들은 초기 자유주의자들의 신념, 특히 '필요악'인 정부의 규제에서 해방되었을 때 인간이 무언가 성취할 수 있다는 것에 대한 신념을 고수했기 때문에 시대에 뒤처진 것으로 보였다. 오래된 형태의 자유주의에 집착함으로써, 그들이 확실히 보수주의자일 수 있는 맥락이 존재했던 것이다.

이러한 두 가지 이유로 미국에서 고전적 자유주의는 '보수주의' 라고 불렸다. 심지어 우리가 3장에서 신고전 자유주의자로 묘사했던 **사회적 다원주의자들**까지도 이에 포함되었다. 스펜서와 섬너 같은 사람들은 원자론적 사회관을 발전시켰는데, 그 사회에서는 모든 사람들이 다른 모든 사람들과 생존경쟁 속에 갇혀 있었다. 어떠한 고전적 혹은 문화적 보수주의자도 그러한 원자론적이고 반(反)유기체적인 비전을 용납할 수는 없었다. 그러나 미국에서는 사회적 다원주의자들이 정부의 규제에 대한 공격과 함께 사유재산과 경쟁적 개인주의에 대해 옹호함으로써 다소 불편하긴 하지만 분명히 보수주의 진영에 속하게 되었다.

지난 세기 동안 미국의 보수주의는 전통적 보수주의자들과 보수주의를 주로 자유방임적 자본주의에 대한 옹호로 간주하는 자들 사이에서 지속적인 긴장을 겪어왔다. 물론 사유재산의 가치나 추상적인 사회계획——특히 사회주의 혹은 **공산주의**의 형태로 나타나는——의 어리석음과 같이 양측이 동의할 수 있는 부분들이 있다. 그러나 그들이 일치하지 않는 부분들이 많기 때문에 양자는 동맹으로 비치는 것 못지않게 빈번히 적대적 관계인 것처럼 보인다. 혁신이라는 것에 대해 버크 식의 불신을 가지고 있는 사람이 어떻게 경쟁과 진보의 이름으로 더 나은, 더 유익한 삶에 대한 희망을 가지고 끊임없이 새로운 상품을 팔려고 하는 사람과 편안히 어울릴 수 있는지를 이해하기란 분명 어려운 일이다.

20세기의 보수주의

최근 몇 년간 이러한 두 보수주의 간의 긴장은 미국 이외의 지역으로 확산되었으며, 가장 주목할 만하게는 영국에서 보수주의자들 사이의 분열을 초래했다. 그러나 20세기 초에 유럽의 보수주의자들과 미국의 전통적 보수주의자들은 이른바 그들이 대중사회(mass society)라고 불렀던 것을 비판하는 데 있어서는 단결된 모습을 보였다.

보수주의 대 대중사회

19세기는 민주주의의 시대였다. 선거권은 서구 세계 전체에 걸쳐 엄청나게 확장되었다. 구 귀족계급의 권력은 붕괴되었으며, 대중교육의 확산은 사회적 유동성과 출세를 가로막는 장벽이 무너지고 있다는 것을 의미했다. 게다가 20세기 초 대량생산 공업의 급속한 발달은 경제적 장벽도 붕괴하는 것처럼 보이게 만들었다. 소수의 부자들만이 사용할 수 있었던 물건들, 예를 들면 자동차 등은 이제 대중들을 위해 생산되어 팔리고 있었다.

일부는 이러한 발전을 환영했으나, 전통적 혹은 고전적 보수주의자들은 그렇지 않았다. 그들의 관점에서 볼 때, 이러한 새로운 대중사회는 민주주의가 항상 야기해왔던 것과 동일한 위협, 곧 대중들이 먼저 사회를 혼란에 빠뜨릴 것이며, 이어서 전제정치를 초래할 것이라는 위협을 제기하는 것이었다. 플라톤, 아리스토텔레스, 그리고 좀 더 근래에는 토크빌과 같은 이들의 주장과 유사하게, 전통적 보수주의자들은 보통 사람들이 너무 나약하고 무지하기 때문에 정부를 책임질 수 없다는 입장을 고수했다. 자신들의 욕망을 제어하거나 욕구를 억제하기에는 너무 나약하기 때문에, 사람들은 먹는 것을 멈추지 못해 자신의 건강을 파멸시키는 대식가들처럼 더 많은 것, 곧 더 많은 부, 더 많은 재산, 더 많은 권력을 원할 것이다. 그리고 그들은 너무나 무지하고 근시안적이기 때문에 사회와 그들 자신에 대해 초래할 재앙을 보지 못한다. 일단 그들의 억제되지 않은 요구들로 인해 사회가 무정부 상태의 위기로 몰리면, 대중들은 심지어 자유를 희생해서라도 법과 질서를 복원시킬 수 있는 강력하고 결단력 있는 통치자를 요구할 것이다.

대중사회에 반대하는 보수주의의 이러한 주장은 1920년대와 1930년대에 파시스트와 나치가 이탈리아, 스페인, 독일에서 권력을 잡으면서 설득력을 얻었다. 보수주의자들이 보기에 이러한 야만적인 운동은 대중사회의 민주주의 과잉이 초래한 논리적 결과였다. 어렵게 획득된 유럽 문명의 성취들, 특히 의회와 대의제 정부는 파시스트 '검은 셔츠단'과 나치 '돌격대', 그들의 독재적 지도자들의 군화 발에 짓밟힐 위기에 처했다. 심지어 스페인의 철학자인 호세 오르테가 이 가세트(José Ortega y Gasset, 1883~1955) 같은 자유민주주의의 옹호자조차도 파시즘에 맞서 보수주의적 입장을 취했다. 『대중의 반란(The Revolt of the Masses)』에서 오르테가는 이렇게 주장했다.

반대파가 존재하는 국가가 거의 없다는 사실만큼 오늘날의 특징을 명백히 보여주는 것도 없다. 거의 모든 국가에서 동질적인 대중이 공공의 권위를 억누르며, 모든 반대 집단을 파괴하고 말살한다. 대중은 …… 자신들에 속하지 않는 사람들과 삶을 공유하고 싶어하지 않는다. 대중은 그 자신이 아닌 모든 것에 대해 지독한 증오심을 품고 있다.[15]

이러한 위협에 대한 반응으로 대중사회에 대한 보수주의적 비판자들은 대중들이 자제력에 대해 배우거나 가르침을 받아야 한다고 주장했다. 이는 대중이 그들의 욕망을 억제하고 전통적인 방식을 존중하는 법을 배워야 하거나, 개연성이 더 높은 대안으로서 정부를 귀족이나 엘리트, 즉 우월한 지혜, 경험, 선견지명을 가진 사람들에게 위임하는 것이 더 낫다는 것을 인식할 수 있어야만 함을 의미한다. 물론 이러한 관점은 버크가 '자연 귀족'에 관해 펼쳤던 주장과 유사하다. 20세기에 이르러 달라진 점은 이러한 자연적 통치 엘리트의 핵심을 형성하기 위해 세습적 귀족에 의존하려는 보수주의자가 이제는 거의 없다는 점이다. 여전히 보수주의자들, 그리고 고전적 보수주의자들 또한 계속해서, 모든 사회에는 통치할 수 있는 능력, 경험, 기질이라는 측면에서 적합한 몇몇 소수의 남성과 여성들이 있을 것이지만 대다수는 이러한 측면들 중 한두 가지 측면에서 완전히 부적절하다고 믿는다. 만약 우리가 대중사회에 살아야 한다면, 최소한 대중들을 초월하여 존재하는 사람들의 손에 상당한 권력을 부여할 만큼 신중해야 한다고 보수주의자들은 말한다.

평준화

대중사회에 대한 계속된 두려움은 버크부터 현재에 이르기까지 많은 보수주의자들이 왜 평준화(levelling)라고 하는 것을 반대했는가에 대한 이유를 설명해준다. 보수주의자들은 전형적으로 더 큰 민주주의나 평등을 성취하려는 시도에 대해 의혹을 제기해왔는데, 이러한 시도가 사회를 '평준화' 할 것이라고 믿었기 때문이다. 우리는 아마도 사회의 밑바닥에 있는 사람들의 삶의 조건을 개선하거나 꼭대기에 있는 사람들의 삶의 조건을 악화시킴으로써 평등을 촉진할 수 있을 것이다. 보수주의자들이 지적하였듯이 밑바닥에 있는 사람들의 조건을 개선시키려는 시도는 대개 '부자들에게 바가지를 씌우는'

세금 정책처럼 상층으로부터 무언가를 빼앗는 행위를 수반한다. 보수주의자들의 주장에 따르면 이러한 대책은 하층민들의 조건을 거의 개선하지 못하면서 상류층의 조건을 크게 악화시키며, 결국에는 사회의 모든 사람을 동일하게 낮은 수준으로 전락시킨다는 문제를 갖고 있다. 평등이라는 명목하에 채택된 평준화 계획은 단지 경제적, 사회적 침체를 조장할 뿐이라고 보수주의자들은 주장한다.

보수주의자들에 따르면 평준화는 문화적으로도 유해하다. 이러한 평등의 시대에 모든 사람들은 자신의 의견 혹은 믿음이 다른 사람의 의견만큼 합당한 것이라고 배운다. 따라서 우리는 자신이 유행과 변덕의 시대에 살고 있다는 것을 깨닫게 되는 바, 여기서는 유행들이 끊임없이 변화하며 새로움과 대중성이 유일한 가치 기준이 된다. 진지한 문학, 음악, 미술은 대중사회의 평준화 경향에 압도당한다. '베스트셀러' 책들과 '블록버스터' 영화들 등 모든 것이 대중들에게 호소력을 갖는 공식에 따라 만들어지는 시대에는 판매량이 작품의 질보다 중요하다. 심지어 대학에서도 학생들은 진리와는 무관하고 학문적으로 가치가 의심스러운 상품의 판매 증진과 관련된 두 '분야'인 광고와 마케팅을 공부하기 위해 철학, 문학, 역사를 외면한다.

보수주의자들은 종종 다른 방식으로도 평준화가 사회에 위협이 된다고 간주한다. 경제적, 문화적 영역의 해로운 영향력 이외에도 그들은 평준화를 사회적 다양성과 다변성에 대한 적으로 파악한다. 사회의 '소집단들'에 대한 버크의 찬양과 유사한 주장들에 의거하여 보수주의자들은 자주 인근, 읍 혹은 지역 등을 지방의 다양성과 다변성의 중심—대중사회의 평준화 세력에 의해 항상 파괴될 위험에 처해 있는 중심—으로서 옹호한다. 한 사회 안에는 다양한 공동체가 존재하는 것이 건전하다고 보수주의자들은 말한다. 사실 다양성은 건전함의 지표인데, 그것은 지역 주민들이 살아가면서 맞이하게 되는 도전——공동체에 따라 상당히 다른 도전들——에 대처하기 위해 필요한 자원들을 동원할 수 있다는 것을 보여주기 때문이다. 우리는 특히 선조들의 관습과 습관을 따르고자 하는 공동체들을 보존하기를 바라야 한다. 그러한 경향, 혹은 버크적 의미의 편견은 사람들에게 오랜 시간 동안 검증된 방식들을 따르게 할 뿐만 아니라 그들이 선조들, 자손들, 그리고 미래 세대들과 공유하고 있는 공동체에 대해 충실하게 남아 있을 수 있게 한다.

가령 이것은 남부 토지 재분배론자들로 알려진 작가들이 1930년에 출간한 수필집 『나는 나의 입장을 취할 것이다(I'll Take My Stand)』에서 제기된 유의 주장이다.[16] 토지 재분배론자들은 북부 지역에서 침입해온 공업에 맞서 미국 남부의 전통적인 농업사회를 옹호했다. 그들은 농업사회는 반드시 재산 및 가족에 관심을 가질 것이기 때문에 그 사회는 필연적으로 전통적일 것이라고 주장했다. 문자 그대로 그리고 비유적으로 농업사회는 뿌리와 연관되어 있지만 공업사회는 뿌리가 뽑힌 상태이며, 모든 전통적인 충성심과 애정들이 대중사회를 특징짓는 생산과 소비에 대한 요구에 직면하여 굴복해버린다.

20세기 초부터 보수주의자들은 대중사회의 과잉에 대해 경고해왔다. 대중사회는 사회를 무정부 상태와 전제정으로 타락시킬 위협을 안고 있다. 그렇지 않다면 적어도 앞으로 소비할 새로운 상표의 상품들을 맹렬하게 찾아다니는 뿌리 뽑힌 소비자 집단으로 사회를 평준화시킬 위협을 안고 있다.

보수주의자들과 공산주의

20세기 보수주의의 지속적인 주제들 가운데 하나는 공산주의에 대한 두려움과 혐오이다. 이것은 모든 보수주의자들이 동의하는 몇

안 되는 논점들 가운데 하나이다. 그러나 반공주의라는 강박관념에 지나치게 사로잡힌 나머지 보수주의자들이 모든 것을 공산주의와 서구문명 간의 사생결단의 일환으로 잘못 파악해왔다고 생각하는 자칭 보수주의자인 윌스(Garry Wills)와 같은 사람들도 일부 있다.[17] 그러나 윌스의 우려에 공감하는 사람들도 공산주의와 보수주의는 양립할 수 없다고 생각하며, 더 나아가 대부분의 보수주의자들은 두 이데올로기가 화해 불가능한 적이라고 주장할 것이다. 1917년의 러시아 혁명에서 현재에 이르기까지 보수주의자들은 공산주의에 대해 가장 노골적인 적대자들 중 하나였다.

왜 보수주의자들은 공산주의를 반대하는 데 그처럼 단결되어 있고 격렬한가? 본질적으로 그 답변은 인간본성과 자유에 대한 두 가지 대조적인 관점에 있다. 보수주의자들에게 인간은 이기심과 근시안적 사고로 인해 자유를 남용할 가능성이 높은, 근본적으로 불완전한 존재이다. 그러나 우리가 5장과 6장에서 살펴볼 것처럼, 공산주의자들은 더욱 낙관적인 관점을 취한다. 공산주의자들은 진형적으로 사회적 문제의 원인이 인간의 본성이 아니라 사회적 조건, 특히 소유권과 재산의 통제에 기반하여 사회가 사회적, 경제적 계급으로 분열된 데 있다고 주장한다. 공산주의자들은 사람들이 이러한 열악한 조건에서 해방되기만 하면 성장하고 번창할 것이라고 말한다. 물론 이러한 믿음은 보수주의자의 관점과 직접적으로 배치된다.

이러한 일반적인 적대로부터 보수주의자들이 공산주의와 근본적으로 대립하고 있는 좀 더 특수한 세 가지 측면들이 도출된다. 즉 진보, 완성 가능성 및 계획이라는 세 가지 측면에서 보수주의자들은 공산주의자의 입장에 반대한다. 첫째, 버크를 좇아서 보수주의자들은 대부분 진보(progress)에 대한 믿음이 근거가 없는 것이라고 계속 주장한다. 사회적 변화는 반드시 더 나은 상태로의 변화가 아니다.

모든 변화는 일정한 위험을 수반하며, 공산주의자들이 요구하는 혁명적인 종류의 변화는 너무나 위험하고 비현실적이어서 신중한 사람들로서는 수용할 수 없다.

둘째, 공산주의자들의 진보에 대한 믿음은 인간본성과 사회의 궁극적인 완성 가능성(perfectibility)에 대한 전적으로 정당화되지 못한 믿음에 기초하고 있다. 보수주의자들에 따르면 이러한 믿음은 인간의 모든 경험을 거스르는 것이다. 일부 보수주의자들은 완성 가능성에 대한 믿음이 이단, 즉 일정한 종교적 진리에 배치되는 견해라고 주장한다. 공산주의자들은 인간이 풍족하고 온전한 삶을 살기 위해서 압제적인 사회적 조건에서 스스로를 해방시켜야 한다고 주장할 때, 원죄와 인간의 불완전성을 부인하는 셈이다. 마르크스를 포함한 많은 공산주의자들이 무신론자였다는 사실은 종교적인 정향을 가지는 보수주의자들의 적개심에 불을 지펴왔다. 종교적이지 않은 보수주의자들은 완성 가능성에 대한 공산주의자의 믿음이, 비록 이단은 아닐지라도, 위험한 환상이라고 비판한다.

셋째, 대부분의 보수주의자들은 공산주의자가 강조하는 계획을 혐오한다. 신고전 자유주의자들과 같이 일부 보수주의자들은 사회적 계획은 항상 비효율적인 것이라고 믿는다. 그 대신에 그들은 사태를 개방된 시장의 경쟁에 맡겨두어야 한다고 말한다. 버크적인 혹은 고전적인 보수주의자들은 일정한 계획이 필요하며 바람직하다고 생각하지만, 그것은 점진적이고 부분적인 사회 변화를 위한 소규모의 계획만을 의미한다. 그러나 공산주의자들은 종종 가장 광범위하고 포괄적인 종류의 사회적 계획을 요구한다. 보수주의적 비판자들에 따르면, 공산주의자들은 모든 사회적 필요를 예측하고, 그 필요를 충족시키는 데 사용할 수 있는 자원을 측정하며, 모든 사회적 문제를 해결할 수 있는 조치를 취하기 위해 사회의 모든 측면을 조사하고 싶어한다. 그토록 거대한 규모의 계획은 인간의 이성을 전적으로 지나치게 신뢰하는 것이라고 보수주의자들은 주장한다. 그러한 신뢰는 거의 실패로 끝날 것이 확실한 거창한 사회적 계획을 조장하며, 결국 공산주의자들이 사람들을 불행에서 구해내고자 계획했던 것보다 더 깊은 불행에 빠뜨리게 된다.

게다가 이러한 부류의 계획은 사회의 중심에 있는 소수의 손에 권력이 집중될 것을 요구한다. 지방 수준의 다양성이나 다변성의 여지, 곧 자유의 여지는 없다. 사회의 '소집단들'은 사회의 모든 사람, 즉 권력을 가진 소수를 제외한 모든 사람이 유사한 조건으로 '평준화' 됨에 따라 동질적인 대중 속으로 흡수된다. 요컨대 거대한 사회적 계획의 대가는 진보나 완성이 아니라 불행, 잔인함, 폭정이다. 보수주의자들은 소비에트 식의 중앙 계획이 압제적인 사회적 조건에서 사람들을 해방하는 대신에 공산주의 계획자들의 압제를 위해 자유를 희생시켰다고 비판한다.

양자간의 이러한 차이를 고려할 때, 보수주의자들이 그토록 격렬하게 공산주의에 반대해왔다는 것은 놀랄 만한 일이 아니다. 이러한 반대는 특히 1945년 제2차 세계대전의 종전 이후에 강했다. 공산주의 정권이 동유럽, 아시아 등 그 밖의 지역에서 권력을 장악함에 따라 공산주의는 보수주의자들의 관심사의 주된 초점이 되었다. 국제 공산주의의 주요 대표자인 소련은 많은 보수주의자들에게 레이건 대통령이 불렀던 것처럼 '악의 제국(evil empire)'으로 비쳤다. 그러나 1989년 동유럽에서 일어난 갑작스러운 공산주의의 몰락과 2년 후 소련의 해체로 인해 보수주의자들은 묘한 입장에 놓이게 되었다. 그들은 공산주의 이데올로기에 대한 반대를 통해 잘 단합된 상태를 유지해왔는데, 그 이데올로기는 더 이상 심각한 위협이 되지 못하는 것으로 보인다. 이제 공동의 적이 명백히 격파되었기 때문에 보수주의자들이 직면한 문제는 그들이 상호간에 공동의 대의를 가질 새로운 이유를 찾을 것인가, 혹은 그렇지 못한 채 서로 다투는 파벌들로 분열될 것인가 하는 것이다.

현대 보수주의 : 분열된 가족

심지어 소비에트 공산주의의 붕괴 이전에도 보수주의는 양립할 수 없고 경쟁적이기까지 한 복수(複數)의 다양한 보수주의들에게 자리를 내어주는 것처럼 보였다. 물론 사유재산에 대한 일반적 존중과 공산주의에 대한 반대와 같이 보수주의자들이 지속적으로 동의하는 부분들이 있다. 그러나 의견과 강조점에 많은 차이가 있기 때문에 우리는 현대 보수주의에서 이제 네 분파를 따로 구별할 수 있다. 이들 중 두 가지는 전통적(traditional) 보수주의와 개인주의적(individualist) 보수주의로서 우리가 1800년대 미국에서 일어난 보수주의의 분열에 대해 논의한 바를 통해 친숙한 것이다. 나머지 두 가지는 신보수주의(neoconservatism)와 기독교 우파(Religious Right)이며, 지난 40년간 두드러진 형태가 되어왔다. 가장 최근의 두 가지 형태의 보수주의를 특별히 주목하면서 네 가지를 각각 좀 더 면밀히 검토할 만한 가치가 있다.

전통적 보수주의

고전적, 문화적 보수주의의 입장을 고수하는 버크의 후계자들은 오늘날 종종 '전통적'(혹은 버크적) 보수주의자라고 불린다. 버크와 마찬가지로 그들은 사회가 개인들의 삶이 한데 엮여 있는 섬세한 직물과 같다고 생각한다. 이러한 견해에 따르면, 이기주의적 개인들로 이루어진 사회, 즉 각자가 본질적으로 서로에 대해 독립적이어서 자신의 개인적 이익을 자유롭게 추구할 수 있는 사회는 혼란스럽고 무질서한 것, 사회라고 불릴 자격도 없는 누더기로 기운 직물이다. 사회는 물론 자유를 촉진해야 하지만, 전통적 보수주의자들은 이것이 질서정연한 자유여야 한다는 버크의 신념을 공유한다. 사회는 고립적이거나 원자론적인 개인들로 이루어진 것이 아니라 서로 의존적이고 상호적인 관계들의 복잡한 연결망이나 그물 속에 연루된 사람들로 이루어져 있다. 각 개인은 그가 태어나고, 살아가며, 죽는 더욱 규모가 큰 사회 내에서 특정한 신분 혹은 지위 그리고 이해관계를 가진다. 정치적 활동의 목적은 이러한 인간의 긴요한 활동들이 세대에서 세대로 전승될 수 있도록 사회라는 직물을 보존하는 것이다. 이 직물은 파손되기 쉽기 때문에 우리가 지속적으로 보살피고 존중해야 한다. 그러므로 영국의 보수주의 철학자 오크쇼트(Michael Oakeshott, 1901-1990)가 표현한 바와 같이, 정치는 한 사회의 배치(arrangements)를 돌보는 것에 불과하다.[18]

또 다시 버크와 마찬가지로 전통적 보수주의자들은 사유재산을 사회의 안정에 필수적인 것으로 간주한다. 그러나 그들은 고삐 풀린 자본주의와 사유재산을 동일시하지 않으며, 계속 자본주의를 무언가 꺼림칙한 것으로 여긴다. 보수주의 칼럼니스트인 윌(George Will)에 따르면, 자본주의는 최악의 경우 전통적 관계들의 그물을 녹여버릴 수 있는 '용매(溶媒)'이다.[19] 따라서 정부는 자본주의의 경제적 경쟁이 일정한 한도 내에서 벗어나지 않도록 주의를 기울여야 한다. 이것은 전통적 보수주의자들이 개인주의자들과 첨예하게 대립하는 논점이다.

개인주의적 보수주의

우리가 살펴본 것처럼, 19세기 미국에서는 실업가들과 산업가들 및 기타 초기 자유주의자들의 관점을 지지한 자들이 보수주의자로 불렸다. 이러한 경향은 현재까지도 계속되어왔으며, 특히 근래에 들어와서는 미국 이외의 지역으로도 확산되어왔다. 이러한 '개인주의적' 혹은 '자유시장적' 보수주의자들에게 사회는 섬세한 직물이 아니라 난폭하고 경쟁적인 시장이다. 개인주의적 보수주의자들은 전통적 보수주의자들처럼 개인이 어떻게 상호의존성의 망 속에 놓일수밖에 없고 세대를 가로질러 그들의 선조들과 아직 태어나지 않은 자손들과 연결되는가에 대해 말하기보다는 자수성가하는 '거친 개인주의자들(rugged individualists)'에 대해 말하는 것을 선호한다. 게다가 개인주의자들에게 자유란 질서정연한 자유가 아니라 개인들이 서로 경쟁할 수 있는 자유, 특히 자유시장이라는 경제 영역에서 경쟁할 수 있는 자유이다.

개인주의적 보수주의는 미국의 전(前) 상원의원 골드워터(Barry Goldwater)와 레이건, 그리고 영국의 대처와 같은 사람들이 표방하는 보수주의이다. 사회의 정교함과 그 문제들의 복잡성을 강조했던 전통적 보수주의자들과 반대로, 개인주의적 보수주의자들은 사회 문제와 그 해결책이 단순하다고 주장하려는 성향이 있다. 그들은 대부분의 문제가 주로 '너무 많은 정부 규제'로부터 야기된다고 보는데, 이는 자유시장이 작동하는 데 정부의 간섭이 지나치게 많다는 것을 의미한다. 그렇다면 해결책은 그에 상응하여 간단하다. "정부가 우리의 등에서 손을 떼게 하라!" 정부의 지출, 특히 사회복지를 위한 지출을 줄이고, 도덕적인 문제는 아니더라도 경제적인 문제에 대해서는 자유시장에 자유를 주는 것이다. 일부 전통적 보수주의자들은 의료 서비스, 교육 및 사회복지를 위한 지출을 삭감하는 이러한 개인주의적 기획들이 예의(civility)와 안정으로 구성된 사회적 직물을 파손할 것이라고 불평하면서 이를 비판해왔다. 대처가 영국의 수상이던 당시, 그녀와 추종자들은 이러한 비판자들을 '질질 짜는(wet hanky)' 보수주의자들, 줄여서 '울보(wets)'라고 부름으로써 응수했다. 자유시장이 스스로 작동하도록 내버려두라. 그러면 모든 사람이 결국에는 혜택을 입을 것이라고 개인주의적 보수주의자들은 말한다. 이렇듯 보수주의 내에서 전통주의자들과 개인주의자들 사이의 긴장은 지속되고 있다.

공산주의의 위협이 있던 시절, 이러한 긴장은 종종 공산주의의 침략을 방어할 수 있는 강력한 군사력에 대한 공통의 욕구에 의해 억제되었다. 심지어 개인주의적 보수주의자들도 군사적 방위라는 영역에서는 정부가 강력하고 적극적이어야 한다고 믿었기 때문이다. 사실 다른 무엇보다도 이러한 믿음에 따라 개인주의적 보수주의자들과 신고전 자유주의자들을 구별한다. 1990년대에 공산주의의 위협이 쇠퇴함에 따라, 개인주의적 보수주의자들은 점차 신고전 자유주의자들의 자유지상주의적인 방향에 접근할 것으로 보였다. 하지만 그와 같은 변화는 현재로서는 일어날 것 같지 않다. 이는 2001년 9월 11일 테러리스트들의 공격과 뒤이은 '테러와의 전쟁'으로 인해 개인주의적 보수주의자들이 외부의 위협에 대해 강력한 국방을 지지할 새로운 명분을 갖게 되었기 때문이다.

신보수주의

다른 형태의 보수주의가 1960년대의 사회적 혼란 속에서 출현하며 문제를 더 복잡하게 만들었다. 이들 중 하나는 '신보수주의'로서,

전통적 보수주의와 개인주의적 보수주의 사이 어딘가에 위치한다. 가령 사회학자인 벨(Daniel Bell)과 글레이저(Nathan Glazer), 정치학자인 커크패트릭(Jeanne Kirkpatrick; 레이건 행정부 기간 UN 대사), 그리고 또 다른 사회학자로서 뉴욕 주 상원의원이었던 고(故) 모이니한(Daniel Patrick Moynihan)과 같은 탁월한 학자들과 공직자들로 이루어진 집단을 통해 우리는 신보수주의의 위상을 확인할 수 있다.

신보수주의자들은 종종 환멸을 느끼게 된 복지 자유주의자들로 묘사되곤 한다. 한때 존슨 대통령의 '위대한 사회' 프로그램의 열렬한 지지자들이었던 신보수주의자들은 이 프로그램과 복지 자유주의의 일반적 방향에 대해 환멸을 느끼게 되었다. 정부가 너무 많은 것을 하려고 시도하며, 그것이 사태를 개선하는 것이 아니라 오히려 악화시키고 있다고 그들은 결론지었다. 이제 정부가 사람들을 위해 더 적은 일을 함으로써 사람들이 스스로를 위해 더 많은 일을 할 수 있도록 격려받아야 할 시기가 도래한 것이다.

전통적 보수주의자들과 마찬가지로 신보수주의자들은 찬양과 의혹이 뒤섞인 감정으로 자본주의를 대한다. 그들은 거대한 부를 창출해낼 수 있는 경제 체계로서 자본주의의 장점들을 인정하지만, 자유분방한 시장경제가 가져오는 사회적 분열과 혼란, 곧 노동 소요, 실업, 그리고 누가 보아도 영원히 '최하층'의 지위에서 벗어나지 못할 것이 분명한 교육 받지 못하고 직업이 없는 사람들에 대해서도 인식하고 있다. 신보수주의자들 중의 한 명인 크리스톨(Irving Kristol)이 말했듯이 자본주의는 건성으로 환영받을 뿐이지 진정한 환호를 받지는 못한다.[20] 벨에 따르면, 자본주의는 스스로의 도덕적이고 지적인 기반을 훼손함으로써 수많은 '문화적 모순들'을 담지하고 있다.[21] 한편으로 자본주의는 쾌락과 만족을 기꺼이 연기하려는 사람들의 의지, 곧 미래에 더 큰 보상을 받기 위해서 현재 저축하고 투자

하려는 의지에 의존하고 있다. 다른 한편으로 신용카드와 할부 상환 시대의 자본주의는 거대한 부를 창출해내기 때문에 사람들은 한계가 없으며—어떤 것이든 가능하다—모든 것을 당장 가질 수 있다고 생각하는 경향이 있다. 그래서 어떤 의미에서 자본주의는 스스로와 불화를 빚는 관계에 있다. 자본주의는 한편으로 검약, 저축, 근면의 미덕을 찬양하지만, 다른 한편으로 광고 회사들과 마케팅 전문가들은 사람들에게 지금 사고 나중에 지불하며, 사치스럽고 편안한 삶을 열망하도록 조장한다.

이러한 태도는 경제적 문제에만 국한되는 것은 아니다. 그것은 다른 영역으로까지 확산된다고 신보수주의자들은 말한다. '지금 사고, 나중에 지불하라'는 태도는 특히 정부에 대한 태도를 형성할 때에 위험하다. 신보수주의자들이 불평하는 것처럼, 대단히 많은 사람들이 이제 그들의 정부를 포함한 모든 기관들에 대해 아주 많은 것을 너무 조급하게 기대하고 있다. 그들은 세금을 낮춰줄 것을 원하는 동시에 그들이 마음에 들어 하는 프로젝트에 대해 정부가 지출을 증대하기를 원한다. 그들은 개인의 재정에서 그러한 것처럼 정치에서도 신용이라는 방법에 의존하여 살아갈 수 있기를 원한다. 현대 자본주의가 의존하고 있는 이러한 태도는 잠재적으로 파괴적인 사회적, 정치적 결과를 낳을 수 있다. 이것은 특히 모든 이익집단이 공공의 파이의 더 큰 부분을 차지하기 위해 목소리를 높이는 현대 민주주의에 더 들어맞는다. 신보수주의자들은 급증하는 부채, 너무 많아서 파악조차 어려운 예산 적자, 그리고 모든 것 가운데 가장 끔찍한 것인 욕망과 요구를 억제할 수 없는 시민의 양산이라는 결과는 불을 보듯이 뻔하다고 말한다. 그리고 이러한 문제들이 누적됨에 따라 정부에 대한 요구는 증가한다. 그리고 정부는 통치할 수 있는 능력을 상실한다.

대내적인 문제에서 신보수주의자들은 회의적인 자유주의자가 되는 경향이 있다. 그들은 정부의 후원을 받는 복지 프로그램을 지원하지만, 이러한 프로그램들은 사람들이 독립적일 수 있도록 도와야 하며, 정부에 더 의존하도록 만들어서는 안 된다고 주장한다. 대외적인 문제에서는 강경 노선의 반공주의적 입장을 취하며, 일반적으로 전 세계의 반공주의적인 정권과 저항운동에 대한 경제적이고 군사적인 지원을 요청한다. 좀 더 최근에 그들은 '테러와의 전쟁'과 테러리스트들을 비호한다는 혐의를 받고 있는 이라크와 여타 국가들의 '체제 변화(regime change)'의 강력한 지지자가 되어왔다. 그들은 또한 예술적, 문학적, 교육적 및 여타 광범위한 문화적 문제들이 가지고 있는 정치적 함의에 대해 강한 관심을 가지고 있다.

모든 문화적 보수주의자들처럼 신보수주의자들은 한 국민은 자기 문화를 통해 자신들이 누구이며, 무엇이 되고자 하는지를 규정한다고 믿는다. 신보수주의자들의 주장에 따르면, 우리는 음악, 문학, 연극, 영화, 미술, 학교 등 우리 문화의 너무나 많은 분야에서 자신들을 버릇없고, 비도덕적인 표류자들이자 타락자들로 규정하여 한때 위대하고 활기찬 서양 문화의 유산을 훼손하거나 폐기해버린다고 한다. 실로 신보수주의자들은 자유시장에 대해 제기되는 어떤 현실적 혹은 가상적인 위협보다 좌파 성향의 지식인들, 페미니스트들, 다양한 반체제 활동가들의 '적대적 문화(adversary culture)'가 우리의 가치와 삶의 방식에 대해 더 커다란 위협을 제기한다고 주장한다. 그래서 그들의 관점에서는 '진정한' 보수주의자들이 수행하는 정치적 투쟁은 이러한 '적대적 문화'에 대항하는 문화적이고 지적인 투쟁이어야 한다. '지식인들의 잘난' 문화와 대학교육은 처음에는 단지 사회에서 상대적으로 작은 부분의 사람들의 사고방식과 태도에 영향을 끼치겠지만, 이러한 태도와 가치들은 결국 대중들에게까지 퍼져나간다. 1960년대 대학의 급진주의자들의 장발과 마약 상용이 미국 사회 전체로 점차 퍼져나간 것처럼 말이다. 결과적으로 신보수주의자들이 수행하는 프로젝트들 중 하나는 사람들에게 노동, 규율, 미덕의 가치를 상기시키려는 시도이다.[22]

그밖의 문화적 보수주의자들처럼 신보수주의자들은 정치와 문화를 동전의 양면으로 파악한다. 적대적 문화의 지식인들이 표현하건, 대중음악, 영화, 텔레비전의 스타들이 표현하건 간에, 대단히 많은 문화적 엘리트들의 태도는 나머지 사회의 분위기를 결정한다. 그것도 파괴적인 효과를 가지고 말이다. 록과 랩 음악의 가사들은 이제는 더 이상 많은 사람들이 놀라거나 혐오감을 느낄 수 없는 욕설들을 담고 있다. 모이니한에 따르면, 이것은 "일탈을 쉽게 만드는 것"에 해당한다.[23] 즉 한때 일탈적이고 충격적이며 부끄러운 것으로 간주되었던 행동들을 지금은 정상적인 것으로 받아들이게 되었다는 것이다. 예를 들면, 남자와 여자가 결혼하지 않고 함께 살면서 혼인하지 않은 상태에서 아이를 갖는 것은 더 이상 부끄럽거나 비정상적인 것이 아니라 정상적이고 수용할 수 있는 것으로 간주된다. 부당성은 그 오명을 벗게 되었다. 따라서 또 다른 지도적 신보수주의자에 따르면 다음과 같은 일은 놀라운 것이 아니다.

> 부적절한〔혼외〕 출산의 비율이 제2차 세계대전 이후 놀랄 만한 비율로 증대되었다.…… 오늘날의 소녀들은 …… 예전의 경우에 비해서 훨씬 더 '성적으로 적극적'이다. 왜 이와 같은 성적 적극성이 증대하였는가? 분명히 대중문화가 그것을 조장한 것이다. 마돈나를 숭배하는 소녀들로부터 정숙함(순결함은 말할 것도 없고)은 기대할 수 없다.[24]

품위 있는 사회에 반드시 필요한 규율과 자제력을 보존하거나 회복하기 위해 우리는 문화적 변화에 주의를 기울여야 하며, 문화적 파도를 저지하기 위해 투쟁해야 한다고 신보수주의자들은 주장한다. 그리고 이러한 관점에서 신보수주의자들은 기독교 우파의 보수주의자들에게 동의한다.

기독교 우파

제2차 세계대전이 끝난 몇 년 동안 많은 복음주의 프로테스탄트 목사들은 이른바 '신을 믿지 않는 무신론적 공산주의'의 위험에 반대하는 캠페인을 벌였다. 1970년대에 이 캠페인은 '기독교 우파(Religious Right)'로 알려진 더 큰 운동으로 발전하였다. 이 운동의 특징은 많은 사람들이 목격했고 개탄했던 1960년대 미국 사회에서 일어난 변화들에 대한 반발이라는 점이다. 높은 이혼율과 범죄율, 도심의 침체와 소요, 늘어나는 생활보호 대상자들, 애국심의 쇠퇴, 광범위한 마약 사용, 그리고 합법화된 낙태 같은 것은 모두 미국이 방향을 상실했다는 징후였다. 미국이 전통적인 방식들을 회복할 운동을 할 기회가 무르익었다. 기독교 우파에 따르면 바야흐로 정부와 사회가 도덕성을 회복할 시기가 도래했다는 것이다.

기독교 우파의 지도자들이 정의한 바와 같이 '도덕성'이란 기독교 근본주의의 도덕 규칙이다. 기독교 근본주의자들은 성경의 모든 단어를 신의 의지를 표현하는 것으로 받아들여야 한다는 점에서 상징적으로가 아니라 문자 그대로 읽어야 한다고 믿는다. 그들이 공립학교에서 다윈의 진화론을 가르치는 데 반대하고, 일반적으로 자유주의적 혹은 세속적인 휴머니즘의 성장을 비난한 이유도 여기에 있다. 그들의 관점에서 볼 때, 미국은 기독교 국가로서 건국되어 번영해왔으며, 이제 그 근본으로 돌아가야 한다. 이 점에서 기독교 우파의 지도자들이 흔히 복음주의 교회의 목사들이었다는 사실은 전혀 놀랄 만한 일이 아니다. 도덕적 다수파(Moral Majority)의 팰웰(Jerry Falwell) 목사와 기독교 연합(Christian Coalition)의 로버트슨(Pat Robertson) 목사가 아마도 그들 중 가장 중요한 인물들일 것이다.

기독교 우파는 또한 민주적일 것을 요구했는데, 이것은 사회가 의롭거나 '도덕적'인 다수 기독교인들의 지도에 따라야 한다는 것을 의미했다. 이러한 도덕적 다수가 어떤 방향으로 이끌 것인가? 개인주의적 보수주의자들이 바라는 것처럼, 경제에서는 더 적은 정부의 개입으로, 다른 측면에서는 더욱 크고 적극적인 정부의 역할이라는 방향으로였다. 과거에 기독교 우파는 공산주의의 위협을 억제하고 격퇴하기 위해 강력한 국방을 옹호하는 운동을 벌여왔다. 또한 그들은 여타의 보수주의자들을 포함한 많은 사람들이 사적인 것으로 간주한 삶의 활동과 영역에 대해 정부의 개입이 증대되기를 원한다. 그들은 정부가 낙태를 금지하고, 공립학교에서 기도를 허용하며, 특정한 성적 행위들을 규제하거나 금지하고, 그들이 도덕적으로 저속하다고 간주하는 자료들을 학교와 공공 도서관에서 몰아내고 싶어 한다. 이러저런 영역들에서 기독교 우파는 정부의 권력을 크게 확대하고자 할 것이다. 그리고 그러한 측면에서 그들의 관점은 다른 보수주의자들이 공언한 견해와 현격한 대조를 이룬다.

그러나 그들이 성취하고자 했던 대안적 사회의 비전에서 기독교 우파의 보수주의자들은 다른 보수주의자들과 일치한다. 기독교 연합의 전 지도자인 리드(Ralph Reed)에 따르면, 이 연합의 회원들은 정치적이고 문화적인 부흥을 가져올 영적 각성을 위해 기도하고 일한다고 한다. 그는 다음과 같이 서술한다.

만약 이러한 일이 일어난다면, 미국은 베트남이 가져온 사회적 혼란, 성

혁명, 워터게이트, 그리고 복지 국가의 폭발적 팽창 이전, 즉 미국이 존재했던 초기 2세기 대부분 동안 그러했던 것과 매우 흡사한 모습을 보일 것이다. 국가는 다시 한번 부상하며, 자신감 있고, 당당하며, 도덕적으로 강력해질 것이다. 정부는 작아질 것이고, 시민들은 유덕해질 것이며, 교회와 자원봉사 단체들과 같은 매개 기관들은 현재 관료들에게 속해 있는 많은 기능들을 수행할 것이다. 문제를 해결하기 위해 워싱턴을 쳐다보는 대신에 미국인들은 서로를 쳐다볼 것이다.[25]

결론

그렇다면 오늘날의 보수주의가 처한 상황에 대해 우리는 무엇을 말할 수 있는가? 두 가지 점이 두드러진다. 첫째는 상이한 종류의 보수주의자들이 서로간에 불편한 긴장 속에서 살고 있다는 것이다. 그들은 어떤 사안들에 대해서는 동의하고 협력할 수 있지만, 다른 사안들에 대해서는 심각하게 분열되어 있다. 이 점은 특히 레이건 행정부하에서 확연했는데, 당시 네 가지 모든 부류의 보수주의자들이 행정부가 취해야 할 방향을 놓고 격론을 벌였다. 그 격론은 가령 동성애자의 혼인과 군복무에 관련된 것들과 같은 다양한 논의들에 걸쳐 지속되었다. 이러한 사안에서 공화당을 지지하는 보수적인 동성애자들은 종교적 우파와 갈등을 빚는다. 낙태할 권리를 옹호하며, 고(故) 골드워터를 인용하여 '똑바로(straight) 사격하기 위해서 이성애자(straight)일 필요는 없다!'는 이유로 동성애자들에게도 군복무를 허용해야 한다고 주장하는 개인주의적 보수주의자들도 마찬가지로 기독교 우파와 갈등을 빚는다.

현대 보수주의의 상황에 대해 지적할 두 번째 논점은 이들간의 논쟁이 보수주의의 생명력에 대한 증거가 될 수도 있다는 점이다. 사람들이 '진정한' 보수주의가 무엇이며 '적절한' 보수주의는 어떤 방향을 취해야 하는가에 대해 논쟁할 가치가 있다고 여긴다는 사실은 보수주의가 영어권 국가들의 정치에서 강력한 세력으로 남아 있다는 것을 시사한다. 자유주의의 결실에 대해 불만족스러워하거나 사회주의의 목표에 대해 공감하지 않는 사람들에게 보수주의는 여전히 매력적인 이데올로기로 남아 있다.

이데올로기로서의 보수주의

보수주의 진영 내에 모든 분열과 다양성이 있는데도 보수주의를 단일한 이데올로기로 언급하는 것은 여전히 적절한가? 우리의 견해에서는 그렇다. 한 가지 이유는 다른 이데올로기의 추종자들보다 유독 보수주의자들이 그들 내부에서 결코 더 많이 분열되어 있는 것은 아니라는 점이다. 또 한 가지 이유는 여러 가지 다양한 보수주의들을 구분해주는 차이점들 때문에 그들 모두가 공유하는 일정한 '가족 유사성(family resemblance)'까지 모호해지는 것은 아니라는 점이다. 이는 보수주의가 어떻게 모든 이데올로기들이 지닌 네 가지 기능을 수행하는가를 고찰함으로써 분명해질 수 있다. 설명적이고, 평가적이며, 지향적이며, 강령적인 기능들이다.

설명 대부분의 보수주의자들에게 왜 사회적 조건들이 그와 같은 가를 설명하는 근거는 인간의 불완전성이다. 물론 보수주의자들은 다른 요소들, 예를 들면 역사적 상황과 경제적 조건, 그리고 물론 정부의 정책들과 문화적 조류를 언급하기도 하지만, 궁극적으로 그들은 모든 것의 원인을 불완전한 인간본성의 나약함에서 찾는다. 만약 사태가 잘못되었다면, 그것은 아마도 결함투성이의 인간들이 정부를 통해 행동하면서 인간이 할 수 있는 것보다 더 많은 일을 하려고 시도했기 때문일 것이다. 만약 사태가 잘 풀렸다면, 그것은 그들이 희망과 기대를 낮추고 조심스럽게 일을 진행했기 때문이다.

평가 그러나 우리가 어떻게 사태가 잘 풀릴 때와 잘못될 때를 알 수 있는가? 보수주의자들은 일반적으로 사회적 평화와 안정을 기준으로 사회적 상황을 평가한다. 만약 사회의 상이한 계급이나 계층들 간의 관계가 조화롭다면, 지도자들은 추종자들에게 책임감을 보이고 추종자들은 지도자들에게 충성심을 보인다면, 사회적 직물은 좋은 상태에 있다. 그러나 만약 사회적 직물이 갈등, 투쟁, 고통으로 인해 찢겨 있다면, 해진 사회적 직물을 보수하기 위해 조치를 취해야 한다.

지향 보수주의는 개인이 단순히 개인이 아니라고 말한다. 우리 각각은 좀 더 큰 전체의 일부이며, 각자는 자신이 전체 사회의 선을 염두에 두고 행동해야 한다는 것을 깨달아야 한다. 이렇게 하기 위한 최선의 방법은 보통 사회에서 우리의 역할을 수행하는 것—좋은 부모 혹은 교사, 엔지니어나 배관공이 되는 것— 그리고 사회적 조화를 이루기 위해 어떻게 각 부분이 모든 다른 부분들과 잘 섞일 수 있는가를 인식하는 것이다. 개인주의적 보수주의자들은 이 점에서 다른 보수주의자들과 뚜렷이 구분되는데, 그들은 경쟁적인 개인주의를 선호하기 때문이다. 그러나 이 지점에서 그들은 버크와 그 후계자들의 고전적 보수주의의 전통보다는 자유주의적 전통에 더 가깝다.

강령 보수주의자들이 추구하는 정치적 강령은 시간과 장소에 따라 각기 다르다. 그러나 보수주의자들의 일반적인 메시지는 큰 해를 끼치는 것보다는 적은 이득을 얻는 것이 낫다는 근거에서 일을 천천히 하며 조심스럽게 진전시켜야 한다는 것이다. 보수주의자들은 우리가 영광스러운 미래의 가능성들을 전망하면서 이미 누리고 있는 좋은 것들을 잊어버리기는 아주 쉬운 일이라고 지적한다. 우리는 지금 여기에 가지고 있는 것을 감사하기 위해 머나먼 지평선에서 눈을 떼어야 한다. 일단 이 점을 분명히 알게 된다면 우리는 이미 가지고 있는 것을 소중히 여기고 보존할 것이라고 보수주의자들은 말한다.

보수주의와 민주주의

사회가 현재 누리고 있는 좋은 것들을 보존하려는 이러한 소망은 분명히 반민주적인 태도를 가지고 시작된 보수주의가 지난 세기에 걸쳐 어떻게 민주적 이상과 타협할 수 있었는가를 이해하는 데 도움을 준다. 민주주의가 사회적 직물의 불가분적 부분, 전통적이고 관습적인 생활방식의 필수적인 부분이 된 사회에서 보수주의자들은 민주주의를 지지할 것이다. 그러나 그것은 언제나 순화된 혹은 온건한 형태의 대의민주주의일 것이다.

인간의 본성에 대한 보수주의적 관점은 민주주의를 포함한 모든 정치 사회에서 인간이 이룩할 수 있는 것들을 추구하고자 하는 온건한 관점으로 귀결된다. 인간 이성의 취약성과 강한 이기주의적 경향을 감안할 때, 보수주의자들은 어떠한 순수한 민주주의도 무정부주의로 타락할 것이며, 곧 독재 혹은 전제 정치로 이어질 것이라고 예측한다. 따라서 보수주의자들은 민주주의를 단지 사람들이 제한된 권력을 가지고 있고 제한된 요구를 할 때에만 수용할 수 있다. 사람들은 자제력을 배우거나, 적어도 어떤 사회에서든 자연 귀족을 형성하는 신중하고 고결한 사람들에게 그들을 규제하는 데 충분한 권력을 부여하는 법을 배워야 한다. 선동가들에게 기대는 대신에 사람들은 그들의 필요와 사회적 직물의 섬세함에 크게 주의를 기울이면서 자신들의 임무를 수행할 신중하고 보수주의적인 지도자들을 선출해야 한다. 그 이상의 일을 행하는 것은 민주주의적이기는 하겠지만, 보수주의적이지는 않을 것이다.

더 읽을거리

Berlin, Isaiah. "Joseph de Maistre and the Origins of Fascism," in Berlin, The Crooked Timber of Humanity: Chapters in the History of Ideas. New York: Vintage Books, 1992.

Buckley, William F., Jr., and Charles R. Kesler, eds. Keeping the Tablets: Modern American Conservative Thought. New York: Harper & Row, 1987.

Dunn, Charles W., and J. David Woodard. The Conservative Tradition in America. Lanham, MD: Rowman & Littlefield, 1996.

Easton, Nina. Gang of Five: Leaders at the Center of the Conservative Crusade. New York: Simon & Schuster, 2000.

Gerson, Mark. The Neoconservative Vision. Lanham, MD: Madison Books, 1996.

_____. ed. The Essential Neoconservative Reader. New York: Addison Wesley, 1996.

Hodgson, Godfrey. The World Turned Rightside Up: A History of the Conservative Ascendancy in America. New York: Houghton Mifflin, 1996.

Hogg, Quintin. The Case for Conservatism. Harmondsworth: Penguin, 1947.

Kekes, John. A Case for Conservatism. Ithaca, NY: Cornell University Press, 1998.

Kirk, Russell. The Conservative Mind: From Burke to Eliot, 4th ed. New York: Avon Books, 1968.

_____. ed., The Portable Conservative Reader. Harmondsworth: Penguin, 1982.

Nash, George H. The Conservative Intellectual Movement in America: Since 1945. New York: Basic Books, 1979.

O' Gorman, Frank. Edmund Burke : His Political Philosophy. London : Allen & Unwin, 1973.

O' Sullivan, Noel. "Conservatism," in Terence Ball and Richard Bellamy, eds., The Cambridge History of Twentieth–Century Political Thought. Cambridge : Cambridge University Press, 2003.

Rossiter, Clinton. Conservatism in America : The Thankless Persuasion, 2nd ed. New York : Random House, 1962.

Steinfels, Peter. The Neoconservatives. New York : Simon & Schuster, 1979.

Wills, Garry. Nixon Agonistes : The Crisis of the Self–Made Man. New York : New American Library, 1971.

1) 그들의 집권 기간 중에 주로 군사적 비용이 증가하여 정부 지출과 적자가 증가했음을 감안할 때, 어느 쪽이든 과연 이러한 목표를 성취했는지는 의심스럽다.

2) Peter Viereck, Conservatism: From John Adams to Churchill(New York: Van Nostrand Reinhold, 1956), p. 19.

3) Anthony Quinton, The Politics of Imperfection(London: Faber & Faber, 1978), 그리고 N. K. O'Sullivan, Conservatism(New York: St. Martin's Press, 1976), 1장.

4) Peter Viereck, Conservatism Revisited(New York: Collier Books, 1962), p. 35. 또한 William Golding의 소설, Lord of the Flies(1954)를 보라.

5) Robert Bork, Slouching Towards Gomorrah: Modern Liberalism and American Decline(New York: HarperCollins, 1996), p. 21. Bork의 책에서 발췌한 것은 Terence Ball and Richard Dagger, eds., Ideals and Ideologies: A Reader, 5th ed. (New York: Longman, 2004), selection 31에도 수록되어 있다.

6) Issac Kramnick and Frederick Watkins, The Age of Ideology: 1750 to the Present, 2nd ed. (Englewood Cliffs, NJ: Prentice Hall, 1979), p. 27.

7) Reflections on the Revolution in France, ed. Conor Cruise O'Brien (Harmondsworth: Penguin, 1968), pp. 194-195; 또한 Ball and Dagger, Ideals and Ideologies, selection 25를 보라.

8) 같은 책, p. 91.

9) Roger Scruton, The Meaning of Conservatism(London: Macmillan, 1984), p. 19.

10) Hanna Pitkin, ed., Representation(New York: Atherton, 1969), pp. 174-175에서 인용.

11) 이러한 주장에 대한 20세기 보수주의자의 반어적인 언급에 대해서는 Evelyn Waugh의 소설, A Handful of Dust(1934)를 보라.

12) Considerations on France, in Jack Lively, ed., The Works of Joseph de Maistre (New York: Macmillan, 1965), p. 78; Maistre 전집으로부터의 발췌문은 Ideals

and Ideologies, selection 26을 보라.

13) Viereck, Conservatism, pp. 165-166에서 인용.

14) 같은 책, p. 44.

15) José Ortega y Gasset, The Revolt of the Masses(New York : W. W. Norton, 1932), p. 77; 또한 Ball and Dagger, eds., Ideals and Ideologies, selection 28. '대중사회' 와 '대중정치' 라는 두 가지 주제는 19세기 구스타프 르 봉(7장 이하를 보라)과 다른 학자들의 연구 이후 사회학자들과 사회 이론가들이 다루어왔다. 예 를 들어 William Kornhauser, The Politics of Mass Society (Glencoe, IL : The Free Press, 1959)와 Terence Ball and Richard Bellamy, eds., The Cambridge History of Twentieth-Century Political Thought (Cambridge : Cambridge University Press, 2003)에 실린 역사적 개관과 비판적 평가인 Richard Bellamy, "The Advent of the Masses and the Making of the Modern Theory of Democracy"를 보라.

16) I'll Take My Stand, by Twelve Southerners(New York : Harper & Brothers, 1930).

17) Garry Wills, Confessions of a Conservative(Garden City, NY : Doubleday, 1979).

18) Oakeshott의 Rationalism in Politics (London : Methuen, 1962)에 실려 있는 논 설들, 특히 "Political Education"과 "On Being Conservative"을 보라. 두 번째 논 설의 대부분은 Ball and Dagger, eds., Ideals and Ideologies, selection 29에 수 록되어 있다.

19) George Wills, Statecraft as Soulcraft : What Government Does(New York : Simon & Schuster, 1983), pp. 119-120.

20) Irving Kristol, Two Cheers for Capitalism(New York : Basic Books, 1978).

21) Daniel Bell, The Cultural Contradictions of Capitalism(New York : Basic Books, 1976).

22) William Bennett, ed., The Book of Virtues : A Treasury of Great Moral Stories (New York : Simon & Schuster, 1993); James Q. Wilson, On Character, 2nd ed. (Washington, D. C. : AEI Press, 1995).

23) Moynihan, "Defining Deviancy Down," in Mark Gerson, ed., The Essential Neoconservative Reader (New York : Addison Wesley, 1996), pp. 356-371.

24) Irving Kristol, "'Family Values' Not a Political Issue," Wall Street Journal (December 7, 1992), 14 ; Mark Gerson, The Neoconservative Vision : From the Cold War to the Culture Wars(Lanham, MD : Madison Books, 1996), p. 270에 인용되어 있다.

25) Ralph Reed, Politically Incorrect : The Emerging Faith Factor in American Politics(Dallas, TX : Word Publishing, 1994), pp. 35-36 ; Ball and Dagger, eds., Ideals and Ideologies, selection 32.

제5장

사회주의와 공산주의 : 토머스 모어에서 마르크스까지

인간이 사유재산을 소유하고 돈이 만물의 척도가 되는 어디에서도 나라가
공정하게 통치되거나 번영 속에서 행복을 누리기는 거의 불가능하다.
— 토머스 모어, 『유토피아』

근대 사회주의(socialism)는 고전적 보수주의와 마찬가지로 부분적
으로는 18세기 말과 19세기 초 자유주의에 대한 비판으로 시작하였
다. 보수주의자들처럼 사회주의자 역시 자기이익, 경쟁, 개인적 자
유를 강조하는 자유주의를 반대했다. 사회주의자들에게 인간은 예
나 지금이나 천성적으로 사회적 혹은 공동체적 존재이다. 개인은 혼
자가 아니라 상호간에 협동하면서 살거나 일한다. 사회주의자들이
보기에 모든 사람이 상당한 정도의 자유, 정의, 행복을 누릴 수 있는
사회의 토대는 개인들간의 경쟁이 아니라 협동이다.

그러나 사회주의자는 고전적 보수주의자와는 달리 전통이나 관습
에 특별한 가치를 전혀 부여하지 않는다. 또한 사유재산을 옹호하는
보수주의자의 견해도 받아들이지 않는다. 사회주의자들이 보기에
사유재산은 소수 사람들에게는 권력과 특권적 지위를 부여하고, 또
다른 사람들은 빈곤과 무력(無力)의 나락으로 떨어뜨리는 계급분열
(class division)의 근원이다. 실제로 사회주의자는 부와 권력을 사회
전체에 걸쳐 고르게 배분할 프로그램을 주장하는데, 일반적으로 보

수주의자들은 이런 프로그램을 **평준화**(levelling)라고 개탄한다. 사회주의자들이 보기에 사람들이 생산한 모든 것은 어떤 의미에서 사회적 생산물이며, 그 생산에 참여한 모든 사람들은 재화를 공유할 자격이 있다. 곧 개인이 아니라 사회 전체가 모든 사람의 복지를 위해 재산을 소유하고 통제해야 한다는 뜻이다. 이것은 모든 사회주의자들이 공유하는 근본적 확신이다.

그렇지만 이 말의 정확한 의미는 무엇일까? 사회는 어떤 종류의 재산을 어느 정도로 소유·통제해야 할까? 이런 질문에 대해 사회주의자들은 저마다 다른 방식으로 대답해왔다. 어떤 사람은 대부분 재화를 공공(public)재산으로 보아야 한다는 식으로 대답하는 반면, 다른 사람들은 중요한 생산 수단, 예컨대 강, 숲, 대규모 공장과 광산만 공적으로 소유하고 통제해야 한다고 주장한다. 대부분 사회주의자들은 두 입장 사이의 어느 지점에 있는데, 사회적으로 필요한 재화의 생산·분배·유통에 상당히 공헌하는 모든 것들은 전체의 복지를 위해 사회적으로 통제되어야 한다는 일반 원칙을 공유할 뿐 명확한 의견 일치는 없다.

이것은 두 번째 질문을 야기한다. 사회는 어떻게 이러한 통제 기능을 행사할 것인가? 사회 전체가 발전소를 소유·통제해야 한다는 말과 사회가 '어떻게' 이 발전소를 운영할 것인가 하는 말은 전혀 별개의 문제다. '모든 사람'이 발전소에서 교대로 일할 것인가, 아니면 일상적 운영에 발언권을 가지는 것인가? 어떤 사회주의자도 이 문제를 이렇게까지 깊이 고려하지 않았다. 대체로 사회주의자들은 공공재산의 **중앙집중 통제**(centralized control) 아니면 **분권** (decentralized) 통제를 주장해왔다. 중앙통제를 선호하는 쪽에서는 국가 혹은 정부가 전체 사회의 이름으로 재산과 자원의 운영 책임을 맡는 방식을 원했다. 이것이 구 소련에서 실시한 접근법이다. 중앙

집중론자들은 이 방법이 사회 구성원 모두의 이익을 위해 경제 전체를 계획·조정·운영하는 권한을 국가에게 부여하기 때문에 효율성을 향상시킨다고 주장한다. 여타 사회주의자들은 중앙집중 계획경제에 군림하는 두터운 고위 관료층의 지지부진한 일 처리를 예로 들며 이 주장을 반박한다. 이들이 보기에 공공재산을 가장 효과적으로 통제하는 최선의 방법은 분산화, 곧 각 지역(local) 수준의 집단, 특히 공장·농토·상점에서 일하는 노동자 집단, 그리고 노동자의 생산물을 구매·사용하는 소비자 집단에게 통제권을 부여하는 방식이다. 사회적 재산의 사용 결과를 가장 직접적으로 느끼는 사람들이 재산의 사용 방식도 결정해야 한다는 주장이다.

보수주의자나 자유주의자들과 마찬가지로 사회주의자들 역시 중요한 문제에서는 그들 간에 의견이 다르다. 그러나 경제적 교환 형태가 자본주의적으로 이루어진 모든 사회에서는 바로 **자본주의가** 권력의 분배를 결정한다고 보기 때문에, 통제 받지 않는 자본주의를 반대한다는 점에서는 모두 일치한다. 가난한 사람은 자기 삶을 통제하고 지배하는 능력, 어디서 어떻게 생활할 것인가를 선택할 능력이 아주 작기 때문에 부자보다 권력이 대단히 작다는 것이다. 자본주의 사회에서 '자유' 등의 용어, '기회의 평등' 같은 슬로건은 많은 노동자에게 공허한 울림에 불과하다고 사회주의자들은 주장한다. 사회주의자들이 자본주의에 반대하는 이유를 알려면 그들의 자유 개념을 살펴보아야 한다. 이것을 배경지식으로 삼은 다음에 사회주의의 역사를 탐구하려고 한다.

인간본성과 자유

사회주의는 '자유에 반대한다'는 주장이 특히 서구에서는 빈번히 제기된다. 그러나 이러한 주장은 좀 더 의미를 명료하고 조심스럽게 다듬어야 한다. 사회주의자들은 우리가 3장에서 다룬 자유주의-개인주의적 자유 개념, 4장에서 본 보수주의자의 '질서정연한 자유 (ordered liberty)' 개념에는 분명히 반대한다. 그러나 이것은 사회주의자들이 자유가 중요하지 않거나 바람직하지 않다고 생각하기 때문이 아니라, 보수주의나 자유주의와는 다른 자유 개념을 제시하기 때문이다. 그들이 대안으로 내세운 자유 개념은 다시 한번 삼각 모델을 사용하면 가장 쉽게 이해할 수 있다. 사회주의자들에게 자유롭게 되어야 할 '행위자'란 추상적 혹은 고립된 개인이 아니라, '관계 속에 있는 개인들'이다. 사회주의자들은 인간을 사회적 혹은 공동체적 존재라고 보는데, 이런 생각에 따르면 행위자란 다른 사람들에게 여러 가지 방식으로 의존해 있고 서로 연결되어 있는 존재이다. 특히 우리는 행위자를 생산·분배·교환의 관계 속에서 다른 사람들과 함께 참여하고 있는 개인들로 보아야 한다. 즉 행위자란 고립된 개인이 아니라 계급, 곧 노동계급의 구성원으로서 파악되는 생산자 혹은 노동자를 말한다. 더 나아가 노동계급 구성원들은 여러 가지 공통된 '목표'를 갖고 있다. 예를 들면 노동의 만족, 자신이 생산한 생산물 혹은 여기에서 나온 이윤의 공정한 분배, 자기의 일상 업무 운영에 대한 발언권, 모든 사람이 자신의 능력을 완전히 발전시키고 활용할 수 있는 평등한 기회의 확보 등이 전부는 아니지만 '목표'에 포함된다. 이러한 목표를 추구해 나가는 노동자는 결국 자본주의 생산 체계가 여러 가지 '장애물'을 깔아놓음으로써 자신들의 소망을 좌절시킨다는 사실을 알게 된다.

이러한 장애물 혹은 방해물은 물질적일 수도 정신적일 수도 있다. 여기에는 부유한 유산자 계급과 간신히 생계를 이어가기 위해 노동을 팔 수밖에 없는 가난한 생산자 계급으로 사람을 나누는 사회적 분업도 포함된다. 대부분의 자기 시간과 에너지를 단순히 생계 유지에 쏟아 부어야 하는 사람들은 자신의 재능을 완전하게 계발할 희망이 거의 없다. 정치권력과 경제적 부를 불평등하게 보유한 계급으로 사회가 분열되면, 이 분열은 그 불평등을 한 세대에서 다음 세대로 영속화시키는 계급차별의 강화와 공고화로 귀결된다. 즉 '빈익빈 부익부' 다. 부자는 그들이 교육과 정보(라디오와 텔레비전 방송국, 신문 등등) 체계를 소유하거나, 소유까지는 아니더라도 통제하는 것은 틀림없는 사실이다. 이에 못지않게 부자는 또 다른 장애물을 세우고 유지할 수 있다. 가령 가난한 자들이 기존 현상에 대한 급진적 대안을 전혀 모르도록 묶어두려는 의도하에 심리적 장애물을 설정하고 유지할 수 있다. 이런 방식으로 가난한 계급의 구성원이 자신들의 '진정한' 혹은 '실질적' 이해관계, 그러한 이해관계의 실현에 보다 유리한 대안적인 정치적 비전과 경제적 운영 체제를 모르도록 조작할 수 있다.

그렇다면 진정으로 자유로워진다는 것은 그러한 장애물에서 벗어난다는 것, 남에게 해가 되거나 해를 끼치지 않는 한 자신의 목표와 희망을 자유롭게 추구할 수 있다는 것을 말한다. 따라서 사람은 타인의 노동으로부터 사적인 이익을 착취하도록 자유로워서는 안 된다. 우리는 사회적 혹은 공동체적 존재이기 때문에 어떤 사람은 자유로운 반면 다른 사람들은 자유롭지 못하다는 것은 아예 말이 되지 않는다. 모든 사람이 자유롭지 않으면 어느 누구도 자유롭지 않은 것이다. 마르크스와 엥겔스가 "각자의 자유로운 발전을 위한 조건은 모든 사람의 자유로운 발전이다"[1]라고 『공산당 선언』에서 선언했을 때 그들은 바로 이러한 논점을 제기했던 것이다. 앞의 장에서 다룬

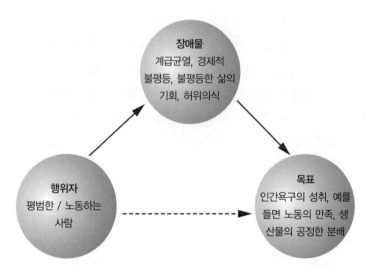

〈그림 5.1〉 자유에 대한 사회주의자의 관점

자유주의나 보수주의와는 아주 다른 사회주의자의 자유 개념은 〈그림 5.1〉에 요약되어 있다.

사회주의자 : 선구자들

사회주의 이데올로기, 아니면 적어도 공산주의적 이데올로기 유형과 결부된 최초의 인물이라고 한다면 대개 마르크스를 떠올릴 것이다. 그러나 사회주의의 기원은 마르크스 이전으로 한참 거슬러 올라간다.[2] 플라톤은 『국가(대략 기원전 380)』를 통해 초기 형태의 사회주의를 제시했는데, 그가 그린 이상사회에서는 '수호자'라고 하는 특정 계급만이 재화와 배우자를 공동 소유한다.[3] 기독교인으로서 자신의 노동과 세속적 재화를 서로 공유해야 하는 의무를 갖고 있다는

242

믿음에서 1, 2세기의 초기 기독교인들은 다소 다른 형태의 사회주의를 신봉했다. 이런 단순한 형태의 공산주의는 중세 내내 특정 교파의 수도원에서 계속 실행해왔으며 오늘날에도 일부 수도원에는 여전히 남아 있다.

16세기 초 가톨릭 성인이자 순교자인 토머스 모어(Thomas More, 1478-1535) 같은 유토피아 사상가들은 교만, 탐욕, 질투의 죄악에 대한 치료 방법으로써 공산주의적 소유를 주장했다. 이익을 획득하기 위한 경쟁을 조장하는 정책이 이러한 죄악도 부추긴다고 모어는 주장했다. 그 결과 소수는 부유해지고 강한 권력을 갖는 반면, 대부분의 사람들은 가난하고 무력해진다는 것이다. 물질적 재화를 획득한 이들 소수 역시 돈과 지위를 추구하는 데 몰두한 결과 도덕적 정신적으로 타락하는 대가를 치른다. 모어의 『유토피아(Utopia, 1516)』의 주요 등장인물 중 한 명은 이렇게 말한다. "인간이 사유재산을 소유하고 돈이 만물의 척도가 되는 어디에서도 나라가 공정하게 통치되거나 번영 속에서 행복을 누리기는 거의 불가능하다. …… 사유재산을 폐지하거나 법률로 금지하지 않고서는 재화의 공정하고 평등한 배분이 이루어질 수 없고 인간 만사에 진정한 행복은 있을 수 없음을 나는 분명히 확신한다."[4] '유토피아'가 바로 그런 곳이다. 화폐가 폐지된다. 모든 가구(家口)는 공동체에 재화나 서비스로 기여하고, 자신에게 필요한 것은 대가를 지불하지 않고 곡식 및 기타 주요 물품 공동창고에서 갖고 올 자격이 주어진다. 빈곤, 굶주림, 무주택의 공포가 일단 사라지면 탐욕과 시기의 근원도 사라진다.[5] 그렇게 해서 나타난 사회는 (그리스어 eu-topos에서 유래한) '유토피아'라는 재치 있는 작명(作名)이 보여주듯 '선하고 행복한 곳' 아니면 '어디에도 존재하지 않는 곳'이다.

모어를 비롯한 16세기 유토피아 문헌이 보여준 이상향은 문학적 축조물이었다. 이상향을 꿈꾸는 풍부한 상상력에는 기여했지만 현실이 아닌 공중에 있는 성이었다. 1640년대 영국의 내전 직후 세상은 잠시 급진적 꿈과 유토피아적 계획에 잘 들어맞는 듯 보였다. 여러 공산주의 혹은 사회주의 분파들이 이 시기에 솟아 나왔다. 그들 중 하나인 '경작파(Diggers)'는 신은 모든 사람이 공동으로 소유하도록 땅을 창조했고, 신이 금지한 사유재산은 폐지되어야 한다고 주장했다. 윈스탠리(Gerrard Winstanley)는 "땅"은 모든 사람이 자신에게 필요한 것을 끌어 쓸 권리가 있는 "공동의 보물"이라고 썼다.[6] 이러한 논리에 따라 경작파는 공동체(communes)를 세우고 작물을 심기 위해 땅을 경작했다. 그러나 경작된 땅의 일부가 법적으로는 그들 것이 아니었기 때문에 법률에 저촉되었고 공동체는 곧 권력당국에 의해 강제 해산되었다.

그때까지 공산주의 혹은 사회주의적 사회에 대한 견해들은 대개 농업사회의 비전을 벗어나지 못했다. 노동자들은 공동으로 땅을 경작하고 수확물을 나누어 가지는 농업 노동자들일 수밖에 없었다. 그러나 산업혁명이 닥치면서 이러한 농업사회의 비전은 낡은 것이 되었다. 수만 명에 달하는 농부들이 18세기 말과 19세기 초 토지를 떠나 대규모 공장, 광산, 중소 규모의 제조 공장에서 일하거나 어쩔 수 없이 일해야만 했다. 증기기관 동력이 말을, 증기 기선이 돛단배를, 기관차가 마차를, 기계식 직조기가 방적기를 대체하였다. 노동자들은 더 이상 대지의 계절적 리듬에 얽매이지 않고, 더 가혹하고 집요한 공장의 리듬에 묶이게 되었다. 아버지, 어머니, 어린 자식, 일가족 전체가 불결하고 위험한 환경 속에서 주당 70–80시간을 일했다. 주거 환경은 형편없었고 때로는 굶주리거나 집도 없이 비참하고 더러운 삶을 꾸려갔다.

초기 자본주의가 가져다준 사회적 혼란과 분열을 어떤 사람들은 필연적인 것으로 받아들인 반면, 다른 사람들은 비인간적이고 불필요한 악이라며 거부했다. 영국 시인 블레이크(William Blake)는 공기를 오염시키고 그 안에서 일하는 노동자를 중독시키는 '어두운 악마 같은 공장'을 한탄했고, 소설가 디킨스(Charles Dickens)는 스크루지(Ebeneezer Scrooge)라는 인물 속에 탐욕과 이기심이 보상받는 체제가 만들어낸 악을 형상화하였다. 초기 자본주의의 참상에 대한 도덕적 분노는 어떤 사람들을 사회개혁가로, 또 다른 일부를 급진주의자와 혁명가로 이끌었다. 사회개혁을 지향하는 자유주의자들은 노동조건의 개선, 그리고 가능하다면 임금 인상을 원했다. 반면 좀 더 급진적인 자본주의 비판자들은 그토록 엄청난 기회와 자유, 부의 불평등을 만들어낸 체제를 폐지해야 한다고 주장했다.

이러한 비판자들 중 많은 사람이 이런저런 형태의 사회주의자들이었다. 그들의 자본주의 비판에는 두 가지 기본 주제의 하나 혹은 둘모두가 들어 있었다. 첫째는 앞에서 지적한 대로 순수한 도덕적 분노이다. 둘째는 과학과 역사에 호소하는 것이다. 일부 사회주의자들은자본주의를 무너뜨리고 미래의 사회주의 사회로 나아가는 길을 마련하는 역사 과정이 반쯤 숨겨진 상태로 작동하고 있다고 주장하면서, 그 역사 과정을 파헤칠 수 있는 과학과 역사에 주목하였다.

생시몽

사회주의를 '과학적' 토대 위에 올려놓으려고 시도했던 최초의 인물 중의 한 사람이 프랑스 귀족 생시몽 백작(Count Claude-Henri de Saint-Simon, 1760-1825)이었다. 그가 보기에 인류 역사는 연속되는단계 혹은 시기로 나누어져 있다. 낡은 형태의 사회가 사라지면 반드시 새로운 형태의 사회가 나타나 그 자리를 대신한다. 각 사회는 어떤 지배계급이 존재하고, 어떤 믿음을 갖고 있느냐에 따라 달라진다. 그러한 믿음이 신뢰를 상실하면 그 위에 놓여 있는 사회·경제 체제 역시 안정성을 잃어버린다. 생시몽에 따르면 **봉건주의**는 지주 귀족, 그리고 봉건제의 신념 토대인 종교적 가정과 믿음을 다듬어내는 성직자가 존재하는 것이 특징이다. 귀족과 성직자는 해체되었고 궁극적으로는 **계몽주의**가 그 자리를 차지하며 과학과 기술을 강조하는 산업사회가 도래하였다. 과학자, 기술자, 산업가라는 새로운 계급들이 없으면 산업사회가 존재할 수 없기 때문에 이들의 중요성은 갈수록 더욱 커진다. 이 새로운 형태의 사회는 엄청나게 복잡해서, 서로 다른 여러 부류의 기술자와 전문가들의 지식과 기술이 조화를 이루고 통합되어야 움직여 나간다. 이러한 사회에서는 자유주의자들이 말하는 의미의 '개인'이라는 존재는 있을 수 없다. 고립된 개인은 허구다. 산업사회의 현실 세계에서 개인은 자신의 사회적 역할과 생산 기능으로 환원된다. 생시몽에게 사회주의는 산업사회의 복잡성과 상호의존성 때문에 전문가 엘리트들이 '실증적' 과학지식을 사회·경제적 계획에 적용할 수밖에 없다는 사실을 인식하고 인정하는 일과 결부되어 있다.[7]

생시몽은 재산을 사유에서 공공의 통제로 옮겨야 한다고 명시적으로 요구하지는 않았으나, 이윤을 놓고 서로 경쟁하는 사람들이 어떤 재화는 너무 많이 생산하고 어떤 재화는 아주 적게 생산함으로써 재고 과잉과 낭비를 만들어내기 때문에 '자유방임' 자본주의는 비효율적이라고 주장했다. 그는 계획을 통해 전문가들이 자본주의보다 더 효율적이고 공정한 경제 체제를 제공할 수 있으며, 이곳에서는 사회적 필요를 예측하고 충족시킬 수 있다고 주장했다.

이런 생각을 더 확장한 제자 콩트(Auguste Comte, 1798-1858)는 스스로를 '실증주의자(positivist)'라 부르며 과학적 계획(planning)과 예측, 사회통제의 중요성을 역설하였다. 그는 "과학에서 예측 능력이 생기고, 예측에서 통제가 나온다"[8]고 했다. 콩트의 실증주의적 사회주의는 사회통제를 강조하고, 민주주의를 깊이 혐오하며, 기술관료 또는 전문가의 지배를 선호하는 것이 그 특징이다. 생시몽과 마찬가지로 콩트 역시 사회주의를 사회 체제 전반에 걸친 '과학적' 사회계획과 같은 것으로 보았다. 이 사회는 새로운 '인류교(religion of humanity)'라는 신념 체계가 떠받치고 있는데, 여기서는[9] 과학자가 고위 성직자를 맡고 콩트가 교황을 담당한다. 생시몽과 콩트가 사회적 생산의 중앙집중 통제를 선호한 반면, 1800년대 초기의 여타 사회주의자들은 정반대 방향을 주장했다. 분권적 사회주의를 주장한 유명한 사회주의자 두 사람은 푸리에와 오언으로, 이들에게 영감을 받은 추종자들은 단명했지만 미국에 유토피아 공동체를 세우기도 했다. 푸리에와 오언 역시 생시몽이나 콩트처럼 공상적 사회주의 사회를 위한 설계안을 만들었지만, 이들의 비전은 전문가들이 아니라 공동체의 모든 성인 구성원들이 업무를 결정하는 소규모 자급자족 자치 공동체의 사회주의라는 점에 특징이 있다.

푸리에

푸리에(Charles Fourier, 1772-1837)는 신비주의, 숫자 점(占), 유치한 심리학 이론을 혼합하여 유토피아의 비전을 끌어낸 프랑스 사회주의자이다. 그는 현대사회는 사람들이 생각하는 것처럼 야만의 시대와 그렇게 다르지 않다고 지적했다. 현대사회는 상업, 이기심, 속임수 등의 악(정확히 말하면 144개의 악)으로 괴로움을 겪고 있다. 우리는 남을 속일 뿐 아니라 잘못되거나 거짓된 믿음, 특히 부가 행복을 가져다줄 것이라는 믿음을 계속 갖고 있음으로써 스스로를 속이고 있다. 부의 맹목적 추구에 탐닉하는 상업사회의 악은 사회제도 속에 구체적으로 나타난다. 결혼, 가부장적 가족, 경쟁적 시장은 인간에게 열두 개의 정념(passions)을 충족시키지 못하도록 막는다. 열두 개의 정념이란 오감(五感)의 정념, 가족주의 · 우정 · 사랑 · 야망의 정념, 인간에게 다양성을 추구하도록 만드는 '나비' 정념, 술책을 꾸미고 작당을 하는 '음모(cabalistic)' 정념, 육체와 정신의 쾌락을 결합하는 '혼합(composite)' 정념을 말한다. 열두 개의 기본 정념이 적절히 균형을 이루면 열세 번째의 '조화(harmony)' 정념도 나타난다. 그러나 경쟁적 상업사회는 조화를 바라는 우리의 욕구를 짓밟는다. 인간이 이윤과 직업을 놓고 서로간에, 그리고 스스로에 대해 대립 분열되어 있는 곳에서는 이 정념을 절대로 충족할 수 없다. 이 사회의 악이 사라져야 인류는 공동 선을 위해 모든 인간이 자유롭게 협동하는 '조화'라는 최고 단계에 도달할 것이다.

　조화로운 사회에 대한 푸리에의 비전은 '팔랑주(phalange)'라는 공동체 속에 나타나 있다. 약 1600명으로 구성되는 이 공동체에서——푸리에는 이상적 인구를 1610명이라고 한다.——거주자들은 자신에게 필요한 모든 것을 생산하고 모든 정념을 완전히 충족한다. 팔랑주는 사람들이 자신의 재능과 흥미를 발휘할 수 있는 직업을 찾는 경우에만 자발적으로 일할 것이라는 '매력적 노동'의 원칙에 기반을 두고 있다. 무언가 키우고 싶은 사람은 정원사가 될 것이고, 아이를 좋아하는 사람은 보모가 될 것이다. 흙 구덩이에서 놀기 좋아하는 어린이들은 거리를 청소하고 쓰레기를 모을 것이다. 사람들은 이러한 환경에서 자유롭고 자발적으로 일할 것이기 때문에 법, 경찰, 법원, 감옥 같은 국가의 억압 장치는 필요하지 않을 것이다. 푸리에가 보는 사회주의 사회는 생산적이고 번영을 누리는 자유로운 사회이다.

오언

오언(Robert Owen, 1771-1857)은 초기 자본주의의 모순에 경악하여 열렬한 사회주의자가 된 영국 자본가이다. 그가 보기에 술 주정, 방탕, 도둑질, 기타 악은 원죄 혹은 개인의 결함 탓이 아니라 잘못된 사회 체제의 결과이다. 자본가의 탐욕과 이기심에 화답(和答)하는 자본주의 체제는 젊은이들에게 잘못된 메시지를 전해준다. 이런 곳에서는 그렇게 많은 사람들이 다른 사람을 짓밟고 앞서 가려는 것이 전혀 놀랄 일이 아니다. 자본주의의 악에 대한 해결책은 공공이익을 위한 협동 생산이라는 새로운 생산 시스템뿐 아니라 새로운 교육 시스템 속에서도 찾아야 한다. 오언은 잘못된 성격은 잘못된 교육의 탓이라고 보았는데, 여기서 교육은 한 사람의 일생에 영향을 끼치는 모든 것을 포괄하는 아주 넓은 의미를 말한다.

1800년 오언은 당시 기준으로 보면 급진적인 직물 공장을 스코틀랜드 뉴라나크(New Lanark)에 세웠다. 공장은 깨끗했고 노동 조건은 상대적으로 안전했다. 노동 주일도 축소되었다. 10세 이하의 어린이는 노동할 수 없었으며 공장 소유주의 비용으로 교육을 받았다. 읽기, 쓰기, 셈하기 외에도 어린이들은 생활의 모든 영역에서 협동의 가치와 필요성을 배웠다.

오언은 이러한 자신의 경험과 계획을 1813년에 출간한 『새로운 사회(A New View of Society)』에서 설명하고 옹호하였다.[10] 다음 10년 동안 그는 자기 설계안의 가치를 보여주려고 지칠 줄 모르게 동료 자본가들을 설득하였다. 그는 또 세계 전체로 뻗어나갈 소규모 자급자족 공동체 네트워크의 비전을 공유하자고 노동자들에게 호소했다. 오언이 사유재산과 종교를 공격하고 노동계급 사이에서 인기가 상승하자 자본가들은 당연히 우려하였으며, 그는 노동자들을 설득하

칼 마르크스(1818-1883)

는 데 더욱 성공적이었다. 1824년 오언은 미국에서 자신의 생각을 실행에 옮겼다. 그는 인디애나 주 남서부에 3만 에이커의 땅을 사서 '뉴 하모니(New Harmony)' 라는 사회주의 공동체를 세워 새로운 사회 조직의 모델로 삼고자 하였다. 그러나 4년이 못 되어 뉴 하모니는 실패했으며 오언은 이 모험으로 대부분의 재산을 잃었다. 그는 노동조합 운동을 촉진하고, 좀 더 대규모의 포괄적인 사회주의 사회를 성장시킬 핵으로서 노동자가 소유하는 협동조합의 설립을 주장하는 데 여생을 바쳤다.

그 외에도 많은 사상가들이 사회주의 사회의 설계안을 만들었고 꿈을 꾸었다. 이들 공상적 사회주의(utopian socialism)의 주창자들도 중요한 일을 했지만, 마르크스의 사회주의만큼 오래 지속되고 영향력을 남기지는 못했다. 실제로 20세기 중반까지 세계 인구의 약 3분의 1이 마르크스주의를 표방하는 정권 아래 살았다. 마르크스는 사회주의 역사에서 가장 중요한 사상가일 뿐 아니라 모든 역사에서 가장 중요한 사상가 중의 하나라고 불러도 무방하다. 그래서 그의 생각을 주의 깊고 상세하게 살펴보아야 한다.

마르크스의 사회주의

청년기 마르크스

마르크스(Karl Marx)는 1818년 독일 라인 지방의 트리어(Trier)에서 태어났다. 당시 정부가 유대인은 모든 법률 업무를 맡을 수 없다는 법령을 내걸었기 때문에 아버지는 유대교를 버리고 기독교로 개종한 변호사였다. 부자는 아니지만 유복한 환경에 있던 마르크스 가족은 아들을 본(Bonn) 대학으로 보냈다. 거기서 그는 법률을 공부했고 대학가 맥주홀에서 술 마시기, 정치 이야기, 다른 학생과 치고 박고 결투하기 등 당시 대학생들 사이에 유행하던 이런저런 일에도 열심이었다. 학문적 성실성은 없이 '거칠게 날뛰는' 아들에게 놀란 가족은 상당한 학업 부담을 져야 하는 베를린 대학으로 마르크스를 전학시켰다. 마르크스는 대학에서 교수직을 얻으려는 기대를 갖고 1841년 철학박사 학위를 땄다. 그러나 보수적이고 반(反)유대인 사회에서 유대인 후손인 정치적 자유주의자였던 마르크스의 학문적 희망은 성취되지 못했다. 그는 언론으로 방향을 틀어 1842년 《라인신문 (Rheinische Zeitung)》에 입사하여 처음에는 기자로, 나중에는 편집자로 생활했다. 다음 해 그는 어린 시절의 단짝 여자 친구와 결혼을 했고 『독불연보(Deutsch-Franzosische)』의 편집장을 맡아 파리로 이주했다. 파리에서 마르크스와 엥겔스는 친구이자 동료가 되었으며, 둘은 그 후 거의 40년 동안 철학적 정치적 동료가 되었다.

부정을 폭로하는 언론인으로서 활동한 마르크스의 초기 경력은 그의 생각에 중요한 두 가지 변화를 가져온다. 첫째 소유권, 시장의 힘, 가난한 자보다 부자를 조직적으로 옹호하는 국가 등 경제 문제의 사회적, 정치적 중요성을 인식하게 되었다. 둘째 그는 자유주의자가 되기를 거부하고 그 시대의 정치, 경제 체제가 너무나 썩어 있기 때문에 내부로부터 개혁될 수 없다고 보는 급진주의자가 되었다. 그가 쓴 글을 끊임없이 검열하고 몰수하며 마침내는 출판을 금지하고 체포영장까지 발부한 경찰과 부딪치면서 그는 점점 더 정치적 급진주의로 전환하게 되었다. 체포의 두려움 때문에 독일로 돌아갈 수 없었던 마르크스는 1883년 죽을 때까지 지속될 망명길에 '잠시' 올랐다.[11]

독일 당국이 "내게 자유를 돌려주었다"고 농담을 하며 철학 공부로 복귀한 마르크스는 헤겔 철학을 진지하고 체계적으로 연구하는 데 뛰어들었다. 이 작업의 결과가 마르크스의 생애 동안에는 출판되지 않았지만 1844년에 쓴 『경제철학수고(Economic and Philosophical Manuscripts)』였다. 그런데 이 책은 마르크스 후기 저작의 중요한 틀과 주제 속에 나타나는 헤겔의 지속적인 영향력을 아주 분명하게 보여주고 있다. 헤겔 철학에 대해 조금이라도 알지 못하고 마르크스의 경제와 정치 이론을 이해하기란 거의 불가능하기 때문에 헤겔 철학의 몇몇 중요한 특징을 살펴볼 필요가 있다.

헤겔의 영향

헤겔은 생존 당시뿐 아니라 사후 20년이 지난 뒤에도 독일의 철학적 상상력을 거의 독점하고 있었다. 교육받은 독일인들, 특히 독일 청년들은 거의 헤겔 철학의 틀 속에서 역사와 정치, 문화를 토론하였다. 헤겔의 역사철학이 특히 영향력을 미쳤다. 헤겔이 보기에 인류 역사는 적어도 나중에라도 식별할 수 있는 패턴에 따라 일정한 방향으로 움직인다. 역사는 마음 혹은 '정신(Geist)'의 전개와 발전의 이야기이다. 우리의 일상 표현에서 '인간정신'이라는 말이 그렇듯 (예를 들면 에베레스트산을 처음 오른 사람이 '인간정신의 승리'를 보여준다고 말할 때처럼), 정신은 꼭 신비하거나 영적인 어떤 것은 아니다. 정신이란 실현되거나 드러나기를 바라며 기다리고 있는 일련의 잠재능력이라고도 말할 수 있다. 이 잠재능력 중 가장 중요한 것이 자유를 지향하는 능력이다. 헤겔이 보기에 역사는 자유 혹은 자기해방을 찾는 도정에서 장애물을 극복해 나가는 정신의 투쟁 이야기이다. 이 투쟁 과정에서 정신은 스스로를 변화시키며 더욱 성숙하고 광대해진다.

여기서 헤겔 철학의 또 다른 핵심 개념인 외화(estrangement) 혹은 소외(alienation, Entrefremdung) 개념이 나타난다. 정신은 일련의 분열 혹은 소외 과정을 거치며 좀 더 고차적이고 포괄적인 형태로 발전해 나간다. 달리 표현하자면 정신은 인간 개개인의 정신적 혹은 심리적 발전과 비슷한 여행을 떠나는 것이다. 갓난아기는 처음에 자신을 엄마와 분리하지 못한다. 아기는 차츰 시간이 지나면서 자신을 부모와는 요구와 필요가 다른 분리된 존재로 인식한다. 유아기에서 아동기로의 이행은 개인이 자신의 독특한 인격을 발전시켜 나가는 여러 소외의 첫 단계이다. 이러한 개인의 발전사는 인류의 역사에도 적용된다. 즉 인류 역사는 인간이 일련의 투쟁과 연속적인 소외 과정을 통해 자신의 독특한 특징을 발전시켜 나가는 이야기이다. 물론 때로는 어긋나기도 하고 때로는 아주 고통스럽기도 하지만, 정신이 새롭고 더 높은 형태로 성장하고 발전해 나가기 위해서는 이러한 변화가 반드시 필요하다.

정신이 통과하는 여러 단계는 헤겔이 말하는 이성의 간계(the cunning of reason, List der Vernunft)와 변증법(dialectic)의 작동을 보여준다. 인간 개인은 물론 민족 전체도 정신의 자기 전개라는 방대한 드라마의 등장인물에 불과하며, 각 등장인물들은 진보와 자유의 성장이라는 이 드라마의 플롯을 알지 못한다. 등장인물은 각 부분들이 어떻게 커다란 전체 속으로 들어맞는지 알지 못한 채 자기가 맡은 역할을 다할 뿐이다. 서로 대립되는 관념과 이상의 충돌을 통해 이야기는 '변증법적으로' 전개된다. 이 갈등에서 새롭고 더 포괄적인 관념과 이상이 나타난다. 그중 가장 중요한 것이 자유의 관념이다. 고대와 중세의 경우 '자유'는 자유민이라는 특정한 법적 신분을 가진 사람들이나 누리는 것이었고, 노예와 여성을 포함한 대부분의 사람들은 여기서 배제되었다. 그러나 시대를 거치면서 이성의 변증법을 통해 자유는 낡은 제도와 관습으로는 더 이상 지탱할 수 없는 좀 더 포괄적인 관념이 된다. 자유와 자기실현을 추구하는 탐구 여정에서 정신은 낡은 사회 형태를 무너뜨리고 새로운 사회 질서를 창조하는 데 기여한다.

이러한 변증법적 과정이 어떻게 인간의 자유를 증진하는지 보여주기 위해 헤겔은 노예와 주인 사이에서 일어날 수 있는 종류의 갈등, 즉 주인과 노예의 변증법(master-slave dialectic)을 상상하도록 우리를 초대한다.[12] 헤겔의 설명에 따르면 물리적으로 다른 사람을 정복함으로써 한 사람은 주인이 되고 정복당한 사람은 노예가 된다.

처음에 노예는 자기 생명을 살려준 것을 고마워하고 주인이 다시 생명을 빼앗을 수도 있다는 사실을 두려워한다. 그는 주인의 눈을 통해 스스로를 열등하고, 예속되어 있으며, 타락한 존재로 본다. 주인 역시 노예의 눈을 통해 스스로를 우월하고, 고귀하며, 독립적인 존재로 본다. 그러나 이들이 노예와 주인으로서 존재하려면 서로의 존재가 필요하다. 즉 주인이 주인이기 위해서는 노예가 있어야 하고, 노예가 노예이기 위해서는 주인이 있어야 한다. 그러나 그들의 관계는 불안정하다. 노예는 쇠사슬에 분노하며 자신의 자유를 꿈꾼다. 그는 노예로서의 자기 정체성을 벗어 던지고 자유로운 인간으로서의 정체성을 획득(혹은 회복)하기를 갈망한다. 즉 노예는 주인이 자신의 인간성을 인정하고 승인하기를 바라는데, 그러기 위해서는 주인이 노예를 평등한 사람으로서 대해야 한다. 곧 그를 자유롭게 풀어주어야 한다. 그러나 주인이 자신의 사회적 존재, 즉 주인으로서의 존재를 계속 유지하려면 노예를 풀어줄 수 없다. 주인은 노예로부터 주인으로서의 자기 정체성을 인정받고 승인받고 싶어한다. 그리고 노예는 주인으로부터 인간으로서의 동등한 가치를 인정받고 싶어한다. 이들의 욕구는 서로 양립할 수 없고 동시에 충족될 수 없다는 점에서 모순적이다. 최후의 대결을 위한 무대가 마련된 것이다.

처음에는 주인이 우월한 듯 보인다. 그는 모든 힘을 갖고 있다. 모든 면에서 해결의 열쇠는 주인이 쥐고 있다. 그는 쇠사슬, 채찍, 기타 고문 도구 등의 강압 수단을 독점하고 있다. 그러나 노예가 주인의 도덕적 혹은 사회적 우월성을 인정해주기를 거부하면, '노예'가 유리한 고지에 선다. 주인이 바라기는 하지만 억지로 강요할 수 없는 승인을 노예가 주인에게 해주지 않는 것이다. 노예가 승인을 거부하는 순간부터 그들의 위치는 역전된다. 주인은 계속 노예에게 의존하는 존재로 남아 있다. 주인은 자신의 생계를 노예의 노동에 의존할 뿐 아니라 주인으로서의 정체성 역시 노예가 계속 존재하고 복종하느냐에 달려 있다. 노예가 없으면 그는 더 이상 주인이 될 수 '없기' 때문이다. 그래서 겉보기와는 달리 주인은 노예나 마찬가지로 '자유'롭지 않다. 노예와 공유하고 있는 인간성으로부터 단절되고 도덕적으로 왜소하게 스스로를 묶어두는 주인의 사회적 역할 또한 나름대로 구속되고 한정되어 있기 때문이다. 둘 다 이 사실을 인정하면 노예와 주인의 구분은 사라지고 노예제도는 지양 혹은 극복된다. 마침내 자신의 '개별성'(역사적으로 특수한 사회적 역할)을 벗어던진 과거의 주인과 노예는 이제 자유롭고 평등한 인간으로서 공통된 인간성 혹은 보편성 속에서 서로를 대면한다. 노예는 자신을 해방시킴으로써 그의 주인도 해방시킨 것이다.

헤겔은 어떻게 변증법이 작동하여 견고하게 보이는 제도의 한계를 뚫고 자유의 이념이 분출되는지 보여주기 위해 이런 이야기를 들려준다. 뒤에서 곧 보겠지만 마르크스는 이 이야기의 등장인물을 바꾸고 내용도 수정했지만, 헤겔 이야기의 핵심적인 변증법 논리를 그대로 유지한다.

마르크스의 역사이론

헤겔 사후 헤겔의 추종자들은 두 개의 주요 갈래로 나누어졌다. 한편에는 헤겔의 역사철학을 신학적 의미로 해석하는 보수적인 헤겔 우파가 있었다. 그들에게 '정신'은 신이나 성령을 의미했고 인간 역사는 신의 계획이 펼쳐지는 곳이었다. 다른 쪽에는 마르크스도 속했던 청년 헤겔학파 혹은 헤겔 좌파가 있었다. 그들은 헤겔 자신이 인식했던 것보다 더 급진적인 방향으로 헤겔 철학을 재해석해야 한다고 주장했다. 헤겔 철학의 "신비한 껍질 속에 있는 합리적 핵심"을

밝히려는 희망을 갖고 마르크스는 1843-1844년 헤겔 철학 연구를 새롭게 다시 시작했다.[13]

헤겔처럼 마르크스도 역사를 인간의 노동과 투쟁의 이야기로 보았다. 그러나 마르크스에게 역사는 실체 없는 정신의 투쟁이 아니라 적대적 세계에서 그에 맞서 싸우는 인간의 투쟁 이야기이다. 가혹한 자연 속에서 삶을 꾸려가려면 인간은 추위와 더위, 항상 직면하는 기아의 위협을 이겨내기 위한 투쟁을 벌여야 했다. 그러나 인간은 서로간에도 투쟁을 벌여왔다. 역사적으로 보아 이러한 갈등 중 가장 중요한 것은 계급과 계급의 투쟁이다. "지금까지 존재했던 모든 사회의 역사는 계급투쟁의 역사"[14]라고 마르크스와 엥겔스는 『공산당선언』에서 주장하였다. 노예사회의 주인과 노예, 봉건사회의 영주와 농노, 자본주의 사회의 자본가와 노동자와 같이 서로 다른 계급들은 반드시 정면 대립하는 것은 아니지만 서로 다른 이해관계, 목표, 열망을 갖는다. 사회가 서로 다른 계급들로 분열되는 한 계급 갈등은 필연적이다.

마르크스의 주장을 이해하기 위해서 마르크스가 말하는 계급이 무슨 의미인지, 어떻게 계급들이 발생하고 갈등을 빚는다고 보았는지, 계급 없는 공산주의 사회가 등장할 것이라고 어떻게 예측했는지 살펴볼 필요가 있다. 즉 우리는 마르크스 자신이 '내 연구의 기본 원칙'이라고 불렀던 **역사 유물론**[혹은 **유물론적 역사해석**, materialist conception or **interpretation** of history]을 면밀히 살펴보아야 한다.

마르크스는 헤겔의 '관념론적' 역사해석과 구별하기 위해 자신의 역사해석을 '유물론적'이라고 불렀다. 헤겔이 역사를 정신의 자기 실현 이야기로 본 반면, 마르크스는 역사를 서로 대립하는 물질적 혹은 경제적 이해관계 및 자원을 둘러싼 계급투쟁의 이야기로 보았다. 그렇다고 해서 사람들이 지적하듯 마르크스가 '모든 것을 경제

로 환원하기' 바라는 '경제결정론자(economic determinist)' 라는 말은
아니다. 그러나 그가 물질적 생산의 일차적 중요성을 강조한 것은
사실이다. 마르크스는 "사람들은 어떤 다른 일을 하기에 앞서 자신
의 생존 수단을"——그들이 먹는 음식, 걸치는 옷, 사는 집 등——"먼
저 생산해야 한다"고 했다. 마르크스는 생존의 물질적 수단을 생산
하는 필요성으로부터 모든 것이 도출된다고 보았다.[15]

물질적 생산에는 두 가지가 필요하다. 첫째, 생산에는 마르크스가
물질적 생산력(material forces of production)이라고 부른 것이 필요
하다. 이것은 사회의 성격에 따라 다르다. 예를 들면 원시 수렵사회
의 **생산력**(forces of production)에는 야생의 사냥감, 사냥꾼의 활,
화살, 칼, 기타 도구가 들어간다. 좀 더 발전한 농업사회에서는 파종
할 종자, 곡물의 경작과 추수에 사용되는 괭이와 기타 농기구, 이삭
에서 곡식을 분리하고 가루로 빻아 빵을 만드는 데 사용되는 여러
도구들이 생산력을 구성한다. 좀 더 복잡한 산업사회에서 생산력은
원료(광석, 석탄, 목재, 석유 등), 천연 상태의 원료에서 산업에 투입할
재료를 뽑아내는 데 사용되는 기계, 재료를 상품으로 전환하는 공
장, 재료를 공장으로 운반하거나 최종 생산품 형태로 시장으로 내보
내는 데 필요한 화물 기차나 트럭을 포함한다.

원료와 기계 외에도 물질적 생산에는 마르크스가 **사회적 생산관계**
(social relations of production)라고 부른 두 번째 요소가 필요하
다. 인간은 원료를 채취하고, 기계를 발명·제작·가동·수리하며,
공장을 짓고 직원을 두기 위해 스스로를 조직한다. 원시사회나 복잡
한 사회 모두 물질적 생산에는 일정 정도의 숙련도가 필요하다. 애
덤 스미스는 이것을 '분업' 이라 불렀고, 마르크스는 사회적 생산관
계 때로는 간단히 '사회적 관계(social relations)' 라고 불렀다. 서로 다
른 종류의 사회——마르크스가 때때로 말한 바로는 '사회구성체(social

formation)'——는 아주 다른 사회적 생산관계를 이루고 있다. 예를 들면 수렵사회는 사냥에 따라 조직되어 있다. 이 사회는 거의 항상 젊은이들로 이루어진 사냥꾼들, 어린이를 출산하고 양육하며 동물 가죽을 옷이나 이불 등 유용한 물품으로 만드는 여자들, 그밖의 다른 일들을 하는 사람들로 짜여 있을 것이다. 농업사회에서 사회적 생산관계는 연장 제작자, 말에 편자를 박고 재갈을 채우는 사람, 곡식을 파종하고 추수하는 사람, 곡물을 가는 사람, 빵을 만드는 사람들을 포함한다. 산업사회의 사회적 생산관계는 한층 더 복잡하다. 원료 채굴을 하는 광부, 벌목꾼, 원료를 공장으로 나르는 철도 노동자, 기계를 발명·제작·작동·수리하는 각각의 사람들, 자본을 증식시키는 은행가와 중개업자, 투자자, 그 외 많은 사람들로 이루어져 있다.

이러한 사회적 생산관계에서 서로 다른 계급들이 나타난다. 마르크스는 '과학적' 사회분석을 위해 단순화된 계급 구도를 제시했지만, 우리는 하나가 다른 하나를 지배하는 두 개의 적대적인 계급으로 나누어진 사회를 생각함으로써 계급 구도를 좀 더 단순화할 수 있다. 노예제 사회는 주인이 지배계급이고 노예가 피지배계급이다. 봉건사회에서 두 개의 대립 계급은 봉건영주와 그들의 농노이다. 산업자본주의 사회에서는 마르크스가 **부르주아지**(bourgeoisie)라고 부른 자본가와 임금노동자, 곧 **프롤레타리아**(proletariat)가 있다. 어떤 계급에 속하는가는 사람들이 생산력에 대해 어떤 관계를 맺고 있느냐에 따라 달라진다. 아주 개략적으로 말해, 만일 당신이 기계 부속품이나 광산에서 일하는 조랑말 같은 생산력 혹은 생산 수단에 해당한다면 피지배계급에 속한다. 만일 인간 노동력을 포함한 생산력을 소유하거나 통제한다면 지배계급이 된다. 좀 더 다듬어서 정확히 말하자면, 만일 당신이 자신의 노동이나 '노동력(labor power)'을 소유하지 못하고 실제로는 다른 사람의 즐거움이나 이윤을 위해 그들에게 양도할 수밖에 없다면 피지배계급 혹은 노동계급이 된다.

모든 계급사회에서 지배계급은 피지배계급보다 아주 적기 마련이라고 마르크스는 지적한다. 노예는 주인보다, 농노는 봉건영주보다, 노동자는 자본가보다 아주 숫자가 많다. 지배계급은 수적으로는 열세이지만 두 가지 다른 방식으로 열세를 보충하고도 남는다. 첫째, 지배계급은 경찰, 법원, 감옥, 기타 국가 제도 등 강제 수단과 집행기관을 통제한다. 마르크스가 말한 대로 자본주의 사회에서 현대 국가는 "부르주아지의 공동업무를 처리하는 집행 위원회"[16]에 불과하다.

그러나 마르크스는 지배계급은 노골적인 힘만으로는 지배하지 않는다고 강조한다. 만일 그렇게 한다면 그 지배는 오래가지 못할 것이다. 지배계급의 안정성과 지속성은 좀 더 논란의 여지가 많은 두 번째 요소, 곧 그들이 노동계급의 생각과 믿음, 관념, 즉 '의식'을 통제한다는 사실 덕분이다. 모든 사회의 물질적, 경제적 토대(base)는 사회의 제도와 장치를 정당화해주고 정통성을 부여하는 일련의 관념, 이상, 믿음으로 이루어진 이데올로기적 상부구조(ideological superstructure)로 둘러싸여 있다. 이 관념들은 정치적 · 경제적 · 신학적 · 법적인 여러 형태를 취하고 있지만, 결국 개별 사회에 존재하는 분업, 계급 차이, 부와 신분, 권력의 방대한 불평등을 설명하고 정당화하며 정당성을 부여해준다는 점에서 그 기능이 동일하다. 계급 분열 사회에서 우리는 항상 지배계급의 이익에 봉사하고 피지배계급에게 불리하도록 작동하는 '이데올로기'를 볼 것이라고 마르크스는 지적한다(〈그림 5.2〉 참조).

"모든 시대에서 지배계급의 이념은 지배이념"[17]이라고 마르크스는 말했다. 여기서 마르크스는 어느 사회에서나 통용되고 있는 '지배적(mainstream)' 관념은 지배계급의 이익에 봉사하는 데 도움이 된다는 뜻으로 말하였다. 지배계급의 개별 구성원은 성격이나 정치적

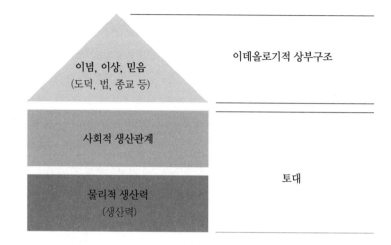

<그림 5.2> 마르크스의 유물론

성향에서 저마다 차이가 있겠지만 계급으로서는 자기 계급의 사회적, 경제적 지배를 유지하는 데 가장 중요한 이해관계를 갖고 있다. 그러기 위해서는 자신의 지배가 정상적이고, 자연스러우며, 심지어 필요하다고까지 보여줄 수 있어야 한다. 예를 들면 고대 그리스 사회에서 아리스토텔레스를 비롯한 여러 사상가들은 어떤 사람들은 '천성적으로 노예(slaves by nature)' 라고 했는데, 노예나 하인의 역할 외에는 다른 어느 것도 천성적으로 적합하지 않은 사람이라는 뜻이다. 이와 유사하게 남북전쟁 이전에 미국 남부에서 목회자들은 노예제는 신이 제정하고 축복했기 때문에 의문시하거나 비판해서는 안된다고 노예제의 잠재적 비판자들과 노예들에게 가르쳤다. 마르크스는 현대 자본주의 사회에서 사람들은 자본가 지배계급의 이익에 봉사하는 관념들을 내재화한다고 주장한다. 이 세상은 신이 가난한 자와 온유한 사람들을 사랑하는 '고뇌의 세계' 이며, 그들이 현세에

서 자신들의 신과 더불어 겸손하게 일한다면 내세에는 천국에 갈 것이라고 가르치는 종교적 관념들이 여기에 포함된다. 마르크스는 종교가 인간의 정신을 어리석게 하고 자신이 살고 있는 비참한 상황을 무비판적으로 받아들이게 하기 때문에 인민의 아편(the opium of the people)이라 불렀다. 또한 자본주의 사회에서 인간은 자기이익을 추구하는 탐욕적이고 경쟁적인 모습이 '인간본성'이라고 교육받는다. 게다가 그들은 '자유'를 '단 하나의 부당한 자유, 즉 거래의 자유', 정부의 '간섭' 없이 이윤을 획득하는 자유, 경쟁의 자유, '자유기업' 체제가 만들어낸 불평등한 결과를 향유하는 자유와 동일시하도록 배운다. 유치원에서 대학에 이르는 전체 교육 체계는 이러한 가르침을 단단히 주입한다. 법률가와 성직자나 마찬가지로 대학교수도 이데올로기 주입 과정에 자기도 모르게 참여하는 사람들이다. 거대한 영향력을 발휘하는 자본주의 사회의 주류 매스미디어는 자본주의적 생산관계가 인간본성에 맞는 정상적이고 필요한 것이라고 보여주는 반면, 사회주의와 공산주의 같은 비자본주의적인 대안은 인간본성과 맞지 않고 정도(正道)를 벗어난 비정상적인 것으로 현실에서는 작동할 수 없는 체제로 그려낸다.

이런 모든 방식을 통해 노동계급은 자신의 실제 상황에 대한 정확한 인식을 형성하지 못하도록 차단당하고 있다. 노동계급은 지배계급의 관념을 그릇되게 차용하고 있는 것이다. 간단히 말해 노동계급은 허위의식(false consciousness)으로 고통받고 있다. 이런 상태에 머물러 있는 한 노동계급은 '즉자(in itself)' 계급, 즉 자신의 이해관계와 혁명적인 정치적 가능성을 인식하지 못하는 계급일 뿐 아직 '대자(for itself)' 계급은 아니다. 어떻게 노동계급이 이러한 허위의식을 극복하고 지배계급에 맞서 혁명을 일으킬 태세를 갖춘 대자계급으로 형성되는지 살펴보려면 마르크스의 자본주의 비판과 혁명 이론을 알아야 한다.

마르크스의 자본주의 비판

마르크스는 자본주의에 대한 노골적인 비판자였지만 "역사적으로 부르주아지는 가장 혁명적인 역할을 수행하였다"[18]고 하면서 자본주의가 한편으로는 사회변동의 진보적이며 근본적인 힘이라는 사실을 인정했다. 그는 초기 단계에서 자본주의는 중요하면서도 역사적으로 진보적인 세 가지 기능을 수행했다고 보았다.

첫째 봉건주의 말기의 상인 자본가들은 아프리카와 동양을 연결하는 새로운 교역 루트를 발견하고 무역장벽을 철폐함으로써 봉건제의 몰락을 촉진시켰다. 그들 역시 신세계를 발견하는 데 조연 역할을 한 것이다. 사실 콜럼버스는 아메리카가 아니라 동인도 제도에서 차, 비단, 향료를 들여올 좀 더 짧은 교역 루트를 찾고 있었다. 군주와 귀족들은 이들 부유한 신흥 상인 자본가들에게 종종 빚을 지고 있었으며, 자본가들은 봉건 지배자들에게 법적, 정치적 양보를 강요하곤 했다. 간단히 말하면 다음과 같다.

부르주아지는 자신들이 지배권을 획득한 곳에서는 어디서나 모든 봉건적, 가부장적, 목가적 관계를 파괴했다. 부르주아지는 사람을 '타고난 상전들'에게 얽매어 놓았던 온갖 봉건적 속박을 가차없이 토막내버렸다. 그리하여 사람들 사이에는 노골적인 이해관계와 냉혹한 '현금 계산' 외에는 아무런 연계[즉 연결]도 남지 않았다. 부르주아지는 종교적 광신, 기사적(騎士的) 열광, 속물적 감상 등의 성스러운 황홀경을 이기적 타산이라는 차디찬 얼음물 속에 집어넣어 버렸다. 부르주아지는 사람의 인격적 가치를 교환가치로 해체했으며, 파기할 수 없는 수많은 특허장으로 보장된 [즉 봉건제의] 자유 대신에 단 하나의 파렴치한 자유, 즉 상거래의 자유를 내세웠다. 한마디로 부르주아지는 종교적, 정치적 환상으로 가려져 있던 착취를 공공연하고 파렴치하며 직접적이고도 잔인한 착취로 바꾸어 놓았다.[19]

언뜻 보기에는 좀 이상하겠지만 마르크스는 이러한 역사 진행을 진보적인 흐름, 즉 궁극적으로는 좀 더 정의롭고 착취 없는 사회로 이끌고 갈 단계, 고통스럽지만 필요한 단계로서 보았다.

자본주의는 두 번째 측면에서 진보적 역할을 수행해왔다. 즉 인간이 자연을 정복하게 만들었던 것이다. 자본주의야말로 "인간의 활동이 무엇을 이룩할 수 있는가를 처음으로 보여주었다. 그것은 이집트의 피라미드나 로마의 수로(水路), 고딕식 성당과 완전히 다른 기적을 이루어냈다. 그것은 민족의 대이동이나 십자군을 무색하게 만든 원정을 해냈다." 요약하면 다음과 같다.

부르주아지는 100년도 채 안 되는 지배를 하는 동안에 과거의 모든 세대들이 해온 것을 전부 합친 것보다 더 많고 더 거대한 생산력을 창조해냈다. 인간이 이룬 자연력의 정복, 기계, 산업과 농업에서 화학의 응용, 증기선 항해, 철도, 전신, 세계 각지의 개간, 하천의 운하, 마치 땅 밑에서 솟아난 듯한 엄청난 인구 등과 같은 생산력이 사회적 노동이라는 골짜기에서 숨죽이고 있었다는 점을 과연 과거의 어느 세기가 예감이라도 했겠는가?[20]

좀 더 직접적으로 자본주의가 진보적 힘이라는 사실을 입증해주는 셋째 측면은 기술 혁신과 변화에 대한 필요성이다. 이윤을 얻으려면 산업은 새롭고 더 능률적인 기계 시설을 갖추어야 한다. 이러한 물질적 생산력의 변화는 사회적 생산관계의 변화, 이로 인한 사회 전반의 광범위한 변화를 몰고 온다.

부르주아지는 생산력을 끊임없이 변혁하지 않고서는, 따라서 생산관계와 더 나아가 사회관계 전반을 혁신하지 않고서는 존재할 수 없다. …… 생산의 계속적인 변혁, 모든 사회관계의 끊임없는 교란, 항구적인 불안과 동요가 부르주아 시대를 그전의 모든 시대와 구별해준다. 굳어지고 녹슬어버린 모든 관계는 그에 따르는 부산물들, 즉 아주 오래전부터 존중되어온 관념이나 견해와 함께 해체되며, 새로 생겨나는 모든 것도 미처 자리를 잡기도 전에 이미 낡은 것이 되고 만다. 단단한 것은 모두 공기 중으로 녹아버리고, 신성한 것은 모두 모욕당함으로써 인간은 마침내 자기의 생활 상태와 서로간의 관계를 냉정한 눈으로 바라볼 수밖에 없다.[21]

이 모든 측면에서 자본주의는 행복을 위한 진보적인 힘이 되었다고 마르크스는 주장하였다.

만일 자본주의가 유익했다면 왜 마르크스는 자본주의에 대해 그토록 비판적이었을까? 왜 그는 자본주의를 타도하고 대체해야 한다고 생각할까? 마르크스는 여러 이유를 제시했지만 그중 다음 세 가지가 특히 중요하다.

첫째 마르크스는 자본주의가 시대에 뒤처진다고 주장한다. 한때는 진보적이었지만 자본주의는 그 유용성을 상실하였고 이제는 지양되어야 한다는 것이다. 자본주의가 봉건주의에 비해 진보를 의미한다고 해서 바람직하거나 앞으로는 필요한 발전이 없다는 뜻은 아니다. 사춘기가 성년을 준비하듯 자본주의는 좀 더 고차적이고 자유로운 형태의 사회, 즉 공산주의 사회를 향한 길을 마련한다고 마르크스는 주장한다.

둘째 마르크스는 자본주의가 소외를 만들어낸다고 강조한다. 우리가 앞서 지적했듯 소외 혹은 외화 개념은 헤겔 철학에서 큰 비중을 차지한다. 마르크스 역시 자신의 자본주의 비판에서 '소외'를 중심 개념으로 사용한다. 그러나 마르크스는 소외를 조금 다르게 파악한다. 그의 관점에서 스스로를 소외시키는 것은 '정신'이 아니라 자신의 노동과 자기 자신들에게서 소외된 인간이다. 노동계급이 인지하는 소외감은 궁극적으로 자본주의의 몰락과 공산주의의 실현에 기여할 것이다.

마르크스 철학에서 자본주의하의 노동자는 서로 연결되지만 각각 구분되는 네 가지 방식으로 소외된다. (1) 노동자는 자신의 노동력을 팔 수밖에 없고 자신이 생산한 것을 소유하지 못하기 때문에 자기 노동의 생산물에서 소외된다. (2) 자본주의적 대량생산 체제는 창조적 정신을 말살하여 노동자는 자신의 노동 속에서 만족감을 찾을 수 없기 때문에 생산 활동 자체에서 소외된다. 곧 노동자는 "기계 부속품"[22]이 된다. (3) 노동자는 독특하면서도 개별적인 인간 잠재성 혹은 인간 '능력', 특히 미(美)를 창조하고 즐기는 능력에서 소외되는데, 자본주의 사회에서 이 능력은 계발되지 못한 채 남아 있거나 둔화되어 있다. (4) 자본주의가 노동자들끼리 직업과 임금을 놓고 서로 경쟁을 벌이도록 만드는 한 그들은 서로 소외된다.

그러나 노동자만 소외를 겪는 것은 아니다. 헤겔의 주인과 노예의 일화처럼 자본가들 역시 소외를 겪는다고 마르크스는 주장한다. 물질적 풍요를 갖춘 자본가들은 자신이 자유롭고 자기 본질을 실현한 존재라고 생각하지만, 실제로는 그렇지 못하다. 마르크스에 따르면 자본가는 단순히 자본에 대한 '부속품'에 불과하다. 그들은 자본의 주인이 아니라 노예다. 자본가는 '자신의' 상전인 전지전능한 시장에 굴복하고, 여기에 자기 행동을 맞춘다. 자유롭기는커녕 자본가의 행동은 그들의 통제를 벗어난 외부의 힘에 의해 결정된다.

셋째 마르크스는 자본주의가 자기 파괴적이라고 주장한다. 자본주의 체제의 작동은 모든 사람, 심지어 자본가들조차 꼼짝 못하게 장악하는 철칙을 갖고 있다. 그것은 자본가들을 자기 인격이 만개(滿開)된 친절하고 남을 배려하는 존재가 아니라 냉혹하고 무감각한 계산기로 만든다. 그러나 마르크스는 자신이 자본주의를 도덕적 근거에서 비판하지 않는다는 것, 또한 개인 혹은 계급으로서도 자본가의 도덕성에 의문을 제기하지 않는다는 것을 계속 강조한다. 그가 내세운 자본주의에 대한 '과학적' 비판은 자본주의 논리가 어떻게 자본가 자신을 포함한 모든 사람의 행동을 제약하는지 보여주려고 한다. 이러한 비판은 예를 들어 노동자의 임금을 최소 생계 수준으로 묶어두도록 작동하는 자본주의 체제의 운영 방식에서 특히 분명하게 드러난다. "임금 노동자의 평균 가격은 최소 임금, 즉 노동자들을 노동자로서 가까스로 연명하게 만드는 데 필요한 생계 수단의 양이다."[23] 자본가들이 비도덕적이거나 잔인해서가 아니라 체제의 논리가 그렇게 하도록 만들기 때문에 그들은 임금을 낮게 유지한다.

서로 경쟁하는 두 자본가들이 소유하고 있는 공장을 상상해보면 마르크스의 이러한 주장을 쉽게 이해할 수 있다. 두 자본가들이 똑같은 생산물, 예를 들면 철강을 생산한다고 하자. 어느 날 한 자본가가 자기 노동자들에게 동정을 베푼다. 그는 노동자의 임금을 인상하고, 노동 시간을 축소하며, 노동조건을 개선하고, 안전 설비, 탁아시설, 병원 설치 등의 조치를 취한다. 그의 경쟁자는 이런 일을 전혀 하지 않는다. 그 결과는? 친절한 자본가는 사업에서 파산하고 노동자는 직장을 잃는 반면, 매정한 경쟁자는 사업이 번창한다. 왜? 복지 향상 사업에 대한 지출은 생산 원가를 상승시켜 소비자들을 멀어지게 한다. 그렇지 않으면 자신의 이윤 폭을 줄여야 하는데, 이렇게 하면 자신의 투자로 가능한 최대의 수익률을 올리려는 투자자들을 쫓아버린다. 마음 좋은 자본가는 이제 파산을 맞고 노동자 대열에 합류할 수밖에 없다. 반대로 경쟁자는 더 부유해진다. 그와 비슷한 자본가들이 각자의 시장에서 점점 더 큰 몫을 차지하며 경쟁자들을 몰아내고 결국 독점 경향을 나타낸다. 마르크스에 따르면 이것이 자본주의의 논리다.

이 가공의 이야기의 요점은 자본주의하에 노동자와 자본가는 모두 자기 능력의 완전하고 자유로운 계발에서 소외된다는 것이다. 그러나 모든 것이 "뒤집혀 있는(inverted)"[24] 자본주의하에서는 어떤 것도 참모습이 겉으로 드러나지 않기 때문에 그들 모두는 이런 사실을 알지 못한다. 공정한 것이 반칙처럼 보이고, 반칙이 공정하게 보인다. 뒤죽박죽인 세상에서 시장은 자유롭지만 개인들은 그렇지 못하다. "부르주아 사회에서는 자본이 독립적이며 인격을 갖는 반면 살아 있는 사람들은 예속되고 인격이 없다"[25]고 마르크스는 주장한다. 노동자는 자신의 노동을 하루 일당과 자발적으로 교환하는 듯 보인다. 그러나 실제로 노동자는 일자리를 잃고 마침내는 굶어죽을지 모른다는 공포 때문에 어쩔 수 없이 생존임금으로 일하는 것이다. 자본가들은 자기 좋은 대로 마음껏 행동할 수 있는 듯 보인다. 하지만 사실 그들 또한 자신들의 통제를 벗어난 힘에 꼼짝 못한다. 마술사의 제자처럼 자본가들은 곧 자신들을 쓸어 없앨 빗자루를 움켜잡고 있는 것이다.[26]

마르크스는 자본주의가 어느 날인가에는 스스로를 무너뜨릴 조건과 힘을 만들어 풀어놓는다고 주장한다. 특히 자본주의는 자신의 '무덤을 파는 사람들', 자본주의와 화해할 수 없는 이해관계를 가진 계급, 잃을 것이 아무것도 없지만 지배 부르주아지에 저항함으로써 모든 것을 얻을 계급, 즉 프롤레타리아를 만들어왔다. 역설적으로 자본주의 체제의 몰락에 책임을 져야 할 계급은 부르주아지다. 최초로 노동자들을 한곳으로 불러 모아 그들에게 상품 생산에서 노동을 결합하고 협동할 것을 가르친 사람들은 바로 부르주아지였다. 노동자는 결국 스스로를 공통된 이해관계를 갖고 부르주아지라는 공동의 적에 맞서는 단결된 계급으로서 생각한다. 그리고 그들은 자본주의를 타도하고 궁극적으로는 계급 없는 공산주의 사회를 창조할 혁명을 성취할 것이다.

마르크스주의의 최종 목표인 공산주의의 등장을 검토하기에 앞서, 마르크스가 이 혁명의 실현 과정이라고 믿었던 조건들을 좀 더 면밀히 살펴보아야 한다. 먼저 마르크스가 전개하는 '변증법'적 논리의 순수 핵심을 살펴보고, 둘째 자본주의를 타도하고 사회를 근본적으로 변혁하는 혁명 과정으로 이어지는 좀 더 구체적인 사회, 경제, 정치적 요소들 속에서 이 논리를 검토하자.

변화의 변증법

경쟁적인 자본주의 사회에서 협동적인 공산주의로 바뀌는 중대한 변화를 이끌어내는 과정을 마르크스는 정확히 어떻게 보았을까? 여기서 우리는 마르크스에게 미친 헤겔 철학의 영향, 특히 역사가 변증법적으로 움직이며 '이성의 간계'를 드러낸다고 보는 생각을 기억해야 한다. 자본가와 프롤레타리아는 그 구성과 결말을 모르는 드라마에 참가한 인물들이다. 앞에서 지적했듯 이 드라마의 플롯은 헤겔이 말한 주인과 노예 이야기와 비슷하다. 물론 행위자들은 개인이 아니라 서로 적대적인 거대 두 계급, 즉 부르주아지와 프롤레타리아다.

마르크스 식의 헤겔 변증법 재구성에서는 자본가가 주인 역할을, 노동자가 노예 역할을 맡는다. 실제로는 노동자들이 예속되어 있지만, 그들은 처음에 이 사실을 알지 못한다. 직업을 준 자본가에게 감사하고 일자리를 놓칠까 두려워하며, 노동자는 자본가에게 의탁하고 신세를 진다. 또 노동자는 자본가의 세계관, 자본가들이 세상에서 차지하는 위치를 받아들인다. 이 세계관에서는 자본가 덕택에 일자리가 '창출되고' 운 좋은 노동자에게 '주어진다'. 또한 자본가들은 노동자의 노동에 대한 대가로 임금을 지불하기 때문에 둘 사이의 관계는 서로 도움을 주고받는 듯 보인다. 그러나 이런 겉모습은 오해다. 자본가는 노동자의 노동가치보다 적게 지불함으로써 그들을 착취한다. 노동자에게 '잉여가치(surplus value)를 추출' 함으로써——이윤을 만든다는 것을 마르크스는 이렇게 표현한다——자본가는 풍족하게 살 수 있는 반면 그들은 겨우 입에 풀칠이나 한다. 겉으로는 호혜적(互惠的)인 그들의 관계는 절대 평등하지 않다. 자본가는 부유해지는 반면 노동자는 빈궁해진다. 프롤레타리아가 빈곤할수록 자본가 계급, 곧 부르주아지는 풍요로워진다.

이 상황에서 노동자는 불안감을 느낀다. 때로는 굶주리고 항상 불안정한 노동자는 왜 자신의 인생이 자본가에 비해 그렇게 형편없는지 묻기 시작한다. 자본가들이 미리 준비한 답안——자기들은 더 열심히 일했고 더 많이 저축했기 때문에 부자가 되었으니 누구라도 그렇게 하면 자본가가 될 수 있다는——이 공허하게 들리기 시작한다. 아무리 노동자들이 열심히 일하고 많이 저축한다고 해도 모든 사람이 자본가가 되기란 사실상 그리고 논리적으로 불가능하다. 자본주의가 체제로서 존속하려면 어떤(실제로는 대부분) 사람들은 노동자가 되어야 한다. 이런 사실을 성찰함에 따라 노동자는 마침내 자신이 잘못했거나 '별자리' 가 나쁘거나 '천성' 이 잘못되었거나 '운명' 때문이 아니라 자본주의 자체에 결함이 있다는 사실을 깨닫는다. 처음에는 자신들에게 자본가가 필요하다고 믿었던 노동자들이 심사숙고

끝에 이제는 자본가들에게 노동자가 필요하다는 것, 노동자의 노동이 없으면 부는 창출될 수 없다는 것, 노동자가 없으면 자본가로서의 정체성이 상실된다는 것을 깨닫는다. 따라서 자본가들이 노동자에게 의존하고 있는 것이다.

물론 뒤집어 말해도 이 말은 사실이다. 자본가 계급이 없으면 노동자 계급도 있을 수 없다. 당연히 자본가는 기존 상태를 유지하고 싶어한다. 반면 노동자는 자유를 획득하고 소외를 극복하는 데는 부르주아지와 프롤레타리아라는 두 적대 계급의 소멸이 필요하다는 사실을 인식한다. 그렇다고 계급 구성원들을 모두 죽여 없애자는 말이 아니라 계급 분열을 만들어내고 유지해온 조건들을 없애야 한다는 뜻이다. 한 계급이 다른 계급의 노동에서 이윤을 만들어내고 착취하는 일이 사라져야 한다. 그러나 이렇게 되면 계급이 더 이상 존재하지 않을 것이라고 마르크스는 주장한다. 계급 분열은 본질상 착취적이다. 착취를 없애면 계급도 사라지고, 계급을 없애면 착취도 사라진다.

프롤레타리아는 자신을 폐지시키는 데 이해관계가 걸려 있는 근대 역사의 유일한 계급이기 때문에 독특한 존재라고 마르크스는 말한다. 프롤레타리아는 부르주아지처럼 자신을 계급으로서 유지하려하기보다 모든 계급 구분을 철폐함으로써 계급 지배를 폐기하려고 한다. 마르크스 사상에서 프롤레타리아는 자신의 이해관계를 실현하는 가운데 모든 인류의 이익에 기여하는 "보편 계급"이다.[27] 빈궁하고 경멸받으며 인간으로서의 품위를 상실한 노동계급을 폐지하고 자유롭고 평등한 인간이 되려는 것이 노동자들의 이해관계다. 게다가 그들은 스스로를 해방시키면서 과거 그들의 주인까지 자유롭게 한다. 마침내 그들은 "모든 인간의 완전하고 자유로운 발전"[28]을 성취한다.

마르크스에게 진정한 자유, 곧 착취와 소외로부터의 자유, 자신의 인간 능력을 완전히 계발하는 자유는 계급 없는 사회에서만 피어날수 있다. 바로 이런 종류의 사회를 실현하는 데 노동자의 이해관계가 걸려 있다. 마르크스의 철학에 따라 노동자들이 허위의식을 극복하고 자신의 '진정한' 이익을 발견하려면 어떻게 할 것인가? 프롤레타리아가 혁명적 계급의식으로 무장한 '대자' 계급이 되려면 어떻게해야 하는가? 간단히 말해 자본주의 타도와 계급 없는 공산주의 사회를 창조할 혁명 과정은 실제로 어떤 단계 혹은 국면으로 이루어져있는가? 그리고 공산주의 사회는 어떤 모습일까?

혁명의 단계

마르크스는 프롤레타리아 혁명이 궁극적으로는 범세계적으로 발생하겠지만, 일단 선진 자본주의 국가에서 시작하여 아주 명확한 순서를 따라 진행될 것이라고 예측하였다. 혁명 과정의 단계는 다음과같은 방식으로 간략하게 윤곽을 그려볼 수 있다(〈그림 5.3〉 참조).

경제 위기 마르크스가 이런 사실을 처음으로 발견한 사람은 절대아니지만, 자본주의는 주기적인 경제 침체, 즉 경기 후퇴와 디플레이션에 시달린다. '부르주아' 경제학자들은 이것을 '경기 사이클(business cycle)'의 '파동'이라고 불렀는데, 시간이 지나면 스스로 극복될 현상이라고 보았다. 반면 마르크스는 이 위기들이 자본주의 경제의 특징을 이루는 '생산의 무정부 상태' 때문에 생긴다고 파악한다.[29] 자본주의 사회가 발전하거나 성숙할수록 이 위기들은 더 자주심하게 일어나며, 스스로 교정할 가능성은 더 없어질 것이다.

프롤레타리아의 궁핍화 부자인 부르주아지는 노동자들보다 이 위기

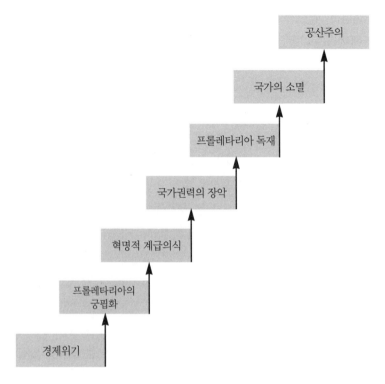

〈그림 5.3〉 마르크스의 혁명단계 개념도

들을 잘 견뎌낼 수 있다. 하지만 경기 불황과 침체는 노동자에게 직업과 소득, 마지막으로는 음식과 집마저 뺏어간다. 자기 잘못은 전혀 없으면서도 일자리를 찾을 수 없는 그들 중 일부는 구걸에 나서며, 일부는 투옥과 심지어 죽음의 위험까지 감수하며 좀도둑질을 하고, 굶어 죽는 사람들도 있다. 노동자로 남아 있는 자들의 처지 역시 비참하기는 마찬가지이지만 일자리를 잃으면 더욱 처참해진다. 마르크스에 따르면 '프롤레타리아의 궁핍화(immiseration of the proletariat)'라는 이 과정은 자본주의 사회에서 피할 수 없는 현상이다.

혁명적 계급의식(revolutionary class consciousness) 비참한 상황에서 노동자들은 자신들이 아니라 시스템, 너무나 뻔해서 눈에 띌 수밖에 없는 '모순'으로 둘러싸인 시스템에 잘못이 있다는 사실을 깨닫기 시작한다. 그들은 기꺼이 일하려 하지만 주변에는 충분한 일자리가 없다. 그런데도 일하지 않으면서 각종 혜택은 꼬박꼬박 챙기는 부르주아지는 안락하고 풍요롭다. 그들의 자식들은 잘 먹고 잘 입고 학교에 가지만, 영양실조에 굶주린 노동자의 자식들은 거리에서 구걸을 하거나 한 조각 음식을 위해 쓰레기 더미를 뒤진다. 이러한 모순을 목격하면서 노동자들은 자신들이 비참한 상태에 빠진 원인에 대해 비판적으로 사고한다. 이 과정에서 마르크스 이론은 어떻게 상황이 이런 방식으로 전개되는지 설명을 제시하면서 자기 이론을 완성해 간다. 또한 지배 부르주아지의 타도라는 해결책도 제시한다. 마르크스는 노동자가 조만간 앞에서 말한 이런 결론에 스스로 도달할 것이기 때문에 자신은 가장 직접적이고 고통이 적은 방식으로 혁명과정을 앞당겨서 '출산의 고통(産苦)'을 줄이는 '산파' 역할을 할 뿐이라고 보았다.

국가권력의 장악 마르크스는 '객관적' 경제 조건(프롤레타리아의 궁핍화로 귀착되는 경제 위기)과 '주관적' 조건(혁명적 계급의식)이 결합하여 정치적으로 폭발적인 혼합물을 만들어낼 것이라고 예측했다. 표면적으로는 서로 연관이 없는 소규모의 자발적인 파업, 태업, 시위, 폭동에서 시작하여 혁명운동은 지배계급을 타도하기 위해 좀 더 전투적이며 조직화되고 단결된 힘으로 빠르게 응축된다. 마르크스는 혁명이 몇 가지 방식으로 발생할 것이라고 믿었다. 첫 번째 가능성은 하룻밤 사이에 경제를 마비시키며 자본가들을 파산시키는 국가 규모의 '총파업'이 일어나는 것이다. 또 다른 가능성은 자본가·군인 · 경찰과 무장한 프롤레타리아가 맞서는 유혈 내전이다. 세 번째 가능성은(마르크스에 따르면 네덜란드나 미국을 제외하고는) 희박하기는 하지만 부르주아지를 총탄에 의해서가 아니라 자유롭고 공정한 선거에서 패배시킴으로써 타도하는 것이다. 어느 경우라도 노동자는 연대성과 수적 측면에서 우위를 차지한다. 그 투쟁은 시간이 오래 걸리면서 어렵고 때로는 폭력적일 것이다. 그러나 어떤 방법을 통해서 이루어지건 결국 프롤레타리아는 부르주아지의 수중에서 국가권력을 탈취하여 보유할 것이다.

프롤레타리아 독재 국가권력을 장악한 다음 프롤레타리아는 마르크스가 **프롤레타리아의 혁명적 독재**(revolutionary dictatorship of proletariat)라고 부른 권력을 확립하는 데 착수한다. 마르크스 이론에 따르면 이 선동적 구호의 의미는 간단하다. 계급지배의 체제로서 부르주아 국가는 프롤레타리아에 대한 부르주아지의 독재에 해당한다. 노동자가 국가권력을 수중에 장악하면 그들이 새로운 지배계급이 된다. 즉 노동계급은 자신의 이해관계를 실현하기 위해 지배할 것이다. 그들의 가장 시급한 이해관계는 패배한 부르주아들이(아마도 외부의 지원을 얻어) 권력을 재탈취하기 위한 반혁명 세력으로 결집하지 못하도록 막고 혁명의 과실을 보존하는 데 있다. 따라서 노동계급은 이러한 반혁명을 막기 위해 학교, 병원, 감옥, 경찰 등 국가의 지배 장치를 '독재적' 방식으로 운영해야 한다. 마르크스는 승리를 거둔 노동자들이 그들끼리는 민주적이고 공개적인 방식으로 대할 것이라고 예상한다. 프롤레타리아의, 프롤레타리아에 의한 독재가 있을 뿐 그들 위에 군림하는 독재는 아니다.

국가의 소멸(witheriny away of the state) 후기 저작인 『고타 강령

비판(Critique of the Gotha Programme)」에서 마르크스는 부르주아지가 패배한 이후 자본주의에서 완전히 개화된 공산주의로 이어지는 과도기가 시작될 것이라고 지적한다. 부르주아 사회의 특징인 낡은 경쟁적 사고방식이 즉시 사라지지는 않을 것이기 때문에 공산주의의 첫 번째 혹은 과도기 형태에서는 프롤레타리아 독재뿐 아니라 사람들을 열심히 일하게 만드는 인센티브로서 임금 체계도 계속 이용할 것이다. 공산주의의 첫 단계에서 지배 원칙은 '각자의 능력에 따라(일하고—역자), 각자의 노동에 따라(소비한다—역자)'가 되어야 한다. 그러나 '보편계급'으로서 프롤레타리아의 항구적인 이익은 계급과 계급 분열을 없애는 데 있다. 노동자가 작업장 통제권을 장악하고 노동조건을 바꿈으로써 착취와 소외를 종식시키면 계급은 폐지되기 시작할 것이다. 부르주아지들이 차차 사라지거나 자신들의 사회 운영 방식의 오류를 알게 됨에 따라 강제할 필요도 점점 없어질 것이다. 마르크스는 공산주의가 완전한 혹은 성숙한 형태를 이룩함에 따라 '프롤레타리아 독재'는 존재 이유를 잃고 간단히 '소멸'할 것이라고 예상한다.

공산주의(communism) 마르크스는 미래 공산주의 사회의 고유한 특징에 대해 놀라울 정도로 별 언급이 없었다. 완벽한 사회를 위해 상세한 청사진을 마련했던 초기 공상적 사회주의자들과 달리, 마르크스가 "미래의 부엌을 위한 조리법"[30]을 작성하지 않았다는 점이 그 이유 중의 하나이다. 마르크스는 모든 미래 사회의 형상은 거기서 살고 있는 사람들만 결정할 수 있다고 생각했다. 그렇지만 마르크스는 자신이 생각하기에 미래 사회가 갖출 여러 특징들을 암시했다. 그중 하나로 미래 공산주의는 모든 시민이 통치 행위에 적극적으로 참여하는 민주적이고 공개적인 사회일 것이다. 또 다른 특징은 광산, 숲, 공장, 방앗간 등 주요 생산수단이 공공 소유가 될 것이라는 점이다. 경제적 생산은 계획에 입각하여 질서 있게 진행될 것이다. 그리고 재화와 서비스는 특권이나 부에 기반을 두지 않고 능력과 필요의 원칙에 따라 분배될 것이다. 공산주의에서 규칙은 '각자의 능력에 따라, 각자의 필요에 따라' 일 것이다. 공산주의 사회에 사는 사람들은 마침내 진정한 자유를 누릴 것이다. 즉 착취, 소외, 이데올로기적 환상의 장애물을 극복한 후 인간은 자신의 다양한 개성을 자유롭게 계발할 것이다. 마르크스는 운 좋은 소수가 아니라 모든 인류가 자유롭게 다재다능한 르네상스 시대의 인간이 되는 미래 사회를 그렸던 것이다.

어느 누구도 인간 활동의 한 가지 측면에만 매여 있지 않고 각자 자신이 원하는 어떤 분야에서라도 성취할 수 있는 공산주의 사회에서는 사회가 일반적 생산을 규정함으로써 오늘은 이런 일을 하고 내일은 또 다른 일을 할 수 있다. 그래서 사냥꾼, 고기잡이, 양치기, 비평가가 되지 않고서도 아침에는 사냥, 오후에는 낚시질, 저녁에는 가축을 돌보고 저녁 식사 후에는 비평을 할 수 있다.[31]

마르크스는 자신의 사상을 정치적 실천으로 옮긴 것을 보기에는 너무 일렀던 1883년에 사망했다. 그러나 스스로를 마르크스주의자로 부르며, 마르크스의 이름으로 자기 주장을 폈던 다른 사람들은 칼 마르크스 자신을 거의 놀라게 할, 어느 경우에는 그를 질리게 할 정도로 마르크스의 사상을 해석하고 재해석하며 적용하는 데 분주했다. 마르크스 자신이 좋아했건 싫어했건 그는 마르크스주의를 세웠다. 그리고 이제 보겠지만 마르크스 이후의 마르크스주의는 스스로의 흥미로운 역정을 밟아 나갔다.

더 읽을거리

Ackroyd, Peter. The Life of Thomas More. New York: Doubleday, 1998

Avineri, Shlomo. The Social and Political Thought of Karl Marx. Cambridge: Cambridge University Press, 1968.

Ball, Terence, and James Farr, eds. After Marx. Cambridge: Cambridge University Press,1984

Berlin, Isaiah. Karl Marx: His Life and Environment, 4th ed. Oxford: Oxford University Press, 1978.

Carver, Terrell. Marx's Social Theory. Oxford: Oxford University Press, 1982.

Cohen, G. A. Karl Marx's Theory of History: A Defense. Princeton, NJ: Princeton University Press, 1978.

Gilbert, Alan. Marx's Politics: Communists and Citizens. New Brunswick, NJ: Rutgers University Press, 1981.

Kolakowski, Leszek. Main Currents of Marxism, 3 vols., trans. P. S. Falla. Oxford: Clarendon Press, 1978.

Manuel, Frank E. The Prophets of Paris. Cambridge, MA: Harvard University Press, 1962.

McLellan, David. Karl Marx: His Life and Thought. London: Macmillan, 1973.

Singer, Peter. Marx. Oxford: Oxford University Press, 1980.

Taylor, Keith. The Political Ideas of the Utopian Socialists. London: Cass, 1982.

Wilson, Edmund. To the Finland Station. New York: Doubleday Anchor, 1953

1) 마르크스의 문장은 다음의 책에서 인용하였다. Lewis Feur, ed., Marx and Engels : Basic Writings on Politics and Philosophy(Garden City, NY : Doubleday Anchor, 1959), p.29. 또한 다음 저작을 참고할 것. Terence Ball and Richard Daggers, eds., Ideals and Ideologies, 5th ed. (New York : Longman, 2004), selections 35.

2) 사회주의의 역사를 서로 아주 다른 관점에서 설명하고 있는 두 저작은 Alexander Gray, The Socialist Tradition : Moses to Lenin(London : Longman, 1947). George Lichtheim, A Short History of Socialism(New York : Praeger, 1970).

3) Plato, Republic(Books III and IV, 412B-421C).

4) Thomas More, Utopia, ed. J. Churlton Collins(Oxford : Clarendon Press, 1904), pp.43-44. 모어는 『유토피아』를 라틴어로 썼고 Collins는 1551년 Ralph Robynson의 영역본을 재출간했다. 우리는 특히 철자법을 수정하는 등 시대에 맞게 번역을 고쳤다. Ball and Dagger, Ideals and Ideologies, selection 33 역시 번역을 수정한 것이다.

5) 같은 책, p.68.

6) Gerald Winstanley, A New Yeers Gift for the Parliament and Armie(1650). David Wootton, ed., Divine Rights and Democracy (Harmondsworth : Penguin Books, 1986), pp. 317-333에 재수록. 또한 Winstanley, The Law of Freedom (1652 ; New York : Schocken Books, 1973) 참조.

7) Saint-Simon, Social Organization, The Science of Man, and Other Writings, ed. Felix Markham(New York : Harper Torchbooks, 1964).

8) Auguste Comte, August Comte and Positivism : Selections from His Writings, ed. Gertrude Linzer(New York : Harper & Row, 1975), p.88

9) Frnak E. Manuel, The Prophets of Paris(Cambridge, MA : Harvard University Press, 1962) 참조. 콩트에 대한 통렬한 자유주의-개인주의적 비판은 John Stuart Mill, Auguste Comte and Positivism(Ann Arbor, MI : University of Michigan

Press, 1961) 참조. 마르크스 역시 콩트의 'Scheiss positivismus(개똥 같은 실증주의)'에 대해 누구 못지않게 비판적이었다. Marx to Engels, 7 July 1866, in, Karl Marx and Friedrich Engels, Werke, vol.31(Berlin : Dietz Verlag, 1968), p.234,

10) Robert Owen, A New Vision of Society and Other Writings, ed. G. D. H. Cole (London : E. P. Dent, 1927). 발췌문은 Ball and Dagger, Ideals and Ideologies, selection 34.

11) David McLellan, Karl Marx : His Life and Thought(London : Macmillan, 1973).

12) G. W. F. Hegel, Phenomenology of Mind, trans. J. B. Baillie(New York : Harper & Row, 1967), pp.228-240.

13) Karl Marx, Capital(New York : International Publishers, 1967), Vol.1, "Afterword to the Second German Edition," p.20.

14) Marx and Engels, The Manifesto of Communist Party, in Lewis Feuer ed., Marx and Engels : Basic Writings on Politics and Philosophy(Garden City, NY : Doubleday Anchor, 1959), p.7. 또한 Ideals and Ideologies, selection 35 참조.

15) 이 단락에서 인용문은 모두 Marx and Engels, The German Ideology, Part 1 (New York : International Publishers, 1947).

16) Manifesto, p.9.

17) German Ideology, p.39 ; Manifesto, p.26.

18) Manifesto, p.9.

19) 같은 책, pp.9-10.

20) 같은 책, p.12.

21) 같은 책, p.10.

22) 같은 책, p.14.

23) 같은 책, p.22.

24) German Ideology, p.14.

25) Manifesto, p.22.

26) 같은 책, pp.12-13.

27) Critique of Hegel's Philosophy of Right, in Feur, ed., Marx and Engels, pp.141-142.

28) Manifesto, p.29.

29) 같은 책, p.32.

30) Marx, Capital, Vol.1, p.17.
31) German Ideology, p.22.

제6장

마르크스 이후의 사회주의와 공산주의

마르크스주의는 진리이기 때문에 전능하다. 그것은 포괄적이고 조화를 이루고
있으며, 어떤 형태의 미신, 반동 및 부르주아 억압의 옹호와 화해할 수 없는
총체적 세계관을 인간에게 제공한다.
——레닌, 「마르크스주의의 세 가지 원천과 구성 요소」

21세기 초에 사회주의, 특히 상명하복의 권위주의적이고 중앙집
중적인 사회주의는 이미 그 시대가 지나버린 사상으로 보인다. 이와
달리 20세기 초에는 사회주의가 유럽과 북미의 많은 사람에게 때를
만난 사상으로 보였다. 1883년 마르크스가 사망한 뒤부터 1914년 제
1차 세계대전 발발까지의 시기는 정치적·이론적 열정의 시대, 사회
주의와 사회주의 정당에 대한 대중의 지지가 상승하던 시대였다. 한
관찰자는 이를 사회주의, 특히 마르크스주의의 "황금시대"라고 부른
바 있다.[1]

물론 이 시기는 마르크스 계열의 사회주의 시대였지만, 기독교 사
회주의(Christian Socialism), 페이비언 사회주의(Fabian Socialism), 무정
부적 공산주의(anarcho-communism), 기타 비(非)마르크스 계열 사회
주의의 시대이기도 했다. 일부 사회주의자들은 스스로를 마르크스주
의라고 생각했지만, 다른 이들은 마르크스 이론의 여러 측면에 대해
아주 비판적이었다. 심지어 자칭 마르크스주의들도 종종 마르크스의
본래 의도와 마르크스주의의 본 모습과는 다른 해석을 내세웠다. 엥

겔스는 마르크스주의에 대한 자신의 독특한 해석을 전개하였으며, 후일 레닌과 볼셰비키 역시 독자적 해석을 내놓았다. 이들은 불타는 혁명의 대장간에서 세계를 다시 만들어내는 '과학적 사회주의자'라고 스스로를 생각했다. 다른 사회주의자들은 혁명의 전망에 회의적이거나 비판적인, 혹은 회의적인 동시에 비판적인 입장을 취했다. 예를 들면 수정주의자들(revisionists)은 마르크스 '혁명' 이론의 논리적 근거를 비판했다. 그들은 사회주의, 그 다음 단계인 공산주의를 '점진적(evolutionary)' 방법으로 평화롭게 성취할 수 있다고 생각했다. 무정부적 공산주의자 바쿠닌(Mikhail Bakunin)은 마르크스주의에는 권위주의, 더 나아가 전체주의적 경향이 숨어 있다고 의심하면서 정치적 실천의 지침으로서 마르크스주의를 거부해야 한다고 보았다.

그러한 열정과 다양한 갈래가 20세기 사회주의를 관통하는 특징이었다. 우리가 곧 보게 되듯이, 사회주의자의 합창에는 많은 목소리가 있었다. 모든 사람이 같은 음정으로 노래하지는 않았다. 어떤 사람은 다른 북소리에 맞추어 행진하였으며, 어떤 사람들은 전혀 다른 노래를 불렀다. 그렇다고 해도 지금까지 다른 어느 누구보다 마르크스의 목소리가 가장 컸다. 마르크스의 시대 이후 거의 모든 사회주의자들은 그 이론을 받아들이거나, 완전히 거부하거나, 아니면 본래 모습을 식별할 수 없을 정도로 수정하거나 하는 등 마르크스 이론과 일정한 관계를 맺는 것이 필요하다고 생각했다. 마르크스주의의 여러 변형과 사회주의의 다양한 형태는 〈그림 6.1〉에서 볼 수 있다.

마르크스 이후의 마르크스주의

죽기 몇 년 전 마르크스는 프랑스 노동자들 중 자신을 열렬히 추종

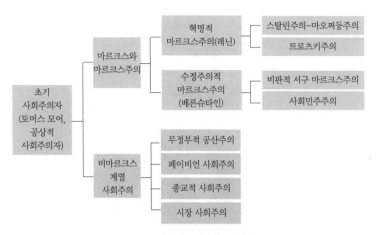

〈그림 6.1〉 사회주의 사상의 주요 형태

하는 일부 그룹이 스스로를 '마르크스주의자'라고 부르고 있다는 사실을 알았다. 누군가가 자신의 복잡하고 이른바 '과학적'인 이론을 단순화된 '주의(ism)'로 환원하려 한다는 생각은 노인을 경악시켰다. 마르크스가 사위에게 말했듯 "확실한 것은 내가 마르크스주의자가 아니라는 것이다."[2] 그러나 마르크스가 스스로를 마르크스주의자로 생각하지 않았다 할지라도 다른 많은 사람들은 기꺼이 그 명칭을 내세웠다. 이런 사람들 중 우두머리 격이 마르크스의 오랜 친구이자 공동 저자였던 엥겔스(Friedrich Engels)였다.

엥겔스의 마르크스주의

자본주의를 격렬히 비판했지만 엥겔스 자신은 자본가였다. 에르멘(Ermen)과 엥겔스 방직회사의 공동 소유주였던 그의 아버지는 영국 맨체스터에 있는 회사 공장을 경영하도록 1842년 젊은 엥겔스를 그곳으로 보냈다. 엥겔스는 자신이 자본가임을 늘 내켜 하지 않았지

프리드리히 엥겔스(1820-1895)

만 윤택한 삶을 즐겼다. 그는 훌륭한 포도주와 시거의 감식가였으며 자기 공장에서 일하던 번즈(Mary Burns)라는 아일랜드 여성을 정부로 두고 있었다. 그녀는 엥겔스에게 맨체스터에 사는 노동자들의 비참한 상황을 보여주었다. 그는 이 사실들을 『영국 노동계급의 상태 (The Condition of the English Working Class, 1844)』에서 소름이 끼칠 정도로 자세하고 탁월하게 묘사했다. 이 책은 마르크스에게 강한 인상을 주었으며, 그 후에도 사회학의 작은 고전으로 남아 있다.

1840년대 중반 급진 철학자 마르크스는 자본가 엥겔스와 팀을 이루었다. 그들의 협력관계는 여러 면에서 독특했다. 엥겔스가 강점을 보이는 측면은 마르크스의 취약점이었고, 그 반대도 마찬가지였다. 마르크스는 곧 엥겔스에 의존하였는데, 1849년 영국으로 이주하여 극심한 빈곤 속에서 오랜 세월을 보냈던 마르크스 가족의 망명 초기 시절 엥겔스의 재정 지원 역시 상당한 역할을 했다. 엥겔스는 정치적 영감과 지적 자극의 측면에서 마르크스에게 의존했다. 그가 즉각 간파했듯 마르크스는 심오하고 독창적인 사상가였다. 반면 엥겔스는 기억에 남을 만한 멋진 문장을 만들어내고, 쉽고 빠르게 여러 언어로 글을 쓰는 데 탁월한 재주가 있었다. 『공산당 선언』을 비롯한 두 사람의 공동 저작에서 아이디어는 주로 마르크스의 것이었지만, 많은 문장은 엥겔스로부터 나왔다. 마르크스가 살아 있을 동안 그는 자기 친구의 사상을 단순화·대중화하는 데 많은 노력을 할애했다.

그러나 마르크스가 죽고 나자 곧 엥겔스는 자신의 생각을 마르크스 위에 덧붙였다. 마르크스 사상을 근본적으로 재해석해 놓았다고까지 말해도 될 정도로 그는 마르크스 이론을 현실에 적용하고 해석하였다. 실제로 일부 연구자들은 '마르크스주의'를 만들어낸 사람은 마르크스가 아니라 엥겔스였으며, 뒷날 소비에트 마르크스주의(마르크스-레닌주의)는 마르크스보다 엥겔스에게서 나왔다고 주장한다.[3] 이 주장은 조금 후에 검토하기로 하고 먼저 엥겔스가 처했던 정치적 상황과 마르크스주의에 대한 그의 공헌을 보다 면밀히 검토해야 한다.

1880년대 엥겔스가 처했던 정치 상황은 특이했다. 1883년 마르크스가 죽고 엥겔스는 '독일사회민주당(Social Democratic Party)'이 나아갈 방향을 제시하는 일까지 포함하여 광범위한 주제에서 마르크스를 대변한다고 자처하였다. 1875년 창당한 사회민주당은 두 개의 경쟁적인 독일 사회주의 정당, 즉 1863년 창당되어 라살레(Ferdinand Lassalle, 1825-1864)가 이끌던 '독일연합노동당(United German Labour Party)', 마르크스의 추종자였던 베벨(August Bebel)과 리프크네흐트(Wilhelm Liebknecht)가 1869년 창당한 '사회민주노동자당(Social Democratic Workers' Party)'이 합쳐진 것이었다. 라살레는 독일 사회주의 운동의 이론적, 지적 리더십에서 마르크스의 주요 경쟁자였으며, 실제로 두 사람은 서로를 증오하는 데 상당한 에너지를 쏟아 부었다. 사회주의에 대한 대조적인 비전만큼이나 둘은 외모와 성격에서도 판이했다. 키가 작고 땅땅하며 사소한 점까지 철저하게 파고드는 학자였던 마르크스는 키 크고 잘 생겼으며 인기 좋고 화려한 라살레를 불신의 눈으로 바라보았다. 저돌적이며 낭만적 인물이었던 라살레는 청중을 사로잡는 웅변가이자 희곡, 시, 정치적 팸플릿을 쓰는 데 타고난 재능을 갖고 있었다. 마르크스가 끔찍이도 반대했던 것은 그의 정치노선이었다.

노동계급은 조국이 없다고 주장했던 국제주의자 마르크스와 달리, 라살레는 모든 나라의 노동자들은 각자 고유한 사회주의의 길을 찾아야 한다고 믿었던 민족주의의 열렬한 신봉자였다. 예를 들면 독일 사회주의자에게 맞는 정치적 전술이 반드시 프랑스 사회주의자들에게도 효과를 발휘하는 것은 아니라는 주장이다. 게다가 그는 노동자들이 철저하게 애국적이며 자기 나라를 보호하려 한다고 믿었다. 이런 노동자들을 통일된 국제운동으로 결집시키려는 노력은 잘못된 발상이며 실패할 수밖에 없다는 것이다. 또한 마르크스와 달리 라살레는 국가는 '소멸' 될 수도 없고, 되어서도 안 되며, 되지도 않을 것이라고 주장했다. 오히려 노동자와 그 선출 대표자들이 선거를 통해 국가를 장악하고 민주적으로 통제해야 한다고 보았다. 사회주의는 자비롭고 강력한 국가에 의해 위로부터 부과되어야 할 것이었다.

1864년 라살레의 때 이른 죽음——17세 소녀와의 애정관계를 둘러 싼 결투에서 39세의 나이로 죽었다——이후에도 마르크스 측에게는 사회민주당의 라살레 추종자들이 눈엣가시였다. 그들의 수정주의적 경향, 낭만주의, 절충주의, 독일 민족주의는 모두 마르크스의 광범 위하고 통일된 국제 노동자 운동과 정반대였다.

1883년 마르크스가 사망한 후부터 1895년 그 자신이 죽음에 이르 기까지 엥겔스는 마르크스 정통의 수호자였으며, 독일을 비롯한 모 든 곳의 마르크스주의자들은 그 사상적 의미를 분명하게 해석하고 이론적 영감을 구하는 작업뿐 아니라 실천적 충고까지도 엥겔스에 게 구하였다. 정치전술에 대한 충고를 주는 일 외에도 엥겔스는 여 러 가지 측면에서 마르크스 자신의 고유한 생각과 일치되지 않는 단 순화된 형태의 마르크스 이론을 제시하였다. 특히 엥겔스는 매우 중 요한 두 가지 일을 했다. 첫째 그는 마르크스주의에 '과학적 사회주 의(scientific socialism)' 라는 존칭을 부여했다. 둘째 마르크스의 본래 의도를 벗어나 유물론(materialism)을 재해석했다.

과학적 사회주의(scientific socialism) 마르크스의 장례식 연설에 서 엥겔스는 마르크스의 업적을 다윈에 비기며 그를 '과학자' 라고 불렀다. "다윈이 유기적 자연의 발전 법칙을 발견했듯이 마르크스는 인간 역사의 발전 법칙을 발견했다."[4] 언뜻 보아도 그 비유에는 타 당한 면이 있다. 사실 마르크스도 자신의 연구를 과학적이라고 믿었 다. 마르크스는 '과학' (독일어로는 Wissenschaft)이라는 말을 그 진위를 테스트하여 밝힐 수 있는 조직화된 지식의 체계라는 의미로 사용했 다. 그가 보기에 과학적 지식은 폐쇄적이고 고정된 것이 아니라 비판 과 논박에 열려 있다. 마르크스는 애덤 스미스를 포함한 앞 시대의 많은 사상가들이 충분히 '과학적' 이지 못했다고 매우 비판했다. 그러나 동시에 그 자신에 대해서도 아주 비판적이었으며, 새로운 증거를 찾으면 거기에 비추어 자기 이론을 계속 수정·교정하였다.

비판을 수용하고 계속 자기 이론을 비판하는 지식이라는 마르크스의 과학 개념은 엥겔스의 폐쇄되고 무비판적인 과학 개념과 아주 대조적이다. 일례로 과학적 일반화 혹은 '법칙'의 본질과 기능에 대한 두 사람의 견해를 보자. 19세기의 일부 사상가들은 열역학, 중력, 기타 자연현상에 대한 만고불변의 법칙이 있듯이 역사와 인간사회를 지배하는 불변의 법칙이 있다고 주장했다. 마르크스 역시 사회적, 역사적 법칙이 존재한다는 점에는 동의했지만, 그것은 역사적으로 가변적인 인위적 축조물의 성격을 갖는다고 믿었다. 즉 그 법칙들의 타당성은 개별 사회구성체에 한정되는 것이지 과거와 현재 그리고 미래의 모든 사회에 일관되게 적용되는 것이 아니다. 예컨대 이른바 '수요-공급의 법칙'은 시간을 초월한 참된 법칙이 아니라 자본주의 시장사회의 인위적 축조물이다. 자본주의 사회를 지양하면 그 '법칙' 또한 더 이상 타당하지 않을 것이다. 이런 측면에서 사회과학자들이 찾으려는 '법칙'은 물리학자, 화학자 등 자연과학자들이 발견해낸 법칙과 성격이 전혀 다르다.[5]

이와 대조적으로 엥겔스는 변증법(dialectics)의 새로운 '과학'은 자연과 인간을 지배하는 법칙이 똑같다는 것을 보여준다고 믿었다. 변증법에 따르면 자연, 역사, 인간 사유까지 모든 것은 변증법의 영원한 '법칙'에 따라 움직이는 물질에 불과하다. 그는 변증법이 "모든 운동에 대한 가장 일반적 법칙의 과학이다. 이 점에서 변증법의 법칙은 자연의 운동과 인간 역사 그리고 사유의 운동에 똑같이 타당하다"고 썼다. "자연에 대한 모든 참된 지식이 영원하고 무한하므로 본질적으로 절대적"[6]인 것처럼 인간과 그 역사에 대한 모든 참된 지식 역시 절대적이고 불변적이라고 주장했다.

이렇듯 교조적이고 경직된 '변증법의 과학' 위에 엥겔스는 '과학적 사회주의'를 정초했다. 과학적 사회주의, 즉 엥겔스 방식의 (마르크스의 사상이라고 주장한) 사회주의는 많은 경쟁자들 중 하나의 정치 이데올로기가 아니라 어떻게 사물이 존재했고 그렇게 될 수밖에 없는지 설명해주는 불가침의 과학적 설명이라고 주장했다. 다른 방식으로 보는 사회주의자들의 관점은 과학이 아니라 감정이나 개인적 의견에 입각해 있는 '공상적' 사회주의에 불과하다.[7] 이 같은 교조적 자기확신은 기존의 '과학' 관념을 포함하여 "존재하는 모든 것에 대한 가차없는 비판"을 요구하던 청년 마르크스와 극적인 결별을 의미했다.

유물론 앞 장에서 보았듯 마르크스는 그가 아주 비판했던 헤겔 및 여타 관념론적 철학자들과 자신의 관점을 구분하기 위해 스스로를 '유물론자(materialist)'라고 불렀다. 그러나 그는 세계, 세계 안에 존재하는 만물(그리고 모든 사람)은 운동하는 물질로 이루어져 있을 뿐이라고 주장한 홉스와 같은 과거의 '조야한(crude)' 유물론자들에 대해서도 아주 비판적이었다. 이 유물론에 따르면 인간 사유와 행동은 인간의 통제가 미치지 못하는 물질적 힘의 결과이다. 「포이어바흐에 관한 테제」에서 마르크스는 이러한 종류의 조야한 유물론에 대해 조롱을 퍼부었다.

인간은 환경과 양육의 산물이며, 따라서 변화된 인간은 달라진 환경과 변화된 양육의 산물이라고 주장하는 유물론의 교리는 환경을 변화시키는 것은 인간이라는 사실, 교육자 자신이 교육을 받아야 한다는 사실을 망각하고 있다. ……[8]

마르크스는 완전히 다른 또 하나의 의미에서 유물론자였다. 그는 '물질' 그 자체가 아니라, 인간이 생존하고 번영하기 위해 원료를 자신에게 유용한 대상, 가공품, 상품으로 전환시키는 과정에서 그들 스스로를 조직하는 방식에 관심을 가졌다. 이러한 방식들은 다시 인간이 자기 자신과 세상에 대해 생각하는 방식을 '규정(condition, bedingen)'하거나 영향을 미친다.

엥겔스식의 유물론은 마르크스보다는 홉스의 유물론과 공통점이 많다. 엥겔스는 모든 것이 물질과 그 변형으로 환원될 수 있다고 주장한다. 아무리 그 변화가 광범위하다고 하더라도 물질은 영원히 동일하게 존속하며, 그 '운동'은 시간을 초월한 '철칙'에 의해 지배된다는 것이다.

우리는 물질이 모든 변형을 통해서도 영원히 동일하게 남아 있으며, 물질의 특성 중 어느 것도 절대 사라질 수 없다는 확신을 갖는다. 따라서 우리는 물질이 지구상에서 최고의 창조물, 즉 사유하는 정신을 모조리 없애버릴 것이며 또 다른 시간 또 다른 어느 곳에서 정신을 만들어내야 한다는 사실 또한 철칙과도 같은 필연성을 갖는다는 것을 확신한다.[9]

따라서 운동하는 물질을 강조하는 엥겔스의 변증법은 세상을 인간이 거주하기에 더 좋은 장소로 형성·재형성하는 과정에서 운동하는 인간을 강조한 마르크스 변증법과 기묘한 대조를 이룬다.

수정주의자들

19세기 말 일군의 마르크스주의자들은 마르크스 사후에 나타난 정치, 경제적 발전에 비추어 마르크스 이론을 수정하고자 하였다.

수정주의자라고 불리는 이 사람들 중 지도적 이론가는 베른슈타인 (Eduard Bernstein, 1850-1932)이었다. 베른슈타인은 독일사회민주당의 탁월한 이론가로서 마르크스 이론 중 몇몇 측면은 틀렸거나 시대에 뒤떨어졌기 때문에 수정하거나 거부해야 한다고 믿었다. 그래서 '수정주의자' 라는 이름이 생겼다.

적극적이고 노골적인 사회주의자였던 베른슈타인은 1878년에서 1890년까지 실시되었던 비스마르크의 '반(反)사회주의법' 에 따라 투옥될 위험을 피하기 위해 독일을 떠났다. 그의 '일시적' 망명은 스위스와 영국에서 13년이나 지속되었다. 그는 과거에 마르크스와 엥겔스를 만나기도 했는데 많은 '마르크스주의자들' 과 달리 두 사람이 별로 교조적이지 않다는 점을 발견했다. 베른슈타인은 영국에 있는 동안 영국에서 사회주의를 창출하는 최선의 방법으로 점진적 개혁 전략을 옹호한 페이비언 사회주의자(Fabian Socialist)의 영향을 받았다. 『점진적 사회주의(Evolutionary Socialism, 1899)』라는 자신의 저작 제목이 함축하듯, 베른슈타인 역시 사회주의를 향한 '점진적' 이행이 폭력혁명보다 도덕적, 정치적으로 더 바람직하다고 믿게 되었다.

베른슈타인은 스스로를 마르크스주의자라고 자처했지만, 항상 그 글귀 하나 하나에 충실해서가 아니라 정신적 측면에서 마르크스를 따른다는 의미에서 그렇게 자처한 것이다. 그는 이론의 진위(眞僞)가 비판과 질문에 개방되어 있는 것이 진정한 과학적 이론의 특징이기 때문에, 마르크스 이론 중 오류로 밝혀진 부분을 거부하고 시대에 맞지 않는 측면을 수정하는 것이 마르크스 자신의 가장 비판적인 '과학적' 정신에 부합하는 태도라고 믿었다. 마르크스가 그의 선배 이론가들을 비판했듯 베른슈타인 역시 마르크스를 비판하는 데 주저하지 않았다. 그의 비판은 도덕, 정치, 경제의 세 범주로 이루어져 있다.

도덕적 비판 무엇보다 베른슈타인은 마르크스와 후대 마르크스주의자들이 도덕 혹은 윤리 문제에 너무 관심을 기울이지 않았다고 믿었다. 이 소홀함은 두 가지 측면에서 나타난다. 첫째 마르크스가 도덕적 가치와 신념은 사회의 이데올로기적 상부구조(ideological superstructure)에 속하므로 경제적 토대(base)에 좌우된다고 보았다는 점이다. 이러한 주장에서는 윤리적 관점과 가치가 비윤리적 요소에 의존한다는 결론이 나온다. 곧 윤리적 가치는 사회 행동과 제도의 원인이 될 수 없고, 그 결과로만 나타날 수 있다. 이 견해에 대해 베른슈타인은 인간 의지는 외부의 영향이나 원인에서 벗어나 있다고 주장한 독일 철학자 칸트(Immanuel Kant, 1724-1804)를 따랐다. 간단히 말해 사람은 자신이 원하는 대로 자유롭게 선택〔혹은 '의지(will)'〕할 수 있다는 것인데, 사람은 도덕적으로 책임 있는 선택을 해야 할 의무가 있다는 뜻이다. 베른슈타인이나 칸트에게 도덕적으로 책임 있는 선택은 인간이 '목적의 왕국(kingdom of ends)'에 속한다는 확신에서 출발한다. 즉 개인은 '그 자체로 목적'이며, 어느 누구도 다른 사람의 욕구나 의도를 충족시키는 수단 또는 도구로서 취급되는 것은 잘못이다. 따라서 노동자를 인간 기계로 다루는 자본가도 부도덕하고, 다가올 혁명의 총알받이로 이용하려는 공산주의자들 역시 비도덕적이다.

좀 더 우려되는 두 번째 측면은 마르크스주의 사회주의자들이 공산주의 사회의 도래라는 궁극적 목표 혹은 목적에만 초점을 맞추어, 이 목표에 도달하는 데 동원되는 수단의 도덕성이나 부도덕성에 대해서는 고민하지 않는다는 점이다. "내게는 이른바 사회주의의 궁극적 목표가 아무것도 아니며 운동이 전부이다"[10]라고 그는 주장했다. 이 말은 사회주의자들이 사회주의 사회를 이룩하는 수단의 도덕성에 대해 생각해야 한다는 뜻이다. 피를 뿌리며 태어난 사회가 비폭력 수단을 통해 점진적으로 나타난 사회만큼 평화롭거나 민주적일 수는 없을 것이다. 수단과 목적은 뗄 수 없이 결합되어 있기 때문에 불법적 수단으로 정의로운 사회를 만들어낼 수 없다. 비민주적 수단으로 민주적 사회가 나타날 수도 없다. 민주주의 없는 사회주의는 이룩할 가치도 없지만, 민주주의 없는 사회주의는 존재할 수도 없다.[11] 더구나 베른슈타인은 단기간의 목표보다는 먼 장래의 목적에만 초점을 맞추는 마르크스주의자들은 유치하고 위험스러울 정도로 공상에 사로잡혀 있다고 믿었다. 마르크스 자신을 포함하여 마르크스주의자들이 사회주의의 최종 승리에만 집착하는 한 "마르크스주의 체계 안에는 공상적 사회주의의 잔재가 남게 된다."[12] 그의 "실용적인 정치적 사회주의"는 이와 대조적으로 "머나먼 목표보다 가까운 목표를 우위에 둔다"는 것이다.[13] 베른슈타인은 이런 면에서 수단과 목적의 관계에 대해 일찍이 라살레가 읊조렸던 희곡의 글귀를 연상시킨다.

> 길이 없는 목표는 보여주지 말게나
> 세상에서 목표와 수단은 뒤얽혀 있지 않은가
> 하나를 바꾸면, 자네는 나머지 하나 역시 바꾸는 셈이라네
> 다른 길을 걸으면 다른 목적지가 보이는 법.[14]

정치적 비판　이러한 윤리적 유보 외에 베른슈타인은 마르크스의 정치적 예측 중 일부 사실에 회의를 표명했다. 그는 마르크스 사후 마르크스의 예상에 위배되는 일련의 주목할 만한 상황 변화를 지적했다. 첫째 독일과 기타 지역의 노동운동은 더욱 커지고 강해졌는데, 부분적으로 이것은 이제 대부분 산업국가에서 남성 노동계급이 투표권을 가지게 되었다는 사실 때문이다. 노동조합 및 기타 노동계

급 조직과 긴밀한 유대관계를 맺어온 사회주의 정당 역시 규모가 커지고 강해졌다. 1878년 제정된 비스마르크의 반사회주의법은 1890년 폐지되어 사회주의 정당도 공개적으로 조직·충원 활동을 하고 독일 의회(Reichstag)에 대표를 보낼 수 있었다. 노동계급은 의회에서 누진 소득세와 노동시간 단축 등을 포함하여 노동계급의 이해관계를 옹호하는 입법을 제안할 수 있었다. 사상 처음으로 국가는 노동자를 억압하는 것이 아니라, 라살레가 주장한 대로 노동계급의 보호자나 동지로 보이게 되었다. 베른슈타인이 보기에 이러한 변화는 사회주의를 향한 평화적 이행 가능성을 알려주는 희망에 찬 발전이었다.

경제적 비판 베른슈타인은 자본주의가 발전하며 새롭게 나타난 경제적 사실과 자본주의 발전 경향이 마르크스 이론의 신뢰성을 훼손하는 또 다른 중요한 요소라고 주장했다. 실제로 그는 "『자본론』의 일부 명제들은 …… 사실에 비추어 오류임이 드러났다"[15]고 주장했다. 예를 들면 마르크스는 극소수가 부자가 되고 대부분 매우 빈곤해질 때까지 부는 더욱더 소수에게 집중된다고 예측했다. 그러나 선진 자본주의 국가에서 이런 일은 일어나지 않았다고 베른슈타인은 지적했다. 전체적으로 노동자들은 더 가난하고 비참해지기는커녕 생활이 윤택해졌다. 여러 통계 자료를 들어 베른슈타인은 노동자의 실질 소득은 19세기 후반부에 상승해왔음을 보여주었다. 그 결과 더 많은 노동자들이 깨끗한 주거환경, 질 좋은 음식과 의복, 기타 생활용품을 마련할 수 있는 여유가 생겼다. 이러한 발전은 부르주아지의 자비심 덕분이 아니라 임금 인상과 노동조건 개선에서 노동조합이 성공을 거두었기 때문이다.

안락한 생활을 누리는 노동자들은 허위의식에 빠져 사회주의 목표와 열정을 상실한다는 비판에 대해 그는 이렇게 반박했다.

현재 혹은 현재의 특징 속에서 앞으로 나타나야 할 당위의 미래를 보려고 한다면 그는 유토피아 이념을 극복하지 못한 것이다. 우리〔사회주의자들〕는 노동자들이 존재하는 모습 그대로 보아야 한다. 그들은 『공산당 선언』에서 〔마르크스 엥겔스가 예측한 대로〕 어디서나 빈곤하지도 않고, 아첨꾼들이 우리에게 믿게 만들려고 원하는 만큼 편견과 약점을 벗어나지도 못했다. 노동자들은 자신이 살고 있는 나라의 경제·사회적 조건의 장단점을 갖고 있다.[16]

베른슈타인이 보기에 이러한 조건들은 차츰 개선되고 있으며, 자신의 이해관계를 향상시켜줄 노동조합과 정당으로 노동자들이 계속 결속되는 한 앞으로도 개선될 것이다.

1890년대 말 베른슈타인이 이러한 생각을 독일에 도입했을 때 그것은 영향력을 발휘하는 동시에 논쟁을 불러일으켰다. 결국 독일사회민주당은 의회에서 승리함으로써 사회주의를 향한 평화로운 이행을 지지했지만, 당내의 간부 사이에는 치열한 논쟁과 갈등을 피할수 없었다. 친구이자 동료였던 카우츠키(Karl Kautsky, 1854-1938)는 이 문제를 둘러싸고 베른슈타인과 결별했다. 그러나 처음에는 사회주의의 혁명적 실현을 지지했던 카우츠키도 마침내 베른슈타인의 생각을 공유한다.[17] 룩셈부르크(Rosa Luxemburg)와 리프크네흐트가 이끄는 스파르타쿠스당(Spartacists)처럼 베른슈타인의 수정주의적 마르크스주의에 완강히 반대하고 혁명가로 남아 있기로 결정한 사회주의 분파들은 당과 결별했다. 또한 이제 우리가 보듯 러시아 마르크스주의자들은 베른슈타인을 마르크스주의의 배신자로 낙인찍었다.[18] '수정주의적' 마르크스주의가 독일을 비롯한 기타 선진 산업 국가에서 승리를 거두었던 반면, 동쪽에서는 아주 다른 유형의 마르크스주의가 형성되고 있었다.

소비에트 마르크스-레닌주의

러시아의 상황 대부분의 서유럽 국가와 북미와 달리 19세기 말 러시아는 경제적, 정치적으로 후진국이었다. 러시아 경제는 주로 농업이었으며, 산업 기반은 상대적으로 소규모였고, 수적으로 적은 공장은 비효율적이었다. 인구의 절대 다수는 공장에서 일하는 프롤레타리아적 임금 노동자가 아니라 자신의 생산물 일부를 영주에게 바치는 대가로 토지를 경작하는 농민이었다. 경제가 후진적이듯 정치 역시 원시적이었다. 정치제도는 비민주적이었으며, 차르(tsar)는 전제적 지배자였다. 세습 귀족은 억압적이었으며 대체로 일반 민중의 고통에 무관심했다.

이러한 반(半)봉건 사회에서 마르크스가 예상했던 종류의 혁명이 잉태될 가능성은 대단히 희박한 것으로 보였다. 사실 프롤레타리아 혁명은 마르크스 엥겔스가 "시골 생활의 멍청함"[19]이라고 부르던 상황에 시달리고 있는 농민계급이 아니라 대규모 프롤레타리아 계급을 필요로 한다. 대부분 문맹이고 신앙심이 깊으며 때로는 강한 미신적 성향을 보이는 농민들이 혁명을 이루어낼 전망은 없어 보였다. 그러나 러시아에서는 시골 농민들 사이에서뿐 아니라 도시의 지식인과 노동자들 사이에서도 불만이 가득 차 있었다. 많은 러시아 지식인, 특히 좀 더 급진적 지식인들은 어느 날인가는 깨어나 자신의 힘을 인식하고 러시아 사회를 밑바닥부터 재형성할 잠자는 방대한 대다수의 양심이자 목소리로 자처했다. 그 날이 올 때까지 지식인의 사명은 잠자는 거인을 깨워 그들에게 스스로의 운명을 준비하도록 하는 일이었다.

그 운명이 어떤 것인지는 지식인 집단들마다 제각기 견해가 달랐다. 어떤 집단은 세계에서 가장 정신적인 러시아 인민, 특히 슬라브 인민은 정신적으로 풍요롭고 의미 있는 삶을 살도록, 다른 나라 사람들에게 어떻게 살아야 할지 삶의 방식을 보여주도록 예정되어 있다고 주장했다. 다른 집단은 미래의 유럽인인 러시아인들은 여타 서구 유럽인들과 합치도록 예정되어 있다고 보았다. 그리고 또 다른 집단은 러시아는 세계를 뒤흔들고 자유, 평등, 공동체적 조화의 새로운 시대를 열 혁명이 무르익은 땅으로 보았다.

차르 치하의 러시아는 토론과 논쟁의 자유를 전혀 허용하지 않았다. 반대당은 불법이었다. 경찰 스파이와 정보원은 모든 곳에 깔려 있었으며, 감옥과 구치소는 반체제 인사들과 정치범으로 넘쳐났다. 정치적 토론은 비밀리에 만나는 소수의 사람들로 한정되어 있었으며, 들키면 자신과 친구, 가족에게까지 상당한 피해를 미칠 위험을 각오해야 했다. 그들의 생각은 몰래 인쇄되어 손에서 손으로 전달되는 불법 팸플릿과 정치 신문을 통해 더 많은 독자들에게 퍼졌다. 이러한 비밀과 모반의 분위기는 음모와 책략을 양산(量産)해냈다. 일부는 테러리스트가 되어 차르를 살해하고 차르 체제의 심장을 가격하고자 했다. 이런 사람들 중에는 차르 알렉산더 2세의 살해 기도에 참가했다가 실패에 그치는 바람에 그 대가로 처형당한 알렉산더 율리아노프(Alexander Ulyanov)라는 젊은 학생이 있었다.

알렉산더에게는 변호사가 되어 조용하고 남부끄럽지 않은 생활을 누리고 싶어했던 블라디미르(Vladimir)라는, 형을 매우 따르던 동생이 있었다. 형이 사형당하면서 모든 것이 바뀌었다. 블라디미르 일리치 율리아노프(Vladimir Ilyich Ulyanov, 1870~1924)는 지하로 잠입해 레닌(Lenin)이라는 새 이름으로 차르 체제의 혁명적 반대자가 되었다.

레닌의 공헌 러시아의 마르크스주의 철학자인 플레하노프(Georgi

블라디미르 일리치 레닌(1870-1924)

Plekhanov, 1856-1918)의 도움을 얻어 레닌은 당시 입수할 수 있던 마르크스 엥겔스의 몇몇 저작들을 집중적으로 연구하였다. 여기에는 『자본론』과 『공산당 선언』이 포함되어 있었지만 『독일 이데올로기(German Ideology)』나 1844년의 『경제철학수고』는 없었다. 레닌이 이들 저작에서 배워 실천해보려고 했던 주된 교훈은 계급투쟁이 역사발전의 으뜸가는 원동력이라는 사실이다. 혁명가에게 합리적인 정치적 행동이란 계급분열과 차별을 강화하고 이용하는 전략을 따르는 것이다. 이 목표를 달성하는 데 도움이 되면 모든 것을 정당화할 수 있다. 정치투쟁을 위해서라면 친구를 배신하고 적에게는 거짓말, 속임수, 강탈, 제휴 등 모든 수단을 쓸 수 있다. 계급투쟁의 대의명분을 실현하기 위해서라면 모든 것이 용인된다.

레닌이 생각하는 혁명가는 '우유부단함'과 '나약한 감상'을 버려야 하며, 부르주아 윤리의 가장 기본적인 명령이 정치투쟁을 방해한다면 그것을 거부할 태세가 되어 있어야 한다. 레닌은 마르크스의 역사이론을 칸트 윤리이론으로 보완하려고 했던 베른슈타인 등에게 격렬한 비판을 퍼부었다. 자신의 약속에 충실하고 다른 사람들을 절대로 수단이 아니라 목적으로 다루어야 한다는 칸트의 도덕적 정언명령은 레닌에게는 경멸의 대상이었을 뿐이다. 레닌은 "약속이란 나중에 깨버릴 파이 껍데기와 같다"고 했다. 레닌의 '혁명' 도덕은 사람들을 가공의 거대한 목적을 위한 단순한 수단으로만 다룬다는 비난에 대해 그는 이렇게 대답했다. "계란을 깨지 않고서는 오믈렛을 만들 수 없다." 곧 권력의 정점을 무너뜨리지 않고서는 혁명을 일으킬 수 없다는 의미를 담고 있다. 혁명은 거칠고 더러우며 비열한 유혈극이다. 혁명가들은 이 사실을 직시해야 한다. 혁명가는 부르주아 도덕의 영향뿐 아니라 그들의 혁명 의지를 약하게 만드는 모든 것에 맞서, 심지어는 음악과 예술에 대해서도 강해져야 한다. 레닌은 음악을 사랑했지만 친구 고리키(Maxim Gorky)는 이렇게 회상했다.

어느 날 저녁 모스크바에서 레닌은 베토벤의 피아노 소나타를 들으며 …… 이렇게 말했다. "열정 소나타보다 위대한 것이 있을지 모르겠다. 나는 매일 그것을 들었으면 좋겠다. 정말 아름답고 초인간적인 작품이다. 나는 항상 사람이 얼마나 놀라운 일을 이룰 수 있는가 하고 자랑스럽게 ──유치할지 모르겠지만──생각한다. ……

그러나 나는 음악을 너무 자주 들을 수 없다. …… 음악은 끔찍한 지옥에 살면서도 그토록 아름다운 예술을 창조할 수 있는 민중의 머리를 쓰다듬으며 친절하고 어리석은 말을 하고 싶도록 만든다. 오늘날 당신은 민중을 어루만져서는 안 된다. 이상적으로 말하자면 우리는 폭력을 사용하는 것을 반대하지만, 당신은 손을 물어 뜯겨야 하고 무자비하게 민중의 머리를 내리쳐야 한다. 음, 음, 우리의 임무는 지독히도 어려우니까."[20]

냉정한 혁명가의 인성(personality)에 대한 레닌의 주장은 그의 공산당 개념에 그대로 옮겨갔다. 마르크스는 공산주의 운동을 많은 나라의 방대한 노동자들에 기반을 둔 포괄적인 대규모 조직으로 보았다. 반면 레닌은 공산당이 고도로 조직화되고 단단하게 훈련된 배타적인 소규모 음모 조직이어야 한다고 믿었다. 그 외의 다른 정당 형태로는 러시아 경찰국가를 타도하는 데 성공할 수 없었다. 레닌은 1903년 생각하는 바를 실행에 옮겼다. 러시아 공산당의 경쟁 분파는 당을 더 공개적이고 덜 배타적인 조직으로 만들고자 했다. 당 내부 투쟁에서 교묘한 공작을 편 레닌의 분파는 당의 통제권을 장악하고 스스로를 볼셰비키(Bolsheviks)라고 불렀다. 본래 이 말은 '다수 (majority)'라는 뜻인데, 러시아 공산당 내부에서 다수를 차지했다는 뜻이다.

레닌의 견해에 따르면 당의 역할은 노동자들을 선동하고 조직하며 교육하고 그들의 '진정한' 이해관계가 어디에 있는지 가르치는 것이다. "프롤레타리아 전위대의 기능은 가장 뒤떨어진 노동계급과 농민 대중층을 훈련, 교육, 계몽시키고 그들을 새로운 삶으로 이끄는 데 있다"[21]고 레닌은 주장하였다. 대부분 노동 인민은 허위의식에 시달리기 때문에 이 일이 필요한데, 허위의식 중 가장 치명적인 것이 '노동조합 의식(trade union consciousness)'이라고 레닌은 믿었다.

노동계급 자신의 노력만으로는 단지 노동조합 의식, 즉 노동조합으로 단결하여 고용주와 싸우고 필요한 노동입법 등을 정부가 통과시키도록 압박하는 노력이 필요하다는 확신을 발전시킬 수 있을 뿐이다.[22]

혁명적 계급의식은 자연발생적으로 그리고 저절로 생겨날 수도 없고, 그렇게 방치해서도 안 된다. 그것은 외부, 즉 전위당(vanguard party)이 노동계급에게 주입해야 하며, 그 리더십은 주로 혁명적 지식인들로 구성되어야 한다. 그러한 전위가 없으면 노동계급은 혁명세력이 되지 못할 뿐 아니라 노골적인 반동세력이 될 것이라고 레닌은 두려워했다. 그러나 전위당은 다소 제한된 두 측면에서 민주적이어야 한다. 첫째 당은 현대의 인민(demos), 즉 프롤레타리아와 농민의 진정한 혹은 참된 이해관계를 대변한다. 둘째 그 자체로서 당은 앞으로 다가올 민주적 사회의 작은 우주가 되어야 할 것이다. 당 내부에서는 자유로운 토론을 허용해야 한다. 그러나 일단 투표를 마치고 안건이 가결되면 토론을 끝내고 모든 사람은 중앙 리더십의 명령을 따라야 한다. 이러한 당 내부의 민주주의 개념을 레닌은 **민주집중제**(democratic centralism)라고 불렀다. 대중이 자신의 진정한 이해관계를 안다고 신뢰할 수 없기 때문에 사회 전체의 민주주의는 아직 실현 가능하지 않다고 레닌은 믿었다. 노동자를 이끌고 가르치는 전위당 없이 그들의 생각에만 맡겨두면 잘못되고 반동적인 결정까지도 나올 것이다.

노동계급의 정신적 수준을 낮게 보는 레닌의 생각은 1914년 제1차 세계대전의 발발로 더욱 굳어졌다. 프롤레타리아는 조국이 없는 국제적 계급이라고 마르크스는 주장했다. 그러나 1914년 노동자들은——그들 중 많은 사람들이 자칭 사회주의자였다——다른 나라의 노동자와 싸우게 될 전쟁에 떼를 지어 자원 입대했다. 도대체 어찌된

일인가? 마르크스는 무엇이 틀렸는가? 아니면 마르크스가 충분히 고려하지 못한 어떤 다른 요소들이 작동했기 때문인가?

레닌이 『제국주의, 자본주의의 최고 단계(Imperialism, the Highest Stage of Capitalism)』에서 밝혀낸 바는 이렇다. 영국, 독일, 이탈리아, 프랑스, 벨기에, 결국 미국까지 포함하여 선진 자본주의 국가의 노동자들은 아시아, 아프리카, 남미의 식민지화와 착취를 통해 그들 나라가 얻어낸 전리품을 공유하면서 동료 프롤레타리아에 대한 전쟁에 기꺼이 참여했다. 각 나라는 자신들의 '세력 범위(spheres of influence)'로 세계를 분할했는데, 이 말은 서구 자본주의 초기를 능가하는 야수와도 같은 착취를 은폐하기 위한 완곡한 표현이었다. 제1차 세계대전은 해외 시장과 좀 더 싼 노동, 천연자원을 놓고 벌어진 것이다. 가장 잔인한 자본주의적 착취는 유럽과 북미에서 자본주의의 주변부, 우리가 요즘 말하는 제3세계로 무대를 옮겼다. 남아프리카의 다이아몬드 광산 노동자, 볼리비아의 주석 광산 노동자, 칠레의 구리 광산 노동자를 비롯한 수많은 제3세계 노동자들은 입에 풀칠이나 하면서 죽을 때까지 일한다. 노동조합 결성 시도, 더 높은 임금과 노동조건을 개선하기 위한 파업은 그 어느 것이라도 제국주의 점령 세력에 의해 잔혹하게 진압되었다. 남미와 카리브 제도의 미국 해병대, 인도의 영국 육군, 북아프리카의 프랑스 외인부대 연대는 그 때문에 있는 것이다.

레닌에 따르면, 그러는 동안 유럽과 미국의 노동자는 자기 나라 자본가들이 가난한 나라의 땅, 노동, 자원에서 추출해낸 '초과이윤(superprofits)' 덕택에 날로 커져 가는 경제적 과실의 더 많은 몫을 요구하는 노동조합의 조직을 허용받았다. 자본가들은 자기 '나라'의 노동자와 노동조합을 높은 임금, 노동시간 단축, 노동조건 개선, 의료보험 계획, 기타 혜택 등으로 '매수' 할 수 있었다. 레닌은 이것이

베른슈타인과 수정주의자들이 높이 칭송했던 생활수준 향상과 임금 상승의 진정한 원인이라고 주장했다.[23]

레닌의 **제국주의** 분석에는 크게 파장을 불러일으키는 네 가지 중요한 결론이 나온다. 첫째 수정주의자에 대한 레닌의 의심과 적대감을 재확인해주었다. 수정주의자들 스스로는 자본가들에게 대항한다고 했지만, 사실상 자본가들의 동맹군이자 옹호자였다. 둘째 선진 자본주의 국가의 노동계급 구성원은 '노동조합 의식'에 감염되었으며 실제로는 '부르주아'가 되었기 때문에, 적어도 그들에게 길을 제시해주는 전위당의 도움이 없으면 마르크스가 예측한 혁명을 일으킬 세력으로서 신뢰할 수 없다고 결론 내렸다. 이는 세 번째 결론으로 연결된다. 즉 노동계급의 의식을 고양하는 데는 공산당이 중요한, 사실상 필수 불가결한 역할을 해야 한다. 앞으로 보겠지만 특히 중요한 네 번째 결론은, 혁명은 프롤레타리아가 '궁핍화'한 동시에 적극적인 전위당이 이들을 이끄는 곳에서 먼저 나타날 것이라는 점이다. 프롤레타리아 혁명은 마르크스가 예측한 대로 가장 앞선 자본주의 국가가 아니라 러시아, 중국 등 세계의 가장 후진국에서 먼저 일어날 것이다.

1917년 러시아에 혁명이 일어났다. 이 기회를 놓칠까 봐 두려웠던 레닌은 가까스로 시간에 맞추어 스위스 망명에서 돌아와 적극적이고 지도적인 역할을 했다. 1917년 러시아 혁명은 마르크스는 물론 레닌 자신까지 포함한 어느 누구의 예측과 맞지 않았다. 제1차 세계대전 중 황제는 러시아 군대를 영국과 프랑스 편에서 독일과 싸우도록 명령했다. 훈련도 제대로 받지 않았고 장비도 형편없었으며 지휘능력도 엉망이었던 러시아 군대는 패전을 거듭했다. 군대의 사기는 땅에 떨어졌고 사상자는 늘어만 갔다. 그러는 동안 러시아 민중, 특히 농민은 음식과 연료 부족, 높은 세금, 끝도 보이지 않고 의미도 없는 전쟁에서 아들과 형제를 잃는 고통에 빠졌다. 그들은 전쟁을 끝내고 싶어했다. 1917년 3월 성 페테스부르크를 비롯한 기타 도시에서 봉기가 일어났다. 니콜라이 황제는 군인들에게 진압하라고 명령했지만 그들은 거부했다. 2주도 지나지 않아 황제는 퇴위하고, 독일과 계속 전쟁할 것을 주장하는 비(非)볼셰비키 사회주의자 케렌스키(Alexander Kerensky)를 수반으로 하는 임시정부가 들어섰다. 1917년 볼셰비키는 황제의 동궁(冬宮)으로 쳐들어갔으며, 케렌스키 정부를 몰아내고 국가권력을 장악했다. 레닌이 수반이 되었고, '소비에트(soviet, 노동자 평의회)'에 기반을 둔 정부가 설립되었다.

볼셰비키 정부는 러시아를 꼭대기부터 밑바닥까지 새롭게 만들려고 하였다. 광산, 방앗간, 공장, 기타 대규모 공장 시설을 장악하고 소비에트의 수중에 넣었다. 새 정부는 또한 대규모 토지를 몰수하여 농민들에게 나누어주었다. 노동자와 농민들에게는 이러한 정책들이 인기가 있었지만 놀라서 지켜보던 부유한 지주와 기타 특권 집단들은 곧 국가권력을 재장악하기 위한 내전 혹은 반혁명을 일으켰다. 1918년부터 1920년까지 '적군' 혹은 혁명군과 영국, 미국을 비롯한 기타 자본주의 국가들로부터 군대와 보급품을 지원받는 '백군' 혹은 반혁명군이 전쟁을 벌였다. 1920년이 되면서 백군은 패퇴했지만 농민과 노동자 내부에서도 알력이 생겼다. 폭동과 파업이 잇달았고, 크론스타트 해군기지에서는 수병(水兵)들의 대규모 반란이 일어날 정도였다. 레닌은 전쟁, 혁명, 반혁명으로 피폐해진 경제를 재건하지 않고서는 새로운 정부가 권력을 공고히 할 수 없다는 사실을 인식했다. 제1차 세계대전으로 인한 물자 부족 때문에 실시되었던 '전시 공산주의' 같은 좀 더 급진적인 사회주의적 방법을 버리고, 그는 1921년 '신경제정책(New Economic Policy, NEP)을 해결책으로 들고 나왔다. NEP(1921-1928) 시기의 정부는 주요 생산시설을 계속 통제했지만 농민에게는 자기 토지를 경작하고 이윤을 남기고 생산물을 내다 파는 것을 허용했다. NEP는 볼셰비키 정부에게 숨쉴 여유를 주었으며 국가권력을 공고히 할 시간을 벌어주었다. 정치적 반혁명을 감시하려는 목적에서 후일 KGB로 알려진 비밀경찰을 창설한 것도 이 시절이다. 또한 이 기간 동안 레닌의 건강도 악화되었다. 1924년 그는 사망했다.

스탈린의 공헌 레닌은 죽기 전 동료 볼셰비키들에게 스탈린을 조심하라고 경고하였다. 경고는 예언처럼 들어맞았다. 1929년부터 죽기 전까지 스탈린은 소련과 공산당을 역사에 유례가 없을 정도로 무자비하게 다스렸으며, 그의 사후에도 오랫동안 사라지지 않은 정치적 유산을 남겼다. 스탈린의 경력과 마르크스-레닌주의에 대한 그의 이론적 보탬을 좀 더 세밀히 살펴보도록 하자.

본명이 주가시빌리(Iosif Djugashivili)인 스탈린(Joseph Stalin, 1879-1953)은 러시아 그루지아 지방(현재의 조지아-옮긴이) 출생했다. 신앙심이 깊었던 부모는 그를 1894년 러시아 정교회의 성직자 교육을 위해 트빌리시(Tbilisi) 신학교에 보냈다. 신학교에서 퇴학당하기 전 그는 결코 잊지 않고 간직한 몇 개의 값진 교훈을 분명히 배웠다. 하나는 복잡하게 뒤얽히고 논리적으로 어긋난 주장도 간단하고 논리적으로 타당한 듯 보이게 최대한 치장한다는 것이다. 다른 하나는 논리적 주장으로 납득시키지 못하면 단순화와 종교적 의식(儀式)으로 납득시킨다는 것이다. 모든 '교훈'은 절대적으로 옳다는 포장을 하고 일정한 강도로 계속 반복하여 머릿속에 주입시켜야 한다. 특히 경전은—신성한 경전이라도—해석, 때로는 근본적 재해석의 가능성이 있다는 교훈을 갖고 그는 신학교를 떠났다. 경전에 대한 자신의 해석을 권위 있게 만들면 그 자체가 막대한 권력의 원천이 될 수

이오시프 스탈린(1879-1953)

있다.

1899년 신학교를 떠난 후 그는 정치로 흘러들어 1901년 러시아 사회민주당에 가담한다. 이 정당이 1903년 두 분파로 갈라질 때 그는 레닌과 볼셰비키 편에 섰다. 그의 동료 당원들처럼 그도 스탈린이라는 새로운 이름 ('강철의 사나이' 라는 뜻)으로 바꿨다. 이름은 참 잘 지었다. 스탈린은 위험과 음모를 즐겼다. 예를 들면 아직 채 조직을 갖추지 못한 당의 금고를 채우기 위해 그는 여러 차례 은행 강도에도 참여했으며, 곧 당의 어렵고 더러운 임무를 완수하는 데 적격자라는 명성을 발전시켜 갔다. 당 내에서 그의 위치는 재빠르게 상승했다. 레닌은 조지아 출신의 동지를 불신하게 되었는데, 스탈린이 냉혹하고 교활하다는 것도 그 이유 중의 일부였다. 그러나 1924년 레닌이 죽자 스탈린의 상승을 가로막는 주요 장애물이 사라졌다.

1920년대 후반 스탈린은 정치적, 이론적, 개인적 적수를 가리지 않고 남아 있는 경쟁자들을 모두 의심하고 결국에는 제거하는 방법으로 당과 국가 내에서 자신의 권력을 강화하기 시작했다. 이론적인 면에서는 레닌이나 트로츠키(Leon Trotsky, 1879-1940)의 상대도 되지 않았지만 스탈린은 자신을 당에서 가장 뛰어난 이론가로서 띄울 필요가 있다고 생각하였다. 정밀한 이론적 작업 능력은 결여되었지만 단순화된 이론으로 그것을 보충했다. 러시아 역사가 메드베데프(Roy Medvedev)는 다음과 같이 관찰했다.

> 스탈린은 철학에서 잘해야 아마추어였다. 그에게는 체계적 훈련도 성실한 자기 훈육도 결여되었다. 그는 헤겔, 칸트 …… 혹은 그 자신의 발언으로 판단해보건대 마르크스, 엥겔스, 레닌의 철학적 저작도 제대로 공부하지 않았다. 그의 모든 철학 저술은 교조적인 도식화(圖式化)의 경향, 유치함, 지나친 단순화, 피상성이 특징이다.[24]

메드베데프는 이렇게 덧붙인다. "스탈린의 저작은 독창성이 전혀 없다는 점에서 뛰어나다. (스탈린) 숭배의 선전들이 위대한 발견이라고 칭송하는 명제들은 사실상 하찮은 진부한 견해에 불과했다. 그러나 스탈린은 이 진부한 의견들을 중요하게 보이도록 하는 데 선수였다는 점을 인정해주어야 한다."[25]

그 자신의 마르크스-레닌주의 해석에 의문과 비판의 여지가 없도록 확실히 하기 위해 그는 의문을 제기하는 자와 비판에 능한, 특히 마르크스 이론에 대해 좀 알고 있는 사람들을 제거하는 작업을 시작했다. 이 사실은 가장 뛰어난 마르크스-레닌주의 이론가인 스탈린의 등장과 1930년대 정치적 숙청 및 공개 처형이 일치하는 이유를 설명해준다. 지도적인 볼셰비키들은——이들 중 많은 사람들은 공산주의자들이 권력을 장악하였던 10월혁명의 영웅들이었다——당에서

'숙청'되어 자신들이 저지르지도 않은 범죄를 '자백'하도록 공개재판에 회부되었으며 총살형을 당하거나 시베리아로 추방되어 굶거나 얼어죽었다. 멕시코에서 망명생활을 하던 트로츠키는 스탈린의 명령에 따라 추적 살해당했다. 이런 잔인한 수단을 통해 스탈린은 잠재적인 정치적 반대자뿐 아니라 이론적 혹은 이데올로기적 비판자들까지 제거하려고 했다. 스탈린은 권위 있는 판본의 마르크스 엥겔스 전집 출간을 막았고, 편집자인 리아자노프(David Riazanov)를 총살하도록 명령했다. 그는 또 레닌 저작의 여러 부분을 레닌 전집에서 빼버렸다.[26] 사실은 전혀 그렇지 않으면서, 자신이 레닌의 가장 가까운 지기(知己)이자 조언자이며 동료인 동시에 자연스러운 계승자로서 부각되도록 러시아 역사를 다시 쓰게 했다.

마르크스-레닌주의의 변형으로서(어떤 사람은 이탈이라고 말하지만) 스탈린주의의 독특한 특징은 무엇일까? 특히 세 가지 특징이 주목할 만하다. 첫째 당의 역할과 당 리더십에 관련된 부분. 레닌은 노동계급이 허위의식에서 벗어나지 못하기 때문에 스스로를 이끌어줄 전위당이 필요하다고 주장했다. 스탈린은 당 자체도 허위의식에 감염되어 있기 때문에 당을 이끌 전위, 즉 모든 방면에서 현명하고 모든 것을 알고 있는 한 사람의 천재가 필요하다고 주장했다. 당을 이끌 전지전능의 인물은 당연히 스탈린 자신이다. 이것은 스탈린이 자기를 그 중심에 두었던 개인 숭배의 이론적 토대가 되었다.

스탈린주의의 두 번째 특징은 '일국 사회주의(socialism in one country)' 개념이다. 스탈린은 사회주의가 전 세계로 건설될 수 있기 전에 먼저 한 나라, 즉 소련에서 창조되고 공고해져야 한다고 주장했다. 이 생각은 사회주의 운동의 국제적 성격을 강조한 마르크스 엥겔스의 주장과는 대조를 이룬다. 마르크스 엥겔스의 논리를 이어받은 스탈린의 라이벌인 트로츠키는 사회주의를 한 나라에 건설할 수 없다고 반박했을 뿐 아니라, 소련에서조차 당이 자체 내의 독재 위험을 경계하면서 활력과 생명력을 갖춘 조직으로 유지되는 경우 에만 혁명이 그 목표를 실현할 수 있다는 '영구혁명(permanent revolution)'을 내세웠다. 스탈린의 비밀 요원 중 한 명이 얼음 깨는 도끼로 트로츠키의 뒤통수를 내리치고서야 그런 말은 사라졌다.

스탈린주의의 세 번째 특징은 정당화와 합법화 전략에서 찾을 수 있다. 스탈린은 거의 모든 계획, 정책, 결과를 정당화하는 데 변증법 과 유물변증법(dialectical materialism, DiaMat)을 동원했다. 스탈린 식의 유물변증법——말이 난 김에 덧붙이자면 마르크스는 절대 그런 용어를 사용한 적이 없다——에 따르면 우연의 일치는 없다. 모든 것 은 물질의 운동에 따라 결정되며, 실제로 일어난 모든 일은 그렇게 나타날 수밖에 없다.[27] 이러한 '역사적 필연성(historical inevitability)' 의 교리는 논리학의 가장 초보적 오류인 '전후관계와 인과관계의 혼 동 오류(post hoc, ergo propter hoc)', 간단히 말해 어떤 사건이 다른 사건보다 먼저 일어났다면, 먼저 일어난 사건이 반드시 두 번째 사 건의 원인이 된다고 보는 오류를 범한다는 사실에 스탈린은 신경 쓰 지 않았다.[28] 그가 만든 논리는 그 자체가 '변증법적'이다. 이 논리 속에 들어가면 가장 뻔뻔스러운 모순조차 '변증법적'으로 용해될 수 있다. 다음과 같은 구절을 보자.

우리는 국가 소멸을 지지한다. 동시에 우리는 지금까지 존재했던 국가권 력 중 가장 강력하고 견고한 프롤레타리아 독재를 강화한다는 것 또한 지 지한다. …… 이것이 '모순'일까? 물론 모순된다. 그러나 이 모순은 생명 과 불가분의 관계에 있으며, 마르크스 변증법을 충실히 반영한다.[29]

물론 여기에는 비판의 목적이란 모순을 극복하기 위한 전주곡으로 모순을 밝혀내는 것이지, 스탈린 방식대로 모순을 그저 받아들이고 묵인하는 것은 아니라고 믿었던 마르크스의 생각은 빠져 있다. 이러한 궤변을 동원하여 스탈린은 모든 극악무도한 입장이나 행동까지도 '변증법적으로' 정당화했다.

스탈린의 공포정치는 1953년 그가 사망하면서 막을 내렸다. 3년 후 소련의 새 지도자 흐루시초프(Nikita Khrushchev, 1894-1971)는 제20차 전당대회에서 스탈린의 범죄를 고발했다. 흐루시초프의 뒤를 이어, 고르바초프(Mikhail Gorbachev, 1931-)를 포함한 반스탈린주의적 후계자들은 소수이지만 시끄러운 당 내 스탈린주의 분파가 반대하는데도 계속 비판 노선을 견지해왔다.

소련 이후의 공산주의 소련은 더 이상 존재하지 않지만 스탈린의 유령은 한때 소비에트 사회주의 연방공화국(Union Of Soviet Socialist Republic)을 구성했던 러시아와 인근 여러 나라들을 배회하고 있다. 자유민주주의와 자본주의 시장경제로 향하는 이중적 이행은 고통스럽고 어려운 과정임이 드러났으며, 많은 러시아 사람들은 가혹하지만 모든 것이 확실했던 스탈린 시대로 복귀하기를 바랐다. 정치적, 경제적 개혁의 속도가 지체되기 시작한 1990년대 중반, 러시아 대통령 옐친(Boris Yeltsin)의 개혁정책에 대해 각계각층에서 드러나는 불만을 감지한 몇몇 공산주의자들이 정치적으로 복귀했다. 지리노프스키(Vladimir Zhirinovsky)와 같은 시끄러운 민족주의자와 네오 파시스트들은 인종적 분열을 이용하고 러시아의 힘과 위신을 회복할 것을 약속하고 나섰다.

주가노프(Gennady Zyuganov)의 지도하에 재조직된 러시아 공산당은 옐친, 지금은 푸틴 정부의 개혁정책에 줄기차게 반대하고 있으며 몇몇 지역에서는 인기가 있다. 옐친을 비판하는 공산주의자들은 러시아 사회 내에서 부, 따라서 권력의 불평등이 증대하고 있음을 지적한다. 그러나 러시아 공산당은 알아볼 수 없을 정도로 변했다. 더이상 혁명과 계급투쟁을 말하지 않으며, 계급 없는 공산주의 사회의 유토피아를 약속하지도 않는다. 대신 경쟁적 자본주의 사회로 이행하는 과정에서 사회적 약자와 가난한 사람을 보호해줄 것만을 약속한다. 이러한 모습을 보고 몇몇 비판자들은 당의 약화된 이데올로기를 '연성(軟性) 마르크스-레닌주의'라고 묘사했다. 좀 더 가볍고 덜호전적인 형태의 공산주의가 호소력을 가질지는 더 두고 보아야 한다. 현재로서는 전망이 별로 밝아 보이지 않는다.

중국 공산주의

스스로를 공산주의자라고 부르는 당이 지배하는 나라로 현재 남아 있는 주요 강대국은 중국뿐이다. 10억이 넘는 인구——세계 인구의 다섯 명 중 하나가 중국인이다——와 산업 생산력의 성장으로 중국은 세계 무대에서 날로 중요한 역할을 행사하고 있다. 우리가 현재 중국의 사유와 행동을 이해하려면 중국의 과거, 그리고 현재로이어지는 혁명적 이행에 대해 좀 알아야 한다.

중국의 상황 지난 수 세기에 걸쳐 전개된 중국 역사의 이데올로기는 여러 개의 복잡한 가닥으로 이루어져 있다. 가장 오래된 것은 공자(기원전 551-479)의 가르침에서 취합한 교리 체계인 유교이다. 정치적 관점에서 보자면 유교는 질서, 위계, 군주와 자기 부모의 존경, 학문을 갖춘 엘리트, 즉 관리가 운영하는 관료제를 강조한다. 두 번째 줄기는 19세기 유럽, 미국, 일본의 식민주의와 외국 점령에 대한 반발로 촉발된 중국 민족주의다. 자존심이 강하고 유구한 역사를 가진 민족이 '야만인들'에게 경제적으로 지배받는다는 사실은 몹시 괴로운 일이었다. 예를 들면 1899년 의화단의 난과 같이 외국인들을 몰아내려는 중국인들의 반복된 시도는 보다 잘 무장된 외국 군대에 의해 진압되었다. 1905년 쑨원의 영도하에 국민당은 명목상 독립된 중화민국을 설립했다. 몇 번의 좌절을 겪은 후 중국은 1928년 국민당 지도자 장제스 장군의 지도로 통일된다.

그러나 장제스의 국민당에게 라이벌이 없었던 것은 아니다. 1921년 창당되어 아직 태동 단계에 있던 중국 공산당이 중국의 이데올로기적 흐름에서 세 번째 줄기를 형성한다. 새롭게 조직된 공산당에 가입한 최초의 인물들 중의 하나가 베이징대학 도서관의 사서 보조로 있던 청년 마오쩌둥(毛澤東, 1893-1976)이었다. 1917년 러시아 혁명 소식을 듣고 충격을 받은 마오쩌둥은 중국이 거기서 어떤 교훈을 얻을 수 있을지 알기 위해 마르크스, 엥겔스, 레닌의 저작들을 탐독하기 시작했다. 중국어 이외에 다른 언어를 읽을 수 없었기 때문에 마오쩌둥이 선택한 독서 폭은 크게 제약받을 수밖에 없었다. 『공산당 선언』과 몇 개의 단편 저작 외에 마르크스와 엥겔스의 저작은 대부분 중국어로 아직 번역되지 않았다. 그러나 레닌의 저작은 상당 부분이 번역되어 소개되기 시작했다. 그중 하나였던 레닌의 『제국주의』는 마오쩌둥의 사상이 형성되는 데 결정적 영향을 미치게 되었다. 마오쩌둥은 여러 가지 측면에서 레닌의 제국주의 이론에 마음이 끌렸다. 첫째 중국의 상황에 특히 잘 맞는 것처럼 보였다. 우선 중국은 대규모 산업 프롤레타리아가 없었고, 인구의 절대 다수는 토지를 경작하는 농민들이었다. 또 제국주의 세력은 중국에서 막대한 천연자원과 값싼 노동력, 그리고 자신들의 공산품을 소비할 대규모 해외 시장을 찾아냈다. 선진 자본주의 국가들이 중국에서 '초과이윤'을 올린다는 사실은 전혀 놀라운 일이 아니라고 마오쩌둥은 유추해냈다. 레닌의 분석은 근대 중국 역사의 몇 가지 수수께끼와도 같은 특징을 설명하는 데 도움이 되었을 뿐 아니라 그 처방도 제시해주었다. 그것은 마르크스가 예측했던 내부의 계급투쟁으로 발생하는 혁명이 아니라, 경제적으로 '낙후된' 나라의 민중들이 외국 자본주의 압제자에 대항하여 일으키는 반제국주의 '민족해방 전쟁'으로서의 혁명이었다.

분명히 1920년대의 중국은 강하지도 부유하지도 못했다. 민중 대다수는 이루 말할 수 없이 가난했다. 인구의 4분의 3 정도는 토지가 없거나 아주 소규모만 보유하고 있어, 결국 대토지를 소유한 지주를 위해 일하면서 겨우 연명하고 있었다. 중공업은 거의 없었다. 중국 인구 200명당 1명이 마르크스적 의미의 프롤레타리아로 분류될 수 있을 정도였다. 빈농이나 산업 노동자에 속하지 않는 사람들은 대부분 마오쩌둥의 부모처럼 소규모 토지를 소유하고 경작하는 '부농'이었다. 마르크스주의에 대한 마오쩌둥의 가장 독창적인 공헌은——아마 이탈이라고 해도 좋겠지만——도시 프롤레타리아의 중요성에 매달리지 않는 대신 농민의 억압된 분노를 원동력으로 삼는 데 집중함으로써 혁명을 일으킨다는 발상이었다.

농촌 프롤레타리아 마오쩌둥이 중국 농민에 대한 기대를 가졌던 데는 여러 이유가 있었다. 첫째 가장 분명한 것은 중국 인구의 압도적 절대 다수가 빈농이라는 사실이었다. 이들을 일단 조직하여 동원하면 누구도 막을 수 없는 힘이 될 것이었다. 둘째 그들은 중국 인구 중 가난할 뿐 아니라 가장 억압받는 부문이었다. 따라서 자신의 압제자에 맞서는 총력 투쟁을 전개함으로써 잃을 것은 없는 반면 모든 것을 얻을 수 있었다. 마지막으로 마오쩌둥은 농민이 책이나 이론이 아니라 경험에서 배운 실질적 지혜 혹은 상식을 타고났다고 믿었다. 만일 중국에서 혁명을 이루고자 한다면, 농민의 언어로 말하고 농민의 방식대로 생각하는 지도자가 이끄는 당이 농민을 지휘해야 한다. 따라서 마오쩌둥의 연설과 저작은 많은 부분이 추상적 이론화를 지향하기보다는 농민에게 호소력을 갖도록 계산된 민중적 스타일로 표현되어 있다.

> 마르크스-레닌주의는 아무런 장식적 가치도 신비스러운 가치도 없다. 그것은 아주 유용할 뿐이다. 오늘날까지 상당히 많은 사람들이 마르크스-레닌주의를 기성품의 만병통치약으로 간주했다. 일단 이 약만 손에 넣으면 아무런 노력 없이 병을 고칠 수 있다는 식으로. 이것은 …… 유치하다. …… 마르크스-레닌주의를 종교적 교리로 간주하는 사람들은 바로 이런 형태의 꽉 막힌 무지를 보여준다. 우리는 그런 사람들에게 솔직하게 '당신의 교리는 아무 소용도 없소'라고 하거나, 아니면 점잖지 못하지만 '당신의 교리는 똥보다도 소용이 없소'라고 말해야 한다. 우리는 개똥이 땅을 기름지게 할 수 있으며, 사람 똥은 개를 먹일 수 있다는 사실을 알고 있다. 도그마는? 땅을 기름지게 할 수도 없고 개를 먹일 수도 없다. 어디에 써먹을까?[30]

마오쩌둥의 수정 마오쩌둥 저작의 많은 부문들이 '실천', 특히 농민을 동원하고 여러 상황에 따라 적절한 군사전략과 전술을 사용하는 방법에 관련되어 있지만, 그는 마르크스주의 이론을 여러 중요한 측면에서 수정하였다. 첫째 요소는 우리가 앞에서 보았듯이 도시 프롤레타리아의 중요성에 집착하지 않고 농민을 혁명세력으로 형성한 점이었다. 혁명은 농촌에서 시작되어야 했다. 농촌의 혁명세력이 더 강력해짐에 따라 그들은 도시를 포위하고 항복을 받아낼 수 있었다. 두 번째 중요한 수정은 산업 노동계급의 규모 같은 '객관적' 조건의

마오쩌둥(1893-1976)

중요성을 낮게 보고 대신 '주관적' 요소의 핵심적 역할을 강조한 점이었다. 특히 생애 후반기에 가면 마오쩌둥 식 마르크스주의 이론은 물질적 혹은 객관적 조건보다 '의식'이나 정치적 '의지'를 우위에 두었다. 세 번째의 독특한 기여는 계급과 계급투쟁 개념의 재구성이었다. 고전적 마르크스주의에서는 핵심 위치를 차지하는 계급 개념이 마오쩌둥에게 오면 주로 국가 개념으로 위치를 옮겼다. 특히 마오쩌둥은 국제관계를 '계급' 측면에서 재구성했다. 그는 중국이 부유한 '부르주아' 억압국가의 속박을 벗어 던져야 하는 가난하고 억압받는 '프롤레타리아' 국가라고 주장했다. 그 경우 중국혁명은 순수한 내부 계급투쟁이 아니라 국제 자본주의의 대표자에 맞서는 '프롤레타리아적' 민족주의 세력의 투쟁이었다. 지도자들 중 일부는 외국인 투자자로부터 이익을 얻고 그들의 지지를 받고 있는 국민당은 부르주아 국가의 중국 대리인 혹은 대표자에 불과했다. 따라서 장제스와 국민당에 대한 투쟁은 그를 지지해주는 미국과 기타 자본주의 국가에 맞서는 투쟁이기도 했다. 중국 공산당이 권력을 장악한 후 마오쩌둥은 한 걸음 더 나아가 중국혁명은 아시아 · 아프리카의 혁명활동의 원형(原型)이 되어야 한다고 주장하기 시작했다.[31] 곧 마오쩌둥은 제3세계 민족해방운동이 1948-1949년 중국 공산당의 혁명적 승리로 입증된 성공적인 전술을 채용해야 한다고 주장했다.

마오쩌둥의 이러한 수정은 마르크스가 기대했던 것과는 큰 차이가 있다. 그러나 잘 생각해보면 그렇게 놀랄 일만도 아니다. 마오쩌둥은 본래 레닌주의의 렌즈를 통해 마르크스와 마르크스주의를 보았다. 예를 들면 공산당은 인민을 혁명으로 이끄는 전위대가 되어야 하고, 그 후에는 프롤레타리아의 이름으로 독재를 행사하는 조직이어야 한다는 레닌의 견해를 받아들였다. 마오쩌둥의 레닌주의적 사고도 레닌의 발언이나 의도에 대해 스탈린의 이른바 권위 있는 해석을 통해 들여다본 것이었다. 따라서 마오쩌둥의 마르크스주의는 어두운 유리를 통해 본, 제대로 보았는지도 의심스러운 마르크스주의였다. 또한 마오쩌둥은 마르크스나 여타 마르크스주의자들을 신성한 존재로 무비판적으로 숭배해서는 안 된다고 주장했으면서도 자기가 제시한 마르크스주의에 대해서는 순수성과 신성함을 선언하였다. 그와 중국혁명이 자리를 굳힘에 따라 마오쩌둥은 더욱더 개인숭배와 경외의 대상이 되었다. 중국혁명의 영웅은 인간을 초월한 인물로 바뀌었다. '위대한 조타수'로서 그의 모든 사상과 행동은 신비한 거인의 위치로 격상되었다.

홍전(紅專) 논쟁 1960년대 중반에 이르러 마오쩌둥의 개인 숭배는 혼란스럽고 많은 면에서 재앙을 몰고 온 문화혁명을 향해 치닫고 있었다. 문화혁명의 이론적 뿌리를 알려면 마오쩌둥의 '홍전' 구분을 살펴보아야 한다. '홍'은 이데올로기적으로 순수하고 올바르다는 말이며, '전'은 이데올로기적인 옳고 그름보다는 업무 능력을 중시하는 전문가를 뜻한다. 이데올로기적 순수성을 선호했던 마오쩌둥은 1960년대 중반에 이르러 중국 사회의 시계추가 지나치게 전문가의 방향으로 기울었다고 믿었다. 이데올로기적 순수성이 위기에 처했다. 그래서 그는 전문가들을 추방하고 '홍'을 올바른 역할로 복귀시킬 문화혁명을 명령했다. 노동자들에게 경영자와 관리인을 모욕 주고, 학생에게 교수를 깎아 내리라고 장려했다. 많은 '전문가들'은 자리에서 쫓겨나고 투옥되거나 살해되었으며 현장 노동자로 하방(下放)되었다. 지금껏 위에 있던 모든 것들은 땅으로 떨어졌으며, 그 반대 현상이 나타났다. 뒤죽박죽인 상황에서 산업과 농업 생산은 급격히 떨어졌으며 그 결과는 빈곤이 널리 확대되는 것이었다. 문화혁명이 너무나 혼란스럽게 치닫자 마오쩌둥은 공장, 학교, 사회 전체의 질서를 회복하기 위해 군대를 불러들이는 데 마침내 동의했다.

문화혁명은 중국의 제도와 경제의 많은 부분을 황폐화시켰다. 그것은 또한 중국인들 사이에 마오쩌둥의 명성을 훼손시켰다. 1976년 마오쩌둥 사망 이후 그의 부인을 포함한 급진파들은 불신을 받았고 덩샤오핑(鄧小平, 1904-1997) 같은 실용주의자들이 권력을 잡았다. 그 후 중국은 경제적 하부구조를 구축하는 데 에너지를 집중해왔다. 그의 지도하에 중국은 자유시장 경제의 몇몇 특징들을 재도입하고 자본주의 국가들과 광범위한 통상도 재개하기 시작했다. 특히 공산당의 리더십을 비판하는 자유를 포함하여 언론 자유를 향한 몇몇 조치들도 취해졌다. 그러나 1989년 6월 베이징 천안문 광장에서 중국 학생들과 그 지지자들의 평화 시위를 인민해방군이 탱크로 진압하면서 모든 것은 끝이 났다. 마오쩌둥 탄생 100주년이었던 1993년 중국 당국은 그의 사상에 특별한 경의를 표하고 청년들에게는 그것을 주의 깊고 면밀하게 학습하라고 옹호했다. 이것은 마오쩌둥이 생전에 그랬던 것처럼 정부는 반대자나 자유주의-민주주의적 사상을 더 이상 용납하지 않을 것이라는 분명한 신호였다.

중국 정부는 정치적으로는 강하게 나오지만 경제적으로는 통제를 계속 완화하고 있다. 공개적으로 외국인 투자가들의 비위를 맞추며 중국 기업인들에게는 그들 자신의 사업체를 세울 것을 장려한다. 그러나 정부는 경제적 자유화가 정치적 측면의 자유화로 연결되지 않을 것임을 강조해왔다. 1997년 미국 방문 중 중국 국가주석 장쩌민은 정부의 천안문 광장 유혈 진압은 사태에 대한 '올바른 결론'이라고 옹호했다.[32] 경제적 자유와 정치적 자유를 '분리'하려는 중국 공산당의 시도가 장기적으로도 성공할 수 있을지는 아직 불분명하다.

중국에서 공산주의의 앞날은 어떻게 될까? 1997년 덩샤오핑의 사망과 더불어 혁명 구세대의 마지막 인물이 무대에서 사라졌고, 좀 더 젊은 당원들이 중요한 지위에 계속 기용되고 있다. 새로운 지도자들 중 일부는 그들의 선배들이 반대했던 생각이나 믿음을 갖고 있음이 거의 확실하다. 그러나 그러한 생각들이 무엇인지, 그것이 중국 공산주의의 성격을 어떻게 바꿀 것인지는 앞으로 두고 보아야 할 것이다. '마오쩌둥 사상'이 중국에서는 케케묵은 것일지 몰라도 여러 제3세계 국가의 게릴라 운동에게는 매력을 발휘하고 있다. 페루에서는 '빛나는 길(Sendero Luminoso, Shining Path)'이 마오쩌둥에 대한 충성을 공개적으로 선언하고 그의 전략전술을 답습하려고 한다. 네팔에서는 소규모지만 강력한 마오쩌둥주의자 게릴라 운동이 가뜩이나 약한 정부를 뒤흔들려고 위협하고 있다. 제3세계에서 이러한 운동들이 이제 주변적 위치에 있다고 하더라도 이 나라들의 수준에서 겪고 있는 위험은 상당하다. 그러나 전 세계의 차원에서 보면 이 운동들은 실질적 위협이라기보다는 성가신 존재들이다.

비(非)마르크스 계열 사회주의

마르크스와 그 추종자들은 모든 사회주의자들 중 가장 영향력이 컸다. 실제로 20세기의 대부분 세계 인구의 거의 3분의 1이 마르크스주의를 표방하는 정권들이 통치하는 나라에 살았다. 그러나 마르크스와 마르크스주의자들만이 사회주의 또는 공산주의 이론과 실천의 유일한 샘물은 아니었다. 이 장의 시작에서 언급했듯 사회주의 합창에는 마르크스주의 외의 무수한 목소리가 존재했고 지금도 그렇다. 사실 우리가 그 이름을 열거할 수도 없고 그들을 상세히 다루기는 더 어려운 무수한 형태의 비마르크스 계열 사회주의가 있다. 그렇지만 비마르크스 계열 사회주의 가운데 좀 더 중요하고 영향력이 있는 몇몇 형태들을 간략하게 검토하면서 사회주의 역사의 결론을 내릴 수 있다.

무정부적 공산주의(anarcho-communism)

유럽 사회주의자들 중에서 마르크스의 주요 라이벌은 **무정부주의자**(anarchist)였다.[33] 우리가 이미 1장에서 보았듯이 무정부주의자들은 단 하나의 핵심 사항, 즉 국가는 폐기되어 자발적 협동의 체계로 바뀌어야 할 사악한 제도라는 점에서만 의견의 일치를 본다. 의견 일치는 여기가 끝이다. 몇몇 무정부주의자들은 급진적 개인주의자인 반면, 다른 분파들은 코뮌주의자(communalists)들이다. 일부는 국가의 폭력적 전복을 주장하는 반면, 다른 일부는 협동적 사회를 향해 좀 더 평화로운 이행을 내세우는 평화주의자들이다. 3장에서 다룬 자유주의 혹은 개인주의적 무정부주의자들을 제외한 모든 무정부주의자들은 사회주의 전통에서 활동해왔다.

무정부주의를 다듬어 옹호하려고 했던 최초의 작업 중의 하나는 고드윈(William Godwin)의 『정치적 정의의 탐구』(Enquiry Concerning Political Justice, 1793)였다. 영국의 고드윈은 국가는 본질적으로 억압적이기 때문에 어떻게든 없애지 않으면 더 억압적으로 된다고 주장했다. 그 방법의 하나는 국가의 강제적 통제가 필요하지 않도록 구성원들이 직접 다스릴 수 있는 소규모 공동체들을 만드는 일이라고 생각했다. 그러나 고드윈은 사유재산에 관해서는 일관된 공산주의자가 아니었다.[34] 이 점에 관해서 그는 사유재산이 존재하는 한 국가가 필요하다고 본 후대(後代)의 무정부주의자들과 의견이 달랐다. 사회주의적 무정부주의자, 혹은 **무정부적 공산주의자**들에게 국가의 폐기와 사유재산의 폐기는 동전의 양면을 이루고 있다.

무정부주의자라고 하면 폭탄을 투척하는 사람을 연상하는 대중의 이미지와 달리 많은 무정부적 공산주의자들은 평화주의와 비폭력을 도덕적으로 강력하게 옹호했다. 이들 중 한 사람인 톨스토이 백작(Leo Tolstoy, 1828-1910)——『전쟁과 평화』를 비롯한 많은 위대한 소설의 작가——은 어떤 형태의 폭력이라도 그것은 항상 잘못된 것이라는 평화주의 원칙에 철저했다. 독실한 기독교인으로서 톨스토이는 이 원칙이 국가가 시민에게 행사하는 혹은 행사하려고 하는 폭력에 적용된다고 믿었다. 그는 이렇게 묻는다. 왜 국가는 경찰, 법원, 세무 징수인, 감옥의 체계를 유지하는가? 왜 국가는 그러한 강제 집행인들을 고용하는가? 한 인간이 다른 인간에게 폭력을 휘두르는 이러한 수단들이 없으면 국가는 존재하지 않을 것이다. 국가는 본질적으로 폭력적 제도다. 폭력은 절대적으로 잘못이며, 우리가 해야 할 유일한 도덕적 일은 국가를 없애고, 모든 사람이 다른 사람들을 돕고 그 보답으로 다른 사람들한테 도움을 받는 자발적 협동 체계로 바꾸어놓는 것이다.

어떻게 하면 그런 사회를 이룩할 수 있는가? 평화적으로 할 수 있다고 톨스토이는 믿었다. 무정부(anarchy)로의 이행은 설득의 힘을 통해, 즉 부자들에게는 재산을 내놓으라고(실제로 톨스토이는 그렇게 했다), 모든 사람에게는 국가와 그 제도가 주는 보호막을 벗어 던지라고 설득함으로써 이룰 수 있고 그래야만 한다고 믿었다. 그러나 이 점에 관해서는 무정부주의자들 사이에 커다란 견해 차이가 있다. 역시 러시아의 크로포트킨(Peter Kropotkin, 1842-1921)과 바쿠닌(Mikhail Bakunin, 1814-1876)은 폭력의 주 원천인 국가를 없애는 데는 폭력적 수단이 필요할 수 있다고 주장했다. 바쿠닌은 민중이 궐기하여 그들을 노예로 부리는 상전인 국가를 분쇄하고 자신을 해방시킬 때 폭력이 창조적일 수도 있다고 했다.

왜 마르크스가 무정부주의자들을 경멸하고 그토록 의심에 찬 눈으로 보았는지는 쉽게 알 수 있다. 5장에서 본 대로 마르크스는 자본주의에서 공산주의로의 이행에는 패배한 부르주아지가 반혁명을 일으키지 못하도록 승자(勝者) 혁명가들이 국가권력을 장악하는 일이 필요하다고 믿었다. 더 이상 이런 일이 필요하지 않을 때 이 과도기 국가, 즉 '프롤레타리아 독재'는 마침내 '소멸'될 것이었다. 바쿠닌은 『국가와 아나키(Statism and Anarchy, 1874)』에서 국가는 자연스럽게 붕괴될 것이라는 마르크스의 주장을 꺾어버리는 예언자적 비판을 남겼다. 바쿠닌이 보기에 국가의 자연적 경향은 사라지는 것이 아니라 더 많은 권력을 수중에 넣고, 더 억압적이고 폭력적으로 성장하며, 시민들을 더욱 가혹한 감시와 통제하에 예속시키는 경향을 갖고 있다. 이것은 부르주아지가 통제하는 국가나 이른바 노동자의 국가나 마찬가지다. 실제로 바쿠닌은 부르주아 국가와 달리, 노동자 국가에서는 국가에 대립하고 국가의 성장을 견제할 투쟁적이며 조직화된 노동계급이 존재하지 않기 때문에 국가는 한층 더 억압적일 것이라고 주장했다.[35]

　이와는 다른 각도에서 무정부주의를 옹호한 사람이 크로포트킨, 특히 그의 『상호부조(Mutual Aid, 1902)』였다. 일반 민중과 연대감을 표출하기 위해 스스로 러시아 공작의 작위를 던져버렸던 그를 러시아 경찰은 철저히 감시했다. 1874년 불법 정치행동의 죄목으로 체포된 그는 시베리아로 유형을 갔다. 그곳에서 2년을 보낸 후 그는 대담한 탈출을 감행하여, 많은 정치적 망명자들처럼 영국으로 갔다. 망명은 42년이나 이어졌다. 다윈을 비롯한 19세기 여러 뛰어난 자연과학자들의 저작에서 많은 영향을 받았던 크로포트킨은 모든 종(species)은 불변의 발전법칙에 따라 진화한다는 생각을 받아들였다. 이것은 곧 인류도 꾸준히 진화하고 있으며 사회 역시 궁극적으로는 더욱더 평화롭고 협동적일 것이라는 뜻이다. 협동적인 정치적 행동을 통해 이러한 변화과정은 가속화되고 국가는 폐기되며 억압이 없는 무정부 사회가 나타날 수 있다고 그는 생각했다. 개인들간의 경쟁을 강조한 **사회적 다윈주의**와 반대로, 공동선을 위해 협조하고 '상호부조'에 참가하도록 배운 사람들이 앞으로는 생존할 수 있다는 것이 다윈주의의 정치적 교훈이라고 그는 실제로 주장했다.[36]

　또 한 명의 러시아 출신 무정부적 공산주의자로는 미국에서 '붉은

엠마'라는 이름으로 유명해진 골드만(Emma Goldman, 1869~1940)을 들 수 있다. 여타의 무정부적 공산주의자들과 마찬가지로 골드만 역시 무정부주의를 "인간의 넋을 빼놓은" 신, 국가, 사유재산 같은 "유령으로부터 인간의 위대한 해방자"라 보았다. 무정부주의는 "종교의 지배로부터 인간 정신의 해방, 재산의 지배로부터 인간 육체의 해방, 정부의 속박과 구속으로부터 해방을 의미한다"[37]고 선언했다. 이러한 관심사 외에 그녀는 남성의 착취에서 여성의 해방이라는 페미니즘의 주제를 추가하였다. 자본주의가 노동하는 남성(여성)을 억압하듯 결혼 역시 여성을 억압한다는 것이다. 골드만은 자본주의를 이렇게 주장한다.

남자에게서 타고난 권리를 박탈하고, 그 성장을 방해하며, 그의 육체를 중독시키고, 무지와 빈곤, 예속으로 묶어둔 후 남자의 자존심의 마지막 한 조각 위에서 자라나는 자선사업을 제도화한다.

결혼 제도는 여성을 절대적 예속 상태로 묶어두며 기생충으로 만든다. 결혼은 여성의 생존투쟁 능력을 박탈하고, 여성의 사회의식을 없애버리며, 상상력을 마비시키고, 자비로운 보호를 부과하지만, 실상 그 보호라는 것은 인간성에 대한 덫이자 비웃음에 불과하다.[38]

'자유연애' 옹호자로서 골드만은 또한 산아제한운동의 투사로 활동했으며, 그것 때문에 투옥되었다.

페이비언 사회주의(Fabian Socialism)

1884년 런던에서 창립된 페이비언 협회(Fabian Society)는 총력전을 펼치는 대신 후퇴하면서 적을 조금씩 공략하는 전술로 마침내 항복을 받아낸 로마 장군 파비우스(Fabius, 기원전 203 사망)에게서 그 이름을 따왔다. 바로 이러한 정신과 평화적 방법을 통해 페이비언 사회주의자들은 영국 사회를 좀 더 뚜렷한 사회주의적 방향으로 계속 움직여 나가도록 만들려고 했다.[39] 그 지도적 인물인 쇼(George Bernard Shaw), 웰스(H. G. Wells), 왈라스(Graham Wallas), 웹 부부(Sidney and Beatrice Webb)는 대부분 중산계급 출신의 저술가이자 사회개혁가였다. 그들은 주로 대중적인 에세이·희곡·책 등을 집필함으로써 자신들의 뛰어난 재능을 사회주의를 실현하기 위한 정치운동에 사용하였다. 쇼의 희곡 『피그말리온(Pygmalion)』은〔뒷날 브로드웨이에서는 이 작품의 사회주의적 메시지를 없애버리고 '마이 페어 레이디 (My Fair Lady)'라는 뮤지컬로 상영하였으며, 나중에는 영화로도 만들었다〕영국 계급체계를 재미있게 조롱했으며, 그의 『지적인 여성을 위한 사회주의와 자본주의 가이드(The Intelligent Woman's Guide to Socialism and Capitalism, 1928)』는 사회주의 경제·정치 원칙을 간명하고 재치 있게 설명하였다.

의회를 통해 사회주의 사회로 향하는 평화적 이행을 내세운 페이비언 협회의 철학은 1900년 창당한 영국 노동당에 편입되었다. 노동당은 1924년 선거에서 처음으로 영국 정부를 장악하여 맥도널드 (Ramsay MacDonald)가 사회주의자 수상이 되었다. 그 이후로 노동당은 선거에서 승리와 패배를 거듭하며 석탄과 철강, 기차와 항공기, 전화통신 등 특정 산업과 서비스의 국유화(즉 정부 소유 및 운영) 같은 사회주의 정책을 실행하였다. 또한 노동당은 치과와 병원의 무료 진료를 제공하는 국가 의료보험을 포함하여 광범위한 사회복지 체계를 제도화였다. 1980년대 대처(Margaret Thatcher)가 이끄는 보수당이 사회보장을 많이 감축하고, 노동당이 국유화했던 많은 산업들을 '사유화'(즉 개인 투자자들에게 매각)했다. 보수당에 맞서는 최선의 방법을 합의해내지 못했던 노동당은 한동안 내부 의견이 일치되지 않고 견해 차이가 생겨서 분열되었다. 이 상황은 1990년대 블레어(Tony Blair)의 중도적 리더십 아래 변하기 시작하였다. 노동당 내 가장 열렬한 사회주의자들에 따르면 블레어는 당의 이데올로기를 '계급성이 희석된 노동(Labour Lite)'으로 바꾸어놓았다. 그러나 기독교 사회주의와 **공동체주의**를 혼합한 블레어의 방식은 1997년(그리고 2001년) 선거에서 노동당이 정권을 되찾는 데 대성공을 거두도록 이끌었으며, 그는 영국 수상이 되었다.

미국 사회주의

미국의 사회주의 전통은 오래되기는 했지만 그렇게 강하지는 못하다. 대부분 미국인에게 사회주의가 호소력을 갖지 못한 이유가 무엇인지에 대해서는 잠시 후에 살펴보기로 하자. 먼저 미국이 배출한 몇몇 독창적인 사회주의 사상가들 중 한 사람의 생각을 간단히 살펴보기로 하자.

벨라미(Edward Bellamy, 1850-1898)는 1888년 출간된 베스트셀러 공상적 사회주의 소설 『과거를 돌아보며(Looking Backward)』의 저자였다. 소설의 주인공 줄리안 웨스트(Julian West)는 혼수상태와 같은 잠에 빠져들었다가 서기 2000년에 깨어나 미국이 자신이 알고 있던 19세기 말과 엄청나게 달라져 있음을 발견한다. 미국은 협동적인 사회주의 사회가 되었음을 발견한 것이다. 그가 새롭게 사귄 친구들에게 과거의 경쟁적 자본주의 사회의 생활에 대해 이야기해주자, 그들은 자신의 귀를 믿지 못할 지경이었다. 그들은 왜 인간이 그토록 치열한 생존경쟁 사회에서 저항 없이 살았는지 알고 싶어했다. 웨스트는 이렇게 대답한다.

당시 사회를 엄청나게 큰 마차에 비유해봅시다. 여기서 인간 대다수는 마차 앞에 묶여 매우 가파르고 미끄러운 언덕길 위로 고통스럽게 마차를 끌고 올라간다고 생각합시다. 마부는 굶주려 있고 시간 지체는 용납되지 않습니다. …… 그렇게 힘든 길을 따라 마차를 끄는 일이 얼마나 어렵겠습니까만, 꼭대기 칸은 가장 가파른 언덕에서도 절대 내리지 않는 손님들이 타고 있습니다. 상층 칸 좌석은 바람도 잘 통하고 안락합니다. 먼지도 들어오지 않는 좌석에서 승객들은 마음 내키는 대로 경치도 즐길 수 있고 마차 끄는 사람들을 팽팽하게 조일 때 어떤 장점이 있을지 비판적으로 토론할 수 있습니다. 자연히 그런 자리는 수요가 엄청나고 그 자리를 차지하기 위한 경쟁이 아주 치열해서 모든 사람은 …… 마차 좌석을 자신을 위해 확보하고 자기 자식에게 넘겨주려고 합니다 …… (그러나 꼭대기 좌석은) 아주 불안해서 마차가 덜컹거릴 때마다 …… 사람들은 마차 밖으로 미끄러져 땅으로 떨어집니다. 그렇게 되면 그들도 곧장 로프를 잡고 마차 끄는 일을 도와야만 하도록 되어 있습니다. …… 당연히 자기 좌석을 잃는 일은 끔찍한 불행으로 간주되고, 이런 일이 자신들에게도 일어날 수 있다는 우려는 …… 마차 승객들의 행복에 항상 구름을 드리웁니다.[40]

꼭대기 칸의 사람들은 마차 끄는 사람들에게 동정을 표하기도 하고 격려의 말을 소리치기도 하며 그들의 상처 난 손발에 바르라고 고약과 붕대를 내려 보내기도 한다. 그러나 어느 누구도 내려서 도와주지는 않는다. 이것이 경쟁적 자본주의 사회의 본질이라고 벨라미는 말한다.

　이러한 음울한 그림과 대조적으로 벨라미는 소설 주인공의 입을 빌려 상호 부조와 협동의 사회주의적 비전을 대조한다. 서기 2000년의 미국은 빈곤도 실업도 없다. 신체 장애가 없는 모든 사람은 자진해서 일을 하며 모든 사람은 자신의 노동에 따라 평등하게 보상받는다. 쓰레기 수집 같은 불유쾌한 직업에 종사하는 사람들은 좀 더 편안하고 안락한 직업의 종사자보다 주당 노동시간이 적다. 화폐가 없기 때문에 임금도 없다. 대신 모든 사람은 지불카드(debit card)를 갖고(정말 예언적이다!) 자신의 기본적 욕구를 충족시키는 데 필요한 물품을 국가 소유 상점에서 '구매' 한다. 이러한 방법과 기타 정교한 정치를 통해 사람들은 평등, 조화, 자유 속에서 산다.

이 비전은 많은 미국인에게 상당히 호소력을 발휘하여 수많은 사람들이 그의 생각을 실천에 옮길 방법을 토론하는 '벨라미 클럽(Bellamy Club)' 을 결성하였다. 벨라미의 대중적 인기는 곧 시들었지만 그 영향력은 그 후 사회주의의 이론화 작업에 상당한 흔적을 남겼다. 벨라미 식의 사회주의는 사회주의 전통에서 여러 줄기의 하나가 되었으며, 19세기에서 20세기로 전환하던 시기에 여러 민중주의자(populist)와 진보주의자의 사상 속에 통합되었다. 그러나 사회주의 사회가 아직 실현되지 않았다는 것은 확실하다. 실제로 다른 여러 나라들과 달리 (여러 여론조사가 보여주듯) 대부분의 미국인은 그 말의 정의를 내릴 줄도 모르고 어떤 사람들은 복지국가 자유주의와 혼동하고 있지만, 오늘날 미국에서 '사회주의' 는 좋지 않은 의미의 단어다. 많은 외국인이 묻는 첫 번째 질문 중의 하나가 '왜 미국인들에게 사회주의는 호소력이 없는가' 하는 것이다.

여러 가지 설명을 할 수 있다. 그 하나는 미국이 기본적으로 양당 정치체제이며, 제3당은 선거에서 의미 있는 승리를 거둘 기회가 거의 없다는 점이다. 〔그렇더라도 1920년 대통령 선거에서 사회당 대통령 후보 데브스(Eugene V. Debs)는 총 투표수의 3% 이상에 해당하는 거의 100만 표를 얻었다.〕 또 다른 설명은 사회주의는 노동계급 운동이자 이데올로기인데, 조사를 보면 대부분 미국인은 블루칼라 화이트칼라를 막론하고 자신이 '중간계급' 에 속한다고 생각한다는 점이다. 이와 밀접히 연관된 세 번째 설명은 미국에는 계급 구분의 유동성, 즉 사회적, 경제적인 '상향 이동'의 가능성이 마련되어 있기 때문에 자신이 위로 올라간다고 생각하는 사람들에게는 사회주의가 매력적이지 않다는 것이다. 넷째, 오랜 전통을 갖고 있으며 아직도 강력한 미국의 자유주의적 개인주의는 '집단주의' 이데올로기들이 호소력이 없다는 것이다. 아직도 많은 미국인들 사이에는 '자수성가'하는 '거친 개인주의자(rugged individualist)'라는 생각이 강한 호소력을 띤다.

작고한 해링턴(Michael Harrington, 1928-1989) 같은 최근의 미국 사회주의자들은 거칠고 자립적인 개인이라는 그림은 현대 미국의 실상과 동떨어진 이데올로기적 환상이라고 주장했다. 물론 미국은 막대한 부와 기회를 갖고 있지만 이것들이 올바르게 분배되어 있지는 못하다. 정말로 정의로운 사회라면 그 시민들 중 어느 누구도 오랫동안 굶주리고, 집이 없으며, 실업 상태에 있도록 내버려두지 않을 것이다. 문제의 근원은 이 사람들에게 있는 것이 아니라, '승자'에게는 포상을 하고 '패자'는—더 나쁜 것은 빈곤과 절망의 악순환에 빠져 있는 어린이들까지—처벌하는 이윤과 특권의 체제에 있다. 진정으로 자유로운 유일한 사회는 스스로의 재능과 능력을 완전히 계발할 능력이 평등하게 분배되어 있는 사회이다. 그리고 그러한 사회는 사회주의적일 수밖에 없다고 사회주의자들은 말한다.[41]

오늘날의 사회주의

콜라코프스키의 주장대로 19세기 말이 사회주의의 '황금기'였다면, 사회주의 세계에 대한 극적이고 놀랄 만한 분위기 반전이 일어난 20세기 말을 어떻게 보아야 할 것인가? 20세기의 마지막 10년은 실천 이데올로기로서 사회주의의 종말을 알리는 시기였다고 보는 관점이 있을 것이다. 반면 또 다른 관점에서 보자면 이 시기의 시련 속에서 사회주의의 부활을 주목할 수도 있다. 낡은 제도와 도그마가 비판받고 타도되면서 사회주의자들은 새로운 기회와 도전, 특히 사회주의가 어떤 형태와 방향을 취해야 하는지 결정해야 할 도전에 직면해 있다.

현재 상황에서 마르크스-레닌주의적 형태의 공산주의는 죽어가고 있다고 보인다——아직 죽지 않았다면 말이다. 미래의 역사가들이 1789년만큼 중요한 시점으로 볼 1989년에 소련과 폴란드는 정치적 직위를 둘러싼 경쟁에 비공산주의자들의 참여를 허용하기 시작했으며, 그 결과 폴란드에서는 공산주의자들이 선거에서 대패했다. 헝가리를 지배하던 공산당인 '헝가리 사회주의 노동자 정당'은 결국 해체되었다. 대규모 시위와 서독으로 향한 탈출에 시달리던 동독 공산당 정부는 베를린 장벽을 열었고 인민들에게 자유로운 선거를 약속했다. 체코슬로바키아의 공산 정권은 무너지고 반체제 극작가 하벨(Vaclav Havel)이 대통령으로 당선되었다. 불가리아, 독재자를 타도하고 처형한 루마니아에서는 공산당이 공개적으로 도전받고 있다. 물론 1989년에는 모든 신호가 같은 방향으로 진행되지는 않았다. 중국 공산당 정부가 학생들이 주도하는 개혁운동을 폭력적으로 진압했던 때가 1989년이었다. 그러나 중국의 마르크스-레닌주의도 도전, 즉 1978년 덩샤오핑이 국가 주석이 되면서 실시한 경제개혁과 함께 시작된 도전에 직면했다. 천안문 광장에 모여 정부의 부패 근절과 인권 존중을 요구하던 중국 학생들은 어떤 측면에서는 덩샤오핑의 개혁을 경제에서 정치로 연장하려고 했을 뿐이다. 경제적 경쟁력을 갖추려는 중국의 움직임은 1990년대 내내 진행되었으며 1997

년 강력한 자본주의 경제를 갖춘 홍콩이 반환되면서 탄력을 얻었다. 과연 중국이 경쟁적 시장경제를 지속하면서도 폐쇄적이고 비경쟁적인 정치 체계를 계속 유지할 수 있을지는 아직도 의문이 남는다. 그러나 그렇게 할 수 있다고 하더라도 그 결과 나타날 경제, 정치 체제는 마르크스-레닌주의적 이상과는 많이 다를 것이다.

소련의 개혁운동도 강경 공산주의자들의 도전을 받고 있지만 그 결과는 중국의 상황과 크게 달랐다. 1991년 일단의 공산주의 지도자들이 정부 통제권을 장악하여 공산주의에서 이탈하지 못하도록 막으려 했을 때, 그들은 군대와 인민에게서 1주일을 버틸 정도의 지지도 이끌어내지 못했다. 오히려 그들의 쿠데타 실패는 소련 자체의 해체로 신속히 이어졌다. 많은 관찰자들에게 이렇게 놀라운 사건의 연속은 이데올로기로서 공산주의의 죽음을 알리는 것이었다.

그러나 공산주의가 죽었다 혹은 죽어가고 있다는 말은 무슨 뜻일까? 여러 각도에서 대답할 수 있겠지만 두 가지 지적은 특별히 주목할 만하다. 첫째, 공산당은 프롤레타리아의 이름으로 말하고, 프롤레타리아를 대변한다는 주장을 내세울 권리를 상실했다. 사회주의를 거쳐 공산주의 사회의 신세계로 나가는 길로 이끌어 나가는 대신, 소외와 착취를 근절하기보다는, 공산당은 지도자의 권력과 특권을 유지하는 데 더 관심을 갖는 답답하고 경직된 관료적 제도가 되었다. 이것이 필연적이었는지 혹은 피할 수 없는 현상이었는지는 논란의 여지가 있다. 그러나 공산당이 정권을 잡은 모든 곳에서 민주집중제는 민주적이기보다는 상당히 권력 집중적이었다는 점은 분명하다.

두 번째 지적은 첫 번째 지적에서 이어진다. 전형적으로 공산주의자들은 민주집중제라는 말을 정치권력 '그리고' 경제계획을 공산당의 통제 아래 두어야 한다는 의미로 사용해왔다. 공산주의자들은 이것을 경제는 중앙에서 계획, 통제해야 한다는 뜻으로 받아들여왔다. 특히 공산주의자들은 임금, 가격, 생산, 분배가 경쟁적 시장의 수요 공급 법칙이 아니라 정부의 결정과 명령에 따라 이루어지는 **통제경제**(command economy), '상명하달'의 권위주의 체제를 실행해왔다. 그러나 1980년대가 되면서 많은 공산주의자들은 재산과 자원의 중앙집중 통제가 너무 비효율적이고 번거롭다는 결론을 내리게 되었다. 이러한 불만의 대변자 중 가장 두드러진 인물이었던 고르바초프가 당시 소련 공산당 서기장이었는데, 그는 1985년 서기장에 취임한 후 곧 **페레스트로이카**(perestroika, **개혁**) 정책을 선언했다. 중국의 덩샤오핑처럼 고르바초프도 경제 통제권을 분산시키고 소련에 경쟁적 시장경제의 요소들을 도입하려고 했다. 소련이 해체된 이후 러시아를 비롯한 대부분 과거 공산주의 국가들은 고통스럽게 비틀거리면서 완전한 시장경제를 향해 나아가고 있다.

이런 두 가지 이유에서 공산주의는 헌신적이고 충직한 지지자들의 영웅적 희생을 고무하던 과거의 능력을 상실한 듯 보인다. 그리고 이런 의미에서 공산주의는 죽어가고 있다. 그러나 사회주의 일반은 말할 것도 없고 마르크스-레닌주의의 모든 요소가 최후의 숨을 몰아쉬고 있다는 뜻은 아니다. 예를 들면 아시아, 아프리카, 남미의 많은 사람들에게 레닌의 제국주의론은 자신들이 유럽, 북미, 일본의 자본주의 세력에 의해 정치, 경제적으로 지배당하고 있다고 보는 제3세계 국가의 참상을 아직도 가장 강력하게 설명해주는 도구이다. 한때 생각했듯 공산주의가 그들 문제에 대한 해결책이 아니라고 해도, 이 사람들이 자본주의를 해결책으로 인정할 가능성은 없다.

사실 공산주의의 죽음이 자본주의의 승리를 자동적으로 알릴 것이라는 결론은 크나큰 실수일 것이다. 많은 경우 공산주의를 버리는 사람들이 꼭 사회주의도 포기하는 것은 아니다. 사회의 주요 생산수단은 '어떤 방식으로든' 사사로운 개인이 아니라 공공 일반의 수중에 있어야 한다고 그들은 계속 믿는다. 그들은 일당(一黨) 국가와 통제경제라는 생각은 포기했을지 모르지만 다른 형태의 사회주의에 대한 기대까지 버렸을 것 같지는 않다. 실제로 시장 개혁이 물가 상승과 실업 증대로 귀결됨에 따라 이제는 스스로를 사회주의자로 부르는 헝가리, 폴란드 및 기타 지역의 과거 공산주의자들이 1990년대 중반의 선거에서 입지를 되찾았다.

5장 처음 부분에서 사회주의의 논의를 시작할 때 지적했듯 사회주의는 두 가지 문제를 둘러싸고 오랫동안 갈라졌다. 어떤 종류의 재산을, 얼마만큼 공공의 수중에 둘 것인가? 그리고 사회는 이 재산에 대해 어떻게 통제권을 행사할 것인가? 생시몽부터 소비에트 공산주의에 이르기까지 일부 사회주의자들은 공장과 농장, 방앗간과 광산, 기타 생산 수단 등 대부분 형태의 재산을 중앙집중화된 통제하에 둘 것을 주장해왔다. 반면 또 다른 사회주의자들은 위의 두 문제 혹은 그중 하나에 대해 좀 더 완화된 형태의 해결책을 제시했다. 소규모의 자급자족 자치 공동체로 이루어진 사회에 대한 비전을 갖고 있었던 오언과 푸리에는 고도의 분권적 사회주의를 주장했다. 그리고 20세기 후반 이후에는 **시장사회주의(market socialism)**를 내세우는 사회주의자들이 늘어갔다.[42] 그 이름에서 보듯 시장사회주의는 자유시장 경제의 요소들과 재산의 사회적 소유와 통제를 혼합하려고 한다. 사회주의자들은 저마다 이 요소들을 다른 방식으로 혼합하려고 하지만 기본 아이디어는 이렇다. 즉 대규모 공장, 광산, 발전소, 숲, 광물 자원 등의 주요 자원은 공공 목적을 위해 소유되고 사용되며, 개인은 소규모 기업, 농장, 주택, 자동차 등을 자유롭게 소유할 수 있게 한다는 것이다. 중간 규모 기업은 그곳에서 일하는 사람들이 소유한다. 공공 소유 기업까지 포함하여 모든 사업은 이윤을 놓고 시장에서 경쟁을 벌인다. 예를 들어 철강을 생산하는 회사가 넷 혹은 다섯 있다고 한다면, 각 공장의 노동자들은 자유롭게 자신들의 감독관을 선택하고, 노동조건을 결정하며, 최종 생산품의 가격을 정한 다음, 시장에서 다른 공장——여기에는 외국 공장도 끼어 있을 것이다——과 경쟁하며 판매한다. 이윤은 노동자들이 적절하다고 생각하는 방식에 따라 공장 노동자들 사이에서 나눈다. 공장이 손해를 보면, 노동자들이 그 손실을 앞으로 어떻게 만회할 것인가 결정하고 좀 더 경쟁력을 갖추도록 회사를 재정비할 것이다.

몇몇 형태의 시장사회주의는 사회주의의 미래로서 잘 맞을 수도 있다. 그것은 초기 사회주의자의 유토피아도, 마르크스와 그 추종자들이 역사 발전의 궁극적 결과라고 보았던 멋진 신세계도 약속하지 않는다. 그러나 시장사회주의가 착취와 소외를 만들어내는 계급 분열을 완전히 없애지 못하고 축소시키는 데 목표를 두고 있더라도, 그것은 경쟁과 개인주의보다는 협조와 유대의 증진을 약속한다. 이런 측면에서 요즘 활발하게 논의되는 온건하고 분권적인 형태의 사회주의는 사람들에게 사회주의 깃발을 움켜쥐도록 오랫동안 고무해 왔던 문제의식에 가깝다. 곧 공산주의가 죽어가고 있다고 하더라도, 사회주의까지 함께 무덤에 갈 필요는 없다는 말이다. 그 반대로 공산주의의 사망은 다른 형태의 사회주의에 새로운 생명을 불어넣는다고 볼 수 있다.

이런 현상은 비판적 서구 마르크스주의(critical Western Marxism)라고 자처하던 사상가, 특히 유럽 사상가들에게 분명히 유쾌한 일일 것이다. 이 사상가들, 특히 마르쿠제(Herbert Marcuse, 1898-1979)와 하버마스(Jurgen Habermas, 1929-) 같은 프랑크푸르트학파의 '비판 이론(critical theory)'과 연결된 사람들은 두 가지 주요 측면에서 '비판적'이었다. 첫째 그들은 인간을 계속 지배하고 억압하는 체제로서 자본주의를 비판하는 면에서는 마르크스의 방식을 따랐다. 그러나 비판이론가들은 자본주의를 경제적 착취의 형태로 조명하기보다는 '문화적' 지배의 형태로서 자본주의를 비판하는 데 초점을 맞춘다. 자본주의는 모든 것을 상품으로 전환하여 사람들이 가장 자유롭고 창조적이어야 할 미술, 문학, 음악, 희곡 등의 예술 활동도 시장의 요구에 예속되어 있다. 영화, 텔레비전, 대중음악, 프로 스포츠를 비롯한 '연예 오락'이 인민의 아편(opium of the mass)으로 종교가 차지했던 자리를 대신했다.

이런 주장이 사실이라면, 사람들을 자본주의의 마취에서 깨어나게 하려면 어떻게 해야 하는가? 여기서 비판적 서구 마르크스주의가 보이는 두 번째 '비판적' 측면이 나타난다. 이들 마르크스주의 이론가들은 다른 마르크스주의자, 특히 공산당에 신뢰를 두고 있는 혁명적 마르크스주의자도 비판하였다. 비판적 마르크스주의자에 따르면 소련, 중국을 비롯한 모든 곳에서 공산당 지배는 그들이 극복해야 할 자본주의적 해악보다 더 나쁜 결과, 즉 낮은 생산성과 더 억압적인 정치 체제를 만들어냈다. 현대사회의 인간들이 겪고 있는 자본주의에서 야기된 문화적 중독을 깨뜨리기 위해 비판이론가들은 자본주의의 혁명적 타도 대신 분석의 도구를 사용할 것을 제안했다. 즉 정신분석 학자들이 환자에게 스스로 공포와 분노의 원인을 알아내도록 도와줌으로써 질환을 고칠 수 있듯이, 비판적 서구 마르크스주의의 학문적 분석은 사람들을 끈질기게 괴롭히는 무관심, 지루함, 우울증이 결국은 억압적인 자본주의 체제에서 나왔다는 사실을 보여주려는 것이다. 비판적 마르크스주의자들은 사람들이 일단 이 사실을 이해하면, 자본주의의 문화적 중독에서 스스로를 해방시킬 수 있다고 믿었다. 그럴 경우 사회가 어떤 형태를 띠고 나타날지는 불분명하다. 마르크스 자신과 마찬가지로 이들 비판적 마르크스주의자들은 미래 사회의 청사진을 마련하는 일보다는 사회적 상황의 원인을 분석하는 데 관심을 갖고 있다. 이들 '프랑크푸르트학파' 이론가들의 저작에서 마르크스주의 이론은 사회과학의 한 분야로서 존속하고 있다.

지금까지의 논의를 요약해보자. '사회주의'가 '마르크스-레닌주의'와 같다면 사회주의는 죽었거나 죽어가고 있다. 그러나 우리가 보았듯 사회주의는 여러 형태로 전개되고 있으며, 그중 마르크스주의에 입각한 사회주의가 일부를 차지하고 있을 뿐, 마르크스주의를 따르지 않는 사회주의도 많다. 일부 사회주의자들은 '진정한' 혹은 '참' 사회주의는 이제야 성공할 기회를 맞이했다고 주장하며 공산주의의 몰락을 진심으로 환영하였다. 반면 비판자들은 모든 형태의 사회주의는 쉽게 벗어 던지지 못할 오명을 안고 있으며, 이것은 21세기의 이데올로기 갈등에서 사회주의를 도전자가 되지 못하게 한다고 주장한다.

각자의 이데올로기에 따라 달라지는 이러한 결론은 너무 낙관적이거나 너무 비관적이다. 우리가 보았듯 이데올로기는 적응력을 갖추고 있기 때문에, 한 이데올로기가 쇠퇴기를 겪은 후 새로운 에너지와 호소력을 갖고 재등장하는 경우가 많다. 이것은 파시즘, 특히 신나치주의 파시즘의 경우 제대로 들어맞는다. 최근 독일 사민당의 슈뢰더(Gerhard Schroeder)와 영국 노동당 블레어 정권이 선거에서 승리한 바가 보여주듯 이런 현상이 사회주의에도 가능할지는 아직 두고 보아야 하겠다. 시장 메커니즘은 노동자를 착취하고 필요한 재화와 서비스를 체계적으로 불공평하게 혹은 정의롭지 못한 방식으로 분배한다고 보는 사람들이 존재하는 한, 상대적으로 소수의 수중으로 경제력이 집중하는 데 주의를 기울이고 경제력이 정치적 권력이나 영향력에 반영된다고 보는 사람들이 있는 한, 즉 자본주의 체제 내에서 불만, 불신, 반대가 존재하는 한 경제 체제로서의 자본주의, 그 지배 이데올로기로서 자유민주주의에 대한 사회주의적 비판자들도 있을 것이다.

결론

이데올로기로서 사회주의

자유주의나 보수주의와 마찬가지로 사회주의 역시 여러 가지 변형이 있기 때문에 때로는 하나의 이데올로기가 아니라 여러 다른 이데올로기처럼 보이기도 한다. 그렇다고 하더라도 자유주의자와 보수주의자가 그렇듯 사회주의들도 특정한 핵심 가정 혹은 믿음을 공유하고 있다. 이런 사실을 알려면 우리는 모든 정치적 이데올로기가 수행해야 할 네 가지 기능을 사회주의가 어떻게 수행하고 있는지 파악해야 한다.

설명 먼저 사회주의자들은 사회 상황을 어떻게 설명하고 있는가? 일반적으로 그들은 사회 상황을 경제와 계급 관계의 측면에서 설명한다. 개인의 선택에 호소하는 자유주의자들의 전형적인 태도와 달리, 사회주의자들은 개인이 자신들의 선택 범위를 형성하고 구조화하는 사회관계 속에 있다고 주장한다. 개인은 선택을 할 수 있으나 그들이 원하는 일을 선택할 수는 없다. 마르크스의 말대로 "인간은 스스로의 역사를 만들었지만 자기가 좋아하는 방식으로 만든 것은 아니었다. ……"[43]는 것이다. 어떤 사람들은 다른 사람보다 선택의 폭이 넓다. 특히 자본가들은 노동자보다 취사선택의 폭이 넓으며,

자본가들이 취한 결정은 노동자들이 내릴 수 있는 선택의 폭을 결정적으로 제약한다. 예를 들면 이윤 감소에 직면한 자본가들은 자기 사업의 확장, 재투자, 다른 지역이나 나라로 사업체를 이주하거나, 매각하고, 폐쇄하는 등 여러 조치를 취할 수 있다. 자기 자원의 한계 내에서 자본가들은 자신이 적절하다고 보는 일을 할 수 있다. 그러나 대부분 노동자들은 자본가들이 내리는 선택에 반응할 수밖에 없다. 자본가들이 사업체 폐쇄 결정을 내리면 노동자는 다른 곳에서 일자리를 찾는 외에는 대안이 없다.

따라서 사회주의자들은 경제관계 혹은 계급관계에 관련지어 사회적 상황을 설명해야 한다고 주장한다. 살기 위해 필요한 음식에서 시작해서 재화와 용역을 생산하고 노동하기 위해 사람들이 스스로를 조직하는 방식에 따라 사회의 많은 부분들이 달라지기 때문에, 사회에서 발생하는 많은 현상 역시 사회의 계급 분열이라는 측면과 연관지어서만 설명될 수 있다는 것이다. 가령 사회주의자들은 범죄를 설명하는 데 보수주의자들처럼 인간본성의 취약성을 지적하지 않는다. 그보다 사회주의자들은 대부분의 범죄 행위는 계급 분열 사회에서 자신의 상황을 개선할 수 있는 힘이 결여된 노동계급의 착취와 소외의 결과로 발생한다고 보는 경향이 있다.

평가 사회계급에 대한 강조는 이데올로기의 두 번째 기능, 즉 사회적 상황을 평가하는 문제로 이어진다. 여기서 핵심 요소는 사회의 계급 분열이 어느 정도로 첨예화되어 있느냐 하는 점이다. 만일 한 계급이 부를 확고하게 장악하여 노동계급에게 열려 있는 선택의 폭을 크게 줄일 수 있다면, 사회주의자의 관점에서 그러한 상황은 착취적이고 정의롭지 못하다. 만일 계급 분열이 대단치 않거나 지배-피지배 계급이 아예 없다면, 상황은 훨씬 좋아질 것이다. 그러나 이런 일은 사회의 모든 구성원이 주요 생산수단의 통제권을 어떤 방법으로든 공유할 때나 생길 수 있다고 사회주의자들은 주장한다.

지향 지향에 관해 사회주의자들은, 사람은 기본적으로 계급구조 속에서 자신의 위치라는 측면에서 스스로를 파악해야 한다고 본다. 일부 사회주의자들은 계급 차이가 인간의 유일한 차이라고까지 극단적으로 이 말을 해석한다. 예를 들면 노동자는 조국이 없다고 마르크스가 말했을 때, 그것은 국적이나 시민권이 인간 정체성의 규정에 아무런 역할도 해서는 안 된다는 의미로 보인다. 인종, 국적, 종교가 아니라 계급 위치만이 이 세상에서 차별을 만들어낸다는 것이다. 대부분 사회주의자들은 이렇게까지 말하지는 않지만, 모든 사회주의자들은 계급구조 속에서 인간의 위치가 인간 정체성을 형성하는 데 중요한 요소라는 사실을 믿는다. 곧 계급 위치 때문에 현재 우리의 모습이 대략 결정되고, 일정 방식으로 사물을 파악한다는 것이다.

이러한 주장이 사실이라면, 사람들은 스스로를 이러저러한 계급의 구성원으로 파악해야 한다는 말은 무슨 뜻일까? 사회주의자에 따르면 이 말의 핵심은 계급 없는 사회로 가는 길에서 계급의식이 필수 단계라는 것이다. 자본가들은 자신이 저지른 일의 잘못을 알기 전에, 먼저 자신이 노동자를 착취하고 억압하는 계급의 일원이었음을 깨달아야 한다. 그럴 경우에만 자본가들은 부와 자원에 대한 통제권을 정당한 소유자, 즉 사회 전체에 넘겨줄 가능성이 있다. 좀 더 중요한 사실은 자신들이 방대한 피착취 계급을 이루고 있다는 사실을 알게 될 때에만 노동자들은 스스로를 해방시킬 행동에 착수할 것이라는 점이다. 노동자가 자신의 사회적 위치에 대한 인식을 발전시키지 못하면, 자신의 노예 상태가 완전히 자연스러우며 적절하다고 생각하는 노예나 마찬가지로 스스로를 해방시킬 가능성은 없을 것이다.

강령 대부분 사회주의자들에게 지향은 이데올로기의 강령 기능에 필수적이다. 사회주의의 목표는 단순하다. 계급 분열이 없거나 최소화된 사회의 실현이다. 물론 실현 방법은 시간과 장소에 따라 달랐다. 우리가 보았던 대로 일부 사회주의자들은 거의 자연발생적인 혁명을 기대했고, 일부는 고도로 규율이 잡힌 한 정당이 혁명을 이끌어야 한다고 믿었으며, 일부는 논증의 힘과 설득을, 또 다른 사람들은 폭력혁명과 무력을 선호했다. 그러나 모든 경우에서 사회주의자들은 모든 사람이 자신의 삶을 좀 더 통제할 수 있으려면 사회의 모든 구성원들 사이에 평등과 협동을 증진시키는 조치들이 취해져야한다고 주장했다.

사회주의와 민주주의적 이상

사회주의는 평등을 추구하면서 민주주의라는 논란이 많은 용어를 또 다른 의미로 실현하려는 이데올로기이다. 모든 사회주의자들이 즉각 인정하듯 스탈린 같은 지도자들은 민주주의를 증진시키기보다 개인적 권력을 획득하는 데 더 관심을 가졌던 지도자다. 그러나 이러한 지도자들은 진정한 사회주의자가 아니라고 반박한다. 진정한 사회주의는 인민의, 인민에 의한, 인민을 위한 정부를 필요로 한다. 민주주의는 모든 사람에게 자신의 삶에 직접적이고 중요한 방식으로 영향을 끼치는 일을 결정하는 데 평등한 발언권을 부여하고자 한다. 그러나 사회주의자들이 보기에 어떤 사람 혹은 계급이 사회 대부분의 부와 자원, 따라서 권력의 대부분을 통제하지 않을 경우에만 이런 일이 가능하다. 진정한 민주주의가 형성되려면 부와 자원은 전체 사회의 이익을 위해 균등하게 보유되고 소유되며 통제되어야 한다는 것이다. 그렇지 못하면 우리는 부자의, 부자에 의한, 부자를 위한 정부를 갖게 될 뿐이라는 것이 사회주의자의 주장이다.

더 읽을거리

Ball, Terence, and James Farr, eds., After Marx. Cambridge: Cambridge University Press, 1984.

Carr, E. H. Michael Bakunin. London: Macmillan, 1937.

Carver, Terrell. Engels. Oxford: Oxford University Press, 1981.

Cole, Margaret. The Story of Fabian Socialism. Stanford, CA: Stanford University Press, 1961.

Crick, Bernard. Socialism. Minneapolis: University of Minnesota Press, 1987.

Garton Ash, Timothy. The Magic Lantern: The Revolution Witnessed in Warsaw, Budapest, Berlin, and Prague. New York: Random House, 1990.

Gay, Peter. The Dilemma of Democratic Socialism: Eduard Bernstein's Challenge to Marx, 2nd ed., New York: Collier Books, 1962.

Gray, Alexander. The Socialist Tradition: Moses to Lenin. London: Longmans, Green, 1947.

Harington, Michael. Socialism: Past and Future. New York: Penguin Books USA, 1990.

King, Preston, ed. Socialism and the Common Good: New Fabian Essays. London: Frank Cass, 1996.

Kolakowski, Leszek. Main Currents of Marxism, 3vols. trans. P. S. Falla. Oxford: Clarendon Press, 1978.

Lichtheim, George. A Short History of Socialism. New York: Praeger, 1970.

Lukes, Steven. Marxism and Morality. Oxford: Oxford University Press,

1985.

Medvedev, Roy A. Let History Judge : The Origins and Consequences of Stalinism, trans. Colleen Taylor. New York ; Alfred A. Knopf, 1972.

Miller, David. Anarchism. London : Dent, 1984.

Pierson, Christopher. Socialism after Communism : The New Market Socialism. University Park, PA : Pennsylvania State University Press, 1995.

Roemer, John. A Future for Socialism. Cambridge, MA : Harvard University Press, 1994.

Spence, Jonathan. Mao Zedong. New York : Viking Penguin, 1999.

Starr, John B. Continuing the Revolution : The Political Thought of Mao. Princeton, NJ : Princeton University Press, 1979.

Tucker, Robert C. ed., Stalinism. New York : Norton, 1977.

Wolfe, Bertram D. Three Who Made a Revolution. New York : Dell, 1964.

Woodcock, George. Anarchism. Harmondsworth : Penguin, 1963.

1) Leszek Kolakowski, Main Currents of Marxism, vol.II, The Golden Age (Oxford: Clarendon Press, 1978).

2) David McLellan, Karl Marx: His Life and Work(London: Macmillan, 1973), p.443에서 재인용.

3) 다음 저작들을 참고할 것. Terrell Carver, Engels(Oxford: Oxford University Press, 1981). 같은 저자의 Marx and Engels: The Intellectual Relationship (Brighton, U. K.: Harvester Press, 1983). Terence Ball, "Marxian Science and Positivist Politics," in Terence Ball and James Farr, eds., After Marx (Cambridge: Cambridge University Press, 1984), chap.11.

4) Friedrich Engels, "Speech at the Marx's Graveside," in Karl Marx and Friedrich Engels, Selected Works, one-volume edition(New York: International Publishers, 1968), p.435. '마르크스-다윈 신화'에 대해서는 Terence Ball, Reappraising Political Theory(Oxford: Clarendon Press, 1995), chap.10 참조.

5) James Farr, "Marx's Laws," Political Studies, 34 (1986): 202-222. "Marx and Positivism," in Ball and Farr, eds., After Marx, chap.10 참조.

6) Friedrich Engels, Dialectics of Nature (New York: International Publishers, 1963), p.314.

7) Engels, Socialism, Utopian and Scientific, in Marx and Engels, Selected Works.

8) Marx, "Theses on Feuerbach," in Selected Works, p.28.

9) Engels, Dialectics of Nature, p.25.

10) Eduard Bernstein, Evolutionary Socialism (New York: Schocken Books, 1961), p.202. 또한 다음의 문헌을 참조. Kolakowski, Main Currents of Marxism, vol. II, chap. 4; Peter Gay, The Dilemma of Democratic Socialism, 2nd ed. (New York: Collier Books, 1962).

11) Bernstein, Evolutionary Socialism, p.106.

12) 같은 책, p.210. 또한 Terrencs Ball and Richard Dagger, eds. Ideas and

Ideologies : A Reader, 5th ed. (New York : Longman, 2004), selection 37.

13) 같은 책, p.202.

14) Ferdinad Lassalle, Franz von Sickingen(1859), Act III, scene 5. Arthur Koestler, Darkness at Noon, trans, Daphne Hardy(New York : Macmillan, 1941), p.241에서 인용.

15) Bernstein, Evolutionary Socialism, p.211.

16) 같은 책, p.219.

17) Gary P. Steenson, Karl Kautsky, 1854-1938 : Marxism in the Classical Years (Pittsburgh : University of Pittsburgh Press, 1978), 특히 pp.116-131, 186 참조.

18) 예를 들어 다음 저작을 참조. V. I. Lenin, "Marxism and Revisionism," in Lenin, Selected Works, one-volume edition(Moscow : Progress Publishers, 1968), pp.25-32. 또한 Ideas and Ideologies, selection 38.

19) Karl Marx and Friedrich Engels, The Manifesto of the Communist Party, in Lewis Feuer, ed. Marx and Engels : Basic Writings on Politics and Philosophy (Garden City, NY : Dobleday Anchor, 1959), p.11. 또한 Ideas and Ideologies, selection 35.

20) Bruce Mazlish, The Revolutionary Ascetic(New York : Basic Books, 1976), p.140에서 인용.

21) Lenin, "Left Wing Communism—An Infantile Disorder," in Selected Works, p.535.

22) Kolakowski, Main Currents of Marxism, vol.II, p.386에서 인용.

23) Lenin, Imperialism, the Highest Stage of Capitalism, in Lenin, Selected Works, pp.171-175, 240-247.

24) Roy A. Medvedev, Let History Judge : The Origins and Consequences of Stalinism, trans. Colleen Taylor(New York ; Alfred A. Knopf, 1972), p.519. 또한 Robert C. Tucker, ed., Stalinism(New York : Norton, 1977). Adam B. Ulam, Stalin : The Man and His Era(New York : Viking Press, 1973) 참조.

25) Medvedev, Let History Judge, p.510.

26) 같은 책, chap.14.

27) 모든 부분에서 그렇지만 특히 여기서 스탈린의 견해는 마르크스와 크게 대조된다. 역사에서 우연의 역할에 관해서는 1871년 4월 17일 마르크스가 Luwig

Kugelman에게 보낸 편지를 볼 것. Marx and Engels, Selected Correspondence (Moscow : Progress Publishers, 1975), p.248. "만일 '우연'이 아무런 역할도 못 한다면 세계사는 …… 매우 신비스러울 …… 것이다."

28) '역사적 필연성'에 관한 여러 주장을 검토하고 비판한 글은 Isaiah Berlin, Liberty(New York : Oxford University Press, 2022), essay 2 "Historical Inevitability" 참조.

29) Joseph Stalin, "Political Report of the Central Committee to the Sixteenth Congress," in Stalin, Selected Works (Moscow : Foreign Language Publishing House, 1951-1955), vol.12, p.381.

30) Mao Zedong, "The Chen-Feng Movement," in Conrad Brandt, Benjamin Schwartz, and John King Fairbank, eds., A Documentary History of Chinese Communism(New York : Atheneum, 1966), pp.384-385. 마오쩌둥의 세속적 말투를 반영하기 위해 위생에 관련된 부분은 번역을 수정했다.

31) Bruce D. Larkin, China and Africa, 1949-1970: The Foreign Policy of the People's Republic of China(Berkeley and Los Angels : University of California Press, 1971).

32) Terence Hunt, "Clinton, China Leader Spar Over Human Rights," The Arizona Republic(october 30, 1997) p. A1.

33) Paul Thomas, Marx and the Anarchists (London : Routledge & Kegan Paul, 1980).

34) William Godwin, An Enquiry Concerning Political Justice, ed., Isaac Kramnick (Harmondsworth : Penguin, 1976). 또한 Mark Philp, Godwin's "Political Justice" (London : Duckworth, 1984) 참조.

35) Mikhail Bakunin, "Anarcho-Communism vs. Marxism," in Ideas and Ideologies, selection 41 참조.

36) Peter Kropotkin, Mutual Aid (London : Heineman, 1902).

37) Emma Goldman, "Anarchism : What It Really Stands For," in Goldman, Anarchism and Other Essays(New York : Mother Earth Association, 1910), pp.58, 68. 또한 Ideas and Ideologies, selection 42.

38) Emma Goldman, "Marriage and Love," 같은 책, p.204.

39) Norman MacKenzie and Jean MacKenzie, The First Fabians(London :

Weidenfeld & Nicholson, 1977). 그리고 다음 두 저작을 참조. A. M. McBriar, Fabian Socialism and English Politics, 1884–1914(Cambridge : Cambridge University Press, 1966). Margaret Cole, The Story of Fabian Socialism (Stanford, CA : Stanford University Press, 1961). Fabian Essay에 기고한 버나드 쇼의 서문은 Ideas and Ideologies, selection 43의 발췌문을 볼 것.

40) Edward Bellamy, Looking Backward(New York : New American Library, 1960), pp.26–27. Ideas and Ideologies, selection 44 참조.

41) Michael Harrington, Socialism : Past and Future(New York : Penguin Books USA, 1990) 참조.

42) 예를 들면 다음의 두 문헌이 있다. Alec Nove, The Economics of Feasible Socialism(London : Allen & Unwin, 1983). David Miller, Markets, State, and Community(Oxford : Clarendon Press, 1989).

43) Karl Marx, "The Eighteenth Brumaire of Louis Bonaparte," in Marx and Engels, Selected Works, p.97.

제7장

파시즘

이성이 잠들면 괴물을 낳는다.

——고야(Francisco Goya)

역사가들은 20세기를 세계대전의 시대, 핵무기의 시대 그리고 새로운 종류의 정치 체제, 즉 전체주의(totalitarianism)의 시대로 기억할 것이다. 이러한 모든 상황 변화들은 어떻든 간에 정치 이데올로기들과 연관되어 있지만, 그중에서도 전체주의와 가장 긴밀한 연관관계를 갖고 있다. 왜냐하면 사회가 어떻게 조직되어야 하는가, 삶을 어떻게 살아야 하는가에 대한 이데올로기적인 비전을 실현하기 위해 전체주의는 정부뿐만 아니라 사회, 문화 그리고 경제 제도 전체, 즉 사회를 완전히 통제하려고 하기 때문이다. 이러한 상황은 스탈린이 마르크스주의적 사회주의에 대한 자신의 독특한 관점을 소련에 부과했을 때 발생했다. 그것은 무솔리니와 히틀러가 파시즘(fascism)이라는 새로운 종류의 전체주의 이데올로기를 공공연하게 도입했을 때 이탈리아와 독일에서도 일어났다.

사실 '전체주의'라는 용어는 무솔리니와 이탈리아 파시스트들(fascists)이 만들었다. 그들은 자신들의 혁명적인 목표들을 규정하기 위해, 그리고 그들이 민주주의의 수호자로 간주했던 자유주의 및 사회주의와 자신들의 이데올로기를 구별하기 위해 이 용어를 만들었다. 민주주의는 불완전하게나마 일정한 종류의 평등을 요구한다. 그리고 그것은 개인의 기회 평등을 강조하는 자유주의자들의 주장, 계급 없는 사회에서 모든 사람의 평등한 권력을 주장하는 사회주의의 논리로 나타난다. 무솔리니와 그의 추종자들은 이러한 이상들을 경멸했는데, 그것은 히틀러와 나치도 마찬가지였다. 파시스트들이 대중에게 지지를 호소했던 것은 확실했지만, 그들의 견해에 따르면 대중들은 그들 스스로 생각하고 말하거나 투표함으로써 권력을 실행하는 것이 아니라 영광을 추구하는 자신의 지도자들을 맹목적으로 추종함으로써 권력을 행사하는 것이었다. 무솔리니가 내세운 많은 슬로건들 중의 하나가 그러한 생각을 대변한다. '믿으라, 복종하라, 투쟁하라(credere, obbedire, combattere).' 대중들에게 더 이상을 요구하지도 않았고, 그 이상을 원하지도 않았다. 전체주의를 받아들임으로써 파시스트들은 또한 민주주의를 거부했다.

이러한 관점에서 파시즘은 **반동적인(reactionary)** 이데올로기다. 그것은 제1차 세계대전 이후 당대의 대표적인 두 가지 이데올로기였던 자유주의와 사회주의에 대한 반작용으로 형성되었다. 개인을 강조하는 자유주의, 투쟁하는 사회계급을 강조하는 사회주의 모두에 불만을 표명하면서, 파시스트들은 개인들과 계급을 포괄적인 전체로 융합할 수 있는 세계, 즉 하나의 당과 최고 지도자의 통제하에 있는 강력한 제국이라는 세계관을 제시했다. 1800년대 초의 반동주의자들처럼 그들도 자유주의와 사회주의가 공통된 토대를 구성하고 있다고 생각했던 이성에 대한 믿음을 거부했다. 무솔리니와 히틀러 모두 주장했듯이 이성보다는 이른바 우리가 '본능적 느낌'이라고 부르는 직관과 감정을 더 믿었다.

그러나 파시즘을 어떤 면에서 반동적인 이데올로기라고 말하는 것은 파시스트들이 단순히 반동주의자이거나 극단적인 보수주의자라는 뜻은 아니다. 여러 면에서 그들은 상당히 다르다. 4장에서 논의했던 드 메스트르를 비롯한 다른 반동주의자들과 달리, 예를 들어 파시스트들이 자유주의와 사회주의를 거부한 것은 시간을 거꾸로 돌려 사회가 **귀속적 지위**(ascribed status)에 근거하고 교회 · 왕 · 귀족이 권력을 장악했던 시대로 돌아가기 위한 것은 아니었다. 반대로 많은 파시스트들은 종교에 대해 공공연히 적대적이었고, 그들 중 거의 어느 누구도 세습적인 군주와 귀족에 대한 존경심을 품지 않았다. 그들은 오래되고 예전에 확립된 생활방식으로 돌아가고자 하지 않았다. 오히려 파시즘은 가장 분명한 형태로 혁명적이었고 사회를 변화시킬 뿐 아니라 가장 극적으로 변화시키는 데 열정적이었다. 이러한 혁명적인 열정 그 자체가 파시스트들을 보수주의자들과 구분짓는다. 보수주의자들은 급속하고 근본적인 변화를 용납할 수 없기 때문이다. 마찬가지로 단일 정당과 최고 지도자가 지도하는 전체주의 국가의 수중에 권력을 집중하려는 파시스트의 계획 역시 보수주의와 구분되는 특징이다. 전권(全權)을 장악한 유일 지도자의 의지에 복종하는 통일된 국가라는 파시스트 비전이야말로 권력을 정부의 여러 수준과 그 밖의 다른 '소집단들(little platoons)'에게 분산하여 자신들이 생각하는 건강한 사회를 만들려고 했던 보수주의자의 소망과는 너무나 거리가 먼 것이었다.

따라서 파시즘은 보수적이지도 단순히 반동적이지도 않다. 그것은 본래의 파시스트들이 호언한 것처럼 새롭고 독특한 이데올로기이다. 그것이 어떻게 다른지를 살펴보기 위해 우리는 **반계몽주의**(Counter-Enlightenment), **민족주의**(nationalism) 그리고 19세기의 다른 지적인 조류 속에서 파시즘의 배경을 탐구해야 한다. 그러고 나서 우리는 무솔리니가 이끈 이탈리아 파시즘의 가장 순수한 형태를 검토하고, 뒤이어 나치 독일과 다른 곳의 파시즘의 다양한 변형들을 간략히 언급함으로써 파시즘을 고찰할 것이다.

파시즘 : 배경

비록 파시즘이 1920년대까지 정치 이데올로기로 나타나지 않았지만, 그 뿌리는 18세기 유럽의 사상을 지배했던 지적·문화적 운동, 즉 **계몽주의(Enlightenment)**에 반대하던 시기까지 거슬러 올라간다. 계몽주의 사상가들은 이성을 꿈꿨다. 17, 18세기의 과학적인 발견들을 자신들의 모델이자 영감으로 간주했던 계몽주의 철학자들은 이성을 응용함으로써 행복과 진보에 이르는 길에 방해가 되었던 모든 사회적·정치적 악을 제거할 수 있다고 주장했다. 그들은 이성이 인간을 무지와 잘못, 그리고 미신에서 해방하여 인간의 정신을 개화시킬 수 있다고 주장하였다.[1] 계몽주의에서 파생된 위대한 두 정치 조류로 자유주의와 사회주의가 있다. 두 이데올로기는 여러 점에서 다르지만 계몽주의의 전제를 공유한다는 면에서는 비슷하다. 이러한 전제들은 다음과 같다.

1. **휴머니즘** 인간이 가치의 원천이자 척도이며 본질적으로 인간의 삶은 그 자체로 가치가 있다는 생각이다. 칸트(Immanuel Kant, 1724-1804)가 말했듯이, 인간은 '목적의 왕국(kingdom of ends)'에 속한다. 각 개인은 '그 자체로서 목적'이며, 다른 사람이 자신의 개인적 목적을 실행하기 위한 수단으로서 도구처럼 이용할 수 있는 것이 아니다.
2. **합리주의(rationalism)** 인간은 합리적인 창조물이며, 과학 연구

속에 집약되는 인간의 이성은 인간이 직면하는 모든 의문점과 문제들에 대한 해결책을 제시해줄 수 있다는 생각이다.

3. 세속주의(secularism) 종교는 대중들의 삶을 인도하기 위한 절대적이며 의문의 여지가 없는 진실이 아니라 편안함과 통찰의 원천일 뿐이라는 생각을 말한다. 계몽주의 사상가들은 종교관이 서로 달랐다. 로크와 칸트 같은 사람들은 변함없는 기독교인이었다. 볼테르(Voltaire, 1694-1778) 같은 사람은 기독교를 거부했지만 시계처럼 잘 정리된 세계를 창조했던 신은 믿었다. 그 '신성한 시계공'은 태엽을 감아 잘 가도록 만들었다는 것이다. 또 다른 사람들은 무신론자였다. 그러나 자신들의 종교를 열정적으로 믿었던 사람들도 종교는 대부분 개인 생활에 국한해야 하므로 정치영역 밖에 있어야 하는 것으로 간주했다. 계몽철학자들 중에서 무종교인들은 종교를 합리적이고 과학적인 사상에 길을 내줘야 하는 구 시대의 미신으로 간단히 처리해버렸다.

4. 진보주의(progressivism) 인간 역사는 인간의 조건에서 진보의 역사, 혹은 아마도 비록 불가피한 개선일지라도 개선의 역사라는 생각. 무지와 미신의 족쇄가 깨지면, 인간의 이성은 합리적인 방식으로 사회를 자유롭게 조직할 것이며, 모든 사람들에게 삶은 지속적이고 빠르게 향상될 것이라는 생각이다.

5. 보편주의(universalism) 인종·문화·종교적 신념의 차이가 있지만 모든 인간을 함께 묶을 수 있는 단일하고 보편적인 인간의 본성이 있다는 생각을 말한다. 인간은 칸트의 '목적의 왕국'의 평등한 구성원들이며, 무엇보다도 이성에 대한 능력을 포함하여 똑같이 본질적인 특성을 공유한다는 것이다.

이러한 계몽주의 견해들은 대체로 자유주의와 연결되어 있지만 사회주의에도 역시 많은 영감을 제공했다. 사실 근대 사회주의는 어느 정도 자유주의가 계몽주의 이상에 따라 사회를 개조하려는 작업을 제대로 하지 못했다는 불만에서 나타났다고 할 수 있다. 그러나 파시즘은 계몽주의의 이상들이 추구할 만한 가치가 없다는 아주 다른 신념에서 나온 것이다. 이러한 주장은 18세기 말 19세기 초에 먼저 개진되었다.

반(反)계몽주의

반계몽주의라고 하는 다양한 무리의 사상가들은 계몽주의를 이러한 관점에서 비판했다.[2] 그 중에 언어학자 헤르더(John Gottfried von Herder 1744-1803), 왕당파이며 반동주의자인 드 메스트르(Joseph de Maistre, 1753-1821)와 드 보날(Louis Gabriel de Bonald, 1754-1840), 난봉꾼이자 포르노 작가로 악명 높았던 드 사드(Marquis de Sade, 1740-1814), 그리고 고비노(Joseph-Arthur de Gobineau, 1816-1882) 같은 인종주의 이론가들도 있다. 그 중의 어느 누구도 계몽주의의 모든 전제를 거부하지는 않았으며 각각 서로 다른 관심과 불만을 가지고 있었다. 그러나 그들은 계몽주의의 주요한 이론적 전제들을 허구이며, 그릇되고, 정치적으로 위험한 것으로 치부한다는 점에서 비슷했다.

이러한 반계몽주의 사상가들은 예를 들어 '보편주의'를 신화라고 비난하는 점에서 일치한다. 인간은 모두 같지 않다고 그들은 말했다. 인간의 집단들을 서로 구분하는 차이는 매우 깊이 내재해 있다. 실제로 성, 인종, 언어, 문화, 종교, 국적 등의 차이들은 실질적으로 사람이 스스로를, 그리고 다른 사람들을 어떻게 생각하는지를 만들어내면서 자신들이 누구이고 어떤 존재인지를 '규정한다'는 것이다. 반계몽주의 사상가들 중의 일부는 이러한 종류의 차이점을 강조했고 다른 사람들은 또 다른 종류의 차이점을 강조했다. 헤르더의 경우, 언어적이고 문화적인 차이점이 가장 문제가 되었다. 고비노에게 가장 문제가 되는 것은 인종이었다. 드 사드의 경우는 성차(gender)였다. 남자들은 여성들이 '목적의 왕국(Kingdom of ends)'에 들어오는 것을 허락하지 않는다고 사드는 보았다. 남자들은 여자들을 수단으로 사용하고 욕보이고 모욕하는 대상으로 취급하는데 당연히 그래야 한다는 것이다. 바로 우리가 사용하는 '사디즘(sadism)'과 '가학적인(sadistic)'이라는 단어는 사드라는 이름에서 왔다.

반계몽주의적 비판은 계몽주의의 이성에 대한 신념에 반대하며 유사한 불만을 퍼부었다. 그들은 합리주의가 모든 인간 경험에 비추어 어긋난다는 문제점이 있다고 말한다. 인간 세상에 '비'이성, 미신, 편견이 만연하다는 사실은 이성 그 자체가 너무 미약해서 의존할 수 없다는 사실을 보여준다. 사람들은 대개 문제들을 비판적으로 그리고 냉정하게 검토하기 위해서가 아니라, 자신의 욕구를 합리화하고 변명하기 위해서, 자신의 편견을 더 강화하기 위해서 이성을 사용한다. 이를 염두에 두고, 반계몽주의 저자들은 종교에 대한 계몽주의의 비난을 종종 한탄했다. 그들 중 몇몇은 신실한 종교적 신념으로 글을 썼고, 다른 사람들은 종교적 믿음이 사회적으로 필요한 허구라고 간단하게 보았다. 그들은 천국과 지옥에 대한 믿음이 대부분의 사람들에게 행동을 올바르게 하도록 붙잡아두는 모든 것일 수 있다고 보았다. 그러한 믿음을 상실하는 것은 문명화되고 잘 질서잡힌 사회에 대한 모든 희망을 상실하는 것이다. 그것이 정부가 기존의 교회를 지지하고 반대자들을 박해해야 한다는 것을 의미한다면, 그렇게 하도록 하라.

각각의 이러한 비판들은 다양한 방법으로 계몽주의의 기본적인 전제들을 공격했다. 그들의 공격에서 인간의 다양한 모습이 나타났다. 이러한 모습에 의하면 인간은 기본적으로 반합리적이고 심지어 비합리적이기도 하다. 사람들은 인종, 성, 종교, 언어, 국적 등의 '차이'에 의해 규정된다. 그리고 그들은 항상 다른 사람들과 투쟁 속에 갇혀 있는데, 그 투쟁은 사람들 속에 깊이 내재된 그리고 아마도 영구적인 차이들에 의해 증폭된다. 하나씩 분석하면, 이러한 모습 중의 어떠한 요소들도 필연적으로 '파시스트'인 것은 없다. 그러나 인간의 능력과 특성에 관한 반계몽주의자들의 주장을 하나로 묶으면, 파시즘의 탄생으로 나아간 길이 그곳에서 마련되었음을 볼 수 있다. 이것은 파시즘의 또 다른 특성인 민족주의를 살펴보면 더 명확해진다.

민족주의

우리가 1장에서 살펴봤던 민족주의는 세계의 사람들이 서로 다른 집단이나 민족으로 나누어지고, 각각의 민족은 분리된 정치적 단위, 즉 **민족국가**(nation-state)의 자연적인 토대를 형성한다는 믿음이었다. 주권을 갖고 있는 이러한 자치적인 정치적 단위는 단일 민족의 필요성과 요구를 하나로 모아 표현할 것으로 기대되었다. 그러한 국가가 없다면, 민족이나 인민은 스스로를 통치하거나 표현하지 못하고 좌절할 것이다.

민족주의적인 감정이 상당히 오래되었다고는 해도, 민족주의 그 자체는 1800년대 초 나폴레옹 전쟁 이후가 되어서야 정치 세력으로 나타났다. 나폴레옹의 군대가 유럽을 통과했을 때, 프랑스 '국민'의 군대는 다양한 반발을 야기했다. 그것은 독일, 이탈리아 그리고 다른 지역의 다양한 왕국과 공국의 인민들에게 자신의 민족소속을 인지하고 그들 자신의 통합된 민족국가를 위해 투쟁하도록 고취시켰다.

민족주의의 첫 번째 단계는 언어학자 헤르더와 철학자 피히테

(Johann Gottlieb Fichte, 1762-1814)의 저작들에서 나타났다. 두 사람 모두 독일 민족성에 호소했고 피히테는 독일어의 독특함에 특히 강조점을 두었다. 피히테는 라틴어가 다른 언어들이 갖고 있는 독창성을 이미 소멸시켰기 때문에 독일어야말로 진정으로 유일하고 독창적인 유럽 언어라고 주장했다.[3] 1806년 프로이센 군대가 나폴레옹에게 패배한 것을 여전히 분개하고 있던 피히테는 1807-1808년의 겨울, 베를린에서 그의 저서 『독일국민에게 고함(Addresses to the German Nation)』을 탈고했다. 『고함』에서, 그는 개인들은 삶의 의미와 가치의 많은 부분을 자신들이 태어난 민족과 연관지어서 찾는다고 주장했다. 즉 우리는 스스로를 단지 개인으로 생각하기보다는 더 위대하고 지속적인 민족 공동체의 구성원으로 생각해야 한다는 것이다. 그러므로 피히테는 다음과 같이 말했다.

고결한 정신을 갖춘 사람은 적극적이고 유능할 것이며, 자신의 민족을 위해 스스로를 희생할 것이다. 단순히 존재가 변하면서 지속되는 삶 자체는 그에게는 어떤 경우에도 전혀 가치가 없었다. 그는 영원함의 근원으로서의 삶만을 원해왔다. 그러나 그에게 이 영속성은 자기 민족이 지속적이고 독립적으로 존재할 때만 확보된다. 자신의 민족을 구하기 위해 그는 민족을 살릴 수 있다면 목숨을 마칠 각오도 되어 있어야 하고, 민족 속에서만 자신이 갈망해왔던 유일한 삶을 누릴 수 있다.[4]

피히테에 따르면, 개인은 민족 안에서 그리고 민족을 통해서 소속감과 삶의 의미를 갈망하며 살아간다. 그리고 피히테가 독일 민족을 지켜야 할 특별한 가치가 있다고 생각했다 하더라도, 그도 헤르더도 단순한 독일 민족주의자는 아니었다. 모든 민족은 민족 구성원에게 삶의 형태를 규정하고 삶의 의미를 제공하기 때문에 모두 가치가 있다고 그들은 말했다. 계몽주의의 보편주의에 반대하면서, 헤르더와 피히테는 모든 민족은 독특하거나 유일한 어떤 것, 인정받고 존중받을 가치가 있는 어떤 것을 세상에 갖고 온다고 주장했다.

그러나 헤르더도 피히테도 모든 민족이 정치적으로 별개의 자신의 국가 속에서 구체화될 것을 요구하지는 않았다. 그러한 발전은 후에 이탈리아 민족주의자인 마치니(Giuseppe Mazzini, 1805-1872)와 독일의 민족주의자이며 '철혈재상'인 비스마르크(Otto von Bismarck, 1815-1878)의 말과 행동에서 더 명확히 드러났다.

1800년대 초 이탈리아는 독일처럼 분열되어 있었다. 500년경에 로마 제국이 멸망한 이후, '이탈리아'라는 단어는 지리적이고 문화적인 지역을 지칭했을 뿐 결코 정치적인 통합국가를 가리키지는 않았다. 여러 개의 왕국, 공국, 서로 대립하는 도시국가들로 분열되었고, 종종 프랑스와 스페인 군대의 침략을 받았던 이탈리아는 르네상스 시기에 상업과 문화의 중심이었지만, 유럽의 정치권력 중심과는 거리가 멀었다. 마키아벨리가 '이탈리아를 야만인들로부터 해방시키기 위한 충고'라는 부제를 단 자신의 악명 높은 저서 『군주론(The Prince)』을 완성했을 때인 16세기에 이 문제에 관심을 두었지만 아무런 성과가 없었다. 이탈리아는 1800년대까지 분열되어 있었는데, 그때 마치니와 다른 이들이 이탈리아 통일을 자신들의 사명으로 삼았다. 예를 들어 영국과 프랑스 그리고 스페인처럼 다른 민족들은 독립된 국가를 가지고 있으며, 이제 이탈리아가 자신을 민족국가의 대열에 합류시킬 시기가 왔다고 마치니는 말했다. 이탈리아는 지리적, 문화적으로뿐만 아니라 정치적으로도 통합되어야만 했다. 민족은 지상의 권력 중에서 자신의 위치를 확보할 수 없는 한 진정한 민족일 수가 없다. 그래서 이탈리아인들은 공통의 정부하에 시민으로서 함께 뭉쳐야만 한다고 마치니는 주장했다. 그때가 되어야만 그들은 자유를 누릴 수 있고 민족으로서 그들의 운명을 완수할 수 있다.

그러나 마치니는 자신의 민족주의를 모국에만 국한하지는 않았다. 헤르더와 피히테처럼, 그 역시 자신의 민족만이 아니라 모든 민족들을 위한 이상으로서 민족주의를 지지했다. 마치니는 때때로 지형은 세계를 다양한 민족들로 창조하려는 신의 의도를 입증한다고 주장했다. 왜 강, 산, 바다가 민족 집단을 서로 나누고 저마다 다른 언어와 문화, 관습을 만들어냈는가 하고 그는 반문했다. 마치니는 정치적으로 통일된 이탈리아의 사례를 좇아서 각 민족이 자신의 국가를 가지고 모든 민족국가가 다른 국가들과 조화롭게 공존하는 세계를 그리기까지 했다.

19세기 민족주의자들은 그들의 목표를 달성하기 위해 출판, 외교 그리고 간헐적으로 무력을 사용했고 1871년에 이탈리아와 독일은 마침내 민족국가를 이루었다. 민족주의적인 추진력은 지속되었고 그것은 유럽뿐만 아니라 아시아와 아프리카 그리고 아메리카 대륙의 정책들에서도 계속 나타났다. 민족주의적 추진력은 이스라엘에 유대인을 위한 조국 또는 민족국가를 세우려고 했던 시오니즘을 이끌었고, 어떤 경우에는 자유주의적인 방향을, 다른 경우에는 공산주의적이거나 사회주의적인 방향을 취했다. 그러나 이러한 것은 다른 장에서 다룰 것이다. 이 장에서 우리는 파시즘에 나타나는 민족주의적 요소만을 볼 것이다. 그러나 우선 1800년대 후반 두 개의 또 다른 지적 조류, 즉 엘리트주의와 비합리주의를 살펴보아야 한다.

엘리트주의(elitism)

앞의 여러 장에서 지적했듯이, 19세기의 많은 사회 사상가들은 그들의 시대를 민주주의의, 그리고 '보통 사람(the common man)'의 시대로 간주했다. 많은 사람들이 이러한 발전을 찬양했고, 다른 사람들은 그것을 혐오했으며, 토크빌과 밀 같은 일부의 사람들은 그것을 복합적으로 바라보았다. 그들이 보기에 민주주의는 보통 사람들을 위해 기회와 가능성들을 확대했는데, 그것까지는 좋았다. 그러나 민주주의는 또한 개인에게 순응(conformity)과 '다수의 폭정'이라는 위협을 가했다. 마르크스와 사회주의자들은 대부분 이러한 위협을 간과했거나 무시했다. 그들에게 민주주의—또는 어쨌든 사회민주주의—는 모든 사람에게 창조적이고 유익하며 자신이 결정하는 삶을 살 수 있는 평등한 기회를 제공하는 것이었다. 그러한 삶은 그들이 말한 것처럼 계급 없는 사회에서나 가능하다. 그러나 계급 없는 사회가 지금까지 만들어질 수 있었는가? 사회주의자들은 충분히 노력하면 그것이 가능할 수 있다고 가정했다. 그러나 이러한 가정은 사회에서 '엘리트'의 중요성을 강조했던 19세기 말과 20세기 초 사상가들에게 날카로운 공격을 받았다.

이러한 '엘리트 이론가들'은 모스카(Gaetano Mosca, 1858-1941), 파레토(Vilfredo Pareto, 1848-1923), 미헬스(Roberto Michels, 1876-1936)를 포함한다. 계급 없는 사회는 불가능하다고 여러 가지 방식으로 결론지음으로써 이들 각각은 엘리트주의의 이상에 기여했다. 예를 들면 모스카는 역사 연구에 의거하여 다수가 지배하는 듯 보일 때도, 사회는 언제나 소수의 지도자 집단이 지배해왔고 앞으로도 계속 그럴 것이라고 결론지었다. 이탈리아 경제학자이자 사회학자인 파레토도 유사한 결론에 도달했다. 아마도 가장 놀라운 것은 계급 없는 사회를 실현하기 위해 노력한다고 자처하는 유럽의 사회주의 정당들과 노동조합을 연구했던 스위스 사회학자 미헬스도 같은 결론에 도달했다는 사실이다. 민주주의와 평등을 신봉한다고 자처하는 이러한 정당과 노조들마저 구성원 다수가 아니라 상대적으로 소수의 지도자 집단에 의해 통제되고 있음을 미헬스의 연구는 밝혀 냈다.

이러한 발견을 통해 미헬스는 '과두제의 철칙(Iron Law of Oligarchy)'을 고안해냈다. 그가 보기에 모든 대규모 조직들과 전체 사회에서 권력은 모든 사람들에게 균등하게 분배될 수 없다. 조직과 사회가 효율적이려면 진정한 권력은 소규모 집단, 즉 엘리트 또는 소수 실권자의 수중에 집중되어야 하기 때문이다. 이것이 대규모 조 직들의 본성인 것은 명확하며 그것을 변화시킬 수 있는 방법은 아무 것도 없다. 미헬스에 의하면, 이러한 '철칙'이 민주주의자들과 평등 주의자들의 선의의 의도를 무너뜨릴 것이다. 모스카와 파레토처럼, 그는 엘리트가 세계를 지배한다고 결론지었다. 엘리트들은 언제나 그래왔고 앞으로도 그럴 것이다.

이러한 엘리트 이론가들의 견해는 독일의 철학자 니체(Friedrich Nietzsche, 1844-1900)를 비롯한 사람들이 좀 더 일찍부터 개진했던 논의들을 강화한 것이었다. 니체에 의하면 뛰어난 업적들은 위대한 사람, 그가 초인(übermensch)으로 불렀던 부류의 사람들의 성과물이 었다. 그러나 그가 불평했던 것처럼 시대의 모든 경향들은 대중사회 를 지향하고 있으며, 그러한 사회 속에서 비범한 개인들은 대범하고 창조적인 방법으로 행동하기가 점점 더 어려워진다는 것을 발견할 것이다. 니체는 엘리트주의가 사회의 원칙이 '되어야 한다'고 주장 했던 반면, 모스카·파레토·미헬스는 '실제 그렇다'고 결론지었 다. 엘리트에 대한 그들의 개념은 니체의 개념과 다를지도 모르지만 두 가지 견해가 복합되면서 명백히 파시즘의 엘리트주의 이데올로 기를 위한 길을 열도록 도왔다. 그렇다고 해서 엘리트주의 사상가들 중 어느 누구도 뒷날 이탈리아 파시스트와 독일 나치가 자신들의 생각을 정치적으로 위험하게 사용하도록 허락했다는 말은 아니다.

비합리주의(irrationalism)

파시즘의 문화적이고 지성적인 배경의 마지막 요소는 비합리주의다. 이 용어는 매우 다양한 사상가들의 여러 가지 다른 결론들을 포괄하고 있는데, 이들은 모두 대중들의 행동에서 감정과 욕구가 이성보다 더 큰 역할을 한다는 반계몽주의 사상가들의 주장에 동의했다. 이러한 사상가들 중에는 정신분석학의 창시자인 프로이트(Sigmund Freud, 1856-1939)가 있는데, 그는 자신의 환자들, 심지어 그 자신도 관찰하면서 인간 행동 안에 있는 본능적인 욕구와 '무의식'의 힘을 간파했다. 미국의 철학자이며 심리분석가인 제임스(William James, 1842-1910)도 비슷한 맥락에서 대부분의 사람들은 '믿고자 하는 의지'를 가지고 있다고 주장했다. 사람들이 믿는 것이 정확하게 무엇인지는 그들이 '무엇인가' 믿는다는 사실보다 덜 중요하다고 제임스는 말했다. 심리학적으로 말해서 사람들은 믿고자 하는 어떤 것— 실제로는 아무것이라도 좋다—이 필요하다. 인간이 견딜 수 없는 한 가지는 삶에 어떤 큰 목적이나 의미가 결여되었을 때이기 때문이다.

비합리주의 발달에 기여했고 무솔리니에게 특별한 영향력을 행사한 것 같았던 또 다른 사회 이론가는 프랑스 사회 심리학자인 르 봉(Gustav Le Bon, 1841-1931)이었다. 르 봉은 자신의 고전적인 저작 『군중(The Crowd, 1895)』에서 군중 속의 인간 행동은 그들의 개인 행동과는 다르다고 주장했다. 집단적으로, 익명으로 행동함으로써 사람들은 고립된 개인으로서는 결코 참여하지 않았을 야만적인 행동에 참여할 것이다. 예를 들면 린치 집단의 심리는 그러한 집단을 구성하는 개개인들의 심리와 매우 다르다. 집단으로 행동하는 사람들은 개인 의식이나 정신적인 망설임으로 제약받지 않는다. '집단심리' 또는 군중심리는 옳고 그름에 대한 개인적인 판단을 차단하고 압도한다.

이와 비슷한 맥락에서 파레토는 개인적인 판단과 행동에 영향을 주는 사회요소들을 조사하며 감정, 상징, 그리고 이른바 '정서(sentiments)'가 물질적 혹은 경제적 요소들보다 더 중요하다고 결론지었다. 그리고 모스카는 대중들은 이성적인 논의와 합리적인 토론보다는 슬로건, 상징, 깃발, 국가(國歌)──그는 이러한 것들을 '정치적 공식들(political formulae)'이라고 불렀다──에 더 많이 영향을 받는다고 주장했다.

프로이트, 제임스, 르 봉, 파레토와 모스카 등의 사상가들은 모두 사람을 행동으로 이끄는 방법보다는 사람들이 어떻게 행동하는지를 좀 더 직접적으로 설명하고자 했다. 반면 프랑스의 엔지니어였다가 사회이론가이자 정치 행동가로 변모한 소렐(Goerges Sorel, 1847-1922)은 그렇지 않다. 소렐은 사람들이 이성에 호소하는 것보다는 정치적 '신화들(myths)'에 의해 더 많이 움직인다고 주장했다. 중요한 사회적 변동을 이룩하려면 대중들을 행동하게 만들 수 있는 강력한 신화를 찾는 것이 필요하다. 소렐에게는 전국적인 '총파업(general strike)'에 대한 생각이 그러한 신화를 입증할 수 있었다. 총파업은 신화였다. 즉 총파업이 부르주아지와 자본주의의 혁명적인 전복을 진정으로 가능하게 할 것이라는 보장은 전혀 없다. 그러나 사람들이 총파업의 신화를 충분히 믿을 수 있다면, 이 믿음에서 추진된 그들의 노력은 정말 성공적인 혁명으로 귀결될 것이다. 가장 문제가 되는 것은 신화의 합리성이 아니라 감정에 호소하는 힘이라고 소렐은 결론지었다. 대부분의 사람들을 행동하도록 하는 것은 이성이 아니라 감정이기 때문이다. 사람들이 '집단으로' 행동할 때, 그들은 자신들 앞에 높인 거의 모든 장애물들을 분쇄할 수 있다.

이것이 무솔리니, 히틀러와 다른 파시스트 지도자들이 아주 명확하게 마음에 새기고 있던 충고였다. 슬로건들, 대중 선전, 횃불 행렬, 이 모든 것은 대중들을 가장 원초적인 감정과 본능적인 수준에서 자극하려고 계획된 것이었다. 그런데 사람들이 무엇을 하도록 선동할 것인가? 파시스트 엘리트의 지도력에 복종하는 강력한 민족국가, 그 다음에는 거대한 제국을 창조하기 위해. 따라서 20세기 초반에 파시즘의 전체주의 이데올로기에는 비합리주의뿐만 아니라 엘리트주의, 민족주의, 반계몽주의적 태도가 모두 포함되어 있었다. 파시즘이 이러한 요소들과 어떻게 결합하는지를 보기 위해 우리는 파시즘의 가장 구체적인 사례, 즉 무솔리니 치하의 이탈리아를 볼 것이다.

이탈리아 파시즘

이탈리아 파시즘의 흥망은 한 사람, 즉 베니토 무솔리니(Benito Mussolini, 1883-1945)와 아주 밀접한 관련성이 있기 때문에 무솔리니의 생애를 설명하여 이탈리아 파시즘의 과정을 설명하는 것이 편리할 것이다. 심지어 일부 역사가들은 이탈리아 파시즘은 무솔리니의 야망을 위한 수단에 불과했다고 말할 정도다. 그가 권력을 잡고 유지하기 위해 대충 꿰맞춘 산만하고 일관성 없는 사상 경향 등을 보이런 주장은 분명 일리가 있다. 무솔리니는 이데올로그였으나, 정치적 필요에 따라 자신의 이데올로기적인 입장을 편리하게 다듬고 바꾸는 기회주의자였다. 그런데도 그의 술책과 비일관성에는 그의 생각을 보여주는 일관성이 드러난다. 거기에는 가장 중요한 형태의 힘은 의지의 힘이라는 그의 직관과 신념에 대한 믿음이 일관성 있게 강조되고 있기 때문이다.

무솔리니와 이탈리아 파시즘

베니토 무솔리니는 마르크스가 죽은 1883년 이탈리아의 시골 마을에서 태어났다. 무솔리니의 아버지는 대장장이였으며 무신론자였다. 어머니는 교사였으며 가톨릭 신자였다. 젊은 시절 무솔리니는 교사였으나, 곧 정치 신문잡지의 편집자이자 마르크스주의 사회주의자가 되었다. 1921년 그는 가장 큰 이탈리아 사회주의 저널인 《아반티!(Avanti! 전진)》의 편집장이 되었다. 편집장 시절 그는 자본주의는 오직 폭력적인 프롤레타리아 봉기 후에 무너진다고 주장하는 혁명적인 사회주의자였다. 그러나 그때에도 무솔리니는 경제적인 요인이나 자본주의의 내적 모순보다는 혁명적 투쟁에 착수하는 '의지'에 더 강조점을 두었다.

무솔리니가 사회주의와 결별한 것은 제1차 세계대전 중에 일어났다. 전쟁 전에 유럽의 사회주의자들은 어떠한 '자본주의' 전쟁에도 참가하지 않는다는 데 동의했다. 만약 프랑스, 영국, 독일의 부르주아지들이 서로 학살을 원한다면 그렇게 하도록 하라. 사회주의자들은 전 세계의 노동계급에게 전쟁에 초연할 것, 자본주의 강대국들이 서로를 파괴하여 사회주의 사회를 창조할 기회를 기다릴 것을 역설하였다. 그러나 1914년 제1차 세계대전이 일어났을 때 교전국의 입법부에 있는 거의 대부분의 사회주의 대표들은 자기가 속한 국가의 전쟁을 지지하는 데 표결하였다. 어떤 관찰자들에 의하면 이러한 지지는 인간의 삶에서 민족주의가 사회계급에 대한 충성보다 훨씬 더 강력한 힘을 보여주는 신호였다.

베니토 무솔리니(1883-1945)

무솔리니는 이탈리아도 전쟁에 참여해야 한다는 주장에 동의하기 시작하였다. 이런 태도로 인해 그는 편집장 지위를 잃게 되었다. 이탈리아 사회주의 정책은 공식적으로 전쟁을 지지하지 않는 것이었기 때문이다. 이탈리아는 영국과 프랑스 편에서 참전하였다. 무솔리니도 결국 군대에 징집되었다. 그는 자신이 장전했던 박격포가 폭발하여 심하게 부상당하기 전까지 군에 복무하였다.

무솔리니에게 제1차 세계대전은 마르크스가 틀렸다는 것을 확실하게 증명해주었다. 노동자들에게 조국은 '있었다.' 아니면 적어도 노동자들은 조국이 있다고 '믿고' 싶어했다. 이 사실을 부정하는 어떠한 정당이나 정치운동은 결국 실패하게 되어 있다. 그는 사회주의자들은 "(계급 문제를 다루었을 뿐) 결코 민족 문제를 고려하지 않았다. (마르크스의 주장과 달리) 민족은 아직 초월될 수 없는 인간〔역사〕의 단계임을 보여준다. …… 민족 '정서(sentiment)'는 존재한다. 이것은 부정할 수 없다"고 말하였다.[5] 그래서 무솔리니는 광범위하게 공유된 민족 감정을 내세우며 정치적으로 이용하는 데 착수했다.

그는 우선 주로 제1차 세계대전 참전 군인들로 구성된 '전사동맹(Fasci di combattimento)'을 조직하였다. 그 후 이것이 파시스트당이 되었다. 이 당은 때로는 혁명적인 것처럼 때로는 보수적인처럼 보였으나 항상 민족주의적인 강령을 내세웠다. 제1차 세계대전이 끝났을 때 이탈리아는 통일된 지 50년 정도 지나 있었으며, 많은 이탈리아 국민들은 독일과 오스트리아가 항복한 후 프랑스나 영국과 달리 자신들의 국가가 전리품을 공평하게 나누어 받지 못했다고 생각했다. 파시스트는 이런 감정을 자극하면서 이탈리아의 여러 정당들 간에 '으르렁거리는 반목'을 끝낼 방책을 공언했다. 너무나 많은 얘기들, 너무나 많은 논쟁들이 있었다. 그들은 만약 이탈리아가 유럽 강대국들 사이에서 적법한 지위를 가지려면 비록 폭력적일지라도 강력한 행동을 취해야 할 때가 왔다고 주장하였다.

민족 통합에 대한 강조는 '파시즘'이라는 단어 자체에서도 보였다. 이것은 '묶는다'는 뜻의 이탈리아어 fasciare에서 유래하였다. 파시스트당의 목표는 이탈리아 국민들을 하나로 묶는 것이었고 자신들의 국가를 약하게 하는 분열을 극복하는 것이었다. 파시즘은 또한 고대 로마의 권위의 상징 중 하나였던 권표(權標, fasces), 즉 통일에서 힘이 나온다는 사실을 상징하기 위해 기다란 막대 다발의 중간에 도끼를 동여맨 표식을 불러냄으로써 고대 로마제국의 영광에 호소하였다.

파시스트들은 통합을 이루기 위해서는 어떤 장애든 이겨내야 한다고 말하였다. 이런 장애 중 하나가 개인의 권리와 이익을 강조하는 자유주의였다. 파시스트에 의하면 만약 국민 개개인이 자신들의 권리와 이익을 지키는 데 최우선적으로 관심을 갖는다면 어떤 민족도 강해질 수 없다. 또 다른 장애물은 사회계급을 강조하는 사회주의였다. 예전에 마르크스주의자였던 무솔리니는 특히 계급 분열과 계급투쟁에 대한 마르크스주의의 신념을 공격하였다. 그리고 이것을 민족 통합의 적으로 간주하였다. 그는 이탈리아인 각자는 스스로를 개인 혹은 사회계급의 일원으로 간주해서는 안 되며 무엇보다도 먼저 그리고 영원히 이탈리아인이라고 생각해야 한다고 말했다.

무솔리니와 그의 추종자들은 유니폼으로 검은 셔츠를 입었으며 권력 장악에 착수하였다. 그들은 공직에 입후보하였으며 언론을 이용하였다. 그리고 그들은 때로는 상대방을 단순히 놀라게 하기도 하고 협박을 하기도 하였다. 1922년 10월 아직은 파시스트들에게 '지도자(Il Duce)'로 알려지지 않은 무솔리니는 파시스트가 이탈리아 정부의 중심지인 로마로 행군할 것이며, 만약 이탈리아 정부가 정권을 내놓지 않는다면 권력을 장악하겠다고 선언하였다. 행군은 10월 27일 시작되었다. 이탈리아 군대가 파시스트들을 허둥대게 만들었던 것은 분명한 것처럼 보인다. 그러나 이탈리아 왕은 파시스트의 힘을 과대평가했으며 수상의 계엄령 선포를 기각했다. 10월 29일 왕은 무솔리니에게 이탈리아 정부의 새 수상직을 부탁하였다.

일단 공직을 장악하자 무솔리니는 자신과 파시스트당의 권력을 견고히 지키기 위한 행동에 착수했다. 그는 이탈리아 의회를 무시했으며 파시스트당을 제외한 모든 정당을 금지시켰다. 그리고 가톨릭 교회와 타협하였고, 대중매체를 지배하였으며, 언론의 자유를 질식시켰다. 또한 이탈리아가 다시 위대한 제국의 중심이 될 수 있도록 군사력과 산업 생산력을 키우는 데 착수하였다. 실제로 무솔리니는 이탈리아를 위한 자신의 야심을 조금도 감추지 않았다. 이때의 야심은 전쟁과 정복을 포함하는 것이었다. 무솔리니는 자신의 연설과 글에서 종종 전쟁이란 남자다움의 진정한 테스트라고 말하곤 하였다. 그리고 그는 이탈리아 전역의 건물 벽에 호전적인 슬로건들을 붙였다. 그중 하나는 "전쟁은 남자의 것, 출산은 여성의 것!", 또 다른 구호로는 "전쟁터의 1분은 평화로울 때의 평생의 가치가 있다!"는 것이 있었다.[6]

무솔리니는 수많은 군사적 교전에서 협박을 통해 좋은 결과를 가져오기도 하였다. 특히 1935-1936년 에티오피아의 정복이 그러했다. 제국을 만들고자 하는 그의 야망은 곧 히틀러의 나치 독일과 동맹을 맺게 하였고, 결국 제2차 세계대전에 참전하게 되었다. 그러나 이탈리아는 전혀 싸울 준비가 되어 있지 않았다. 1943년 6월 파시스트 대평의회(Grand Council of Fascists)의 지지하에 왕은 무솔리니의 독재 권력을 박탈하고 가택 연금시켰다. 1943년 9월 독일 군대는 무솔리니를 구조하였으며, 그를 북부 이탈리아 괴뢰정부의 우두머리로 세웠다. 그러나 1945년 4월 전쟁이 종결되면서 무솔리니와 그의 연인은 체포되었다. 그리고 이탈리아 반파시스트 빨치산에게 총살당했다. 그들의 시체는 밀라노 도시 광장에 매달려 있었다. 이렇게 '두체'의 생은 끝이 났다.

파시즘의 이론과 실천

무솔리니는 권좌에 있는 동안 이탈리아 파시즘이 철학적 또는 이데올로기적 토대에 기초하고 있다는 신념을 조장하였다. 파시스트는 이탈리아의 변화를 계획하였으며, 그 계획은 통일적인 세계관에서 나온 것이라고 무솔리니는 말하였다. 이 세계관은 인간본성과 자유에 대한 파시스트의 독특한 생각을 포함하고 있었다.

파시스트에게 개인적 인간의 삶은 오직 전체로서의 사회나 민족의 삶 속에 뿌리박혀 있고, 그것을 통해 실현되는 한에서만 의미가 있다. 즉 파시스트는 '원자론(atomism)' 과 개인주의를 거부하고 사회 '유기체(organic)' 론에 동의한다. 파시스트는 개인 각자로는 어떤 중요한 것도 성취할 수 없다고 말하였다. 개인이 민족국가의 영광을 위하여 모든 것을 희생하며 자신의 삶을 민족국가에 바칠 때에만 개인은 진정한 삶을 실현할 수 있다.

또한 이탈리아 파시스트는 국가의 가치를 강조했는데, 민족의 힘, 통일성, 장엄함을 법적, 제도적으로 구체화한 것을 국가라고 보았다. 민족에 봉사하기 위해 헌신하는 것은 국가, 그리고 위대하고 영광스러운 지도자 '두체' 에 헌신하는 것이었다. 국가는 모든 것을 통제할 수 있으며 모든 사람은 국가에 봉사해야 한다. 이탈리아인들은 '모든 것은 국가 안에서, 어떠한 것도 국가 밖에서는 존재하지 않는, 그 어느 것도 국가에 반대할 수 없다' 는 것을 반복해서 상기했다.

그러므로 파시스트들에게 자유는 개인적 자유가 아니라, '민족' 의 자유, 즉 전지전능한 국가의 철 방패 뒤에 있는 모든 개인, 집단, 계급을 하나로 묶는 유기적 전체의 자유를 말한다. 실제로 개인적 자유(liberty)는 민족의 자유(freedom)를 방해한다. 왜냐하면 그것은 '믿어라, 복종하라, 싸워라' 라고 하는 진정한 임무를 수행하는 데 사람들을 흐트러뜨리기 때문이다. 파시스트에 따르면 언론의 자유, 집회의 자유, 주거의 자유 등 모든 것들은 '쓸모없는 자유' 이다. 진실로 중요한 유일한 자유는 국가에 봉사하는 것뿐이다. 따라서 삼각 모델을 이용하여 우리가 정의한 자유 개념에 따라 파시스트의 자유 개념을 보면 〈그림 7.1〉과 같이 나타난다.

파시스트 관점에서 진정한 자유는 국가에 봉사하는 데 있다. 그리

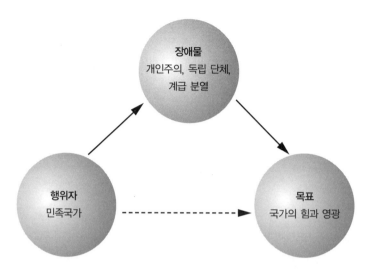

〈그림 7.1〉 파시스트의 자유관

고 국가에 대한 봉사에는 비록 작을지라도 각자의 본분을 다하여 국가의 영광을 증진시키는 일보다 더 큰 것은 없다. 그러나 어떻게 국가의 영광을 성취할 수 있는가? 이탈리아 국민들의 규율과 충성심을 요구하는 군사 정복을 통해 이룰 수 있다고 무솔리니는 말했다. 무솔리니와 파시스트들은 항상 사람들의 감정과 본능에 호소하도록 고안된 광범위한 대중 선전 작업을 통해 승리를 얻고자 하였다. 인민은 그들 자신을 지도할 수 없는 대중, 즉 '무리'에 불과하다. 그들은 자신을 인도할 엘리트가 필요했고, 특히 그들의 진정한 이익이 어디에 있는지를 아는 신비스러운 능력을 지닌 독재자가 필요했다. 그러므로 사람들은 학교에서, 연설을 통해서, 그리고 벽에 쓰인 슬로건에서 '무솔리니는 항상 옳다'라는 말을 들으며 살았다. 신문, 라디오, 학교 등 모든 것은 사람들에게 이런 생각을 주입하는 데 이용되었다. 예를 들면 1936년 8세의 이탈리아 초등학생을 위한 필수 교과서에는 다음과 같은 내용이 실려 있었다.

'두체'의 눈은 여러분 모두를 지켜보고 있다. 누구도 자신의 얼굴에 쏟아지는 그 눈길의 의미를 말할 수 없다. 그것은 날개를 펴 하늘을 나는 독수리이다. 그것은 주홍불이 빛나는 너희의 마음을 살피는 불꽃이다. 누가 그 불타는 눈을 거부할 수 있는가? 누가 날아가는 화살을 거부할 수 있겠는가? 그러나 걱정하지 마라. 너를 위해 그 화살들은 즐거움의 광선으로 변할 것이다.

비록 복종하기를 거부하지는 않지만, 어린이가 '왜'라는 질문을 하는 것은 총검으로 우유를 만드는 것과 같다. 무솔리니는 복종의 이유를 설명할 때 '너는 복종해야 하기 때문에 복종해야 한다'라고 말했다.[7]

그러나 주입과 선전은 사람들을 현대적인 군사 기계로 개조하기에는 충분치 않았다. 그들은 또한 무기, 연료, 그리고 음식이 필요했다. 이 때문에 무솔리니는 이탈리아에 산업 생산을 고무시키기 위해 노력하였다. 그는 **협동조합주의**(corporativism)라는 정책을 통해 이것을 했다. 이 정책에 따르면 재산은 공공의 목적을 위해 사용되는 경우에도 개인 소유로 남는다. 경영과 생산을 혼란시키는 소유주와 노동자 사이의 분쟁을 막기 위해 조합장(Ministry of Corporations)이 경제 업무를 감독하게 하였다. 경제는 22개 부문 또는 조합으로 나누었고, 그들 각각은 소유주·노동자·조합장의 대표자들이 경영하였다. 조합의 대표는 전체로서의 공공이익을 돌보는 업무를 맡았다. 그리고 노동자·소유주·조합장의 세 그룹은 모든 이탈리아인들의 이익을 위해 조화롭게 함께 일하도록 되어 있었다. 그러나 실제로 조합의 대표인 파시스트는 자기들이 좋아하는 방식에 따라 상당히 많은 일을 할 수 있었다. 그들은 종종 뇌물 받는 것을 즐겼고, 뇌물을 준 소유주들은 그들이 제공한 것에 대해 보상을 받았다.

이탈리아에서 파시스트가 통치한 20년간은 놀라울 만한 부패의 시기로 알려져 있다. 부분적으로 이러한 이유 때문에 무솔리니는 그의 군사적 욕망을 실현시킬 수 없었다. 시종일관 전체주의를 표방했는데도, 무솔리니는 파시스트당과 국가가 삶의 모든 측면을 철저하게 통제하는 사회로 이탈리아를 개종시킬 수 없었다. 그러나 그것이 무솔리니의 목표였으며, 확실히 가장 중요한 점이다.

1920년대 이탈리아 북쪽에서는 동일한 전체주의를 목표로 하는 또 다른 형태의 파시즘이 나타났다. 이것은 성공에 훨씬 근접했다.

독일 파시즘 : 나치즘

히틀러와 나치즘

이탈리아의 파시즘이 무솔리니와 밀접한 연관성이 있는 것과 마찬가지로, 독일 쪽 파트너인 나치즘은 히틀러(Adolf Hitler, 1889-1945)와 뗄 수 없는 관계를 맺고 있다. 히틀러는 독일 국경 지역인 오스트리아에서 1889년에 태어났다. 18세에 빈으로 이주한 히틀러는 예술가가 되고자 했지만 성공하지는 못했다. 여러 해 빈에 머물면서 제1차 세계대전이 발발하기 전까지 실질적으로 떠돌이 생활을 하였다. 히틀러는 독일군에 입대, 탁월한 군생활을 하면서 철십자훈장을 두 번이나 탔다. 1918년 전쟁이 끝날 무렵에는 병원에 입원하고 있었으며, 그 후 곧바로 정치적 활동을 시작하였다.

독일이 제1차 세계대전에서 패배할 당시, 독일군은 프랑스를 점령하고 있었으며, 많은 독일군은 항복하는 것이 잘못이라고 믿고 있었

아돌프 히틀러(1889-1945)

다. 독일은 전쟁터에서 패한 것이 아니라, 반역적인 정치인들의 배신
으로 패했다고 믿었다. 히틀러도 이런 감정을 공유하고 있었다. 병원
에서 퇴원한 히틀러는 스파이로서 군에 몸을 담고 있었다. 스파이 생
활을 하면서 그는 뮌헨에서 스스로를 독일 노동자당(German Worker'
s Party)이라고 부르는 작은 조직에 참여하고 있었다. 1920년 이 조직
에 공식적으로 가입하면서 그는 기회를 엿보였다. 그는 조직의 이름
을 독일 민족사회주의 노동자당(National Socialist German Workers'
Party), 줄여서 나치당(Nazi Party)으로 바꾸면서 당수가 되었다.

당은 히틀러의 방향에 따라 빠르게 성장하였다. 규율과 힘이라는
인상을 심어주기 위해 나치는 유사 군사조직으로 갈색 셔츠의 '돌격
대(storm trooper)'를 만들었으며 사회당과 공산당의 회합을 깨트리

곤 하였다. 1923년, 아마도 무솔리니가 1922년에 로마에서 행진했던 것과 같은 행운을 바라던 히틀러는 '맥주 집 폭동(Beer Hall Putsch)'을 시작하였다. 이것은 전체 독일 정부를 뒤흔들고 나치에게 힘을 가져다줄 것이라는 희망에서 바바리아 지방 정부를 전복하려고 한 것이었다.

그러나 폭동(또는 쿠데타)은 실패했으며, 히틀러는 체포되어 반역 죄로 심판을 받았다. 그러나 친 히틀러 반정부 무장조직이 들고 일어나, 히틀러는 5년형을 구형받고도 9개월만 복역하였다. 복역 중 히틀러는 『나의 투쟁(Mein Kampf)』이라는 자서전의 첫 편을 썼다.

이 책에서 히틀러는 자기 이념의 기본 골격을 명확히 세웠다. 그는 독일 민족 혹은 종족(Volk)이 힘을 결집하고, 독일 민족을 분열시키고 배반하는 무리, 특히 공산주의자와 유대인들을 없앨 수만 있으면, 독일에는 위대한 운명이 열린다고 하였다. 그러나 독일 민족을 통합된 무적의 힘으로 형성할 수 있는 단일 정당과 위대한 지도자가 없으면 독일은 그러한 일을 할 수 없다. 그는 『나의 투쟁』에서 이렇게 말했다.

위대한 집단의 정신은 미온적이거나 나약한 것을 받아들이지 않는다.
  여성에서 볼 수 있듯이, 여성의 심리는 추상적 이상보다는 본능적으로 가지고 있는 권력에 대한 갈망이란 막연한 감정적 상태에 의해 결정되며, 결과적으로 여자는 나약한 남자보다는 강한 사람에 굴복하기 마련이다. 마찬가지로 위대한 집단이란 간청보다는 명령하는 지도자를 원하며, …… 아무 일도 할 수 없는 …… 자유주의적 자유를 허락하기보다는 자신 외에는 어느 누구도 용서하지 않는 교리에 내적으로 더욱 만족한다.[8]

이것이 히틀러의 지도원칙(Führerprinzip) 개념이며, 여기에 따르면 대중과 지도자는 하나로 묶인다. 히틀러의 용어가 가리키는 대로 그 관계는 에로틱하며 '가학적(sadistic)'이기까지 하다. 이탈리아 파시스트의 슬로건 '전쟁은 남성의 것, 출산은 여성의 것'과 마찬가지로 히틀러의 어휘 역시 남성다움에 집착하는 파시스트의 성향을 드러내는데, 나치와 파시스트에게 남성다움이란 강함, 행동, 지배라는 것과 결부되어 있다.

출옥 후 한동안 히틀러는 일상적인 정치 활동과 폭력을 결합한 자신의 정치적 선동 활동으로 돌아갔다. 1933년 나치는 비록 의회의 다수 의석을 차지하지는 못했지만 독일 '제국의회(Reichstag)'의 여러 당 중에서 가장 큰 당이었다. 히틀러가 수상으로 지명되자, 그는 정부 수반의 지위에서 노골적인 독재자로 변신하는 데 무솔리니보다 더 빠르고 능숙하다는 것을 보여주었다. 그 다음 그는 독일에서 제3제국을 창조하는 방향으로 나갔는데, 그 제국(Reich)은 신성로마제국이나 비스마르크가 1871년에 세운 독일제국을 능가할 것이었다. 이것은 '천년제국'으로 향후 천 년 동안 독일이 유럽의 정치와 문화의 선도자가 된다는 것이었다.

제국을 달성하기 위해서 히틀러는 두 가지 실행 계획을 세웠다. 첫 번째로 독일 국민에게 위대한 제국이 되기 위한 '삶의 터전(Lebensraum)'을 확보해주는 것이다. 여기에 근거하여 히틀러는 동쪽의 폴란드, 특히 소련 영토에 있는 우크라이나를 독일의 장래 '식량창고'로 관심을 두었다. 동쪽 지역을 정복하고, 그 민족들은──나치는 이들이 독일인보다 열등한 존재라고 선언했다──노예로 살아야 했다. 히틀러는 그의 계획을 실현하기 위해 1939년 9월 1일 폴란드를 침공하였고, 제2차 세계대전이 시작되었다.

히틀러의 두 번째 계획은 천년 제국을 가로막는 모든 적들을 제거하는 것이었다. 이 계획에는 독일과 그 외 지역에 있는 공산주의자와 유대인을 제거하는 것이 포함되었다. 이 계획을 실행하기 위해 히틀러는 불가침조약을 체결하고 있었던 소련을 1941년 침공하였으며, '유대인 문제'에 대한 '최종안'을 집행하였다. 이것은 제2차 세계대전 동안 약 600만 명의 유대인과 그 밖의 '열등한' 민족들에 대한 조직적 학살로 이어졌다.

1945년 봄 서쪽에서는 영·미군이, 동쪽에서는 소련군이 베를린으로 진입해오면서 제2차 세계대전은 끝이 났다. 4월의 마지막 날, 베를린의 벙커에 틀어박혀 있던 히틀러는 그의 연인과 결혼하고, 자신의 부하들에게 작별을 고한 다음 신부와 함께 자살하였다. 무솔리니와 그 연인의 불행한 운명을 똑같이 맞이하는 것을 피하기 위해 히틀러는 그들의 몸을 태울 것을 명하였다. 그렇게 지도자(der Führer)의 경력은 끝이 났다.

나치즘의 이론과 실천

대부분의 측면에서 독일의 나치즘은 이탈리아의 파시즘과 거의 유사하다. 예를 들면 자유주의와 공산주의에 대한 혐오, 대중이란 선전과 주입을 통해 위대한 지도자의 의지에 따라 만들어진다는 태도, 유기체적 사회 개념에 대한 의존, 군대의 힘에 대한 호소, 규율과 희생의 필요성 호소, 민족주의에 대한 강조, 동일한 전체주의적 정신을 갖고 있다는 점에서 그렇다. 히틀러나 무솔리니는 자기 나라에서 충분한 무기와 전쟁 물자가 생산된다고 생각하는 한 경제적 업무에 대해서는 별 관심을 갖지 않았다. 나치 당명에 '사회주의자'란 단어가 포함되어 있어 이런 점에 약간의 혼란을 초래하지만, 히틀러는 확실히 어떤 점에서도 사회주의자가 아니었다. 그는 이 점에 대해 연설에서 다음과 같이 언급하였다.

모든 진정한 민족적 사고는 결국에는 사회적인 것이다. 즉 자기 민족의 대의명분을 완벽하게 자기 것으로 삼고 있기 때문에 그는 이—자신의—민족의 번영보다 더 높은 이상이 없다는 것을 안다. 그는 '독일이여, 어디에나 있는 독일이여'란 위대한 노래의 의미를 가슴속 깊이 받아들이며, 그에게 독일보다 높은 위치에 있는 것은 아무것도 없고, 민족과 땅, 땅과 민족을 주장하는 그는 사회주의자이다. …… 〔그는〕 사회주의자일 뿐 아니라 그 단어의 가장 높은 의미의 민족주의자이다.[9]

그렇다면 히틀러에게 '사회주의'는 단순히 민족주의의 또 다른 이름이었다. 히틀러 치하의 독일 경제를 묘사하는 가장 좋은 단어는 국가가 지원하는 자본주의이다. 더욱이 '민족(nation)' 개념은 독일 국경 안에서 태어난 모든 사람뿐 아니라 독일 종족에 속하는 인종 집단 안에서 태어난 사람도 포함한다.

초기부터 나치즘은 '인종'이 인간의 근본적인 속성이란 생각에 의존하였으며 계속 그랬다. 이탈리아 파시즘에서는 인종이 중요하지 않았다. 히틀러의 압력으로 무솔리니가 이탈리아의 유대인에게 적대적인 조치를 취할 때까지는. 즉 파시즘은 인종주의가 아니었으며, 그럴 필요도 없었다. 그러나 나치즘은 인종주의적이었으며 지금도 그렇다. 실질적으로 인종주의 이론은 나치즘의 중심에 있으며, 그렇기 때문에 '파시즘 + 인종주의 = 나치즘'이란 단순화된 공식으로 나치즘을 정의할 수 있다. 이러한 믿음은 인간의 본성과 자유에 대한 나치즘의 관점에서 명백히 나타난다.

히틀러와 그의 추종자들에게 인간 삶의 근본적인 실체는 인간이 서로 다른 인종에 속해 있다는 것이다. 그들의 관점에서 보편적인 인간본성 같은 것은 없다. 한 인종과 다른 인종을 구별하는 차이점이 세상에서 각 인종의 역할과 운명을 부과하기 때문이다. 이것은 전혀 새로울 것이 없는 것인데, 히틀러가 최초의 창안자가 아니다. 『나의 투쟁』의 주제는 고비노, 챔벌린(Houston Stewart Chamberlain), 볼트만(Ludwig Woltmann) 같은 초기 인종주의자들의 주장을 재활용한 것이었다.

고비노에 따르면, 인종은 위대한 문명의 등장과 몰락의 핵심 요소이다. 수 세기를 거치면서 여러 다른 사람들이 다루었듯이, 고비노역시 왜 로마와 같이 한때 강성했던 제국이 그 힘을 잃고 붕괴되었는지 의아해했다. 그에게 스쳤던 생각은 인종 혼합이었다. 고비노는한 민족이 힘을 얻는 것은 인종 구성이 순수하고 강성해질 때라고결론지었다. 그러나 정복한 민족에 대한 통제력을 확대하면서, 곧제국이 되면서 원래의 인종 집단은 다른 인종과 결합함으로써 약화된다. 결과적으로 자신의 정체성과 힘을 유지할 수 없는 열등한 민족이 된다. 마침내 제국이 멸망하는 것이다. 더욱이 인종은 평등하게 창조되지 않았다. 백인종은 황인종보다 우위에 있으며 황인종은흑인종보다 우위에 있다고 고비노는 기술하였다. 이것은 자연의 패턴이며 사회에서도 준수되어야 한다고 주장했다.

고비노 같은 유형의 사고들은 **사회적 다원주의자들(Social Darwinists)**과 마찬가지로 19세기 말을 풍미하였다. 스펜서와 섬너가 제시한 사회적 다원주의는 인종주의적 주장은 아니었지만 생존투쟁을 강조한 사회적 다원주의 논리는 인종주의적 해석에 빌미를주었다. 스펜서와 섬너는 생존 투쟁이 개인들 간의 투쟁이라고 했지만, 이 말을 비틀어서 생존 투쟁은 전체 '인종들' 간의 광범위한 투쟁이라고만 해주면 그대로 인종주의적 논리로 돌아서는 것이었다.

사실 이것이 볼트만이 취했던 입장이었다. 『역사 유물론: 마르크스주의 세계관 비판(Historical Materialism : A Critique of Marxist World-View, 1900)』, 『정치인류학(Political Anthropology, 1903)』[10]이라

는 두 책에서 볼트만은 마르크스주의 이론에는 모든 것의 가장 중심 개념인 인종이 빠져 있다고 주장했다. 왜 미술, 음악, 문학, 철학, 산업 등에서 가장 위대한 업적은 서유럽에 집중되어 왔을까라고 볼트만은 의문을 제기하였다. 그것은 위대한 독일 또는 아리아 인종(Aryan)이 그곳에 살기 때문이라는 것이다. 유럽의 기후는 극 지방처럼 거칠거나 척박하지 않고 열대 지방처럼 수목이 무성하지도 않기 때문에, 이 인종은 '열등한' 인종보다 더 많이 그리고 더 빨리 진화해왔다. 에스키모들은 철학이나 위대한 음악을 만들어낼 수 없다. 그들은 춥고 거친 환경에서 근근이 살아가는 데 대부분의 시간과 에너지를 소비해야 하기 때문이다. 그 반대로 폴리네시아인과 아프리카인들은 물고기가 풍부하고 과일 열매들이 나무에서 자연적으로 떨어지는 환경에서 살아간다. 서유럽만이 지나치게 거칠거나 너무 풍성하지도 않은 환경이다. 이러한 기후에서 살아온 인종은 수백만 년을 지나면서 자연을 변형시키고 문화를 창조해내며 세계 다른 인종보다 우월성을 보여주었다.

그러나 이제 이 인종은 여러 위협에 봉착했다고 볼트만은 경고했다. 그러한 위협 중 으뜸은 인구 위기이다. 볼트만은 인구는 기하급수적으로 증가하는 반면 자원은 단지 산술급수적으로 증가한다는 맬서스의 법칙(Malthus's laws)이 점차 부족해져가는 자원과 '삶의 터전'을 놓고 벌어지는 전쟁을 예고한다고 믿었다. 세계의 인구는 빠르게 증가하여 인간을 부양할 수 있는 자원의 한계점에 도달할 것이다(〈그림 7.2〉).

부족한 자원에 대한 경쟁은 개인 대 개인의 대립이 아니라 한 인종 또는 '민족' ——아리아인—— 과 다른 모든 인종 간의 대결이다. 다윈주의적 생존투쟁은 인종의 구분을 따라 진행될 것이며, 아리아인은 앞으로 다가올 경쟁에서 더 유리한 위치에 있다. 아리아인은 인종적

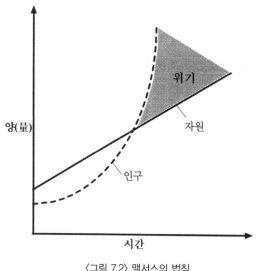

〈그림 7.2〉 맬서스의 법칙

동등성, 인종간의 조화, '인간의 형제애' 같은 구호, 그리고 자유주의나 사회주의자들의 허튼소리에서 나타나는 '연약한' 혹은 '감상적인' 생각들을 물리치고 자신들을 거칠게 단련해야 한다. 아리아인의 힘을 약화시키고 결의를 무너뜨리는 이런 '유대인적(Jewish)' 사고방식을 지지하거나 가르치는 사람들은 검열을 받거나 영원히 입을 다물게 해야 한다.

이러한 생각들은 히틀러의 『나의 투쟁』, 로젠베르크(Alfred Rosenberg)의 『20세기의 신화(Der Mythus des XX Jahrhunderts)』, 그리고 나치의 군사적, 정치적 행동에서 재현된다. 그것은 독일이 폴란드와 소련을 침공한 데 대한 정당성을 제공했으며, 아리아인의 '삶의 공간'을 러시아와 우크라이나의 유전(油田)과 밀 농장까지 확장시켰다. 이러한 사고는 검열, 분서(焚書), 독일의 교실이나 도서관에서 '유대인적' 사고의 전면 금지, 비판 금지를 정당화하였다. 무엇보다

악랄한 것은 이러한 사고가 수백만의 유대인, 슬라브족, 집시, 동성애자, 장애인, 그리고 기타 '생존가치가 없는 삶(lebens unwertes Leben)'을 포함한 '열등한' 민족들을 조직적으로 노예화하고 살해했다는 사실이다.

삶을 가치 있게 이끌어주는 민족은 인종적으로 순수한 혈통의 아리아인이었다. 그러나 이러한 아리아 인종은 무엇이란 말인가? 히틀러는 이러한 측면에서 악명 높을 정도로 모호했다. 그는 볼트만을 비롯한 수많은 19세기 학자, 특히 언어학자들의 연구에 나타난 아리아인의 개념을 받아들였다. 다양한 언어학 연구에서 학자들은 유럽의 언어뿐만 아니라 중동의 언어, 그리고 몇몇 인도어 계통의 언어는 뿌리가 같다는 증거들을 발견해냈다. 몇몇 학자들은 이러한 언어들과 인도, 유럽, 중동의 모든 문명은 한 인간 집단들에서 나타났음에 틀림이 없다고 결론 내렸으며, 그것을 그들은 '아리아인' [11]이라고 불렀다. 이런 생각은 차츰 아리아인이 특별한 인종이며, 세계에서 문명화되고 가치 있는 모든 것의 근원이라고 확대 해석하였다. 이러한 사고에 근거하여 나치주의자들은 아리아인의 운명은 다른 인종을 지배하고, 열등 인종을 복종시켜 문화가 발전하며 새롭고 영광스러운 정점(頂点)에 도달할 수 있도록 하는 것이라고 결정하였다.

히틀러는 아리아 인종이 유럽 문명의 근원, 곧 '문화 창조'의 근원이라고 주창하였다. 그리고 독일인은 아리아 인종의 가장 고귀하고 순수한 후손이었다. 그러므로 독일 민족의 운명은 명백한데, 즉 '열등한' 민족들을 지배하거나 말살하여 영광스러운 천년 '제국'을 건설하는 것이다.

나치는 또한 인종주의적 관점에 의거하여 인간본성에 대한 그들의 자유 개념을 만들어냈다. 이탈리아의 파시스트와 마찬가지로 그들도 개인적 자유를 중시하는 자유주의적 관점에 반대하였으며, 민족의 자유가 올바른 자유 개념이라고 주장했다. 그러나 나치는 이러한 사고를 그들의 전형적인 인종 논리와 결부하여 뒤틀었다. 그들은 유일하게 중요한 자유는 '으뜸 인종(master race)'에 속하는 민족의 자유라고 말했다. 그 자유는 아리아인의 자유를 말하는데, 자연의 섭리 때문에 그렇다는 것이다. 그러나 아리아 인종이 그러한 운명을 인식하는 데는 몇 가지 장애물이 있다. 첫 번째 장애 요인은 '열등' 인종인데, 그들은 아리아 인종을 자기들 수준으로 끌어내릴 수 있는 역할을 한다. 또 다른 장애물은 특정한 사상이나 이상이 만든 것인데, 특히 계몽주의의 휴머니즘 사상이 여기에 해당한다. 이러한 것들은 '유대인적' 사고이며, 히틀러에 따르면 이러한 사고가 아리아 인종을 연약하고 우유부단하게 만든다. 이러한 보편적 형제애와 평등 사상은 자유주의와 마르크스주의 속에 깊이 자리 잡고 있기 때문에, 히틀러의 입장에서는 이러한 사상들이 단순한 장애물이 아니라 뿌리 뽑고 파괴하여야 할 적과 같은 것이었다. 이러한 것이 검열, 분서, 기꺼이 '지도자'와 '민족'에게 복종하도록 젊은이들의 마음을 단련시키는 이론적 근거가 되었다.

나치의 입장에서 모든 개인들은 민족이라는 커다란 유기체에서 단순히 한 세포에 불과하다. 유기체의 운명은 또한 개인의 운명이 된다. 나치당의 이론가 네제(Gottfried Neese)는 민족에 대해 언급하면서 유기체라는 비유를 통해 이러한 믿음을 표현하였다.

(민족은—옮긴이) 진정한 유기체를 형성한다. 이 유기체는 자신의 생명을 스스로 이끌어가고 자신만의 규칙에 따르며, 자신의 고유한 힘을 보유하고 스스로의 본성을 계발해 나가는 존재이다.……민족이라고 하는 이 살아 있는 통일체는 그 구성원 개개인을 자신의 세포로 삼는다. 모든 몸 안에는 특정 기능을 담당하는 특정 세포가 있듯이 민족이라는 신체에서도

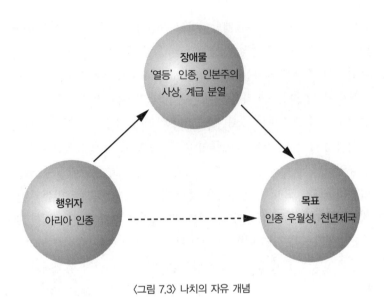

〈그림 7.3〉 나치의 자유 개념

마찬가지이다. 개개인들은 육체적, 정신적, 이념적으로 그 민족에 속한다.[12]

인종적으로 순수한 '민족 공동체(Volksgemeinschaft)'를 벗어나면 어느 것도 존재 가치가 없다. 따라서 그러한 공동체를 만들고 유지하기 위해 사람들은 연약함, 연민, 동정들로 빗나가서는 안 된다. '열등' 민족은 주저하거나 지체하지 말고 파괴되어야 할 인간 이하의 동물 또는 '기생충'으로 간주되어야 한다. 이러한 방법으로만 아리아 족은 자신의 위대한 운명을 성취하는 데 자유로울 수 있다. 그렇다면 나치에게 '자유'는 그림 〈7.3〉과 같은 형태이다.

다른 지역의 파시즘

제1차 세계대전에서 제2차 세계대전 동안 파시즘은 이탈리아, 독일과 가장 밀접하게 동일시되었지만, 두 나라에만 국한된 것은 아니었다. 파시스트 정당과 파시스트 운동들은 1920년대와 1930년대에 루마니아에서 프랑스와 영국에 이르기까지 유럽 전역으로 퍼져 나갔고, 1930년대에는 미국에서도 잠시 동안 나타났다. 그러나 이탈리아와 독일을 제외하고, 파시즘이 권력을 잡았던 유일한 유럽 국가는 프랑코 장군(General Francisco Franco) 치하의 스페인이었다. 프랑코는 이탈리아와 독일의 도움으로 스페인 내전(1936~1939)에서 승리하여 권력을 잡았다. 그러나 내전이 끝났을 때, 특히 파시스트 권력에 대항하여 제2차 세계대전이 시작되었을 때, 프랑코는 자신의 정부에서 가장 열렬한 파시스트들을 축출했고 보수적인 심지어 반동적인 독재 정권으로 방향을 틀었다. 즉 프랑코는 자신의 나라에 영광과 새로운 제국을 만들어내기 위해 대중 지지를 동원하기보다는 안정된 스페인에서 확실한 권력을 유지하는 데 더 관심이 있었다.

파시즘은 또한 유럽 밖에서도 다소간 성공을 거두었는데, 특히 1940년대와 1950년대에 페론(Juan Perón)의 지도하에 있었던 아르헨티나를 들 수 있다. 그는 군 장교로서 아르헨티나 노동계급 사이에서 광범위한 추종자를 얻는 데 성공했다. 남아프리카 공화국에서도 파시즘의 요소들이 있어왔다. 그곳에서는 **아파르트헤이트**(apartheid), 또는 인종 차별이라는 공식 정책이 인종적으로 더 우수한 남아프리카 태생의 백인(Afrikaner) 종족의 유기적 단결이라는 생각에 호소함으로써 종종 정당화되었다.

'아파르트헤이트'는 문자 그대로 '분리'를 의미하며, 두 가지 의미에서 남아프리카 공화국 정부는 1990년대까지 '분리' 정책을 추구했다. 첫 번째 의미는 인종 분리였다. 1948년, 아프리카너 국민당(Afrikaner Nationalist Party)이 처음으로 정부의 지배권을 획득했을 때부터 시작되었던 정책으로, 남아프리카 공화국 국민은 공식적으로 네 종류의 인종 집단으로 분리되었다. 아프리카인, 아시아인, 유색인(즉 혼혈아들), 그리고 백인들이다. 아프리카인들이 확실히 인구의 가장 큰 부분이었지만——1980년의 인구조사에 따르면 전체의 72% 이상——여당인 국민당은 그들에게 투표권을 부여하는 것을 거부했고, 1990년대 초반 드 클라르크(F. W. De Klerk) 대통령이 아파르트헤이트를 없애기 시작할 때까지 국가의 일상적인 정치 과정에서 아프리카인들을 실질적으로 축출했다. 1990년대 초반까지 백인과 비(非)백인 간의 결혼은 금지되어왔고, '통행법(pass laws)'에 의해 흑인 아프리카인들이 백인 도시 지역에 들어가기 위해서는 허가를 얻어야만 했다. 그리고 정부는 남아프리카 공화국의 가장 메마르고 척박한 지역들에 위치한 10개의 '흑인 원주민 자치구(homelands)'에 흑인 아프리카인들의 주거를 국한하려고 시도했다.

남아프리카 공화국의 백인들, 특히 '아프리카너'로 알려진 네덜란드와 독일 식민지 개척자의 후손들은 인종적인 차이로 인해 고정되고 변화하지 않는 삶의 특징들이 만들어진다는 신념에 호소하면서 이러한 정책을 정당화했는데, 이는 그들의 전형적인 논리였다. 이 견해에 따르면, 인종은 각각 명확한 특징들이 있으며 인종들을 서로 섞으려는 시도는 아무 소용이 없다. 각 인종들은 서로 분리된 채 남아 있을 때에만 본성이 의도하는 방향에 따라 최상의 발전을 할 수 있다. 그러므로 남아프리카 공화국의 다양한 인종들은 '분리 발전'을 추구해오고 있다는 주장이다. 분리하라, 그러나 평등하지는 않게 하라. 그런데 백인이라는 인종은 다른 인종들보다 더 우월하다고 가정된다. 백인들은 다른 인종들과 분리되어야 할 뿐만 아니라 모든 인종의 분리 발전을 가능하게 하기 위해 필요한 지도력도 행사해야 한다.

이 논리는 남아프리카 공화국에서 '아파르트헤이트'가 보여주는 두 번째 의미의 '분리'와 연결된다. 많은 남아프리카 태생의 백인들은 자신이 특별한 국민으로서 신이 그들의 국가에서 신의 계획을 수행하도록 자신들을 선택했다고 믿어왔다. 남아프리카 태생의 한 백인 지도자는 1944년 이러한 견해를 다음과 같이 언급했다.

세상의 모든 국민들에게 신의 생각이 구현되었고 각 국민의 과업은 그러한 생각에 따라 그것을 수행하도록 만들어졌다. 그래서 신이 독특한 언어, 독특한 삶의 철학 그리고 그들 자신의 역사와 전통을 가진 남아프리카 공화국 출신의 백인을 창조하셨고 아프리카의 남단 여기에서 그들이 특별한 소명과 목적을 수행하도록 하셨다. 우리는 자신에게 있는 특별한 모든 것과 그 위에 세워진 모든 것을 지켜야만 한다. 우리는 신이 이곳에서 우리를 그의 정의의 사도로 부르셨다는 것을 믿어야만 한다.[13]

그래서 백인 인구의 다수를 구성하는 남아프리카 출신의 백인 '종족'은 특별한 소명을 가진 특별한 사람들이다. 남아프리카 출신 백인들은 다른 사람들과 분리되었고, 만약 백인이 자신의 임무를 수행하려면 계속 분리된 채로 남아 있어야 한다.

백인 일반이 인종적으로 우월하다는 주장뿐만 아니라 남아프리카 출신의 백인들은 특별한 사람 또는 '종족'으로서 자신의 민족적인 운명이라는 신념을 덧붙였다. 우리가 보았던 것처럼 이러한 생각들이 독일 나치즘, 그리고 인종주의적 의미를 없앤다면 이탈리아 파시즘의 핵심적인 요소들이었다. 지금도, 아파르트헤이트가 종결되고 흑인 아프리카인들이 남아프리카 공화국 정부를 이끌고 있는 지금도, 아프리카너 저항운동(Afrikaner Resistance Movement) 같은 집단의 구성원들은 인종차별주의와 민족주의에 호소함으로써 옛 체제의 복원을 옹호하고 있다. 이러한 점에서 그들의 견해, 그리고 아파르트헤이트의 체제 일반은 파시스트, 나치 독트린과 피상적으로 유사한 점 이상의 것을 포함하고 있다.

오늘날의 파시즘

오늘날 파시즘의 힘이나 대중성에 대한 평가가 어렵지만 파시즘이 완전히 죽거나 사라지지 않았다는 것은 명확하다. 적어도 파시즘이 그렇게 철저하게 파괴되었던 것 같았던 두 나라에서도 그렇다. 파시스트당은 이탈리아에서 금지되었고 나치당도 독일에서 금지되었지만, 신파시스트들과 신나치들은 다른 이름으로 사무실을 꾸려오고 간헐적으로 말썽을 일으킨다. 가령 1992년 이탈리아에서는 '두체'의 손녀딸, 알레산드라 무솔리니(Allesandra Mussolini)가 신파시스트 정당인 이탈리아 사회운동(Italian Social Movement)——뒷날 민족동맹(National Alliance)으로 개명——의 당원으로서 이탈리아 국회에 의석을 차지하는 데 성공했다. 독일에서 신나치 조직들은 베트남과 터키의 '초청 노동자들(guest workers)'을 살해했던 폭탄 공격을 비롯한 여러 폭력 행위들이 자기들 소행이라고 주장해왔다. 이러한 공격들과 파시즘 일반의 부활은 외국인 노동자, 난민, 이민자들을 겨냥한 분노의 감정으로 인해 전면에 드러난 부활된 민족주의의 결과로 보인다. 르 펭(Jean-Marie Le Pen)이 이끌던 프랑스의 신파시스트 정당 민족전선(National Front)은 이민자들이 높은 실업률, 범죄와 복지 비용의 주범이라는 캠페인을 일으켜 몇몇 시(市)정부들을 장악하는 데 성공했다. 르 펭 자신은 2002년 프랑스 대통령 선거 1차 투표에서

기적적으로 2위를 차지했다. 르 펭은 결선 투표에서 압도적 차이로 패했다. 그러나 르 펭이 1차 투표에서 보여주었던 놀라운 힘은 프랑스 유권자들의 상당 부분이 다양한 사회적 문제들을 이민자들의 탓으로 돌릴 준비가 되어 있음을 나타낸다.

유사한 선거 혼란이 21세기 초에 유럽의 다른 곳에서도 일어났다. 반(反)이민(특히 반이슬람) 감정을 이용하는 신파시스트 정당들은 오스트리아 국회의원 선거의 23%를, 스위스에서는 27%를 그리고 덴마크에서는 12%를 확보했다. 유구한 관용의 요새였던 네덜란드에서도 최근에 포르퇴인(Pim Fortuyn)이 이끄는 반(反)이민자당 '핌 포르퇴인의 명부(Pim Fortuyn's List)'가 2002년 선거에서 거의 승리할 뻔했다. 포르퇴인이 의회 선거 바로 직전인 2002년 5월에 암살당하지 않았더라면, 그의 당은 거의 확실하게 네덜란드 의회의 다수당이 되었을 것이고 포르퇴인은 수상이 되었을 것이다. 유럽의 다른 지역 선거의 경우, 시 의회 선거에 나선 신파시스트 후보들은 상당한 표차로 일부 의석을 확보해왔다. 예를 들면 벨기에 앤트베르펜의 '블람스블록(Vlaams Block)'은 2001년 지방선거에서 투표의 40%를 획득했다.[14]

파시즘이 유럽에서만 부활한 것은 아니었다. 중동의 이라크에서 사담 후세인 체제는 민족주의·군국주의·전체주의적 통제에 토대를 둔 사회를 건설하고자 하였다. 그 체제의 군국주의적이고 전체주의적인 요소들은 1990-1991년 걸프 전쟁 동안, 그리고 이라크의 쿠웨이트 침공을 거치면서 더 명확해졌다. 그러나 민족주의적 요소는 서구에서 관심을 덜 받았다.

민족주의와 사담 후세인은 '바트당(Ba'ath Party)'이라는 정당을 통해 연결되었는데, 이 정당은 여러 중동 국가들에서 적극적인 활동을 전개해왔다. 1950년대에 결성된 이후 바트당은 '범아랍주의(pan arabism)'를 설파해왔으며, 이 신념은 모든 아랍인이 단일한 민족이나 인민에 속하고, 하나의 통일국가 안에서 살기로 예정되어 있다고 본다. 이러한 방법으로 바트당은 여러 다양한 국가와 종교로 분리되어 있는 아랍 인민의 힘과 정체성을 복원하려고 노력했다. 실제로 '바트'는 '부활'을 의미한다. 바트당은 이러한 부활이 이슬람교도이든 기독교인이든 또는 다른 종교인이든 간에 모든 아랍인을 이롭게 할 것이라고 주장했다. 이러한 부활이 아랍인에게 "세계에서 수행할 특별한 임무 그리고 독립과 통일에 대한 권리"를 부여하기 때문이라는 것이다.[15]

아랍 민족주의 감정은 파시즘을 창출하기에는 그 자체로 충분하지 않다. 그러나 민족주의는 파시즘의 핵심 요소이고, 최근 이라크에서처럼 군국주의와 전체주의적 통제를 확립하기 위한 시도에 의해 보완되면 바로 파시즘이 뒤따라 나타난다.[16]

미국에서도 파시스트 경향을 가진 집단들인 KKK단(Ku Klux Klan), 아리아 민족(Aryan Nation), 조물주의 세계교회(World Church of the Creator), 잡다한 '스킨헤드족(skinheads)'과 나치당이 때때로 그들의 존재를 과시했다. 물론 전부는 아니지만 미국에서 '민병대(militia)' 운동을 추진했던 몇몇 집단은 신나치 경향들을 띤다. 그 구성원들은 유대인과 UN이 미국을 접수했으며, 유대인과 UN은 워싱턴에서 ZOG(시온주의자 점령정부, Zionist Occupation Government)를 운영하고 있다고 주장한다. 이 불법정부는 백인 시민들을 무장 해제하고 흑인, 히스패닉, 다른 비(非)백인들에 맞서 백인들을 무장 해제 상태로 두려고 애쓰고 있다. 그러므로 ZOG를 전복하는 것은 애국적인 백인들의 의무이다. 이것이 연방 시설들에 대해 민병대가 주도하는 수많은 폭탄 테러를 일어나게 한 생각이다. 그중 가장 유명하고 파괴적인 것은 1995년 오클라호마에서 일어난 머라 연방청사의 폭파였다. 확신에 찬 폭파범들 중의 한 명인 맥베이(Timothy McVeigh)는

『터너 일기(The Turner Diaries)』를 지니고 있었고 종종 이 책을 인용했다. 이 책의 내용은 다양한 극우파, 신나치 민병대 집단의 구성원의 생각에 대해 놀랄 만한 통찰력을 제공했다.[17]

『터너 일기』는 소설이다. 그것은 '조직(The Organization)'이라고 불렸던 신나치 집단의 전투원이었던 얼 터너(Earl Turner)의 일기이다. 이 조직은 20세기 후반기의 '대혁명' 시기에 유대인이 주도하는 '체제', 즉 미국 정부를 전복하고 21세기에는 완전히 백인들만으로 구성된, 인종적으로 순수한 새 시대를 시작할 것을 목표로 하는 단체였다. 『일기』에 의하면 구(舊) 시대 동안 그 체제는 애국적인 백인 미국인들의 총을 몰수하고, 차별 시정 조치 정책을 고무하면서, 비(非)백인 외국인 이민과 인종들 간의 결혼을 장려했다. 그리고 유대인, 아프리카계 미국인, 그리고 다른 소수민족들에게 학교, 대학, 대중매체, 연방수사국(FBI), 기타 정부기관들에서 우선권을 줌으로써 애국적인 백인 미국인들을 냉대했다. 이러한 혁명은 백인종들을 무장 해제하고 인종간의 결혼을 비롯하여 인종통합 학교, 교회 등 또 다른 형태의 "인종혼합"을 허용함으로써 백인종들을 "잡종화하는" 반(反)백인 정부에 맞설 것을 "애국적인" 백인 미국인들에게 요청했다. 이러한 반백인 체제에 반대하는 것이 "조직"——"자유주의 매체"에 의해 "세뇌당하지" 않았던 우익의, 반(反)자유주의적인 백인 남성과 여성들의 집단——이다. 『일기』의 등장인물 중의 하나인 캐서린(Katherine)이라는 백인 여성은 다음의 책들을 받은 이후에 그녀가 가졌던 자유주의적인 지식들을 거부한다.

인종과 역사에 관한 몇몇 책들 그리고 앞으로 읽을 몇 권의 조직 출판물들. 그녀의 삶에서 처음으로 캐서린은 그 시대의 문제들의 근원에 놓여 있는 중요한 인종적, 사회적, 정치적 이슈들에 대해 심각하게 생각하기 시작했다.

그녀는 체제의 '평등' 속임수에 대한 진실을 배웠다. 그녀는 인종들과 문명들을 해체하는 발효제로서 유대인들의 독특한 역사적 역할을 이해하는 데 이르렀다. 가장 중요한 것은 그녀가 인종적 정체성의 감정을 체득하고 그녀를 전 우주적 혼돈 속에서 고립된 원자화된 개인으로 몰아넣었던 세뇌의 시간들을 극복하기 시작했다는 것이다.[18]

한마디로 말하면 여기에 나치 그리고 이제는 신나치 이데올로기의 본질이 있다. 인종적인 차이점들은 내재적인 것이고 지울 수 없는 것이다. 이러한 차이점들이 모든 사회적, 정치적인 문제들의 근본에 놓여 있다. 서로 다른 인종에 속한 사람들은 평화롭게 또는 조화롭게 함께 살 수 없다. 그러나 유대인들은 인종적 '평등'을 설파함으로써, 그리고 사람들에게 실천하도록 강요하면서 사회적, 정치적 혼란을 촉진시킨다. 유대인의 선전에 세뇌당했던 백인들은 그들 스스로를 고전적인 자유주의와 계몽사상에서 묘사한 원자화된 개인들로 간주함으로써 '백인'의 정체성이라는 본성을 잃었다. 터너는 다음과 같이 썼다 "모든 문제의 핵심은 유대인의 자유주의적-민주주의적-평등주의적인 돌림병으로 생긴 우리 인민의 타락이다.……"[19] 이러한 '전염병'은 '유대인적' 그리고 '자유주의적'인 이념을 백인들이 수용함으로써 야기된 최초의 그리고 가장 중요한 이데올로기적 전염병이며, 이러한 생각들을 거부함으로써, 그리고 그것들을 백인 정체성과 인종적인 자부심에 관한 '올바른' 이념들로 대체함으로써만 치유될 수 있다.

새로 발견된 이데올로기를 실천에 옮기면서 캐서린은 터너와 조직의 다른 구성원들과 함께 그 체제에 저항했다. 그들은 유대인들이 소유한 기업들을 빼앗아 무기를 살 자금을 모았으며, 아주 즐겁게 그 기업의 소유주들과 고용인들을 살해했다. 그들은 화학비료 폭탄으로 연방수사국의 중앙본부를 날려 버리면서 수십 명의 연방경찰국 요원들과 시민들도 같이 죽여 버렸다. 또한 《워싱턴포스트》를 비롯한 '자유주의' 신문과 텔레비전 방송국 건물들도 폭파했다. 미국 국회의사당에는 박격포 공격을 감행했다. "우리는 국회의사당 안팎으로 쏟아져 나오는 아름다운 화염과 도처로 분출되는 강철을 보았다.……폭정과 반역의 무리에게 피의 대가를 치르게 하면서."[20] 같은 날 "조직은 바주카포를 쏘아 비행기를 떨어뜨렸는데, 그 비행기는 휴가를 보내기 위해 떠나는 성직자들, 대부분 유대인들을 태우고 텔아비브(Tel Aviv)로 막 이륙했다." 터너는 너무나 만족스러워하며 "생존자는 아무도 없었다"고 덧붙였다.[21] 뒷날 '교수형의 날(Day of the Rope)' 기간에 조직은 다른 인종들을 옹호하며 데이트 약속을 하고 결혼함으로써 백인종을 '배반'하려는 유혹에 빠졌을지도 모르는 사람들에 대한 경고 표시로서 공개적으로 수만 명의 흑인들과 백인 '인종 배반자'들을 나무, 가로등 그리고 육교에 매달았다.

『터너 일기』를 관통하는 것은 '차이'에 대한 강조이다. 그것은 인종·종교·민족들 간의 차이뿐만 아니라 성별 간의 차이이기도 하다. 자유주의와 페미니즘은 인간의 내재적이고 깊이 뿌리박힌 차이들의 중요성을 부인한다고 비난받았다.

> 자유주의는 본질적으로 여성적이고 순종적인 세계관이다.…… '여성의 자유'는 구시대의 마지막 30년 동안 시작되었던 대중 정신병의 형태였다. 이러한 자유에 의해 세뇌된 여성은 자신들의 여성성을 부인했고 자신이 '여성'이 아니라 '사람'이라고 주장했다. 체제(the System)는 우리 〔백인〕종을 분열시키는 수단으로 이런 탈선을 부추겼고 고무하였다.[22]

그러면 민주주의란 무엇인가? 『일기』는 입헌 민주주의를 비난한다. "미국인들은 지금 그들이 있는 혼란 속으로 그들 스스로를 몰아넣는 데 투표했다", 그리고 "유대인들은 헌법에 따라 공정하고 정당하게 국가를 접수했다." 헌법은 "백인종"의 고결성과 정체성을 보호하지도 않고 보호할 수도 없다. 그러므로 헌법은 폐기되어야만 한다. 선거는 답을 주지 않는다. "TV 유권자 세대의 새로운 선거들이 바로 유대인 돼지 우리로 곧바로 뛰어드는 것을 제외한다면 우리를 어디로 이끌 수 있겠는가?"[23] 자유민주주의 대신에 『터너 일기』는 인종적으로 순수한 엘리트가 지배하는 독재를 옹호한다. 이는 "1999년 —위대한 인물(Great One)의 탄생 110년 후—의" 대혁명에서 조직의 승리로 마침내 완성되었다. 이름을 밝히지 않은 위대한 인물은 1889년에 탄생했는데 그는 물론 아돌프 히틀러이다.

히틀러가 1945년 자신의 베를린 벙커에서 죽었다고 하더라도, 그의 생각은 북미와 유럽에서 신나치 집단들의 꿈과 설계 그리고 계획 —또한 실천들—안에 살아 있다. 이러한 집단들은 특히 젊은 충원자들을 끌어들이는 데 열성적이다. 그들의 방법은 '백인의 힘(White power)' 대회에서 기독교 정체성 교회(Christian Identity Church)라는 인종주의적 종교에 이르기까지 록 콘서트와 Rahowa(인종주의 성전, Racial Holy War의 약칭) CD, 그 밖의 신나치 밴드에서 인터넷의 웹 사이트에 이르기까지 걸쳐 있다. 그들은 미국의 군대와 감옥 그리고 고등학교와 젊은 집단들에서 적극적으로 활동한다. 그들의 수는 적다. 그러나 소외되고 불만에 차 있는 백인 미국인들 사이에서는 무시할 수 없다.

그러나 미국에 있는 이른바 민병대 집단들 모두가 그들의 사상적 영감을 히틀러와 나치들로부터 가져왔다고 결론짓는 것은 잘못일 수 있다. 어떤 평가에 따르면, 최근에 미국에는 850개 이상의 민병대 집단들이 있다.[24] 이러한 집단의 구성원들은 미국 정부를 의심하고 총기를 선호한다는 공통점이 있지만, 그들 중 많은 사람들이 인종주의자도 아니고 민족주의자도 아니다. '민병대'라는 용어가 보여주듯 이러한 집단들의 구성원들은 점점 더 많은 권력을 잡고자 하는 정부의 시도를 경계하며 방심하지 말아야 한다고 믿는다. 그들은 구(區)와 군(郡)에서 활동하는 시민들이 자신의 사업들을 통제할 수 있고 '큰 정부'가 간섭하는 통제에서 벗어나 자유롭게 살기 위해서 정치권력은 국가 수준이 아니라 지역 수준에 집중되어야 한다고 주장한다. 보통 사람들과 멀리 떨어져 있는 판사, 대표자, 관료들의 손아귀에 권력이 집중되면 개인의 자유는 억압되기 쉬울 것이라고 그들은 주장한다. 민병대 집단의 구성원들은 미국 독립혁명 시기에 영국 정부의 억압적인 조치들에 대항해서 미국인의 자유를 지키기 위해 무기를 들었던 민병들과 자유의 아들들(Liberty Sons)에 스스로를 비견하면서, 국민들이 행복에 이르기에는 정부가 너무 크고, 멀리 떨어져 있으며, 너무 강력하므로 이에 대항하여 투쟁하고 있다고 주장한다.

그러한 점에서 확실히 이러한 민병대 집단들은 무솔리니의 파시스트와 히틀러의 나치와 상당히 다르다. 파시스트들은 권력을 찬양했고 그것을 한 국가에, 단일한 정당에 심지어 단일한 지도자에게 집중하고자 했다. 진정한 파시스트라면 국가 외에 아무것도 없어야 하고, 국가에 대항하지도 말아야 하며, 모든 것은 국가를 위해서만 존재해야 했다. 이것은 많은 민병대 구성원들이 수용할 수 없는 견해이다. 그러나 아리아 민족의 구성원을 비롯한 몇몇 민병대들은 이 생각을 받아들일 수 있고, 실제로 받아들이고 있다.

결론

이데올로기로서의 파시즘

파시즘의 한 가지 특징은 명확하다. 형태가 어떻든 간에 파시스트들은 언제나 가장 단순하고 가장 감정적인 용어로 대중들에게 호소하여 대중의 지지를 얻으려고 노력했다. 이것은 파시즘과 나치즘이 정치적 이데올로기의 네 가지 기능을 실행하는 방법을 보았을 때 명확해진다.

설명 사회적인 조건들은 왜 그렇게 존재하는가? 파시스트들은 영웅들과 악인들에 대한 몇 가지 설명으로 이 질문에 확실히 대답한다. 일반적으로 파시스트들은 자신의 사적인 이익을 위해 민족이나 '종족'을 약한 상태로 유지하려고 했던 악당들이나 배반자들에게 초점을 모은다. 그들은 즉 희생양을 찾고 모든 문제들을 그들에게 떠넘긴다. 이것이 나치가 유대인들에게 행했던 것이고 신나치나 '백인 우월주의자'이 흑인들이나 히스패닉 또는 다른 '열등한' 그리고 '외국인' 집단들에게 행했던 것이다.

평가 파시스트에 의하면 상황이 좋은지 나쁜지는 일반적으로 민족 또는 종족의 단결과 힘에 대한 몇몇 평가에 달려 있다. 민족이 파편화되어 있고 서로 알력이 심하다면, 그때가 종족이나 민족을 분열시키려는 악당들을 몰아낼 시기이다. 달리 말하자면 사람들이 그들의 당과 지도자 휘하에서 단결한다면, 그때 모든 것은 잘 될 것이다.

지향 세상에서 누군가의 위치, 그의 소속감이나 정체성의 주요한 원천은 무엇인가? 이탈리아 파시스트들에 의하면, 그것은 민족이다. 나치에 의하면 민족은 인종적인 용어로 규정된다. 어떤 경우든 개인은 개인으로서는 아무런 의미도 없을 뿐 아니라 개개인의 삶에 의미와 목적을 부여하는 유기적인 전체 —민족국가나 인종——의 구성원으로서만 의미가 있다는 것을 인정해야 한다.

강령 무엇을 해야 하는가? 역시 대답은 간단하다. '믿어라, 복종하라, 투쟁하라!' 민족이나 인종의 적들에 맞서 투쟁하는 당신의 지도자를 따르라. 그리고 민족이나 인종이 세계에서 지도적인 권력을 확보할 수 있도록 도움으로써 당신의 국민에게 영광을 가져다주는 데 필요한 것은 무엇이든 하라. 국가에 모든 것을 부여하라. 국가에 어떤 것도 숨기지 마라. 그리고 국가에 대항하는 어떤 것도 하지 마라.

파시즘과 민주주의 이상

파시즘의 가장 강력한 형태가 이탈리아 파시즘이든, 독일 나치즘이든, 또는 신나치주의이든 간에, 파시즘은 전체주의 이데올로기이다. 모든 정치 이데올로기 중에서 나치즘은 유일하게 민주주의를 완전히 거부한다. 파시즘은 민주주의적 이상에 파시즘은 민주주의적 이상에 확실한 대답을 보낸다. 경멸의 답장을 보내는 것이다. 파시스트들에게 민주주의는 단결과 힘만이 진정으로 중요한 세상에서 분열과 취약함의 또 다른 이름일 뿐이다.

Aho, James. The Politics of Righteousness : Idaho Christian Patriotism. Seattle : University of Washington Press, 1990.

Arendt, Hannah. The Origins of Totalitarianism. Cleveland and New York : Meridian Books, 1958.

Barkun, Michael. Religion and the Racist Right : The Origins of the Christian Identity Movement. Chapel Hill, NC : University of North Carolina Press, 2002.

Bosworth, R. J. B. Mussolini. Oxford : Oxford University Press, 2002.

Bullock, Alan. Hitler : A Study in Tyranny, rev. ed. New York : Harper & Row, 1964.

Griffin, Roger. The Nature of Fascism. London : Routledge, 1993.

Eatwell, Roger. Fascism : A History. NY : Viking Penguin, 1997.

Kershaw, Ian. Hitler, 2 vols. (New York : Norton, 1999,2000)

Kohn, Hans. The Idea of Nationalism : A Study in Its Origin and Background. New York : Collier, 1967

Laqueur, Walter. Fascism : Past, Present, Future. New York : Oxford University Press, 1996.

Mack Smith, Denis. Mussolini. New York : Alfred A. Knopf, 1982.

Miller, Judith, and Laurie Mylroie. Saddam Hussein and the Crisis in the Gulf. New York Times Books, 1990.

Mosse, George. The Crisis of German Ideology : Intellectual Origins of the Third Reich. New York : Grosset & Dunlap, 1964.

Nolte, Ernst. Three Faces of Fascism : Action Francaise, Italian Fascism, National Socialism, trans. Lelia Vennewits. New York : Holt, Rinehart & Winston, 1965.

Payne, Stanley G. A History of Fascism, 1914–1945. Madison, WI: University of Wisconsin Press, 1996.

Payne, Stanley G., "Fascism and Racism," in Terence Ball And Richard Bellanmy, eds., The Cambridge History of Twentieth–Century Political Thoght. Cambridge: Cambridge University Press, 2003.

Pfaff, William. The Wrath of Nations: Civilization and the Furies of Nationalism. New York: Simon & Schuster, 1993.

Southern Poverty Law Center. False Patriots: The Threat of Anti–Government Extremists. Montgomery, AL: Southern Poverty Law Center, 1996.

Stern, Kenneth. A Force upon the Plain: The American Militia Movement and the Politics of Hate. New York: Simon & Schuster, 1996.

Sternhell, Zeev, et al. The Birth of Fascist Ideology: From Cultural Rebellion to Political Revolution, trans. David Maisel. Princeton, NJ: Princeton University Press, 1993.

Thompson, Leonard. The Political Mythology of Apartheid. New Haven, CT: Yale University Press, 1985.

1) 이러한 의견에 대한 더 명확한 발언을 보려면, Terence Ball and Richard Dagger, eds., Ideals and Ideologies: A Reader, 5th ed.(New York: Longman, 2004), selection 18에 수록된 칸트의 "What is Enlightenment"를 볼 것.

2) 우리는 "반계몽주의"라는 용어를 Isaiah Berlin의 논문, "The Counter-Enlightenment," in Berlin, Against the Current: Essays in the History of Ideas(Harmondsworth: Penguin, 1982), pp. 1-24에서 취했다.

3) Hans Kohn, Nationalism: Its Meaning and History(Princeton, NJ: D. Van Nostrand, 1955), p. 36.

4) Willaim Y. Elliot and Neil Mcdonald, eds., Western Political Heritage(New York: Prentice-Hall, 1949), p. 797에서 재인용.

5) A. James Gregor, Contemporary Radical Ideologies(New York: Random House, 1968), p. 131.

6) William S. Haoperin, Mussolini and Italian Fascism(Princetom, NJ: Dl Van Nostrand, 1964), p.47.

7) Denis Mack Smith, "The Theory and Practice of Fascism," in Nathanael Greene, ed., Fascism: An Anthology(New York: Thomas Y. Crowell, 1968),pp. 109-110

8) Adolf Hitler, Mein Kampf, trans. Ralph Manheim(Boston: Houghton Mifflin, 1943), p.42: Ideals and Ideologies, seletion 49 참조.

9) Gregor, Contemporary Radical Ideologies, p.197.

10) Ludwig Woltmann, Der historiche Materialismus(Dusseldorf: Michels, 1900); Politische Anthropologie, 2nd ed. (Lepzig: Doerner, 1936)

11) 아비네리는 이렇게 지적했다. "20년대(즉 1820년대)에 출간된 슐레겔(F. Von Schlegel)의 저작 『인도의 언어와 지혜(The Language and Wisdom of The Indians)』에서 산스크리트어와 고대 고트(Old Gothic) 언어 사이의 언어적 관계를 바탕으로 게르만과 인도 민족 사이의 민족적, 인종적 친화성을 주장하였다.

독일인의 관점에서 아리아인에 대한 견해를 처음으로 상세하게 설명하면서 슐레겔이 '아리아 민족' 이란 구절을 처음으로 만들어냈다." Shlomo Avineri, "Hegel and Nationalism," in Walter Kaufmann, ed., Hegel's Political Philosophy (New York : Atherton Books, 1970), p. 111.

12) Raymond E. Murphy et al., "National Socialism," in Readings on Fascism and National Socialism(Chicago : Swallow Press, 1952), p. 65.

13) Leonard Thmopson, The Political Mythology of Apartheid(New Haven : Yale University Press, 1985), p. 29.

14) Tony Judt, "America's Restive Partners," New York Times, 28 April 2002.

15) Albert Hourani, A History of the Arab Peoples(Cambridge, MA : Harvard University Press, 1991), p. 405.

16) Walter Laqueur, Fascism : Past, Present, Future(New York : Oxford University Press, 1996), pp. 161-163에서 사담 후세인 체제에 관련된 토론을 보라. Laqueur는 p. 163에서 다음과 같이 적고 있다. "사담은 독일의 신나치들, 르 펭의 추종자들, 러시아의 신파시스트들 사이에서 숭배자가 되어왔다." 한편 그리핀은 이라크의 "공식적인 이데올로기"는 "몇몇 이데올로기적 측면에서 나치즘과 꼭 닮았다." 그러나 "그것은 나치즘과 전혀 달리 밑으로부터의 대중정치의 개념을 거부하고 진정한 대중주의(populism)를 억압 ……" 하기 때문에 진정한 파시스트로 간주될 수 없다고 지적한다. Roger Griffin, The Nature of Fascism(London : Routledge, 1993), p. 178.

17) Andrew MacDonald(pseudonym for William L. Pierce), The Turner Diaries, 2nd ed.(Arlington VA : National Vanguard Book, 1985).

18) 같은 책, p. 29

19) 같은 책, p. 42

20) 같은 책., p. 61.

21) 같은 책, p. 62

22) 같은 책, pp. 42, 45.

23) 같은 책., p. 173.

24) The Arizona Republic(September 29, 1997), p. B1에 "Militias Find Recruiting Easy"라는 제목으로 수록된 Mark Shaffer의 기사에서 인용된 Southern Poverty Law Center의 보고서.

제8장

해방 이데올로기와 정체성의 정치

인간은 자유롭게 태어났으나 어느 곳에서나 쇠사슬에 매여 있다.……
스스로를 다른 사람들의 상전으로 생각하는 사람 역시
그들만큼이나 노예에 지나지 않는다.
　　　　　　　　　　　　　　　　　—루소, 『사회계약론』

　　몇몇 이데올로기는 40년이 넘게 그 명칭에 '해방(liberation)'이라
는 말을 덧붙이고 있었다. '여성해방운동'이 그랬던 것처럼 '흑인해
방'에 대한 요구 역시 1960년대의 격동으로부터 시작되었다. 이 흑
인해방운동 뒤에 '동성애자 해방운동'이 이어졌고 '원주민 또는 토
착민 해방운동', '해방신학', 그리고 점점 더 공격적인 '동물해방운
동'으로 이어졌다. 물론 여러 가지 점에서 볼 때 이런 운동들은 매우
상이한 이데올로기를 가진 크게 다른 운동들이다. 각각의 운동은 상
이한 논거를 갖고 있고 특정한 대상에 역점을 둔다. 그러나 차이점
은 있어도 이 운동들의 각 이데올로기는 확대된 동일 이데올로기군
(群)의 일원으로 특징지을 수 있는 공통점이 있다.
　　이 '가족 유사성'은 이 장에서 이들 해방 이데올로기가 갖고 있는
유사한 특징의 정도를 검토함으로써 명확해질 것이다. 각각의 이데
올로기는 어떻게 자유(freedom) 또는 해방(liberty)을 이해하는가? 또
각각의 이데올로기는 어떻게 민주적 이상을 정의하는가?

해방 이데올로기들의 공통점

해방에 대한 관심은 물론 새로운 것은 아니다. 비록 우리가 살펴본 것처럼 이데올로기들이 자유를 매우 다른 방식으로 생각하기는 하지만, 모든 정치적 이데올로기는 자유의 중요성을 강조한다. 몇 가지 점에서 현재의 해방 이데올로기들은 초기 이데올로기들, 특히 자유주의와 사회주의의 관점을 단순히 확장하거나 수정하고 있다. 그러나 이 새로운 이데올로기들은 해방주의자들의 관점에서 볼 때 초기 이데올로기들이 실수로 소홀히 했거나 간과했던 억압과 지배의 형태로부터의 해방을 추구한다. 또한 이 새로운 이데올로기들은 억압의 극복과 종식을 위해 새롭고 차별화된 전략을 제안한다.

해방 이데올로기들은 몇 가지 핵심적인 공통점이나 특징을 공유한다. 첫 번째는 각각의 이데올로기가 특정한 청중을 대상으로 한다는 것이다. 흑인, 여성, 동성애자, 원주민, 가난한 소작농, 또는 동물의 부당한 대우 때문에 고통받는 사람들까지도(앞으로 살펴보겠지만 '동물해방' 이데올로기는 어떤 다른 해방 이데올로기도 직면하지 않은 이론적 어려움에 봉착해 있다).

각각의 이데올로기가 대상으로 삼고 있는 집단들의 구성원들은 음악회에 간 청중들이 그 음악회를 선택한 것처럼 자발적으로 청중의 일원이 된 사람들이 아니다. 대신에 해방 이데올로기는 어떤 특징, 즉 출생의 우연에 의해 결정된 인종, 성별, 혹은 성적 성향과 같은 것을 공유하는 일단의 사람들을 대상으로 한다. 이런 특징들을 선택했건 아니건 해방 이데올로기는 이런 귀속적 특징들이 그것을 공유한 사람들의 '정체성'의 중요한 부분을 형성한다고 주장한다. 달리 말하면 다른 사람들이 어떻게 생각하는지, 그리고 그 사람이 자신에 대해 어떻게 생각하는지는 피부색·성별·성적 성향과 같은

404

조건에 크게 의존하는데, 그런 조건에 대해 그 사람은 거의 또는 전혀 통제권이 없다. 그러므로 해방 이데올로기가 보기에 개인적 자유를 촉진하기 위한 활동은 자유주의적 강령을 따르는 것만으로는 충분하지 않다. 다양한 해방 이데올로기에 따르면 사람들은 단순히 개인이 아니기 때문에, 개인으로서 해방될 수 없다. 사람들은 스스로를 특정한 집단과 동일시하거나 다른 사람들이 자신을 그 집단의 일원으로 동일시하기 때문에, 그 집단의 일원으로서, 곧 흑인이나 여자나 동성애자나 또는 원주민으로서 자유로워야 한다. 그래서 해방이데올로기들은 일반적으로 '정체성의 정치(politics of identity)' 라 부르는 것과 연관되어 있다.

두 번째 특징은 해방의 대상이 된 각각의 집단이 다른 지배적인 집단에 의해 아마도 부당한 대우를 받거나 억압받고 있다는 것이다. '억압(oppression)' 이라는 용어는 제도적, 지적, 법적, 심지어 언어적 억압까지 많은 뜻을 가지고 있는데, 어떤 사람이 다른 사람을 '억누르거나', '짓누르거나', '망가뜨린다' 는 의미로 이 말을 사용한다.[1] 이런 의미에서 흑인은 백인에게, 여자는 남자에게, 동성애자는 이성애자에게, 원주민은 식민 통치자와 탈식민 통치자에게, 가난한 소작농은 대토지 소유자에게, 그리고 동물은 인간에게 억압받아왔으며 여전히 억압받고 있다.

모든 해방 이데올로기에 공통된 세 번째 특징은 억압받는 집단을 부당하고 차별적인 법이나 교육·주거·취업의 기회에 대한 장애물 같은 '외적' 규제 또는 제약뿐 아니라 '내적' 억압에서 해방시키고자 한다는 것이다. 내적 제약은 억압된 사람들이 무비판적이고 무의식적으로 옳다고 받아들이는 믿음과 태도들을 말하는데, 이것은 억압받는 사람들이 자신의 자유나 해방을 추구하지 못하도록 가로막는 역할을 한다. 그렇기 때문에 해방 이데올로기들은 어떤 의미에서 자신들을 억압하거나 희생자로 삼는 것을 묵인하거나 참여하기도 하는 사람들을 대상으로 한다. 그래서 일부 흑인들은 자신들에 대한 '백인의' 가치와 인종적 태도를 내면화하였고, 여자들은 자신들의 불만에 대한 남자들의 진단과 설명을 수용하였다. 많은 동성애자들은 그들이 '정상'이 아니기 때문에 죄책감을 느껴왔다. 아메리카 원주민을 비롯한 여러 원주민들은 그들의 '야만인' 조상과 '원시적' 풍습에 대해 부끄러워한다. 많은 남아메리카의 소작농들은 그들의 '우연한 처지'를 '숙명'이나 '신의 뜻'으로 받아들인다. 동물의 살을 먹고 털가죽을 입는 사람들은 인간이 '열등한' 종(種)에 속하는 것을 먹을 수 있고 가죽을 벗겨낼 권리를 가진 '우월한' 종이라는 주장, 자신들은 동물이기는 하지만 적어도 사람이라는 주장을 받아들여왔다. 지배적인 인종(人種)과 성(性), 지배적인 성적 성향과 문화 그리고 지배적인 계급 또는 종의 우월성은 억압받는 집단이 자신들의 조건을 자연적이고 정상적인 것으로 혹은 필연적인 것으로 지속적으로 수용하기에 유지될 수 있다. 따라서 지배적인 집단들의 통제력과 정당성을 깨려면 바로 피억압자들 편에 서서 사고방식과 태도를 변화시키는 일이 필요하다.

이로부터 모든 해방 이데올로기에 공통된 네 번째 특징이 나타난다. 모든 해방 이데올로기는 억압이나 학대에 어느 정도 참여는 하지만 마지못해서 또는 알아채지 못하거나 무의식적으로 가담하는 사람들의 사고방식을 변화시키고 '의식을 고양하는' 것을 목표로 삼는다. 그런 참여는 여러 형태를 띤다. 예를 들면 흑인은 사회적으로 또는 지적으로 백인보다 열등하다고 느낄지 모른다. 여성은 스스로를 무력하거나 적어도 남자보다 덜 강하다고 생각할 것이다. 동성애자는 '정상적'이지 않고 동성애자라는 것을 수치스러워할 것이다. 다양한 해방 이데올로기의 목표는 이런 부적당함, 열등감, 또는 수

치심을 갖게 하는 근원에 맞서서 비판해야 하고, 그러는 가운데 그들 스스로를 돕는 일을 지원함으로써 억압된 집단의 구성원들을 '해방' 시키고 '구속에서 풀려나게' 하는 것이다. 이런 노력의 주요 부분은 개인이 집단과의 동일성을 확인하도록 장려하고 지원하는 데 있다. 예를 들면 스스로를 일차적으로 아내이거나 엄마, 또는 교회의 일원으로 생각하는 여성은 자신을 억압된 '여성'으로 생각하고 싶지 않을 것이다. 만약 여성이 인생에서 자신의 기회와 위치가 **성차** (gender)에 의해 대부분 결정된 것으로 스스로 생각한다면, 다른 여성의 고통을 훨씬 더 기꺼이 자신의 것으로 동일시하고 서로의 해방을 위한 작업에 동참할 것이다.

마지막으로 다섯 번째, 해방 이데올로기는 억압자를 해방하는 것이 목표이다. 자신들의 우월성에 대한 환상으로부터 억압자들을 자유롭게 하고 인류의 구성원으로서(또는 동물해방의 경우 동료 존재자로서) 자신들 세대 이전의 희생자를 기억하게 한다. 간단히 말하면 모든 해방 이데올로기의 목표는 블레이크(William Blake)가 2세기 전에 말한 '마음속에 만들어진 족쇄(mind-forged manacles)'를 부수는 것이다.[2]

해방 이데올로기들은 각각 특정한 대상이나 집단을 다루기 때문에 해방 이데올로기들의 구조, 논리, 그리고 호소력은 각 이데올로기가 대상으로 하고 있는 집단을 살펴봄으로써 가장 잘 이해할 수 있다.

흑인해방운동

'흑인해방(black liberation)'은 흑인들의 자유를 향한 길에 놓인 장

애물들을 극복하기 위한 광범위한 이론과 운동을 포괄한다. 그 범위
는 사실 너무 넓어서 어떤 학자는 미국에서만 여섯 개의 "역사적으
로 중요한 흑인 정치 이데올로기"를 확인하였다.[3] 그러나 주요 분류
는 한편에 '통합주의적(integrationist)' 또는 '동화주의적
(assimilationist)' 접근을 시도하는 흑인해방의 주창자들이 있고, 다른
한편에는 좀 더 급진적인 '분리주의적(separatist)' 혹은 '민족주의적
(nationalistic)' 정향을 갖는 흑인해방 주창자들이 있다. 정치적 이데
올로기에는 흔한 일이지만 이런 구분은 명확하거나 엄격한 것은 아
니다. 킹 목사(Martin Luter King, Jr., 1929-1968)처럼 일반적으로 통합
주의를 지향하는 사람들 중에는 흑인 분리주의의 관점에 어느 정도
동의하는 사람도 있다. 말콤 엑스(Malcolm X, 1925-1965)와 같은 맹
렬한 민족주의자들은 나중에 그들의 견해를 좀 더 통합주의적 방향
으로 수정하였다. 그런데도 그 구분은 인종주의에 반대하는 흑인들
의 투쟁 안에 있는 두 가지 주요 경향을 대표한다.

명칭이 말해주듯 통합주의적 접근의 주된 목표는 흑인들의 완전
한 사회통합이나 동화다. 이런 견해에서 보면 흑인해방운동은 일반
적으로 흑인들이 그들 나라에서 완전하고 자유로운 사회적 · 경제
적 · 정치적 삶을 향유하는 데 장애가 되는 요인을 제거하는 운동이
다. 여기서 장애 요인이란 주거, 취업, 교육에서 평등한 기회나 평등
한 선거권을 인정하지 않는 법 등을 말한다(〈그림 8.1〉). 핵심은 흑인
들이 무엇보다 우선 개인으로서, 사회의 다른 구성원들과 동등한 권
리와 자유를 가진 개인으로서 대우받아야 한다는 것이다. 사실 정의
(正義)는 피부색을 가리지 않는다. 이런 점에서 통합주의자나 동화주
의자의 접근은 본질적으로 자유주의적이다. 흑인들에게서 온전한
구성원의 권리를 박탈해왔던 백인 지배의 사회에 맞서, 통합주의자
들은 그 법을 무효화하는 법적 · 정치적 행동을 취하고 인종 분리와

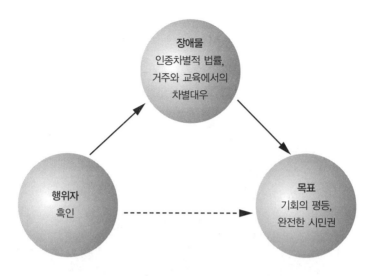

〈그림 8.1〉 자유에 대한 '흑인 통합주의자'의 관점

차별 대우를 강화해온 편견을 깨는 일에 맞서왔다. 킹 목사가 그의 연설 「나에게는 꿈이 있다(I have a dream, 1963)」에서 말했듯이 통합주의의 목적은 "사람들이 그들의 피부색이 아니라 그들의 성품에 따라 판단되는" 그런 사회다.

반면에 흑인 분리주의자나 민족주의자는 흑인들의 사회통합은 백인 지배 사회에서 흑인이 부딪치는 문제에 대한 해결책이 아니라고 주장한다. 그들이 볼 때 최우선의 중요한 과제는 흑인들 사이에 인종적 자긍심과 경제적 자족감을 형성하는 것인데, 이것은 흑인들이 단순히 개인일 뿐 아니라 특정한 공동체, 민족, 또는 인민의 구성원이라는 사실을 인식하는 경우에만 이루어질 수 있다. 말 그대로 영토 분리와 흑인들의 자치구를 위해 운동을 벌여온 흑인 민족주의자들도 있다. 이들 중 한 사람이 자메이카 출신의 미국 이민자 가비(Marcus Garvey, 1887-1940)인데, 그는 종족간 통합과 결혼을 비난하

마틴 루터 킹(1929-1968)

고 궁극적으로 아프리카에 독립적인 흑인이 통치하는 국가를 세우려는 목적으로 흑인발전협회(United Negro Improvement Association)를 설립한다. 다른 흑인 민족주의자들은 '국가 내의 국가'를 요구했다. 예를 들면 한 운동 단체가 남부 5개주를 신아프리카 공화국(Republic of New Africa)으로 전환하려는 계획과 같이 미국의 일부를 흑인이 통치하는 지역으로 전환하려는 것을 의미할 수 있다.[4] 간단히 말하면 다른 민족주의자들과 같이 흑인 분리주의자들이나 민족주의자들 역시 분리된 민족 또는 인민은 각각 자신의 자치 민족국가 속에 통합되어야 한다고 주장한다.

　하지만 대부분의 흑인 분리주의자들은 그들의 민족주의를 그렇게 극단적으로 몰고 가지는 않는다. 대신에 그들은 강한 정체성과 공동체 의식 그리고 흑인들 사이에 긍지를 심어주는 데 노력한다. 킹 목사가 시위 행진과 불매운동(boycott)을 이끌고, 유색인종발전협회(National Association for the Advancement of Colored People, NAACP)가 1960년대 인종 분리를 종식시키기 위해 법안을 만들고 있을 때, 블랙 팬더(Black Panther)를 비롯한 다른 흑인 민족주의자들은 '흑인의 긍지(Black Pride)'와 '흑인의 힘(Black Power)'을 요구했다. 남아프리카 공화국에서는 비코(Steve Biko, 1946-1977)가 '흑인의식(Black Consciousness)'을 위한 운동을 이끌었다.[5] 분리주의자들은 흑인들이 자신의 삶을 스스로 타개해 나가야 한다고 주장하였으며, 실제로는 인종주의자들이 핵심을 이루고 있는 사회에서 흑인들이 자유로워질 것이라든가 평등한 일원이 될 수 있을 것이라는 환상 속에서 살고 있는 한 그것은 불가능하다고 보았다. 분리주의자들은 또한 해방을 위한 첫 걸음은 백인들만이 아니라 흑인 자신들 역시 너무 자주 전염된 인종주의적 사고로부터의 해방이어야 한다고 설득했다.

당연히 분리주의자나 민족주의자들의 관점에서 가장 해로운 형태의 인종주의는 흑인 자신의 내면에 뿌리박혀 스스로를 뒤틀리게 하는 의식 상태이다. 유색인종, 아마도 특히 흑인은 편견과 인종적 차별 대우의 고통을 오래도록 겪어왔다. 인종적인 치욕이나 고정관념 혹은 농담 등 어떤 형태로 표현하든 간에 편견은 인종적 소수자의 자긍심에 상처를 주며 위엄과 자존심을 흔들고 파괴한다. 다른 사람의 존경을 얻기 위해 아무리 열심히 일을 해도 흑인은 여전히 인종적으로 고정된 용어 속에서 바라보고 평가될 것이다. 인종주의자의 고정관념이라는 짐을 덜어버리기 위해서 흑인은 '백인으로 행세하기'를 시도할 수 있다. 실제로 백인으로 통하지는 못해도 적어도 음악·음식·옷·친구관계에서 '백인'의 취향을 받아들이고, '흑인'의 표현을 사용하는 것을 조심하며, 말투를 바꿈으로써 백인이 받아들여주어 백인으로 통할 수 있다. 그런 시도는 거의 언제나 성공적이지 못하기 때문에 자신의 분노를 내면으로, 백인 인종주의자를 증오하는 것보다 자신의 흑인 정체성을 훨씬 더 증오하면서 자신에게 돌릴 수도 있다.

자신의 억압자뿐 아니라 자기 자신과 자신의 인종을 증오하는 이런 이중의 분노는 흑인 저술가들이 자주 지적하였다. 이러한 감정은 라이트(Richard Wright, 1908-1960), 볼드윈(James Baldwin, 1927-1987), 흑인 시인 휴즈(Langston Hughes, 1902-1967) 그리고 암살당한 흑인 이슬람교 지도자 말콤 엑스가 『말콤 엑스 자서전』에서 웅변적으로 표현해왔다. 흑인 자신에 의해 억압되고 자기 내면으로 돌려놓은 분노는 때때로 자기 파괴적인 방식으로 표출되곤 한다. 심리분석가들은 이 과정을 '승화(sublimation)'와 '억압된 것의 귀환(the return of the oppressed)'이라고 부른다. 오래도록 억압된 분노를 밝혀내기 위해서는 누군가 그 영혼의 깊은 내면을 탐구하도록 숙련된 심리분석가의 도움이 필요하다. 흑인의 자기혐오를 다룬 가장 영향력 있는 분석이 심리분석가에 의해 이루어졌다는 것은 아마도 놀랄 일이 아니다. 분석가 중 두 사람인 그리어(William Grier) 박사와 콥스(Price Cobbs)는 그 증후군을 "검은 분노(black rage)", 곧 백인에 저항하여 흑인들이 자신에 대해 그리고 흑인들 서로간에 발산해내는 화라고 불렀다.[6] 이런 분노는 빈곤과 절망, 교육받을 기회의 결여 그리고 다른 사회적·경제적 불평등과 결합하여 미국 내 도시 거주 흑인들 사이의 높은 살인율과 마약중독을 설명하는 데 도움을 줄 것이다.

이런 병리현상이 북아메리카에만 한정된 것은 아니다. 『검은 피부, 하얀 가면(Black Skins, White Masks)』에서 알제리의 심리분석가 파농(Frantz Fanon, 1925-1961)은 백인 유럽인의 태도와 가치를 수용하고자 하는 시도에서 자신의 정체성과 자긍심을 잃어버리는 아프리카 흑인의 절망을 그리고 있다. 그들이 구사하는 프랑스어는 식민지 주인보다 더 세련되고 우아할 수도 있으며, 흠잡을 데 없는 모양과 품질의 유럽풍 옷 그리고 세련된 매너는 매력적일 수도 있다. 그러나 아무리 유럽인처럼 행세해도 그들은 결코 백인 유럽인이 되지 못한다. 파농이 열거했듯이 그 결과는 한편으로는 백인 유럽인과 모든 유럽적인 것에 대한 보상 없는 사랑이고, 다른 한편으로는 모든 흑인과 아프리카적인 것에 대한 지속적인 증오다. 그런 자기혐오는 자기 파괴적 행동을 일으킨다.[7] 파농에 따르면 이런 난국에서 빠져나올 수 있는 유일한 방법은 흑인들이 자신들의 정신적 감옥을 부수고 나오는 것, 흑인들 스스로 너무 오래 빠져 있던 거짓 믿음과 환상에서 다른 사람에 의해서가 아니라 스스로 벗어나는 것이다. 백인이 흑인에게 가한 (그리고 흑인이 자신들에게 가한) 심각한 심리적 상처를 치유하고 회복하는 과정은 백인 문화를 의문시하는 것, 다시 말해서 '백인의' 표준이 반드시 옳거나 지성과 아름다움, 성취의 유일한 표준이 아니라는 것을 보여줌으로써 시작된다. 흑인들은 그들의 '추함'과 '열등함'이 '마음속에 만들어진 족쇄'라는 사실, 또는 비유를 바꾸면 실체를 보자마자 부서져버리는 환상의 거품이라는 것을 깨닫는 일이 필요하다.

흑인 민족주의자들은 이 거품을 깨려고 여러 가지 방법을 시도하였다. 그중 하나가 흑인의 역사를 발견하는 것이다. 즉 어떻게 흑인은 오랜 노예의 역사에서 백인 주인에 맞서 끊임없이 건재해왔는지, 어떻게 그들이 노예 주인을 비롯한 억압자들이 산더미처럼 쌓아놓은 모욕에도 불구하고 자신들의 존엄성을 지켜왔는지, 오늘날 주도적인 문화에 활력을 불어넣고 영향을 끼친 미술, 음악, 시, 문학에서 흑인들이 어떻게 긍정적인 문화를 발전시켜왔는지에 대한 역사를 발견하는 것이다(사실 흑인의 뿌리를 인정하지 않고 현대의 블루스, 재즈, 록과 같은 미국 음악을 생각하는 것은 거의 불가능하다). 거품을 깨는 또 다른 방법은 '흑인'의 가치와 표준을 회복하고 선언함으로써 흑인들이 가진 백인의 관점 (흑인들이 자신에 대해 내면화한 관점)을 거부하는 것이다. 예를 들면 '검은색은 아름답다', '곱슬' 머리는 매력적이다, '흑인' 영어(또는 Ebonics)와 옷은 흑인의 정체성과 연대의 표지로서 자랑스럽게 드러내야 한다고 긍정함으로써 백인의 관점을 거부할 수 있다. 이와 같은 다양한 방법을 통해 흑인 민족주의자들은 종족의 자부심과 흑인 정체성의 감각을 심어주려고 노력해왔다.

이 견해에 따르면 자부심과 정체성은 해방을 향한 필수적인 단계다. 이것은 억압당하고 있는 흑인들을 위한 해방일 뿐만 아니라 억압자들을 위한 것이기도 하다. 이 점에서 흑인해방을 위한 통합주의자와 민족주의자가 일치한다. 헤겔이 언급한 주인과 노예의 비유에서 주인과 같이(5장 참조) 흑인이 인간적 존재로서 동등하게 가치 있다는 점을 거부하는 한 백인은 자유로울 수 없다. 킹 목사는 헤겔 철학을 신학교에서 공부하였고 1962년 연설에서 이러한 견해를 설득력 있게 표현했다.

> 많은 남부의 지도자들은 불쌍하게도 그들의 간계가 만들어낸 함정에 빠져 있다. 그들은 낡아빠지고 죽어가는 질서(또는 인종 분리)가 남부의 급속한 성장의 장애물이라는 것을 안다. 그러나 그들은 진실을 말할 수 없다. 그들은 그들 자신의 거짓말에 갇혀 있다. 흑인들이 투쟁에서 승리하여 자유로워질 때, 흑인의 자유를 억압해온 사람들이 처음으로 자유로워지리라는 것은 역사의 뒤틀린 역설이다.[8]

흑인 민족주의자와 통합주의자가 때때로 일치하는 또 다른 점은 '배상' 요구에 대한 문제다. 즉 미국에서 노예제와 인종주의의 오랜 역사와 잔재를 극복하기 위한 한 방법은 백인 미국인들이 흑인 미국인들에게 조상들의 노예 상태와 착취에 대한 대가를 돌려줌으로써 보상이 될 것이라는 주장이다.[9] 그런 몇십 억 달러 규모의 보상은 개인에 대한 직접적인 형태가 아니라 흑인 학생들을 위한 장학금, 역사적으로 흑인을 위한 대학에 대한 재정적 원조, 흑인 자영업자를 위한 저리(低利) 또는 무이자 대출과 같은 형식을 취할 수 있다. 이런 방법을 통해 아프리카계 미국인들은 노예제와 인종주의에 대한 물질적, 상징적 사과를 모두 받아들일 수 있다. 이런 제안이 치열하고 지속적인 논쟁을 촉발했다는 것은 놀라운 일이 아니다. 아프리카계 미국인을 포함한 반대자들은 그런 '집단적 범죄'와 같은 것은 없다고 주장한다. 책임은 항상 개인에게만 있으며, 노예제에 책임이 있는 개인들 그리고 노예였던 사람들도 오래전에 죽었다. 오늘날의 미국 백인은 노예제와 아무 관련이 없으며 오늘날의 흑인들도 결코 노예가 아니다. 그러므로 백인이 흑인에게 지불해야 할 것은 공평한 경기장과 피부색을 가리지 않는 중재자가 심판을 보는 공정한 게임뿐이다. 보상을 옹호하는 사람들은 노예제의 잔존 유산과 합법적으로 인정된 인종 차별[이른바 짐 크로 법(Jim Crow laws)]을 지적하며 반격한다. 그들은 백인들이 흑인 노예들의 무급(無給)노동으로부터 이익을 취했고, 그런 비도덕적인 이득은 유산의 형태로 세대를 거쳐 전해졌다고 고발한다. 그들은 또한 독일의 유대인 생존자들과 대량 학살(홀로코스트)의 희생자들 후손에 대한 배상 선례를 인용한다. 노예제와 인종주의의 희생자도 그 정도는 보상받을 만하다는 것이다.

보상과 몇 가지 문제에 대해서는 일치 가능성이 있지만, 통합주의와 민족주의의 접근법은 흑인해방운동의 옹호자들 사이에 지금까지도 존재하는 대립되는 두 경향을 대변한다. 통합주의자들이 주장하는 해방운동의 목적은 피부색에 따른 인종차별이 없는 사회에서 흑인들이 자유로운 개인이자 일등 시민으로서 살아갈 수 있는 동등한

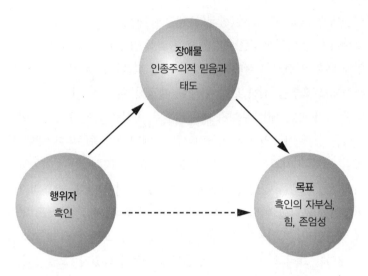

장애물
인종주의적 믿음과
태도

행위자
흑인

목표
흑인의 자부심,
힘, 존엄성

〈그림 8.2〉 자유에 대한 '흑인 민족주의자들'의 견해

권리를 부정하는 법적인 장애를 비롯한 여러 장애물을 제거하는 것
이다. 그러나 분리주의자나 종족주의자가 추구하는 목적은 여전히
흑인들 사이의 정체성과 자부심, 자족감을 촉진하는 것이다. 이런
주제는 종종 '랩' 음악에서 들리며 네이션 오브 이슬람(the Nation of
Islam)[혹은 흑인 무슬림(Black Muslim)]의 교리 속에서도 표현된다.
이 집단은 이제 패러칸(Louis Farrakhan, 1933-) 목사가 이끌고 있는
데, 흑인은 성실한 노동과 규율 그리고 알코올, 마약, 문란한 섹스에
대한 금욕을 통해 스스로의 운명을 개척해야 한다고 가르친다. 이
단체는 지역 차원에서 많은 일을 하고 있지만, 대규모의 전국적 시
위, 특히 1995년에 수도 워싱턴에서 개최된 '백만인 행진(Million Man
March)'을 조직하였다. 이 행진은 그 후 '백만인 여성 행진'과 '백만
인 청소년 행진'으로 이어졌다. '백만인 행진'은 행진의 목적뿐 아니
라 흑인 종족주의자 일반의 포부를 밝히는 선언을 공표하였다.

경제적 · 인간적 발전을 통한 자기 결정의 긍정과 자부심에 대한 통일된 헌신, 정치적 능력 부여, 아프리카 세계 공동체, 우리의 젊은이와 미래 세대에 걸친 아프리카인 후손들의 이익을 위해 아프리카계 미국인에 의한 국제적 정책과 발전.[10]

흑인 민족주의 이데올로기의 핵심에 자리 잡고 있는 자유 혹은 해방 개념은 〈그림 8.2〉에 요약되어 있다.

여성해방(페미니즘)

'여성해방' 운동과 이데올로기가 1960년대에 생겨났다는 통설과는 달리 페미니즘(feminism)은 오랜 역사를 갖고 있다. 그러나 이 역사는 최근까지 절반쯤 숨겨진 채 있었으며 여성의 목소리는 아예 드러나지 않거나 무시되어왔다. 그래도 이들 여성의 목소리 일부가 우리에게 전해져왔다. 애비게일 애덤스(Abigail Adams, 1744-1818)는 1776년 대륙회의(Continental Congress)에 참석하고 있던 남편 존 애덤스(John Adams, 1735-1826)에게 편지를 쓰면서 당부하기를, "여자들을 염두에 두고 그들에게 당신 조상들보다 아량 있고 호의적이도록 하세요. 그런 무제한의 힘을 남편들 손에 쥐어주지 마세요. 모든 남자들은 그들이 할 수 있다면 폭군이 될 것이라는 사실을 기억하세요. 만약 특별한 배려와 관심을 여자들에게 주지 않는다면 우리는 반란을 결심할 것이고 우리의 목소리나 우리의 대표를 포함하지 않은 어떤 법으로도 우리 자신을 속박하게 하지 않을 것입니다."[11] 이 편지와 유사한 정신에서 울스턴크래프트(Mary Wollstonecraft)는 프랑스 혁명가들이 '남자들의 권리'를 옹호하면서 여자들의 권리, 즉 그

울스턴크래프트(1759~1797)

녀의 저서 『여성권리의 옹호(A Vindication of the Rights of Woman, 1792)』에서 주장한 권리를 무시했다고 비난했다.[12] 19세기에는 여성들 쪽에서 전투성이 증대하였다. 영국과 미국에서 여성 참정권 운동가들은 여성의 투표권을 요구했고, 다른 운동가들은 결혼과 이혼을 규정한 법률을 개정하기 위해 의회에 압력을 가했다. 19세기 초 미국 여성운동에서 세라 그림케(Sarah Grimké), 앤젤리나 그림케(Angelina Grimké), 풀러(Margaret Fuller), 스톤(Lucy Stone), 트루스

(Sojourner Truth), 스탠턴(Elizabeth Cady Stanton), 그리고 다른 많은 여성운동가들은 노예제 반대운동에도 참여했다. 그들이 지적한 것처럼 여성과 노예의 상태는 여러 가지 점에서 유사했다. 둘 다 투표할 권리와 공직에 입후보할 권리, 자신의 이름으로 사유재산을 가질 권리, 또는 학대하는 주인이나 남편에게서 떠날 권리가 없었다.[13] 앤소니(Susan B. Anthony)와 같은 운동가들은 금주운동 분야에서도 활동했는데 많은 부인들과 아이들이 알코올 중독자인 남편과 아버지에게 성적으로 학대받고 폭력에 휘둘리며 방치된 채 버려졌기 때문이다. 그래서 여성운동은 여성뿐만 아니라 그 밖의 다른 억압받는 사람들을 위한 운동을 지원하는 것으로서 시작되었다.

많은 사람들, 아마도 대부분의 사람들의 반응은 감히 그런 이상하고 급진적인 요구를 하는 여자들을 무시하거나 조롱하는 것이었다. 예를 들면 존 애덤스는 아내 애비갈리의 편지에 답하면서 "나는 웃지 않을 수 없다"라고 썼다. 여성운동은 19세기에 힘을 얻으면서 우스갯소리와 만화의 조롱 대상이 되었다. 신문 사설은 여성운동가들이 주장하는 길을 간다면 여자들이 밖에서 일을 하고 살롱에 나가 위스키를 마시고 시거를 피우는 동안 남편들은 아이들을 돌볼 것이라고 내다보았다. 모든 남자들이 비웃은 것은 아니었다. 여자들 편에 서서 조롱받는 위험을 감수한 남자들도 있다. 영국에서는 톰슨(William Thompson)이 『인류 절반의 호소(An Appeal of One-Half of the Human Race, 1825)』를 펴냈고, 엥겔스가 『가족, 사유재산과 국가의 기원(Origins of the Family, Private Property and the State, 1884)』에서 했던 것처럼 존 스튜어트 밀은 『여성의 예속(The Subjection of Women, 1869)』에서 여성의 권리 박탈을 비난했다. 미국에서는 노예 출신의 더글라스(Frederick Douglass)가 여성운동의 신참자들을 위해 연설을 하고 글을 썼다. 노예제 반대 운동가 개리슨(William Lloyd

Garrison)은 여성의 권리를 옹호하는 사설을 썼다.[14]

20세기에 들어서며 페미니즘은 종종 사회주의나 무정부주의와 같은 다른 이데올로기들과 조합하여 다양한 변화와 변형이 생겨났다. 예를 들어 사회주의 페미니즘은 자본주의가 사회주의로 바뀔 때까지는 여성이 자유롭지 못하다고 주장하였다.[15] 무정부적 페미니즘은 국가가 존재하는 한 여성은 억압받을 것이라고 주장하였다.[16] 분리주의적 레즈비언 페미니즘은 여성이 남성과 연합하거나 남성에게 종속되어 있는 한 억압받을 것이라고 주장하였다.[17] 그러나 아마도 현재 가장 중요하고 영향력 있는 변형은 '자유주의 페미니스트(liberal feminist)'와 '급진 페미니스트(radical feminist)'의 관점이다.

초기의 여성운동은 일반적으로 자유주의적 페미니스트의 견해를 대변했다. 통합주의 흑인해방운동과 같이 자유주의 페미니즘에는 주로 결혼, 교육의 기회, 법적 권리 그리고 무엇보다 투표권을 행사하는 데 명백한 형태로 나타나는 차별대우를 극복하려는 노력이 동기를 이루었다. 투표권 행사의 차별 철폐는 미국에서 수정헌법 19조가 비준되면서 1920년에 쟁취되었다. 이 조항은 '미국시민의 투표권은 성별을 이유로 미국이나 어느 주에서도 부인되거나 축소될 수 없다'는 것이었다. 이러한 것들을 비롯하여 법적·제도적 장벽의 제거가 자유주의 페미니스트의 최우선 목표였다. 그들의 목표는 남자들이 누리는 똑같은 권리와 기회를 여성에게 부여하는 것이었다. 그들의 자유에 대한 관념은 〈그림 8.3〉과 같이 요약될 수 있다.

두 번째의 좀 더 전투적이고 급진적인 페미니스트 단계와 이데올로기는 1960년대 말에 눈에 띄게 나타났다. 이것은 명백한 성적 차별뿐 아니라 '성차별주의(sexism)'라는 이름하에 진행되는 은밀한 형태의 차별을 폭로하고 극복하고자 한다. 성차별주의는 여성을 남성과 동등한 위치에 서지 못하게 막는 선천적인 열등성과 지적, 육

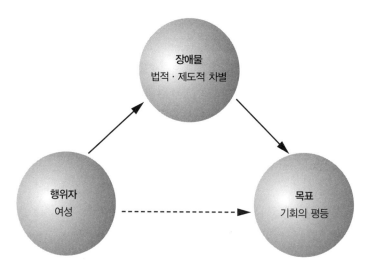

〈그림 8.3〉 자유에 대한 '자유주의적 페미니스트'의 견해

체적, 감정적, 정신적, 그리고 다른 면의 다양한 미숙함이 여성에게 내재되어 있다고 보는 일단의 믿음과 태도를 말한다. 급진 페미니즘은 남자들, 더 심각하게는 많은 여자들도 널리 받아들이고 있는 성차별주의자의 태도와 믿음을 폭로하고 비판하며 극복하고자 한다. 여성들은 성차별주의 견해를 공유하는 정도에 따라 자기혐오에 빠지고 자신은 물론 다른 여성에 대한 존중감의 결여 때문에 괴로워한다.

그런 성차별주의자의 믿음과 태도는 대체로 다음과 같은 것들을 포함한다. 학문과 운동, 다른 노력, 특히 남성과 경쟁하여 이기는 것은 '비여성적'이다. 여학생들은 수학(또는 과학이나 소프트볼)에 재능이 없다. 남자들이 하면 '대담하고' '단호한' 행동도 여자들이 똑같이 하면 '거만하거나' '공격적'인 것이 된다. 양보를 하거나 합의를 하는 남자는 '외교적'인 반면 여자는 '나약함'을 보이는 것이다. 남자들은 '분노하지만' 여자들은 '음란해진다'. 성폭행을 당한 여자는 분명히 공격을 선동했거나 불러들였다 등. 이게 전부는 아니다. 이것들 외에도 성차별주의자의 또 다른 여러 믿음과 태도, 고정관념은 많은 남성과 일부 여성에게도 널리 받아들여졌거나 지금도 받아들여지고 있다. 그러나 급진 페미니스트가 말하듯이 여성은 남성의 성차별주의뿐만 아니라 그들 자신의 성차별주의에도 문제를 제기하고 극복하려는 노력을 해야 한다. 자신이 짊어진 쇠사슬이 부분적으로는 '마음속에 만들어진 족쇄' 라는 점을 인식할 때까지 여성들이 그 족쇄를 부수기를 기대할 수 없다. 달리 말하면 여성들은 성차별에 의한 한계와 불이익을 내면화하고 있는데, 이런 성차별주의자의 태도와 믿음을 인정하고 극복해야 한다는 것이다.

페미니스트들은 성차별주의와 싸우기 위해 몇 가지 전략을 시도해왔다. 1960년대와 1970년대 초기에 특히 '의식이 고양된 집단', 곧 남자, 여자, 성, 사랑, 결혼, 아이들, 부모, 남편, 연인 그리고 친구들에 대해 자신의 경험과 느낌을 얘기하기 위해 만나는 여성들의 소집단이 이런 목적을 위해 결성되었다. 성폭행 범죄를 여론화하기 위해 '밤을 되찾자(Take Back the Night)' 행진과 시위가 개최되었다. 여성 상담 센터와 학대받는 여성의 피신처가 개설되었고 여성들은 자신들의 문제에 대해 얘기하고 조치를 취할 수 있도록 지도를 받았다. 여성이 여성의 역사(또는 herstory)와 페미니스트의 시각에서 다른 주제를 연구할 수 있도록 여성학 프로그램이 전문대학과 대학교에 개설되었다. 그 외에도 여러 방법 등을 통해 여성해방은 남성과 여성이 똑같이 가지고 있는 성차별적 고정관념이나 믿음과 태도에 맞서 저항했다.[18]

여성과 남성의 본질적 평등과 동등함, 특히 동등한 권리, 동등한 기회, 비슷한 일에는 남녀가 동일한 임금을 지불받는 문제 등을 강조하는 경향이 있는 자유주의적 페미니스트와는 달리, 급진 페미니스트는 남녀의 차이를 강조하는 경향이 있다. 남성과 여성은 단지 생물학적 구조만 상이할 뿐만 아니라 태도와 견해, 가치도 상이하다. 여성은 남성과 다르게 존재할 수 있도록 자유로워야 하고, 이런 차이를 존중하고 보호해야 한다고 그들은 주장한다. 이런 차이가 섹스에 대한 태도보다 더 명백하게 나타나는 곳은 어디에도 없다. 대부분의 여성과 달리 많은 남자들은 사랑, 신뢰, 존경과 섹스를 따로 분리하고자 한다. 따라서 성행위는 사랑과 상호존중을 통합하는 모습이 아니라 다른 감정이나 활동과 아무런 본질적 관계도 없는 것으로 나타난다. 이런 태도는 계속해서 다른 영역에서 남성의 태도에 영향을 미친다. 이것은 예를 들면 포르노그래피 영화나 문학에 표현된 여성에 대한 태도에서 특히 명백하다. 거기서 여성은 완전한 사람이 아니라 단순히 육체나 육체의 일부로서, 곧 '성적 대상'으로 묘사된다. 여성은 고통, 타락, 굴욕을 즐기는 것처럼 보인다. 여성은 항상 비굴하게 그려지며, 남성은 자부심이 있고, 난폭하며, 여성을 배려하지 않는 존재로 묘사된다. 자유주의 페미니스트와 달리 급진 페미니스트가 포르노그래피와 그 제작자들에 대해 종종 법적, 정치적 투쟁을 벌이는 것은 놀라운 일이 아니다.[19]

대중매체에 나타난 여성과 여성의 몸에 대한 저급한 묘사는 급진 페미니스트가 믿기에 남성적 권력 '체계'의 병적 징후다. 남성적 힘은 체계적이면서 동시에 확산되어 있다. 그것은 법적, 정치적 제도에 한정되지 않고 현대 서구사회의 문화와 견해에 스며들어 있다. 예를 들면 나체 혹은 거의 나체 여성을 묘사한 그림은 비누에서 자동차에 이르기까지 모든 물건을 판매하는 데 이용된다. 나이든 남자는 '전리품 아내(trophy wives)'로 불리는——마치 맹수 사냥꾼이 사냥감을 전시하듯이 그 여자들은 전시될 것이다——훨씬 젊은 여자와 결혼하기 위해 아내와 이혼을 하며, 그런 사람은 남성적 힘과 지위

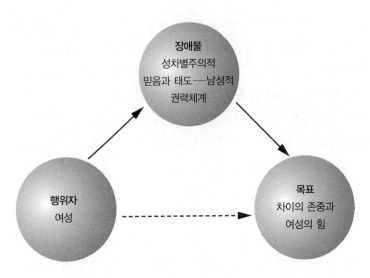

〈그림 8.4〉 자유에 대한 '급진 페미니즘'의 관점

의 상징으로서 간주된다. 할리우드 영화는 매력 있고, 호감이 가거나 현명하게 나이든 여자를 그리는 일이 거의 없다. 이런저런 방법을 통해 여성은 문화적 표현과 이미지에 따라 체계적으로 착취당하고 억압받는다. 그래서 급진 페미니스트들은 여성에 대한 법적, 제도적 차별을 제거하거나 완화하는 것으로 충분하지 않다고 말한다. 페미니스트들은 광범한 '문화적' 투쟁을 아울러 전개해야 한다.

여성해방운동의 급진 페미니스트 이데올로기의 핵심에 나타난 자유와 해방에 대한 견해는 〈그림 8.4〉에 요약되어 있다.

동성애자 해방운동

동성애자 해방운동(gay liberation movement)과 그 이데올로기는 정치적으로 비교적 최근의 현상이다. 처음 들으면 놀라겠지만 동성애는 이성애만큼 오래되었다. 예를 들면 소크라테스, 플라톤, 아리스토텔레스가 살았던 고대 아테네에서 남자들은 이성애 관계는 아이를 낳아 종(種)을 지속시키기 위해 필요한 것이라는 데 동의하였다. 그러나 먹고 자는 것처럼 필수적인 행위가 반드시 고귀하거나 아름다운 것이 아니라는 점 또한 지적하였다. 동성애는 우월했고 이성애보다 고양된 것이었다. 동성애는 동등하지 않은 것(남성 대 여성) 사이보다 동등한 것 (남성 대 남성, 또는 여성 대 여성) 사이의 친밀한 관계를 표현하기 때문이다.[20] 비슷한 견해가 종종 고대 로마에도 널리 퍼져 있었다.

고대 세계가 동성애에 대해 호의적이었다면, 중동 지역에서 나타난 종교들은 이 문제에 대해 결정적으로 다른 견해를 가졌다. 전통적으로 유대교, 기독교, 이슬람교 교리는 모두 동성애를 뒤집어진 반자연적 현상이며 죄악이라고 비난하였다.[21] 이런 교리로부터 동성애에 대한 박해의 세기가 뒤따랐다. 중세 유럽에서 동성애자는 때때로 화형에 처해졌다. 아주 최근까지 동성애는 거의 모든 서구 국가에서 구속할 수 있는 범죄였고, 근동과 중동의 몇몇 나라에서는 현재도 여전히 그렇다. 미국의 몇몇 주에는 여전히 동성과 성적 관계를 금하는 '소도미(sodomy)' 법이 있다. 법적 제재를 폐지하거나 집행하지 않는 곳이라도 다른 형태의 차별이 있다. 많은 공동체에서 동성애자는 고용과 주거 그리고 의료 혜택을 확보하는 데 어려움을 겪는다. 그 어려움은 최근 몇 년 사이에 에이즈에 대한 공포 때문에 더 심해졌다. 레즈비언 엄마나 동성애자 아빠는 종종 자녀 양육권을 박탈당한다. 군대나 다른 공직에서처럼 자신이 게이라는 것을 인정한 교사는 때때로 직장을 잃는다.

이런 장애에 부딪치면서 동성애자 해방운동은 차츰 몇 개의 움직임으로부터 생겨났다. 하나는 레즈비언의 이해를 보호하고 증진하기 위해 조직된 '빌리티스의 딸들(Daughters of Bilitis)'이다. 다른 하나는 '매타친 협회(Mattachine Society)'로 1950년대 게이들의 연대와 자존감을 키워주기 위해 조직되었다. 두 조직은 법적 권리와 시민권, 동성애자라는 사실의 심리적 수용, 존중받을 권리, 스스로 일어서기를 내세우며 동성애가 부끄러운 행위가 아니라고 주장했다. 매타친 협회는 동성애가 정신질환의 일종이므로 '치료'가 필요하다는 생각에 맞서서 강경하게 운동을 벌였다. 1973년 미국 정신과협회는 이에 동의하고 동성애를 정신질환 목록에서 제외하였다.

1969년 여름은 미국에서 동성애자 해방운동의 획을 긋는 시점이었다. 6월 28일 이른 아침 경찰이 뉴욕에 있는 게이 바의 하나인 스톤월인(Stonewall Inn)에 난입하여 단골손님을 위협하고 그들 중 몇 명을 체포했다. 경찰의 그러한 습격은 전혀 유별난 일이 아니었다. 그러나 이 날에는 단골손님들이 저항을 하였다. 곧 전면적인 폭동이 일어났다. 벽돌과 병으로 두들겨 맞고 놀란 경찰들은 서둘러 퇴각했다. 폭동은 3일간 계속되었고 그동안 많은 게이와 레즈비언은 새로이 힘과 자부심을 발견하였다. 1969년 스톤월 폭동은 아마도 미국에서 현대 동성애자 해방운동의 시발점을 가리킨다고 평가할 수 있다.[22]

많은 게이와 레즈비언은 '동성애자'라는 바로 그 꼬리표가 따라붙는 데 반대하고, 그들 스스로 좋아서 게이라는 굴레를 받아들인 것처럼 여기는 것도 싫어한다. 자기 표현과 게이 정체성에서 현란한 모양을 좋아하는 동성애자들도 있다. '여장을 한 여왕(drag queens)'은 공공연히 '정상적'인 성(性)을 풍자하고, 검은색 '가죽 옷을 입은 소년들(leather boys)'과 '폭주족' 그리고 '남자 역할'의 레즈비언은 게이가 '나약하다'는 전통적 고정관념을 무시한다. 동성애와 동성애

정체성의 이런 공공연한 표현은 종종 공식적인 검열과 억압——특히 경찰과 젊은 '게이 매춘부'들로부터——에 부딪힌다.

게이 해방운동의 목표는 이중적이다. 동성애자 여성과 남성들은 차별적 법을 폐지하고 과거에 자신에게 불허되었던 기회들에 대한 통로를 얻기 위해 조직을 만들었다. 게이 해방운동은 명백한 차별대우에 반대하는 것뿐만 아니라 게이에 대한 잘못된 믿음과 태도를 극복하기 위해 일했다. 총체적으로 **동성애 혐오**(homophobia)라고 불리는 이러한 믿음은 다음과 같은 것을 포함한다. 모든 또는 거의 모든 게이들은 아이들을 희롱한다. 게이들은 대개 아이들과 청년들을 그들의 일원으로 충원하기 위해 노력한다. 모든 게이들은 성적으로 문란하다. 동성애는 비정상이거나 도착된 성적 성향이므로 종교와 정신치료 또는 다른 방법에 의해 교정할 수 있고 교정해야 한다. 본심으로는 대부분의 게이들은 정상이 되고 싶어한다. 게이들은 그들이 충분히 노력하기만 하면 정상이 될 수 있다. 이러한 것을 비롯하여 동성애를 혐오하는 여러 가지 믿음은 이성애자뿐 아니라 동성애자도 광범하게 공유하고 있는데, 이런 동성애자들은 동성애 혐오 태도를 내면화함으로써 자기 자신 그리고 그들과 같은 부류의 사람들을 혐오하게 된다. 게이 해방은 많은 이성애자에 의해 유지되고 몇몇 동성애자가 내면화한 공공연한 차별대우, 그리고 동성애 혐오적 태도와 믿음 모두를 극복하려는 것이다.[23] 그 운동은 '자신이 동성애자임을 밝히기(come out of the closet)'를 원하고 자신의 성적 성향을 공개적으로 인정하고 싶어하는 게이 여성과 남성을 위해 격려와 지원을 마련했다. 그들의 행동과 인정의 수단은 게이 상담센터, 후원 집단, '게이 자부심' 행진과 시위를 포함한다. 게이 해방운동은 자신의 운동을 나타내고, 나치의 손에 동성애자들이 겪었던 억압을 기억하도록 분홍색 역삼각형을 상징으로 채택했는데, 나치는 강제수용소에서 동성애자들에게 분홍색 삼각형 배지를 달도록 했다.

게이 운동의 이데올로기는 아닐지라도, 오늘날 게이 해방운동의 전략은 완전히 달라졌다. 통나무집공화국(Log Cabin Republicans)처럼 사회에서 인정받고 '테이블의 한자리'를 찾고자 하는, 정치적으로 보수적인 게이도 있다.[24] 군대를 포함한 주류 제도에 합류되기를 바라며 일하는 자유주의적 개혁가들인 게이도 있다.[25] 또 다른 게이들은 동성애 혐오 사회의 격렬한 비판자로서 주류 질서의 밖에 남기를 원한다. 동성애자 나라(Queer Nation), 레즈비언 나라(Lesbian Nation), 액트업(ActUp)을 비롯한 집단들은 게이들의 불만을 '면전에서' 공개할 전투적인 자세를 취하고 있다.[26] 게이 해방운동 내에서 이러한 차이들은 주로 전략과 책략에 대한 것이며, 자유를 포함하여 근본적인 원칙과 이념의 차이는 거의 없다. 게이 해방운동 이데올로기의 핵심에 있는 자유와 해방의 개념은 〈그림 8.5〉와 같이 요약될 수 있다.

원주민 해방운동

지난 40년 또는 그전부터 다양한 원주민 운동은 그 소리가 더 커지고, 점점 전투적으로 되었다. 이들 원주민(또는 토착민)들 중에는 오스트레일리아의 원주민(Aborigine), 뉴질랜드의 마오리, 캐나다의 최초의 민족(First Nations), 미국의 토착 인디언이 있다. 지리적 차이가 크지만 이들은 몇 가지 유사성을 공유한다고 주장한다. 첫째 그리고 가장 확실한 것은 그들은 자신의 조상이 최초의 거주자임이 밝혀진 땅에 살고 있다는 것이다. 둘째 그들 조상의 땅은 유럽의 식민지 개척자들에게 점차 빼앗기고 점령되었다. 셋째 그 결과 이들 원주민들은 자신의 땅에서 아웃사이더이자 이방인이 되었다. 그들의

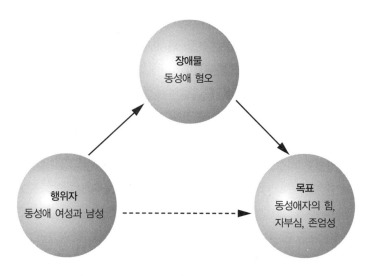

〈그림 8.5〉 자유에 대한 '동성애자 해방운동'의 견해

종교, 문화적 관행과 전통은 기독교 전도사들에게 '미개'하고 '야만적'이며 '원시적'인 것으로 비웃음을 받았다. 몇 가지 경우에 그들은 이상하고 낯설게 보이는 믿음과 관행을 받아들이도록 강요받았다. 넷째 그들은 땅을 빼앗기면서 자긍심도 빼앗기고 정치적 권력을 부인당했으며, 그들의 문화는 품위를 잃고 파괴되었다. 그 결과 이들 원주민들은 자신이 인간으로서 누구이고 어떤 존재인가에 대한 정체성을 잃었다. 마지막으로 다섯째, 그들의 문화와 정체성의 파괴는 많은 사회적 병리현상을 가져왔다. 높은 실업률, 알코올중독, 자살, 그들의 조상들에게는 알려지지 않았던 또 다른 사회문제들이 이제는 원주민들을 괴롭히고 있다. 다양한 원주민 해방운동 집단의 목표는 잃어버렸거나 오래도록 가려져왔던 집단 정체성을 다시 관철시키고 복원함으로써 이런 빈곤의 악순환, 사회적·경제적 종속, 정치적 무능력을 깨부수는 데 있다.

특히 19세기와 20세기 초 백인 이민자들이 북미, 호주, 뉴질랜드 등에 사는 원주민들 땅으로 이민하면서 땅, 사냥, 목재, 광물 등 희귀한 자원에 대한 경쟁이 벌어졌다. 전에 없던 많은 수의 유럽 이민자들과 권총, 철도, 증기선 등 그들의 정교한 기계는 그들을 원주민보다 우위에 서게 하였다. 그 결과 원주민은 군사적 패배뿐 아니라 정치적·경제적·문화적으로 정복되었다. 원주민은 자기 조상의 풍습과 경험을 따르는 것을 금지당했다. 그들의 아이들은 부모와 조부모의 언어를 말하는 것이 금지된 학교에 다니도록 강요되었다. 그들은 여러 가지 방식으로 '문명화된' 백인 이주민들보다 열등하다고 느끼고, 그들 조상의 '야만적' 방식을 부끄러워하도록 교육받았다. 많은 원주민 아이들은 백인 가족의 양자로 지명되었는데, 백인들은 이들을 값싼 노동의 원천으로 이용했다. 종합해보면 이런 정책은 '문화적 종족 말살'에 해당한다. 한 종족에 대한 물리적 말살은 아닐지 모르지만 문화적 말살을 말한다.

예를 들어 호주의 원주민에게 무슨 일이 일어났는지 살펴보자. 1910년에서 1970년대 초반 약 10만 명의 혼혈 원주민 어린이들이 ―현재 원주민 인구의 3분의 1에 해당하는― '운명이 다한 인종(doomed race)'이라는 이유로 그들 가족에게서 강제로 격리되었다. 피부가 약간 검은 어린이들은 백인 호주인 가족에게 양자로 넘겨졌다. 좀 더 검은 피부의 어린이들은 고아원으로 옮겨졌으나 양자가 될 수는 없었다. 두 집단의 어린이들은 원주민 언어를 쓰거나 친부모의 종교와 그 밖의 풍습을 따르는 것이 금지되었다. 원주민 부모로부터 어린이를 '보호'하는 정책은 '빼앗긴 세대(stolen generation)'를 만들어냈다.

'빼앗긴 세대'라는 단어는 호주 수상 하워드(John Howard)가 1997년 5월 원주민에 대한 개인적인 사과문에서 사용한 표현이었다. '호주인의 화해를 위한 회의(Australian Reconciliation Convention)'에서 하워드는 "나는 과거 세대가 원주민들에게 자행한 불의(不義) 때문에 고통받았던 동료 호주인들에 대해 깊은 슬픔을 느낀다"고 했다. 원주민 지도자는 개인적 사과가 좋은 시작이라고는 해도 결코 충분하지 않다고 말했다. 그들은 호주 정부(수상과 의회)의 공식적 사과와 그들의 개인적, 집단적 고통에 대한 금전적 보상을 원한다. 호주의 연방인권위원회는 과거 정부 정책의 희생자들을 보상하기 위한 기금을 설치해야 한다는 데 동의하고 그 설치를 제안했다. 호주 정부는 현재의 백인 호주인 세대에게 그들의 부모와 조부모 세대가 원주민에게 자행한 일의 책임을 지워서는 안 된다고 이 제안을 거절했다.[27] 이 논쟁은 1931년 어머니에게서 강제로 격리된 세 명의 원주민 소년들의 실제 이야기를 다룬, 2003년에 제작된 영화 「토끼울타리(Rabbit-Proof Fence)」에 의해 더 고조되었다.

호주만 원주민을 부당하게 대우한 것은 아니다. 특히 캐나다와 미국의 초기 이주민 세대들도 원주민을 더 잘 대우하지는 않았다. 그것이 잘못된 것이기는 해도 이런 부당한 대우는 원주민 '자신의 이익'을 위해 '야만적인' 사람들을 '교육' 시키고 '문명화' 하겠다는 좋은 의미에서 시도된 행위의 결과였다. 그러나 좋은 의도에서 출발한 온정적(溫情的) 정책은 심각하게 왜곡된 결과를 낳았다. 정체성, 능력, 자긍심, 존엄성의 상실은 높은 실업률, 정신 질환, 알코올중독(태아기 알코올증후군), 살인, 자살을 포함하는 많은 사회적 병리현상을 만들어냈다. 이런 부당한 대우에 대한 속죄의 일환으로 캐나다 정부는 1998년 과거 억압 행위에 대해 캐나다 원주민들에게 공식적인 사과를 했다. 캐나다 정부는 또한 캐나다 북서부 영토를 분리하여 원주민이 통치하는 새로운 영토를 만들었다. 이곳을 누나부트(Nunavut)라고 부르는데, '우리의 땅(our land)'이라는 뜻이다.[28]

미국에서는 인디언 사무소(Bureau of Indian Affairs)의 책임자가 미국 원주민에 대한 정부의 오랜 학대의 역사에 대해 용서를 빌었다. BIA 소장 가버(Kevin Gover)는 "이 기관은 서구 종족들이 자행한 인종 청소에 참여하였고", "물소 떼를 학살하고 독주(毒酒)를 사용하여 몸과 마음을 파괴하고 여자와 아이들을 비겁하게 살해하는 데" 기여했다고 하면서, 다음과 같이 사과의 말을 끝맺었다. "우리는 당신들의 종교와 언어, 당신들의 의례(儀禮) 그리고 어떠한 종족 고유의 삶의 방식도 다시는 침해하지 않을 것입니다. 우리는 결코 다시는 당신들의 아이들을 빼앗지 않을 것이며 아이들에게 자신들이 누구라는 것 때문에 부끄러워하도록 가르치지도 않을 것입니다."[29]

환영하기는 하지만 미국 원주민들은 그런 사과를 약소하고 너무 늦었다고 보는 것이 일반적이다. 미국 정부에 대한 오랜 불신 때문에 많은 사람들은 원주민이 그들의 유산을 반환하라고 청구해야 하고 그들의 문화를 재건해야 한다고 믿는다. 전투적인 '미국 인디언 운동(American Indian Movement)'은 그 하나로서 미국 원주민이 빼앗긴 정체성, 권력, 자긍심, 그리고 존엄성에 대한 의식을 회복하려고 한다. 그들은 이것을 다양한 방식으로 시도하고자 한다. 그중 하나의 전략은 광범하게 문화적인 것으로서 종족회의, 주술 의식, 북치기 의식, 원주민 병원(medicine lodge), 특히 인디언 어린이들을 교육하기 위한 '작은 빨간 학교들(little red schoolhouses)'을 통해 정체성과 자부심을 심어주고자 하는 것이다. AIM은 신문 · 영화 · 텔레비전에 나타난 인디언에 대한 고정관념을 지적하고 비판했다. 역사적으로 할리우드는 인디언을 피에 굶주린 살인자나 고결한 원시인으로 그렸다. 두 개의 묘사 모두 복잡한 현실을 극단적으로 단순화하고 북미에서 백인과 인디언의 역사를 왜곡하는 조야한 희화화일 뿐이다. AIM은 또한 클리블랜드 인디언스(Cleveland Indians), 애틀랜타

브레이브스(Atlanta Braves), 워싱턴 레드스킨스(Washington Redskins) 등과 같은 몇 개의 주요 스포츠 팀의 이름과 상징 속에 담긴 인디언에 대한 천박한 고정관념에 이의를 제기해왔다. 상상해보라! 클리블랜드 유대인들(Cleveland Jews), 워싱턴 붉은 목덜미들(Washington Rednecks)——가난한 백인 노동자들이라는 의미——또는 애틀란타 흰둥이들(Atlanta Honkies)이라고 불리는 팀들이 있다면 어떤 소란이 일어날지를. 이러한 이름들은 다른 집단들에게 주어지는 존경심이 인디언에게는 해당되지 않았음을 보여주는 사례라고 AIM은 말한다.

미국 원주민들은 과거 그들이 맺었던 조약과 그 밖의 권리를 재천명했는데, 이 문제는 미국 원주민과 연방, 주, 지방 정부와 법적 투쟁을 야기했다. 예를 들면 위스콘신과 미네소타 주에서는 미국 원주민이 19세기에 맺은 조약에 의해 그들에게 보장된 작살 낚시 권리를 재요구했다. 이것은 백인 어부들을 화나게 했고, 법정에서 소란과 설전, 때로는 몸싸움으로까지 이어졌다. 연방과 주법원은 조약이 여전히 유효하다고 판결해왔으며, 그런 한에서 종족의 작살 낚시권도 인정되어왔다. 더 나가 몇몇 미국 원주민은 그들이 단지 자신들의 종족 법원에서만 재판을 받을 수 있다고 주장했다. 법을 어긴 인디언은 '백인' 법정에서 심문받아서는 안 된다고 그들은 말한다. 대신에 인디언 범법자들은 부족 원로들의 법정에서 재판받아야 하며 전통적인 벌로 판결받아야 한다. 예를 들면 자신의 잘못과 사회에 대한 의무에 대해 반성할 수 있도록 정해진 기간 동안 숲에서 혼자 살도록 보낸다(드문 경우지만 미국 법원은 초범의 어린 범법자들에게 이런 대체 징계를 허용한다).

이런 믿음과 실천은 개인에 대한 강조, 모든 인종에 평등한 정의, 법 앞에서의 평등을 강조하는 전통적인 자유주의를 거스르는 것이다. 비판자들은 미국 원주민들에게 종족 법정에서 재판받도록 허락

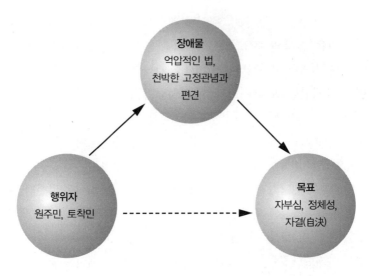

〈그림 8.6〉 자유에 대한 '원주민 해방'의 관점

하는 것이 그들을 집단으로서 특별대우 하는 일에 해당한다고 주장한다. 개인과 달리 집단은 권리가 없다. 그러나 미국 원주민을 비롯한 다른 원주민들은 개인으로서의 권리와 존엄에는 종족으로서의 권리와 존엄에 대한 존중이 필요하다고 주장한다. 원주민 각각과 모든 구성원들의 정체성은 그들이 속한 집단의 정체성과 밀접히 연결되어 있다. 개인이 자유롭기 위해서는 자신들의 땅을 식민지로 개척한 사람들이 부과한 장애로부터 벗어나 종족 전체가 집단으로서 먼저 자유로워야 한다는 것이다. 이러한 자유 개념은 〈그림 8.6〉에 나와 있다.

해방신학

또 다른 종류의 해방운동은 지난 40년 동안 해방신학(liberation theology)의 형태로 나타났다. 이 운동은 가난한 사람들, 특히 제3세계의 가난한 자의 고통에 관심을 기울이고, 빈곤한 사람들 자신을 포함한 모든 사람들을 고취시켜 그들의 빈곤에 종지부를 찍도록 도와주는 것을 목표로 하였다. 다른 기독교 종파들에서도 그러한 움직임이 있어왔다고 하지만, 해방신학은 일차적으로 로마 가톨릭 내에서 발전하였다. 관심의 중심은 라틴아메리카였다. 주민은 압도적으로 가톨릭 신자이고 많은 사람들은 절망적일 만큼 빈곤하다. 그러나 해방신학은 아프리카, 아시아, 유럽 그리고 북미에도 옹호자들을 갖고 있다.

해방신학은 사후의 영혼 구원에 관한 전통적인 기독교적 관심을 초월한다. 덧붙이자면 그리고 아마도 좀 더 정확하게 말하자면 그것은 지상의 가난한 사람들을 위해 정치적인, 심지어 혁명적인 행동을 요구한다. 그래서 가톨릭 내에서, 특히 라틴아메리카에서 심각한 논쟁의 핵심이 되었다는 것은 놀라운 일이 아니다. 해방신학을 예수의 가르침과 마르크스의 가르침을 혼합하려는 시도라 보고, 그 혼합에서 예수의 가르침보다 마르크스의 가르침이 더 강하다고 비판하는 사람들도 있다. 그러나 해방신학자들이 보듯이 그들은 단지 사회정의를 위한 작업에서 예수의 가르침을 따르는 것뿐이다. 이 작업을 위해 그들은 마르크스를 포함하여 빈곤과 억압의 인간적 원천을 밝혀낸 현대 사회이론가들의 통찰에 의존한다. 그들은 교회와 사회의 부유층을 신랄하게 비판하는 것이 예수의 정신 속에서 일하는 것이라고 믿는다.

페루의 구티에레스(Gustavo Gutierrez)를 비롯한 해방신학의 옹호자들은 가난한 사람들을 빈곤에서 해방하는 일에 가톨릭 교회와 신자들이 더 활발하게 참여할 것을 재촉함으로써 '교회와 기독교 신자의 활동에 대한 비판'에 착수했다. 그들은 교회는 '가난한 사람들을 위해 우선적 선택권'을 행사해야 한다고 말한다. 그러나 이것을 행하기 위해 교회는 의식(儀式)과 성찬을 강조하는 전통적 태도를 버려야 한다. 사람들이 '은총의 나라'에 도달하여 살도록 돕기 위해 교회는 거의 전적으로 사람들에게 '올바른 믿음'을 가르치는 정통 교리에 집중했다. 해방신학에 따르면 이런 관행은 하루하루 비참함과 절망과 싸우고 있는 가난한 사람들을 무시하는 쪽으로 나아가지 않는 한 좋은 것이다. 그런데 정통 교리에 덧붙여 교회는 **정통적 실천(orthopraxis)**을 해야 한다. 그것이 이 세상의 '정의로운' 혹은 '올바른' 행동이다.

그러나 어떤 종류의 행위가 '정의롭거나' '올바른' 것인가? 해방신학은 이 물음에 대해 답을 주지도 않고 변화를 위한 체계적인 프로그램을 제공하지도 않는다. 몇몇 옹호자들은 가난한 사람들을 위한 정의가 승리하기 위해서는 폭력적 혁명을 필요 수단으로서 기꺼이 받아들이는 것처럼 보인다. 그러나 대부분의 해방신학자들은 자신의 과제를 다른 해방 이데올로기와 같이 '의식의 일깨움'에서 찾는다. 그들은 우리는 예수의 본보기를 따라야 하고, 가난한 사람들을 찾아가 그 속에서 살고 가르쳐야 한다고 말한다. 이 목적을 위해 그들은 '교회에 기반을 둔 공동체'를 설립한다. 그곳에서 그들은 가난한 사람들에게 성서와 신의 뜻만을 가르치는 것이 아니라 읽기, 쓰기, 건강 유지법, 사회적 활동도 가르친다. 핵심적인 아이디어는 빈곤이 단순히 당연한 삶의 방식이 아니라, 바뀔 수 있고 바뀌어야만 하는 것임을 알 수 있도록 돕는 것이다. 이러한 사실을 깨달으면 가난한 사람들은 자신의 인간적 존엄성을 부정하고 그들을 가난으로 내몬 죄스러운 사회적 구조에서 스스로를 해방시킬 발걸음을 내디딜 수 있을 것이다. 구티에레스는 다음과 같이 말한다.

우리는 억압받은 사람들 스스로가 신의 백성들의 마음 속에서, 그리고 사회 속에서 자신의 목소리를 높일 수 있고, 스스로를 직접적이고 창조적으로 표현해낼 때, 그리고 자신이 품고 있는 희망을 책임지고, 자신의 해방의 주역이 될 때 진정한 해방신학을 가질 것이다.[30]

해방신학의 입장에서 간단히 말하면, 빈곤의 종식은 단순히 더 많은 식량을 생산하여 더 많은 사람에게 더 많이 분배하는 문제가 아니다. 아마도 다른 곳에서도 마찬가지일 테지만, 라틴아메리카에서 빈곤은 체계적인 억압의 결과다. 사치와 편리함 속에서 사는 사람들이 있는 반면에——아마 그래서——다른 사람들은 간신히 생존한다. 따라서 빈곤의 종식은 음식과 돈의 문제가 아니라 해방의 문제, 즉 불의와 억압에서 사람들을 자유롭게 하고, 스스로 자유로워지도록 돕는 것이다.

해방신학은 이 장에서 논의한 다른 해방 이데올로기와 구별되는 방식으로 종교적 영감과 정치적 행동을 결합하지만 앞 장들에서 언급한 다른 이데올로기와 '해방 이데올로기'를 구분하는 다섯 가지 공통점을 분명히 공유한다. 첫째 특정한 대상——기독교인으로 구성된 청중——을 겨냥하고 있다. 물론 기본 주제는 빈곤한 사람들의 문제다. 그러나 해방신학은 그들뿐 아니라 모든 기독교인들을 해방신학의 기독교 사명의 해석으로 개종시키고자 한다. 두 번째, 해방신학은 지배적인 집단——라틴아메리카를 비롯한 다른 모든 곳의 유복한 엘리트——에 의해 빈곤한 사람들이 억압되어왔던 방식을 대상자들에게 알려준다. 세 번째, 이 억압은 단지 '외적'인 억압뿐 아니라 가난을 삶의 정상적인 일부로 받아들이는 성향으로 가난한 사람들 사이에 '내면화'되었다고 본다. 해방신학은 가난한 사람들이 이런 내면화된 억압에 의해 고통당하고 있다고 보며, 이것은 가난한 사람

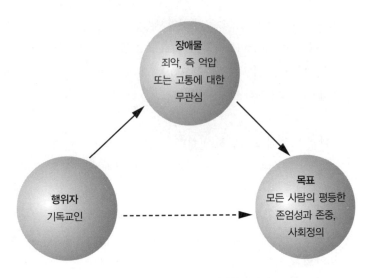

〈그림 8.7〉 자유에 대한 해방신학의 관점

들이 자신의 빈곤한 상황을 어느 누구도 통제하거나 변화시킬 수 없는 어떤 것으로, 피할 수 없는 '숙명'으로 바라보도록 교육받았기 때문이라고 말한다. 해방신학에 따르면 이런 태도는 극복되어야 한다. 이런 운명론적 태도를 이겨내려는 시도 속에서 해방신학은 해방 이데올로기의 네 번째 특징을 보여준다. 해방신학은 빈곤한 사람들이 스스로를 해방할 수 있도록 그들의 의식을 고양시키고자 한다. 그러나 또한 해방신학이 설파하고자 하는 대상은 빈곤한 사람들만이 아니다. 다섯 번째 그리고 끝으로, 해방신학은 직접적으로 가난한 사람들에게 죄를 범하는 억압자, 그리고 아무 행동도 하지 않음으로써 역시 죄를 범하고 있는 방관자들에게 외친다. 가난한 사람들의 필요를 외면하고 자신에게만 관심을 갖는 사람들은 세속적 의미의 부자는 될 수 있겠지만—집, 자동차, 현금—정신의 빈곤 때문에 고통받는다. 그래서 해방신학은 가난하고 부유한 모든 기독교도에게 설파한다. 왜냐하면 불의, 착취, 빈곤한 사람들의 고통에 대한 무관심이라는 죄악에서 모두 해방되어야 하기 때문이다. 해방신학의 핵심에서 자유의 개념은 〈그림 8.7〉에 나타나 있다.

동물해방운동

우리는 동물해방 이데올로기를 맨 마지막에 남겨두었다. 그것이 중요하지 않거나 영향력이 없어서가 아니라——정반대이다——다른 해방 이데올로기들이 직면하지 않는 개념의 어려움이 많기 때문이다. 그 어려움들을 살펴보기 전에 동물해방 이데올로기의 역사를 짧게 고찰하는 것으로 시작해보자.

인류는 여러 가지 목적을 위해 오랫동안 동물을 사용해왔다. 짐 운반용으로, 음식과 모피의 원료로, 그리고 최근에는 애완용으로. 그러나 인류는 덜 필요하면서도, 논쟁적인 면에서는 좀 더 음흉한 다른 용도에 동물을 복종시켰다. 쾌락과 오락의 이름으로 인간은 투계에서 닭을, 황소싸움에서 소를, 여우사냥에서 여우를, 개싸움에서 개를 사용했다. 이런 경기는 피비린내나고 무시무시하며 때로는 그 경연에 참가하도록 강요된 동물들에게는 생사를 거는 일이다.

동물해방 이데올로기의 선구(先驅)는 19세기 영국에서, 특히 특히 많은 관객들 앞에서 동물을 잔인하게 이용하고 학대하는 스포츠에 대해 점점 더 크게 번지던 혐오감 속에서 찾을 수 있다.[31] 벤담은 그런 고통이 분별력 있게 예민한 모든 인간의 도덕적 감성을 상하게——그보다는 차라리 상하게 해야——한다고 말했다. 점점 더 많은 사람들이 흑인 노예를 해방시키려고 미국과 다른 곳에서 활발하게 노력하고 있던 시절에 벤담은 이렇게 썼다.

애초부터 허락될 수 없었던 것이 아니라, 폭군의 손에 의해 허락되지 않았던 권리들을 여타의 피조물 동물들이 획득할 날이 올 것이다. 백인들의 변덕을 바로잡지 않아도 검은 피부색이 인간의 자격을 포기해야 하는 이유가 절대 될 수 없다는 것을 일부 사람들은 이미 발견했다.[32]

그러나 왜 동물은 다른지 벤담은 의문을 제기했다. 동물은 네 다리를 가졌기 때문인가? 아니면 동물은 이성을 사용할 수 없으므로 다른 대우를 받는 것인가? 아니면 동물은 말을 할 수 없기 때문에? 벤담은 계속 이런 방식으로 주장하는 것은 자기 파괴적일 뿐이라고 말했다.

완전히 다 자란 말이나 개는 생후 하루, 일주일, 또는 한 달된 유아(乳兒)보다 비길 바 없이 더 이성적이거나 대화를 더 잘한다. 그러나 그들이 그렇지 않다고 가정한다면, 그게 무슨 소용이 있는가? 문제는 동물들이 이성적으로 사고하는가도 아니며, 말을 할 수 있는가도 아니다. 문제가 되는 것은 동물들이 '고통을 느낄' 수 있는가이다.[33]

동물의 고통에 대한 이러한 의식과 동정이 늘어나면서 결국 영국, 미국 그리고 다른 곳에서 '동물학대 방지를 위한 결사(Society for the Prevention of Cruelty to Animals)'가 이어졌다.

20세기 후반과 21세기 초의 동물해방운동은 그 기원을 벤담과 솔트(Henry Salt)——1892년 출간된 그의 『동물의 권리(Animal Right)』는 채식주의에 도덕적 명분을 부여했다—— 같은 19세기 사상가들에게 두고 있다.[34] 그런데 동물해방운동은 도덕적 주장에 더하여 동물의 권리를 보호하기 위해 개인적, 정치적 위험을 기꺼이 감수할 것과 일정한 전투적 태도를 덧붙였다. '동물의 권리 보호협회(Society for Animal Rights, SAR)'나 '동물의 윤리적 대우를 위한 모임(People for the Ethical Treatment of Animals, PETA)'은 그들의 입법적 대표를 위해 로비를 할 뿐만 아니라 모피 가게와 동물실험실을 감시한다. 쥐, 원숭이, 돌고래 등 우리에 갇힌 동물들을 풀어주는 사람도 있다. 1986년에 만든 영화 「거북이 일기(Turtle Diary)」는 런던 동물원에서 바다거북을 납치하여 바다에 놓아주려는 세 사람에 대한 이야기다. 영국의 '동물해방전선(Animal Liberation Front, ALF)'은 값비싼 모피 위에 피를 뿌리고 모피 가게에 방화를 하기도 했다. 1988년 동물해방 운동가들은 스웨덴에서 특정 방식의 쇠고기와 가금(家禽) 사육을 금지하는 법을 제정하기 위한 캠페인에 성공했다. 1990년대 몇 명의 슈퍼모델과 다른 유명인사들은 모피코트의 생산과 판매, 착용에 반대했고, 목욕용품 상점(The Body Shop)은 동물실험 없이 만든 향수와 화장품을 취급하는 아주 성공적인 소매업을 발전시켰다. PETA와 다른 그룹의 압력하에 몇몇 제조업자들은 이 선례를 따랐다.

동물들이 스스로를 해방할 수 없다면 동물 편에 서서 행동하는 인간이 그렇게 할 태세가 되어 있어야 한다고 동물해방 운동가들은 말한다. 간단히 말해 동물해방 운동가들은 그들의 행동을 해방으로, 그들의 이데올로기를 완전히 잘 짜인 '해방' 이데올로기로 본다. 그 주장을 좀 더 자세히 살펴보자.

이 장의 서두에 말했듯이 해방 이데올로기는 몇 가지 특징을 공유한다. 첫째는 각 이데올로기가 여성, 흑인 혹은 동성애자 등 특정 대상을 겨냥한다. 동물해방 이데올로기는 누구를 대상으로 하는가? 물론 어떤 의미에서 동물해방 이데올로기의 대상, 즉 해방되어야 할 집단은 동물로 구성되어 있다. 그러나 다른 의미에서, 그리고 좀 더 중요한 의미에서 동물해방 이데올로기는 인간을 대상으로 하고 있다.

두 번째 해방 이데올로기의 특징은 그 대상이 어떤 지배적인 집단에 의해 억압받고 있어야 한다는 것이다. 하지만 동물해방의 경우 인간은 이데올로기의 대상이자 억압자이다. 동물해방 이데올로기는 (1) 동물을 억압하거나 학대하고, (2) 그런 억압에서 예상되는 이익을 찾거나, (3) 이익을 취하지는 않지만 동물의 학대와 억압을 막는 일에 방관하거나 아무것도 하지 않는 사람들에게 호소한다. 첫 번째의 예는 아기 바다표범을 막대기로 때려죽이는 사냥꾼이 될 것이고, 두 번째는 바다표범 가죽 코트를 입는 여자들이 될 것이고, 세 번째는 아기 바다표범을 보호하기 위해 항의 편지를 쓰거나 재정적 지원을 하는 등과 같은 어떤 행동도 하지 않는 사람들이 될 것이다.

해방 이데올로기의 세 번째 특징은 외부적인 억압뿐 아니라 억압된 그룹이 '내면화' 하거나 그들 자신의 견해의 일부로 삼고 있는 심리적 장애나 억압에서 어떤 집단을 해방시키고자 한다. 동물의 심리적 상태에 대해 말하는 것은 불가능하지는 않더라도 명백히 힘든 일이다. 그러나 이 어려움은 동물해방 이데올로기가 우선적으로 인간을 대상으로 한다는 것을 상기한다면 현저히 줄어드는데, 인간은 동물을 다루는 데 영향을 미치는 특정한 믿음과 태도를 아주 명확하게 갖고 있다. 많은, 아니 대부분의 사람들은 동물해방 운동가들이 **종차별주의(speciesism)**라고 부르는 일련의 사고와 믿음, 태도에 동의하고 있다. 단순화하면 '종차별주의' 는 인간이 동물보다 우월하다는 믿음——검증되지 않은 선입견으로 보는 것이 더 합당한——이다. 우리는 모든 권리를 가지고 있지만 동물은 아니라는 믿음, 우리가 믿는 방식으로 동물을 다루는 것이 우리에게 개인적으로나(접시 위의 스테이크로) 종(種)으로나(의학실험에서 원숭이의 실험) 이익을 줄 것이라는 믿음을 말한다. 동물 해방운동가들이 상기시키는 대로 독일의 나치는 그들 자신이 해석한 종차별주의에 동의하고 있었다. 유대인에 대한 살해나 의학 실험을 실시하기 전에 그들은 유대인을 인간 이하로서, 권리가 없으므로 인간적 대접을 받을 가치가 없는 '동물'

로 분류하려고 노력하였다. 이 사실만으로도 우리는 망설이게 된다고 동물해방 운동가들은 말한다. 이것은 적어도 우리가 그 고기를 먹고 여러 가지 방법으로 때로는 사악한 방법으로 실험을 시행하는 '열등한' 동물에 대한 우리의 믿음과 태도를 반성하게 한다. 이런 실험들은 동물의 수족(手足)이나 신체 장기를 외과적으로 제거하는 것부터 토끼를 비롯한 실험용 동물의 눈에 세제, 표백제, 화장품, 기타 제품의 주사를 찔러 넣음으로써 독성을 테스트하는 일까지 광범위하게 자행된다.

동물해방운동의 출현이 20세기 후반 거대한 산업적 규모의 '공장제 농업(factory-farming)'의 성장과 일치한다는 사실은 언급할 만하다. 예전에 방목지에서 풀을 뜯어먹었던 소와 돼지 그리고 다른 동물들은 이제는 제한된 공간에서 사육되는데, 돌아다니지 않아서 질기고 억세지 않으며 오히려 부드럽고 고기가 많아졌다. 송아지는 우리에 갇혀서 고기가 분홍빛으로 부드러워지도록 우유만으로 사육된다. 닭과 칠면조는 배설물이 떨어질 수 있는 철사 바닥으로 된 작은 우리에 갇혀 있다. 이들을 비롯한 여러 동물들은 수익성을 보장하기 위해 먹이와 운동을 조심스럽게 계산하고 측정한 '물질적 단위들'이 된다. 소는 성장 속도를 올리기 위해 성장호르몬 주사를 맞는다. 제한된 축사에 병이 퍼지는 것을 막기 위해 가축들은 많은 양의 항생제를 맞는데, 인간은 고기에 잔류된 항생제를 섭취한다. 간단히 말하자면, 이런 시스템의 비판자들은 목가적(牧歌的)인 '맥도널드 할아버지의 농장(Old MacDonald's Farm)'이 이제 '맥도널드 공장제 농장(MacDonald's Factory Farm)'이 되었다고 지적한다.[35]

동물에 대한 학대와 혹사에 주의를 환기시키면서 동물해방운동은 해방 이데올로기의 네 번째 기능을 충족시킨다. 해방 이데올로기는 특정 집단의 구성원들이 전부터 당연한 것으로 간주하고 있는 것을 비판적으로 음미하게 함으로써 그들의 '의식을 고양' 시키려는 것을 목표로 삼는다. 많은 사람들, 아마도 대부분의 사람들은 단순히 동물들이 인간의 목적과 즐거움을 위해 존재하는 것으로 가정한다. 동물의 존재는 단지 고기, 모피, 오락을 제공하거나 실험실의 실험 대상으로서 봉사하는 한에서만 정당화된다. 이런 동물해방 이데올로기는 종차별주의라고 하는 일련의 검증되지 않은 가정과 선입견에 대해 근본적인 도전을 제기한다.

이런 논증들은 싱어(Peter Singer, 1946-)의 『동물해방(Animal Liberation)』 속에 제시되어 있다.[36] 호주의 철학자 싱어는 종차별주의에 찬성하는 논의들을 각각 검토하고 그 논의들이 근거가 없거나, 타당성이 없거나 일관성이 없다는 것을 밝힌다. 예를 들어 인간이 소와 같은 '하등' 동물의 고기를 먹을 권리가 있다는 주장을 고려해보자. 싱어는 이 주장이 어떤 근거를 갖는가 하고 묻는다. 이 주장은 인간이 '상위의' 종이라는 믿음에 의존한다. 그러면 이 우월성에 대한 주장은 무엇에 근거를 두는가? 이 주장은 인간의 유일한 특성, 곧 하등의 열등한 피조물과 공유하지 않는 특성에 근거해 있다. 이들 특성은 인간이 언어와 이성을 사용한다는 사실을 포함한다. 그러나 이 주장은 기묘하게도 자기 파괴적이라고 싱어는 말한다. 이 논리에 따르면 우리는 발육이 심하게 지체된 인간, 이성이 결여되거나 말하지 못하는 인간의 고기를 먹을 준비가 되어 있어야 하기 때문이다. 우리가 기꺼이 그렇게 하지 않는 것은 인간의 우월성을 변호하는 일반적인 논의가 이성적 · 도덕적 토대를 갖고 있지 않다는 사실을 보여준다. 이런 논의를 비롯한 여러 논의들의 도움에 힘입어 동물해방 운동가들은 인간의 의식과 비판적 자기의식을 일깨우게 되기를 희망한다. 언젠가 인간은 동물과 인간의 관계를 새로워진 다른 견해 속에서 볼 것이다. 인간은 더 이상 동물을 착취하거나 억압하지 않을 것이다. 인간은 마침내 자신들의 잘못과 선천적인 우월성에 대한 자기 훼손적 의식에서 해방될 것이다. 동물해방의 목적은 인간의 억압에서 동물을 해방하는 것뿐만 아니라 신물나는 종차별주의의 한계에서 인간을 해방하는 것이다.[37]

비록 동물해방 운동가들이 많은 면에서 동의한다 해도 강조점과 전략에서는 그들 사이에 차이가 있다. 전투적인 동물해방 운동가들은 동물들도 신체적 안전과 보호를 위한 법적 권리를 포함한 '권리들'이 있다고 주장한다.[38] 반대로 다른 사람들은 동물들은 권리를 갖고 있는 것이 아니라, 인간에 의한 보호와 존중 그리고 도덕적으로 고려할 만한 '이해관계'를 갖고 있다고 주장한다.[39] 어떤 종류의 의학실험도 동물에게 해서는 안 되며, 인간에게 얼마나 큰 잠재적 이득이 있느냐는 문제가 되지 않는다고 주장하는 동물해방 운동가들도 있다. 다른 운동가들은 그런 실험들이 상대적으로 적은 수의 동물들의 고통에 힘입어 인간이든 아니든, 많은 수의 다른 피조물들의 이익을 증대시킨다면 정당화될 수도 있다고 주장한다. 어떠한 동물의 사냥도 비도덕적이므로 비합법적이어야 한다고 주장하는 동물해방 운동가들도 있다. 그러나 반대로 다른 운동가들은 총에 맞기 전까지 좋은 '삶'을 살던 사슴을 사냥하는 일이 떨면서 도살장에 끌려 갈 때까지 우리에 갇힌 채 짧고 불행한 '소의 삶'을 저주스럽게 살도록 하는 것보다 훨씬 더 인간적이라고 주장한다. 사냥꾼들은 자신들의 행위에 대한 책임을 떠맡지만, 우리의 동물 살해는 우리를 위해 도살하는 사람들에 의해 이루어진다. 이런 문제를 비롯한 다른 문제들이 동물해방 운동가들에 의해 제기되고, 그들 사이에서 논의의 주제로 남아 있다.

우리는 동물해방이 다른 해방 이데올로기와 같이 독특한 자유의 개념에 동의하고 있다는 것을 명시함으로써 결론을 내릴 수 있다.

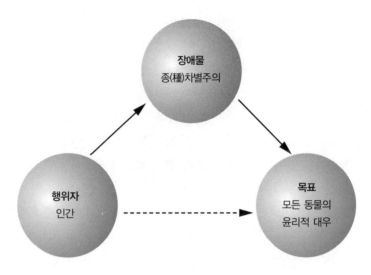

〈그림 8.8〉 자유에 대한 동물해방 운동가들의 견해

그 개념은 〈그림 8.8〉에 요약되어 있다.

결론

자유, 정체성 그리고 이데올로기

각각의 해방 이데올로기들은 특정한 집단이 억압당하고 있다고 보고 이들을 관심의 대상으로서 받아들인다. 그런데 이들 집단은 겹칠 수 있고 실제로 겹친다. 예를 들면 흑인 여성의 경우, 또는 가난하게 살고 있는 원주민의 경우가 그렇다. 또한 해방 이데올로기들은 우리가 본 대로 '가족 유사성'을 공유한다. 이런 이유에서 우리는 해방 이데올로기들을 단일체로서—해방 이데올로기들의 가족으로—다루면서, 그들이 이데올로기의 네 가지 기능을 수행하는 방식을 검토할 수 있다.

설명 해방 이데올로기는 모든 사회적 조건과 환경을 설명하려고 하지 않는다. 그 대신 각 해방 이데올로기가 관심을 갖고 있는 흑인, 여성, 동성애자, 원주민, 가난한 사람, 동물들이라는 특정 집단의 조건에서 시작한다. 해방 이데올로기는 인종주의자, 성차별주의자, 동성애 혐오자 등 억압자에 의해 지지되고 억압받는 사람들에게 내면화된 어떤 믿음과 관련하여 이 조건을 설명한다. 여기에 해방 이데올로기는 지배와 억압이라는 요소를 추가한다. 해방 이데올로기들이 대상으로 삼고 있는 집단의 고통은 먹고, 자고, 숨쉬는 것처럼 단순하게 받아들여야 하는 삶의 자연스러운 요소가 아니라는 확신에서 시작된다. 이런 관점에서 해방 이데올로기는 어떻게 그 고통이 남자가 여자에게, 백인이 흑인에게 가하는 억압의 결과인지 설명하고자 한다.

평가 사회적 조건을 설명하는 데 억압이 해방 이데올로기의 핵심 단어인 것처럼, 조건들의 평가에서도 억압이 핵심을 차지한다. 억압이 사람들을 억누르고 질식시킨다면, 그래서 그들이 충만하고 자유롭게 사는 것을 막는다면, 그들은 당연히 존재해야 하는 최적의 상태로 존재하는 것은 아니다. 모든 해방 이데올로기는 억압받는 집단이 억압을 계속 견디기 때문에(또는 억압을 야기하기 때문에), 그들이 당연히 존재해야 할 최적의 상태로 존재하지 못하는 것이라고 가르친다. 조건이 좋다 혹은 나쁘다고 말하기보다 해방 이데올로기는 그 조건이 더 좋거나, 더 나쁘다는 관점에서 평가하려고 한다. 예를 들어 여자들이 상대적으로 자유롭게 말하고 스스로 생각할 수 있는 사회와 시대의 조건들은 여성들을 단순히 남자들의 재산으로 취급하던 사회와 시대에 살던 사람들보다 덜 억압적이고 더 좋다. 그러나 조건들이 더 좋다고 해서 조건들이 그렇게 될 수 있고 당연히 그렇게 되어야 하는 만큼 이미 좋다는 뜻은 아니다.

지향 해방 이데올로기의 주요 특징 중의 하나는 억압받는 집단의 구성원이 억압을 의식하고 자각하도록 만들려는 시도, 스스로를 지배집단 혹은 권력집단의 희생자로서 볼 수 있도록 만들려는 노력이다. 이것은 자신이 누구이며 어떤 존재인가 하는 방향 설정과 정체성의 문제다. 고립된 원자로 존재하기는커녕, 사람들은 스스로를 어떤 성적 성향, 인종, 성, 종교, 집단과 일치시키려는—자기가 하지 않더라도 다른 사람들이 그렇게 일치시켜서 보는—경향이 있다. 사람들은 자신의 환경을 바꾸기 위해 어떤 일을 하기 전에 사회 속에서 자신의 위치를 이해해야 한다. 불의에 희생된 사람은 자기 잘못 때문에 고통을 겪는 것이 아니며, 그 고통은 피할 수 없는 필연적인 것도 아니라는 사실을 알아야 한다. 따라서 고의로 그랬건 아니건 간에 억압자들이 다른 인간과 동물에 대해 저지른 불의를 볼 수 있도록 그들을 끌어내야 한다.

강령 스스로에 의한 방향 설정이나 이해는 물론 억압을 극복하는 데 충분하지 않다. 그것은 행동과 결부되어야 한다. 그러나 어떤 종류의 행동이어야 하나? 여기서 해방 이데올로기는 그들이 다양한 상황 속에서 맞닥뜨리는 도전에 따라 다양한 여러 경로를 채택한다. 여기서 흑인운동과 페미니즘의 '자유주의적' 변형과 '급진적' 변형 사이의 차이가 가장 명확히 드러난다. '자유주의적' 또는 '통합주의적' 변형은 '전국유색인종발전협회(NAACP)'의 법정 제소, 미국 헌법에 여성 차별을 철폐하는 수정 헌법의 평등 조항을 추가하려는 시도처럼 합법적 행동에 의한 변화를 전형적으로 추구한다. '급진적' 또는 '분리주의적' 변형은 '블랙 팬더(Black Panther)'나 '이슬람 민족(Nation of Islam)'과 같은 자조와 자기방위 그룹을 형성하여 기존에 확립된 사회적 · 법적 권력에 도전하거나 우회하는 행동을 선호하는 경향이 있다. 모든 종류의 해방 그룹들은 자신들의 주장에 대한 관심을 불러일으키기 위해 종종 보이코트, 데모, 시민 불복종—공개적이고 평화로운 법률위반 행위—에 의존한다. 일부 해방 이데올로기의 옹호자들은 자신들에게 폭력을 가하는 억압자들에 대항하는 자기방어적 형태의 폭력은 상황에 따라 정당화된다고 말하였다.[40] 그러나 그들의 전략이 무엇이든, 일반적 측면에서 해방운동가들은 같은 프로그램을 가지고 있다. 즉 억압받는 사람이나 동물이 완전하고 자유로운 삶을 살 수 있도록 억압을 종식시키는 것이다.

해방, 정체성 그리고 민주적 이상

마지막 질문이 하나 남아 있다. 해방 이데올로기는 어떻게 민주적 이상을 해석하고 구성하는가? 다양한 해방운동가들은 전형적으로 민주주의를 자치(自治)라고 생각하는데, 이는 다른 이데올로기에서도 발견되는 민주주의 개념과 일치한다. 그러나 해방 이데올로기는 자긍심과 자기 존중심이 어느 정도 잘 발달되지 않는 한 자치는 불가능하다고 강조한다. 그래서 다양한 해방 이데올로기는 대상자들에게 존엄성, 자긍심, 정체성을 심어주는 것을 목표로 한다. 해방 이데올로기는 이 장의 서두에 밝힌 다섯 가지 방법으로 이것을 수행한다. 각각의 이데올로기는 비록 모두가 어떤 종류의 억압을 경험하기는 했으나 역사적으로 유일무이한 경험을 한 특정한 집단, 곧 흑인, 여성, 동성애자, 원주민, 가난한 사람들을 대상으로 한다. 하나하나의 해방 이데올로기는 이런 경험을 객관적이고 타당하다고 인정하면서, 해방 이데올로기의 대상자들이 억압의 기원, 기억, 결과를 고찰하도록 이끈다. 이 경험들의 전형적 사례는 오랜 억압 탓에 내면화된 감정 표현의 어색함이나 심리적 장벽, 예를 들면 열등감이나 부적절함의 감정 등이다. 이러한 경험들은 억압받는 사람들이 스스로를 위해 세운 목표를 달성하고자 노력하면서 적극적으로 자치 능력을 발휘하는 행위자로 변모하는 데 방해가 된다. 억압의 효과는 육체적으로 뿐 아니라 심리적으로도 크게 미치고 있다. 그 때문에 해방 이데올로기는 억압받는 사람들 스스로의 정체성을 확인하고 '의식을 고양'함으로써, 즉 그 이전에는 의식되지 못하고 불분명하게 남아 있던 것을 의식하고 분명히 표출되게 함으로써, 그동안 그들이 겪었던 심리적 피해를 인식하고 극복하도록 도와준다. 마지막으로 해방 이데올로기는 희생자뿐 아니라 그들의 억압자들에게도 알려주고 가르치려고 한다. 헤겔이 말하는 주인과 노예의 관계에서(5장에서 논의된) 주인은 자신의 노예뿐만 아니라 자신마저 억압하기 때문에 자신의 도덕적·지적·시민적 역량이 마비되고 둔화되는 고통을 받고 있다(보통 그것을 알지도 못한다).

'다문화주의(multiculturalism)'를 둘러싼 최근의 충돌은 다양한 해방 이데올로기의 노력에서 생겨났다. '정체성의 정치(identity politics)'나 '차이의 정치(the politics of difference)'의 옹호자들은 문화적 차이에 대해 새롭고 부활된 강조를 긍정적인 발전으로 바라본다. 주류 사회의 주변으로 밀려난 모든 집단들은 자신들의 문화를 갖고 있다. 동성애자, 여성, 유색인종, 원주민, 그리고 예를 들어 '청각장애자 문화' 또는 '청각장애자의 길'에 대해 말하는 신체 장애인들까지도.[41] 다문화주의자들은 오랫동안 억압받았던 집단이 정치적 관심과 법적 인정을 취득해야 하는 시간이 되었다고 말한다. 그들은 각자의 집단 정체성에 자부심과 연대감을 결합시켜야 한다. 자신이 정체성을 갖는 집단의 다른 구성원들과 협력함으로써 개인은 공적인 문제에서 효과적인 목소리를 낼 수 있고 자유로워질 수 있기 때문이다. '차이의 정치'의 옹호자들은 이런 종류의 발언과 자유는 억압된 집단의 대표성이 의회에서 보장될 때만 유효할 것이라고 말한다. 즉 의회에서 여성·원주민·흑인·동성애자 등을 위해 많은 의석을 챙겨놓는 것이다.[42]

'다중 주권(multiple sovereignties)'과 '다문화 시민권(multicultural citizenship)'의 비판자들은 그런 정치가 사회적으로나 문화적으로 분열을 일으킨다는 주장을 한다. 비판자들은 '정체성의 정치 혹은 차이의 정치'가 개인을 단순히 개인이나 시민으로서가 아니라 이 집단이나 또는 다른 집단의 구성원으로서 본다고 비난한다. 시민으로서 개인은 법 앞에 평등해야 한다. 법정과 다른 기관들은 인종이나 종족 그리고 다른 형태의 집단 정체성에 무관해야 한다. 어느 누구도 자신의 인종이나 조상 혹은 종족적 소속 때문에 특별한 대우를 받아서는 안 된다. 게다가 순진하게 최선의 의도를 갖고 시작한 것이 불운하게—종족적 '차이'에 대한 강조가 집단 간의 적대감과 인종 청소(ethnic cleansing)로 이어질 수 있는 것처럼—끝날 수도 있다고 비판자들은 덧붙인다. 문제가 그 정도까지 심각해지지는 않더라도 차이에 대한 강조는 여전히 정치 체제의 파편화를 가져올 수 있다. 예를 들어 미국의 국가적 모토는 'e pluribus unum(다수로부터 하나로)'이다. 그러나 다문화주의자들은 '하나(unum)', 즉 국가적 단일성을 희생하더라도 '다수(pluribus)', 곧 다양성과 차이를 강조한다.[43]

정체성의 정치를 옹호하는 사람들은 법이— '이상적인 사회에서는'—인종, 종족을 비롯한 여러 차이들을 무시해야 한다는 주장에 종종 동의할 것이다. 그러나 우리의 세계는 이상적이지 않다. 기껏

부분적인 해방을 획득한 집단의 구성원들에게 여전히 억압이 가해짐으로써 이 세계는 상처받고 있다.[44] 이 때문에 **차별 시정 조치**(affirmative action)와 집단 대표제와 같이 과거의 억압이 남겨 놓은 부작용을 극복하고 계속되는 차별에 종지부를 찍기 위한 특별한 노력이 필요하다. 더 나아가 다문화주의자들은 사람들을 평등하게 대우하는 것이 어떤 면에서는 그들의 차이를 인정하는 것을 전제로 한다고 주장한다. 예를 들어 여성은 생명을 낳을 수 있지만 남자는 할 수 없다는 차이 같은 것인데, 이런 것을 비롯한 여러 차이들이 고려될 때에만 다양한 법과 정책들은 여성과 남성을 평등하게 다룰 수 있다.

여러 가지 방법으로 해방 이데올로기는 사람들이 민주주의 즉 자치의 부담을 감당하고 만족감을 느낄 수 있을 만큼 충분히 강하게 만들려고 한다. 그런데 해방 이데올로기 중의 하나인 동물해방은 그런 결론에 도달할 수 없는 사상일지도 모른다. 그것은 동물의 참다운 삶에 관심을 갖는 것이기 때문이다. 그러나 이런 난점은 우리가 보아온 것처럼 중요한 점을 놓치고 있다. 동물해방 이데올로기는 다른 동물과 마찬가지로 인간의 해방을 목표로 인간을 대상으로 한다. 우리가 의문의 여지없이 종차별주의의 가정을 받아들이는 만큼 우리는 세계와 세계 속의 우리의 위치에 대해 잘못된 표상에 갇혀 있다고 동물해방 운동가들은 말한다. 9장에서 볼 것처럼 이것은 최근에 나타난 다른 이데올로기와 공유하는 주제이기도 하다.

더 읽을거리

흑인해방운동

Biko, Steve. I Write What I Like, eds. Malusi and Thoko Mpumlwana. London: Bowerdean Press, 1996.

Branch, Taylor. Parting the Waters: American in the King Year, 1954–1963. New York: Simon & Schuster, 1988.

_____. Pillar of Fire: American in the King Year, 1963–1965. New York: Simon & Schuster, 1998.

Carmichael, Stokely, and Charles Hamilton. Black Power. New York: Vintage Books, 1967.

Fanon, Frantz. Black Skin, White Masks. New York: Grove Press, 1982

Grier, William H., and Price N. Cobbs. Black Rage. New York: Bantam Books, 1969.

King, Martin Luther, Jr. Why We Can't Wait. New York: Harper & Row, 1964.

West, Cornel. Race Matters. New York: Vintage Press, 1994.

X, Malcolm. The Autobiography of Malcolm X. New York: Grove Press, 1965

_____. Malcolm X Speaks. New York: Grove Press, 1966

여성해방운동

Beauvoir, Simone de. The Second Sex. New York: Bantam Books, 1968.

Elshtain, Jean Bethke. Public Man, Private Woman: Women in Social and Political Thought. Princeton, NJ: Princeton University Press, 1981.

Friedan, Betty. The Feminine Mystique. New York: Norton, 1963.

Grimké, Sarah. Letters on the Equality of the Sexes, ed. Elizabeth Ann Bartlett. New Heaven, CT: Yale University Press, 1988.

Hooks, Bell. Feminist Theory: Margin to Center. Boston: South End Press,

1984

Jaggar, Allison. Feminist Politics and Human Nature. Lanham, MD: Rowman & Littlefield, 1988

James, Susan, "Feminisms," in Terence Ball and Richard Bellamy, eds., The Cambridge History of Twentieth-Century Political Thought (Cambridge: Cambridge University Press, 2003)

Mill, John Stuart. The Subjection of Women, [1869] in John Stuart Mill: Three Essays, ed. Richard Wollheim. Oxford: Oxford University Press, 1975.

Mitchell, Juliet. Woman's Estate. New York: Vintage Books, 1973.

Schneir, Miriam, ed. Feminism: The Essential Historical Writings. New York: Vintage Books, 1972.

Tong, Rosemarie. Feminist Thought, 2nd ed. Boulder, CO: Westwiew Press, 1998.

동성애자 해방운동

Bawer, Bruce. A Place at the Table: The Gay Individual in American Society. New York: Poseidon Press, 1993

Corvino, John, ed. Same Sex: Debating the Ethics, Science, and Culture of Homosexuality. Lanham, MD: Rowman & Littlefield, 1997.

Cruikshank, Margaret. The Gay and Lesbian Movement. London: Routledge, 1992.

Duberman, Martin. Stonewall. New York: Dutton, 1993

Marcus, Eric. Making History: The Struggle for Gay and Lesbian Equal Rights, 1945-1990. New York: Harper Collins, 1992.

Mohr, Richard. Gays/Justice. New York: Columbia University Press, 1988.

Sullivan, Andrew. Virtually Normal: An Argument about Homosexuality. New York: Alfred A. Knopf, 1995.

원주민 해방운동

Brown, Dee. Bury My Heart at Wounded Knee: An Indian History of the American West. New York: Holt, Rinehart & Winston, 1970.

Deloria, Vine, Jr., and Clifford Little. The Nations Within : The Past and Future of American Indian Sovereignty. New York : Pantheon, 1984.

Little Bear, Leroy, Menno Boldt, and J. Anthony Long, eds. Pathways to Self-Determination. Toronto : University of Toronto Press, 1984.

Monture-Angus, Patrica. Thunder in My Soul : A Mohawk Woman Speak. Halifax, N.S. : Fernwood Publishing, 1995.

Richardson, Boyce, ed. Drumbeat : Anger and Renewal in Indian Country. Assembly of First Nations : Summerhill Press ; distributed by University of Toronto Press, 1989.

Wub-E-Ke-Niew. We Have the Right to Exist. New York : Black Thistle Press, 1995.

해방신학

Phillip Berryman. Liberation Theology : Essential Facts about the Revolutionary Movement in Latin America-and Beyond. Philadelphia : Temple University Press, 1987

McGovern, Arthur F. "The Evolution of Liberation Theology," New Oxford Review 17(June 1990) : 5-8.

Pottenger, John. The Political Theory of Liberation Theology. Albany : State University Press of New York, 1989.

Sigmund, Paul. Liberation Theology at the Crossroads : Democracy or Revolution? New York : Oxford University Press, 1990.

동물해방운동

Amory, Cleveland. Man Kind? New York : Harper & Row, 1974.

Coats, C. David. Old MacDonald's(Factory) Farm. New York : Continuum Books, 1989.

Francione, Gary L., and Alan Watson, Introduction to Animal Rights. Philadelphia : Temple University Press, 2000.

Frey, R. G. Interests and Rights : The Case against Animals. Oxford : Oxford University Press, 1980.

Regan, Tom. The Case for Animal Rights. Berkeley and Los Angeles:
University of California Press, 1983.
and Peter Singer, eds. Animal Rights and Human Obligations. Englewood
Cliffs, NJ: Prentice-Hall, 1976.
Singer, Peter. Animal Liberation, 2nd ed. New York: Random House, 1990.

1) Marilyn Frye, The Politics of Reality(Trumansburg, NY: Crossing Press, 1983), pp. 1-16의 억압(oppression)에 대한 설명 참조. Terence Ball and Richard Dagger, ed., Ideals and Ideologies : A Reader, 5th ed. (New York: Longman, 2004), selection 55도 참조.

2) William Barret, The Illusion of Technique(Garden City, NY: Doubleday Anchor, 1978), p. xv.에서 인용.

3) Dawson에 따르면 급진적 평등주의, 환멸을 느낀 자유주의(disillusioned liberalism), 흑인 마르크스주의, 흑인 민족주의, 흑인 페미니즘, 그리고 흑인 보수주의 이데올로기이다. Michael Dawson, Black Visions : The Roots of Contemporary African-American Political Ideologies(Chicago : University of Chicago Press, 2001), chap.1 참조.

4) 같은 책, p. 94.

5) 예를 들면 Steve Biko, "Black Consciousness and the Quest for a True Humanity," in Biko, I Write What I Like, eds. Malusi and Thoko Mpumlwana (London : Bowerdean Publishing, 1966)을 보라; Ideals and Ideologies, selection 51도 참조.

6) William Grier and Price Cobb, Black Rage(New York: Basic Books, 1969).

7) Frantz Fanon, Back Skins, White Masks(New York: Grove Press, 1982).

8) Taylor Branch, Parting the Waters : America in the King Years, 1954-1963 (New York: Simon & Schuster, 1988), p. 589에서 인용.

9) Randall Robinson, The Debt : What America Owes to Blacks(New York : Dutton, 2000); 이 사례는 Boris I. Bittker, The Case for Black Reparations (New York: Random House, 1973)에서 좀 더 먼저 그리고 좀 더 체계적으로 다루어졌다. Roy L. Brooks, ed., When Sorry Isn't Enough : The Controversy over Apologies and Reparations for Human Injustice(New York : New York University Press, 1999), Part 6과 7을 좀 더 참조.

10) Dawson, Black Visions, p. 120에서 인용.

11) Miriam Schneir, ed., Feminism: The Essential Historical Writings(New York: Vintage Books, 1972), p. 3에서 인용.

12) Wollstonecraft, Vindication of the Rights of Woman의 발췌문은 Ideals and Ideologies, selection 52 참조.

13) Sarah Grimké의 여성의 처지와 노예 사이의 연관에 대한 고찰에 대해서는 그녀의 Letters on the Equality of the Sexes(Boston: Isaac Knapp, 1838), Letter VIII; Ideals and Ideologies, selection 53 참조.

14) Schneir, ed., Feminism, Part IV: "Men as Feminists."를 보라.

15) 예를 들면 Sheila Rowbotham, Women's Consciousness, Man's World(Harmondsworth: Pelican Books, 1973)를 보라.

16) 예를 들면 Emma Goldman, Anarchism and Other Essays(New York: Mother Earth Association, 1910); 그녀의 다른 두 개의 논문, "The Traffic in Woman"과 "Marriage and Love"는 Schneir, ed., Feminism, pp. 308-324에 수록되어 있다.

17) 예를 들면 Shulamith Firestone, The Dialectic of Sex: The Case for Feminist Revolution(New York: Morrow, 1970)을 보라.

18) Vivien Gornick, Essays in Feminism(New York: Harper & Row, 1978)을 볼 것.

19) 포르노그래피에 반대하는 급진 페미니즘의 경우는 Catherine MacKinnon, Only Words(Cambridge, MA: Harvard University Press, 1993)를 볼 것. 자유주의적 페미니즘의 답변에 대해서는 Nadine Strissen, Defending Pornography: Free Speech, Sex, and the Fight for Women's Rights(New York: Scribner, 1995)을 보라.

20) 성(性)과 동성간 사랑(same-sex love)——동성애(homosexuality)라는 용어는 19세기 말까지 쓰이지 않았다——에 대한 그리스인의 태도에 대해서는 다음 문헌을 참조. Plato, The Symposium; K. J. Dover, Greek Homosexuality(Cambridge, MA: Harvard University Press, 1978); Michel Foucault, The History of Sexuality, vol. I, trans. Robert Hurley(New York: Pantheon, 1986).

21) Elaine Pagels, Adam, Eve, and the Serpent(New York: Random House, 1988), pp. 10-11; 그러나 최근 전국 가톨릭 주교회의의 성명서를 주목하라. Always Our Children: A Pastoral Message to Parents of Homosexual Children and Suggestions for Pastoral Ministers(Washington, D.C.: Office of

Communications, National Conference of Catholic Bishops, U.S. Catholic Conference, 1997).

22) Martin Duberman, Stonewall(New York: Dutton, 1993).

23) 예를 들면 Richard Mohr, Gays/Justice(New York: Columbia Press, 1988)를 보라; John Corvino, "Homosexuality—The Nature and Harm Arguments," in Ideals and Ideologies, selection 56.

24) Bruce Bawer, A Place at the Table: The Gay Individual in American Society (New York: Poseidon Press, 1993)를 보라.

25) Randy Shilts, Conduct Unbecoming: Gays and Lesbians in the U.S. Military (New York: St. Martin's Press, 1993)를 보라.

26) 동성애자 운동의 광범한 '구술역사'에 대해서는 Eric Marcus, Making History: The Struggle for Gay and Lesbian Equal Rights, 1945-1990(New York: HarperCollins, 1992)를 보라.

27) "Unofficial Apology Offered to Aborigines," AP dispatch, Minneapolis Star-Tribune(May 27, 1997).

28) "Canada Apology to Native Peoples," Arizona Republic(Jan. 8, 1998) p. A8; "Canada Will Form New Territory Ruled by Aboriginals," Arizona Republic (April 5, 1998), p. A28.

29) David Stout, "At Indian Bureau, A Milestone and an Apology," New York Times, September 9, 2000, p. A7. 남서부 인디언 부족의 반응에 대해서는 "Indians hear BIA apology—Arizona tribes want action, not words," Arizona Republic, September 9, 2000, pp. A1, A12를 보라. Roy L. Brooks, ed., When Sorry Ins't Enough: The Controversy over Apologies and Reparations for Human Injustice(New York: New York University Press, 1999) Part 5도 역시 참조.

30) Gustavo Gutierrez, A Theology of Liberation: History, Politics and Salvation, trans. Sister Caridad Inda and John Eagleson(Maryknoll, NY: Orbis Books, 1973), p. 307; Ideals and Ideologies, selection 58.

31) Singer와 Regan은 '동물해방 이데올로기'의 정서와 아이디어를 플루타르크(c. 49-119 a.d.)와 토마스 아퀴나스(1224-1274)까지 멀리 소급하여 추적하였다. Peter Singer and Tom Regan eds., Animal Rights and Human Obligations

(Englewood Cliffs, NJ: Prentice-Hall, 1976), pp. 111-121.

32) Peter Singer, Practical Ethics(Cambridge: Cambridge University Press, 1979), p. 49에서 인용

33) 같은 책, p. 50.

34) Regan and Singer, Animal Rights and Human Obligations, pp. 173-178, 185-189에 있는 Salt 저작의 발췌문을 보라. 내용이 좀 더 풍부한 발췌문은 George Hendrick and Willence Hendrick, eds., The Savour of Salt(London: Centaur Press, 1989).

35) C. David Coats, Old MacDonald`s Factory Farm(New York: Continuum, 1989); and Eric Schlosser, Fast Food Nation: The Dark Side of the All-American Meal(Boston: Houghton Mifflin, 2001).

36) Peter Singer, Animal Liberation, 2nd ed. (New York: Random House, 1990), 그리고 "All Animals Are Equal," in Ideals and Ideologies, selection 59. 공리주의자로서 싱어는 생명의 '본질적인 가치' 라는 이념과 '권리' 라는 용어의 사용에 대해서 회의적이다.

37) '본질적 가치' 와 동물의 권리라는 이념의 가장 체계적이고 철학적인 논거는 Tom Regan, The Case for Animal Rights(Berkeley and Los Angeles: University of California Press, 1983). 싱어처럼 Regan도 '동물해방' 이 인간의 해방, 그리고 이전에 검토되지 않은 '종차별주의자' 의 편견과 습관에서의 해방을 수반한다고 주장한다.

38) Regan, The Case for Animal Rights(앞의 주. 34) 외에도 Steven M. Wise, Rattling the Cage: Toward Legal Rights for Animals(Cambridge, MA: Perseus Books, 2000), 그리고 Wise, Drawing the Line: The Case for Animal Rights (Cambridge, MA: Merloyd Lawrence Books, 2002)를 보라.

39) Lawrence E. Johnson, A Morally Deep World(Cambridge: Cambridge University Press, 1991), ch.6.

40) 예를 들면 Malcolm X, Malcolm X Speaks(New York: Grove Press, 1966)를 보라.

41) C. J. Erting et al., The Deaf Way: Perspectives from the International Conference on Deaf Culture(Washington, DC: Gallaudet University Press, 1994)를 보라.

42) 이런 입장에 대한 명확하고 강력한 주장을 위해서는 Iris Marion Young, Justice and the Politics of Difference(Princeton, NJ : Princeton University Press, 1990)를 보라.

43) 예를 들면 Arthur M. Schlesinger, Jr., The Disuniting of America(New York : Norton, 1992)를 보라.

44) 자유주의적 평등주의와 문화다원주의를 결합하려는 시도에 관해서는 다음을 보라. Will Kymlicka, Multicultural Citizenship : A Liberal Theory of Minority Rights(Oxford : Clarendon Press, 1995). 그리고 Kymlicka, Politics in the Vernacular : Nationalism, Multiculturalism, and Citizenship(Oxford : Oxford University Press, 2001); David Miller, On Nationality(Oxford : Clarendon Press, 1996); Jeff Sponner, The Boundaries of Citizenship : Race, Ethnicity, and Nationality in the Liberal State(Baltimore : Johns Hopkins University Press, 1994); Bhikhu Parekh, Rethinking Multiculturalism : Cultural Diversity and Political Theory(Cambridge, MA : Harvard University Press, 2000); Jacob Levy, The Multiculturalism of Fear(Oxford : Oxford University Press 2000). '평등주의적 비판'에 관해서는 Brian Barry, Culture and Equality : An Egalitarian Critique of Multiculturalism(Cambridge, MA : Harvard University Press 2001) 참조. 유용한 개관은 Bernard Yack, "Multiculturalism and the Political Theories," European Journal of Political Theory, 1(July 2001) : 107–119를 보라.

제9장

'녹색' 정치 : 이데올로기로서의 생태학

"단지 연결만 있을 뿐이다."
—— 포스터(E. M. Forster), 『하워즈 엔드(Howards End)』

모든 이데올로기는 위기로부터 탄생한다. '무언가 잘못되어 있다', '세상이 의당 그래야 하는 것과 다르다' 라는 공유된 느낌에서 출발하여 이데올로기는 인간 삶의 의심스럽거나 영문 모를 특징들을 설명하거나 해명하려고 한다. 그리고 그러한 설명을 바탕으로 하여 이데올로기는 고난에 찬 시대의 해악을 진단하고 처방을 제공한다. 이 장에서 우리가 검토할 이데올로기 역시 이 규칙에서 예외가 아님이 분명하다. 비록 이 이데올로기의 많은 관념적 요소들은 상당히 오래된 것이지만, 이데올로기 자체는 새로운 것이다. 사실 너무나 새롭기 때문에 아직 일반적으로 합의된 명칭도 없을 정도이다. 그러나 이 운동에 관여하는 많은 사람들이 그들의 관점을 **녹색정치**(Green politics)라고 하고 그들 자신을 '녹색주의자들(Greens)' 이라고 호칭하기 때문에, 우리는 그들과 그들의 이데올로기를 그러한 명칭으로 부를 것이다.[1]

광범위한 기반을 가진 녹색 운동을 출현시킨 위기는 환경 위기이다. 실제로 이것은 단일한 위기가 아니라 생태학적 · 환경적 파괴와 관련된 일련의 위기들이었다. 파괴는 물론 인구 증가, 대기 및 수질 오염, 열대 다우림(多雨林)의 파괴, 동식물 전체 종(種)의 급속한 멸종, 온실효과(greenhouse effect, 지구 대기의 온난화), 산성비에 의한 산림과 호수의 파괴, 지구를 보호하는 오존층의 고갈, 그밖에 이제 우리에게 친숙한 환경 파괴와 악화의 사례들에 의해 초래되었다.

이러한 위기들은 서로 연결되어 있으며, 게다가 그 모든 것들은 지난 두 세기에 걸친 인간의 행동과 실천의 결과이다. 많은 것들은 내연 기관과 같은 기술혁신의 부산물이다. 그러나 다수의 환경론자들에 따르면 그러한 환경 위기의 원인들은 기술적인 것만큼 이데올로기적인 것이기도 하다. 말하자면 환경 위기는 인간을 자연보다 우월한 존재로 혹은 자연과 분리된 존재로 간주하는 관념이나 이데올로기에서 비롯된다. 그런 관념들에 대항하여 부상하는 녹색 운동은 다음 두 가지를 주요한 특징으로 하는 독자적인 '대항 이데올로기(counter-ideology)'를 제안한다. 첫째, 대항 이데올로기는 오랫동안 근대 정치를 지배해왔던 이데올로기들의 바탕이 되는 몇 개의 핵심 가정들에 대한 비판으로 구성되어 있다. 둘째, 대항 이데올로기는 인간이 자연적 환경과 갖는 관계와 인간 상호간의 관계에 대해 좀더 긍정적이고 희망적인 비전을 제공하고자 한다.

이것은 녹색 혹은 환경론적 이데올로기의 옹호자들을 오로지 '자유주의적'이거나 좌파지향적으로 생각해야 한다는 것을 의미하지 않는다. 어떤 사람들은 그들 자신을 버크(Edmund Burke)의 전통에 따라 '보수주의적 환경론자(conservative environmentalist)'라고 부르는데, 버크는 매 세대는 후손들에게 "폐허"가 아닌 "서식처"[2]를 남길 의무를 지니고 있다고 기술한 바 있다. 다른 이들은 스스로를 '자유시장(free-market)' 혹은 '자유지상주의적 환경론자(libertarian environmentalist)'라고 부르는데, 이는 그들이 자유 시장 경쟁과 사유재산제도가 자연 환경을 보호하는 가장 좋은 수단이라고 믿기 때문이다.[3] 또 다른 이들은 지구는 신의 창조물로서 인간이 일시적인 쾌락이나 이익을 얻기 위해 착취하거나 약탈해서는 안 된다는 종교적 가정에 따라 움직인다. 그들이 주장하는 바에 따르면, 자연은 존경으로서 대해야 한다. 즉 인간은 신의 창조물의 관리인으로서 그것을 잘 보살펴야 할 의무가 있다는 것이다.[4]

따라서 자유주의자들, 보수주의자들, 사회주의자들, 그리고 다른 이데올로기들의 추종자들 사이에도 차이가 있는 것처럼 녹색주의자들 사이에도 차이들이 있다. 그러나 그들 모두는 자연 환경에 대한 우리의 태도와 자연 환경 속에서 우리의 행동을 절박하게 재고할 필요성이 있다는 데 대해서는 이견이 없다.

다른 이데올로기에 대한 녹색주의의 비판

녹색주의자들에 의하면 대안적인 환경론적 이데올로기를 구상하고 그에 따라 행동하는 것은 단순히 여러 대안 가운데서 한 가지를 택하는 것이 아니다. 그것은 지구 그리고 인류 자신을 포함한 무수히 많은 종들을 지켜내야 하는 인간에게 남은 유일한 기회인지도 모른다. 그리고 이는 인류가 동물과 식물이라는 다른 종들과 연계되고, 그것들에게 깊이 의존하고 있기 때문이다. 한마디로 말해 모든 것들은 서로 의존한다는 것이다. 이러한 상호의존성이 작용하고 있다는 사실을 이해하기 위해서 나무 이야기를 생각해보도록 하자. 나무는 그늘이나 목재의 원천일 뿐만 아니라 산소의 원천이기도 하다. 나무들은 연소 과정과 인간의 호흡—인간은 분당 대략 스무 번의 호흡을 하며 호흡할 때마다 산소와 질소의 혼합물을 들이마시고 이

산화탄소를 내뱉는다──을 포함한 다른 산화 과정의 부산물인 이산화탄소를 취하고 산소를 내놓는다. 따라서 열대 다우림을 제거하고 산성비로 인해 북반구의 산림이 파괴되면 인간이나 다른 생명체에게 유용한 산소의 양이 감소된다. 또한 이것은 대기 중에 이산화탄소의 양을 증가시키며, 그 결과 '온실효과'라 불리는 지구 대기의 온난화가 가중된다. 또한 전 지구의 온난화는 가뭄을 일으키며, 이전에 비옥했던 토지를 사막이나 흙모래 폭풍이 심한 건조지대로 변형시킨다. 그리하여 농작물 생산은 감소하고, 이것은 곧 인간과 동물의 굶주림 또는 심지어 기아와 연결된다. 또한 지구 온난화는 극지방의 만년설을 점진적으로 녹일 것이고, 이로 인해 해수면을 상승시킬 것이며, 그 결과 플로리다의 대부분은 물론 방글라데시와 같은 나라들을 포함한 대부분 해안 저지대 지역을 영구히 침수시킬 것이다.

나무 이야기의 교훈은 바로 모든 것들이 서로 연결되어 있다는 것이다. 다른 식으로 표현한다면 돌아가는 것은 돌아오기 마련이다. 물론 이것은 전적으로 새로운 메시지가 아니다. 세계의 모든 위대한 종교들은 이러저런 방식으로 다분히 동일한 것을 이야기해왔다. "뿌린 대로 거둔다(「갈라디아서」, 6: 7)." 이것은 오직 개인에게만 아니라 모든 세대에 걸친 인간에게도 해당하는 사실이다. "아버지들이 신 포도를 먹었기 때문에 아이들은 이가 시다(「에제키엘서」, 18: 2)." 달리 말하면 어느 특정한 시공간에서 이루어지는 인간의 행위는 다른 시공간에 있는 다른 인간과 종에게 영향을 미칠 것이다. 아무리 하찮은 행동일지라도 모든 행동은 광범위하고 장기적인 결과를 수반한다.

그러나 세계의 주요 종교가 '만물은 상호 연결되어 있다'라고 가르쳐온 반면에, 대부분의 주요 근대 이데올로기들은 그렇지 못해왔다. 녹색주의자들이 우파와 좌파를 비롯한 다른 이데올로기에 대해 비판적인 경향을 갖는 것은 바로 그러한 이유 때문이다. 녹색주의자들은 다른 이데올로기들의 특정한 믿음이나 교의만이 아니라, 그에 못지 않게 그 이데올로기들의 '검토되지 않은 가정들'에 대해서도 비판한다.

예를 들어 여러 가지 근대 이데올로기가 공유한 자연에 대한 가정, 그리고 인간이 자연과 갖는 관계에 대한 가정을 고찰해보라. 자유주의자, 사회주의자, 개인주의적 보수주의자들은 자연에 관해 유사한 태도를 견지하는데, 그 태도는 날로 증가하는 자연에 대한 인간의 '정복' 혹은 '지배'를 찬양하는 것이다. 그들은 자연이라는 대상을 정복해야 하는 적대적 힘이나, '성장'과 '경제발전'이라는 인간의 목적을 위해 통제해야 하는 자원 기반 중의 하나로만 간주한다. 따라서 기술적, 과학적, 경제적 진보는 인류가 자연에 대해 갖는 힘의 관점에서 측정되어야 한다. 그러한 적대적 태도는 일찍이 홉스(Thomas Hobbes)의 친구인 베이컨 경(Sir Francis Bacon)을 포함한 17세기 사상가들에 의해 표출되었다. 베이컨은 확실히 사드 후작(Marquis de Sade)이 뒷날 여성에 대해 말한 것과 같은 방식으로 자연에 대해 이야기했다. 자연(항상 "그녀")은 오만하고 거만하지만 "남성"에 의해 정복되고 비하되고 굴복되어야 하며, 남성의 권력감(權力感)은 자연을 정복하면서 함께 증가한다. 베이컨은 단언하기를 자연은 "문초당하고," "굴복당해서," 남성에게 "그녀의 비밀을 털어놓도록" 강요당해야 하며, 그 결과 남성은 "모루에 놓고 자연을 조형하듯이" 그녀에 반(反)해 자연의 비밀을 사용할 수 있다고 했다. 인간은 기술을 통해 "단순히 자연의 경로에 대해 점잖은 지침만을 내리지 않으며, 그녀를 정복하고 굴복시킬 수 있는, 심지어 토대로부터 그녀를 흔들어버릴 수 있는 권능을 가지고 있다." 마지막으로 "기예와 남성의 수완에 따라 그녀는 본래의 자연상태에서 끌려나오며," 남성의 목적에 부합하도록 "압착되고 주조된다."[5] 비록 딜 '가학적'

이기는 하나 그와 유사하게, 로크는 자연 그 자체는 가치가 없다고 믿었다. 오직 인간이 '황무지'와 자원을 인간의 용도에 맞게 사용할 때, 비로소 어떤 가치이든지 간에 그것들이 지닌 '가치'를 획득하게 된다는 것이다. "목축, 개간 또는 파종을 위한 개선이 전혀 없는, 즉 오직 자연에 전적으로 내맡겨진 땅은 실제로 그렇듯이 황무지로 불린다. 그리고 그러한 땅에서는 이익이 거의 무에 가깝다는 사실을 우리는 발견할 것이다."[6] ('이익'이라는 말로 로크가 의미하는 바는 '인간의 이익'이다. '황무지'는 그곳에서 살아가는 비인간적 생물체들에게는 엄청난 이익을 제공한다.) 또한 마르크스는 자본주의와 자본주의를 정당화하는 자유주의 이데올로기에 대해 비판적이었지만, 자본주의로 인해 자연에 대한 인간의 힘이 증가한 데 대해서는 열광적이었다.

부르주아지는 100년도 채 안 되는 그들의 지배 동안 과거의 모든 세대들이 해온 것을 다 합친 것보다 더 많고 더 거대한 생산력을 창조해냈다. 인간에 의한 자연력의 정복, 기계, 공업·농업에 화학의 응용, 증기선 항해, 철도, 전신, 세계 각지의 개간, 하천의 운하, 마치 땅 밑에서 솟아난 듯한 엄청난 인구 등과 같은 생산력이 사회적 노동이라는 골짜기에서 숨죽이고 있었다는 점을 과연 과거의 어느 세기가 예감이라도 했겠는가?[7]

이러한 견해에 비추어볼 때, 자유주의적 자본주의 사회와 공산주의 사회 모두가 인간중심주의(anthropocentrism)라는 선입견을 공유한다는 점에서 유사하다는 것은 결코 놀랄 만한 일이 아니라고 녹색주의자들은 말한다.[8] 양자 모두 자연 환경의 보호보다는 경제 '성장'과 생산성을 선호하는 경향이 있다. 볼가 강이나 미시시피 강과 같은 강들이 열려 있는 하수구에 지나지 않는다는 사실, 시베리아와 뉴잉글랜드 및 캐나다의 호수, 어류, 침엽수들이 산성비에 의해 오염되고 있다는 사실 또한 전혀 놀라운 일이 아니라고 그들은 말한다. 그리고 비록 소련이 현재까지의 원자력 사고 가운데 최악의 사고가 일어난 곳——1986년의 체르노빌(Chernobyl)——이었지만, 미국 역시 1979년에 펜실베이니아 주에 있는 스리마일 섬(Three Mile Island)에서 하마터면 그와 비슷한 참사를 겪을 뻔했다. 과거에 있었던 그리고 미래에 발생할 가능성을 가진 사고들과는 별개로 미국, 러시아, 중국 그리고 다른 여러 나라들은 인간과 여타 다른 생명체들의 건강에 대단히 위험하고 치명적인 원자력 화학 폐기물을 수천 년 동안 안전하게 저장할 수 있는 아무런 수단도 없으면서 계속 양산하고 있는 실정이다.

생태학적 관점에서 볼 때, 녹색주의자들에게 공산주의와 자본주의는 별다른 차이가 없다. 두 체제가 각각 그들 자신을 정당화하기 위한 수단으로 삼는 이데올로기는 우리 자신과 다른 피조물들이 궁극적으로 의지하는 자연 환경에 대해 본질적으로 무관심하다. 따라서 녹색주의자들은 그러한 영향력을 지닌 이데올로기들이 우선적으로 기초하는 가정(假定)에 관해 재고해야 한다고 말한다. 더 나아가 우리는 견제와 균형이라는 자연의 정교한 방식을 인정하고 존중하는 이데올로기를 고안해내야 한다.

생태학적 윤리를 향하여

다수의 녹색주의자들은 그들의 관점을 이데올로기가 아닌 '윤리'로 호칭하는 것을 선호한다. 레오폴드(Aldo Leopold)와 같은 초기 생태학적 사상가들은 대지의 윤리(land ethic)[9]에 관해 논했다. 좀 더 최근에 어떤 이들은 지구 자체를 중심에 놓는 윤리에 대해 이야기하며,[10] 또 다른 이들은 비슷한 정신에 따라 "행성 윤리(planetary ethic)"[11]의 출현에 대해 이야기한다. 그러나 대부분의 녹색주의자들은 그들 자신이 **생태중심주의**(ecocnentrism, 생태계에 중심을 둔) 혹은 **생명중심주의**(biocentrism, 생명체에 중심을 둔)라 부르는 윤리를 채택하고 있다.

녹색주의자들의 말에 따르면 생태 중심적 윤리나 생명 중심적 윤리는 인간, 그리고 인간 이외의 종들이 살아가는 상호 연결과 상호 의존의 그물에 대해서 강조하곤 한다. 사람들은 단순히 타인들과 연계되어 있을 뿐 아니라 다른 동식물과도 연결되어 있다. 후자에는 인간이 식용하는 물고기, 소, 곡물과 같은 것들뿐만 아니라 고래와 바닷물고기들의 먹이가 되는 작은 플랑크톤, 호수와 강에 사는 물고기들이 잡아먹는 벌레들과 작은 물고기들, 곡물이 자라는 토양에 공기를 공급하고 토양을 분해하는 벌레 등이 포함된다. 곡물은 농토를 비옥하게 만드는 소들의 먹이가 되며, 인간은 물고기, 곡물 그리고 소를 먹는다. 모든 것들은 탄생, 삶, 죽음, 부패 그리고 재탄생이라는 순환 과정에 참여하는 상호 의존적 참여자들이다. 그리고 이 순환에 참여하는 모든 것들은 공기, 물, 햇빛, 토양에 의존하며, 이것들 없이 생명을 유지한다는 것은 불가능하다.

녹색주의자들은 위에서 언급한 사실들이 원초적인 진리인데, 이것을 망각하면 위험을 자초할 뿐이라고 말한다. 하지만 우리는 망각하곤 했다. 스스로를 자연에서 분리함으로써 우리는 삶과 경험을 분리된 구획으로 나누어버렸다. 예를 들어 우리는 야채와 고기를 식료품 가게에서 플라스틱과 스티로폼으로 포장해서 파는 상품으로 생각하며, 물은 수도꼭지나 병에서 나오는 것으로 생각한다. 무엇이 그러한 것들을 가능하게 하고 이용 가능하게 만드는지에 대해서, 혹은 우리가 얼마나 많이 그들에게 의존하고 있는지, 그리고 그들 역시 우리에게 얼마나 많이 의존하고 있는지에 대해서는 잠시라도 숙고하지 않는다. 녹색주의자들은 이러한 단절감은 환상에 불과하며, 만약 이런 생각을 버리지 않으면 필연적으로 인류를 비롯한 다른 많은 종들이 멸종의 운명에 처하게 될 것이라고 비판한다.

그렇다면 우리는 이러한 상호 연결에 관해 어디서 배울 수 있을 것인가? 유용한 방법이 많다. 생물학·**생태학(ecology)**·지리학과 같은 과학 그리고 문학·음악·미술 등이 있다. 철학과 여러 종교 역시 많은 기여를 할 수 있다. 그러나 녹색주의자들은 무시된 원천이 있다는 점을 상기시키는데, 그것은 가령 북아메리카 인디언들과 같은 원주민들이 지니고 있는 민속적 지혜(folk wisdom)에서 발견된다는 것이다. 그들의 민속적 지혜에 따르면, 대지와 공기 및 물은 모두에게 속하는 동시에 아무에게도 속하지 않는다. 자연은 대가를 지불하고 판매되는 것이 아니다. 왜냐하면 자연은 우리와 별도로 분리되어 존재하는 상품이 아니기 때문이다. 그와 반대로 우리는 지구의 일부분이며 지구 역시 우리의 일부분이다. 이러한 상호 연결성을 인지하지 못하는 것은 우리 자신과 다른 종들의 불행을 증가시키고 결국에는 멸종의 상태에 이르게 할 것임이 틀림없다.

환경론적 혹은 녹색주의적 윤리의 몇 가지 다른 특징들은 상호 연결성과 상호 의존성을 인정하는 데서 도출된다. 그 특징들 중에서 먼저 언급할 것은 생명, 곧 인간의 생명뿐만 아니라 조그마한 미생물에서 거대한 고래까지 포함하는 모든 생명에 대한 존중이다. 인류의 운명은 그들의 운명과 연결되어 있으며, 그들의 운명 역시 인류의 운명과 연결되어 있다. 생명은 그것을 지탱하기 위해 일정한 조건을 요구한다는 사실에서 두 번째 특징이 도출된다. 우리는 생명을 다양한 방식으로 양육하고 지탱하는 조건들을 존중하고 돌보아야 할 의무가 있다. 지하 대수층(帶水層), 물, 그리고 공중의 대기에 이르기까지 자연은 상호 연결된 조건이라는 복합적 그물 내에 존재하는 피조물들에게 자양분을 공급한다. 어느 하나를 손상시키면 다른 것들을 손상시키는 것이고, 정교한 생명 유지의 그물이라는 통합성에 의존하여 살고 있는 어느 하나의 피조물을 위태롭게 하는 것은 모든 피조물을 위태롭게 한다.

그러나 이 점을 인식하는 것이 곧 인간이 자연에 대해 가지고 있는 거대한 힘을 간과하거나 부정하는 것을 의미하지는 않는다. 이와 반대로 그것은 우리에게 자신이 가진 힘의 범위를 인식할 것, 곧 우리에게 그 힘을 억제하며 현명하고 슬기롭게 사용해야 할 온전한 책임을 이행할 것을 요구한다. 녹색주의자들은 좋든 나쁘든 지구와 모든 피조물의 운명은 이제 인간의 결정과 행동에 달려 있다고 지적한다. 그들은 단순히 우리만이 자연에 의존하는 것이 아니라, 자연 역시 우리에게—곧 우리의 보살핌과 자제와 인내—의존한다고 말한다. 우리는 지구를 몇 번이나 파괴할 수 있는 힘이 있다. 핵전쟁—아니 오히려 '전쟁'이라는 단어는 승자와 패자를 내포하는데, 핵전쟁은 어떤 승자도 없을 것이기 때문에 '핵전멸'(nuclear omnicide), 곧 모든 것과 모든 인간의 파괴라는 표현이 더 적합하겠다—의 경우에 우리는 이 일을 아주 신속하게 해치울 수 있다. 비록 초기에는 아주 사소한 규모로 시작하더라도, 모든 지역 분쟁은 치명적 결과를 일으키는 핵 대결로 비화할 수 있다. 이로부터 '녹색' 윤리의 또 다른 특징이 출현한다. 즉 녹색주의자들은 평화를 위해 노력해야 한다는 것이다. 이것은 녹색주의자들이 어떠한 대결이나 갈등도 회피해야 한다는 것을 의미한다기보다는 간디(Mahatma Gandhi, 1869-1948)와 킹 목사 등이 사용한 방식에 따라 직접적 대항, 비폭력적 항의 및 저항의 전술을 채용해야 한다는 것을 의미한다. 많은 전투적 녹색주의자들은 이러한 전술을 적극적으로 채용해왔다. 예를 들어 반전 시위뿐만 아니라 오래된 삼림의 남벌, 원자력 발전소의 건설 등 기타 자연 환경에 파괴적이라고 생각되는 다른 활동들을 중지시키거나 지연시키려는 시도에서 그러한 전술을 활용해왔다.

녹색주의자들의 관점에서 그러한 입장은 오늘날 필수불가결한 것이다. 지구상의 모든 서식자들과 지구 그 자체가 핵전멸뿐 아니라 좀 더 느리기는 하지만 핵전멸 못지않게 파괴적인 환경 훼손에 의해 파멸될 수 있기 때문이다. 이 환경 훼손의 방식에는 일상생활의 사소한 행동이 만들어내는 누적 효과도 포함된다. 비록 겉으로 보기에 하찮고 사소한 행동일지라도 모든 행동은 때로 엄청난 결과나 효과를 초래한다. 예를 들어 스티로폼 컵으로 커피를 마시는 단순한 행위를 고려해보자. 편리하지만 비생체분해적인 용기는 사용자의 육체가 토양으로 재순환된 후 몇 백 년 동안에도 주변에 남아 있을 것이다. '떡갈나무 거목들도 작은 열매에서 자라난다'는 격언은 근대 산업 사회에서 '거대한 재앙들은 사소한 행동들에서 시작된다'로 고쳐 읽을 수 있다. 외견상 별로 중요하지 않아 보이는 일상적 행동일지라도 그것으로부터 대규모 환경적 파국이 초래된다. 그러므로 관리인으로서의 보살핌(stewardship)의 의무가 필요하다.

관리인이 된다는 것은 무엇인가를 돌보는 책임을 지는 것이므로 녹색주의자들은 우리 모두가 지구의 관리인이 되어야 한다고 주장한다. 이러한 관리인으로서의 보살핌은 먼 미래 세대의 건강과 안녕을 고려하는 의무를 포함한다. 오늘날 인류는 자연 환경을 영구적인 방식으로 변화시킬 수 있는 힘을 가지고 있는 바, 여기서 영구적인 방식이란 우리가 죽은 지 한참 지난 후에야 비로소 태어날 사람들의 번영·행복·안녕에 영향을 미친다는 점을 의미한다. 예컨대 원자력 발전소에서 생성된 방사성 폐기물들은 먼 미래에도 대단히 '활동적'이고 강한 유독성을 유지할 것이다. 수만 년은 고사하고 고작 몇 백 년 동안만이라도 그러한 물질들을 안전하게 저장하는 방법에 대해서는 아직 아무도 모른다. 현 세대가 원자력의 혜택을 누리는 반면에 우리의 행동으로 인해 발생한 위험과 부담을 먼 후대에게 전가하는 것은 분명히 정의롭지 않다.

원자력보다는 덜 극적이기는 하지만 그에 못지않게 심각하며 녹색주의자들이 경고하는, 세대를 넘어 전이되는 폐해와 위험의 수많은 예들이 있다. 지구 온난화, 귀중한 표토의 상실, 열대 다우림의 소멸, 지하 대수층의 고갈과 오염화 그리고 화석 연료와 같은 재생 불가능한 에너지 자원의 고갈 등이다. 석유와 석탄 및 천연 가스는 매장량에 한계가 있으며, 대체될 수도 없다. 휘발유로 연소된다면, 혹은 플라스틱이나 다른 유화제품으로 만들어지면 1갤런의 석유는 영원히 사라지는 것이다. 따라서 지금 사용하는 석유 한 방울 혹은 한 배럴은 미래의 사람들이 사용할 수 없는 것이다. 베리(Wendell Berry)가 지적한 것처럼, 화석 연료 에너지가 저렴하다고 우리가 자주 듣는 주장은 현 세대의 '권리'에 관해 순진하고도 도덕적으로 의심스러운 가정에 기초해 있다.

우리는 오직 어느 한 종류의 도덕적 순진성에 의해서만 〔화석 연료〕를 '저렴하다'고 여길 수 있었다. 도덕적 순진성이란 우리가 그것을 사용할 수 있는 한 무제한 사용해도 좋은 '권리'가 있다는 가정을 말한다. 이것은 전적으로 힘에 근거한 '권리'였다. 화석 연료들이 예전에 얼마나 풍부했든지 간에 그것들은 양적인 측면에서 제한되어 있고 결코 재생 가능하지 않기 때문에 분명히 어느 한 세대에 '귀속되어' 있지 않다. 살아 있는 자들이 아직 태어나지 않은 자들보다 강하기에, 곧 무시할 수 있기에 우리는 후대의 요구(권리)를 무시했고, 우리의 자손들(다른 사람들)로부터 에너지를 도둑질함으로써 산업적 진보라는 '기적'을 일구어냈다.

덧붙여서 베리는 그것이 "우리의 진보와 풍요함의 진정한 기초다. (미국에 사는) 우리가 부유한 국가인 이유는 그토록 많은 부를 벌었기 때문이 아니다. 우리는 어떤 정직한 수단을 통해서 그토록 많은 것을 벌지도 않았고, 그런 대접을 받을 자격도 없다. 진정한 이유는 이 시대에 우리는 후대의 생득권들(birthrights)과 생계수단을 시장에서 매매하고 소모해버리는 방법을 배웠고, 기꺼이 그렇게 했기 때문이다"[12]라고 말한다. 이러한 것을 비롯한 여러 고려사항들은 녹색주의자들에게 미래 세대를 위해 귀중한 자원의 공평한 몫을 남겨놓기 위해 현재의 소비를 제한해야 한다고 주장하게 만든다.

그러나 회의론자들은 이렇게 묻는다. '왜 우리가 후대를 위해 무언가를 해야만 하는가?' '어찌 되었든 간에 후대는 우리를 위해 도대체 무엇을 해주는가?'[13] '미래 사람들의 안전과 이익을 위해 지금 행동하기 위해 우리는 어떤 동기를 가져야 하는가?' 이러한 질문들은 이른바 '시간의 지평(time horizon)'이라는 문제를 제기한다.

'시간의 지평'이란 사람들이 무엇을 할 것인지 결정을 내릴 때 얼마나 멀리 앞을 내다보며 사고해야 하는가 하는 문제를 지칭한다. 지평이란 우리의 시야, 곧 우리가 얼마나 멀리 내다볼 수 있는지에 대한 한계를 긋는 것이므로, '시간의' 지평이란 사람들이 얼마나 먼 미래까지를 내다볼 것인지 혹은 내다볼 수 있는지에 대한 한계를 긋는 것이다. 항상 몇 년 혹은 심지어 몇십 년을 미리 내다보고 계획하는 것처럼 보이는 사람들은 시간의 지평이 긴 사람들이다. 그러나 오늘을 넘어 생각하는 데 어려움을 겪는 사람들은 아주 단기적인 시간의 지평을 가지고 있다. 모든 이들은 미래에 있을 어떤 것의 가치와 가까이 있는 다른 어떤 것의 가치를 비교하고 평가하는 문제에 직면한다. 예를 들어 만약 누군가가 당신에게 오늘 혹은 내일 20달러를 주겠다고 제안한다면, 거의 확실하게 당신은 그 돈을 오늘 받고자 할 것이다. 만약 당신에게 오늘 20달러를 받는 것과 내일 22달러를 받는 것 중에서 선택하라고 한다면 당신은 2달러라는 추가액이 과연 기다릴 만한 가치가 있는지를 결정해야 할 것이다. 그런데 만약 지금 20달러를 받는 것과 일 년 후에 200달러를 받는 것 사이에서 선택을 해야 한다면 당신은 어떻게 할 것인가? 일반적으로 이익이 더 멀리 떨어져 있을수록, 이익을 받는 시간이 지체되는 데 대한 보상으로 이익은 그만큼 더 커져야 한다.

이 같은 시간의 지평 문제는 녹색주의자들에게 특히 골치 아픈 문제이다. 사람들에게 미래를 위해 오늘을 희생하라고 권고할 때, 가령 미래 세대를 위한 화석 연료를 보존하기 위해서 운전과 비행기 여행을 줄이라고 권고할 때, 녹색주의자들은 사람들에게 자신의 삶을 훨씬 넘어서는 시간의 지평을 선택하라고 요구하는 것이다. 설상가상으로 미래 세대의 안녕에 대해 관심을 갖도록 사람들을 설득한다고 해서 그들이 곧바로 미래를 위해 희생을 감내하도록 설득된 것은 아니다. 녹색주의자들은 사람들에게 그들의 개인적 희생이 실질적으로 누군가에게 어떤 이득이 될 것이라는 점을 확신시켜야 한다. 만약 다른 많은 사람들도 그와 유사한 희생을 감내할 것이라는 확신이 없다면 당신을 포함한 어느 누가 미래 세대를 위해 희생할 것인가?

이렇게 해서 녹색주의자들은 사람들에게 미래 세대의 이익을 위해 덜 소비하고 더 보존하라고 권고할 때 '집합행동(collective action)'의 문제라는 두 번째 문제에 직면한다. 사실상 이 경우에 그 문제는 미래에 살 사람들의 복지를 위해 치르는 희생뿐만 아니라 현재 살고 있는 사람들의 복지를 위해 치르는 희생에도 적용된다. 이러한 집합행동의 문제를 이해하기 위해서 우리는 '사유재(private goods)'와 '공공재(public goods)' 사이의 차이를 파악해야 한다. '사유재'란 돈이나 음식과 같이 분할되고 분배될 수 있는 모든 것을 지칭한다. 만약 앤과 보브가 케이크 하나를 산다면 그들이 생각하기에 적당한 방법으로 자기들끼리 분할할 수 있다. 또한 그들은 그것을 구입하는 데 들었던 비용에 협조하지 않은 어느 누구에게도 케이크의 일부를 주는 것을 거부할 수 있다. 그러나 '공공재'는 이러한 방식으로 분할되거나 분배될 수 없다. 전문 용어로 표현하자면 공공재는 '분할 불가능(indivisible)'하며 '비경합적(nonrival)'이다. 달리 말하면 공공재는 부분으로 분할될 수 없으며, 그것을 소유하고자 하는 어떤 경쟁이나 경합도 있을 수 없다. 깨끗한 공기가 전형적인 예이다. 공기는 분할될 수 없으며, 누가 사용하거나 향유해도 타인들이 그것을 사용하고 향유하는 것을 방해하지 못한다.

그런데 오염을 감소시키거나 자원을 보존하는 노력과 같이 공공재가 다수 사람들의 협력을 필요로 할 때 문제가 발생한다. 그런 경우에, 특히 협력하고 싶지 않은 경우에, 개인들은 그러한 집합적 노력에 가담하여 협력할 이유가 거의 없다. 예를 들면 휘발유나 전기를 덜 소비하는 데 한 사람이 제공한 기여는 그러한 노력의 성패 여부에 실질적인 영향을 전혀 미치지 못하지만 그것은 그 개인에게 고생스러운 부담이 될 것이다. 따라서 합리적이고 자기 이익을 추구하는 사람은 '무임 승차자(free rider)', 즉 충분한 수의 사람들이 참여하여 그러한 노력이 성공을 거두기를 바라면서도 자신은 협력하지 않으려 하는 사람이 되려고 할 것이다. 만약 그러한 상황이 일어난다면, 무임 승차자는 비록 대기 오염을 줄이려는 노력에 자신은 아무것도 기여하지 않았으면서도 결국 더 깨끗해진 공기라는 공공재를 향유할 것이다. 만약 너무 많은 수의 사람들이 무임 승차자가 되고자 한다면, 공공재를 창출하려는 시도는 협력의 부족 때문에 결국 실패할 것이다. 그러나 무임 승차자가 되고자 한 모든 사람은 항상 이렇게 변명할 수 있다. '내 행동은 아무런 차이도 만들지 못했다. 내가 그 노력에 동참했든지 그렇지 않았든지 간에 그 노력은 실패했을 것이다.'

이러한 집합행동의 딜레마는 많은 사회·정치적 문제를 일으키는 원인이 되는데, 환경문제도 그중 중요한 것이다. 예를 들어 이 딜레마는 차량 혼잡을 감소시키고 에너지나 물의 사용을 줄이려는 자발적 캠페인들이 왜 그토록 자주 실패하는지를 설명할 수 있다. 이른바 「공유지의 비극(tragedy ot the commons)」에서 공식화된 것처럼 집합행동이론은 방목지, 대양의 어장 및 아마도 지구 그 자체와 같은 공유자원들이 남용되고 고갈되는 경향을 잘 설명한다. 미국의 생태학자인 하딘(Garret Hardin)은 「공유지의 비극」이라는 논문에서 자연환경과 근대 사회의 관계를 예증하기 위해 영국에 있는 마을 공유지의 역사를 서술함으로써 이러한 생각을 발전시켰다.[14] 하딘이 설명하는 것처럼 예전에 영국의 촌락민들은 마을 전체에 속해 있는 공유지에서 그들의 가축을 방목할 수 있는 권리를 가지고 있었다. 만약 그들이 그곳에서 너무 많은 가축들을 방목한다면 목초는 고갈될 것이고 더 이상의 방목은 불가능할 것이었다. 그런데 촌락민 개개인들이 공유지에 점점 더 많은 수의 가축을 추가할 동기를 가지게 되었다. 개인적인 관점에서는 한 마리의 양이나 소를 더 키워서 얻는 이득은 추가한 가축이 공유지에 가져올 수도 있는 손해를 항상 상쇄하고도 남을 정도였다. 추가된 한 마리의 양이나 소는 공유지 자체를 황폐화시키지 않을 텐데 어째서 그 땅에 그것을 추가하지 않을 수 있었겠는가? 즉 공유지는 공공재였고, 촌락민 개개인들은 무임 승차자가 되고자 하는—이 경우에는 타인들이 그들의 가축을 감소시킬 것을 희망하면서, 자기 자신은 공유지에 좀 더 많은 가축을 추가하려는——동기를 가졌던 것이다. 촌락민들이 이러한 방식으로 사고하고 행동하는 한 조만간 그 결말은 공유지에서의 과잉 방목과 마을 전체에 대한 재앙이 될 것이었다.

하딘이 내린 결론, 그리고 대부분의 녹색주의자들이 내린 결론은 남획(濫獲), 과잉 방목 및 대기와 물의 오염과 같은 환경문제들을 해결하기 위해 사회는 개인의 자발적 노력이나 양심에 대한 호소에 의지할 수 없다는 것이다. 지구 자체는 고갈의 위험에 처해 있으나, 어떠한 개인 행동도 지구의 파멸을 방지할 정도로 충분하지 않을 것이다. 그 대신 하딘이 제시하는 해결책은 '영향을 받는 사람들 다수가 합의한 상호적 강제'이다. 마을 사람들이 한 사람 당 공유지에 풀을 뜯기 위해 내놓는 동물의 수에 한계를 설정함으로써, 그리고 그 한계를 초과하는 사람을 처벌함으로써 과잉 방목의 문제에 대한 집합적 해결책에 도달할 필요가 있듯이, 현대 산업사회의 사람들은 화석연료 등 여러 천연자원에 대한 사용을 제한하기 위해서 세금이나 벌금을 부과하는 것과 같이 스스로에게 강요하는 방법을 강구해야 한다. 그렇지 못하면 환경 파괴는 신속히 진행될 것이다.

게다가 집합행동과 시간의 지평이라는 문제는 왜 녹색주의자들이 정치에 관여해야 하는지를 설명한다. 환경 위기를 타개하고 극복하고자 한다면, 녹색주의자들은 사람들에게 세계에 대해 그리고 그 세계에서 그들이 차지하는 위상에 대해 기존의 사고방식을 변화시키도록 설득할 수 있어야 한다. 그러나 그것만으로는 충분하지 않다. 또한 녹색주의자들은 사람들이 개인으로서 미래 세대에 미칠 행동의 결과를 고려할 뿐만 아니라 깨끗한 공기, 신선한 물 등 여타 천연자원의 보존을 위해 협력할 수 있는 동기를 가질 수 있도록 하기 위해 법과 정책에서 변화를 가져올 수 있어야 한다. 그리고 이것은 녹색주의자들이 정치적 행동을 취해야 한다는 것을 의미한다.

녹색주의자들의 관점에서는 생산자이건 소비자이건 간에 혹은 다른 역할을 담당하는 사람이든지 간에 우리들 각자는 행위자이므로, 스스로의 행동에 전적으로 책임을 져야 하고, 또 민주 사회에서는 타인의 행위에 대해서도 부분적 책임을 부담하고 있다. 각 개인은 우리의 삶을 지배하는 정책과 법률을 만드는 데 참가하며 참가할 수 있다. 이러한 이유로 녹색주의자들은 우리를 보호하는 환경을 보호하는 데 우리의 집합적 책임과 개인적 책임을 동등하게 강조한다. 요컨대 녹색주의자들은 '작은' 민주주의자들이며, 그들의 '윤리'는 식견 있고 활동적인 민주적 시민의 중요성을 강조한다. 그러나 그러한 윤리가 무엇으로 구성되고 있는지, 스스로와 타인들을 식견 있고 활동적인 시민을 만드는 최선의 방법이 무엇인지에 대해 녹색주의자들은 서로 의견을 달리한다.

해결되지 않은 차이들

말하자면 환경론자들은 녹색 안에서도 몇 가지 미묘한 색조상의 차이를 갖는다. 개혁지향적인 '옅은 녹색(Light Green)'의 환경론자들은 자연 환경에 대한 손상을 최소화하는 한편 인간의 필요와 욕구에 봉사하는 법률과 공공 정책을 선호한다. '짙은 녹색(Dark Green)'의 환경론자들은 개발을 역전시키고, 야생지를 보호하거나 심지어 확장하고자 하는 등 좀 더 근본적인 대책을 선호한다.[15] 이러한 차이를 기술하는 또 다른 방법을 노르웨이의 '생태철학자(ecosopher)'인 나에스(Arne Naess)가 제시한다. 나에스는 '표층 환경주의(shallow environmentalism)'와 심층생태학(deep ecology)을 구분한다. 전자의 관점은 인간을 관심의 중심에 두고 환경 문제를 '인간 중심적'이고

'도구적'인 입장에서 조망한다. 그러므로 표층 환경론자들은 얼룩무늬부엉이나 몇몇 종의 고래를 지키는 것에 찬성하는데 그렇게 함으로써 부엉이나 고래 관측자들이 그러한 동물들을 지켜보고 만족을 얻을 수 있기 때문이다. 이와는 대조적으로 심층생태주의자들은 부엉이와 고래——실로 모든 살아 있는 피조물과 그것들을 지탱하는 생태계——는 인간에 대한 수단으로서의 가치가 아니라 '본질적인' 가치를 지니고 있다고 주장한다. 즉 그것들은 인간이 그들에게 부여한 가치와는 별도로 그리고 그 자체 때문에 가치가 있다는 것이다. 따라서 심층생태주의는 인간과 여타 종들 및 생태계를 동등하게 놓는 '생명중심적(biocentric)'관점이다.[16]

환경론자들의 그러한 차이들을 기술하는 또 다른 방식은 어떤 이들은 '정원(garden)'의 관점에, 또 다른 이들은 '야생(wilderness)'의 관점에 동조한다고 말하는 것이다.[17] 가령 듀보스(René Dubos)나 베리(Wendell Berry)와 같이 정원의 견해를 옹호하는 사람들에 따르면 인간은 자연(nature)의 일부이며 인간의 본성과 필요의 일부는 바로 지구를 가꾸는 것이라고 주장한다.[18] 이것은 인간이 의식주를 해결하고자 한다면 반드시 해야 할 일이다. 그것은 조심스럽고 경건하게 가꾸어져야 하지만, 인간의 복지를 개선하기 위해서 반드시 이루어져야 한다. 정원의 견해에 대한 옹호자들은 정당한 인간 이익에 앞서 인간 이외의 동물들과 그들의 서식 환경의 이익을 우선시하는 야생의 관점에 대해 비판적인 경향을 갖는다. 인간 역시 그들의 종에 특유한 욕구를 지니고 있고 그들 자신의 삶의 방식에 따라 자연 속에 살고 자연을 변형시키는 동물이기는 매한가지이다. 베리는 이렇게 서술한다.

사람들은 자연과 떨어져 살 수 없다. 이것은 보존주의자들에게 제1의 원칙이다. 그런데도 사람들은 자연을 변화시키지 않고서는 그 안에서 살 수 없다. 그러나 이것은 모든 생명체들에게도 적용되는 사실이다. 다시 말해 그것들 역시 자연에 의존하는 동시에 자연을 변화시킨다. 어떤 의미에서 보면, 우리가 자연이라고 부르는 것은 다양한 생명체와 자연적 힘들이 서로에게 그리고 그들의 터전에 가한 복잡한 상호작용이 빚어낸 변화의 총합이다.[19]

그러나 '지구 먼저!(Earth First!)'라는 단체의 공동 설립자인 애비(Edward Abbey)와 포먼(Dave Foreman)과 같은 야생적 관점의 옹호자들은 문제를 다르게 인식한다. 인간은 전적으로 '개발'과 '진보'라는 미명 아래 지구의 너무나 많은 부분을 장악하고 약탈해왔다. 인간은 오래된 삼림을 개벌(皆伐)해왔고, 동물의 서식지와 생태계 전체를 파괴해왔으며, 강에 댐을 쌓았고, 수목으로 뒤덮여 있던 산의 경사면을 스키장으로 만들어왔다. 그 과정 내내 동물과 그것을 지탱시키는 생태계의 장기적인 건전함에 영향을 미치는 자신들의 행동 결과에 아랑곳하지 않은 채 말이다. 수많은 예들 중에서 단지 두 가지만을 꼽는다면, 이제 늑대들은 저지대에 위치한 미국의 48개 주에서 거의 멸종 상태에 있으며(심지어 알래스카에서도 위태로운 상태에 처해 있다), 회색곰과 퓨마 역시 별로 다를 바 없는 처지에 놓여 있다. 이들 종들과 여타의 종들은 '정원'이라는 장소에는 잘 맞지 않고 오직 야생——혹은 포먼이 선호하는 용어인 '거대한 외부(Big Outside)'——에서만 편안함을 느낀다. 이들 종을 비롯한 다른 종들이 사라지면 인류는 귀중한 무엇인가를 잃어버릴 수밖에 없다. 포먼은 다음과 같이 말한다.

우리는 뉴멕시코 대학의 미식축구팀인 로보스(Lobos : 이리떼들), 캘리포니아 주의 주기(州旗)에 나오는 회색곰 등 무서운 짐승들을 문화적 아이콘으로 보유하고 있다. 그러나 만약 우리가 그들과 다시 대지를 공유하지 않는다면, 서부는 영적이고 생태학적인 면에서 영국과 마찬가지로 무기력한 곳으로 변모하고 말 것이다.[20]

곰을 비롯한 여러 야생 동물들 역시 인간과 마찬가지로 만족스러운 삶을 누릴 동등한 권리가 있다. 인간은 자연의 주인이 아니며, 스스로를 그렇게 자처해서도 안 된다. 그와 반대로 포먼이 이제껏 출간된 책들 중에서 가장 중요하고 사랑스러우며 지혜로운 책이라고 극찬했던[21] 『모래땅의 사계(四季)(A Sand County Almanac)』에서 저자 레오폴드(Aldo Leopold)가 표현한 것처럼, 대안적인 대지의 윤리는 인간에게 스스로를 좀 더 겸손하게 바라볼 것을 요구한다. "즉 대지의 윤리는 '생각하는 동물(Homo sapiens)'의 지위를 대지–공동체의 정복자라는 지위에서 평범한 구성원이자 시민으로 변화시킨다. 그것은 동료 구성원들에 대한 존중, 공동체 자체에 대한 존중을 함의한다."[22] 레오폴드는 환경윤리 혹은 대지의 윤리의 핵심 교훈은 다음과 같은 것이라고 서술한다. "한 사물은 생명 공동체의 건전성과 안정성 및 아름다움을 보존하는 경향이 있을 때 옳다. 그것이 그와 다른 경향을 지닐 때는 잘못된 것이다."[23]

그러나 과연 정확하게 무엇이 이처럼 도덕적이고 철학적인 교훈의 기초가 되는가? 어떻게 이러한 교훈이 정치적 행동으로 전환될 수 있는가? 그리고 녹색주의자들 사이의 상이한 '색조'상의 차이는 어떻게 해결될 수 있는가? 이런 것들이 상대적으로 새로운 녹색주의 또는 환경운동이 제기해온 문제들이기는 하나 아직 확실하고 포괄적인 방식으로 답변이 나오지는 못한 상태이다.

최근에 떠오르고 있는 환경윤리 혹은 대지의 윤리 자체의 특징과 원천을 우선 살펴보자. 몇몇 녹색주의자들이 제기하는 것처럼 그 윤리는 종교적인가? 아니면 다른 이들이 주장하는 것처럼 그것은 세속적이고 과학적인가? 두 번째 질문, 아니 일련의 질문들은 환경운동이 채용하는 전략과 전술에 관한 것이다. 녹색주의자들은 참신하고 상이한 방식으로 행동해야 하는가, 아니면 다양한 '이익집단들'이 전통적으로 해온 방식으로 행동해야 하는가? 예를 들어 그들은 자신들의 정치적 정당을 조직해야 하는가, 아니면 기존의 정당 틀 내에서 활동해야 하는가? 그들은 입법에 영향을 미치기 위해 로비스트를 고용해야 하는가, 아니면 기존의 이익집단 정치의 외부에서 활동해야 하는가? 결국 녹색주의자들이 종종 강조하는 바와 같이, 지구와 지구의 거주자들은 다른 여러 가지 이익들 가운데 하나의 '특수한 이익'이 아니다. 이러한 쟁점들을 하나씩 차례대로 고려해보자.

어떤 녹색주의자들에 따르면 환경윤리는 겸허함·존중·숭배와 같은 덕목에 기초하는 데서 볼 수 있듯이, 최종적으로 종교적이거나 영적이다. 우리 자신이 결국은 사멸하는 존재라는 사실에 직면하여, 그리고 우리가 살고 있는 행성의 외로운 거주자나 주인이 아니라 많은 종과 세대 가운데 하나의 종이자 하나의 세대에 불과하다는 인간의 집합적 지위로 인해 환경윤리는 우리에게 겸허할 것을 요구한다. 환경윤리는 또한 우리에게 모든 형태의 생명, 그리고 생명을 지탱하고 양성하는 생물적이며 무생물적인 조건을 존중할 것을 요구한다. 그리고 마지막으로 그러한 윤리는 숭배와 경외라는 태도를 수반한다. 그 윤리는 우리에게 오직 이 시대만이 아니라 앞으로 도래할 세대와 시대에도 존재할 다른 사람들과 다른 종(種)들을 공경하고, 소중히 여기며, 보살필 것을 요구한다. 버크의 말을 풀어서 표현하자면, 우리는 미래 세대에게 폐허 대신에 서식처를 물려줄 신성한 의무가 있다.

이 점에 대해서는 적어도 대부분의 녹색주의자들이 동의한다. 그러나 이것을 넘어서면 동의는 종료되고 차이점들이 나타나기 시작하는데, 어떤 녹색주의자들이 영적이거나 종교적인 색조를 띠는 것을 다른 녹색주의자들은 이상하게 혹은 좋지 않게 여긴다. 환경윤리가 영적 혹은 종교적인 가치에 기초하는 것이라고 생각하는 사람들은 지구를 숭배와 경외심으로 찬양되어야 하는 자비롭고 친절한 신(神)——그리스어로 지구를 뜻하는 여신 가이아(Gaia)——으로 바라보아야 한다고 말한다. 스스로를 '심층생태주의자(deep ecologist)'로 자처하는 사람들의(전부는 아니지만) 일부를 포함한 많은 녹색주의자들은 스스로를 전적으로 물질주의적이고 과학적인 관점이 지닌 한계에서 해방시켜 또 다른 심적 상태, 곧 자연에게 이야기하고 명령하기보다는 자연에 '귀를 기울이고' 자연에서 배우는 데 좀 더 조율된 상태에 이르는 방법으로 이러한 태도를 제안한다.[24] 그러나 다른 이들은 여신 가이아를 덜 은유적이며 좀 더 직설적인 방식으로 이야기하는 것처럼 보인다.[25]

어떤 심층생태주의자들, 특히 '지구 먼저!' 운동에 관여하는 사람들은 인본주의적이거나 종교적인 용어가 아닌 좀 더 맬서스적인 용어로 이야기한다. 7장에서 살펴본 것처럼 맬서스는 19세기 영국의 성직자이자 경제학자로서 인구를 유지하는 데 필요한 가용 자원은 산술급수적(즉 안정된) 비율로 증가하는 반면에 인간의 인구는 기하급수적(즉 항상 증가하는 비율)으로 증가한다고 주장하였다. 따라서 **맬서스의 법칙**에 따르면(7장의 〈그림 7.2〉 참조), 갈수록 성장하는 인구는 가용 자원을 지속적으로 앞지르며, 그 필연적 결과는 광범위한 굶주림과 아사 상태이다. 광범위한 아사는 인구와 자원 사이의 새로운 평형이라는 결과를 가져온다. 유감스럽게도 일시적인 평형 상태는 인구가 증가함으로써 종결되며 순환은 처음부터 다시 시작한다. 맬

서스에게 영감을 받은 '지구 먼저!' 운동의 선도적 사상가들——작고
한 소설가 애비(Edward Abbey)와 '지구 먼저!'의 소식지 편집인을 역
임한 적이 있는 포먼(Dave Foreman)을 포함한——은 자연이 인간의
교만과 과오에 대항할 고유의 자원을 가지고 있다고 주장한다. 광범
위한 굶주림, 기아, 홍수, 에이즈(AIDS)의 유행과 그 밖의 다른 수단
들에 의해 자연은 부주의한 인류를 문책하며, 적어도 인류 구성원의
일부를 인류가 가진 자만심, 무지와 무관심의 죄목으로 처벌한다.
'지구 먼저!'의 용어는 비록 종교적이지는 않지만, 그 단체의 무자비
한 형벌관은 때로 『구약 성경』의 복수심에 가득 찬 신에게서 곧바로
유래하는 듯하다.

　이와 대조적으로 좀 더 사회적이고 세속적인 색조를 띤 생태주의
자들은 종교와 여신 및 심층생태학에 관한 담론을 비록 공공연한 적
대감은 아닐지라도 깊은 의혹의 눈초리로 바라보는 경향이 있다. 그
러한 비판자들은 사회생태학(social ecology)이나 생태 페미니즘
(ecofeminism)을 포함한 몇 가지 녹색주의 관점에서 나온다. 다른
누구들보다 사회생태론자인 북친(Murray Bookchin)과 생태 페미니스
트인 플럼우드(Val Plumwood) 및 킹(Ynestra King)은 여신에 대한 이
야기는 어떠한 대가를 치르더라도 피해야 하는 신비적인 주문이라
고 주장한다. 그들은 '지구 먼저!'를 인간을 생태학적 평형(ecological
equation)에서 완전히 제거하고자 하는 반인간적이고 무자비한 조직
으로 간주한다. 이와 대조적으로 사회생태론자들은 인간이 환경에
의존하고 책임이 있음을 시인하지만, 인간의 생명은 특별한 지위와
중요성을 가지고 있다고 주장한다. 사회생태론자들은 또한 지구 생
태계를 체계적이고 지속적으로 파괴하는 책임이 인류 전체에게 있
지 않다고 주장한다. 오히려 환경의 약탈과 강탈에 대해 가장 큰 책
임을 져야 할 자들은 바로 일부의 인간들, 특히 부유한 기업가와 국

제적 기업이다. 생태 페미니스트들은 그러한 조직적 파괴가 이른바 그들이 '남성중심주의(androcentrism)'라 부르는 사고방식에서 기인한다고 덧붙인다. 여기서 남성중심주의란 생명 부여와 양육이라는 여성의 특성을 평가절하하면서 '여성적' 자연에 대한 '남성적' 본성의 승리를 찬양하는 남성 중심적 관점을 말한다.

광범위한 기반을 가진 녹색 운동 내에서의 다른 차이들이 이제 부상하기 시작한다. 비록 모든 이들이 대중에 대한 정보 전달과 교육의 중요성에 대해 동의하기는 하지만, 어떻게 해야 그 작업을 최선으로 수행할 수 있을지에 대해서는 분열되어 있다. 어떤 이들은 녹색주의자들이 선거정치에 적극적으로 참여해야 한다고 말한다. 이것은 독일을 비롯한 다른 유럽 국가에서 녹색당(Green Party)을 조직하고 여러 국가의 의회에서 의석을 획득한 유럽의 많은 녹색주의자들이 선호하는 전략이다. 미국에서 녹색당의 입후보자인 네이더(Ralph Nader)는 2000년 대통령 선거에서 총투표의 3%를 획득하였다. 그러나 제3의 소수정당들이 직면하는 어려움을 염두에 두는 녹색주의자들은 일반적으로 다른 전략을 선택해왔다. 예를 들어 사회생태론자들은 환경을 보호하려는 노력에 이웃과 친구들을 참여시키고자 하는 풀뿌리 지역운동을 선호하는 경향이 있다. 비록 전부는 아닐지라도 일부 사회생태론자들은 **무정부주의자**들로서 국가와 국가의 '성장 친화' 정책을 해결책이라기보다는 문제로서 인식하며, 생활공동체와 협동조합이라는 탈중앙집중적 체계로 국가를 궁극적으로 대체할 것을 추구한다.[26]

다른 녹색주의자들은 사뭇 다른 정책을 추구해왔다. '그린피스(Greenpeace)'와 같은 집단들은 뉴스 헤드라인을 장식하고 공중의 주목을 받기 위해 의도된 극적인 직접행동을 선호한다. 예를 들어 그린피스 운동가들은 포경선의 작살과 고래 사이에 그들의 몸을 끼

워놓은 적도 있었다. 그들은 또한 새끼 바다표범을 찾고 있는 사냥꾼들과 대결한 적도 있었으며, 유독 폐기물을 불법으로 버린 사람들을 추적하여 공개적으로 폭로하기도 하였다. 이것들을 비롯한 다른 전술들은 일본, 아이슬란드 그리고 프랑스 정부에 의해 공개적으로 비난받은 바 있다. 1985년에 프랑스의 첩보원들은 중립적인 뉴질랜드에서 '무지개 전사(The Rainbow Warrior)'라는 그린피스의 원양선(遠洋船)을 폭파하여 침몰시켰으며 그로 인해 한 명의 승무원이 사망하였다. (그 폭파 이후에 기부금이 쏟아져 들어왔고 '무지개 전사 2호'라는 더 큰 배가 진수되어 전임자 활동을 계속할 수 있게 위촉되었다.) 가령 '지구해방전선(The Earth Liberation Front)', '해양목자회(The Sea Shepherd Society)' 및 '지구 먼저!'와 같이 좀 더 전투적인 단체들은 생태적 사보타주(ecotage ; ecological sabotage)와 방해공작(monkey wrenching)이 비록 자연 환경에 대한 손상과 상해를 항상 예방할 수는 없다 할지라도 도덕적으로 정당한 항의 수단이라고 주장해왔다. 전하는 바에 따르면 '지구 먼저!'의 몇몇 회원들은 단기적 이윤을 추구하는 벌채 회사들이 천 년 된 삼나무들을 벌목하는 것을 방지하기 위해서 나무들 속에 긴 금속 대못을 '박아 넣은' 적도 있었다고 한다. 그 대못은 쇠사슬 톱이나 제재용 톱의 칼날에 부딪힐 수 있기 때문에 그것들에게는 심각한 위협이 되지만 나무는 어떠한 해도 입지 않는다. 애비의 소설 『방해공작 갱(The Monkey-Wrench Gang, 1975)』에서는 이러저러한 전술들이 묘사되고 심지어는 찬양되기도 하며, 포먼의 저서인 『생태 방어(Ecodefense : A Field Guide to Monkey Wrenching, 1985)』에서는 그런 전술들이 상세하게 설명되어 있다.

다른 환경집단들, 특히 입법에 영향을 미치고 환경문제에 관하여 대중을 교양시키기 위해 좀 더 치밀하고 차분한 노력을 선호하는 집단들은 그린피스의 전술 그리고 '지구 먼저!' 가 주장한 좀 더 전투적인 방법들을 비판한 바 있으며, 그들과의 연계 역시 부정한 바 있다. 예를 들면 '시에라 클럽(The Sierra Club)' 은 자연 환경을 보호하고자 하는 법을 통과시키기 위한 희망에 따라 연방의회와 주 입법부에 대해 활발한 로비를 펼친다. 그 단체는 또한 다양하고 광범위한 환경 쟁점들에 관한 책을 출간하고 영화를 제작한다. 그와 유사한 전략은 가령 '환경기금(Environmental Fund)' 과 같은 다른 단체들이 추진하기도 한다. 또 다른 단체인 '자연보호회(The Nature Conservancy)' 는 땅을 매입하여 자연보존 지역으로 전환시키기 위해 기금을 모금한다.

비록 녹색 운동은 상당히 최근의 운동이지만, 이미 내부적 분파싸움으로 골치를 앓고 있다. 무정부주의자들은 환경론적 로비스트들이 선호하는 전술에 반대하며, 사회생태론자들은 '지구 먼저!' 의 정치적 선언에 질겁한다. 그리고 '자연보호회' 와 '시에라 클럽' 의 온건하고 보수적인 회원들은 환경단체에 쏟아지는 모든 적대적 홍보에 난처해한다. 그렇다 하더라도 녹색주의자들이 기민하게 지적하는 것처럼 환경론자들이 수단에 관해 의견이 다르다는 사실은 중요한 핵심이 아니다. 중요한 것은 모든 환경론자들이 근본적인 가정과 목적에 동의한다는 사실이다. 그들은 모든 것이 연결되어 있다—결국 '생태학' 이란 상호 연결에 대한 연구이다—고 가정하는 점에서 비슷하다. 그리고 그들은 복잡한 생태계를 유지하는 것이 가치 있는 목표일 뿐만 아니라 인류와 다른 종들이 생존하기 위해서 반드시 필요한 목표라는 데 모두 동의한다.

결론

우리는 녹색주의자들이 근대의 많은 주류 이데올로기들을 어떻게 그리고 어떠한 근거에서 비판하는지를 살펴보았다. 우리는 또한 그들이 자신의 관점을 이데올로기로 간주하기를 주저한다는 점에 주목한 바 있다. 그들의 '윤리'는 '이데올로기'인가? 우리는 이데올로기를 확인하고 해명하기 위해 우리가 제안한 바 있는 기준들에 따라 그들의 윤리가 이데올로기라고 믿는다. 먼저 생태학적 윤리는 이데올로기의 네 가지 기능을 충족시킨다. 둘째, 그것은 자유에 관해 특정한 견해를 제안하고 방어한다. 그리고 마지막으로, 그것은 민주주의에 대한 특정한 개념을 주창한다. 이러한 특징들을 각각 차례대로 간략하게 살펴보도록 하자.

이데올로기로서의 생태학

환경론적 혹은 '녹색' 이데올로기는 1장에서 개요를 제시한 바 있는 이데올로기의 네 가지 기능을 충족시킨다. 먼저 그것은 설명적이다. 그것은 환경위기가 어떻게 도래하였는지에 대한 설명을 제공한다. 그 위기는 인간의 오만과 자만에서 비롯되었으며 몇몇 녹색주의자들은 그것을 '인간중심주의'로, 다른 이들은 '인본주의'로 부른다. 인간이란 자신만으로 충분한 존재이며 자연과 우리 행성의 최고 주인이라는 잘못된 믿음이 바로 그것이다. 정교하고 상호 연결된 생명의 그물을 무시하는 현대인의 방자하고 무책임한 무관심의 바탕에는 바로 이런 믿음이 깔려 있다. 둘째, 떠오르는 녹색 이데올로기는 행위, 실천 및 정책을 사정(査定)하고 평가하는 기준을 제공한다. 그것은 열대 다우림, 야생 서식지, 습지 및 다른 생태계 등 자연 환경을 보존하고 보호하는 경향을 띠는 행위에는 갈채를 보내지만, 자연 환경을 손상시키고 파괴하는 행위는 비난한다. 셋째, 이 이데올로기는 추종자들에게 정체성을 부여하여 방향을 제시한다. 녹색주의자들은 자신의 건강과 존재 그 자체가 다른 종들에 깊이 의존하는, 그리고 모든 생명 종을 키워주고 보살펴주는 조건들에 깊이 의존하는 종의 구성원이라고 스스로를 생각한다. 넷째, 그들의 이데올로기는 녹색주의자들에게 정치·사회적 행위에 대한 프로그램을 제공한다. 그들은 다른 무엇보다도 자연 환경을 보호하는 정책과 실천을 촉진하는 책임, 그리고 전체로서의 자연 환경과 다른 종들의 안위에 무관심한 사람들을 교육·계몽하는 책임을 떠맡는다. 그들이 인식하는 것처럼, 오직 대규모의 범세계적인 의식의 변화만이 부주의한 인간의 파괴로부터 지구와 그 종들을 구할 수 있다.

생태학, 자유, 그리고 민주적 이상

1장에서 지적한 것처럼, 모든 이데올로기는 자유에 대한 스스로의 독자적인 개념을 주장한다. '녹색' 이데올로기도 예외가 아니다. 녹색주의자들은 인간과 다른 종들이 오직 이론과 실천 양면에서 인본주의의 오만함(arrogance of humanism), 즉 다른 종들과 환경의 가치를 무시하는 인본주의적 세계관을 극복할 수 있을 때 비로소 진정으로 자유롭게 번영하고 생존할 수 있다고 믿는다. 따라서 자유에 대한 녹색주의자의 견해는 우리의 삼각모델의 틀에 요약될 수 있을 것이다(〈그림 9.1〉 참조).

마지막으로 1장에서 지적한 바와 같이, 모든 근대 이데올로기는 민주적 이상에 대한 자신들만의 독특한 해석이 있다. 이 점에 관해서는 녹색주의자들도 예외가 아니다. 이제까지 살펴본 바와 같이 녹

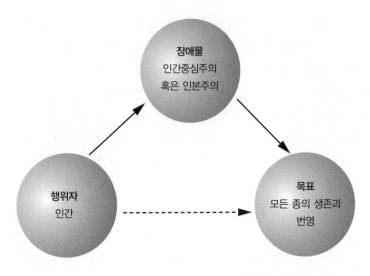

장애물
인간중심주의
혹은 인본주의

행위자
인간

목표
모든 종의 생존과
번영

〈그림 9.1〉 자유에 대한 '녹색주의자들'의 관점

색주의자들은 우리 각자가 환경을 보호하고 보존해야 하는 책임을 지니고 있다고 믿는다. 이것은 모든 생명체를 지탱하는 자연 환경뿐만이 아니라 인간이 그 안에서 살며 노동하는 사회적·경제적·정치적 환경을 포함한다. 모든 이에게 발언권과 투표권을 부여함으로써 개인적 참여와 책임감을 극대화하는 정치 체계 안에서만 인간은 번영할 수 있다. 녹색주의자들에 따르면 그 체계는 반드시 민주적이다. 또한 그들은 최선의 민주주의란 가급적 가장 광범위한 참여를 촉진하고 허용하는 탈집중화된 '풀뿌리' 체계라고 부언한다.[27] 오직 그러한 환경에서 우리 각자는 우리의 행성과 모든 종들을 보존하는 책임의 온전하고 공평하고 평등한 몫을 이행할 수 있다.

더 읽을거리

Berry, Wendell. The Gift of Good Land. San Francisco: North Point Press, 1981.

Bramwell, Anna. Ecology in the Twentieth Century: A History. New Haven, CT: Yale University Press, 1989.

Carson, Rachel. Silent Spring. Boston: Houghton Mifflin Co., 1962.

Catton, William R. Overshoot: The Ecological Basis of Revolutionary Change. Urbana: University of Illinois Press, 1980.

Devall, Bill, and George Sessions. Deep Ecology: Living as if Nature Mattered. Layton, UT: Gibbs M. Smith, 1985.

Dobson, Andrew, ed. Fairness and Futurity: Essays on Environmental Sustainability and Social Justice. New York: Oxford University Press, 1999.

Dryzek, John S. The Politics of the Earth: Environmental Discourses. Oxford: Oxford University Press, 1997.

Dryzek, John S., and David Schlosberg, eds. Debating the Earth: The Environmental Politics Reader. Oxford: Oxford University Press, 1998.

Eherenfeld, David. The Arrogance of Humanism. New York: Oxford University Press, 1978.

Goodin, Robert E. Green Political Theory. Cambridge: Polity Press, 1992.

Hardin, Garrett. Filters against Folly. New York: Viking Penguin, 1985.

Heilbroner, Robert L. An Inquiry into the Human Prospect, 3rd ed. New York: Norton, 1991.

Humphrey, Matthew, ed. Political Theory and the Environment: A Reassessment. London: Frank Cass, 2001.

Kay, Jane Holz. Asphalt Nation: How the Automobile Took Over America and

How We Can Take It Back. Berkely and Los Angeles: University of California Press, 1998.

Kelly, Petra. Thinking Green! Essays on Environmentalism, Feminism, and Nonviolence. Berkely, CA: Parallax Press, 1994.

Leopold, Aldo. A Sand County Almanac. New York: Oxford University Press, 1968.

Nash, Roderick Frazier. The Rights of Nature: A History of Environmental Ethics. Madison: University of Wisconsin Press, 1989.

Patridge, Ernest, ed. Responsibilities to Future Generations: Environmental Ethics. Buffalo, NY: Prometheus Books, 1981.

Porritt, Jonathon. Seeing Green: The Politics of Ecology Explained. Oxford: Blackwell, 1984.

Regan, Tom. All That Dwell Therein. Berkely and Los Angeles: University of California Press, 1982.

Regan, Tom, ed. Earthhound: New Introductory Essays in Environmental Ethics. New York: Random House, 1984.

Roszak, Theodore. Person/Planet. Garden city, NY: Doubleday Anchor, 1978.

Sagoff, Mark. The Economy of the Earth: Philosophy, Law, and the Environment. Cambridge: Cambridge University Press, 1988.

Seed John et al., Thinking Like a Mountain. Philadelphia: New Society Publishers, 1988.

Sessions, George, ed. Deep Ecology for the Twenty−First Century. Boston: Shambhala Publications, 1995.

Schumacher, E. F. Small Is Beautiful: Economics as if People Mattered. Garden City, NY: Doubleday Anchor, 1973.

Worster, Donald. Nature's Economy: A History of Ecological Ideas, 2nd ed. Cambridge: Cambridge University Press, 1994.

1) 아주 다른 두 개의 대표적 저작으로는 다음을 참조: Fritjof Capra and Charlene Spritnak, Green Politics(New York: Dutton, 1984)와 Robert E. Goodin, Green Political Theory(Cambridge: Polity Press, 1992). 역사적 개관을 살피기 위해서는 다음을 보라: Terence Ball, "Green Political Theory," in Ball and Richard Bellamy, eds., The Cambridge History of Twentieth Century Political Thought (Cambridge: Cambridge University Press, 2003).

2) Gordon K. Durnil, The Making of a Conservative Environmentalist (Bloomington: Indiana University Press, 1995); James R. Dunn and John E. Kinney, Conservative Environmentalism(Westport, CT: Quorum, 1996); John R. E. Bliese, The Greening of Conservative America(Boulder, CO: Westview Press, 2001); John Gray, Beyond the New Right: Markets, Government, and the Common Environment(London: Routledge, 1993), ch. 4; Edmund Burke, Reflections on the Revolution in France, ed. C. C. O'Brien (Harmondsworth: Penguin, 1969), p. 192.

3) Terry L. Anderson and Donald T. Leal, Free Market Environmentalism (Boulder, CO: Westview Press, 1991); William C. Mitchell and Randy T. Simmons, Beyond Politics(Boulder, CO: Westview Press, 1994).

4) Max Oelschlaeger, Caring for Creation: An Ecumenical Approach to the Environmental Crisis(New Haven, CT: Yale University Press, 1994); Robert Booth Fowler, The Greening of Protestant Thought(Chapel Hill: University of North Carolina Press, 1995).

5) William Leiss, The Domination of Nature(New York: George Braziller, 1972), pp. 58-59에서 인용.

6) John Locke, Second Treatise of Government, para. 42; 또한 Terence Ball and Richard Dagger, eds., Ideals and Ideologies: A Reader, 5th ed.(New York: Longman, 2004), selection 13.

7) Karl Marx and Friedrich Engels, The Manifesto of the Communist Party, in Lewis S. Feuer, ed., Marx and Engels : Basic Writings on Politics and Philosophy(Garden City, NY : Doubleday Anchor, 1959), p. 12 ; 또한 Ideals and Ideologies, selection 35.

8) David Ehrenfeld, The Arrogance of Humanism(New York : Oxford University Press, 1978).

9) Aldo Leopold, A Sand County Almanac(New York : Oxford University Press, 1968) ; 또한 Ideals and Ideologies, selection 60.

10) 예를 들어 다음을 참조 : Christopher Stone, Earth and Other Ethics (New York : Harper & Row, 1987).

11) Hans Jonas, The Imperative of Responsibility(Chicago : University of Chicago Press, 1984).

12) Wendell Berry, The Gift of Good Land(San Francisco : North Point Press, 1981), p. 127.

13) 이것이 비록 하일브로너(Heilbroner)가 견지하는 입장은 아닐지라도, 현재의 소비를 줄이고자 하는 사람들이 직면하는 도전을 그가 제기하는 방식이다. Robert Heilbroner, "What Has Posterity Ever Done For Me?," The New York Times Magazine(January 19, 1975) 참조.

14) Garrett Hardin, "The Tragedy of the Commons," Science 162(December 13, 1968) : 1243-1248.

15) Andrew Dobson, Green Political Thought(London : Unwin Hyman, 1990), pp. 206-213 참조.

16) Arne Naess, "The Shallow and the Deep Long-Range Ecology Movement : A Summary," Inquiry 16(1973) : 95-100. 또한 Naess, Ecology, Community, and Lifestyle, trans. and ed. David Rothenberg(Cambridge : Cambridge University Press, 1989) 참조.

17) Roderick Nash, Wilderness and the American Mind, 3rd ed. (New Haven, CT : Yale University Press, 1982), pp. 379-388 참조.

18) René Dubos, The Wooing of Earth(New York : Scribner's, 1980) ; Wendell Berry, The Gift of Good Land(San Francisco : North Point Press, 1981).

19) Wendell Berry, "Getting Along with Nature," in Berry, Home Economics :

Fourteen Essays(San Francisco : North Point Press, 1987), p. 7 ; 또한 Ideals and Ideologies, selection 61.

20) Dave Foreman, Confessions of an Eco-Warrior(New York : Harmony Books, 1991), p. 92 ; 또한 Ideals and Ideologies, selection 62.

21) Dave Foreman and Murray Bookchin, Defending the Earth : A Dialogue, ed. Steve Chase(Boston : South End Press, 1991), p. 116.

22) Leopold, A Sand County Almanac, p. 240 ; 또한 Ideals and Ideologies, selection 60.

23) 같은 책, p. 262.

24) John Seed et al., Thinking Like a Mountain(Philadelphia : New Society Publishers, 1988) 참조.

25) Judith Plant, ed., Healing the Wounds : The Promise of Ecofeminism (Philadelphia : New Society Publishers, 1989) 참조.

26) Murray Bookchin, The Modern Crisis (Montreal : Black Rose Books, 1986).

27) 예를 들면 다음을 참조 : Roudolph Bahro, Building the Green Movement, trans. Marry Tyler(Philadelphia : New Society Publishers, 1986) ; Jonathon Porritt, Seeing Green : The Politics of Ecology Explained(Oxford : Blackwell, 1984). 예를 들면 포먼(Dave Foreman)과 같은 몇몇의 녹색주의자들은 다음과 같은 주장을 하면서 반대 의견을 밝힌다. 그들의 주장에 따르면, 외지인들은 보존에 대한 지대한 열정을 가지고 있는 반면 지역민들은 종종 그들의 터전을 개발하고 싶어한다. 예를 들어 알래스카인들은 북극 야생보호구역(Arctic Wildlife Refuge)의 석유 탐사와 개발에 압도적으로 찬성하는 반면, 나머지 48개 주의 사람들은 대부분 그것을 반대한다. "Alaskan Know Pockets Are Lined with Oil," New York Times (March 18, 2001), pp. A1, A14를 보라.

제10장

급진 이슬람주의

"이슬람 신앙인과 그 적들의 투쟁(지하드)은
본질적으로 믿음의 투쟁이다 … "
── 사이드 꾸틉(Sayyid Qutb)
『길가의 이정표(Signposts along the Road)』

    최근 들어 발생한 일련의 끔찍한 사건들은 서구 세계의 사람들에게 자신들의 평화와 안전에 새로운 위협이 닥쳤다는 사실을 일깨워주었다. 그 중에서도 2001년 9월 11일의 비행기 납치와 폭파, 1998년 케냐와 탄자니아의 미국 대사관에 대한 폭탄테러, 2002년 인도네시아 발리섬 나이트클럽 폭탄테러, 2004년 스페인 마드리드 열차 폭탄테러, 2005년 런던 지하철역 폭탄테러, 2013년 보스턴 마라톤대회 폭탄테러 사건 등이 심각한 사례로 꼽힐 수 있다. 그러한 위협은 세계 곳곳으로 번지고 있으며, 알카에다(al-Qaeda, 아랍어로 '본부' 라는 뜻)처럼 가장 널리 알려진 테러단체뿐 아니라 그 밖의 잘 알려지지 않은 조직들로부터도 위협이 가해지고 있다. 별로 알려지지 않은 단체들 가운데 하나인 라시카르 에 타이바(Lashkar-e-Taiba, '순수한 사람들의 군대') 소속의 (스스로는 '순교자' 라고 부르는) 자살폭탄 특공대는 인도 뭄바이(과거 봄베이)의 호텔, 식당 등의 시설을 공격·점거하여 173명을 살해했고 300명 이상의 부상자를 발생시켰다. 라쉬카르 에 타이바는 파키스탄에 본거지를 둔 급진 이슬람주의 조직으로,

알려진 바로는 그동안 파키스탄 정보국의 요원들로부터 지원을 받아왔다고 한다. 그들의 목적은 분명히 인도와 파키스탄 정부 사이의 갈등과 긴장을 한층 더 부추기려는 것이었다. 두 나라 모두 핵무기를 보유하고 있는 민주주의 국가이다. 전 세계에서도 극도로 불안정한 이 지역에서 이데올로기적 동기에 따라 활동하는 테러리스트들은 민간인을 공포에 떨게 할 수 있을 뿐만 아니라, 잠재적으로는 핵전쟁을 촉발할 수도 있다.[1] 2012년에는 알카에다와 연계된 급진 이슬람주의자들이 리비아의 미국 영사관을 공격하여 미국 대사와 세 명의 민간인 대사관 직원을 살해했다.

그러나 모든 급진 이슬람주의자들이 조직화된 단체에 속해 있는 것은 아니다. 보스턴 마라톤대회의 폭탄테러 사건에서 보았듯이, 이데올로기에 따라 행동하는 고립된 개인들(lonely individuals)이 알카에다나 그 밖의 어떤 조직과도 연계되지 않은 채 지하드를 수행하고 테러 공격을 감행할 수 있는 능력을 분명히 갖추고 있다. 2013년 4월 보스턴 폭탄테러 이후 '자기 급진화(self-radicalization)'라는 새로운 낱말이 정치 용어 사전에 등장했다. 두 개의 폭탄을 제조해서 결승선 근처에 숨겨놓은 형제는 공식적으로나 비공식적으로나 그 어떤 이슬람 조직과도 전혀 연계가 없었다. 총격전 끝에 살아남은 동생의 진술에 따르면, 자신들은 급진적 이슬람 성직자[이맘(imam)]가 설교하는 지하드 투쟁 강론을 인터넷에서 시청하면서 스스로 급진화했으며, 바로 여기서 폭탄제조법도 배웠다고 한다.

알카에다, 라쉬카르 에 타이바를 비롯한 여러 극단주의 조직의 구성원들—요즘 나타나고 있는 스스로 급진화된 개인들까지 포함해서—의 열정을 불러일으키고 행동의 동기를 부여하는 이데올로기에는 정치적 이슬람, 급진 이슬람주의, 이슬람 근본주의, 혹은 보다 논란의 여지가 많으며 격렬한 비판의 의미가 담겨 있는 듯한 이슬람 파시즘(Islamofascism) 등 여러 명칭이 붙어 있다. 그 이름을 무엇이라 고 부르던, 우리가 지금 살고 있는 세계를 이해하고 이 새로운 이데 올로기가 무슬림 및 비무슬림 모두에게 제기하는 위협에 적절하게 대처하려면 그 주요 요소들을 이해해야 한다는 것은 분명하다. 여기에 붙은 다양한 명칭에서도 엿볼 수 있듯이 이 새로운 이데올로기의 추종자들은 자신들이 '진정한' 무슬림이며 자신들의 이슬람 해석이 단 하나의 참되고 정확한 해석이라고 본다. 이 이데올로기를 이해하려면 우리는 이슬람의 주요 특징들을 간단하게 설명하는 데서부터 시작해야 한다.* 설명을 시작하기 전에 우리는 불교, 기독교, 힌두교, 유대교를 비롯한 다른 여러 종교들이 그렇듯이 이슬람 역시 엄밀히 말해 종교이지 이데올로기가 아니라는 점을 강조할 필요가 있다. 그러나 앞으로 그 이유를 설명할 것처럼, 우리는 이슬람의 한 소수 분파, 즉 급진적 혹은 근본주의적 이슬람주의에게는 이데올로기로서의 위상을 부여한다. 먼저 우리는 이슬람주의가 급진적 혹은 극단적 분파로 갈라지게 된 이 종교의 역사를 이해할 필요가 있다.

이슬람: 간략한 역사

이슬람을 믿는 사람들을 무슬림이라고 부른다. 무슬림들은 이슬람이 종교라고 말하는데, 서구인들이 널리 사용하는 종교라는 단어는 보다 좁고 제한적인 의미를 갖지만, 무슬림들에게는 그렇지 않다. 무슬림들은 이슬람이 예의범절에서부터 도덕, 결혼, 식생활,

---

* 이슬람은 그 자체가 종교이자 전반적 삶의 양식이며 사회 및 정치의 조직 원리이기 때 문에 이슬람교라고 표기하면 '종교'라는 의미로 한정될 우려가 있다. 따라서 이 책에 서는 명확하게 종교를 가리키는 경우가 아니라면 '이슬람'으로 표기한다(옮긴이).

의복, 기도, 개인의 재정, 가족생활에 이르는 모든 것을 다스리는 규칙들을 갖춘 포괄적 삶의 양식이라고 주장한다. 이 종교는 '복종'을 뜻하는 아랍어 이슬람(islam)으로부터 그 이름을 따왔다. 이슬람이 요구하는 것은 일반적인 의미에서의 복종이 아니라 알라 혹은 신 앞에서 개인 의지의 복종 혹은 투신이다. 개인은 오로지 신의 의지에 복종함으로써만 현세에서 평화를 찾고 내세에서는 천국에 갈 수 있기 때문이다.

바로 이것이 무슬림, 즉 이슬람 신앙을 믿는 사람들의 가장 핵심적인 신념이다. 무슬림은 여러 다양한 국적의 인민들로 구성되어 있고 거의 전 세계에 걸쳐 살고 있지만 그 대부분은 북아프리카, 중동, 근동, 인도네시아에 집중되어 있다. 예언자 무함마드(Mohammed)가 대천사 가브리엘로부터 계시를 받았다고 아라비아 지역에 선언한 서기 620년경에 이 종교가 시작된 이래 이슬람은 이 지역의 대부분을 사실상 지배해왔다. 이때 받은 계시, 그리고 무함마드가 타계할 때까지 간헐적으로 받은 계시들의 기록이 꾸란(Qur'an, Koran), 즉 무슬림이 알라 혹은 신의 신성한 말씀이라고 여기는 이슬람의 신성한 경전을 이룬다. 무슬림들은 무함마드 자신이 남긴 말과 행동들[아랍어로 수나(Sunna)]을 본받고 따라야 하며, 이 수나와 꾸란이 이슬람 신앙의 토대를 이룬다. 유대교나 기독교처럼 이슬람교 역시 단 하나의 전지전능하고 자비로운 신을 섬기는 유일신교 신앙이다.

서기 632년 무함마드의 사망 이후 한 세기가 지나지 않아 이슬람은 아라비아로부터 중동 전역을 거쳐 북아프리카로 건너갔고 스페인의 대부분 지역으로까지 퍼져나갔다. 스페인을 다스리던 무슬림 지배자들은 대체로 다른 종교에 대해 관용적이어서 기독교와 유대교 신자들이 자신들의 신앙을 따르는 것을 허용했다. 얼마 지나지 않아 스페인은 기독교 유럽과 이슬람 세계가 만나는 가장 중요한 접촉 지역이 되었다. 이 접촉은 유럽인들로 하여금 대수학, 뛰어난 건축술, 아랍인들이 인도로부터 받아들였던 아라비아 숫자 같은 이슬람 문화의 성과들을 누릴 수 있도록 해주었다. 또한 이슬람 대학들은 오랜 세기 동안 유럽에서는 망실되어 있던 고전 철학의 저작들을 많이 보존하고 있었는데, 유럽은 이슬람이 지배하던 스페인과의 접촉을 통해 나중에 그것들을 재발견하게 되었다.

그러나 무슬림이 스페인을 침략하기도 전에 이미 이슬람 내부에는 오늘날까지도 이어지고 있는 분열이 생겼다. 이것이 수니파(Sunni) 무슬림과 시아파(Shi'te) 무슬림의 분열이다. 처음에 이 분열은 무함마드의 뒤를 이어 누가 칼리프(caliph), 즉 이슬람 공동체의 지도자가 되어야 하느냐는 문제를 둘러싸고 시작되었지만, 또한 이 리더십의 본질을 어떻게 규정해야 할 것인가라는 문제로 확대되었다. 수니파는 칼리프, 즉 **칼리프국가(caliphate)**의 수장을 일종의 선출직 집행부 수장으로 인식했던 반면, 시아파는 칼리프가 무오류의 종교 지도자(이맘), 즉 신으로부터 권능을 받은 지도자로서 알리(Ali, 무함마드의 사위) 가문의 구성원에서 나와야 한다고 주장했다. 무슬림 전체를 놓고 보면 오늘날에는 수니파가 수적으로는 훨씬 우위를 차지하지만, 시아파는 이라크 같은 나라에서 다수를 차지하며 이란에서는 거뜬하게 지배적 분파의 지위를 누리고 있다.

수니파와 시아파 모두에게 이슬람의 수행은 지하드, 곧 악에 맞서는 투쟁을 요구한다. 많은 무슬림들은, 아마 심지어 대부분의 무슬림이라고 말할 수 있겠지만, 지하드를 기본적으로 이기심과 죄악에 넘어가려는 유혹을 극복하는 개인의 내면적 투쟁이라고 생각한다. 그렇지만 또 다른 무슬림들은 지하드를 이슬람의 적에 맞서는 가장 중요하고 으뜸가는 외적 투쟁이라고 본다. 앞으로 보겠지만 후자의 지하드 개념이 급진 이슬람주의의 핵심이다.

수니파와 시아파, 주류파와 급진파를 막론하고 대부분의 무슬림들은 종교는 단순히 개인적 문제가 아니라고 믿어왔다. 이슬람은 대단히 큰 정치적·사회적 함의를 내포하고 있는 삶의 양식이다. 현대의 기독교도와 세속적인 서구인들은 '교회'와 '국가' 혹은 종교와 정치를 명확하고 엄격하게 구분하지만 이슬람에는 그런 구분이 전혀 없다.[2] 지상의 법과 신앙의 계율은 똑같은 하나가 되어야 한다. 따라서 샤리아(Shar'ia), 즉 꾸란과 수나로부터 나온 이슬람 율법은 고리대금을 금지하고, 어렵고 가난한 사람을 도울 세금을 부자에게 요구하며, 혼전 성관계와 간통에는 엄격한 형벌을 내리도록 규정한다. 지배자들은 이를 비롯한 여러 명령들을 집행할 의무가 있다. 이슬람은 지상의 법이 신의 명령과 일치하는 통치형태를 요구한다. 급진 이슬람주의의 경우 샤리아가 곧 지상의 법이며, 이 법은 신권정체(theocracy)에 의해 글자 뜻 그대로 좁게 해석되고 엄격하게 집행된다.

무슬림이 압도적 우위를 차지하는 여러 나라들은 20세기에 들어와 정부 및 정치를 신앙의 문제로부터 분리하기 시작했다. 그 중에서도 터키가 가장 멀리 나간 것 같다. 이런 면에서 무슬림 국가들은 서구 자유주의와 사회주의자들의 본보기를 따랐다. 그러나 자유화와 근대화를 향해 가려는 그들의 움직임은 세속주의(secularism)를 자기 신앙의 배신이라고 보는 급진 이슬람주의자들의 강한 반발을 불러일으켰다.

오랫동안 중동과 북아프리카의 무슬림들은 자신들과 자신의 신앙이 외부의 적들로 인해 위협을 받는다고 느껴왔다. 급진 이슬람주의는 이 위협을 더 크게 느끼고 눈앞에 닥쳤다고 보는 점에서 주류 이슬람과 크게 다르다. 많은 이슬람주의자들의 입장에서 보면 이 위협들은 네 개의 파도를 타고 밀려들어왔다. 첫 번째 파도는 기독교

십자군(대략 1100~1300년) 혹은 기독교왕국을 위해 성지를 되찾고 '불신자'(不信者; 즉 비기독교인)들을 살해하거나 개종시키려는 군사 원정으로 나타났다. 이 원정에는 종교적 사업 못지않게 유럽인을 위해 영토와 부를 획득하려는 욕망도 중요했다. 헤아릴 수 없이 많은 무슬림 남성, 여성, 어린이들이 기독교의 이름으로 학살당했으며, 일부는 죽음의 위협을 못 이겨 기독교로 개종했다. 두 번째 위협의 물결은 19세기와 20세기 초 북아프리카 및 중동 지역에 대한 유럽 제국주의 팽창과 함께 밀어닥쳤다. 프랑스는 북아프리카와 레반트 지역(Levant)*의 상당 부분을 통치했고, 영국은 팔레스타인, 아라비아, 페르시아(현재의 이란)를 포함하여 이집트에서 인도로 이어지는 대부분의 지역을 통제했다. 또한 영국은 많은 무슬림들이 세 번째 위협이라고 보는 길을 열어놓는 데 산파 역할을 했다. 제2차 세계대전 이후 팔레스타인 지역에 이스라엘 국가를 창설한 것이다. 무슬림이 압도적 우위를 차지하고 있는 지역에 세워진 유대인 국가는 그들에게 모욕이자 상처였다. 보다 최근에는 네 번째 파도가 밀려와 지금까지도 위세를 떨치고 있다. '근대성(modernity)' 혹은 '근대주의(modernism)'라는 큰 제목 아래 자유주의, 세속주의, 물질주의, 종교적 관용, 양성평등 등을 설파하며 위세 당당하게 밀려오는 서구 사상이었다. 이러한 사상들은 위성 텔레비전, 인터넷, 가정용 비디오, 그 밖의 여러 매체들을 통해 전파되고 있다. 「베이워치(Baywatch)」, 「위기의 주부들」을 비롯한 여러 (주로 미국) 프로그램의 재방송들은 신체가 훤히 드러나는 옷차림을 한 성적으로 문란한 여성들이 남성들과 사회적으로 동등한 지위를 누리고, 남자나 여자나 모두 신이나 종교와는 전혀 상관없는 삶을 살고 있는 세계를 묘사하고 있다.

* 팔레스타인, 시리아, 요르단, 레바논 등 근동 지역을 가리킨다(옮긴이).

이러한 서구문화의 수입은 보수적인 무슬림의 감성에 큰 충격을 안겨주고 있다. 더욱이 보수적 무슬림들은 그와 같은 도덕불감증이 전염될 것을, 특히 미국 영화를 비롯한 여러 문화적 매체들에 담겨있는 유혹에 넘어가기 쉬운 젊은 무슬림들에게 퍼질 것을 우려하고 있다.

많은 무슬림들은 또 미국이 자신의 정치적 · 경제적 이익에 비우호적이라고 간주되는 정권들을 전복하려는 비밀작전과 군사력을 동원함으로써 자신들이 겪은 도덕적 상처 위에 군사적 모욕까지 끼얹어왔다고 불만을 품고 있다. 미국은 또한 사우디아라비아, 이란, 쿠웨이트 등에서 친서방적이고 비민주적인 세습 군주국가들을 지원해왔다. 이 군주들은 미국을 비롯한 여러 나라들로 석유가 계속 흘러들어가도록 해줌으로써 미국의 호의에 보답해왔다. 게다가 1991년 걸프전쟁 직후 사우디 지배자들은 이슬람에서 가장 신성한 성지인 메카와 메디나를 품고 있는 사우디아라비아 내에 미군의 주둔을 허용했다. 부유한 사우디인 오사마 빈 라덴을 포함하여 많은 무슬림들에게 이 군사기지들은 무슬림의 신성한 땅을 미군이 침략하여 지배한 것이나 다름없었고 이슬람 자체에 대한 심각한 위협이었다. 많은 무슬림들은 미국이 이스라엘을 장기간에 걸쳐 강력하게 지원해왔다는 데 경각심을 계속 품어 왔는데, 이들의 눈으로 보기에 이스라엘은 팔레스타인 땅을 불법 점령하고 이웃 아랍 국가들을 위협하고 있는 존재이다.

다른 원인들도 있지만, 무엇보다 이러한 이유들 때문에 많은 무슬림들은 중동, 북아프리카를 비롯하여 이슬람이 수적으로 지배적인 지역들에서 서구, 특히 미국의 영향력을 경계한다. 이러한 사태에 맞서 누가, 무엇을, 어떻게 해야 할 것인가의 질문에 대한 답변에 따라 이를테면 빈 라덴과 알카에다의 조직원들, 아프가니스탄의 탈레반 같은 급진 무슬림과 온건 혹은 주류 무슬림이 갈라진다. 그들이 이 문제에 어떻게 응답했는지 보려면 우리는 먼저 급진 이슬람주의 의 기원과 발전을 이해해야 한다.

급진 이슬람주의

급진 혹은 근본주의적 이슬람주의는 이슬람 사상과 문화 내에 존 재하고 있는 여러 흐름들의 혼합물이다. 전체적으로 보면 이 흐름들 은 무슬림 **반계몽주의**(Counter-Enlightenment)를 대변한다고 말할 수 있는 이데올로기를 형성한다. 18세기 말과 19세기 초 유럽의 반계몽 주의가 계몽주의의 과학적 · 세속적 사상들을 거부했듯이(제7장에서 다루었다), 무슬림 반계몽주의 역시 이슬람과 이슬람 사회를 보다 현 대적 혹은 '계몽적'으로 만들고자 하는 시도에 대한 반발이다. 조셉 드 매스트르를 비롯한 유럽 반계몽주의의 여러 지도적 인물들처럼, 급진 이슬람주의자들도 지난 수 세기 동안의 많은 지적 · 정치적 · 과학적 발전—무슬림 학자들과 과학자들도 기여한 바 있는 발전을 포함하여—의 기본 원리를 구성하는 세속주의와 근대주의에 물들 지 않은 '순수한' 상태로 이슬람을 되돌려놓으려는 **반동** (reactionary) 이데올로기를 신봉한다. 따라서 급진 이슬람주의는 서 구에 대해서만 적대적인 것이 아니라 이슬람을 보다 개방적이고 관 용적인 종교로 만들고자 했던 '서구의' 사상과 염원에 굴복한 무슬 림들까지도 겨냥하고 있다.

우리가 급진 이슬람주의 사상의 원천 또는 근원이라고 지명할 수 있을 만한 단일의 이론가는 없다. 사망한 오사마 빈 라덴(1957-2011) 은 급진 이슬람주의의 이론가라기보다는 기본적으로 행동파에 속하는 인물이다. 그렇지만 이 운동에서 각별한 영향력을 미친 한 사람을 꼽자면, 그는 이집트 작가 사이드 꾸틉(Sayyid Qutb, 1906-1966)이다. 꾸틉은 『이슬람과 사회정의(Islam and Social Justice)』(1949), 『이슬람과 자본주의의 투쟁(The Battle Between Islam and Capitalism)』(1950), 여러 권으로 된 꾸란 주해서 『꾸란의 그늘에서(In the Shade of Qur'an)』(1952-1982) 등 많은 저작을 남겼는데, 그 중 가장 널리 알려진 책은 『길가의 이정표』(Signposts Along the Road)(1964)이다. 꾸틉은 소설가, 언론인, 문학비평가, 교사, 이집트 교육부의 고위관료로서 활동을 시작했다. 그는 또한 1936년에서부터 1952년까지 이집트를 지배한 파루크(Faruq) 왕정의 부패상을 거침없이 성토했던 비판자였다. 왕은 꾸틉이 '서구 물'을 먹으면 비판을 그만둘 것이라고 희망하면서 그를 미국으로 추방했다. 아랍어, 영어 등 여러 언어에 능통한 꾸틉은 콜로라도 주립 교육대학에서 1949년 석사학위를 받았다. 왕의 희망과는 반대로 꾸틉의 미국 체류 경험은 그를 훨씬 더 급진적인 방향으로 끌고나갔다. 미국의 인종차별, 사회적·경제적 불평등, 성적 문란, 알코올 소비, 세속주의와 물질주의, 당시 신생국 이스라엘에 대한 무비판적 지지 등에 큰 충격을 받은 그는 자신이 어릴 적부터 받았던 종교적 가르침을 되찾아냈다. 1951년 이집트로 돌아온 후 꾸틉은 급진적인 무슬림형제단(Muslim Brotherhood)에 가입했다. 본래 이 단체는 이집트가 아직 영국의 제국주의 지배 아래 있던 1929년 하산 알 반나(Hasan al_Banna)에 의해 설립되었다. 확고한 신앙심을 갖고 지하드를 수행할 각오가 되어 있는 무슬림들만이 서구의 영향력을 물리칠 수 있다는 데에는 꾸틉과 알 반나의 의견이 일치했다. 1949년 반나가 암살된 이후 꾸틉이 무슬림형제단의 주도적 사상가가 되었다.

파루크 정권에 대한 가차 없는 비판 때문에 꾸틉은 1952년 교육부에서 해임되었다. 바로 그 직후 이집트 민족주의자 나세르(Gamel Abdul Nasser) 대령이 이끄는 군사 쿠데타로 인해 파루크 왕정은 무너졌다. 나세르는 꾸틉과 무슬림형제단의 호의를 얻고자 했지만, 이집트를 이슬람 국가, 즉 샤리아 율법의 엄격한 요구에 따라 통치되는 국가로 되돌려놓으려는 꾸틉의 제안은 거부했다. 그러자 꾸틉은 나세르의 근대화 및 개혁 프로그램을 비판하였다. 1954년 꾸틉은 체포·투옥되어 고문을 당했다. 1965년 또 다시 그는 나세르의 세속적 정권을 전복하려는 음모를 꾸몄다는 죄목으로 체포되어 고문을 받았다. 1966년 그는 사형을 당했고, 그 이후 꾸틉은 급진 이슬람주의 대의명분의 영웅이자 이론가이며 순교자로서 존경받아 왔다.

그가 쓴 여덟 권 분량의 꾸란 주해서의 제목이 『꾸란의 그늘에서』이다. 꾸틉은 이 책의 상당 부분을 감옥에서 저술했는데, 그 제목은 의도적으로 무언가를 연상시키고 있다. 중동뿐 아니라 다른 지역에서도 사막에 거주하는 사람들에게 그늘은 좀체 찾기 힘들고, 그런만큼 더욱 귀중한 것이다. 꾸틉은 현대세계를 정신적 사막, 곧 세속주의, 물질주의, 소비주의, 쾌락주의, 이기주의, 자기중심주의, 이기심으로 뒤덮인 광대하고 삭막한 황무지로 본다. 꾸란의 메시지는 이곳에 찾아온 반가운 안식처이다. 모든 선량한 무슬림들은 꾸란의 그늘을 찾아 들어가야 한다. 그렇지만 대부분의 무슬림들은 꾸틉과 그의 급진 이슬람주의 추종자들이 옹호하고 고수하는 급진적인 꾸란 해석에 동의하지 않는다.

급진 이슬람주의자들은 기독교도와 유대인이 결탁하여 무슬림들의 도덕을 타락시키고 이슬람 그 자체를 파멸시키려는 음모를 꾸미고 있다고 믿는다. 위성 텔레비전이 등장하기 십여 년 전, 인터넷이 등장하기 수십 년 전에 이미 꾸틉은 비서구사회의 문화 전반, 특히 이슬람 사회에 대한 서구 문화의 영향을 격렬하게 비난했다.

인류는 오늘날 거대한 사창가에 살고 있다. 출판물, 영화, 패션쇼, 미인대회, 와인바, 무도회장, 방송국 등을 대충 보기만 해도 충분하다! 벌거벗은 육체에 미치도록 빠져드는 욕망, 선정적 사진들, 문학·예술·대중매체에 나타난 메스껍고 외설적인 표현 등을 보아라! 여기에 더해 고리대금〔즉, 이자를 받고 돈을 빌려주는〕체계는 돈에 대한 인간의 탐욕에 불을 지르고 그 축적과 투자를 위해서라면 합법을 가장한 사기·협작·협박뿐 아니라 도저히 용납할 수 없는 방법까지도 불러낸다.[3]

서구인들이 그저 단순한 오락이나 정보라고 보는 것을 꾸틉은 감수성이 예민한 젊은 무슬림들을 타락시키려는, 이슬람이라는 단 하나의 참된 길에서 벗어나도록 젊은 무슬림들을 유혹하는 작전의 핵심이라고 간주한다. 적어도 꾸틉과 그 추종자들은 그렇게 이해하고 실행한다.

우리가 보았듯이 이슬람에는 '종교'와 '정치'라는 이름으로 나누어진 별도의 영역이 없고, 개인적 삶과 집단적 삶의 모든 측면들은 끊어지거나 나누어지지 않고 하나로 엮여져 있다. 꾸틉 역시 이런 관점을 공유했다. 그는 종교적 관용, 개인의 권리, 자유, 양성평등, 정의 등 서구적이고 세속적인 관념을 도입함으로써 무슬림 사회, 심지어는 이슬람 자체를 '근대화'하고 '개혁'하려는 무슬림들에 대해 비판적이었다.[4] 꾸틉이 생각하기에 많은 무슬림들이 '개혁'에 끌린다는 사실은 자힐리야(jahiliyya, 무지의 시대)의 진흙탕에 빠져 있는 서구의 영향력이 구석구석 배어들어 있음을 보여주는 것이며, 서구가 무슬림 사회를 그와 같은 암흑시대로 끌고 들어가려고 위협하는 것이었다. 본래 자힐리야는 꾸란의 가르침이 예언자 무함마드에게 계시되기 이전에 세계를 뒤덮고 있던 무지와 정신적 암흑을 의미했다. 꾸틉이 말하는 '새로운 자힐리야'는 서구의 사상과 영향력으로부터 나타난다. 이것은 과학과 기술의 성공에 대한 오만에서 생겨난 일종의 정신적 암흑, 즉 신이 계시한 진리를 거부하는 인간이 의도적으로 스스로 초래한 암흑을 말한다. 이러한 거부는 또한 철학적 회의주의, 세속주의, 심지어는 무신론의 복합체로 이루어진 의식구조를 만들어냈다. 이러한 의식구조에 빠져든 사람들은 인간 이성이 모든 신비를 파헤칠 수 있고, 신의 의지를 인간의 의지로 바꾸어놓을 수 있으며, 신의 정의가 차지하는 자리에 인간의 정의를 집어넣어 신의 심판을 인간의 심판으로 대체할 수 있다는 잘못된 생각을 한다. 특히 자유주의와 공산주의 이데올로기는 이슬람의 정신 및 가르침과 정면으로 위배되는 현대 서구의 이러한 세계관을 구현하고 있다. 자유주의는 개인의 주권성(sovereignty)을, 공산주의는 프롤레타리아트의 주권성을 강조하는바, 그들 중 어느 것도 신의 진정한 주권성을 인정하지 않는다.

이로부터 꾸틉은 중동에서 '근대화주의자들'과 '개혁주의자들'은 무슬림 사회에 '새로운 자힐리야'를 끌어들여 이슬람 자체를 타락시키고 와해시키고 있는 것과 다름없다고 결론을 내린다. 이슬람의 와해라는 꾸틉의 비판은 새로운 것이 아니다. 그의 주장에서 새로운 것은 비판의 철저함과 그 안에 담긴 미묘함이다. 몇 가지 측면 그의 논리는 마르크스의 자본주의 비판과 레닌의 전위당 비전을 닮았다. 꾸틉은 비무슬림들——많은 무슬림들도 포함하여——은 세계와 그 속에서 자신의 위치를 거꾸로 혹은 왜곡되게 보도록 유도하는 일종의 허위의식으로 고통 받는다고 믿었다. 따라서 이런 사람들은 서구의 생활방식과 생각들을 환영하고 그런 것들을 '진보적'이라고 부른다. 무슬림 세계가 소위 말하는 이 '진보'에서 벗어나 순수하게 보존되려면 대단히 독실한 소수의 무슬림들로 이루어진 조직[자마(jama'a)] 혹은 전위당이 앞장 서야 한다. 곧 그들은 근대성, 자본주의, 양성평등, 종교적 관용 등 서구를 상징하는 모든 것에 맞서 치열하게 투쟁하거나 지하드를 수행해야 하며, 이 성스러운 대의명분에 자신들의 목숨을 바칠 각오가 되어 있어야 한다. 간단히 말해 무슬림들은 이러한 관념들을 무슬림 사회에 끌어들이는 '침략자'에 대항하여 공세를 취해야 한다. 이것이 급진 이슬람주의의 이데올로기적 토대이다.

1966년 꾸뜹의 사망 이후 다른 이슬람주의자들은 이슬람 사회를 타락시키는 서구와 서구식 사고방식에 맞서 지하드를 수행하도록 계속 요구해왔다. 이 투쟁을 어떻게 수행할 것인가? 한 가지 방법은 세속적 혹은 서구식 관념과 제도를 채택함으로써 자신들의 신앙을 배신했다고 상정되는 무슬림들을 공격하는 것이다. 이런 사례는 1981년 이집트 대통령 사다트(Anwar Sadat)의 암살을 정당화하는 급진 이슬람주의의 명분에서 찾을 수 있다.[5] 또한 이라크를 지배하던 사담 후세인을 '세속주의자'이자 '사회주의자'라고 반대하던 이유도 여기에 있다. 지하드를 수행하는 또 다른 방법은 서구 국가와 서구 군대에 직접적인 테러공격을 감행하는 것이다. 이로 인해 사우디아라비아에 주둔해 있던 미군 막사가 폭파되고, 미국 해군함정 콜(Cole)호는 폭탄 공격을 받아 거의 침몰되다시피 했다. 케냐와 탄자니아의 미국 대사관은 자폭테러로 파괴되어 많은 인명을 잃었는데, 희생자들은 주로 아프리카 사람들이었고 그 상당수는 무슬림이었다. 그 중에서도 2001년 9월 11일 워싱턴 D.C와 뉴욕에 대한 테러는 가장 악명 높은 사건으로 꼽힌다. 9월 11일 테러는 거의 3,000명을 살해했으며 희생자 대부분은 미국인이었다. 뒤 이어 인도네시아, 마드리드, 런던 등 여러 곳에서 벌어진 테러는 수 백 명의 사망자를 낳았다.

서구에서는 이들 살인자와 자살폭탄 폭파범들을 테러리스트라고 부르지만 중동에서는 '순교자' 혹은 '축복받은 순교자'라고 부르는 경우가 자주 있다. 일부 중동 사람들은 이들을 성스럽지만 너무나 자주 망각되기도 하는 지하드의 의무를 수행한 남자들(드문 경우이기는 하지만 여자들)로 간주한다.[6] 급진 이슬람주의의 눈에서 보면 언론 자유, 양성평등, 종교적 관용 등의 관념은 그 해악이 서서히 스며들며 치명적인 결과를 초래한다. 이러한 사악한 관념들과 서구 '불신자'들을 이슬람 세계로부터 몰아내는 보다 큰 선을 촉진시킬 때에는 테러가 용인된다는 것이 이들의 생각이다. 반면 온건한 혹은 주류 이슬람의 관점에서 보기에 자살과 무고한 사람들의 살해는 꾸란과 하디스(Hadith, 예언자의 말과 행동을 집대성한 책)에서 엄격하게 금지되어 있다.

급진 이슬람주의자들이 지하드를 수행하는 세 번째 방법은 청년 교육, 특히 소년들에 대한 교육을 통해서 이루어진다. 보다 정확히 말하자면 아마 주입식 세뇌교육이라고 불러야 할 것이다. 대부분의 중동 지역 나라들에서 종교학교[마드라사(madrassas)]에 다니는 학생들은 단 한 권의 책 꾸란만을 공부한다. 학생들이 알아야 할 필요가 있는 모든 것은 이 책에 있다는 것이다. 이러한 마드라스 중 많은 곳에서 학생들은 급진적인 꾸란 해석을 배운다. 한 가지 예만 들어보자.『꾸란』 24장 31절은 여성(그리고 남성)은 옷차림을 단정하게 갖추어야 한다고 선언한다. 그런데 어떻게 입어야 '단정'한가? 아주 짧은 반바지와 비키니는 누가 보아도 허용될 수 없지만, 그런 기준을 넘어서면 저마다 해석이 달라진다. 온건 혹은 주류 무슬림들은 '단정함'이란 여성이 머리에 스카프를 두르지만 얼굴은 노출할 수도 있고 하지 않을 수도 있다고 해석하는 경향이 있다. 이와는 달리 아프가니스탄의 탈레반 같은 전투적 혹은 급진 이슬람주의자들은 '단정함'이란 여성이 머리부터 발끝까지 완전히 가려야 한다는 것을 의미한다고 주장한다. 여성은 얼굴과 발까지도 완전히 숨기는 부르카

오사마 빈 라덴(1957-2011)

를 착용해야 하며, 자기 몸의 그 어느 부분이라도 대중 앞에 노출한 여자는 태형을 받아야 한다. 다른 부분에서도 그렇지만 여기서도 많은 것이 꾸란을 어떻게 해석할 것인가에 달려 있다.

인간본성과 자유

다른 모든 이데올로기가 그렇듯이 급진 이슬람주의 역시 인간본성과 자유에 관해 고유한 관점을 갖고 있다. 이 관점들은 꾸란의 독해 및 해석에 관한 그들의 독특한 방식뿐 아니라 무슬림과 기독교(혹은 '서구') 세계의 오랜 접촉의 역사에 관한 독특한 이해 방식으로부터 생긴 것이다.

인간본성. 인간 본성에 관한 급진 이슬람주의의 관점은 종교적 믿음에 뿌리를 두고 있다. 자기 종교의 지도적 인물들을 예언자로 보는 유대교와 기독교 같은 주요 일신교들과 마찬가지로 이슬람 역시 하늘과 땅, 인간을 포함한 지상의 모든 피조물을 창조한 유일신이 있다는 생각을 공유한다. 인간은 그 본성에서 연약하고 죄악에 넘어가기 쉽다. 유혹을 극복하기 위해 신실한 무슬림들은 지하드, 즉 악에 맞서는 투쟁을 수행해야 한다. 우리가 앞에서 보았듯이 이 투쟁은 개인 수준과 집단 수준에서 모두 이루어진다.

개인으로서 무슬림은 엄격한 규율을 준수해야 한다. 그 규율은 이를테면 하루 다섯 번 기도하는 것, 라마단 기간 동안에는 해가 뜬 이후부터 해가 질 무렵까지 금식하는 것, 자카트(zakāt, 가난한 사람들을 돕는 자선활동에 관대하게 기부하는 것)를 실천하는 것, 가능하다면 하즈(hajj), 곧 성지 메카를 순례하는 것, 그리고, 보다 일반적으로, 경건하고 올바른 삶을 사는 것 등을 포함한다. 무슬림들은 이런 방식으로 삶을 영위하려는 치열한 투쟁을 '큰 지하드'라고 부른다(305).

그러한 삶은 다른 사람들과 떨어져 나 홀로 영위될 수는 없으며 보다 넓은 신앙 공동체의 일원으로서만 이루어질 수 있다. 이 공동체가 그 구성원들의 삶에 도움이 되려면 공동체는 긴밀한 유대관계를 이루어야 하고 이슬람 율법(샤리아)의 집행에서 엄격해야 한다. 이 공동체는 개인 내면의 악과 외부의 악을 이겨내려는 구성원들을 도와줌으로써 지하드를 집단적으로 수행하게 하는 것이다. 외부의 악이란 그 공동체의 기반을 이루는 신앙을 훼손시킴으로써 공동체를 위협하는 외부의 적을 말한다. 무슬림들은 외부의 적에 맞서는 투쟁을 흔히 '작은 지하드'라고 부른다. 급진 이슬람주의는 이 구분을 뒤집어 이슬람의 모든 적들에 대항하는 지하드에 훨씬 큰 강조점을 두는데, 서구로부터 온 '불신자'뿐 아니라 온건한 혹은 개혁 지향적 무슬림도 이 적들에 포함된다.

급진 이슬람주의는 반개인주의적이라는 점에서 반자유주의적이다. 자유주의적 개인의 관념에 따르면 개인은 자신이 작은 일부이고 깊이 의존하고 있는 보다 커다란 사회나 공동체로부터 고립된 독특한 존재이다. 급진 이슬람주의에는 이러한 자유주의적·개인주의적 개인의 관념이 들어설 여지가 전혀 없다. 이러한 반자유주의적 성향은 특히 급진 이슬람주의에서 두드러지는데, 이들은 (미국 권리장전의 사례처럼) '개인의 권리' 혹은 '사회에 맞서는 권리' 등을 자신들이 생각하는 이슬람의 비전에 전적으로 이질적이거나 낯선 비뚤어진 관념이라고 거부한다. 사람에게 도덕적 가르침과 생계를 제공해주는 공동체에 맞서는 권리를 갖는다는 것은 도덕성에 저항하는 권리를 갖는 것과 매한가지인데, 이런 생각은 터무니없다는 것이다.

다시 한 번 우리는 이슬람 또한 기독교나 유대교와 마찬가지로 하나의 교파로 통합된 종교가 아니라는 점을 주목해야 한다. 사실 이슬람은 수니파와 시아파, 자유주의적 근대화주의자와 보수적 전통주의자, 관용적 온건파와 급진적 극단주의 등 내부적으로 깊은 분열상을 보여주고 있다. 인도네시아와 이집트에서 성행하고 있는 수피파(Sufi) 이슬람과 민중주의 이슬람과 같은 상당수의 이슬람 분파들은 모든 신앙의 관용을 지지하고, 꾸란을 상당히 유연하게 해석하며, 과학과 근대성의 성과를 온전히 활용하고자 한다. 반면, 살라피스파(Salafis), 아프가니스탄 탈레반, 사우디아라비아의 와하브파(Wahhabis)와 같은 다른 무슬림 분파들은 근대성을 거부한다. 그들은 예언자 무함마드의 시대에 이슬람의 순수하고 진정한 가르침이 설파되고 실천되었다고 믿으며, 바로 그 시대로 돌아가고자 한다. 예컨대 살라피스파는 예언자 무함마드가 처음에 도입한 이슬람은 완벽하기 때문에 그 외의 어떤 추가적 발전도 필요하지 않다고 주장한다. 따라서 수피파 신비주의 같이 나중에 출현한 이슬람의 모든 변종들은 타락했고, 불완전하며, 정통성이 없다는 것이다. 대부분 급진 지하드주의자들은 14세기 이슬람 율법학자 이븐 타미야(Ibn Tamiyya)가 설파한 살라피스파의 가르침을 따른다. 그들은 수피파의 창시자 알무하시비(Hirith al-Muhaasibi), 그리고 흔히 가장 영향력 있는 이슬람 근대주의적 사상가로 꼽히는 무함마드 압두(Muhammad 'Abduh)의 가르침은 단호히 배격한다.[7]

앞에서 보았듯이 급진 이슬람주의는 온건 이슬람 분파들과 달리 문화적으로나 신학적으로나 '더 순수한' 시대로 그 추종자들 그리고 보다 넓은 세계를 복귀시키려는 반동 이데올로기이다. 1979년 이란에서 정권을 장악하기 직전 아야툴라 호메이니는 설교를 통해 다음과 같이 분명히 선포했다.

> 그렇다. 우리〔급진 이슬람주의자〕들은 반동주의자들이다. 그리고 당신들〔서구의 세속주의자들, 이슬람을 '근대화'하려는 무슬림〕은 '계몽된 지식인들'이다. 당신 지식인들은 우리가 1,400년 전으로 되돌아가기를 원하지 않는다.[8]

그러나 호메이니는 예언자의 가르침을 배우고 일상생활에 적용하려면 그와 같은 과거로의 복귀가 필요하다고 말을 이었다. 그 중에서도 자유주의적이고 서구적인 '자유'의 개념을 거부하는 것이 가장 중요하다.

자유. 급진 이슬람주의에는 자유 관념이 전혀 없다거나 혹은 이 개념이 들어설 자리가 없다고 보일지도 모른다. 물론 급진 이슬람주의는 자유주의적인 자유 개념을 전혀 용납하지 않으며 여기에 공감하지도 않지만, 그렇다고 그들에게 자유 개념이 아예 없다는 뜻은 아니다. 오히려 그 반대로 급진 이슬람주의는, 호메이니와 꾸틉이 모두 그렇게 했던 것처럼, 자신만의 고유한 방식으로 자유를 개념화한다.

호메이니는 독실한 무슬림들은 현대적·자유주의적인 자유 개념을 거부해야 한다고 주장하며 이렇게 말한다. "당신들은 자유, 모든 것에 대한 자유, 정당의 자유를 원한다. 그 모든 자유를 원하는 당신들 지식인이 원하는 자유란 실상 이런 것이다. 우리 젊은이들을 타락시킬 자유, 압제자에게 길을 닦아줄 자유, 우리나라를 나락으로 끌고 내려갈 자유 말이다." 무슬림들은 이러한 가짜 자유를 거부하고, 대신 자신의 의지를 알라의 최고 의지에 복종시키며 내맡길 때에만 찾아오는 진정한 자유를 받아들여야 한다고 호메이니는 선언했다. 다시 한 번 말하지만 이슬람은 '복종'이라는 뜻이다. 복종으로서의 자유 개념은 급진 이슬람주의뿐 아니라 일반적으로 이슬람의 중요한 특징이지만, 특히 급진 이슬람주의에서는 이 개념이 폭력적이면서 특별하게 **정치적** 형태를 취하고 있다. 꾸틉은 『길가의 이정표』에서 이렇게 말했다. "이슬람은 단순한 '믿음'이 아니라 인간이 다른 인간에 대한 예속으로부터 벗어나야 한다는 자유의 선언이다. 따라서 이슬람은 … 인간에 대한 인간의 지배에 기반을 두고 있는 모든 시스템과 정부를 철폐하고자 한다."[10]

이어서 꾸틉은 이슬람이 없는 삶은 노예, 즉 성적 욕망, 물질적 욕구, 다른 인간의 지배에 예속된 노예로서의 삶을 사는 것인 반면, 신실한 무슬림으로서의 삶은 이러한 세속적 유혹들로부터 벗어나게 해준다고 주장한다. 오로지 알라의 신성한 의지에 복종함으로써만

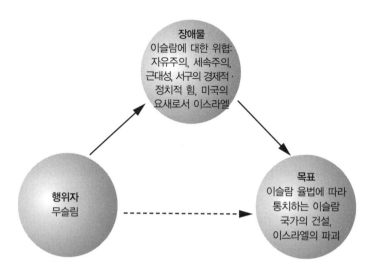

〈그림 10.1〉 급진 이슬람주의의 자유에 대한 관점

인류는 진정으로 자유로워질 수 있다는 것이다.[11] 개인 수준에서 그러한 자유는 정신적 강건함과 자기통제를 성취하기 위한 내면적 투쟁의 '큰 지하드'로부터 얻어진다. 그러나 집단 수준에서 무슬림은 자신들이 압도적 다수를 차지하고 있는 땅으로부터 '불신자'와 '배교자'들을 축출 혹은 박멸하는 무장투쟁('작은 지하드')을 함께 뭉쳐 수행할 때, 오직 이 경우에만, 자유를 얻게 될 것이다. 그 중에서도 가장 중요한 축출 대상은 서구인, 온건 무슬림, 무슬림 근대화주의자들이다. 따라서 급진 이슬람주의의 자유 개념을 삼각 모델을 통해 예시할 수 있다(그림 10.1).

지하드에 관한 급진 무슬림과 온건 무슬림의 견해 차이는 그들 사이의 또 다른 많은 차이점들에서도 그대로 유지된다. 온건 혹은 주류 무슬림들은 급진 이슬람주의의 주장, 특히 테러에 쉽사리 의존하는 그들의 행태는 꾸란과 순나(Sunna)에 담겨 있는 예언자의 가르침에 대한 왜곡이라고 거부한다. 이 가르침들 중에는 무고한 비전투원의 살해를 금하는 부분도 포함되어 있다. 온건 무슬림들은 이렇게 묻는다. 급진 이슬람주의자들은 다른 무슬림들과 무고한 민간인의 살해를 어떻게 정당화할 수 있는가? 급진 이슬람주의자들은 자신들이 동원하는 테러와 인명 살해는 일종의 타크피르(takfir, 파문), 즉 유일하게 참된 믿음을 저버림으로써 무슬림으로서의 자격을 박탈당한 무슬림 '배교자들'에 대한 파문이며, 따라서 그들은 정당하게 살해될 수 있다고 주장한다. 타크피르의 사례를 하나 꼽자면 이집트 대통령 사다트의 암살 사건을 들 수 있다. 무슬림형제단의 조직원들은 이집트 대통령 사다트는 무슬림이면서도 이스라엘의 유대인 수상과 협상한 적이 있기 때문에 마땅히 암살당해야 한다고 대답한다. 무고한 민간인 살해에 관해서는 오사마 빈 라덴이 답변을 즉각 내놓았다. 서구 민주주의에 살고 있는 민간인들은 실제로는 무고하지 않다는 것이다. 빈 라덴은 민주주의에서는 시민들이 지도자와 대표자들을 선출하는데, 서구 민주주의의 시민들은 중동 지역에 군대를 보내 무슬림을 살해하는 지도자들을 선출해왔다고 말했다. 그는 "미국 인민들은 스스로의 자유로운 의지로 자기 정부를 선택"하고 "자기들 정부의 정책을 거부할 수 있는 능력과 선택권을 갖고" 있다고 비난했다. 만일 미국인이 '테러와의 전쟁'을 가장한 반이슬람 정책을 펼치는 정부를 선택했다면, 그들은 미국 정부와 군대나 마찬가지로 똑같은 책임을 져야 하고, 따라서 적 전투원으로서 표적이 될 수도 있다는 것이다.[12]

급진 이슬람주의자와 주류 무슬림 사이의 또 다른 차이점은 꾸란을 읽거나 해석하는 방식이다. 기독교나 유대교와 마찬가지로 무슬림들 역시 신성한 경전의 '정확한' 해석이 무엇인지를 둘러싸고 분열되어 있다. 다른 종교들에도 역시 저마다의 '근본주의' 분파들이 있다. 그들은 신실한 신자들이 성스러운 경전을 비유적, 은유적 혹은 역사적으로 읽는 것이 아니라 글자 뜻 그대로 읽을 때에만 그 속에 담긴 명확하고도 영원히 변치 않는 의미를 포착할 수 있다고 믿는 사람들이다. 근본주의자들의 관점에서 보면 경전을 글자 뜻 하나하나 그대로 읽지 않는 사람들은 신앙의 근본적 진리를 부정하거나 거기서 떨어져 나온 배교자 혹은 이단자들이다.

때때로 이러한 분열은 신실한 신앙인들의 집안에서조차도 벌어진다. 급진적인 무슬림형제단의 창립자인 이집트인 하산 알반나는 꾸란의 근본주의적 독해를 지지한다. 그 독해에 따르면 많은 무슬림들이 포함된 '불신자들'에 맞서는 지하드는 신성한 의무이다. 반면 그의 남동생 가말 알반나(Gamal al-Banna)는 저명한 이슬람 학자이지만 이슬람 근본주의에 대단히 비판적이다. 그는 근본주의자들이 주장하는 바와 달리 꾸란을 글자 하나하나에 덜 얽매이고 보다 자유롭게 읽어야 한다고 주장하며, "인간이 종교의 목표이며 종교는 단지 하나의 수단이다. 오늘날에는 이와 반대되는 생각이 〔급진 이슬람주의자들 사이에〕 팽배해있다"고 말했다.[13] 가말 알반나는 100권이 넘는 책을 저술 혹은 번역했으며, 그 중에는 『새로운 민주주의(A New Democracy)』(1946)도 있다. 이 책에서 그는 근본주의자들이 꾸란 경전 그 자체가 아니라 그 의미에 관한 가장 초기의 해석만 바라보며, 이때 이루어진 해석을 권위 있고 영원히 타당한 것으로 받아들인다고 비판했다. 그의 관점은 꾸란이 새로운 지식 그리고 변화하는 조건 및 상황에 비추어 해석되어야 한다는 것이다. 이와 다른 방식으로 꾸란을 읽고 해석하면 과거에 발목이 잡혀 도저히 어쩔 수 없게 된다고 그는 주장한다. 그러나 급진 이슬람주의자들은 '더 순수한' 과거로 돌아가기를 희망하여 그것을 위해 투쟁한다. 바로 이 점에서 급진 이슬람주의는 반동적 이데올로기이다.

결론

이데올로기로서의 급진 이슬람주의

다른 이데올로기들과 마찬가지로 급진 이슬람주의 역시 다음의 네 가지 기능을 자신만의 독특한 방식으로 수행함으로써 그 추종자들을 이끌고 고무한다.

설명. 급진 이슬람주의는 무슬림이 압도적 다수로 군림하는 세계, 곧 중동과 근동, 북아프리카 및 남아시아와 동남아시아의 일부 지역이 처한 현재 상황을 이슬람에 대한 전면적 위협이라는 측면에서 설명한다. 이슬람 세계, 실로 이슬람 자체가 군사적·경제적·지적·문화적·정신적 수단 등 모든 가용 수단들을 동원하여 자신들을 파괴하고자 노리는 적의 위협 아래 놓여 있다. 그 중에서도 군사적 위협이 심각하긴 하지만, 그보다는 무슬림, 특히 젊은 무슬림들의 마음을 오염시키고자 서구가 은밀히 퍼뜨리는 자유주의, 세속주의, 양성평등, 종교적 관용, 물질주의 등의 사상이 한층 더 위험하고 심각하다. 종교이자 삶의 양식으로서의 이슬람을 전복시키고 궁극적으로는 파괴하려는 목표를 갖고 이 사상을 이슬람 문화에 주입하려는 일사불란하고 고도로 조직화된 범세계적 음모가 진행되고 있다.

평가. 급진 이슬람주의는 그 추종자들에게 개인적 경건함, 사회정의, 공동체적 조화에 관한 관점을 제공해주며, 그들은 여기에 의거하여 서구 문화를 비판하고 서구 문화의 침입에 저항한다. 이 관점에서는 개인주의, 자유주의, 세속주의, 양성평등, 물질주의 등 서구의 사상은 정신과 육체를 좀먹는 치욕스러운 것으로 파악된다. 서구

사상은 성스러운 것과 불경스러운 것, 남자와 여자, 지배자와 피지배자, 용납될 수 있는 행동과 용납될 수 없는 행동에 대한 자연스럽고 신이 내린 구분을 혼동시키고 뒤죽박죽으로 만든다. 서구의 자유주의적 개인주의는 신을 권좌로부터 끌어내리고, 그 자리에 모든 가치의 원천으로서 인간 또는 '개인'을 끌어올린다. 이를테면 칸트가 말하는 "목적의 왕국(the kingdom of end)", 존 스튜어트 밀의 '주권적 자아'(sovereign self, "스스로에 대하여, 자신의 몸과 마음에 대하여, 개인이 주권적이다") 같은 생각들이 여기에 속한다.[14] 서구에서 '종교적 관용'이라 부르는 것은 실제로는 종교, 신, 인간에게 가장 중요한 모든 것에 대한 널리 퍼진 무관심에 불과하다. '양성평등'이라 부르는 것은 신이 부여한 성적 · 생물학 차이를 혼동하거나 틀렸다고 주장하는 것이며, 이로 인해 남녀 간의 접촉을 쉽게 하고, 혼전 성관계와 혼외 성관계(즉 간통), 난잡한 성관계 등을 조장하는 결과로 이어진다. 남자와 여자는 본질적으로 다른 능력과 욕구를 갖고 있다. 이런 사실은 무엇보다 남녀가 따로 교육을 받아야 한다는 것을 의미한다. 탈레반 같은 일부 급진 이슬람주의자들은 여성은 전혀 교육받지 말아야 한다고 말할 정도이다.

지향. 신학에 기반을 둔 이데올로기로서 급진 이슬람주의는 그 추종자에게 개인적 정체성과 집단적 정체성의 의미, 즉 자신이 누구이며, 어디에 속해 있고, 누가 친구와 적이며, 삶의 목표는 무엇인지에 관한 의미를 제공한다. 참으로 신실한 무슬림은 실제로 이렇게 말한다. "나는 무슬림이다. 나는 신자들로 이루어진 커다란 공동체에 속해 있으며 그 작은 부분을 이루고 있다. 나의 신앙과 도덕적 · 정신적 가르침은 이 공동체에 의탁하고 있다. 내 친구들은 나와 같은 방식으로 믿고 행동하는 동료 무슬림들이다. 내가 구성원으로 속해 있는 공동체에 어떤 방식으로든 적대적이거나, 공동체와 의견을 달리하는 모든 개인, 집단 혹은 민족은 나의 적이다. 나의 삶의 목표는 올바른 삶을 사는 것이며, 나의 신성한 의무는 이슬람의 적에 맞서는 것이다." 누구를 '이슬람의 적'으로 규정할 것인가 그리고 이 적들에 대해 어떤 대응 방안을 제안할 것인가를 놓고 급진 이슬람주의자들은 온건 혹은 주류 무슬림들과 구분된다. 급진 이슬람주의자들은 오직 자신들만이, 그리고 자신들에 동의하는 사람들만이 진정으로 신실한 무슬림이라고 믿는다. 무슬림이나 비무슬림을 막론하고 자신들에 반대하는 사람들은 모두 이슬람의 적으로서 비난받고 살해되어야 한다.

강령. 급진 이슬람주의의 정치적 강령은 한마디로 말해 지하드, 즉 이슬람의 적들에 대해 신앙을 바탕으로 펼치는 투쟁이다. 여기서 적들이란 자유주의, 세속주의 등 이슬람의 사상과 믿음을 반대하거나 위협하는 그 어떤 사상이라도 신봉하는 모든 사람들이다. 이슬람의 삶의 양식과 종교의 수호는 신성한 의무이다. 이 목표에 도달하기 위해서라면 급진 이슬람주의자들은 폭력까지 포함한 모든 수단이 용인된다고 믿는다. 테러는 강자에 대한 약자의 무기이다. 꾸란은 자살이나 무고한 사람들의 피를 흘리게 하는 행위는 금하고 있다고 말하는 소위 온건 무슬림들에게 급진 이슬람주의자들은 자신들은 '같은 것은 같은 것으로 갚으라'는 꾸란의 말을 그대로 따를 뿐이라고 응답한다. 이스라엘 사람들은 무고한 팔레스타인 여성과 어린이들을 살해해왔다. 따라서 자기 목숨을 바쳐 소위 말하는 '무고한' 이스라엘 여성과 어린이를 살해하는 팔레스타인 '순교자들'의 행위는 정당화된다. 이스라엘 정부는 소위 '무고한' 이스라엘 사람들을 위한다는 명목으로 무고한 팔레스타인 사람들을 살해하거나 불구자로 만들어왔기 때문이다. 이스라엘에서뿐 아니라 세계 다른 곳에서도 마찬가지로 무슬림과 이슬람 신앙을 위협하는 그 누구에 대해서도 가능한 모든 수단을 동원하여 맞설 수 있고 또 그래야 한다. 신앙을 지키는 신성한 투쟁에서는 그 어떤 수단이라도 도덕적으로 용인될 수 있다. 더 나아가 지하드는 서구, 즉 미국과 유럽 동맹국 및 이스라엘 동맹국에 대해서 뿐 아니라 타락하고 세속적인 정부나 정권으로 알려져 있는 무슬림 국가들에 맞서서도 수행되어야 한다. 이러한 믿음이 이집트 대통령 사다트의 암살을 정당화했다고 상정된다. 또한 이 믿음은 알카에다를 비롯한 다른 급진 이슬람주의자들이 사우디아라비아 왕족에게 품고 있는 적대감을 설명해준다. 이들이 보기에 사우디아라비아 왕족은 부패하고 자기 나라를 무자비하게 지배하며, 이슬람의 신성한 땅에 미국 군사기지와 군대의 주둔을 한동안 허용하는 일까지도 저질렀다. 또한 2003년 미국과 그 동맹국들이 이라크를 침공하기 이전에는 알카에다와 여러 급진 이슬람주의자들은 사담 후세인과도 반목 관계였다. 그는 말로만 이슬람 가치를 내세울 뿐 실제로는 종교적 관용, 양성평등, 알코올 판매 등 여러 혐오스러운 조치를 허용하는 세속적 국가를 지배했기 때문이다.

간단히 말해 급진 이슬람주의는 이슬람과 그 충직한 추종자들을 겨냥하는 실제적 혹은 상상의 위협으로 가득 찬 세계, 음모와 불순 집단들의 세계 속에 살고 있으며, 그 속에서 번창한다. 그것은 실제 위기 혹은 위기라고 인식된 상황, 즉 서와 동(중동)의 충돌, 세속적 근대성과 종교적 전통의 충돌이 빚어낸 위기에 대한 대응이다. 급진 이슬람주의는 서구뿐 아니라 이슬람 자체 내에 존재하는 자칭 근대화주의자 및 개혁주의자들과도 전쟁을 치르고 있다.[15] 이처럼 급진 이슬람은 근대화와 세속화의 압력이 제기한 위협에 대한 대응을 표상한다는 점에서 **반동** 이데올로기이다.

급진 이슬람주의와 민주주의 이상

주류 이슬람에는 민주주의의 수립을 방해하는 것은 전혀 없으며, 오히려 민주주의로의 방향을 가리키는 듯이 보이는 측면들이 있다. 예를 들어 이슬람의 가르침은 지배자와 피지배자 사이에 '협의(shura)가 이루어져야 한다고 제안한다(『꾸란』 3장 159절, 42장 38절). 그런데 그와 같은 협의가 (민주적 혹은 그 밖의) 어떤 형태를 취할 것인가에 대해서는 구체적으로 규정된 바가 없기 때문에 이 개념은 근본적으로 상이한 해석들에 열려 있다. 급진 이슬람주의는 민주주의에 적대적이지는 않다고 할지라도 의구심을 품고 있다. 특히 상이한 분파, 정당, 이익집단들이 공동체의 어떤 공유된 가치 혹은 보다 큰 선(善)은 전혀 아랑곳하지 않고 정치권력을 차지하기 위해 경쟁하는 자유민주주의에 대해서는 분명히 적대적이다. 게다가 자유민주주의는 종교와 정치를 분명하게 구분하고, 종교를 공공영역이나 정치영역에 아무런 관련이 없는 순전히 개인적 혹은 사적인 문제로 보고 있다는 점에서 공공연하게 세속적이다. 그들이 보기에 자유민주주의는 자기 시민을 개선하거나 좀 더 도덕적인 인간으로 만들려는 목적을 위해 존재하지 않는다.[16] 또한 자유민주주의는 개인적·집단적 의무들을 희생시키면서 개인의 권리에 우선권을 부여한다. 이에 못지않게 자유주의자들은 이 권리들이 모든 사람, 곧 신앙인과 무신론자, 여성과 남성, 무슬림과 유대인과 불신자 등 모든 사람에 의해 향유되어야 한다는 주장도 펼친다. 급진적인 이슬람주의자들은 이 모든 것들에 절대 반대이다.[17]

그러면 이슬람 국가는 어떤 형태를 취할까? 이슬람 국가는 민주적일까(혹은 민주일 수 있을까)? 꾸틉은 민주주의를 노골적으로 적대시하지는 않았지만 의구심을 품고 보아야 할 서구의 발명품으로 간주했다. 결국 민주주의는 인민주권에 기반을 두지 (반드시) 신의 주권에 기반을 두지는 않는다는 것이다. 달리 말하면, 꾸릅은 민주주의 혹은 그 외 다른 어떤 정부 형태에 관해서든 남긴 말이 거의 없다.[18] 이와 대조적으로 이란의 아야툴라 호메이니(1900?-1989)는 이슬람 국가의 구조에 관해 상당히 많은 말을 남겼는데, 현재 우리는 이란의 '이슬람 공화국' 속에서 급진적인 이슬람주의 국가의 몇몇 특징들을 발견한다. 이란은 선출된 의원으로 구성된 의회를 갖고 있다. 그러나 공직에 출마할 자격이 있는 유일한 후보자들은 종교적 장로들로 구성된 이슬람 평의회(mullahs)의 심사와 승인을 받은 사람들이다. 물라는 또 의회가 통과시킨 모든 법에 대해 거부권을 갖고 있다. 언론의 자유는 사실상 전혀 없으며, 감히 나서서 정부를 비판하는 언론인들과 작가들은 투옥된다. 학문의 자유는 아예 없거나 거의 없으며 속마음을 털어놓고 말하는 교수와 학생들은 혹독하게 처벌받는다. 통상적으로 강도는 손이 절단되는 형벌을 받는다. 몇몇 경우에는 강도의 오른손과 왼발을 잘라 지팡이나 목발을 짚고도 걸어 다닐 수 없게 만들거나 돈벌이가 되는 어떤 직업에도 채용되지 못하게 만든다.[20] 이러한 형벌을 비롯한 그 외의 여러 혹독하고 억압적인 관행들이 종교적 근거에서 정당화된다. 그렇다면 실제로 이란 공화국은 공화국도 민주주의도 아니며 신권정체에 근접하는 정치체제, 혹은 호메이니가 '성직자에 의한 지배'(velayat-e faqih)라고 부른 정치체제이다.

성직자 지배의 압도적 우월성은 2009년 6월 이란 대통령선거에서 특히 분명하게 드러났다. 투표가 끝난 지 불과 두 시간 만에 '최고 지도자' 아야툴라 알리 하메이니(Ayatollah Ali Khamenei)는 보수파 현직 대통령 마흐무드 아마디네자드(Mahmoud Ahmadinejad)의 승리를 선언하고 그의 승리를 '신에 의해 정해진 것'이라고 불렀다. 부정

선거가 광범위하게 자행되었다는 확실한 증거가 드러나면서 아마디네자드의 경쟁자인 개혁파 후보 미르 호세인 무사비(Mir-Hossein Moussavi)를 지지했던 수만 명의 젊은이들이 거리에서 이에 항의하는 평화시위를 벌였다. 이들을 맞이한 것은 종교 경찰을 비롯한 여러 국가 기관원들의 무자비한 폭력이었다. 엄청난 사람들이 구타·체포·고문을 당했으며, 자신들은 서방 공작원들의 선동에 넘어가 시위를 벌였다고 '자백'해야 했다. 많은 사람들이 여전히 투옥 중이며 행방불명의 상태에 있다. 얼마나 많은 사람이 살해되었는지는 아직도 알려지지 않았다. 최고지도자 하메이니는 시위참여자들은 '신에 맞서는 행동'을 하였고, 응당 받아야 할 처벌을 받았다고 단호하게 선언했다. 당시 성직자단은 대통령 선거 결과에 대해, 그리고 이란이 앞으로 나아가야 할 방향에 관해 의견이 나누어져 있었던 것 같지만, 그때나 지금이나 최고지도자는 경찰, 혁명수비대, 혁명수비대 산하 민병대〔바시지(basiji)〕 및 군대를 확실히 장악하고 있다. 과연 얼마나 오랫동안 무력만으로 다스릴 수 있을지는 의문이다. 이란 인구 3명 당 2명은 30세 이하이다. 이란 젊은이들은 종교의 이름으로 자행되는 억압에 특히 분노하며, 많은 이들이 보다 많은 자유를 원하고, 신권정치적 통치가 끝나기를 원한다.[21] 늘 그렇듯이, 앞으로 무슨 일이 벌어질지 예측하기는 어렵다. 그러나 이슬람평의회(뮬라)의 권위와 종교지배의 정당성은 2009년 대통령선거로 인해 크게 빛이 바랬다. 물론 뮬라도 이러한 사실을 인지하고 2013년 대통령선거에서는 상대적으로 온건파 성향을 지닌 하산 로우하니(Hassan Rouhani)의 이름이 투표용지에 오르는 것을 허용했다. 압도적 표차로 승리를 거둔 로우하니는 현재 대통령으로서 이란을 보다 온건하고 덜 호전적인 방향으로 이끄는 것으로 보인다. 그러나 현재 이란의 헌정체계에서 그의 권력은 제한되어 있다. 그가 얼마나 오랫동안 그리고 어느 정도까지 급진 이슬람주의자들을 과연 압도할 수 있을지는 여전히 의문이다.

이슬람 사회에서 여성의 지위는 이슬람 민주주의를 수립하고자 희망하는 모든 사람에게 문제를 안겨준다. 요르단, 파키스탄, 이집트 등 많은 이슬람 국가에서 여성은 투표할 자격이 있고 공직에 진출하고 있지만, 사우디아라비아를 포함한 다른 나라들에서는 그렇지 못하다. 이슬람주의자들의 반대를 무릅쓰고 쿠웨이트 여성들은 2005년 5월 투표권을 얻었고, 이라크의 경우 2005년 이 나라 최초의 자유선거에서 여성들이 투표권을 행사했다. 그렇지만 이라크가 보수적 이슬람 국가가 된다면 그곳의 여성들은 '전통적' 역할로 되돌아갈 수밖에 없을지도 모른다. 여성에 관한 전통적 관점은 서서히 바뀌고 있다. 아프가니스탄에서의 사태 진전이 보여주듯이 급진 이슬람주의자들이 패배하고 불신을 받은 곳에서조차도 전통적 관점은 조금씩이나마 서서히 변화하고 있다. 이슬람주의자인 탈레반 정권이 무너진 후 2003년 말 새 헌법을 기초하기 위해 아프가니스탄 대표자들이 회합을 가졌을 때에도, 예전의 여성혐오 및 반페미니스트적 태도와 믿음들이 빠르게 다시 부상했다. 헌법제정 회의에 참석한 여성 대표자들은 남성에 비해 수적으로 5 대 1의 열세였으며, 통치위원회의 세 명의 고위직 중 적어도 한 자리는 여성에게 돌아가야 한다는 여성들의 요구는 부결되었다. 새로운 헌법은 세 명의 고위직을 모두 남성으로 규정할 예정이었기 때문이다. 여성들이 항의하자 온건파 이슬람 학자로 평판이 있는 회의 의장은 "남자와 맞먹으려 하지 말라"고 여성들을 질책하면서 이렇게 말했다. "심지어 신도 여러분에게 동등한 권리를 주지 않았다. … 신의 결정에 따르면 여성 두 명이 남성 한 명과 동등하기 때문이다."(그는 여성 증인 두 명의 증언은 남성 증인 한 명의 증언과 동등하다는 『꾸란』 2장 282절의 구절을 언급했다). 여성들이 퇴장하고 회의를 거부하겠다고 위협하자, 그제야 여성들은 약간의 승리를 쟁취했다. 통치위원회에 네 번째 고위직을 추가하고, 그 자리가 여성에게 돌아가도록 했던 것이다.[22] 그런데 2011년 초에 시작되어 근동과 중동의 억압적 정권들을 무너뜨린 '아랍의 봄'의 물결을 타고, 한동안 불법화되었던 이슬람주의 정당들이 선거에서 의미심장한 승리를 거두고 있다.

그러한 승리에 뒤이어 나타난 불안감은 과거 무슬림형제단의 지도자가 대통령으로 선출된 이집트에서 특히 두드러지게 나타났다. 비전통적인 이집트 여성들이 최근의 사태 변화에 우려할 충분한 이유들이 있다. 2013년 여성폭력을 비난하고 결혼 내에서의 평등을 주장하는 선언문이 유엔에 제안되자, 이에 대한 반응으로 이슬람형제단이 발표한 성명서도 그 중의 하나이다. 형제단의 지도적 인물이자 이 성명서의 작성자들 중의 한 명인 오사마 예히아 아부 살라마(Osama Yehia Abu Salama)는 "여성은 집안의 가장에 의해 통제되는 틀 안에 국한되어 있을 필요가 있다"고 말했다. 자기 남편에게 폭행당하는 아내는 대개 본인 탓이다. 남자가 잘못해서 여자를 때렸다고 해도 여성은 "잘못에 대해 30~40 퍼센트 정도의 책임을 갖는다." 결혼은 "동등한 동반자 관계"가 아니기 때문에 남편은 아내에 대해 "후견인" 역할을 한다. 다른 어떤 것보다 아내는 여행, 피임기구 사용, 혹은 취업 등에 관해 남편에게 물어보고 허락을 받을 필요가 있다. "딸은 아들과 동등한 상속권을 가져서는 안 된다." 꾸란을 이러한 주장의 근원과 권위로 내세우면서 무슬림형제단의 성명서는 여성들에게 가해지는 제약과 금지사항의 긴 목록을 장황하게 나열한다.[23]

그러나 이집트뿐 아니라 다른 곳에서도 여성들은 이처럼 꾸란의 가르침을 남성지배적 혹은 가부장적으로 독해 · 해석 · 적용하는 방식을 받아들이지 않는다. 아부 자이드(Abu Zayd, 1943-)와 같은 뛰어난 무슬림 학자들과 신학자들의 발자취를 따라 몇몇 페미니스트 학자들은 여성을 2등 시민의 지위로 격하시키는 꾸란 해석에 도전하고 있다. 비판적 · 역사적 탐구와 재해석의 방법을 적용하여 아미나 와두드(Amina Wadud), 아스마 발라스(Asma Barlas), 케시아 알리(Kecia Ali)를 비롯한 여러 학자들은 이슬람주의적인 꾸란 독해 그리고 오랫동안에 걸쳐 대단히 광범위하게 퍼져 있는 남성 독점적인 꾸란 해석에 도전하고 있다. 그들은 꾸란이 집필된 (또는 독실한 신자들이 믿는 것처럼, 꾸란이 인간에게 내려진) 당시의 가부장적 맥락 그리고 경전의 텍스트와 예언자의 가르침에 암묵적으로 담겨 있는 보편주의적이고 평등주의적인 원칙을 분리시켜야 한다고 주장한다. 모든 인류는 알라의 형상을 따라 만들어졌고, 신은 모든 인간을, 남성과 여성 모두를 똑같이 사랑한다. 알라는 인간에게 인종, 부, 사회적 지위 혹은 성별을 따지지 말고 서로를 사랑하고 존중해야 한다고 명령한다. 여성을 차별하고, 여성을 하인이나 2등 시민으로 다루는 것은 이슬람의 정신과 원칙에 위배된다.[24] 꾸란에 대한 이와 같은 페미니스트적 재독해는 전통적 학자들 사이에서는 지지를 얻지 못해왔으며 남성의 우월성에 감히 도전하려는 여성들은 거친 반발과 살해 위협을 받아왔다. 물론 여성이 차지하는 삶의 적절한 자리에 대한 전통적 태도, 즉 여성들을 정치로부터 배제하는 태도는 무슬림이 주류를 이루는 사회에 국한된 것만은 아니다. 그렇지만 그와 같은 태도는 특히 무슬림이 지배하는 사회에서 강하고, 급진 이슬람주의자들은 가장 철저하게 이런 태도를 받아들인다. 여성의 정치적 권리를 부정하는 사회를 더 이상 민주주의라고 부를 수 없다면, 급진 이슬람주의는 민주주의적 이데올로기라고 간주될 수 없다. 실제로 급진 이슬람주의 국가는 여성의 투표권을 부정할 것이 거의 틀림없고, 아마도 남성의 정치적 권력과 시민적 권리 또한 제약하려 들 것이다. 이란의 사례, 그리고 아프가니스탄의 탈레반이라는 한층 더 억압적인 사례가 정확한 지침이라면, 요컨대, 급진 이슬람주의는 파시즘과 더불어 민주주의적 이상을 부정하는 보기 드문 이데올로기들 중의 하나라고 말해도 무방할 듯하다.

아니면 적어도 아랍의 봄이 도래하기 이전까지만 해도 그렇게 보였다. 그런데 그전에는 민주주의와 이슬람이 양립불가능하다고 주장했던 몇몇 급진적 이슬람주의 성직자들이 이제는 상당히 다른 이야기를 하고 있다. 그들은 이슬람과 양립 불가능한 것은 민주주의 그 자체가 아니라 개인적 자유와 인권, 양성평등, 자신이 좋아하는 바에 따라 신앙을 선택할 자유, 심지어는 아무 것도 믿지 않을 자유까지도 헌정질서에서 보호하고 있는 서구식 자유민주주의라고 말한다. 이러한 주장은 일부 관찰자들로 하여금 비자유주의적(illiberal) 이슬람 민주주의도 결국은 모든 독재와 마찬가지로 억압적일 수 있다고 추론하게끔 만들었다. 이러한 우려와 예감이 확실한 근거를 갖고 있다고 말하기에 아직은 너무 이르다. 이 문제에 대해서는 이집트가 중요한 시금석이 될 것이라는 점은 거의 확실하다. 독재자 호스니 무바라크(Hosni Mubarak) 대통령을 무너뜨린 아랍의 봄 이후, 그 이전까지만 해도 한때 그 지도자들이 민주주의를 비난했던 극단적 보수주의 분파 살라피(Salafi)마저도 자신의 정당을 조직하여 공직선거에 후보자들을 내보냈다. 사이드 꾸틉이 지도적 사상가로 활동했고 한때는 비밀결사로 유지되던 엄격한 무슬림형제단 역시 비슷한 행보를 보였다.[25] 2012년 이집트는 5000년 역사에서 처음으로 자유롭고 공정한 의회 및 대통령 선거를 치렀다. 의회 의석의 거의 4분의 3을 이슬람주의자들이 휩쓸었고, 이슬람형제단(Islamic Brotherhood)이 조직한 자유정의당(Freedom and Justice Party)이 그 절반을 차지했다. 대통령에는 이슬람형제단의 지도자였던 모하마드 모르시 (Mohamed Morsi)가 당선되었다. 바로 그 직후 전임 무바라크 대통령이 임명한 판사들이 거의 대부분을 차지하고 있는 이집트 사법부는 군대의 지원을 받아 의회를 해산시키고 새로 선출된 대통령을 실권 없는 단순한 명목상의 수반으로 만들었다. 모르시는 대통령의 권한을 제약하는 조치에 도전하고자 시도했지만 군부의 권력 장악 이후 결국 자리에서 밀려났다. 2013년 군부의 집권은 큰 논란을 불러일으키며 이집트 전역을 이슬람주의자들과 군부 행동의 지지 세력 사이의 폭력 사태로 몰아넣었다. 양쪽은 모두 민주주의를 수호한다는 명분을 내세웠지만 이 나라는 민주주의가 아니라 잠재적 내전을 향해 치닫는 것처럼 보인다. 이 권력투쟁이 어떻게 마무리될지는 아직 확실하지 않다.[26]

일부 비판자들은 민주주의에 대한 적대감만이—이 적대감은 실제일 수도 있고 혹은 우리가 그렇게 추정하는 것일 수도 있다—급진 이슬람주의와 파시즘이 공유하는 유일한 특징은 아니라고 믿는다. 전 미국 대통령 조지 W. 부시와 일부 신보수주의자들은 더 나아가 심지어 급진 이슬람주의를 '이슬람 파시즘(Islamofascism, Islamic fascism)'이라고까지 불러왔다.[27] 그러나 이 표현은 학문적으로 특별한 장점이 있다기보다는 수사—사실 '파시즘'이라는 말은 부정적 의미를 함축하고 있는 용어다—로서의 효과가 더 크다.[28] 급진 이슬람주의는 종교에 뿌리를 둔 이데올로기이지 민족주의나 국가에 대한 헌신에 뿌리박은 이데올로기는 아니다. 다시 말해, 급진 이슬람주의는 민족적 경계를 인정하지도 존중하지도 않는 초민족적 운동인 반면, (무솔리니 치하의 이탈리아와 프랑코 치하의 스페인에서 보듯이) 파시즘은 민족국가의 통일성과 통합을 강조하는 민족주의적이고 국가주의적인 운동이다. 급진 이슬람주의는 근동과 중동 및 아시아 일부 지역 (가장 중요한 곳은 인도네시아) 등 무슬림이 대부분을 차지하는 모든 나라들을 망라하는 초민족적인 칼리프국가 혹은 국제적인 무슬림 공동체(umma)의 수립을 고대한다. 무슬림이 소속이 다른 여러 민족과 종족집단들로 이루어져 있다는 사실은 그들에게 전혀 실제적 관심사가 아니다. 그렇지만 파스시트들에게는 이 사실이 분명 중요 관심사일 것이다. 게다가 파시즘은 일종의 국가숭배 이데올로기이지만, 온건과 급진을 막론하고 무슬림들은 국가숭배를 우상숭배이고 혐오스러우며 신성모독적인 것이라고 본다. 예를 들자면 "파시스트에게는 모든 것이 국가 안에 있다. 국가 밖에서는 인간적 혹은 정신적인 어떤 것도 존재하지 않으며 하물며 아무런 가치도 갖지 못한다"고 선언했던 무솔리니에 만족스럽게 동의할 수 있는 급진 이슬람주의자는 없다.[29] 소위 말하는 한 점의 의혹이나 의문도 없이 복종해야 할 전지전능한 한 명의 지도자를 미화하는 파시스트적 성향을 기꺼이 따를 수 있는 급진 이슬람주의자란 없다. 무슬림에도 여러 줄기가 있지만, 그들 모두는 어떤 인간도 그처럼 아무 의심 없는 맹목적이고 절대적인 충성을 요구해서는 안 된다고 믿는다. 오직 알라만이 그런 자격을 갖추고 있다. 이런 모든 이유들 때문에 급진 이슬람주의를 파시스트라는 나무에서 갈라져 나온 가지로 낙인찍는 것은 잘못이다.

더 읽을거리

Benjamin, Daniel, and Steven Simon. The Age of Sacred Terror. New York: Random House, 2002.

Brachman, Jarret M., Global Jihadism: Theory and Practice. New York and London: Routledge, 2008.

Cook, David, Understanding Jihad. Berkeley and Los Angeles: University of California Press, 2005.

Davidson, Lawrence, Islamic Fundamentalism, Westport, CT: Greenwood Press, 1998.

Esposito, John L. What Everyone Needs to Know About Islam. Oxford University Press, 2002.

_____, ed. Political Islam: Revolution, Radicalism, or Reform? Boulder, CO: Lynne Riener, 1997.

Euben, Roxanne L. Enemy in the Mirror: Islamic Fundamentalism and the Limits of Modern Rationalism. Princeton, NJ: Princeton University Press, 1999.

Euben, Roxanne L. and Muhammad Qasim Zaman, eds., Princeton Readings in Islamist Thought. Princeton University Press, 2009.

Gray, John. Al Qaeda and What It Means to Be Modern. London: Faber, 2003.

Ismail, Salwa. "Islamic Political Though," in Terence Ball and Richard Bellamy, eds., The Cambridge History of Twentieth-Century Political Thought, Cambridge: Cambridge University Press, 2003.

_____. "Is there an Islamic Conception of Politics?" in Adrian Leftwich, ed., What Is Politics? Cambridge: Polity Press, 2004.

Lewis, Bernard. What Went Wrong? Western Impact and Middle Eastern Response. Oxford: Oxford University Press, 2002.

Mawsilili, Ahmad. Radical Islamic Fundamentalism, Beirut: American

University of Berirut, 1992.

_____, ed. Islamic Fundamentalism: Myths and Ralities. Reading, UK: Ithaca Press, 1998.

Sivan, Emmanuel. Radical Islam: Medieval Theology and Modern Politics, 2nd ed.   New Haven, CT: Yale University Press, 1990.

Wickham, Carrie Rosevsky. The Muslim Brotherhood: Evolution of an Islamist Movement. Princeton; Princeton University Press, 2013.

유용한 사이트 소개

Center for Strategic and International Studies: www.csis.org

Federation of American Scientists: www.fas.org

International Crisis Group: www.crisisgroup.org

Middle East Forum: www.meforum.org

1) Husain Haqqani, "The Ideologies of South Asian Jihadi Groups," Current Trends in Islamist Ideology, April 2005 참조.

2) 버나드 루이스를 비롯한 여러 학자들이 지적했듯이 '교회'와 '국가'의 구분은 주로 기독교의 발명품이며, 이슬람에는 이와 같이 분명한 영역 구분이 없다. Bernard Lewis, What Went Wrong? Western Impact and Middle Eastern Response (New York: Oxford University Press, 2002), pp.97-99.

3) Daniel Benjamin and Steven Simon, The Age of Sacred Terror: Radical Islam's War Against America (New York: Random House, 2003), p.64에서 인용.

4) 꾸틉의 대부분 저술은 아직 영어로 번역되지 않았고, 저자들 역시 아랍어를 읽지 못하기 때문에, 다음과 같은 여러 학문적 연구들에 의존하여 그의 정치적 견해를 설명한다. 특히 뛰어난 저작은 Roxanne L. Euben, Enemy in the Mirror: Islamic Fundamentalism and the Limits of Modern Rationalism (Princeton, NJ: Princeton University Press, 1999). 아래의 연구들 또한 도움이 되었다. Salwa Ismail, "Islamic Political Thought," in The Cambridge History of Twentieth-Century Political Thought, Terence Ball and Richard Bellamy, eds. (Cambridge: Cambridge University Press, 2003); Shahrough Akhavi, "Qutb, Sayyid," The Oxford Encyclopedia of the Modern Islamic World, vol.3 (Oxford: Oxford University Press, 1995); Shahrough Akhavi, "The Dialectic in Contemporary Egyptian Social Thought: The Scripturalist and Modernist Discourses of Sayyid Qutb and Hasan Hanafi," International Journal of Middle East Studies 29(1997): 377-401; William Shepherd, "Islam as a 'System' in the Later Writings of Sayyid Qutb," Middle Eastern Studies 25(1989): 31-50. 보다 최근의 연구들은 다음의 문헌들을 들 수 있다. John Calvert, Sayyid Qutb and The Origins of Radical Islamism (Oxford and New York: Oxford University Press, 2013); James Toth, Sayyid Qutb: The Life and Legacy of a Radical Islamic Intellectual (New York and Oxford: Oxford University Press, 2012). 이 두 권의 책에 대한 서평은 다음의

문헌을 참조. Max Rodenbeck,

"The Father of Violent Islamism," New York Review, LX: 8(May 9, 2013), pp.54-55.

5) 이러한 사실들은 잰슨의 책에 설명되어 있다. Johannes J. G. Jansen, The Neglected Duty: The Creed of Saddat's Assassins and the Emergence of Islamic Militance in the Middle East (New York: Macmillan, 1986).

6) 같은 책, pp.159-234.

7) Lawrence Wright, The Looming Tower: Al-Qaeda and the Road to 9/11 (New York: Knopf, 2007).

8) 같은 책, 47쪽.

9) 같은 책 47쪽에서 재인용.

10) 같은 책 108쪽에서 재인용.

11) Roxanne L. Euben, "Comparative Political Theory: An Islamic Fundamentalist Critique of Rationalism," Journal of Politics 59 (February 1997): 28-55 참조.

12) 빈 라덴의 이 발언은 펠드만의 연구로부터 인용했다. Noah Feldman, "Islam, Terror, and the Second Nuclear Age," New York Times Magazine, October 29, 2006, pp.56-57. 오사마 빈 라덴을 비롯한 급진 이슬람주의들의 주장은 다음의 글들을 참조. "Jihad Against Jews and Crusaders," in Terence Ball, Richard Dagger and Daniel O'Neil, eds. Ideals and Ideologies: A Reader, 9th ed. (New York: pearson, 2014), selection 10.69. Peter Bergen, The Osama bin Laden I Know: An Oral History of Al Qaeda's Leader (New York: Free Press, 2006).

13) 다음의 연구에 인용되어 있다. Michael Slackman, "A Liberal Brother at Odds with the Muslim Brotherhood," New York Times, October 21, 2006, p.A4.

14) Mill, On Liberty, in Mill, Utilitarianism, Liberty, and Representative Government, A. D. Lindsay, ed. (New York: E. P. Dutton, 1910), p.96. 이 부분은 다음의 책에도 발췌 수록되어 있다. Ball, Dagger, and O'Neil, Ideas and Ideologies, selection 3.18.

15) Michaelle Browsers and Charles Kurzman, eds., An Islamic Reformation? (Lanham, MD: Lexington Books, 2004).

16) 과연 이것이 자유민주주의의 특징을 정확하게 묘사한 것인지는 의심스럽다. 『대의정부론』에서 "모든 정부 형태가 가질 수 있는 장점 중에서도 가장 중요한 것

은 **인민 자신의 덕성과 지성을 고양시키는 것**이다"라고 말한 사람은 다름 아닌 자유주의자 존 스튜어트 밀이었다. [Mill, Utilitarianism, Liberty, and Representative Government, p.259(강조는 저자들). 우리가 제3장에서 지적했듯 이 자유민주주의 정부가 그 시민들을 더욱 선하게 또는 더욱 유덕하게 만들기 위해 노력해야 하는지 아니면 그렇게 해서는 안 되는지의 문제는 자유주의 이론가들 사이에서도 여전히 치열한 논쟁적 주제이다.

17) 이슬람 자유주의를 잘 다룬 문헌은 다음을 참조. Michaelle Browsers, "Modern Islamic Political Thought," Handbook of Political Theory, Gerald Gaus and Chandran Kukathas, eds. (London: SAGE Publications, 2004), 특히 pp.373–377 참조.

18) Roxanne L. Euben, Enemy in the Mirror, pp.77–78.

19) 호메이니의 저작과 선언은 다음 책을 참조. Islam and Revolutions: Writings and Declarations of Imam Khomeini, trans. Hamid Algar (Berkeley, CA: Mizan Press, 1981). Ball, Dagger, and O'Neil, Ideas and Ideologies, selection 10.68에는 앞의 책에서 발췌한 구절들이 수록되어 있다.

20) Nazila Fathi, "Hanging and Amputation Find Favor in Iran Courts," New York Times, January 11, 2008, p.A3.

21) Robert F. Worth, "Iranian Protests Turn More Radical—Anger Expands to Include Supreme Leader and Theocratic System," New York Times, December 11, 2009, p.A6.

22) "Meeting on New Constitution, Afghan Women Find Old Attitudes," New York Times, December 16, 2003, p.A16.

23) David Kirkpatrick and Mayy El-Sheikh, "Muslim Brotherhood's Statement on Women Stirs Liberal Fears," New York Times, March 15, 2013, p.A4.

24) Anjuman Ali, "Feminists Reread the Qu'ran," The Progressive, November 2007, pp.29–31.

25) David Kirkpatrick, "Egyptian Campaign Focuses on Islam's Role in Public Life," New York Times, May 11, 2012.

26) 아랍의 봄 이후의 아직 잠정적이지만 전반적인 역사, 개관, 분석은 다음의 책을 참조. Tariq Ramadan, Islam and the Arab Awakening (Oxford and New York: Oxford University Press, 2012).

27) 다음 저작을 참조. Norman Podhoretz, World War IV: The Long Struggle Against Islamofascism (New York: Vintage Books, 2008).

28) 오웰은 영어권에서 '파시즘' 이라는 말이 '비방' 혹은 정치적 욕설로서 남용되고 있음을 지적했다. George Orwell, "Politics and the English Language," in Orwell, Collected Essays, Ian Angus and Sonia Orwell, 4 vols., eds. (London: penguin, 2000), vol. 4.

29) Benito Mussolini, "The Doctrine of Fascism," in Ball, Dagger, and O'Neil, Ideas and Ideologies, selection 7.47.

제11장

후기——이데올로기의 미래

소년들과 소녀들은
세상에 태어나
작은 자유주의자로 살거나
작은 보수주의자로 사는구나!
—— 길버트와 설리번(Gilbert and Sullivan), 「아이오란테(Iolanthe)」

길버트와 설리번이 1882년 영국의 정치와 사회에 대한 음악적 풍자극을 처음 공연했을 때 청중이 자유당과 보수당 사이의 분열이 당대의 중요한 이데올로기적 분열을 적절히 반영하고 있다고 믿었던 것은 당연했을지 모른다. 당시 북미와 유럽에서는 많은 사회주의자들이 활동하고 있었는데, 「아이오란테」가 초연된 다음 해에 영국에서 죽은 마르크스도 거기에 포함된다. 다양한 민족주의자들, 엘리트주의자, 그리고 파시즘과 나치즘의 씨를 뿌린 인종이론가들도 활동하고 있었으며, 다른 부류의 무정부주의자들 또한 활동하고 있었다. 그리고 이들 사이에서 자유주의와 보수주의를 넘어선 대안을 추구하는 사람을 찾기는 어렵지 않았다.

게다가 자유주의자와 보수주의자들 사이에서조차 부조화와 불일치가 있었다. 이것은 특히 자유주의자들에게 해당되는데, 자유주의자들은 다른 이념적 경쟁자들과 다투는 것만큼 그들 자체 내에서도 논쟁이 있었다. 자유주의자들은 복지 자유주의자들(welfare liberals)과 신고전(neoclassical) 자유주의자라고 불리는 그룹으로 나뉘었다.

그린(T. H. Green)과 복지 자유주의자들의 주장처럼 그들은 모두 개인적 자유의 가치에는 동의했으나 자유를 증진시키는 데 강한 정부가 필요한지, 또는 반대로 스펜서를 비롯한 신고전 자유주의자들의 주장대로 소극적인 정부가 자유를 보호하는 데 유일하게 안전한 정부인지에 대해서는 심각하게 이견을 보였다.

1882년의 이념적 갈등이 길버트와 설리번의 풍자가 암시하는 것보다 더 복잡했다면, 오늘날의 이념적 갈등은 그때보다 훨씬 더 복잡하다. 1880년대의 이념적 논쟁과 분열에 20세기는 새로운 이념을 부가했기 때문이다. 8장과 10장에서 다루었듯이 논의한 파시즘에서 시작하여 최근에 등장한 이데올로기들의 진행 과정을 볼 때 20세기는 이념적 소요의 세기였다. 새로운 이데올로기와 낡은 이데올로기는 모두 자신들의 입장 조절, 당파 분열, 다른 이데올로기에 대한 비판, 심지어 때로는 다른 이데올로기에서 일정한 논리를 차용하면서까지 변화하는 환경에 적응함으로써 이런 소요에 한몫하였다. 이 모든 것은 정치 이데올로기 일반의 좀 더 광범한 배열은 말할 것도 없고, 어느 한 이데올로기를 이해하려는 사람도 쉽게 혼란에 빠뜨릴 수 있다. 예를 들면 공산주의에 대해 모든 것을 이해했다고 생각한 바로 그때 고르바초프의 글라스노스트(glasnost)와 1980년대 후반 공산주의 국가의 다른 주요한 변화들이 일어나 이런 모든 기대를 뒤엎었다. 그리고 나서 1990년대에는 공산주의 자체가 파산한 것처럼 보였다.

이것이 우리가 이 책에서 정치 이데올로기를 이해하기 위해 역사적 접근을 한 이유다. 정치 이데올로기는 강조했다시피 역동적이다. 이데올로기는 멈추지 않고 변화하며 환경의 변화에 적응한다. 따라서 특정한 이데올로기를 정의한다는 것은 움직이는 목표물을 맞히는 것과 약간 비슷하다. 그러나 어떻게 특정 이데올로기가 정치세력으로 등장했는지, 어떻게 그것이 변화하는 환경과 새로운 이데올로기적 도전에 대처했는지 역사 속에서 살펴봄으로써 지금 '일어나고 있는' 일을 아는 데 적어도 과거에 '일어났던' 일에 대한 이해를 활용할 수 있다. 과거는 보통 현재에 대한 최고의 안내자다. 나아가 이데올로기의 미래에서—우리 자신의 미래뿐 아니라 우리의 아이들과 후손들의 미래에서 이런저런 방식으로 펼쳐질 미래에서—무엇이 일어날 수 있을지 이해할 수 있는 것도 오직 이 방법뿐이다. 우리의 목적은 이것을 염두에 두면서 마지막 장에서 오늘날 정치 이데올로기의 상태를 점검하고 희미한 윤곽만이라도 이데올로기의 미래를 예측하고자 한다.

정치 이데올로기: 지속적인 영향

7장에서 우리는 자유주의와 사회주의가 모두 이성을 활용하여 인간의 진보가 지속적이고 가속되리라고 기대하며 18세기 **계몽주의** 철학자들의 지도를 어떻게 따랐는지 지적했다. 물론 어느 정도 그들의 기대는 충족되었다. 종교적 관용, 언론의 자유, 투표권, 참정권 또는 건강과 기대수명 등은 유럽과 미국의 대다수 사람들의 조건을 척도로 하면 2세기 전보다 정말로 개선된 것처럼 보인다. 그러나 다른 관점에서 볼 때 초기 자유주의자들과 사회주의자들이 기대했던 대로 되지 않았다는 것이 명백하다. 특히 **민족주의**와 종교의 힘은 정치적으로 유력하게 남아 있다.

자유주의와 사회주의는 민족주의가 내포하고 있는 일종의 지역 단위의 감정 또는 편협성을 수용할 수는 있지만, 마지못해 그렇게 할 뿐이다. 각각은 다른 방식으로 계몽사상의 보편주의를 주장한다.

자유주의자들은 영국인, 아랍인, 중국인 또는 어떤 다른 집단의 자유가 아니라 개인의 자유, 추상적인 존재로서의 개인의 자유를 강조함으로써 보편주의를 주장한다. 사회주의자들은 노동자 계급의 이익을 증진시키고자 한다. 그러나 그들은 이것을 모든 개인이 자유롭고 충만한 삶을 누릴 수 있도록 계급 분열을 극복하거나 제거함으로써 달성하고자 했다. 어떤 경우에도 민족에 대한 충성은 노동계급의 이해관계를 증진시키는 역할을 하지 못한다. 그러나 민족주의는 현대 정치에서 지속적이고 매우 의미 있는 요소임이 증명되었다.

민족주의와 이데올로기

19세기에 깨어난 민족주의 감정과 이데올로기는 20세기에 훨씬 더 목소리가 커지고 영향력이 증대했다. 21세기 초반 민족주의는 누그러질 기미가 보이지 않는다. 우리는 7장에서 지난 세기에 파시즘과 나치즘이 등장할 때 어떻게 민족주의가 나타났는지 보았다. 그러나 그것은 단지 일부분에 불과하다. 민족주의는 아프리카, 아시아, 라틴아메리카에서 반식민지 운동(anticolonial movements)에도 직접적으로 기여했다. 19세기 라틴아메리카의 식민지인들은 스페인과 포르투갈의 통치에서 해방되기 위해 싸울 때 자유주의를 민족주의에 접목시켰다. 20세기에 마르크스주의 운동은 종종 민족주의자들의 호소를 이용하였는데, 특히 레닌의 제국주의(imperialism) 이론을 이용하였다. 제2차 세계대전 이후 이른바 제3세계에서 출현한 공산주의는 반식민지 '민족' 해방전쟁의 형식을 취했다. 마오쩌둥이 마르크스의 용어를 변용한 바에 따르면 '부르주아' 민족과 '프롤레타리아' 민족들 간의 갈등이 있었던 것이다.

20세기 후반까지 민족주의적 추진력은 마르크스주의적 사회주의의 확장을 촉진하기도 했지만, 그만큼 좌절시키기도 한 것처럼 보였다. 이런 사례 중의 하나는 공산주의적이라고 주장하는 나라들 사이의 분쟁이었다. 소련과 중국 사이의 장기간의 긴장은 여러 사례들 중 하나에 불과하다. 중국은 또 다른 이웃 공산국가들인 베트남과도 짧은 전쟁을 벌였고, 베트남은 다른 이웃인 캄보디아를 크메르 공산주의 정권을 전복하기 위해 공격했다. 이 모든 사례들에서 서로 다른 나라들 사이의 오랜 적대 관계는 공동의 이데올로기에 대한 충성보다 더 강하다는 것이 증명되었다.

민족주의적 적대감은 공산주의 국가들의 경계선, 특히 구(舊)소련 '내'에서 불화를 야기했다. 소련 인구의 약 절반 정도는 러시아인이며, 절반은 라트비아인, 우크라이나인, 아르메니아인을 비롯한 다른 많은 민족들로 구성되어 있다. 많은 사람들이 러시아인의 지배적 지위에 불만을 품고 있으며 자신의 민족 집단을 위해 좀 더 큰 독립을 추구했다. 이들 다양한 민족 집단들 간의 충돌과 원한은 소련의 붕괴와 독립국연합 내에서 소련의 위상을 형성하는 데 기여했다. 민족 분쟁은 다른 구 공산국가들 사이에서도 나타났다. 분쟁은 구 유고슬라비아에서 특히 폭력적이었는데, 세르비아인과 크로아티아인, 그리고 보스니아의 이슬람교도들은 인종청소(ethnic cleansing)——경쟁 민족들에 대한 조직적 추방과 집단 학살의 완곡한 표현——라고 특징지어질 내란을 치렀다. 평화적이기는 했지만 체코슬로바키아까지도 체코공화국과 슬로바키아로 분열되었다. 20세기 후반에 민족주의는 공산주의 체제의 붕괴를 도왔고 인접 국가들을 인종에 따라 분열시켰다.

이것은 단지 공산국가나 구 공산국가만의 문제는 아니다. 민족주의는 전 세계적으로 종종 분리주의 운동(separatist movement)의 형태로 지속적으로 강한 영향력을 행사하고 있다. 스페인의 바스크족,

영국의 스코틀랜드인과 웨일스인, 캐나다의 프랑스어를 사용하는 퀘벡인들——이들을 비롯한 여러 민족들의 전투적인 구성원들은 종종 폭력을 옹호하고, 어떤 경우에는 폭력에 호소하여 좀 더 큰 민족 자율성과 독립성을 획득하고자 한다. 북아일랜드에서 일어나는 지속적인 분쟁은 민족분쟁의 일부분이다. 르완다를 폐허로 만든 후투족(Hutus)과 투치족(Tutsis) 사이의 내란, 스리랑카에서 진행 중인 분쟁이 보여주듯이 아프리카와 중동 그리고 아시아에서도 많은 분쟁이 벌어지고 있다.

이 모든 것은 민족주의가 쉽게 사라지지 않을 것임을 암시하는데, 아무리 마르크스주의자들이 노동자에게는 조국이 없다고 말하고, 자유주의자들이 개인을 단순히 개인으로서 묘사할 뿐 특별한 종족이나 인종 또는 민족집단의 구성원으로서 다루지 않는다고 해도 그렇다는 것이다. 예측할 수 있는 시간 동안 적어도 민족주의는 의심의 여지없이 문제를 계속 복잡하게 만들 것이다. 사실 민족주의적 감정이 새로운 세기에 훨씬 더 강화될지도 모른다고 믿을 만한 이유들이 있다. 통신과 교통의 기술적 진보는 세계를 더 좁은 장소로 만들고 있다. 더 많은 사람들이 정치적 피난처와 경제적 기회를 찾아 더 많은 국경선을 오고가면서 민족적 반목이 표면으로 드러나고 있다. 7장에서 주목했듯이 다른 나라에서 온 '초청 노동자(guest workers)', 과거 식민지에서 온 이민자들, 그리고 구(舊) 유고에서 온 정치적 망명자들이 유럽 몇몇 나라에서 파시스트적 감정에 다시 불을 붙였다. '이민자 문제'와 아시아계 미국인 및 스페인계 인구가 증가하는 데 대한 비슷한 염려가 미국에서 '공식영어' 법을 통과시켰고 캘리포니아의 프로포지션 187(Proposition 187)의 사례가 보여주듯이 복지 프로그램의 수혜를 제한했다. 이런 걱정은 KKK단과 다른 백인우월주의 집단의 새로운 활동을 부추기고 있는지도 모른다.

좋든 싫든 민족주의는 한동안 우리와 함께 할 것이다. 정치세력으로서의 종교도 마찬가지이다.

종교와 이데올로기

대부분의 보수주의자들이 보통 종교를 사회의 필수불가결한 부분으로 보는 것과는 달리 자유주의자들과 사회주의자들은 종교가 서서히 사라지기를 바라거나, 사라진다고 예측하였다. 중요한 예외가 있기는 했지만 자유주의자와 사회주의자들은 두 가지 방법 중 하나로 종교를 보려는 경향이 있다. 첫째는 종교를 충만하고 자유로운 삶의 장애라고 보는 것이다—즉 몇몇 계몽주의 사상가들의 견해에 따라 낡은 미신으로 보거나, 마르크스가 표현한 대로 인민의 아편으로 보는 것이다. '이성'이나 '역사' 또는 '계급투쟁'이 언젠가 그 과업을 다하면 종교라는 장애물은 제거되고 인간의 삶에 부수적인 것으로 남을 것이다. 두 번째 방법은 종교를 개인의 양심에 남겨진 사(私)적인 문제라고 선언하는 것이다. 이런 관점에서 종교는 개인적 삶에 가치 있는 부분, 심지어 결정적인 부분이라고까지 말할 수 있다. 하지만 교회와 국가는 종교적 관용을 촉진하고 종교의 자유를 보호하기 위해 분리되어 있어야 한다고 본다.[1]

아직도 종교는 전 세계적으로 정치적 논쟁에서 좀 더 중요한 역할을 계속 해오고 있다. 종교는 마르크스가 예언했고 밀(J. S. Mill)이 희망했던 것처럼 점점 소멸되는 것이 아니라 번성해왔다. 사실 신앙을 가진 많은 사람들은 그들의 종교를 자유에 대한 장애로 보는 것이 아니라 자유를 향한 통로라고 본다.[2]

정치에 대한 종교의 지속적인 영향력을 증명하는 자료는 풍부하다. 앞 장에서 우리는 미국 보수주의의 **기독교 우파(Religious Right)**

와 라틴 아메리카에 나타난 해방 이데올로기에 대해 논의하였다. 그 밖의 사례는 중동에서 찾아볼 수 있는데, 이스라엘과 주변 국가들 사이의 분쟁은 종교적인 요소와 민족적인 요소를 둘 다 갖고 있다. 그리고 가톨릭과 프로테스탄트가 오래도록 싸우고 있는 북아일랜드가 있다. 마지막으로 가장 뚜렷한 사례는 우리가 10장에서 다루었던 급진 이슬람주의이다. 오늘날 종교의 정치적 힘은 급진 이슬람주의의 전개와 발전에서 선명하게 드러난다.

이러한 사례들이 증명하듯이, 종교 역시 민족주의와 마찬가지로 여전히 그 정치적 호소력을 잃지 않고 있다. 그러나 그 이유는 종교가 통합된 단일의 힘이기 때문은 아니다. 물론 기독교와 이슬람 내부의 근본주의자들은 모두 세속주의 혹은 '세속적 휴머니즘'의 확산에 반발하고 있는 것은 사실이다. 두 집단 모두 현대사회는 인간 욕망에는 지나친 관심을 표명하는 반면 신의 명령에는 별 관심을 두지 않는다고 믿는다. 이 믿음은 이슬람주의 급진주의자들로 하여금 서구 '이교도'와 무슬림 '배교자'들에 대한 '성전(聖戰)'을 선포하도록 이끌었으며, 반면 기독교 우파는 자신들이 부도덕하다고 간주하는 책들을 공공도서관으로부터 제거하고 공립학교에서는 '창조과학' 혹은 '지적 창조이론'을 가르쳐야 한다고 요구해왔다.

하지만 근본주의자들로서 이슬람교도와 기독교도 간에는 공통점보다는 차이점이 더 크다. 더 나아가 해방신학이 보여주듯이 근본주의는 오늘날 종교에서 유일하게 활동적인 세력이 전혀 아니다. 해방신학자들과 기독교 우파의 근본주의자들은 기독교에 대한 헌신이라는 점을 공유한다. 그러나 기독교인으로 존재한다는 것이 무엇이며, 무엇을 해야 하는가에 대한 그들의 이념은 확연히 다르다. 기독교 우파가 엄격한 또는 글자 그대로의 성경 독해와 '전통적 도덕'으로의 회귀를 주장하는 반면, 해방신학은 성경이 그 시대의 상황과 인식에 비추어—마르크스와 같은 급진주의자와 무신론자의 이론에서 얻은 지식을 포함하여—읽혀야 하고, 모든 사람, 특히 가난한 사람들의 이익을 위해 사회를 재구성하는 데 적용되어야 한다고 주장한다. 비록 많은 다른 기독교인들이 해방신학자들만큼 나아가는 것은 아니지만, 여전히 그들은 종교가 자신에게 종교에 대한 일반 통념과는 다르게 행동하도록 고무시킨다고 이해한다. 예를 들면 1980년대에 미국 주교회의는 핵전쟁뿐 아니라 억지력이나 위협으로서 핵무기를 이용하는 것까지도 비도덕적이라고 비난하였다. 비슷한 시기에 미국의 기독교인들 중 '불법이민자 보호운동(Sanctuary movement)'을 조직한 사람들이 있었는데, 이 운동은 미국정부의 이민정책에 도전하여 중앙아메리카 피난민들이 미국에 들어와 살 수 있도록 도왔다. 1991년 교황 바오로 2세는 공산주의의 명백한 붕괴를 환영하는 동시에 "거대한 물질적, 도덕적 빈곤"의 해결을 "시장의 자유로운 발전"에 "맹목적으로 맡기는" "극단적인 자본주의 이념"에 경고를 하였다.[3]

요약하자면 종교는 잠재적인 정치적 힘으로 계속 남아 있지만, 그 힘은 저마다 다른 방향으로 나아가고 있다. 우리는 마르크스처럼 종교가 사라질 것이라고 기대해서는 안 되지만, 그렇다고 모든 종교의 신자들이 하나의 정치적 명분 아래 뭉칠 것이라고 기대해서도 안 된다.

이데올로기와 공공 정책

제1장에서 우리는 정치 이데올로기들이 역동적이라는 점, 즉 상황에 대응하여 변화하고 그 강조점이 달라진다는 점을 지적했으며,

이어지는 장들에서는 이 점을 반복해서 보여주려고 했다. 이데올로기는 세계, 혹은 세계의 중요한 부분을 자기 이념에 따라 만들고자 하지만, 변화하는 상황에 대응하지 못하면 그러한 의도는 실현될 수 없다. 상황의 변화에는 경쟁관계의 이데올로기가 제기하는 도전도 포함된다. 이 역동성의 한 가지 측면은 이데올로기들이 대립하는 분파들로 내부 분열되는 경향이 있다는 것이다. 앞에서 보았듯이 자유주의 내에는 복지자유주의자와 신고전 자유주의자들이 있고, 요즘에는 아마도 공동체주의적 자유주의자들도 있다. 사회주의 내에서는 기독교 사회주의를 비롯하여 비(非)마르크스주의 계열의 사회주의자들이 여럿 있으며, 마르크스주의적 사회주의 내에서도 마르크스-레닌주의 혁명가들과 수정주의자들이 있다. 이런 사정은 모든 이데올로기에서도 마찬가지이다.

따라서 우리는 어떤 이데올로기라도 그 안에는 모든 추종자들이 받아들이는 단일하고 통일된 정책적 입장이 있다는 주장을 하는 데 조심해야 한다. 예를 들어 낙태, 사형을 비롯한 법과 공공정책의 모든 문제에 대해 '유일한 보수주의적 입장'을 운운하는 사람을 회의적으로 보아야 한다. 자유주의자들보다는 보수주의자들이 대체로 낙태를 반대하고 사형에 찬성하는 경향이 더 강하지만 모든 보수주의자들이 반드시 이런 견해를 주장한다고 생각하면 실수를 저지르는 셈이 될 것이다. 미국의 경우 '낙태를 지지하는 공화당(Republicans for Choice)'과 같은 개인주의적 보수주의 집단은 여성의 낙태 권리는 국가의 정당한 개입 권한을 넘어선 사적인 문제라고 본다. 반면 기독교 우파 계열의 보수주의자들은 이러한 입장에 강력하게 반발한다. 일부의 자칭 '생명 우선(pro-life)' 보수주의자들은 진정으로 생명을 우선시하는 사람들은 낙태와 사형에 모두 반대해야 한다고 주장하는데, 이 점에서는 로마 가톨릭 교회와 같다. 이와 유사한 근거에서 일부 자유주의자들은 존 스튜어트 밀의 '위해 원칙(harm principle)'에 호소하면서, 낙태는 타인에게 해를 전혀 가하지 않고 자신에게만 관련되는 행위(self-regarding)가 아니라 오히려 타인에 영향을 끼치는 행위(other-regarding)라는 근거에서 낙태에 반대하고, 따라서 법에 의해 방지 혹은 처벌되어야 한다고 주장한다. 이 경우 '타인'은 태아 혹은 아직 태어나지 않은 어린이를 말한다. (연방대법원은 '로우 대 웨이드'(Roe v. Wade) 사건에서 이 견해의 수정판을 내놓았다. 태아가 점점 더 인간적 '타인'으로 인정됨에 따라, 태아를 보호하는 정부의 책임도 증가한다는 것이다)

그 외의 여러 광범위한 도덕적 · 문화적 문제에서도 보수주의자와 자유주의자들은 서로 의견이 맞지 않고, 같은 편끼리도 의견이 다르다. 따라서 어떤 종류의 법과 공공정책이 채택되어야 하는가에 관한 한 개인의 견해는 그가 구체적으로 어떤 '종류'의 보수주의자 혹은 자유주의자, 사회주의자 등등 인가에 달려 있다. 그렇지 않다면야 정치 이데올로기들의 연구는 훨씬 더 간단해지겠지만, 이데올로기들의 역동적 성격은 내부 균열과 분파를 형성하는 그것들의 경향에 의해 한층 더 복잡해지면서, 그 어떤 이데올로기든 하나의 통일된 정책적 입장으로 환원시키는 것을 불가능하게 만든다.

이데올로기, 환경 그리고 지구화

자유주의자와 사회주의자 그리고 일부 보수주의자들, 특히 개인주의자들은 그들 사이의 불일치에도 불구하고 물질적 진보에 대한 신념을 공유한다. 말하자면 그들은 인간의 삶이 '자연의 정복'으로 더 편리해질 수 있고, 편리해질 것이며, 기아, 질병, 끝없는 노동에 덜 종속될 것이라고 믿는다. 그들이 보통 산업적·기술적 발달을 권장하는 이유는 여기에 있다.

하지만 20세기를 거치는 동안 물질적 진보는 희비가 엇갈리는 복잡한 축복으로 보이고 있다. 비록 많은 사람들에게 여러 가지 면에서 생활은 더 좋아졌으나 이제 이런 발전의 많은 부분이 자연 환경을 대가로 치르며 도달한 것이라는 사실이 명백해졌다. 자연은 초기 진보의 열성적 주창자들이 생각했던 것처럼 그렇게 쉽게 '지배되거나' '이용되지' 않는다는 것을 알게 해주었다. 9장에서 논의한 온실효과와 산성비, 다양한 종류의 독성 쓰레기를 비롯한 여러 환경문제는 물질적 진보가 예기치 못한 많은 유해한 결과를 낳았다는 것을 의심의 여지없이 말해준다. 많은 사람들에게 여러 가지 면에서 생활이 더 좋아졌으나 지구는 이제 너무 과밀해져서 지구 자원의 수요는 생태계의 감당 능력을 곧 초과할 것이다.

간단히 말해서 환경문제는 정치적 문제이기도 하다. 모든 이데올로기는 어떤 방식으로든 이런 새로운 문제의 도전에 대응해야 할 것이다. 9장에서 본 것처럼 한 가지 대답은 새로운 환경 또는 '녹색' 이데올로기의 출현이다. 이것이 자기 이름을 내걸고 주류 이데올로기가 될 것인지는 많은 부분에서 '주류' 이데올로기가 어떻게 환경 위기에 대응하느냐에 달려 있다. 만약 자유주의와 사회주의 그리고 보수주의가 납득할 만한 방식으로 환경문제를 다룬다면, 그래서 녹색주의자(Greens)의 '생각을 가로챈다면' 그와 같은 녹색 이데올로기의 필요성도 녹색 이데올로기를 위한 공간도 없어질 것이다. 하지만 기존 이데올로기들 중 어느 것도 이 일을 하지 않는다면 녹색정치가 정치무대에서 점점 영향력 있는 존재가 될 것이라고 기대된다.

그러나 다른 가능성도 존재한다. 환경위기는 생각해보건대 파시즘의 재등장을 부추길 수도 있다. 하일브로너(Robert Heilbroner)에 따르면 환경위기에 직면하여 필요한 희생을 치르도록 사람들을 설득하기란 불가능하다는 것이 드러날 수도 있다.[4] 물질적 풍요의 혜택에 익숙하게 자라온 우리들은—예를 들면 연료를 많이 소비하는 스포츠형(SUV) 차량이나 에어컨—그것들을 '소형화'하거나 포기하기를 원치 않으며, 이런 혜택을 향유하지 않는 사람들은 우리가 원하는 만큼이나 그것들을 갖고자 할 것이다. 가진 것을 자발적으로 포기하려는 사람들은 드물다. 사실 대부분의 사람들은 계속해서 더 많은 것을 원한다. 그러나 이런 수요가 계속된다면 환경위기는 완전한 환경파괴로 귀착될 것이다. 유일한 해결은 강제로 이루어질 것이다. 정부는 사람들이 기대를 낮추고 좀 더 간소하게 살도록 강요해야 할 것이다. 하일브로너는 민주주의에서 이것은 거의 불가능하다고 말한다. 사람들이 선거에서 자신들을 억압할 것을 약속하는 지도자를 뽑지는 않을 것이기 때문이다. 반대로 사람들은 자신들이 가지고 있는 것을 원하는 외부인들로부터 자신과 자신들의 경제적 풍요를 지켜줄 지도자에게 호감을 가질 것이다. 그래서 호전적인 민족주의는 다른 의견을 침묵시키면서 몇 명의 지도자 손에 권력을 집중하고, 민족국가들 사이에 적대적인 관계를 조장하면서 성장할 것이다. 핵무기와 생화학 무기 시대에 살고 있는 우리에게는 불안한 전망이다.

하일브로너는 이 모든 것이 일어나리라고 예견하지 않는다. 그러나 그는 이것이 우리가 현재 직면한 환경문제의 가능한 결과라고 본다. 비록 파시즘이 전반적으로 재등장하는 것은 아니더라도, 많은 사람들은 환경문제가 주는 압박이 민주주의를 포함한 이데올로기들에 심각한 도전을 제기할 것이라고 믿는다. 또한 그런 압박은 **지구화**(globalization)라는 이름으로 온다.

넓은 의미에서 '지구화'는 전 세계 사람들을 한층 더 가깝게 연결시키는 것처럼 보이는 문화적 · 기술적 변화를 가리킨다. 교통과 커뮤니케이션의 발전, 그로 인한 비용 감소는 이동성을 극적으로 증가시켜왔으며 멀리 떨어져 있는 사람들이 서로 상업적 · 사회적으로 상호작용을 맺을 수 있는 기회 또한 놀라울 정도로 확대시켜 주었다. 여러 팝스타와 운동선수들의 이미지처럼 CNN과 인터넷은 이제 세계 모든 곳에 퍼져있는 것 같다. 좋건 나쁘건 사람들 사이의 거리는 줄어들고 있는 것처럼 보이며, 각 지역의 사람들을 뚜렷하게 구분해주던 차이들 또한 줄어들고 있다.

그렇지만 '지구화'는 또한 세계 전체에 걸쳐 자유무역의 확대라는 보다 좁은 혹은 한정된 뜻도 갖고 있다.

1960년대 초반부터 현재까지 계속적으로 미국 행정가들은 국제통상의 장벽을 낮추거나 없애기 위해 다른 나라들과 만났다. 그런 장벽들은 수입품에 대한 관세와 다른 세금들, 국내 생산자에 대한 보조금, 그리고 외국 경쟁자들에 대해 자국 기업을 보호하기 위한 목적을 가진 다른 수단들을 포함한다. 관세와 무역에 관한 일반협정(GATT), 그리고 최근의 북미자유무역협정(NAFTA)을 비롯한 여러 자유무역협정은 미국과 다른 나라들이 국경을 가로질러 상품을 자유롭게 움직일 때 모든 (또는 거의 모든) 장애를 줄이거나 없앨 것을 주장한다. 여기에 협조하지 않는 나라들은 세계은행과 국제통화기금(IMF)의 압력 아래 놓일 수도 있다. 이 제도들은 공황의 위험이 없는 안정된 세계경제를 촉진시키기 위해 제2차 세계대전이 거의 끝날 무렵에 창설되었다. 애덤 스미스와 초기 자유주의자들의 주장을 따르는 자유무역 옹호자들은 자유무역이 효율성을 촉진하고, 가장 낮은 가격으로 상품을 생산하고 판매하는 생산자를 우대하며, 소비자에게 혜택을 준다고 말한다. 경쟁이 가격을 낮추고 질을 높임에 따라 소비자들은 더 많고 좋은 상품을 살 수 있다. 개인주의적 보수주의자와 신고전 자유주의자들은 '지구화'의 선도적 지지자들에 속하는데, 이들은 지구화로 인해 세계의 많은 부분에서 건강이 크게 개선되고 번영이 폭넓게 이루어질 것이라고 믿는다.

비판자들은——그들 중 노동조합과 환경운동단체의 구성원들이 제일 앞에 나서서——전 지구적 자유무역이 제3세계에서는 청소년 노동을 포함한 노동자들의 장시간 노동과 저임금을 의미하며, 낮은 노동비용의 이점을 찾아 공장을 해외로 옮긴 결과 미국이나 다른 산업국가의 노동자들에게는 실직을 의미하고, 높은 생산성과 비용 절감이라는 명목 아래 자연환경과 노동자의 안전을 보호하는 법률이 폐지되거나 완화되는 것을 의미한다고 비판한다. 비판자들은 이와 같은 일자리 상실과 임금 및 안전기준의 하락을 '하향 경쟁'(race to the bottom)이라고 부른다. 이 비판자들은 국제적 교역 조건을 감시하는 세계무역기구(WTO)가 비선출·비민주적 기구로 노동자와 자연환경의 희생 하에 국제적 기업의 이익을 조직적으로 옹호한다고 비난한다. 이러한 비판자들에 따르면 세계무역기구는 노동자의 안전과 환경보호를 증진시키는 민주적으로 제정된 법률과 공공정책들을 '무역장벽'에 포함시켜 해석한다. 비판자들은 자유무역협정들 역시 환경보호와 노동자의 안전을 무시한다고 불만을 표시한다. 예를 들면 나프타(NAFTA: 북미자유무역협정)는 트럭 운송을 둘러싼 지루한 법적·정치적 공방전을 불러일으켰다. 이 협정에 따르면 멕시코와 미국의 트럭은 두 나라의 고속도로에서 자유롭게 운행하도록 되어 있었다. 그러나 미국 트럭 노조(Teamsters Union), 환경단체인 시에라 클럽(Sierra Club), 소비자운동단체인 공적시민(Public Citizen)을 비롯한 여러 단체들은 배기가스와 도로안전에 관한 미국의 기준이 멕시코 트럭에 맞춰 낮추어지고 있다고 반대했다. 여러 차례 연기된 끝에, 그리고 1994년 NAFTA가 발효된 지 13년이 지나, 미국 정부는

2007년 법정 소송에서 이겼다. 법원은 사전 조사를 마친 멕시코 기업들의 트럭에게 미국 전역의 운행을 허락하는 1년의 실험을 실시할 것을 허용했다.[5] 만일 실험이 성공적이라고 입증된다면, 즉 미국의 도로가 멕시코 트럭이 운행되기 이전과 마찬가지로 안전하다면, NAFTA의 트럭 운송 규정은 최종적으로 효력이 발휘하도록 되어 있다.

NAFTA를 비롯한 자유무역 체제에 대한 반대 세력은 '정치는 낯선 동료를 만든다'는 오랜 속담의 진실을 증명하듯 몇 가지 이데올로기적으로 흥미로운 동맹을 만들어냈다. 이 동맹자들 중에는 미국 트럭노조(Teamsters Union)와 미국 노동총연맹 산업별 회의(AFL-CIO)를 포함한 조직된 노동운동, 시에라 클럽(Sierra Club)과 같은 환경운동 단체, 무정부주의자들이 포함되어 있다. 무정부주의자들은 특히 1999년 시애틀에서 WTO회의와 기타 자유무역기구들의 회의를 중지시키려는 시도로 커다란 주목을 받았다. 또 다른 동맹자는 지구화를 제국주의의 더 높은 단계, 즉 전 지구적으로 노동자에 대한 자본주의적 착취로 보는 마르크스주의자들이다. 그러나 미국의 작가이며 대통령 후보이기도 했던 뷰캐넌(Pat Buchanan)과 같이 지구화에 대한 우파 계열 반대자도 있다. 뷰캐넌과 여러 전통적 보수주의자들은 제한 없는 자유무역이 국민국가의 법을 국제협약에 종속시켜서 주권의 제한과 손상을 가져올 것이라고 걱정한다. 부캐넌은 이렇게 주장한다. "자유무역은 미국 제조 산업의 연쇄 살인자이며 세계정부의 트로이 목마이다. 그것은 경제적 독립과 국가 주권의 상실을 향해 나아가는 파멸의 길이다. 자유무역은 명백한 거짓말이다."[6] 몇몇 복지 자유주의자들도 지구화에 반대하는데, 주로 국제 자유무역 체제가 노동자의 안전과 민주주의를 파괴할 것이라고 믿기 때문이다. 환경론자들 입장에서는 자유무역이 자연 환경을 위태롭게 하는데, 청정공기수질유지법(Clean Air and Clean Water Acts), 멸종위기종(種)

보호법(Endangered Species Act) 그리고 미국과 그 밖의 나라에서 환경법률의 통과와 집행을 통해 얻은 이득을 도로 깎아내리기 때문이다. 환경론자들이 보기에 진정으로 필요한 것은 결코 자유무역이 아니라 '공정 무역'이다. 즉 공정한 임금을 받고, 작업장의 위험으로부터 보호받으며, 노동조합에 자유롭게 가입할 수 있는 노동자들이 생산한 상품의 국제적 교역 말이다. 나아가 그런 교역은 환경보호 수준을 낮추기보다 높일 것이 틀림없다.

비판자들은 작업장 안전의 참담한 상황과 관련하여 방글라데시의 경우를 고려할 것을 주문한다. 약 350만 명의 방글라데시 노동자가 이 나라의 4,500여 개 의류공장에서 일한다. 그 중 80퍼센트는 여성이다. 고된 노동에 시달리면서 그들이 월마트, 갭(GAP)을 비롯한 미국과 유럽의 대규모 소매업자들을 위해 저가 의류를 생산하는 공장들은 깨끗하지 못한 경우가 많고 때로는 더할 수 없이 위험하다. 노동자들이 당했던 특히 끔찍한 위험의 사례는 2013년 4월 라나플라자 의류공장의 대참사였다. 공장 건물은 규정을 지키지 않았고 노동자들은 공장 벽에서 균열이 점점 더 크고 많아지고 있음을 알아채고 있었다. 건물 안전을 검사하기 위해 방문한 토목기사는 즉시 건물에서 사람들을 소개시키고 공장을 폐쇄하라고 권고했다. 소유주는 권고를 거부했고 공장은 계속 가동되었다. 공장이 무너지자 1,127명의 노동자들이 건물 더미에 깔려 사망했다. 선진국 제1세계에서 소비되는 저가 상품을 노동자들이 생산하는 방글라데시나 그 밖의 여러 제3세계 국가들에서는 이처럼 피할 수도 있는 사고들이 빈번하게 일어난다.

비판자들은 석유 채굴로 인한 광범위한 생태계 파괴 역시 이에 못지않은 끔찍한 사태라고 주장한다. 생산물을 덜 비싸게, 따라서 세계시장에서 보다 매력적으로 만들기 위해 석유회사들은 노동자

1999년 시애틀에서의 투쟁(WTO 반대 시위)

안전과 환경보존의 절차를 무시한다. 나이지리아, 에콰도르 등 제3
세계 국가들의 때 묻지 않은 숲, 강, 호수들은 석유 그리고 석유 채
굴에서 생긴 부산물로 인해 오염되어 왔다. 세계시장을 위한 값싼
석유의 추출과 운송으로 인해 토착민의 안전 · 건강 · 복지는, 아마
돌이킬 수 없을 정도로, 훼손되어 왔다. 비판자들에 따르면 이것은
'세계무역' 을 '공정무역' 으로 바꾸어야 할 또 하나의 이유이다.

　자유무역과 지구화에 대한 이런 논쟁은 21세기에 접어들면서 더
확대되고 강도가 높아졌다. 이것은 이데올로기의 분열을 가로질러
뜻밖의 연합을 낳을 뿐만 아니라 국가주권, 민주주의, 자치의 본질
에 관한 의문을 제기할 것으로 보인다.

정치 이데올로기와 민주적 이상

그럼 민주주의의 미래는 어떤가? 21세기 초에 두 가지는 확실해 보인다. 첫 번째는 민주주의가 적어도 민주적 이상에 대한 말뿐인 호의라 해도 어느 때보다 더 인기가 있다는 것이다. 신나치, 신파시스트, 몇몇 보수주의자와 사회주의자들의 몇 가지 비판을 제외하면 오늘날 어느 누구도 민주주의를 단호히 거부하기는 힘들 것이다. 사실 민주주의의 이상은 전 세계 기존 지도자들과 체제에 대한 도전을 고무하고 있다. 예를 들면 동유럽과 소련에서 마르크스–레닌주의 국가를 붕괴시킨 많은 사람들은 라틴아메리카에서 우파정부에 대해 반기를 든 사람들처럼 민주주의의 이름으로 활동했다.

두 번째로 민주주의의 미래에 대해 명확한 것은 지난 세기 민주적 이상에 대한 주도적인 세 가지 해석 중 하나가 설 자리가 없다는 것이다. 그 해석, 즉 인민민주주의(people's democracy)는 마르크스–레닌주의의 전반적인 소멸로 희생되었다. 2장에서 본 것처럼 인민민주주의는 인민의 이익을 대변하기 위해 공산당에 의한 통치체제를 수립할 것으로 기대되었다. 이런 식으로 공산주의자들은 당이 인민을 대변할 수 있으며 그들의 반혁명적인 적대자들을 제압하기 위해 권력을 사용할 수 있다고 주장했다. 공산당 이외의 어떤 다른 정당에게도 권력경쟁이 허용되지 않기는 했지만, 인민의 친구, 즉 당원들 사이에 논쟁과 불화의 공간이 허용되고 공산당 자체가 민주적 제도로 존속하는 한 그 나라는 인민민주주의가 될 수도 있었다. 그러나 점점 명백해진 것은 당이 민주적 기관이 '아니'었으며, 당원들이 권력과 특권 그리고 인민의 해방보다는 인민의 착취에 집착하는 완고한 관료적 기구였다는 것이다. 오웰(George Orwell)은 이 주제를 1945년 『동물농장(Animal Farm)』이라는 우화의 형식으로 발전시켰다.

유고슬라비아의 마르크스주의자 질라스(Milovan Djilas)도 1950년대 초반 그의 책 『신계급(The New Class)』에서 이 문제를 다루었고 즉시 투옥되었다. 1960년대의 학생 급진주의자들인 '신좌파(New Left)'는 미국과 유럽에서 비슷한 논의를 제시했다. 1968년 체코의 공산당 지도자인 두브체크(Alexander Dubcek)가 자기 나라에서 공산당의 지배를 완화시킬 조치를 취함으로써 간접적으로 이 문제를 제기하자 소련은 탱크와 군대를 보내 '프라하의 봄'이라는 개혁에 막을 내리게 했고, 두브체크는 자리에서 물러났다.

이런 상황은 1980년대에 처음으로 폴란드에 연대(Solidarity)노조가 ——공산당이 모든 조합을 지배하는 나라의 비공산주의 노동조합으로서——나타났을 때 바뀌기 시작했다. 그러고 나서 고르바초프와 페레스트로이카(perestroika)가 바로 소련 땅에 나타났다. 고르바초프가 주도한 소련의 '구조조정'은 마르크스-레닌주의가 경제적으로나 정치적으로나 약속했던 바를 달성하는 데 실패했다는 고백에 도달했다. 공산당 내에 몇 명의 반대자들은 인민민주주의는 결코 민주주의가 아니라고 감히 말하였다. 어느 날 고르바초프가 동유럽의 민중 봉기를 진압하는 데 소련의 군사력을 사용하지 않을 것임이 명백해지자 인민민주주의는 붕괴하였다. 냉전 정치가가 만든 이른바 도미노 이론——만약 A라는 나라가 '공산화되면' 이웃의 B와 C라는 나라도 반드시 뒤따를 것이라는 이론——이 반대로 작동하였다. 1989년 한 나라의 인민이 다른 나라에 이어 공산정권을 '벨벳 혁명(Velvet Revolution)'으로 붕괴시켰을 때 동유럽에서 도미노는 다른 방향으로 쓰러졌다. 이 모든 것 중 가장 극적인 것은 오래도록 강압적인 공산정권의 상징이었던 베를린 장벽의 붕괴였다. 헝가리인민공화국은 '인민'이란 단어를 국호에서 떼어냈다. 1991년 소련에서 강경파 공산당 지도자들은 권력을 장악하여 변화의 방향을 바꾸어보려고 하였다. 그러나 옐친(Boris Yeltsin)이 이끄는 민중 반대세력은 공산당의 '반란'을 무너뜨리고 소련의 종식을 가져왔다.

이런 경향의 주요 예외가 중화인민공화국이다. 마오쩌둥이 한때 '인민민주전정(人民民主專政)'이라고 불렀던 나라에서 학생 저항 운동가들은 1989년 봄 천안문 광장을 점거하고 중국이 민주주의가 될 수 있도록 공산당 지도자들이 권력을 이양할 것을 호소했다. 그들이 원한 것은 '인민민주주의'가 아니라 **자유민주주의**(liberal democracy)와 비슷한 것이었다. 공산당은 군대를 보내 시위자들을 학살하는 것으로 대응하였다. 하룻밤 사이에 수백 명, 아마 수천 명이 죽었다. 다른 시위자들은 체포되고 투옥되거나 심지어 사형당하기도 했다. 당 지도부는 시위자들의 민주주의에 대한 요구를 '부르주아 자유화'의 시도라고 비난하며 인민민주주의에 대한 확신을 재차 강조했다. 천안문 사태는 전 세계에서 이를 지켜본 사람들에게—그리고 10억의 중국인에게—'인민민주주의'가 결코 민주주의가 아니라 기득권을 튼튼히 확립한 엘리트가 자신들의 권력과 특권을 지키기 위한 간판이라는 견해를 증명했다.

'인민민주주의'의 몰락은 민주적 이상이 이제 두 원칙—자유민주주의와 **사회민주주의**(social democracy)—속에 남아 있다는 것을 의미한다. 자유민주주의와 사회민주주의는 모두 표현의 자유, 정치적 직위에 대한 경쟁, 그리고 기타 시민적, 정치적 권리를 주장하기 때문에 둘이 합칠 기회를 갖게 되었다. 또한 몇몇 사회주의자들은 자본주의의 관점, 즉 시장 지향적 경제를 받아들이고 있다. 그러나 둘 사이의 차이는 여전히 아주 현저하다. 자유민주주의를 옹호하는 사람들은 개인이 어떻게 살 것인가를 자유롭게 선택하도록 프라이버시의 중요성을 계속 강조하는데, 여기에는 사유재산도 포함되어 있다. 하지만 사회민주주의의 옹호자들은 민주주의에 필수적인 것으로서 평등을 강조하는데, 인민은 자신의 삶에 영향을 미치는 결정에 평등한 발언권 같은 것을 갖지 못한다면 스스로를 지배할 수 없다고 주장한다. 사회민주주의자들은 다른 사람들보다 훨씬 더 많은 부와 재산——그럼으로써 더 많은 권력——을 가진 사람이 존재하는 한 인민들은 평등한 발언권을 갖지 못할 것이라고 말한다.

가까운 미래에 일차적인 이데올로기 경쟁은 아마도 자유주의와 보수주의가 모두 사회주의에 반대하면서, 그리고 민주주의에 대한 그들의 확신을 선언하면서, 둘이 서로 싸우는 형태로 계속될 것이다. 더 많은 사회주의자들이 마르크스-레닌주의를 포기하는 만큼 자유주의를 복지 자유주의와 신고전 자유주의로 나누게 만든 쟁점에 따라 이데올로기들의 재편성이 이루어질 가능성이 있다. 복지 자유주의는 그들의 자유·평등·민주주의에 대한 관점이 신고전 자유주의자들보다는 온건한 사회주의의 관점에 더 가깝다는 것을 믿을 것이다. 신고전 자유주의자들과 보수주의자들은 적극적인 정부와 더 평등한 사회를 옹호하는 사람들에 맞서 공동전선을 펴야 한다는 결론에 도달한 것이다. 따라서 첫 번째 그룹은 사회민주주의를 옹호하고, 두 번째 그룹은 자유민주주의를 옹호할 것이다.

그러면 해방 이데올로기와 '녹색주의자'들은 어떤가? 분명히 모두 미래의 정치에서 역할을 할 것이다. 중요한 문제는 자유주의나 사회주의 또는 아마도 보수주의가 그들을 흡수할 것인지, 아니면 이들 새로운 이데올로기가 낡은 '주류' 이데올로기에 도전할 만큼 충분히 강해지고 고유의 활동 영역을 발전시킬 수 있는지의 여부이다. 대부분의 해방 이데올로기는 예를 들면 자유주의와 사회주의에 대한 실망을 공유한다. 그러나 또한 해방 이데올로기들은 두 이데올로기에 해방의 이상(理想)의 많은 부분을 빚지고 있다. 만약 자유주의나 사회주의가 해방 운동가들에게——흑인, 여성, 동성애자, 원주민 또는 동물——그들의 이상을 실현시켜줄 수 있다고 믿을 만한 근거를 제시할 수 있다면 해방 이데올로기는 아마도 그 이데올로기들 중 하나와 연합할 수 있다. 그렇지 않으면 그들은 아마도 계속해서 자유주의, 사회주의, 그리고 물론 보수주의에 대한 도전자로서 독자적인 길을 갈 것이다. 그러나 앞서 언급한 연합이 일어난다면 해방 이데올로기는 복지 자유주의와 사회주의자들과 사회민주적 연합의 한 부분이 될 것이다. 전통적 형태의 사회를 옹호하는 보수주의자와 개인주의적 경쟁을 선호하는 개인주의자들은 아마도 자유민주주의의 이름 아래 반대 그룹을 형성할 것이다. 아니면 우리는 어떤 이데올로기도 다른 이데올로기들을 압도할 만큼 충분히 대중적이지 않으며, 많은 작은 분파로 흩어진 이데올로기들을 볼 것이다.

물론 수많은 가능성들이 있고 정치 세계는 항상 우리를 놀라게 할 수 있다. 베를린 장벽의 붕괴, 소련의 와해 그리고 남아프리카 공화국의 인종 분리 정책의 종식은 모두 아무도 예견하지 못한 극적인 사건의 예다. 정치적 예측은 항상 불확실하다. 그런데 왜 몇몇 분석가들은 확신에 차서 이데올로기 자체가 곧 종식을 고할 것이라고 예언했을까?

이데올로기의 종언?

근래 들어 공산주의의 종언을 둘러싼 여러 논의가 전개되는 가운데 몇몇 평론가들은 이데올로기 자체가 종말을 고할 것이라고 예측했다. 공산주의의 붕괴와 더불어 20세기의 가장 큰 이데올로기 갈등이 끝났을 뿐만 아니라, 자유민주주의의 매력에 대한 광범한 합의가 이루어지면서 모든 중요한 이데올로기적 갈등이 사라져

버렸다고 주장했다. 이제는 앞으로 사실상 모든 사람들이 정치적 삶의 일반적 형식과 목적에 동의할 것이다. 유일한 의견 차이는 거의 모든 사람이 받아들이고 있는 목표, 즉 재산을 소유하는 자유를 포함하여 개인적 자유라는 목표를 가장 잘 성취할 수 있는 방법을 둘러싼 문제일 것이다. 이 문제에 대해서 이데올로기가 아무런 유용한 기능을 수행할 수 없기 때문에 이데올로기는 사라질 것이라는 주장이다.

이 결론은 받아들일 수 없다. 왜 이데올로기들이 사라질 수 없고 사라지지 않을 것인지에 대한 네 가지 이유가 있다. 첫째 '이데올로기의 종언'이라는 논의는 이전에도 나타났지만 실패했다. 1950년대 말과 1960년대 초 일부 학자들은 정치의 바람직한 목표에 대한 합의가 증대하면서 최소한 서구에서는 이데올로기의 종언이 나타날 것이라고 예언했다. 1960년 벨(Daniel Bell)은 이렇게 주장했다.

진지한 지성들은 인간이 '청사진'을 제시하고 '사회공학(social engine-ering)'을 통해 사회적 조화에 기초한 새로운 유토피아를 건설할 수 있다고 더 이상 믿지 않는다. 같은 시기에 예전의 '반대파'들도 역시 그들의 지적 능력을 잃었다. 국가가 경제 분야에서 어떤 역할도 해서는 안 된다고 주장하는 '고전적' 자유주의자들도 거의 없고, 적어도 영국과 유럽 대륙에서 복지국가가 '예종의 길(road to serfdom)'이라고 믿는 진지한 보수주의자들도 거의 없다. 그러므로 서구에서는 오늘날 정치적 문제에 대해 지식인들 사이에 대략적인 합의가 있다. 즉 복지국가의 수용, 분권화된 권력의 바람직함, 혼합경제와 정치적 다원주의 체제 말이다. 이런 의미에서 이데올로기의 시대는 끝났다.[7]

하지만 이 '합의'는 단기적이거나 대단히 피상적이다. 1960년대의 소동은, 그리고 그것과 함께 나타난 다양한 해방운동은 이데올로기의 종언이 어디에도 가까이 오지 않았다는 것을 시사했다. 유명한 철학자가 지적했듯 1960년대는 '이데올로기의 종언의 종언'을 보여주었다.[8] 그리고 복지국가의 수용을 입증하기는커녕, 보수주의 정부들은 1980년대와 1990년대에 들어와 오히려 그것을 해체하려고 했다. 물론 초기의 예언은 미숙했으며 이제는 이데올로기의 종언이 정말로 왔다고 말할 수는 있다.[9] 그러나 이전의 예언이 실패했다는 사실은 우리에게 또 다시 실패할 것을 암시한다.

그 예언이 의심스러운 두 번째 이유는 마르크스-레닌주의의 종식 이후에도 이데올로기적 분쟁을 상당 기간 유지할 만큼 의견의 차이가 충분히 남아 있다는 것이다. 6장에서 말한 것처럼 사회주의는 마르크스-레닌주의의 짐을 벗어버리고 어떻게든 재생될 수 있을 것이다. 만약 그렇게 된다면 사회주의, 자유주의, 보수주의 사이에 많은 이데올로기적 논쟁을 부추길 차이점들이 충분히 남아 있을 것이다. 이데올로기들 '사이의' 논쟁과 더불어 이데올로기들 '내부'의 차이도 계속 존재할 것이다. 복지 자유주의와 신고전 자유주의 사이의 분열이 그 실례 중의 하나인데, 정부 활동의 형식과 범위에 대해 어떤 폭넓은 합의도 도출할 수 없을 만큼 분열이 깊어 보인다. 해결되지 못한 아주 많은 문제와 대결 상태는 해결을 강요하고 있다. 공공생활에서 종교의 역할은 무엇이어야 하나? 민족주의는 권장되어야 하는 것인가, 억제되어야 하는 것인가? 흑인, 동성애자, 여성, 가난한 사람들, 원주민 등 자신들을 희생자라고 보는 사람들, 즉 사회의 주변으로 밀려나고, 스스로를 해방시켜서 자신들의 개별적인 정체성을 명확히 규정하고 널리 알리는 데 필요한 권력을 획득하는 것에서 배제된 사람들의 지위는 어떤가? 동물의 권리 옹호자들이 일깨워준 것처럼 자신들을 스스로 대변하지 못하는 피조물은 또 어떤가?

동물들은 우리의 보호를 요구하는 권리——적어도 정당한 이해관계——를 갖고 있는가? 이러한 것들은 이데올로기적 합의 같은 것에 도달하기 전에 먼저 해결되어야 할 많은 문제들이다. 그러나 그 문제들은 일치보다는 갈등을 야기할 것처럼 보인다.

그 예언을 의심스러워하는 세 번째 이유는 벨과 다른 사람들이 예견한 것이 이데올로기의 '종언'이 아니라 특정 이데올로기, 즉 자유주의의 '승리'라는 것이다. 후쿠야마(Francis Fukuyama)에 따르면 자유주의는 이제 모든 경쟁 이데올로기를 압도했다.[10] 몇 가지 사소한 논점들은 남아 있다. 그러나 개인적 자유, 사유재산, 기회의 평등 그리고 관용에 대한 자유주의적 강조는 전 세계적으로 빠르게 세력을 획득하였다. 후쿠야마는 이런 성공이 '역사의 종언'을 명시하는 것인데, 이는 현대 세계의 중요한 이데올로기적 갈등이 완료되었거나 해결되었다는 의미에서 하는 말이라고 한다. 역사는 물론 계속될 것이며, 그 속에서 사람들은 계속 행동하고, 논쟁하며, 싸우고, 결정할 것이다. 그러나 대부분의 사람들이 자유주의의 기본 전제를 받아들일 것이기 때문에, 어떤 근본적인 것도 바뀌거나 도전받지는 않을 것이다. 만약 후쿠야마가 옳다면 우리는 이데올로기 경쟁의 종말을 받아들일 수도 있다. 그러나 이데올로기 자체의 종말을 받아들일 수는 없다.

후쿠야마의 주장은 자유주의가 다른 경쟁 이데올로기에 대해 승리하는 것을 목격하고 있다는 것인데, 이 주장은 전혀 사실이 아니다. 최근의 민족적, 종교적 분쟁은 어떤 사람들에게는 삶에 대해 근본적으로 다른 두 견해 사이에 분열이 더 늘어나는 것처럼 보인다. 한 견해는 종교를 강조하며, 믿음을 공유한 사람들과 다른 사람들, 즉 '이단자'나 '비신도', 다른 종교를 갖거나 전혀 갖지 않은 사람들 사이의 경쟁에 특별한 관심을 기울인다. 다른 견해는 좀 더 현실적이고 세속적인데, 지구에 사는 사람들에게 점점 더 많은 소비 물자를 공급하는 경제적 경쟁을 이용함으로써 지상의 삶을 개선하는 데 헌신하고자 한다. 세계를 근본적으로 종교적이거나 민족적인 개념으로 보는 사람들에게는 두 번째 견해가 전체 세계를 단일하고 거대한 물질적 소비사회로 전환시키는 것처럼 나타난다. 그들의 견해에 따르면 그런 발전은 제어되어야 하는데, 그것이 자신들의 종교적 믿음 그리고 민족 혹은 종족으로서 자신들의 독특한 정체성을 위협하기 때문이다. 그들의 저항은 몇몇 학자들에게 현대 세계가 후쿠야마가 기대한 것과는 아주 다른 방향으로 나아가고 있다고 말할 수 있는 계기를 제공했다. 분석가들에 따르면 '역사의 종언'과 자유주의의 승리 대신에 우리는 성전(jihad)과 맥도날드 세계(McWorld) 사이의 전 지구적 경쟁을 보고 있다.[11] 즉 미래의 갈등은 나라들과 문화들이 지구화를 방어할 것인지 아닌지에 (아니면 어느 한도까지 방어할 것인지에) 집중될 것이다.

마지막으로 이데올로기가 상당한 시간 동안 계속되리라고 믿을 만한 네 번째 이유는 새로운 도전과 문제들이 계속 생긴다는 것이다. 네 번째 이유의 가장 명백한 증거는 환경위기 또는 9장에서 논한 위기들이다. 몇 가지 기적적인 발견—싸고 안전한 무공해의 에너지원—이 나타나지 않는다면 이런 위기는 정치적 대응을 요구한다. 다른 말로 하면 어떤 적절한 대응도 확실히 이데올로기의 네 가지 기능을 충족시켜야 한다. 첫째로 사람들은 위기의 본질에 대한 '설명'을 찾을 것이고, 둘째로 그들이 직면한 상황을 '평가'할 것이다. 셋째 그들은 또 '지향', 즉 그들이 위기와 관련하여 어떤 태도를 취할 것인지에 대한 감각이 필요할 것이다. 네 번째, 마지막으로 그들이 무엇을 할 수 있고, 무엇을 해야 하는지 말해주는 행동 '강령'이 필요하다. 그리고 이 모든 것을 단순한 용어로 제시하는 일이 필요할 것이다. 간단히 말하면 이데올로기의 안내가 필요하다. 만약 하나 이상의 이데올로기들이 안내를 한다면, 이데올로기의 갈등은 분명히 지속될 것이다.[12)]

　이런 이유들 때문에 우리는 이데올로기의 종언을 보게 되리라고 예상하지 않는다. 이데올로기는 사라지기에는 너무 유용하고 중요하다. 우리의 사고를 행동으로 이어주는 데 이데올로기가 필요하다. 우리가 복잡하고 혼란한 세계, 도전과 갈등이 가득한 세계에 사는 한, 왜 사회적 조건이 그런지 설명하고, 그런 조건을 평가하며, 지향하는 바의 방향감각을 세우고, 행동──세계를 있는 그대로 받아들이고 당위의 모습대로 만들기 위한 시도──의 강령을 마련하기 위해 이데올로기가 필요할 것이다. 우리는 또한 민주적 이상(理想)에 의미를 부여하고 자유의 개념에 실체를 부여하기 위해 이데올로기가 필요하다. 여전히 완수되어야 할 이런 작업을 생각할 때, 우리가 어떻게 이데올로기들 없이 그 일을 해낼 수 있는지 상상하기는 쉽지 않다. 따라서 우리는 이데올로기가 만족시켜야 할 이런 목적들이 있는 한 이데올로기의 종언은 없을 것이라고 결론내릴 수밖에 없다.

더 읽을거리

Barber, Benjamin. Jihad vs. Mcworld. New York: Times Books, 1995.

Cowen, Tyler. Creative Destruction: How Globalization Is Changing the World's Cultures. Princeton, NJ: Princeton University Press, 2002.

Fukuyama, Francis. The End of History and the Last Man. New York: Free Press, 1992.

Micklethwait, John, and Adrian Wooldridge. A Future Perfect: The Challenge and Hidden Promise of Globalization. London: William Heinemann, 2000.

Pfaff, William. The Wrath of Nations. New York: Simon and Schuster, 1993.

Steger, Manfred B. Globalism: Market Ideology Meets Terrorism. Lanham, MD: Rowman & Littlefield, 2005.

Stiglitz, Joseph. Globalization and Its Discontents. New York: W. W. Norton, 2002.

1) 이 점은 로크(John Lock)의 『관용에 관한 서한(Letter Concerning Toleration, 1689)』만큼이나 오래된 것이다. 이 책의 내용 일부는 다음에 재수록되어 있다. Terence Ball and Richard Dagger, Ideals and Ideologies: A Reader, 5th ed. (New York: Longman, 2004), selection 13.

2) 이들 가운데에는 킹 목사를 비롯하여 미국 시민권 운동에 여러 차례 열렬히 참여했던 많은 사람들이 있다. 시민권을 둘러싼 투쟁에서 종교의 역할에 대한 탁월한 평가는 Taylor Branch, Parting the Waters: America in the King Years, 1954–1963 (New York: Simon & Schuster, 1988)을 보라. 정치적 투쟁에서 종교적 영감의 역할에 대한 광범한 논의를 위해서는 Michael Walzer, Exodus and Revolution (New York`: Basic Books, 1985)를 참조하라.

3) Centesimus Annus, in Origins 21, no.1 (may 16, 1991), p.17.

4) Robert Heilbroner, An Inquiry into the Human Prospect, 3rd ed. (New York: Norton, 1991).

5) Sean Holstege, "Few Mexican Trucks Poised to Ride into U.S," Arizona Republic, September 3, 2007, A1; Sean Holstege, "Teamsters Continue to Battle Mexican Trucks," Arizona Republic, September 3, 2007, A2.

6) Patrick Buchanan, Where the Right Went Wrong: How Neoconservatives Subverted the Reagan Revolution and Hijacked the Bush Presidency (New York: St. Martin's Press, 2004), p.171.

7) Daniel Bell, The End of Ideology: On the Exhaustion of Political Ideas in the Fifties, rev. ed. (New York: Collier Books, 1961), p. 397.

8) Alasdair MacIntyre, Against the Self–Images of the Age: Essays on Ideology and Philosophy (Notre Dame, IN: University of Notre Dame Press, 1978), Chapter 1.

9) 벨은 자신의 이데올로기 종언 가설을 다음 책에서 옹호한다. "The End of Ideology Revisited (Parts I and II)" Government and Opposition, 23(Spring and Summer, 1988): 131–150, 321–328. 또한 같은 책의 제2판에도 이 내용이 수록되

어 있다.

10) Francis Fukuyama, The End of History and the Last Man(New York: Free Press, 1992).

11) Benjamin Barber, Jihad vs. Mcworld(New York: Times Books, 1995).

12) 21세기 초의 주요 이데올로기를 재평가하기 위해서는 Michael Freedan, ed., Reassessing Political Ideologies (New York and London: Routledge, 2002)를 보라.

개인주의적 보수주의자(individualist conservative) – 정부는 사람들을 외부 위협으로부터 보호해줌으로써 개인적 자유를 증진시켜야 하며, 그 밖의 경우에는 사람들이 자기가 적절하다고 생각하는 대로 행동하도록 놓아두어야 한다고 믿는 사람. 이러한 견해는 보수주의보다는 '신고전 자유주의'에 더 가깝다.

개혁(reform) – 사회나 정부의 결점을 바로잡거나 고쳐 나가는 점진적이고 신중한 변화. 버크에 따르면 이것은 '혁신'보다 안전하고 현명하다.

경험적(empirical) – 사물의 존재 상태에 대한 설명 혹은 기술. 예를 들면 '알래스카보다는 애리조나가 여름에 더 덥다'는 식이다. 보통 규범적(normative)과 대조되는 의미로 사용된다.

계급(class) – 사회·경제적 관계의 구조 속에서 사회적으로 결정되는 한 사람의 위치를 의미하는 단어로 사회주의 특히 마르크스주의 분석의 핵심 개념. 만일 당신이 '생산력(혹은 수단)'의 부분적 소유자라면 '부르주아' 혹은 '자본가' 계급의 일원이 되며, 당신 자신이 생산수단이라면 노동계급 혹은 '프롤레타리아'의 구성원이 된다.

계몽주의(Enlightenment) – 관습과 미신에 대한 이성과 과학의 승리를 주장했던 18세기, 특히 프랑스에서 영향력이 있었던 철학 운동.

고전적(classical) 혹은 **전통적 보수주의**(traditional conservatism) – 정치적 행동의 첫 번째 목표는 신중한 '개혁' 정책을 추구함으로써 사회의 기본 틀을 보존해야 한다고 보는 신념. 버크가 대표적 인물.

공동체주의자(communitarian) – 일반적 의미로는 사회 구성원들을 강력한 상호 부조적 사회 속으로 결속시키고자 하는 사람들을 가리킨다. 현재 이 용어는 특히 공동체 전체의 필요를 무시하고 개인의 권리와 이익에 지나친 강조를 두는 자유주의에 대한 비판자들을 가리킨다.

공리주의(Utilitarianism) – 개인과 정부는 항상 벤담(Jeremy Bentham)의 용어로 공리, 즉 최대 다수의 최대 행복을 증진시키도록 행동해야 한다는 견해.

공산주의(communism) – 주요 생산수단을 공공 소유로 두는 체제. 본래는 자원의 공동 혹은 사회적 통제를 주장하는 모든 이념이나 계획을 지칭하는 용어였으나 지금은 마르크스 계열 사회주의와 결부시키고 있다. 마르크스와 마르크스주의자들에게 '생산력(혹은 수단)'의 공동체적 소유와 통제는 인간 역사의 완성을 의미한다. 장기간의 혁명 과정을 거쳐 완성되는 미래 공산주의 사회는 '각자의 능력에 따라 일하고, 각자의 필요에 따라 소비한다'는 원칙이 지배한다.

공상적 사회주의(utopian socialism) – 마르크스, 엥겔스의 용어. 그들이 보는 초기 사회주의자들의 지나칠 정도의 관념적, 도덕적, 비과학적, 비현실적인 기획을 가리킨다.

공화국(republic) – 법의 지배, 혼합정체, 적극적이고 공공정신에 충만한 시민의 양성 등을 기본 요소로 삼는 인민에 의한 정부 형태.

과두제의 철칙(iron law of oligarchy) – 대규모 조직은 평등주의를 유지할 수 없으며 늦건 빠르건 결국 소수 엘리트에 의해 반드시 지배받게 된다고 주장하는 사회학적 '법칙'. 미헬스(Robert Michels)가 정식화했다.

관리인으로서의 보살핌(stewardship) - 미래 세대를 위해 자연·사회 환경을 보호·보존·유지해야 하는 인간의 책임을 강조하는 성향.

국가의 소멸(withering away of the state) - 계급 없는 공산주의 사회가 등장함에 따라 '프롤레타리아 독재'라는 임시의 국가 형태가 그 존재 이유를 상실하고 점차 사라지는 과정을 묘사한 마르크스의 용어.

귀속적 지위(ascribed status) - 자신의 사회적 위치가 상승 혹은 하락될 기회가 거의 없는 가운데 귀족이나 농노 같은 특정 사회적 지위를 갖고 태어나는 사람들의 조건. '성취된 지위'와 비교할 것.

귀족적 특권(aristocratic privilege) - 한 계급은 다른 계급보다 우월하다는 신념에 근거를 두고, 통치권력에의 접근 같은 특정한 권리와 기회는 귀족만 독점적으로 향유하도록 만드는 정책.

규범적(normative) - 사물의 당위 상태 혹은 선악의 판단을 규정하는 명제 혹은 진술. 예를 들면 '거짓말은 나쁘다'는 식으로 표현된다. 보통 '경험적' 및 기술적(descriptive)이라는 말과 대조적으로 사용된다.

글라스노스트(glasnost) - 러시아어로 '개방'. 1980년대 고르바초프가 소련에서 실시했던 보다 많은 자유와 관용의 정책을 의미한다.

기독교 우파(Religious Right) - '전통적인 가족적 가치'를 회복시키려고 하는 '미국 기독교 연합(Christian Coalition)' 같은 개신교 정통파 근본주의자들의 운동.

녹색정치(Green politics) - 환경 관련 문제를 정치적 의제의 가장 중요한 항목 혹은 그와 가까운 순위로 올려놓으려는 다양한 전략의 동원.

대중사회(mass society) - 일부 비판자에 따르면, 보통 사람들——그리고 그들의 취향에 영합하는 정치가들과 선동가들——이 전통적인 사회적 위계

질서 및 버크가 '소집단'이라고 불렀던 이차적 결사체들을 철폐함으로써 모든 것과 모든 사람을 그들 수준으로 끌어내리는 위험할 정도로 불안정한 사회.

대중(혹은 인민)의 아편(opium of the masses or people) – 마르크스가 종교를 가리켜 사용한 말. 그는 종교가 인간의 관심과 희망을 현세로부터 영원하고 더없이 행복한 내세로 돌려놓음으로써 억압받는 인민의 비판 능력을 둔하게 만든다고 보았다.

대지의 윤리(land ethic) – 생태학자 레오폴드(Aldo Leopold)가 만든 용어로, 대지 그리고 그것이 지탱하는 무수한 생명 형태에 대한 존중과 외경의 태도를 의미한다.

독점(monopoly) – 단일 기업에 의한 상품이나 시장의 배타적 통제.

동성애 혐오(homophobia) – 동성애 자체, 혹은 그것이 끼치는 실질적 또는 가공의 영향을 두려워하는 태도.

맬서스의 법칙(Malthus' law) – 사람이 살아가는 데 필요한 자원의 증가보다 인구가 더 빠른 속도로 늘어간다는 주장. 인구는 기하급수적으로 증가하는 반면 자원은 산술급수적으로 늘어간다고 표현한다.

무정부적 공산주의(anarcho–communism) – 전체 공동체가 모든 재화를 소유 혹은 통제하는 협동사회(cooperative society)의 실현을 목표로 삼는 무정부주의의 일파.

무정부주의(anarchism) – '지배가 없는(no rule)', '정부가 없는'이라는 의미의 그리스어 'an archo'에서 나온 말. 무정부주의는 국가를 폐지하고, 정치적 관계를 협동적 혹은 자발적 관계로 대체하려는 목표를 갖고 있다.

문화적 보수주의(cultural conservatism) – 상업·산업·'진보'는 인간과 자연의 관계, 문화적 전통에 대한 인간의 존중심을 위태롭게 한다고 생각하며 그것들을 특히 의심스럽게 보는 보수주의의 한 분파. '고전적 보수주의'와 밀접하게 결부되어 있다.

물질적 생산력(material forces of production) 혹은 **생산력**(forces of production, 간단하게 productive forces) – 인간 노동이 투하되어 유용한 재화나 상품으로 전환되는 물질적 수단 혹은 자원을 가리키는 마르크스의 용어. 예를 들면 목재로 전환되는 나무, 철로 제련되는 광석, 이러한 전환 과정을 완성시키는 데 필요한 노동과 기계 등이 모두 여기에 포함된다.

민족국가(nation-state) – 단일 민족 혹은 국민의 구성원들을 결속시키는 정치적 단위.

민족주의(nationalism) – 공통의 전통이나 출생에 기초하여 사람들은 별개의 각 집단이나 민족에 속한다고 보는 믿음. 여기서 각 민족은 독자적인 정치적 단위 혹은 '민족국가'의 자연적 기초를 형성한다고 가정된다.

민주집중제(democratic centralism) – 혁명적 '전위당'의 중앙 통제와 민주주의를 결합시키려는 레닌의 정책. 결정이 이루어지기 전에 당은 내부에서 토론과 토의를 장려해야 하지만, 지도부가 결정을 내리면 토론은 종식되고 모든 당원은 당의 지침을 따라야 한다고 레닌은 지적했다.

반계몽주의(Counter-Enlightenment) – '계몽주의' 철학자들의 주요 이념들을 거부하던 19세기 초·중반의 다양한 사상가 집단을 가리키는 용어.

반동주의자(reactionary) – 사회나 정부의 과거 초기 형태로 돌아가고자 하는 사람. 좀 더 일반적으로 반동주의자는 극단적인 보수주의자이다.

반식민지 운동(anticolonial movement) – 식민지 (보통 유럽) 세력의 지배로부터 스스로의 독립을 획득하려는 '제3세계' 민중의 노력.

방해공작(monkey wrenching) – '지구 먼저!(Earth First!)'를 비롯한 여러 전투적 환경보호 집단들이 옹호하거나 실행하는 직접적 행동의 형태. 이러한 행동은 불도저 '해체', 전깃줄 절단, 오래된 나무에 못을 박아 벌목업자의 벌목으로부터 나무를 구해내려는 방법까지 다양한 형태로 이루어진다. '생태적 사보타주' 항목 참조.

변증법(dialectic) – 일반적으로 말하자면 대립되는 견해 혹은 힘들이 서로 갈등을 일으키다가 결국은 새롭고 좀 더 고차적인 형태로 귀결됨으로써 대립이 조화를 이루거나 극복되는 과정을 말한다. 이러한 사유 방법은 많은 사람들이 제시했지만 그중 특히 소크라테스, 플라톤, 헤겔, 마르크스가 두드러진다.

복지 혹은 복지국가 자유주의(welfare or welfare-state liberalism) – '신고전 자유주의'와 달리 정부를 개인의 자유·복지·기회평등을 증진시키는 도구로 보는 자유주의의 한 형태.

본질적으로 경쟁적인 개념(essentially contested concept) – 어떤 것을 그 개념 밑에 포괄할지 결정해주는 일련의 분명한 기준이 결여되어 있기 때문에 논쟁을 야기하는 개념. 예술, 종교, 민주주의 등의 개념이 모두 여기에 속한다. 사실 이러한 개방성 혹은 비결정성이 이들 개념의 본질 혹은 본성으로 보인다.

봉건주의(/봉건제 feudalism) – 특수하게는 가신(家臣)을 보호해주고 그들에게 토지사용권을 허락하며, 그 대가로 그들의 봉사를 요구하는 영주와 가신의 관계를 중심으로 형성된 중세 유럽의 사회경제 체제를 가리킨다. 좀 더 일반적으로 봉건주의는 상대적으로 소수의 사람이 토지를 장악하고, 대부분 다른 사람들은 소작인이나 농노로 일하는 농업사회와 유사한 사회 형태를 가리키는 용어다. '귀속적 지위'와 결부되는 경우가 많다.

부르주아지(bourgeoisie) – 본래는 시장 도시(프랑스어로 bourg)에 거주하는 주민들을 가리키던 용어였으나 후에는 상인, 전문 직업인 등 중산계급 일반을 지칭하는 말로 확대되었다. 마르크스 이론의 경우 자본주의 사회에서는 부르주아지가 '생산력(혹은 수단)'을 소유하고 통제하기 때문에 곧 지배계급과 같은 말이다.

분권 통제(decentralized control) – '중앙집중 통제'의 대조 개념. 자원과 생산의 통제를 촌락이나 작업장처럼 가능한 최소 레벨에 둠으로써 권력을 확산시키려는 방법.

분리주의 운동(separatist movements) – 스스로를 별개의 민족으로 간주하는 사람들이 자신의 '민족국가'를 형성하기 위해 다른 나라로부터 자신을 분리해내려 하는 시도.

비판적 서구 마르크스주의(critical Western Marxism) – 주로 유럽인으로 이루어진 일군의 20세기 학자들이 견지하던 입장. 이들은 억압적인 사회·경제 체제로서 자본주의를 비판하는 면에서는 마르크스의 입장을 대체로 수용하지만 소련의 공식적인 마르크스-레닌주의(Marxism-Leninism)는 거부한다. 인간을 진정으로 자유롭고 창조적인 존재가 되지 못하도록 가로막는 문화적 지배의 형태로서의 자본주의 분석에 노력을 집중한다.

비합리주의(irrationalism) – 인간은 이성보다는 본능, 충동, 무의식의 힘으로 움직인다고 보는 주장. 프로이트와 르 봉(Le Bon) 같은 사상가의 입장과 연관성이 깊다.

사회계약(social contract) – 정치사회를 형성하고 정부를 확립하는, 따라서 정치적 권위를 창출하는 협약. 일부 사람들은 어떤 방법을 통해 다른 사람들 위에 있는 권위를 획득하는가? 홉스와 로크 같은 이론가들은 '자연상태'의 개인들이 어떻게든 해서 사회계약을 맺음으로써 그러한 권위가 만들어진다고 대답한다.

사회민주주의(social democracy) - 민주주의는 모든 시민의 권력과 영향력이 대략 평등해야 가능하다고 보면서, 여기에는 다시 부의 재분배 및 자원과 부의 사회적 통제가 필요하다고 주장하는 견해. '자유민주주의' 및 '인민민주주의'와 대조되는 개념.

사회생태학(social ecology) - '심층생태학'과 대조적으로, 인간 삶에 특별한 중요성을 부여하는 동시에 인류는 자신과 그 외의 종(種)들을 지탱시켜주는 환경에 의존하며, 환경에 책임을 져야 한다고 주장하는 견해.

사회적 다윈주의자들(Social Darwinists) - 다윈의 진화론을 사회·정치 생활에 적용하여 개인들간의 생존경쟁이 인간 삶의 자연적 특징이며, 정부는 여기에 개입하지 말아야 한다는 결론을 이끌어냈던 19세기 말, 20세기 초 '신고전 자유주의자' 집단.

사회적 생산관계(social relations of production) 혹은 **생산관계** - '물질적 생산력'을 유용한 재화로 전환시키는 데 필요한 사회적 분업——예를 들면 경영자, 관리인, 노동자 등으로——을 가리키는 마르크스의 용어.

상부구조 혹은 **이데올로기적 상부구조**(ideological superstructure) - 사회의 기초 혹은 '토대'를 구성하는 사회적 장치들을 정당화하거나 정당성을 부여하는 신념·사상·이상의 집합을 가리키는 마르크스의 용어. '역사유물론' 항목 참조.

생명중심주의(biocentrism) - 기존의 '인간중심주의', 즉 인간 위주의 관점보다 광범위하고 포괄적이라는 이유에서 녹색주의자들이 지지하는 '생명 중심' 관점. '인간중심주의'와 '생태중심주의' 항목 참조.

생산관계(relations of production) 혹은 **사회적 생산관계**(social relations of production) - '물질적 생산수단'을 유용한 재화로 전환시키는 데 필요한 사회적 분업 - 예를 들면 경영자, 관리인, 노동자 등으로 - 을 가리키는 마르크스의 용어.

생산력(forces of production, 간단하게 productive forces라고도 한다)혹은

물질적 생산력(material forces of production), **생산수단**(means of production) - 인간 노동이 투하되어 유용한 재화나 상품으로 전환되는 물질적 수단 혹은 자원을 가리키는 마르크스의 용어. 예를 들면 목재로 전환되는 나무, 철로 제련되는 광석, 이러한 전환 과정을 완성시키는 데 필요한 노동과 기계 등이 모두 여기에 포함된다.

생태적 사보타주(ecotage) - '지구 먼저!(Earth First!)'를 비롯한 여러 전투적 환경보호 집단들이 사용하는 직접 행동의 한 형태인 '생태학적 사보타주(ecological sabotage)'의 줄임말. 이러한 사보타주 혹은 '방해공작(monkey wrenching)'은 불도저 '해체', 전깃줄 절단, 오래된 나무에 못을 박아 벌목업자의 벌목으로부터 나무를 구해내려는 방법까지 다양한 형태로 이루어진다.

생태중심주의(ecocentrism) - 인간 위주의 '인간중심주의적' 관점에 저항하고, 그것보다 우월하다고 하는 이유에서 녹색주의자들이 지지하는 '생태계 중심' 지향. '인간중심주의'와 '생명중심주의' 항목 참조.

생태 페미니즘(ecofeminism) - 페미니즘의 원칙과 환경보호의 원칙을 결합하는 녹색 정치사상의 견해. 성차(gender)에 기반을 두는 이 접근법은 자연(어머니 자연, mother nature)을 무시하고 남성에 의한 자연의 '정복'을 찬양하는 '남성 중심(androcentric)' 관점에서 환경 훼손의 원인을 찾는다. 생태 페미니스트들은 지구 생태계를 구하고 후세에 보존하려면 이러한 사고방식——그리고 여기서부터 나오는 행동——을 거부해야 한다고 주장한다.

생태학(ecology) - 종(種)과 생태계 사이의, 그리고 그 내부를 순환하는 연관성·상호의존성·에너지에 대한 과학적 연구. 좀 더 최근의 정치적의미에서 '생태학'은 자연 환경의 보존과 보호를 중요하게 여기는 관점을 가리킨다.

성전(jihad) - 글자 그대로는 아랍어에서 '투쟁'의 뜻. 이슬람 사상에서 지하드는 개인이 '자신'의 영혼을 정화하고 '집단적'으로는 이슬람의 적에 맞서 '성전'을 전개하는 투쟁을 의미한다.

성차(gender) - 페미니즘에서 핵심 개념으로 '남성적(masculine)', '여성적 (feminine)'이라는 범주의 사회적 형성과 의미를 가리키는 용어. 즉 우리가 흔히 '남성적' 혹은 '여성적'이라고 보는 특징들은 대체로 사회적 태도와 믿음에 의해 결정된다는 것이다.

성차별주의(sexism) - 한 성(性)은 다른 성보다 선천적으로 우월하다고 보는 믿음.

성취된 지위(achieved status) - 노력과 능력을 통해 사회에서 자기 위치를 획득한 조건. 귀속적 지위와 대조해볼 것.

세속주의(secularism) - 종교적 관심에서 탈피하여 세속적 삶의 가치를 그 자체로서 선한 것으로 강조하는 경향.

소극적 자유(negative freedom) - '적극적 자유'와 대조되는 말로 강제가 없는 상태를 의미한다. 이 견해에 따르면 어느 누구에게도 내가 하고자 하는 일을 방해받지 않는다면 나는 자유로운 것이다.

소외(alienation) - 인간 혹은 계급이 자신의 인간적 잠재력으로부터 단절 혹은 격리되어 있음을 묘사하기 위해 마르크스가 헤겔 철학에서 채용한 용어. 마르크스는 자본주의하에서 노동자들은 자기 노동을 통제하는 능력이 소외되어 있다고 보았다.

수정주의자(revisionist) - 마르크스 사후 발생한 사회적, 경제적 변화에 비추어 마르크스 이론을 수정 혹은 교정하려고 했던 후대의 마르크스주의자들에게 부여된 이름.

시장 사회주의(market socialism) - 경쟁적 시장경제의 일부 특징을 자원의 공공 통제와 결합하려는 시도. 예를 들면 공장 직원들이 공장을 공동 소유할 수 있지만, 이와 똑같은 직원 소유 공장들과 시장에서 이윤을 놓고 경쟁해야 한다.

신고전 자유주의(neoclassical liberalism) – 정부는 시민의 인격과 재산을 보호하는 일만 해야 하는 필요악이라고 주장하는 믿음. '자유지상주의' 참조.

신권정체(/정치 theocracy) – 스스로를 신(혹은 신들)의 대리인이라고 보는 종교 지도자들이 신의 명령을 지상의 명령으로 만들어 실행하려는 정부 형태.

신보수주의(neoconservatism) – 정부에 대한 의존의 축소와 강한 외교정책을 옹호하며 노동, 검소, 가족, 절제의 가치에 강조를 두는 운동. 환멸을 느낀 '복지 자유주의자' 들 사이에서 1960년대에 시작.

심층생태학(deep ecology) – 인간 이외의 다른 생물 종(種) 그리고 이들을 지탱하며 생명을 공급하는 조건들의 번영을 인간의 행복과 동등한 위치에 두는 '생명 중심' 혹은 '생명 본위' 의 철학적 · 윤리적 · 정치적 관점.

아리아인(Aryans) – 모든 인도 유럽계 언어의 원류(原流)가 된다고 생각되는 사람들의 집단에 부여된 명칭. 나치는 이 민족과 가장 순수한 그 후손이 '열등' 인종을 정복하거나 말살시킬 운명을 가진 '으뜸 인종(master race)' 이라고 믿었다.

아파르트헤이트(apartheid) – 백인이 정치권력을 장악하고 인종을 분리하거나 '격리' 시키려는 남아프리카 공화국의 정책.

엘리트주의(elitism) – 모든 사회에는 대중을 지배하거나 이끌어야 하는, 혹은 반드시 그렇게 할 수밖에 없는 소수의 사람들이 있다고 보는 신념.

역사유물론(materialist conception or interpretation of history) – 사회변동을 해석 또는 설명하는 마르크스주의의 기본 틀. 핵심 아이디어는 물질적 · 생산적 토대의 변화가 '사회적 생산관계' 와 '이데올로기적 상부구조' 의 변화를 만들어낸다는 것이다.

온실효과(greenhouse effect) – 화석연료(석유, 가스, 석탄 등)의 연소와 삼림 파괴로부터 이산화탄소가 축적됨으로써 지구 대기가 점점 따뜻해지는 현상.

우파(right) 혹은 **우익**(right-wing) – '좌파'와 '중도'에 대립되는, 정치적 스펙트럼의 오른쪽 끝을 차지하는 사람들. 이들은 굳건하게 뿌리내린 권위를 갖고 확립된 사회질서를 선호하며 변화에 반발하는 경우가 많다. 보수주의자와 파시스트는 보통 우익으로 간주된다.

움마(umma) – 아랍어. 신실한 무슬림들로 구성된 초민족적 무슬림 공동체.

원자론적 사회관(atomistic conception of society) 혹은 **원자론**(atomism) – 사회는 쟁반 위의 구슬처럼 서로 아무 연관도 없고 독립된 개인들로 이루어져 있다고 보는 견해. 대조되는 개념은 유기체적 사회관.

원죄(original sin) – 인간 최초의 죄악, 즉 에덴동산에서 아담이 저지른 신에 대한 도전이 모든 인류를 어떤 방식으로든 더럽히고 있다고 보는 기독교 신학의 믿음.

위해원칙(harm principle) – 존 스튜어트 밀을 비롯한 사람들이 옹호하는 원칙. 우리 행동이 남에게 해를 끼치거나 그럴 우려가 있을 경우를 제외하고는 우리는 무엇이든 할 수 있어야 한다는 원칙.

유기체적 사회관(organic conception of society) – '원자론적 사회관'과 대조적으로 사회 구성원은 신체의 일부분들처럼 서로 연결되고 상호 의존되어 있으며, 사회 자체는 그 부분들의 단순한 총합 이상의 것이라고 주장하는 견해.

유물론(materialism) – 사회적·정치적·지적인 모든 실재(reality)는 궁극적으로 자연적 물질의 결합으로 환원될 수 있다고 보는 철학적 주장. 홉스(Hobbes), 엥겔스, 20세기 '유물변증법' 등 다양한 형태로 전개되었다.

유물변증법(dialectic materialism, 때로는 DiaMat라고 부른다) – 모든 사

회·경제·정치 현상의 원인을 물질과 그 운동에서 찾는 소비에트 마르크스주의의 관점. 마르크스는 결코 사용한 바 없었지만 스탈린 시대에는 이 용어가 규범이었다.

유토피아(utopia) – '좋은 곳' 혹은 '어디에도 없는'이라는 뜻을 가진 그리스어 'eu-topods'를 빌려 모어(Thomas More)가 만든 용어. 현재 이 말은 탐욕, 범죄를 비롯한 사회적 질병이 사라진 완벽한 사회를 의미한다.

이데올로그(ideologue) – 특정 이데올로기를 강력히 지지하면서 라이벌 이데올로기에 대해 승리를 거두려는 사람.

이데올로기적 상부구조(ideological superstructure) – '상부구조(superstructure)' 항목 참조.

이성의 간계(cunning of reason) – 일정한 의도를 갖고 취한 행동이 의도하지 않은 결과, 그러면서도 역사를 통해 '정신'의 발전을 증진시킨다는 점에서는 '합리적'인 결과를 가져오는 역사과정을 가리키는 헤겔(Hegel)의 용어.

인간중심주의(anthropocentrism) – 녹색주의자의 시각에서 보기에 야생 동식물과 자연 환경의 삶을 고려하지 않는 지나치게 협소하고 이기적인 '인간 본위'의 관점. 생명중심주의와 생태중심주의도 참조.

인민민주주의(people's democracy) – 노동계급의 이익을 위해 공산당에 의해 이루어지는 통치를 민주주의로 보는 마르크스-레닌주의자들이 선호하는 통치 형태.

인본주의의 오만함(arrogance of humanism) – 인간을 제외한 여타 동식물 종(種), 그리고 그것을 유지해주는 자연 환경을 무시하거나 과소평가한다고 녹색주의자들이 비판하는 '인본주의(humanism)' 혹은 인간중심적 관점.

인종주의(racism) – 한 인종(보통은 자기 인종)은 다른 인종이나 인종 집단들에 비해 선천적으로 우수하다는 믿음.

인종청소(ethnic cleansing) – 한 인종 집단 혹은 국적의 구성원이 다른 쪽을 조직적으로 살해하거나 제거하려는 행위를 완곡하게 표현한 말. 1990년대 초반 통일 세르비아 민족국가에 방해물이라고 생각되던 보스니아 회교도를 비롯한 기타 인종집단을 추방하고 살해하는 것을 정당화하기 위해 전투적인 세르비아 민족주의자들이 사용한 용어.

자본주의(capitalism) – 주요 '생산수단'이 사적으로 소유되고, 소유자 혹은 투자자를 위해 운용되는 경제 체제.

자연권(natural right) – 인간이라는 단순한 사실 때문에 모든 사람이 갖게 되는 권리. 어떠한 사람이나 정치적 권위도 이러한 권리를 박탈하거나 부여할 수 없다.

자연상태(state of nature) – 특히 홉스, 로크, 노직의 이론에서 사람들이 사회와 정부를 형성하기 이전에 살던 상태. 이 상태에서는 모든 사람이 자유롭고 평등하지만 어느 누구도 다른 사람 위에 군림하는 권위를 갖지 못한다.

자연 귀족(natural aristocracy) – 버크를 비롯한 여러 사상가들이 사용한 용어. 순수 세습 귀족과는 구분되는데, 그 구성원이 능력과 재능을 갖출 수도 있고 그렇지 않을 수도 있는 순수 세습귀족과는 달리 능력과 재능을 갖춘 귀족을 의미한다.

자유민주주의(liberal democracy) – '인민민주주의' 혹은 '사회민주주의'와 달리 사유재산의 소유권을 포함한 개인의 권리와 자유에 강조점을 두는 민주주의.

자유지상주의(libertarianism) – 일반적으로 말하면 개인적 자유의 영역을 확장하려는 욕망을 의미. 좁혀서 말하면, 정부가 갖는 단 하나의 정당한 권력은 시민의 재산과 인격을 보호하는 데 있다고 주장하는 신고전 자유주의자의 또 다른 이름이다. 일부 자유지상주의적 '무정부주의자'

는 모든 정부가 정당성이 없고 비도덕적이라고 믿는다.

자힐리야(jahiliyya) – 예언자 무함마드가 꾸란을 구성하는 계시를 접수하기 이전에 세계를 뒤덮고 있던 무지 혹은 영적 어두움을 가리키는 아랍어 용어. 꾸뜹 같은 급진 이슬람주의자들은 '새로운 자힐리야'를 언급한다. 이것은 꾸뜹을 비롯한 여러 사람들이 이해하는 진정한 이슬람의 길로부터 무슬림들을 벗어나도록 이끄는 새로운 암흑을 뜻하는데, 근대성, 세속주의, 과학으로 인해 초래된 것이다.

적극적 자유(positive freedom) – '소극적 자유'의 대조 개념. 자유는 단순히 강제가 없는 상태뿐 아니라 자신의 소질을 계발하고 그에 따라 행동할 수 있는 능력이나 힘이기도 하다는 믿음.

전위당(vanguard party) – 자본주의를 타도하고 공산주의로 이행하는 것을 감독하거나 '지도' 역할을 하는 공산당을 가리키는 레닌의 용어.

전체주의(totalitarianism) – 모든 반대를 체계적으로 질식시키는 하나의 전지전능한 당이 군대, 언론, 학교, 종교, 경제 등 한 나라의 삶의 모든 측면을 통제하려는 시도.

전통적 혹은 고전적 보수주의(traditional or classical conservatism) – 정치적 행동의 첫 번째 목표는 신중한 '개혁' 정책을 추구함으로써 사회의 기본 틀을 보존해야 한다고 보는 신념. 버크가 대표적 인물.

정치적 절대주의(political absolutism) – 지배자(혹은 지배자들)가 법이나 기타 통치기구의 제약을 받지 않고 거의 완전한 권력을 갖는 정부 형태.

정통적 실천(orthopraxis) – 글자 그대로 풀이하면 바른 행동 혹은 실천. 해방 신학자들은 가톨릭 교회, 그리고 신자 일반은 가난한 사람을 위해 정의를 행하고 억압을 종식시킴으로써 '바르게' 행동할 것을 촉구한다.

제국(empire) – 하나의 최고 지배자나 권력에 의해 통치되는 여러 국가 혹은 국민들로 이루어진 정치적 연합.

제국주의(imperialism) – 레닌의 정의에 따르면, 자본주의 국가가 제3세계 국가를 정복·식민화·착취하는 정책. 레닌의 이론에서 제국주의는 세계경제를 지배하는 자본주의의 '최고' 그리고 최후 단계를 의미한다. 마오쩌둥을 비롯한 기타 마르크스주의자들의 핵심 개념이기도 하다.

종교적 순응(religious conformity) – 사회의 모든 사람에게 동일한 종교를 따르거나 인정할 것을 요구하는 정책.

종차별주의(speciesism) – 인류가 다른 동물 종(種)보다 우월하다는 믿음. 종차별주의자들은 인간 외의 동물에 대해 인간은 지적, 도덕적으로 우월하며, 이러한 우월성은 동물들을 식량, 모피, 의학실험 등의 용도로 사용할 권리 혹은 자유를 인간에게 부여한다고 믿는데, 동물이 겪는 고통에 대해서는 거의 혹은 전혀 고려하지 않는다.

좌파(left) **혹은 좌익**(left-wing) – 정치적 의미로는, 새로운 방향을 향한 중대하고, 아마 근본적인 변혁이 사회적, 경제적 조건을 크게 향상시킬 것이라는 신념. 일반적으로 사회주의자들은 '우파'나 '중도'가 아니라 '좌파'에 속한다.

주인-노예의 변증법(master-slave dialectic) – 모든 것을 쥔 강력한 주인과 아무것도 없이 무력하게 보이는 노예의 대결을 가리키는 헤겔 철학의 용어. 둘 사이의 갈등은 결국 주인이 노예에게 예속되고, 자유와 인정을 놓고 벌어지는 투쟁에서 노예가 승리를 거둠으로써 자신과 주인을 모두 해방시킨다는 것을 보여준다. 마르크스와 후대의 '해방' 이데올로기 지지자들 역시 이 비유를 활용한다.

중농주의자(Physiocrats) – 토지가 부의 근원이며 제약받지 않는 경쟁은 번영을 이끈다고 믿었던 18세기 프랑스 경제이론가.

중도(center) – '좌파'와 '우파' 같이 극단적 입장과는 대립되는 말로, 온건 혹은 '중간' 입장을 가리키는 정치적 용어.

중상주의(mercantilism) – 국내 산업에 유리하도록 외국 무역을 규제하고 독점을 확립함으로써 다른 나라를 희생시키고 자국의 국부를 증진시키려는 경제 정책.

중앙집중 통제(centralized control) – 재화의 생산과 분배에 관련된 모든 결정과 자원이 중앙 정부에 집중되어 통제되는 것.

지구화(globalization) – 궁극적으로는 재화가 국경을 넘어 자유롭게 이동하는 하나의 세계시장을 지향하면서 국제무역에서 장벽을 제거하는 과정.

차별 시정 조치(affirmative action) – 지금까지 차별의 희생자였던 여성이나 소수 인종 등의 집단 구성원에게 도움을 줌으로써 기회의 평등을 증진시키려는 행동.

타크피르(takfir) – 아랍어. 배교자로 간주되는 무슬림들을 파문하는 (혹은 급진 이슬람주의자들의 경우에는 살해하는) 신실한 무슬림들의 권리.

토대(base) 혹은 **물질적–생산적 토대**(material–productive base) – 물질적 생산의 밑바탕 혹은 '진정한 기초(real basis)'를 구성하는 '사회적 관계'를 비유적으로 가리키는 마르크스의 용어. 예를 들면 지주와 농장 농부의 관계는 농업사회의 토대의 한 부분을 이룬다. '상부구조'와 '역사유물론' 참조.

토리 민주주의(Tory democracy) – 주로 중산계급 정당이었던 자유당(Liberal Party)에 맞서, 디즈레일리(Benjamin Disraeli)가 이끄는 영국 보수당이 상층계급과 노동계급의 선거연합을 만들어내기 위해 노동계급에게 선거권을 비롯한 기타 혜택을 부여하던 정책.

통제경제(command economy) – 경제적 생산과 분배를 시장의 힘에 맡기기보다 계획과 지시를 통해 이루고자 하는 경제 체제를 말하며, '중앙집중 통제'의 옹호자들이 선호된다.

칼리프국가(caliphate) – 이슬람의 가르침에 관한 일부 (특히 수니파)의 해석에 따르면 민족을 초월한 무슬림 공동체, 즉 움마(umma)의 리더십이 이끄는 이슬람 공동체를 의미한다.

페레스트로이카(peresrtroika) – 러시아어로 '개혁.' 특히 1980년대 고르바초프가 소련 경제의 구조조정을 위해 실시한 정책을 가리킨다.

페이비언 사회주의(Fabian Socialism) – 자본주의에서 사회주의 사회로 조금씩 평화적으로, 혁명 없는 점진적 이행을 강조하는 영국식 사회주의.

편견(prejudice) – 버크의 이론에서 사회가 오랜 경험을 통해 축적해온 '잠재적 지혜(latent wisdom)'를 가리키는 용어로 인간 행동과 정책에 대한 유용한 지침을 제공하는 역할을 한다.

평준화(levelling) – 사회의 가장 부유한 구성원과 가장 가난한 구성원 사이의 격차를 감소 혹은 제거하려는 노력. 많은 보수주의자들로부터 비판을 받고 있다. 비판자들은 이런 노력이 평범함을 조장하고 모든 사람을 다같이 비참한 수준으로 전락시킨다고 주장한다.

프롤레타리아(proletariat) – 임금 노동자, 산업 노동계급을 가리키는 마르크스의 용어. 본래 이 말은 고대 로마 시대의 최하층 계급을 뜻한다.

프롤레타리아 독재(dictatorship of the proletariat) 혹은 **프롤레타리아의 혁명적 독재**(the revolutionary dictatorship of the proletariat) – 부르주아지의 혁명적 타도 이후부터 공산주의 사회의 형성으로 완성되는 중간의 이행기를 담당할 것으로 마르크스가 예측했던 정부 형태. 이 임시 혹은 이행기의 국가는 궁극적으로 '소멸' 될 것이라고 예측된다.

프롤레타리아의 궁핍화(immiseration of the proletariat) – 자본주의 아래서 노동계급 혹은 프롤레타리아는 더욱더 빈곤하게 될 것이라고 본 마르크스의 예측.

프롤레타리아의 혁명적 독재(revolutionary dictatorship of the proletariat)

혹은 **프롤레타리아 독재** – 부르주아지의 혁명적 타도 이후부터 공산주의 사회의 형성으로 완성되는 중간의 이행기를 담당할 것으로 마르크스가 예측했던 정부 형태. 이 임시 혹은 이행기의 국가는 궁극적으로 '소멸'될 것이라고 예측된다.

허위의식(false consciousness) – 사회에서 자신의 진정한 위치를 이해하지 못하는 피지배계급의 잘못되거나 왜곡된 의식을 가리키는 마르크스주의의 용어. 이 그릇된 믿음은 피지배계급이 자신의 억압에 대한 원인을 알지 못하도록 가로막기 때문에 지배계급의 이익에 기여한다.

혁명(revolution) – 사회를 완전히 바꾸는 근본적 변화. 본래는 과거의 상황으로 복귀하거나 그것을 회복하려는 시도를 묘사하는 용어였지만, 프랑스 혁명과 함께 현재의 의미를 갖게 되었다.

혁신(innovation) – 버크(E. Burke)의 사상에서 변화나 새로움을 위한 급진적 변화를 의미하는 용어. 그는 혁신하려는 욕망은 오랜 세월을 거쳐 존속해온 관습을 경시하거나 거부하게 만든다고 보았다. '개혁(reform)'과 비교할 것.

협동조합주의(corporativism) – 경제적 생산과 사회 조화를 증진시키기 위해 소유주 · 노동자 · 정부를 하나로 묶으려 했던 이탈리아 무솔리니(Benito Mussolini)의 정책.

혼합정(polity) – 부유하지도 가난하지도 않은 다수의 사람들이 전체 공동체의 이익을 위해 지배하는 통치 형태. 아리스토텔레스 이론에는 일반적으로 이것이 최선의 통치 형태다.

혼합정체 혹은 **혼합 정부**(mixed constitution or government) – 한 개인이나 사회집단에 의한 권력 집중을 막기 위해 하나의 정부 안에 1인 지배, 소수 지배, 다수 지배를 결합하거나 균형을 맞추려는 '공화주의적' 정책.

효용(utility) – 한 사람에게 가치 혹은 유용성을 갖는 모든 것. 벤담과 '공리주의자들'에게 공리는 쾌락을 좇고 고통을 회피하려는 우리의 성향을 가리키는 용어로 사용된다.

『현대 정치사상의 파노라마』가 처음 번역된 것은 2006년이었다. 기본적으로 이 책은 자유주의, 보수주의, 파시즘, 사회주의와 같은 서구의 주요 정치사상뿐 아니라 20세기 후반 및 21세기 초반에 나타나기 시작한 새로운 정치사상, 예컨대 여러 형태의 '해방 이데올로기'와 급진 이슬람주의까지 포괄함으로써 정치사상의 시간적 지평을 크게 넓혔다는 장점을 갖고 있었다. 또한 쉽고 간결하면서도 핵심을 놓치지 않는 점, 나아가 주요 정치사상의 역사와 그 변화를 추적한 점도 높이 평가받을 수 있다.

무엇보다 이 책의 가장 큰 장점은 정치사상을 고정된 실체가 아니라 생동감 있는 운동체로서 파악하고 있다는 점이다. 사상은 어떤 고독한 이론가의 관념으로부터 탄생한 이론적 결과물이 아니라 특정 시대의 사회정치적 문제를 개념으로 포착하고 그 현실적 대응을 마련하려는 집단적인 실천적 노력의 일부이기도 하다. 우리는 어떤 사상을 창시자 혹은 대표적 이론가의 이름으로 기억하기 쉽지만, '주의'라는 이름이 붙은 사상들은 문제의식을 공유하는 사람들이 시대의 변화에 따라 내용을 확장하고 발전시켜 나갔던 집단적인 작업으로서도 이해될 필요가 있다.

이 책은 이러한 점들에 유의하면서 특정 사상의 얼개를 만든 창시자, 시대의 변화에 따라 문제의식을 발전시켜 나가면서 때로는 그 내용의 일부를 수정하고 혁신한 후대의 이론가들을 추적한다. 그리고 이러한 결과들이 쌓이면서 나타난 사상의 변용들이 현대에 와서 어떤 형태로 정착되었는지 분석함으로써 특정 사상의 출발, 발전 및 현대적 변화를 간결하면서도 꼼꼼하게 분석하고 있다. 이러한 장점 때문에 번역본 출간 이후 그동안 국내에서도 대학 강의뿐 아니라 교양서로도 활발하게 활용되었다. 또한 미국에서도 여러 대학의 교재로 활용되며 계속 새로운 판을 거듭하며 출간되었는데, 제9판에는 대니얼 오닐이 새롭게 저자로 추가되었다.

제9판의 가장 큰 변화는 1장에서 9장까지의 내용을 보완하고 10장 '급진 이슬람주의'를 새롭게 작성했고 11장 '결론'을 다시 썼다는 것이다. 제9판의 서문에는 각 장 별로 바뀌거나 보완한 부분이 잘 나와 있다. 번역자들은 새로운 판본의 출간과 더불어 기존 번역본을 다시 검토하고 완전히 새로운 번역서를 출간하기로 계획하였다. 그런데 서문의 '크게 보완', '새롭게 추가'했다는 부분을 꼭 번역할 필요가 없다고 결론 내렸다. 사실상 몇몇 부분을 고치거나 추가하는 데 그치는 경우가 많았고, 미국의 상황 변화를 반영하는 것이 필자들의 일차적 의도였기 때문이다. 우리와는 적실성이 떨어지는 부분이 많았고 굳이 기존의 번역본을 용도 폐기시킬 정도로 수정할 필요를 절감하지 못했다. 그래서 제9판의 번역은 10장을 추가하고 11장을 완전히 새롭게 번역하는 선에서 마무리했다

또한 제9판에서는 기존 번역판의 오자(誤字) 및 오기(誤記)를 비롯하여 문맥상으로 매끄럽지 못한 부분도 다시 다듬었다. 이 과정에서

594

서강대학교 대학원 정외과 학생들과 공공정책대학원에서 강의를 수강했던 이진숙 선생님의 귀중한 도움을 받았다. 과거 번역 과정에서 꼼꼼하게 검토했었음에도 불구하고 이런 실수들이 걸러지지 못했다는 사실에 대해 독자들에게 깊이 사과드린다.

본래 이 책은 모두 6명의 번역자들이 함께 번역한 결과물이다. 제9판에서는 강정인, 정승현이 기존 번역본을 처음부터 끝까지 읽고 과거의 미흡한 부분을 수정한 것은 물론 10장과 11장을 새롭게 번역하였다. 기존의 번역자들이 마련해놓은 결과물은 그대로 우리 작업의 밑바탕이 되었다. 그들의 노고에 다시 한 번 감사드린다. 또한 이 책은 2017년 대한민국 교육부와 한국연구재단의 지원을 받아 수행된 연구임을 밝힌다(NRF-2017S1A3A2065772). 번역 원본은 Terence Ball, Richard Dagger and Daniel O'Neill, *Political Ideologies and the Democratic Ideal*, 9th ed.(Pearson, 2014)을 사용하였다.

2019년 2월 번역자들을 대신하여
정승현

이 책은 기본적으로 근대 서양 정치사상 개설서라고 할 수 있지만 이와 유사한 저작들이 이미 출간되어 있는데도 불구하고 굳이 번역하기로 한 것은 이 책이 이데올로기가 현실 속에서 작동하는 방식을 생동감 있게 서술하고 있기 때문이다. 이 책은 현대 정치에 중요한 영향을 미치고 있는 이데올로기들의 발생과 그 사상적 특징, 주요 이론가들을 단순히 나열, 소개하는 데 그치지 않는다. 특정 이데올로기가 탄생하게 된 구체적 배경, 시대를 거치면서 겪는 변화, 이데올로기 내부의 분화와 분열, 그것이 21세기 현실에서 아직도 당면하고 있는 문제들을 짚어감으로써 이데올로기가 구체적으로 어떤 것이고, 그것이 현실의 변화와 함께 어떻게 스스로의 문제의식을 확장해나가며, 궁극적으로 사람들의 생각과 행동을 어떻게 규정하는지 파악할 수 있게 해준다.

이 책은 이데올로기가 어떤 것이라고 단정적으로 규정하지 않는다. 필자들은 그것을 작업정의(working definition) 속에서 파악하려고 한다. 예를 들면 '정치는 희소자원의 배분을 둘러싼 갈등'이라는 식

597

으로 명쾌하게 정의 내리기보다는, 자신이 하고자 하는 연구에 맞추어 개념이 수행하는 기능을 몇 개의 요소로 분해하고 그 속에서 개념의 구체적인 모습과 변화를 추적하고자 하는 것이다. 곧 "이데올로기는 일관되고 포괄적인 이념의 체계로서 사회적 조건을 설명·평가하고, 사람들이 사회 속에서 자신의 위치를 이해하도록 도와주며, 사회적·정치적 행동의 강령을 제공한다"는 입장 아래 이데올로기의 기능을 설명·평가·지향·강령이라는 네 가지로 나누어 검토하고 있다.

필자들의 입장에 따르면 이데올로기는 사회적·경제적 조건들이 왜 그렇게 존재하는지를 설명하고, 그러한 사회적 조건들을 평가하는 기준을 제공하며, 그러한 조건 속에서 사람들이 자신의 사회적위치를 찾아 행동방향을 어디로 둘지 결정하게 만들고, 나아가 그 추종자들에게 무엇을 어떻게 할지 알려주는 강령 기능을 한다고 보는 것이다. 곧 근본적으로 이데올로기는 사람들이 스스로의 삶의 방식을 변화 혹은 보존하기 위해 행동하게끔 영향을 미치고자 하는 의도를 지니며, 현재 존재하는 혹은 앞으로 존재해야 할 당위의 사회·정치적 세계에 대한 비전을 제시한다는 것이다.

아울러 정치 이데올로기가 이 네 기능을 수행하기 위해 인간의 성향·동기·한계·가능성 등에 대한 관념, 즉 인간본성에 대한 일정한 관념을 암묵적으로 전제하고 있다고 본다. 따라서 각 이데올로기가 전제로 하고 있는 인간본성의 관념을 살펴보고, 그것이 이데올로기의 네 기능에 어떤 영향을 미치는지, 궁극적으로 인간의 정치적 행위와 사회에 대한 비전에 어떻게 작용하고 있는지를 살펴보고 있다.

결국 이데올로기는 우리 자신과 다른 사람들의 정치적 태도와 행동에 강한 영향을 미치고 있으며, 우리가 사회적으로 중요한 영향을 미치는 어떤 일을 하고자 하는 경우 이데올로기의 도움을 받지 않을 수 없다는 것이다. 동시에 정치 이데올로기는 고정되어 있는 것이 아니다. 시대의 변화에 따라 전에 없던 새로운 문제와 과제가 제기 되는데 그런 상황에 적응하지 못한다면, 그들이 원하는 것, 즉 세계를 자신의 이념에 따라 형성하는 일을 할 수 없기 때문이다. 이런 의미에서 이데올로기는 고정 불변의 실체가 아니다. 이데올로기는 늘 시대의 문제에 맞서 스스로를 변용, 확장하며 스스로의 생명력을 유지하려는 속성을 갖고 있다.

기본적으로 저자들은 이데올로기가 현실을 보존 혹은 변화시키려는 인간의 욕구와 밀접하게 연관되어 있다고 본다. 이 책은 보수주의를 제외한 모든 이데올로기들이 일반적으로 인간 삶의 극적인 진보에 대한 신념을 공유하고 있다고 보기 때문에 이데올로기를 근대의 산물로 본다. 즉 이데올로기는 인간이 자신과 세계를 변화시킬 수 있다는 인식, 일정한 지식의 도움을 얻어 그러한 변화는 이루어질 수 있으며 세계는 인간의 의지와 구도에 따라 더 좋게 바뀔 수 있다는 진보의 신념과 결부되어 있다는 것이다. 그리고 진보의 신념은 인간이 자신의 삶과 세계를 자기 이성과 비전에 따라 개선할 수 있다고 보는 인식의 전환을 전제로 하는 것이며, 그런 한에서 이데올로기는 중세의 틀을 깨고 근대가 시작된 이래 나타난 정치이념이라는 것이다. 이런 의미에서 저자들은 자유주의를 최초의 정치 이데올로기로 파악하고, 그 뒤를 이어 나타나는 여러 이데올로기들의 긴장과 갈등을 검토하고 있다.

다른 한편 저자들은 파시즘을 제외한 모든 이데올로기가 민주주의를 찬양하고 자신의 민주주의 개념을 최선의 것으로 제시한다는 데 주목한다. 그것은 이데올로기에 따라 민주주의가 다르게 파악된다는 뜻이며, 근대세계의 이데올로기적 갈등에는 민주주의 개념을 둘러싼 논의가 내재해 있다는 사실을 의미한다. 곧 민주주의 자체는 이데올로기가 아니며, 그렇다고 명확한 형태를 취하는 특정 종류의 정부형태도 아니다. 민주주의는 모든 이데올로기들이 수용, 거부 혹은 타협해야 하는 하나의'이상(ideal)'이라는 말이다. 각 이데올로기는 민주주의를 수용 혹은 거부하는 방식에 따라 정치세계에 대한 설명의 기준을 제시하고, 기존의 사회적 구도와 배치를 평가하며, 인간에게 지향의 방향을 제시하고, 세계를 변화 혹은 보존하는 데 필요한 강령, 즉 이데올로기의 네 가지 기능과 연결된다는 것이다.

동시에 모든 이데올로기는 저마다 다른 자유 개념을 갖고, 모두 제각기 자유를 증진시킨다고 저자들은 보고 있다. 사회과학의 개념들이 흔히 그렇듯 자유 또한 논쟁이 많이 뒤따르는 개념인데, 필자들은 자유를 철학적 혹은 개념적으로 정의 내리지 않는다. 그보다는 각 이데올로기가 자유 개념을 어떻게 파악하고 있으며, 이데올로기의 성격과 행동 방향이 결정되는 데 자유가 미치는 영향을 행위자, 목표, 장애물이라는 삼각모델에 따라 검토하고 있다. 곧 자유를 인식하고 욕구하는 주체의 규정, 그 행위자가 지향하는 목표의 식별, 주체의 자유로운 행동이나 의지를 가로막는 장애물을 파악함으로써 각 이데올로기가 어떤 방식으로 자신의 자유 개념을 실현하려고 하는지 짚어가고 있다. 이러한 서술 방법은 추상적이고 철학적인 논의를 지양하고, 이데올로기가 현실 속에서 작동·변화하는 가운데 인간의 사고방식과 행동을 규정하는 구체적인 모습을 포착하고자 하는 일관된 의도의 반영이라고 볼 수 있다.

이러한 의도 아래 1장은 이데올로기에 대한 전반적 개념을 설명하고 집필 방향을 서술한다. 2장은'이상'으로서의 민주주의의 역사를 고대 그리스로 거슬러 올라가 추적하고, 그것이 중세를 거치며 망각 혹은 폄하된 과정, 17세기 공화주의 전통과 결합하며 18세기에 부활하는 경로를 역사적으로 검토하며 현대 민주주의의 세 가지 개념을 지적하고 있다. 자유민주주의, 사회민주주의, 인민민주주의가 근대세계에서 민주주의적 이상에 대한 주요 시각이라고 보는 저자들은 각 이데올로기들의 형성, 발전, 변화, 문제의식의 변용을 이러한 민주주의적 이상의 평가, 포섭 혹은 배제라는 측면과 관련하여 3장부터 서술하고 있다.

3장부터 7장까지는 이데올로기의 갈등과 투쟁이라는 측면에 주목하면서 자유주의, 보수주의, 사회주의와 공산주의, 파시즘의 등장과 그 이념적 특징을 설명·평가·지향·강령이라는 이데올로기의 네 기능 속에서 검토하고 있다. 그리고 8장과 9장에서는 현재 크게 중요성이 부각되고 있는 해방 이데올로기와 녹색정치를 검토함으로써 현실에서 살아 숨쉬며 부단히 자신을 생산·재생산하고 있는 이데올로기의 생명력과 변용 과정을 파악할 수 있게 해준다.

그리고 10장에서는 종교와 이데올로기의 관계를 검토하는데, 특히 오늘날 중요한 문제로 대두한 이슬람권 분쟁의 해결방안에 대해 개괄적이지만 유용한 서술을 남기고 있다. 그리고 자유주의의 승리라는 이름 아래 제기된'이데올로기의 종언'이 아무 근거도 없는 독단이라는 것, 세계는 오히려 전보다 더 날카롭고 넓은 이데올로기적 갈등으로 점철되어 있다는 점을 지적한다. 우리가 현실에서 살고 있는 한, 그리고 그 현실을 어떤 비전 혹은 이상에 따라 변화시키려고 노력하는 한 이데올로기는 필요하고, 사람들의 이상과 목표가 저마다 다르므로 이데올로기들의 갈등과 경쟁은 피할 수 없다고 보기 때문이다.

특이한 것은 여기서 민족주의와 무정부주의는 이데올로기에서 제외된다는 점이다. 이 둘은 너무 다양한 형태를 띠고 있으며, 다른 이데올로기들과 얽혀 있기 때문에 독립적인 이데올로기로서 다루지 않겠다는 필자들의 인식 때문이다. 곧 파시즘과 민족주의, 자유주의와 무정부주의, 사회주의와 무정부주의, 사회주의와 민족주의의 결합 속에서 이 둘을 파악하려는 것이다.

저자들의 견해에 따르면 이데올로기적 갈등은 자유주의 대 보수주의, 사회주의 대 자유주의 등의 형식으로 간단하게 진행되지 않는다. 한 이데올로기 내부에서도 분열이 나타나고, 서로 대립되는 이데올로기들 사이에서도 입장의 중첩과 논리적 유사성이 나타난다. 예를 들면 현대 보수주의자의 주장은 초기 자유주의자의 입장과 매우 유사하며, 시장 사회주의는 사회주의와 자유주의의 입장을 일정 부분 공유하고 있다. 그리고 변화된 현실이 제기하는 새로운 문제에 대해 기존 이데올로기들이 설명·평가·지향·강령의 기능을 충분히 수행하고 있는지, 그들이 목표로 삼고 있는 이상에 대해 비전을 계속 제시해줄 수 있는지에 따라 그 생명력이 결정된다. 예를 들어 현대사회의 중요한 문제로 대두한 환경이나 여성해방운동의 이상을 실현할 수 있는 토대를 기존 이데올로기가 제시해주지 못한다면, 기존 이데올로기는 쇠퇴하고 새로운 이데올로기가 등장하거나, 혹은 이 운동들이 기존 이데올로기의 문제 틀을 일부 수용하고 그들과 연합함으로써 이데올로기의 변용이 나타날 수 있다고 보는 것이다. 이 책은 이데올로기의 바로 그러한 변화와 발전의 과정을 추적하고 있다. 기존의 정치사상 저작들과 확연히 구분되는 이 책만의 특징이다. 그러나 이 책은 많은 사상가들을 저자들의 문제의식과 연관지어 간략하게 언급하는 데 그치고 있어 독자들이 사상사 전반을 이해하기에는 부족하다는 단점도 지니고 있다. 저자들은 별도로 출간된 강독 문헌 목록으로 그러한 약점을 보충하고 있지만, 더 깊이 있는 이해를 위해서는 개별 사상가들의 저작을 직접 찾아 읽는 작업이 뒤따라야 한다. 이 작업은 결국 독자 개개인의 노력과 천착이 필요한 일인 만큼 그 필요성과 중요성에 대해서는 더 이상 첨언을 하지 않겠다.

결국 이 책은 근대 정치 이데올로기의 지도를 그려나가는 입문서라고 볼 수 있다. 이 지도 위에는 위대한 사상가, 독창적인 사상가, 인류역사의 새로운 지평을 연 사상가, 인간의 발전과 행복을 위해 분투한 사상가들이 큰 지명으로 새겨져 있는 동시에 우리가 기억하고 싶지 않은 이름이나 악명 높은 사상가들도 같이 표시되어 있다. 많은 경우 우리는 이 후자들을 무시하거나 생략함으로써 이 지도를 빛과 행복을 찾아 나가는 위대한 인간 정신의 승리의 역사로 읽으려고 한다. 그러나 선악의 양면을 갖고 있는 인간이 세계사에 무수한 잔학상과 추악함을 펼쳐놓았다는 사실을 굳이 들추지 않더라도, 인간의 사상적 지형도 역시 선악과 미추의 양면을 공유하고 있음을 외면할 수는 없다. 동시에 이러한 사상가 혹은 이론가들은 모두 그 시대의 문제에 대해 저마다의 방식으로 답변을 제기하려고 했던 사람들이다. 이들은 시대의 문제에 대답하는 가운데 그들 자신도 그 시대의 일부로 만들었으며, 우리는 그렇게 어우러진 시대의 흐름을 사상사라고 부른다. 비록 그들 중 일부의 주장들이 예기치 않은 혹은 의도된 재앙을 일으켰다고 하더라도, 그것을 무시하거나 외면하면 사상사의 흐름을 놓쳐버리게 되므로, 여러분은 이제 이러한 인간 이성의 양면이 만들어낸 결과에 주목하며 사상사를 읽어가기를 바란다.

　　이 책은 서강대학교 사회과학연구소 민주화연구실의 공동 연구작업에서 비롯했다. 민주화연구실은 한국학술진흥재단의 지원을 받아, 한국의 민주화 과정에서 나타난 중요 이데올로기, 즉 자유주의, 사회주의, 보수주의의 역할과 의미를 검토하고 그것이 영국, 독일, 프랑스로 대표되는 유럽의 경험과 어떤 차이와 공통점이 있는지 검토하려고 했다. 그 작업은 서구의 경험이 보편적인 역사적 현실로 제시되는 서구 중심주의를 극복하고 우리 경험의 역사적 독특성을 독자적인 현실로 확립하고자 하는 의도의 발현이었다.

이러한 작업을 수행하면서 우선 현대사회의 중요 이데올로기에 대한 개관 작업이 필요하다고 여겨 그 공통적 이해를 제공할 수 있는 교재를 찾고자 하였다. 일차적으로 그것은 학생, 연구자뿐 아니라 일반인에게도 이데올로기의 흐름과 내용을 충실히 전달해주는 유용한 저작이어야 했다. 동시에 그러한 교재는 이데올로기가 언제 발생했으며, 그 중요 제창자와 인물로는 누가 있고 그 주장은 이러저러하다는 식의 고답적인 내용을 넘어서야 했다. 곧 이데올로기의 변화에 대한 최신의 내용을 수록하고 있으며, 이데올로기가 왜 아직도 중요하고 그렇게 질긴 생명력을 갖고 있는지 구체적인 대답을 줄 수 있는 저작, 단순히 과거에 머물러 있지 않고 미래를 내다보는 데 일정한 도움을 줄 수 있는 통찰력을 담고 있는 책이어야 했다. 우리는 이 과정에서 서구의 정치 이데올로기가 하나의 보편으로 제시되고 있는 상황에 대한 씁쓸함과 아쉬움을 씹으면서, 21세기에도 여전히 영향력을 잃지 않고 있는 이데올로기의 본질, 형태, 변화, 주요 내용을 잘 포착하고 있는 책, 학생들뿐 아니라 연구자들에게도 유용한 교재를 찾을 수 있었다. 우리의 문제의식을 인정해 연구를 지원해준 한국학술진흥재단에 깊은 사의(謝意)를 표한다.

번역 원본으로는 Terence Ball and Richard Dagger, Political Ideologies and the Democratic Ideal, 5th ed., (Pearson/Longman, 2004)을 사용하였다. 1장과 2장은 홍태영이, 3장은 문지영이, 4장과 9장은 강정인이, 5장과 6장은 정승현이, 7장은 김수자가, 8장과 10장은 오향미가 각각 번역하였고, 색인 작업은 서강대학교 대학원의 엄관용이 맡았다. 각 번역자들의 원고를 취합하여 용어를 통일하는 등 전반적으로 다듬는 작업은 정승현이 하였다. 번역의 주안점은 학부생 혹은 사상사 입문자들이 가능한 쉽게 읽을 수 있도록 하는 데

두었으나 뜻대로 되있는지는 독자들의 판단에 맡기겠다. 혹시 번역
이나 문맥상의 의문, 좋은 제안을 jaudio@kornet.net으로 보내주시
면 검토하여 다음 출간에 적극 반영하도록 하겠다. 독자들의 많은
질정을 부탁드린다. 출판을 흔쾌히 맡아준 아카넷에 감사의 말을 전
한다.

2006년 1월 다른 번역자들을 대신하여

정 승 현

현대 정치사상의 파노라마

민주주의의 이상과 정치이념

개정판 1쇄 펴냄 2019년 3월 4일
개정판 4쇄 펴냄 2022년 1월 18일

지은이 | 테렌스 볼, 리처드 대거, 대니얼 I. 오닐
옮긴이 | 정승현, 강정인 외
펴낸곳 | 아카넷

출판등록 | 2000년 1월 24일(제406-2000-000012호)
주소 | 10881 경기도 파주시 회동길 445-3 2층
전화 | 031-955-9510(편집) 031-955-9514(주문)
팩스 | 031-955-9519
전자우편 | acanet@acanet.co.kr
홈페이지 | www.acanet.co.kr

한국어판 ⓒ 아카넷 2019
ISBN 978-89-5733-623-6 93300

이 도서의 국립중앙도서관 출판예정도서목록(CIP)은 서지정보유통지원시스템 홈페이지
(http://seoji.nl.go.kr)와 국가자료공동목록시스템(http://www.nl.go.kr/kolisnet)에서
이용하실 수 있습니다.(CIP제어번호: CIP2019004122)

* 이 책은 2017년 정부(교육부)의 재원으로 한국연구재단의 지원을 받아 수행된 연구입
니다(NRF-2017S1A3A2065772).